정증보
2판

최고경영자부터 사원까지 알아야 할 법률지식!
인사관리 및 조직관리의 길라잡이 경영지침서!

징계권의 법률지식

이 상 국 저

考試界社

제2판 머리말

기업은 하나의 통일된 조직체로서 기업역량을 집중해 경영목적을 달성해야 한다. 기업의 성장은 조직원의 역량을 강화하고 단결하여 얼마나 신속하고 효율적으로 경영목표를 달성하느냐에 관건이 달려 있다. 기업은 살아 있는 생명체와 같아서 다양한 경영활동을 할 수 있도록 기능에 따라 적정한 권한과 책임이 배분되어야 한다. 또한 현명한 경영자라면 조직원이 합리적으로 행동하고, 어떻게 경영에 기여할 수 있도록 유도할 것인지를 고민하지 않을 수 없다. 만약 여러분이 기업을 일류회사로 성장시키고 싶다면 우선 무엇부터 해야 할까?

우리나라의 기업중 삼성그룹, 한국통신(KT), 한국토지주택공사(LH) 등 조직이 방대하거나 상당한 수준의 매출을 차지하는 기업을 살펴보면, 조직체계와 운영관리시스템이 합리적이고 효율적으로 작동될 수 있도록 잘 구축되어 있다는 것을 알 수 있다. 이와 같이 기업이 기업활동을 원활히 하기 위해서는 기업활동에 적합한 조직규범을 잘 정비하고, 운영규정을 지속적으로 개선해야 한다. 이 경우 기업활동에서 인적자원을 활용하기 위하여 필요한 제도가 징계권에 관한 것이다.

본서는 최고경영자부터 사원까지 누구나 알아야 할 직장생활의 법률지식을 조직규범의 관점에서 분석하여 소개한 것으로, 채용부터 승진, 강등, 감봉, 강격, 전근과 전직, 사직 및 해고 등과 관련된 징계사항을 해설하였다.

징계권의 행사문제를 살펴보면, 근로자의 입장에서는 잘못된 징계처분을 받으면 심한 경우 해고로 인해 생계위협이 될 수 있고, 경영자의 입장에서는 기업의 경영활동에 위해한 자로 인해 사업에 심각한 차질이나 손실을 입을 수 있기 때문에 중요한 조직규범으로 취급하게 된다. 따라서 기업의 경영질서를 유지해야 하는 조직체에서는 조직규범을 잘 설정하고 준수하도록 교육을 해야 한다. 그러나 조직규범의 자율적 형성이라는 특성때문에 징계권이 불합리하게 제정 · 운영됨에 따라 징계사건의 분쟁이 매년 증가하고 있다. 이러한 이유로 저자는 징계권으로 인한 분쟁을 사전에 예방하고, 효율적으로 해결하기 위해서 직장생활에 필요한 징계권을 집필하게 된 것이다.

최근에 필자는 그 동안의 집필경위와 도서명의 변경에 대한 필요성을 고시계의 사장에게 설명하고, 출간도서명을 2016년 제2판부터 [징계권의 법률지식]으로 변경하기로 하였다.

제2판 출간에서는 징계권의 학설을 보다 정치하게 정리하고, 징계권의 법리를 검토하고 논리적으로 이해할 수 있도록 편제를 재구성하였으며, 쟁점사례와 최신판례를 보완하였다. 또한 이 책의 말미에는 징계규정과 운영에 필요한 표준모델안, 서식 등을 소개하여 실무에서 활용할 수 있도록 부록으로 제공하였다.

만약 징계규정이 미비하거나 애매모호하게 작성되었다면 오히려 자신의 발목을 묶는 수단이 될 수 있다. 따라서 본서의 내용을 처음부터 탐독하고 난 후에는 징계규정이 기업에서 얼마나 유용한 수단인지 깨닫게 될 것이다. 부디 본서가 산업계와 법조계에 널리 활용되기를 바란다. 어려운 출판업계의 사정에도 불구하고 기꺼이 출판을 허락해주신 고시계의 정상훈 대표와 편집부 직원 여러분께 감사를 드린다.

2016. 10

저자 이 상 국

머리말

무한경쟁의 속에서 경영내부에 불가피하게 발생하는 문제가 근로자와 사용자간에 각종 노동분쟁이다. 따라서 경쟁력이 있는 건전한 기업으로 발전하기 위해서는 불필요한 마찰을 줄이고 예방할 수 있는 합리적인 제도를 설정하는 것이다. 이를 위해서는 기업내부의 각종 불합리한 사항을 개정하고 미비한 규정을 정비할 필요가 있다.

특히 징계권은 기업의 경영질서를 유지하기 위하여 필요한 조직규범으로서 중요한 의미를 지닌다. 그러나 선원법을 제외하고 노동법에서 징계권에 관한 규정이 미비하여 노사간에 항상 분쟁의 원인이 되고 있다. 이로 인해 사용자는 어떠한 사유와 징계종류를 정하고 징계절차는 어떻게 운영하여야 하는지, 전문지식이 부족하여 징계권을 남용할 여지가 있다. 이러한 문제점을 예방하기 위하여 법원의 판결사례를 분석하고 합리적인 징계규정의 운영방안을 모색하여야 한다.

반면에 근로자는 어떠한 행위가 기업목적에 반하여 징계처분의 대상이 되고 어떠한 징계처분을 받게 되는지 궁금하지 않을 수 없다. 이와 같은 노사간의 분쟁을 해결하기 위해서는 징계권행사에 대한 법률적 문제를 이해할 필요가 있다.

저자는 최근까지 취급한 각종 사건과 노동위원회의 심판사건, 법원의 판결 등에 대해 징계권의 문제점을 규명하고자 노력하였다. 그러나 징계권의 행사에 관한 이론을 축석하는데 많은 시간과 노력이 소요되어 이제야 출간을 하게 되었다. 본서의 활용을 위하여 구성한 몇 가지 특징을 소개하면 다음과 같다.

(1) 징계권에 관한 핵심이론을 소개하고, 근로관계에서 발생하는 다양한 쟁점을 법리적 타당성을 통해 검토하였다.

(2) 징계사유나 징계종류, 판단기준 등을 실무에 적용하기 쉽도록 유형별 분류기준 및 징계양정표 등을 개발하여 소개하였다.

(3) 징계유형별 관련판례와 관련사례를 소개하여 실무적 해결능력을 도모하였다.

(4) 사건의 조사방법, 증거자료의 수집, 구제신청 및 심판절차, 징계처분요령 등 징계처분과정에서 제기될 분쟁을 예방하기 위한 실무처리방법을 소개하였다.

본서가 지방노동위원회 위원, 노동부 공무원, 관련부처 공무원뿐만 아니라 기업의 인사담당자, 노동조합원, 일반 근로자 등에게 널리 활용되기를 바라며, 부분적으로 미비한 점에 대하여는 연구를 통하여 보완해 나갈 것을 독자제현에게 약속하는 바이다. 아울러 본서를 집필하는 과정에서 자료의 제공에 협조해주신 여러 지인들께 감사를 드린다.

2008. 11.

저자 이 상 국

Contents

제1장 징계권과 인사권

제1절 징계권의 개념과 목적

제2절 사용자의 인사권과 사법심사

제2장 징계권의 근거와 특질

제1절 징계권의 근거

제2절 징계권의 특질

제3장 징계사유와 정당성의 판단

제1절 각종 법률의 규정과 징계사유의 분류

제2절 징계사유의 유형과 정당성의 판단

제2절 징계처분의 종류

제5장 징계권행사와 불이익처분

제1절 징계권행사와 불이익처분

제2절 징계처분과 부당노동행위

제6장 징계재량권의 행사와 범위

제1절 징계재량권의 행사

제2절 징계재량권의 범위와 적용

제7장 징계위원회의 구성과 징계심리

제1절 징계위원회의 구성과 운영방법

제2절 징계처분과 인과관계의 입증

제8장 징계권의 남용과 구제절차

제1절 징계권의 남용과 규제방법

제1장
징계권과 인사권

제1절 징계권의 개념과 목적

1. 징계권의 개념

(1) 징계권의 개념적 징표와 성질

a) 징계권이 과연 무엇인가에 대하여는 아직까지 통일된 개념이 정립되어 있지 않다. 그러나 징계권의 본질을 나타내는 개념적 징표를 살펴보면, 징계권이란 사용자가 명령 · 복종관계를 근간으로 일정한 경영조직의 질서 또는 규율을 위반한 근로자의 행위를 훈계 또는 시정의 목적으로 부과하는 조직규범이며, 강행규범이라고 정의할 수 있다.[1)]

b) 따라서 징계권은 기업질서를 유지 · 확립하고 근로자의 잘못을 시정하여 본보기로 삼음으로써 재발을 방지하기 위한 목적으로 근로자의 이익을 강제적으로 박탈하는 것을 그 본질적 속성으로 하는 권한이다.[2)] 이러한 징계권은 사용자에 의하여 행사되고, 사안에 따라 다양한 형태로 행사되고 있다. 따라서 징계권의 행태나 속성을 한마디로 정의하기가 쉽지 않다.

c) 그 결과 징계권의 성질에 관해서는 견해가 통일되어 있지 않다. 징계권은 계약설의 입장에서 노사가 대등한 근로관계의 입장에서 일방에게 우월적 지배를 인정할 수 없으므로 징계권은 근로계약에 의하여 승인되는 권리라고 해석하기도 한다. 그러나 학자에 따라서는 징계권을 권능으로 해석하는 견해(금동신), 권리로 해석하는 견해도 있다.

d) 그러나 현실적으로 사용자에 의한 우월적 지위에서 경영질서를 위반한 근로자에 부여하는 불이익의 제재를 할 수 있는 사실상의 힘이 존재하고 있고, 이러한 것은 근로계약에 의하여 형성되는 권리의 일면으로 보기보다는 일정한 경영조직이라는 자체에서 파생 또는 유래하는 공동질서의 규범으로서 이를 유지운영하기 위하여 그 주체에게 부여하는 법규범으로 보아 징계권을 권한으로 정의하고자 한다.

---

1) 盛試吾,"懲戒處分", 日本勞働法學會編:現代勞働法講座 第10券, (東京, 綜合勞働硏究所, 1982), 228면

2) 특히 후자의 견해에 대해 송강직 교수는 일본의 근로계약법제 연구회의 연구보고서를 소개(한국비교노동법학회, 노동법노총 제13호, 2008. 112면 내지 114면)를 하면서 권리의 개념으로 설명을 하고 있다 : '권한'(Kompetenz, Zust ndigkeit), 권리, 권능, 권력, 권원 등 자세한 내용은 홍성방, 법학입문, 신론사, 2007, 241면을 참조 ; 한종호,"사용자의 징계행위의 근거와 한계에 관한 연구," 숭실대학교 노사관계대학원, 석사학위논문, 1991, 5면

[표 1-1] 징계권의 유사개념과 성질

용어의 구분	용어의 정의	관련예시
권 리	법이 보호하고자 하는 이익 또는 가치를 향수하기 위하여 특정인에게 부여되는 법률상의 힘(권리의 본질에 대하여는 의사설, 이익설, 법력설, 권리부인설로 대립)	취업청구권, 임금청구권, 보상청구권, 재산권, 친권, 부부사이의 동거청구권, 부양청구권, 전세권 등
권 한	타인을 위하여 그 자에 대하여 일정한 법률효과를 발생시키는 행위를 할 수 있는 법률상의 자격	공무원의 권한, 회장의 권한, 행정청의 권한, 법인기관의 권한 등
권 능	권한과 같은 뜻으로 사용되는 수도 있으나, 일반적으로는 권리에서 파생되는 개개의 기능 또는 권리의 내용을 이루는 개개의 법률상의 작용	소유권에서 파생되는 사용 · 수익 · 처분의 권능 등
권 력	일정한 개인 또는 집단이 공익을 달성할 목적으로 다른 개인 또는 집단을 강제 또는 지배하는 힘	불법농성자의 해산집행권, 불법점검물의 철거권
권 원	어떤 법률적 또는 사실적 행위를 하는 것을 정당화시키는 법률상의 원인	지상권, 임차권
반사적 이익	법률이 특정인 또는 일반인에게 어떤 행위를 명함으로써 다른 특정인 또는 일반인이 그 반사적 효과로서 받는 이익	공중목욕탕의 입장허가로 받는 이익 등

(2) 사용자의 징계권과 법적 근거

a) 근로자에 관한 인사권은 사용자의 고유권한으로서 그 범위에 속하는 징계권 역시 기업운영 또는 근로계약의 본질상 당연히 사용자에게 인정되는 권한이기 때문에, 그 징계규정의 내용이 강행법규나 단체협약의 내용에 반하지 않는 한 사용자는 그 구체적 내용을 자유롭게 정할 수 있다.[3)]

b) 광의의 의미에서 징계권은 (i) 특별권력관계에서의 공무원에 대한 징계권, (ii) 친권자의 징계권, (iii) 교육자의 징계권을 포함한다.[4)] 그러나 공무원의 징계처분에 관하여는

3) 대판 1994. 9. 30, 94다21337

4) 이 경우 공법상으로는 특별한 권력관계나 신분관계에 있어서 질서를 유지하기 위하여 질서를 문란하게 하는 자에 대하여 징계를 과할 수 있는 권리와 교육자의 징계권, 교사의 학생에 대한 징계권 등 매우 다양하게 구별할 수 있다. 특별한 권력관계 또는 신분관계에는 국가 및 지방자치단체와 공무원, 교사와 학생의 관계 등이 포함된다. 국가공무원의 징계에 대하여는 국가공무원법 제78조 내지 제83조의3에 명시하고, 지방공무원법에 대하여는 지방공무원법 제69조 내지 제73조의3에서 정하고 있다. 또한 현행 민법에서는 친권자의 징계권을 규정하고 있다. 친권자는 그 자녀를 보호 또는 교양하기 위하여 필요한 징계를 할 수 있고, 법원의 허가를 얻어 감화기관 또는 교정기관에 위탁할 수 있다(민법 제915조). 그러나 구타 · 감금 등의 지나친 행위를

국가공무원법에 그 근거와 한계가 입법적으로 제정되어 있고, 상하 관계성도 일반적으로 긍정된다.

c) 또한 선원에 대하여는 선원법 제22조에서 해원의 징계사유, 징계사실통보, 징계위원회 등을 규정하고 있다. 이러한 특수한 예외규정에도 불구하고 사용자의 징계권에 대하여는 법적 수권규정이 불충분하여 징계권행사에 따른 많은 논쟁을 야기할 여지가 있다.

2. 징계권의 목적

(1) 경영질서의 유지 · 확립

a) 징계권은 단순한 근로계약상의 채무불이행에 대한 책임추급이 아니라 '특수한 질서위반에 대한 책임추급'의 방법으로 행사되는 조직규범으로서 강행성을 지닌다. 이러한 징계권은 경영조직에 근간을 두고 행사되는 권한으로서 근로계약을 매개로 하여 결합관계를 갖는다. 이 경우 경영조직은 개별적 근로계약이 단순하게 다수병렬적인 존재로서 구성되어 있는데 그치지 아니하고, 일정한 경영목적을 달성하기 위하여 유기적으로 결합하여 총체적으로 생산활동을 해야 하는 특성을 지닌 조직체이다.[5)]

b) 기업의 경영조직은 유기적인 조직체로서 기능하며, 경영목적을 효과적으로 달성하기 위해 조직구성원으로서 근로자개인의 능력을 효율적으로 활용하고자 한다. 이를 위해서 기업은 단순한 개별적인 노무제공만을 받는 것이 아니라 집단적 · 통일적인 방식에 의해 계획적이고 통일된 노동력의 확보를 필요로 하며, 이러한 과정에서 근로자를 통제할 수밖에 없다.

c) 본질적으로 근로관계는 개별적 근로계약의 체결을 전제로 한 근로의 제공 및 임금의 지불이라는 거래관계에 불과하다. 그러나 경영조직의 차원에서 보면, 개별적 근로계약관계는 장소적 · 시간적으로 존재하는 동시에 집단적 노동력의 형태가 유기체로서 기능하는 법률관계로 인식할 수 있다. 그 결과 기업은 기업활동을 촉진하고 경영질시를 유지하기 위한 목적으로 일정한 규제를 필요로 하게 된다.

d) 또한 사용자는 일정한 경영목적을 달성하기 위하여 근로자에 대한 지휘명령을 통하여 노동력의 가치를 최대한 이용하고자 한다. 이러한 과정에서 근로자 개인에 대하여 지휘명령계통의 상위에 있는 자는 아래 직원에게 지시명령에 충실히 복종할 것을 요구하는 한편, 근로자가 상사의 지시에 따르지 않거나 업무를 태만히 하는 등 징계사유가 발생하

하면 친권의 남용으로 간주되어 친권상실의 원인이 될 수 있다.

5) 窪田準人,"職場規律と 懲戒", 労働法實務大系 10, (東京, 總合勞働研究所), 1970, 21면

면 일정한 제재로서 불이익을 줄 수밖에 없다.

(2) 근로자과오의 재발방지

a) 징계권은 공동적 근로관계로 구성된 경영조직체 내에서 기업활동을 촉진하기 위하여 근로자의 잘못을 시정하고 다른 근로자에게 본보기로 삼아 재발을 방지하려는데 그 행사의 목적이 있다. 그 결과 징계권은 경영전체의 통일적 이익의 침해라는 관점에서 근로자에게 책임을 묻지 않을 수 없다. 따라서 징계권은 근로자의 잘못에 대하여는 이를 훈계하고 뉘우치게 함으로써 재발을 방지하기 위한 계고의 성격을 지닌다.[6)]

b) 그러나 근로자가 반복적 · 계속적으로 경영공동체의 이익을 훼손 또는 침해하는 경우에는 가혹한 징계처분을 해서라도 근로자의 과오를 시정할 수밖에 없다. 근로자의 반성이 없거나 그 과오의 정도가 극히 심할 경우에는 불량노동력으로 판단하여 경영공동체에서 배제할 수도 있다.

c) 징계권은 주로 근로자의 의무위반행위에 대해 경제적 · 신분적 이익의 전부 또는 일부를 박탈하는 불이익처분으로 나타난다. 이러한 징계권은 회사에 재직하는 근로자에 대하여 제재조치를 과하는 것이며, 이미 근로자의 신분을 상실한 퇴직자는 징계처분의 실효성이 없으므로 예외적으로 허용될 수 있다.

[그림 1-1] 징계권의 의의와 목적

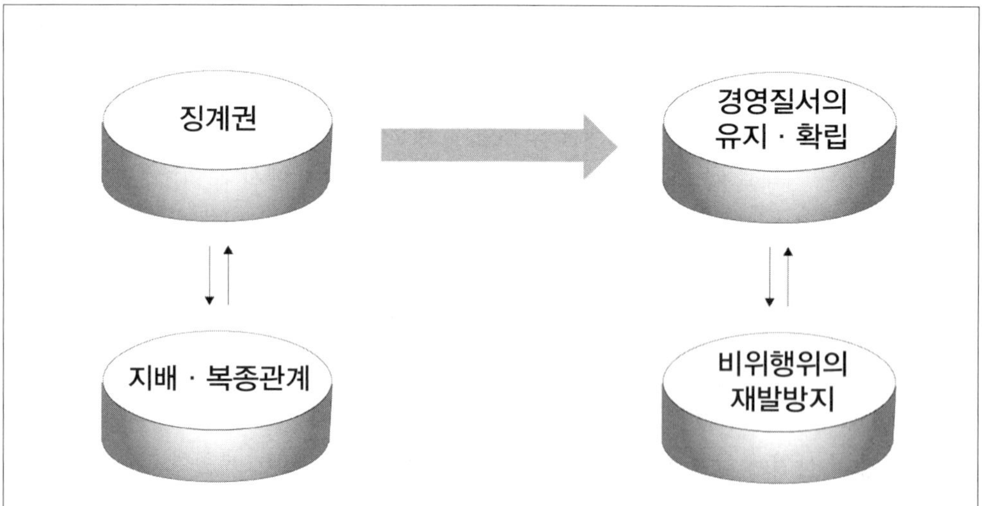

6) 이상국, 징계권행사의 법률지식, 37면.

3. 징계권자와 피징계권자

(1) 징계권의 행사주체

a) 기업은 협업과 분업이라는 생산수단의 특질에 의해 가져온 기술적 성격에 불과하지 않기 때문에,[7] 기업내 서로 다른 근로자가 긴밀히 결합하여 통일된 생산활동을 할 때 경영조직체로서 중요한 의미를 지닌다. 따라서 기업을 경영하는 주체가 징계권을 행사하는 주체가 될 수 있다.

b) 이러한 징계권의 행사주체는 사용자이며, 기업이라는 경영조직체의 운영주체를 말한다. 사용자에 의한 징계권은 사업주의 개인적 이익으로서가 아니라 기업내 다른 근로자와 긴밀히 결합된 공동체를 유지할 가치로서 인정되는 것이다. 징계권은 질서위반에 대한 저해성 내지 배반성에 대한 예방의 관점에서 당해 위반자의 반성을 구하고[8] 사용자의 경영목적을 달성하기 위한 수단으로 이용되기도 한다. 따라서 사용자는 경영질서의 위반을 이유로 징계권을 행사하고 근로자에게 제재조치를 하며, 기업의 통일적 이익침해를 보호하기 위하여 피지배자인 근로자에 대하여 책임추궁을 할 수 있다.

(2) 징계권자로서의 사용자

1) 사용자의 개념 a) 사용자란 근로기준법 제2조제1호에 의하면, 「사업주, 사업경영담당자, 그 밖에 근로자에 관한 사항에 대하여 사업주를 위하여 행위하는 자」를 말한다. 여기서 "사업주"란 사업을 대표하는 최고경영자를 말하며, "사업경영담당자"란 경영에 관한 사항을 위임받아 업무를 집행하는 지위에 있는 자로서 보통 부사장, 전무, 상무 등 임원에 해당하는 자를 말한다. 이러한 사용자는 근로자에 대하여 징계권을 행사하는 지위에 있다.

b) 그러나 근로기준법 제2조제1호에 의한 사용자의 용어는 개념을 명확히 명시하지 않고 있다. 이러한 입법태도는 사용자의 본질을 법률로 규정하지 아니하고, 해석론에 맡기고 있는 것이다. 이 경우 사용자성의 판단은 근로에 관한 타인결정성(Fremde Bestimmtheit)이나 지휘감독권 내지 지시권(Weisungsrecht)의 귀속여부가 그 핵심적 징표가 된다. 일반적 개념에 따르면, 사용자는 지휘명령권을 가지고 노동력을 수령하며, 근로관계상의 각종 의무를 준수해야 하는 자라고 한다.[9]

---

7) 뷔岡昇,"團結と 勞働契約の硏究", 286면 ; 窪田準人, 前揭書, 24면

8) 日本 横浜地裁, 1957. 7. 12 横須賀キャフ 事件;日本 東京地裁, 1959. 3. 31 東光電氣大崎工場事件;日本 札幌地裁, 1956. 10. 25 岩倉組事件

9) 김형배, 근로기준법, 박영사, 2001, 35면

2) 사업주를 위하여 행위하는 자 a) "사업주를 위하여 행위하는 자"란 부하를 관리감독하는 지휘계통에 있는 상급직에 해당되는 자를 말하며, 상대적인 의미를 지닌다. 이 경우 "그 밖에 근로자에 관한 사항에 대하여 사업주를 위하여 행위하는 자"란 근로자에 관한 사항에 대하여 사업주로부터 일정한 권한과 책임을 위임받아 인사 · 급여 · 후생 · 노무관리 등 근로조건을 결정하거나 구체적인 지휘 · 감독을 할 수 있는 자를 말한다.

b) 예컨대, 부장은 과장을 지휘하는 경우 사용자에 해당하나, 이사로부터 지휘명령을 받는 입장에서 보면 근로자에 해당된다. 이러한 자는 부장 또는 과장이라는 형식적 지위에 의한 것이 아니라, 구체적 직무권한에 의해 사용자성을 판단해야 한다. 따라서 사업주를 위하여 행위하는 자는 지휘감독권의 행사여부에 따라 상대적으로 판단해야 한다.

관련판례

(1) 아파트 입주자 대표회의가 아파트 관리업자와 체결한 위수탁관리계약상의 지위에 기한 감독권의 범위를 넘어 일부 직원의 채용과 승진에 관여하거나 관리사무소 업무의 수행상태를 감독하기도 하고, 또 관리사무소 직원들의 근로조건인 임금 · 복지비 등의 지급수준을 독자적으로 결정하여 오기는 하였으나, 관리업자 혹은 그를 대리한 관리사무소장이 근로계약 당사자로서 갖는 관리사무소 직원들에 대한 임면 · 징계 · 배치 등 인사권과 업무지휘명령권이 모두 배제 내지 형해화 되어 그 직원들과 체결한 근로계약이 형식적인 것에 지나지 않는다고 할 수 없고, 또 입주자 대표회의가 관리사무소 직원들의 업무내용을 정하고 그 업무수행과정에 있어 구체적 · 개별적인 지휘 감독을 행하고 있다고 볼 수도 없는 경우, 입주자 대표회의가 그 관리사무소 직원들과 근로계약관계에 있는 사용자라고 볼 수 없다(대판 1999. 7. 12, 99마628).

(2) 주식회사의 대표이사는 대외적으로는 회사를 대표하고 대내적으로는 회사의 업무를 집행할 권한을 가지는 것이므로, 특별한 사정이 없는 한 근로기준법 제15조 소정의 사업경영담당자로서 사용자에 해당한다고 할 것이나, 탈법적인 목적을 위하여 특정인을 명목상으로만 대표이사로 등기하여 두고 그를 회사의 모든 업무집행에서 배제하여 실질적으로 아무런 업무를 집행하지 아니하는 경우에 그 대표이사는 사업주로부터 사업경영의 전부 또는 일부에 대하여 포괄적인 위임을 받고 대외적으로 사업주를 대표하거나 대리하는 자라고 할 수 없으므로 사업경영담당자인 사용자라고 볼 수 없다(대판 2000. 1. 18, 99도2910).

(3) 피고인은 자신의 자금을 투입해 회사를 설립한 이래 사임등기를 경료할 때까지 대표이사로 재직하면서 회사를 줄곧 경영하여 오던 중 피고인이 거래은행에서 신용불량자로 분류되어 정상적인 회사운영이 어렵게 되자, 대표이사 명의만 피고인으로부터 월급을 받으면서 영업 및 기술업무를 담당해 오던 위 회사의 이사 앞으로 변경한 다음 여전히 회사 사장으로서

부도위기에 놓인 회사의 자금을 관리하는 등 모든 업무를 총괄해왔고, 대표이사 사임 후 복귀하기까지의 기간 동안 피고인은 형식상으로는 대표이사직에서 사임하였으나 실질적으로는 사주로서 회사를 사실상 경영하여 왔다 할 것이므로 임금 등 청산의무위반의 점에 대해 책임을 부담하여야 할 사용자에 해당한다(대판 2002. 11. 22, 2001도3889).

---

(3) 피징계자로서의 근로자

1) 근로자의 개념 a) 근로자란 근로기준법 제2조제1호에 의하면, "직업의 종류를 불문하고 사업 또는 사업장에서 임금을 목적으로 근로를 제공하는 자"를 말한다. 근로자는 근로계약의 내용에 따라 근로를 제공하고 경영질서를 준수할 의무가 있으며, 사용자로부터 징계처분을 받는 피징계자로서의 지위에 있다.

b) 그러나 산업발달에 따라 근로형태가 복잡해지면서 다양한 유형의 근로를 제공하는 행태가 나타남에 따라 누구를 근로자로 볼 수 있는지 판단하기가 쉽지 않다. 근로기준법 제2조제2항에 의한 근로자의 개념에도 불구하고, 근로를 제공하는 형태가 변형되거나 근무장소가 자택 등으로 변경되는 경우, 근로의 제공과정에서 구체적으로 사용자의 지휘명령을 받지 아니하는 경우 등 다양한 행태들이 발생하기 때문이다. 이러한 이유로 무엇을 기준으로 근로자를 구분할 것인지에 대한 학설이 다양하나, 법원은 종속성을 나타내는 징표를 기준으로 근로자성을 판단하고 있다.

2) 근로자성의 판단 a) 근로자성은 근로자를 나타내는 징표로서, 그 계약이 민법상의 고용계약 또는 도급계약이든 그 계약의 형식에 관계없이 그 실질에 있어 근로자가 사업 또는 사업장에 임금을 목적으로 종속적인 관계에서 사용자에게 근로를 제공하였는지에 따라 판단하여야 한다.

b) 종속노동관계의 판단은 업무의 내용이 사용자에 의하여 정하여지고 ① 취업규칙·복무규정·인사규정 등의 적용을 받으며, 업무수행과정에 있어서도 사용자로부터 구체적이고 직접적인 지휘 감독을 받는지 여부, ② 사용자에 의하여 근무시간과 근무장소가 지정되어 이에 구속을 받는지 여부, ③ 근로자 스스로가 제3자를 고용하여 업무를 대행케 하는 등 업무의 대체성 유무, ④ 비품 원자재 작업도구 등의 소유관계, ⑤ 보수가 근로 자체의 대상적 성격을 갖고 있는지 여부, ⑥ 기본급이나 고정급이 정하여져 있는지 여부, ⑦ 근로소득세의 원천징수 여부 등 보수에 관한 사항, ⑧ 근로제공의 계속성과 사용자에의 전속성의 유무와 정도, ⑨ 사회보장제도에 관한 법령 등 다른 법령에 의하여 근로자로서의 지위를 인정받는지 여부, ⑩ 양 당사자의 경제·사회적 조건 등을 종합적으

로 고려하여 판단하여야 하고, 회사의 이사 등 임원의 경우에도 그 형식만을 따질 것이 아니라 위 기준을 종합적으로 고려하여 판단하여야 한다.[10)]

c) 따라서 근로자성이 있는지는 일률적으로 판단하기 어렵고, 노동법에서도 입법목적과 취지에 따라 달리 판단하기도 한다. 예를 들어 골프장 캐디의 경우 근로기준법에서는 근로자성이 부인되나, 노동조합 및 노동관계조정법에서는 근로자성이 인정된다.

관련판례

(1) 방송회사와 전속계약을 체결하고 입사한 TV 관현악단원은, ① 자신들의 의사에 따라 독립적으로 연주하는 노무를 제공하여 온 것이 아니라 회사의 구체적인 출연지시에 따라 방송출연을 한 점, ② 출 퇴근 등의 복무 및 기타 행정적인 사항에 대하여 회사의 직접적인 지휘 감독을 받아 온 점, ③ 비록 일정한 근무시간이 정해져 있지 않고 출 퇴근 시간이 일정하지 않으며 회사의 승인하에 다른 출연활동을 할 수 있다 하더라도 회사가 필요로 할 때에는 수시로 그리고 일방적으로 특정의 프로그램 또는 사업에 악단원으로 출연하도록 지시할 수 있고 그 경우 악단원으로서는 그 지시에 따라야 할 의무를 부담한 점, ④ 회사로부터 노무제공의 대가로 매월 일정한 기준에 의한 기본급과 수당, 상여금 등을 받고 근로소득세를 원천징수한 점 등에 비추어 볼 때, 방송회사에 대하여 사용 종속관계에 있는 근로자에 해당한다(대판 1997. 12. 26, 97다17575).

(2) 근로기준법의 적용을 받는 근로자에 해당하는지 여부는 계약의 형식에 관계없이 그 실질에 있어서 임금을 목적으로 종속적인 관계에서 사용자에게 근로를 제공하였는지 여부에 따라 판단하여야 할 것이므로, 회사의 이사라 하더라도 회사로부터 위임받은 사무를 처리하는 외에 사장 등의 지휘 감독하에 일정한 노무를 담당하고 그 대가로 일정한 보수를 받는 관계에 있었다면 근로기준법상 근로자에 해당하며, 회사의 공장장으로 근무하던 중 이사 대우로 승진하였는데 승진 후에도 매일 그 공장에 출근하여 종전부터 하여 온 공장장으로서의 업무를 처리하면서 그 대가로 일정한 보수를 받은 경우, 근로기준법상의 근로자에 해당한다고 보아야 할 것이다(대판 2000. 9. 8, 2000다225911).

(3) 수련기관인 의과대학 소속의 전공의가 그 수련교과과정을 이수하는 피교육자적인 지위와 함께 소속 대학의 지휘 감독 아래 실질적인 사용종속관계에서 의학연구, 교육지도, 역학조사 등의 근로를 제공하고 그 대가로 임금을 지급받는 근로자로서의 지위를 아울러 가지고 있다고 보아 근로기준법 제14조에 정한 근로자에 해당하고, 수련병원의 전공의와 달리 환자에 대한 진료행위를 하지 않는다거나 그 의과대학의 예산에 퇴직금 항목이 없다고 하여 근로자가 아니라고 할 수 없다(대판 2001. 3. 23, 2000다39513).

---

10) 대판 2005. 5. 27, 2005두524 ; 대판 2000. 1. 28, 98두9219

(4) 비록 사립학교법이 사립학교의 교원과 사무직원의 임면 등에 관한 규정을 두고 있을 뿐 다른 근로자에 관한 규정을 두고 있지 않다고 하더라도 이는 사립학교의 교원과 사무직원의 임면과 신분보장 등을 위하여 특별히 규정하고 있는 것에 지나지 아니하므로, 사립학교에 근로를 제공하는 자로서 사립학교법상의 교원 또는 사무직원에 해당하지 아니하는 자에 대하여는 근로기준법이 적용될 수 있다 할 것이다. 원고들이 임금을 목적으로 종속적인 관계에서 피고법인에 근로를 제공하였다는 점에 대하여는 피고법인의 재판상의 자백이 성립되었다고 보아야 할 것이고, 그 후 피고법인이 원고들은 피고법인의 정규근로자가 아니라 시간제근로자라거나 피고법인의 교직원이 아니라는 등의 주장을 하는 것은 단순히 원고들과 피고법인 사이의 근로관계에 관한 법률적 평가를 여러 가지로 바꾸어 주장하는 것에 지나지 아니하여 이를 자백의 취소로 볼 것은 아니라고 할 것이다. 그럼에도 불구하고 원심은 원고들과 피고법인 사이에 강사채용계약이 적법하게 체결되었다거나 원고들이 적법한 절차를 거쳐 피고의 교직원으로 임명되었다는 자백이 성립되었다고 할 수 없고 그 자백이 성립되었더라도 적법하게 취소되었다고 판단한 채, 원고들과 피고법인 사이에 사실상 지휘 · 종속관계에 있는 근로관계가 성립되는 경우의 법률효과에 대하여는 나아가 판단하지 아니하였으니, 이러한 원심판결에는 자백과 그 취소에 관한 법리를 오해하여 판결에 영향을 미친 위법이 있다고 할 것이다(대판 2008. 3. 27, 2007다87061).

(5) 원심판결 이유에 의하면, 피고인의 공소외인에 대한 근로기준법 소정의 퇴직금청산의무위반의 이 사건 공소사실에 대하여, 원심은 그 거시증거를 종합하여, ① 공소외인은 2004. 8. 1. 이 사건 회사에 직위 기술이사, 연봉 5,000만 원으로 입사하여 2006. 12. 31.까지 이 사건 회사의 기술 총책임자(부사장)로 근무한 사실, ② 이 사건 회사와 공소외인 사이에 2005. 12. 30. 이 사건 회사는 공소외인의 능력을 극대화하기 위하여 근무환경을 조성하고, 공소외인은 연구개발자 및 경영자로서 이 사건 회사의 매출이 증대될 수 있도록 최선을 다하며, 이 사건 회사와 공소외인의 연구결과인 지적재산권을 공유하며 이에 대한 비용은 이 사건 회사가 부담하고, 이 사건 회사는 공소외인의 능력발휘와 경영협력을 위하여 공소외인에게 연간 판매이익이 5억 원을 초과하는 경우 1억 원을, 10억 원을 초과하는 경우에는 추가로 1억 원을 지급하기로 하며, 공소외인이 요구하면 이 사건 회사의 모든 회계자료를 공개하기로 약정한 사실, ③ 이 사건 회사와 공소외인 사이에 2006. 6. 12. 위 2005. 12. 30.자 약정 외에 추가하여 공소외인은 이 사건 회사의 부사장으로서 회계와 영업을 제외한 모든 업무를 총괄하며 특히 부설연구소 업무를 전담하고, 이 사건 회사는 공소외인에게 연간 총 매출액의 3%를 연구성과급으로 지급하며, 외부투자를 받는 조건으로 연봉 1억 2,000만 원, 체어맨급 이상의 차량을 배정하고, 매월 500만 원을 한도로 기밀비를 사용할 수 있도록 하며, 공소외인의 모든 학업, 국내외 세미나, 교육연수, 각종 학회, 기술 협회 등의 연구활동비 및 대외활동비를 지원하기로 약정한 사실, ④ 공소외인은 위 2006. 6. 12.자 약정을 근거로 이 사건 회사를 상대로 서울동부지방법원 2008가소109055 연구성과급지급청구의 소를 제기하였으며, 이 사건 회사와 공동으로 3개의 특허를 출원하였고, 일주일에 두 번 정도 학교에 나간 사실 및 2006. 12.

22. 이 사건 회사의 매출부진과 투자지연으로 회사가 어려워질 것에 대비하여 사직서를 제출하고 2006. 12. 31. 퇴사한 사실을 인정한 다음, 위 인정 사실과 공소외인은 연구소장 및 부사장으로서 내부 경영을 책임지기로 한 점, 연봉 외에도 매출액의 연 3%를 연구성과급으로 지급받기로 한 점, 이 사건 회사와 공동으로 특허를 출원한 점, 기타 이 사건 회사가 공소외인에게 제공한 근무환경 및 처우조건 등을 종합하면, 공소외인은 임금을 목적으로 종속적인 관계에서 사용자에게 근로를 제공하였다고는 보이지 않아 근로기준법이 정하는 근로자라고 할 수 없고, 달리 이를 인정할 증거가 없다는 이유로, 무죄를 선고하였다. 그러나 위에서 설시한 법리에 비추어 살펴보면, 원심판결 이유에 의하더라도 공소외인은 이사회 이사가 아닌 이 사건 회사의 기술 총책임자(부사장)로 근무하면서 고정급으로 연봉 5,000만 원을 지급받았다는 것이므로, 고정급 외에 성과급(인센티브) 등을 제공받는 등 원심이 공소외인과의 근로관계를 부인하는 근거로 들고 있는 사유는 추가로 지급되는 임금과 근로조건 등에 불과하여 현실적으로 근로의 제공 및 수령이 이루어지고 있는 당사자 간에 있어서 그와 같은 사유를 사용종속성에 관한 판단자료로 삼기에는 부적절하고, 오히려 원심이 배척하지 아니한 연봉계약서, 각 계약서의 각 기재와 원심증인 공소외인의 법정진술 등에 의하면, 공소외인은 이 사건 회사의 본사에서 이 사건 회사가 제시하는 연구 과제를 수행하면서 이 사건 회사 소속 연구원을 관리하고 그 대가로 고정급인 연봉과 성과급(인센티브) 등을 받거나 받기로 한 사정 등을 알 수 있으므로, 공소외인은 임금을 목적으로 이 사건 회사에 근로를 제공한 근로자로 보기에 충분하다고 판단된다. 그럼에도 불구하고 그 판시와 같은 사정만을 들어 공소외인이 근로기준법상 근로자가 아니라고 단정한 원심판결에는 근로자의 개념에 관한 법리를 오해하여 판결에 영향을 미친 위법이 있다고 할 것이다. 이 점을 지적하는 상고이유의 주장은 이유 있다(대판 2009. 04. 23, 2008도11087).

(6) 근로기준법상 근로자에 해당하는지 여부는 계약의 형식과는 관계없이 실질에 있어서 임금을 목적으로 종속적인 관계에서 사용자에게 근로를 제공하였는지 여부에 따라 판단하여야 하고, 반대로 어떤 근로자에 대하여 누가 임금 및 퇴직금의 지급의무를 부담하는 사용자인가를 판단함에 있어서도 계약의 형식이나 관련 법규의 내용에 관계없이 실질적인 근로관계를 기준으로 하여야 한다(대판 2008. 10. 23, 2007다7973 등 참조). 그런데 원심이 인정한 사실관계 및 기록에 의하면, ① 이 사건 연구소는 친환경 농업기술을 개발하고 친환경 농축산물의 인증업무를 담당할 목적으로 삼무와는 별도로 설립된 비영리사단법인으로서, 피고 등은 모두 이 사건 연구소와 사이에 근로계약을 체결하고 이 사건 연구소 건물에서 따로 근무하면서 이 사건 연구소로부터 직접 급여를 지급받은 사실, ② 선정자 소외 2를 제외한 피고 등에 대한 국민연금도 이 사건 연구소 명의로 가입되어 이 사건 연구소가 선정자 소외 2를 제외한 피고 등에 대한 국민연금보험료를 부담하였던 사실(선정자 소외 2는 공무원연금수급권자로서 국민연금가입대상에서 제외된 것으로 보인다), 나아가 ③ 이 사건 연구소 직원들 중 일부를 삼무에서 근무하도록 한 경우에는 파견근무명령이나 겸임발령을 내고 파견근무에 대한 근로계약서를 작성하도록 하는 등 일반적으로 삼무와는 별도로 인사관리가 이루어졌던 사실, ④ 삼

무의 조직도에 의하면 이 사건 연구소 및 그 소속 직원들이 삼무의 조직으로 포함되어 있기는 하나, 다른 한편 이 사건 연구소 소속 인원은 삼무 소속 인원들과는 구분되어 별도로 표기되어 있었던 사실(기록 410면 참조), ⑤ 이 사건 연구소가 삼무로부터 연구개발비라는 이름으로 피고 등 이 사건 연구소 직원들의 급여를 포함하여 그 운영경비를 지원받았다고 하더라도, 거기에는 삼무를 위하여 친환경 농업기술을 개발 · 제공하거나 삼무에서 생산 · 판매하는 농축산물의 친환경인증업무를 처리한 데 대한 대가 등이 포함되어 있었던 사실, ⑥ 피고, 선정자 소외 3, 4와 같은 이 사건 연구소의 일부 직원이 삼무의 사원증을 발급받아 소지하고 있었지만, 이는 이 사건 연구소에서 삼무가 2007년 9월 중순경 개장한 친환경 농수축산물 전문매장 '삼무힐랜드'를 지원하는 과정에서(이 사건 연구소에서 친환경인증한 농축산물이 판매되는 곳으로서 이를 지원하는 활동은 이 사건 연구소의 업무와 아무런 관련이 없다고 할 수는 없다) 위 매장 등에 대한 출입의 편의를 위한 것으로 보이는 점(원심 증인 소외 5의 진술 등 참조) 등의 사정을 알 수 있다. 이러한 사정들에다가 이 사건 기록에 나타나는 피고 등의 업무내용이나 근무형태, 업무수행과정에 있어서 삼무의 구체적 · 개별적인 지휘감독권 행사에 관한 입증의 정도 등을 감안하면, 이 사건 연구소가 그 설립목적의 범위 내에서 삼무에서 생산 · 유통하는 농축산물에 대하여 친환경인증을 하는 업무를 담당하고 삼무로부터 연구개발비라는 명목으로 운영비용을 지원받았다거나 이 사건 연구소의 직원들이 삼무의 업무를 지원하였거나 일부의 인사관리를 삼무에서 행한 일이 있었다고 하더라도 근로제공상의 사용종속관계, 임금지급의 주체, 근로제공의 상대방 등 근로관계를 둘러싼 여러 측면에서 피고 등과 삼무 사이에 근로관계가 성립하였다고 평가할 만한 정도에 이르렀다고 볼 수 없다. 그렇다면 원심이 그 판시와 같은 사정만으로 삼무가 피고 등에 대하여 실질적인 사용자의 지위에 있다고 판단하여 피고 등이 삼무에 대하여 근로기준법상 임금채권 및 퇴직금채권을 가지고 있음을 전제로 원고의 청구를 배척한 것에는 근로관계의 성립에 관한 법리를 오해하였거나 필요한 심리를 다하지 아니하여 판결에 영향을 미친 위법이 있다고 할 것이다(대판 2012. 05. 24, 2010다107071).

(7) 근로기준법(이하 '근기법'이라 한다)상의 근로자에 해당하는지 여부는 계약의 형식이 고용계약인지 도급계약인지보다 그 실질에 있어 근로자가 사업 또는 사업장에 임금을 목적으로 종속적인 관계에서 사용자에게 근로를 제공하였는지 여부에 따라 판단하여야 하고, 위에서 말하는 종속적인 관계가 있는지 여부는 업무내용을 사용자가 정하고 취업규칙 또는 복무(인사)규정 등의 적용을 받으며 업무수행과정에서 사용자가 상당한 지휘 · 감독을 하는지, 사용자가 근무시간과 근무장소를 지정하고 근로자가 이에 구속을 받는지, 노무제공자가 스스로 비품 · 원자재나 작업도구 등을 소유하거나 제3자를 고용하여 업무를 대행하게 하는 등 독립하여 자신의 계산으로 사업을 영위할 수 있는지, 노무제공을 통한 이윤의 창출과 손실의 초래 등 위험을 스스로 안고 있는지와, 보수의 성격이 근로 자체의 대상적 성격인지, 기본급이나 고정급이 정하여졌는지 및 근로소득세의 원천징수 여부 등 보수에 관한 사항, 근로제공관계의 계속성과 사용자에 대한 전속성의 유무와 그 정도, 사회보장제도에 관한 법령에서 근로

자로서 지위를 인정받는지 등의 경제적 · 사회적 여러 조건을 종합하여 판단하여야 한다. 다만, 기본급이나 고정급이 정하여졌는지, 근로소득세를 원천징수하였는지, 사회보장제도에 관하여 근로자로 인정받는지 등의 사정은 사용자가 경제적으로 우월한 지위를 이용하여 임의로 정할 여지가 크다는 점에서, 그러한 점들이 인정되지 않는다는 것만으로 근로자성을 쉽게 부정하여서는 안 된다(대판 2006. 12. 7, 2004다29736). 한편, 골프장에서 일하는 캐디는, ① 골프장 시설운영자와 사이에 근로계약 · 고용계약 등의 노무공급계약을 전혀 체결하고 있지 않고, ② 그 경기보조업무는 원래 골프장 측이 내장객에 대하여 당연히 제공하여야 하는 용역 제공이 아니어서 캐디에 의한 용역 제공이 골프장 시설운영에 있어서 필요불가결한 것이 아니며, ③ 내장객의 경기보조업무를 수행한 대가로 내장객으로부터 직접 캐디 피(caddie fee)라는 명목으로 봉사료만을 수령하고 있을 뿐 골프장 시설운용자로부터는 어떠한 금품도 지급받지 아니하고, ④ 골프장에서 용역을 제공함에 있어 그 순번의 정함은 있으나 근로시간의 정함이 없어 자신의 용역 제공을 마친 후에는 골프장시설에서 곧바로 이탈할 수 있고, ⑤ 내장객의 감소 등으로 인하여 예정된 순번에 자신의 귀책사유 없이 용역 제공을 할 수 없게 되더라도 골프장 시설운용자가 캐디 피에 상응하는 금품이나 근기법 소정의 휴업수당을 전혀 지급하고 있지도 아니하며, ⑥ 내장객에 대한 업무수행과정에서 골프장 시설운용자로부터 구체적이고 직접적인 지휘 · 감독을 받고 있지 않으며, ⑦ 근로소득세를 납부하고 있지 않고, ⑧ 내장객에 대한 경기보조업무 수행을 해태하여도 그 용역을 제공하는 순번이 맨 끝으로 배정되는 등의 사실상의 불이익을 받고 있을 뿐 달리 골프장 시설운용자가 캐디에 대하여 회사의 복무질서 위배 등을 이유로 한 징계처분을 하지 아니하는 등의 여러 사정을 종합하여 볼 때, 골프장 시설운영자에 대하여 사용종속관계하에서 임금을 목적으로 근로를 제공하는 근기법 소정의 근로자로 볼 수 없다 할 것이다(대판 1996. 7. 30, 95누13432 참조). 원심은, 캐디들은 어느 정도의 사용종속적인 관계에서 피고에게 노무를 제공하고는 있으나, 그 주된 노무인 경기보조 서비스 용역의 상대방은 캐디 피를 직접 지급하는 골프장 이용객이라 할 것이고, 피고에게 직접 제공되는 일부 노무의 목적은 피고로부터 이 사건 골프장의 출입 및 이용권한인 출장 기회를 제공받는 대가로 부수적으로 수행되는 것에 불과하여 임금을 목적으로 한 노무제공으로 볼 수 없으므로 피고가 이에 대하여 임금을 지급할 의무가 없어, 결국 원고들과 같은 캐디들은 국가의 관리 · 감독 아래 근기법상의 각종 보호 제도를 반드시 전면적으로 적용하여야 할 정도로 직접적인 보호의 필요성이 있는 노무제공자에 해당한다고 보기는 어렵다는 등 그 판시와 같은 이유로, 원고들은 임금을 목적으로 사용종속적인 관계에서 피고에게 근로를 제공하는 근기법상의 근로자에 해당한다고 볼 수 없다고 판단하였다. 원심판결 이유를 앞서 본 법리와 원심이 적법하게 채택한 증거들에 비추어 살펴보면, 원심의 위와 같은 인정과 판단은 정당한 것으로 수긍이 가고, 거기에 상고이유의 주장과 같이 논리와 경험의 법칙에 위배하여 자유심증주의의 한계를 벗어나거나 근기법상 근로자의 개념에 관한 법리오해 및 골프장 내장객의 캐디 피 지급에 관한 묵시적 위임 주장에 관한 판단누락 등의 위법이 없다(대판 2014. 02. 13, 2011다78804).

(8) 근로기준법상의 근로자에 해당하는지 여부는 계약의 형식이 고용계약인지 도급계약인지보다 그 실질에 있어 노무제공자가 사업 또는 사업장에 임금을 목적으로 종속적인 관계에서 사용자에게 근로를 제공하였는지 여부에 따라 판단하여야 한다. 여기에서 종속적인 관계가 있는지 여부는 업무내용을 사용자가 정하고 취업규칙 또는 복무규정 등의 적용을 받으며 업무수행과정에서 사용자가 상당한 지휘 · 감독을 하는지, 사용자가 근무시간과 근무장소를 지정하고 노무제공자가 이에 구속을 받는지, 노무제공자가 스스로 비품 · 원자재나 작업도구 등을 소유하거나 제3자를 고용하여 업무를 대행하게 하는 등 독립하여 자신의 계산으로 사업을 영위할 수 있는지, 노무제공을 통한 이윤의 창출과 손실의 초래 등 위험을 스스로 안고 있는지, 보수의 성격이 근로 자체의 대상적 성격인지, 기본급이나 고정급이 정하여졌는지 및 근로소득세의 원천징수 여부 등 보수에 관한 사항, 근로제공관계의 계속성과 사용자에 대한 전속성 유무와 그 정도, 사회보장제도에 관한 법령에서 근로자로서 지위를 인정받는지 등의 경제적 · 사회적 여러 조건을 종합하여 판단하여야 한다(대판 2006. 12. 7, 2004다29736 참조). 원심은 그 채택 증거를 종합하여 판시와 같은 사실을 인정한 다음, ① 원고들이 기존 근로계약서 대신 새로이 차량운행용역계약서를 작성하면서 개별적으로 사업자등록을 하고 퇴직금을 지급받지 아니하며 4대 보험의 적용을 받지 아니하기로 약정한 점, ② 원고들은 출근부에 서명하지 아니하고 학생들의 수송을 마치면 자유롭게 귀가하였으며 취업규칙의 적용을 받지 아니한 점, ③ 원고들은 상당한 가격의 45인승 버스를 지입한 후 실제로 버스를 소유 · 관리하면서 그 운행에 관한 모든 책임을 부담한 점, ④ 원고들은 별다른 제약 없이 대차운행, 대리운행을 하고 업무 외의 영업행위를 하였던 점, ⑤ 원고들의 버스 운행에 대한 수수료는 차량의 승차인원, 연식, 운행거리 등에 따라 차등적으로 지급된 점 등의 사정을 종합하여, 원고들은 임금을 목적으로 종속적인 관계에서 사용자에게 근로를 제공한 것이라고 보기 어려우므로 근로기준법상 근로자에 해당하지 아니한다고 판단하였다. 원심판결 이유를 앞서 본 법리와 기록에 비추어 살펴보면 원심의 이러한 판단은 정당한 것으로 수긍이 가고, 거기에 상고이유의 주장과 같은 근로기준법상 근로자의 인정기준에 관한 법리오해, 채증법칙위반 등의 위법이 없다(대판 2014. 07. 24, 2012두16442).

---

4. 징계권의 행사

(1) 징계권행사의 불가피성

a) 기업은 경영의 효율성을 도모하고 생산능률을 향상시키기 위하여 통일된 경영질서를 유지하고 적정한 노동력을 유기적으로 또는 계속적으로 제공할 수 있도록 하기 위하여 근로자를 지휘 · 감독하게 된다. 이 경우 근로자는 근로계약에 의하여 사용자의 업무상 지휘명령을 받으며 근로를 제공해야 할 의무를 진다. 따라서 근로자는 경영조직의 규율이나

질서를 유지하고 기업의 비밀을 지켜야 하며, 신용과 체면을 지켜야 하는 등 다양한 의무를 부담한다.[11)]

b) 근로자가 본래의 의무에 따라 경영질서를 준수하거나 맡은 직무나 업무명령을 충실하게 이행한다면 징계처분의 문제는 일어날 여지가 없다. 그러나 근로자가 사용자의 업무명령을 위반하거나 경영방침에 위반되는 행위를 하게 되면, 비로소 기업질서 또는 직장규율의 위반에 대해 징계처분을 해야 하는 문제가 제기된다.[12)]

c) 근로자에 대한 징계처분은 최악의 경우 해고를 의미하며, 최소한 어떤 형태이든 불이익을 주게 된다.[13)] 이 경우 사용자에 의한 징계권의 행사가 과연 정당한가 하는 의문을 가질 수 있다. 그럼에도 불구하고 사용자가 징계권을 행사하는 것을 실질적으로 거부하는 경우는 거의 찾아볼 수 없고, 정당성을 다투는 정도에 불과하다.[14)]

(2) 징계권의 행사와 규범적 특성

1) 징계권의 행사와 쟁점사항 a) 근로관계는 노사대등의 입장에서 근로계약에 의하여 성립되고 근로조건은 당사자의 합의에 의하여서 형성된다. 이 경우 징계권의 행사가 근로계약에 기초하여 파생되는 권한이라고 본다면 대등한 계약당사자의 어느 일방이 다른 상대방을 징계처분을 할 수 있는가 하는 의문이 제기된다. 또한 현실적으로 사용자가 징계권을 행사하는 인정근거가 무엇이며, 징계기준은 누가 어떻게 정해야 하는지 의문을 갖게 된다.

b) 만약 사용자가 당연히 징계권을 갖는다고 한다면 근로자는 생존권의 위협에도 불구하고 이를 감내하여야 하는지, 아니면 항변을 할 수 있는지 규명할 필요가 있다. 이러한 관점에서 사용자의 징계권남용을 규제하기 위한 이론적 근거는 무엇이고 그 한계는 어디에 있으며, 징계권행사를 합목적적으로 통제할 수 있는 지배원리는 무엇인지 검토할 필요가 있다.

c) 또한 근로자와 사용자 사이의 징계처분을 둘러싼 분쟁을 예방 또는 해결하기 위해서 징계규정을 설정한다면 어떠한 기준에 따라야 하고, 어떻게 해석할 것인지도 중요한 과제가 아닐 수 없다. 동시에 징계기준간의 모순 또는 충돌이 된다면 징계조항간에 해석을 어떻게 할지도 고민할 필요가 있다.

---

11) 김형배, 근로기준법, 박영사, 1993, 134~140면

12) 이상국, 징계권행사의 법률지식, 청림출판사, 2000, 31면

13) 이상국, "사용자의 징계권에 관한 연구", 한양법학 제21집(한양법학회, 2007, 8), 593면

14) 유사개념으로서 징계와 징계처분을 구분할 필요가 있다. 징계는 일정한 질서나 규범을 위반하는 행위자체로서 사실행위를 의미한다. 반면 징계처분은 징계행위에 대하여 불이익을 주는 제재적 성격의 처분행위를 의미한다.

2) 지배복종의 관계 인정 a) 징계권은 본질적으로 지배복종의 관계를 전제로 한다. 징계권은 다수의 개인이 개별적인 법률관계 내지 계약관계를 기초로 해서 단순히 집합해 있는 것이 아니라 개인의 존재와 독립된 사회내지 단체에 존재한다는 전제로 단체와 구성원과의 사이에 지배복종의 관계가 인정되는 것이다.[15)]

b) 징계권은 어떠한 조직체 내지 단체에서 통일된 목적을 달성하기 위하여 필요로 하는 지배복종의 원리에 의한 규범이며, 경영조직체에서도 고용된 개개 근로자의 존재를 넘어 어느 정도 독립된 지위에서 행사가 용인된다. 이와 유사한 규범은 노동조합과 같은 민주성을 전제로 하는 단체에서도 필요로 한다. 노동조합은 조합원 전체의 공통된 이익을 확보하기 위해서 조합원을 통제할 수 있는 통제권을 행사하는데, 노동조합의 공동규범으로서 사용자의 징계권과 유사한 속성을 지닌다.

(3) 징계권행사의 요건

1) 징계요건과 징계권의 남용 a) 사용자는 근로기준법 제23조제1항에 의하면 정당한 사유 없이 근로자를 징벌할 수 없다. 따라서 사용자가 징계권을 행사하기 위해서는 근로자의 행위가 징계처분을 받을 만한 정당한 요건을 갖추었는지를 우선 고려하여야 한다. 그러나 징계권의 행사요건에 대하여는 법률로 정하지 않고 있다. 그 결과 징계권행사에 따른 정당성과 남용문제가 논란의 대상이 된다. 따라서 사용자는 징계사유를 어느 정도의 범위까지 정할 수 있는지, 징계처분을 한다면 어떠한 종류 또는 행위에 적합한 징계양정을 정하여야 하는지, 반드시 징계절차에 따라 징계처분을 해야 하는지 의문이 제기될 수밖에 없다.

b) 또한 취업규칙이나 징계규정에 근로자의 고의 · 과실에 의한 징계권행사의 요건을 정하는 것이 합리적인지, 징계규정을 정하더라도 사회통념상 근로자의 위반행위가 불가항력에 기인한 것이라면 징계책임을 물을 수 없는지 판단하기가 어렵다. 나아가 징계요건에는 징계사유로서 형식적 의무위반뿐만 아니라 내적 · 심리적 요소인 고의 · 과실과 그 전제로서의 책임능력, 실질적 의무위반(위법성)의 인식, 적법행위의 기대가능성을 모두 충족하여야 하는지 의문이 제기될 수 있다.

2) 고의 또는 과실과 징계요건 일반적으로 고의라 함은 구성요건적 행위상황(사실)을 인식하고 이를 행한다고 하는 의사 · 태도를 말하며, 과실이라 함은 행위상황(사실)을 인식(예견)하였어야 함에도 불구하고 주의의무를 태만히 함으로 말미암아 인식을 못하였거

15) 日本 横浜地裁, 1957. 7. 12 横須賀キャフ 事件;日本 東京地裁, 1959. 3. 31 東光電氣大崎工場事件;日本 札幌地裁, 1956. 10. 25 岩倉組事件

나 결과발생을 회피하지 못한 심리상태를 말한다. 고의 · 과실은 징계요건의 존부를 확정하기 위하여 필요한 것이며, 징계양정의 기준을 결정하는데 매우 중요한 요소가 된다.[16)]

3) 한계능력자의 책임능력과 징계요건 a) 일반적으로 모든 근로자는 징계사유에 해당되는 한, 학력 · 경력 · 연령이나 지위 · 신분 등을 불문하고 징계대상자에 해당된다. 그러나 피한정후견인 또는 피특정후견인, 미성년자가 근로자인 경우에는 통상인의 능력에 비하여 정상적인 판단능력이 부족한 점을 고려하여 징계처분을 할 것인지, 아니며 경감시킬 것인지 논란의 여지가 있다.

b) 따라서 장애인을 고용한 사업장에서 행동의 부자연성으로 인하여 사고가 발생하는 경우에 사고경위나 대처능력, 사고예방의 가능성 등을 참작하여 징계처분의 여부, 징계의 양정을 결정할 필요가 있다. 이 경우 사용자의 징계권에 대하여는 정당성을 판단할 수 있는 정도에 그치면 될 것이지, 일반 법률과 같은 차원에서 엄격한 징계요건을 정하여 운영하도록 규제할 필요가 없다고 본다. 그러나 일반근로자는 단순히 직무수행능력이 부족한 경우라면 책임능력을 인정해야 할 것이다.[17)]

(4) 징계권행사의 사유

1) 근로자의 위반행위와 징계처분의 사유 a) 징계권의 행사를 위해서는 징계처분의 원인이 되는 근로자의 위반행위가 있어야 한다. 징계처분의 사유는 일정한 행위에 대한 규범가치의 기준을 정하여 이를 준수하도록 하고, 이를 위반한 행위를 제재하기 위한 법률상의 원인으로서 권원을 말한다. 그러나 근로자의 위반행위가 모두 징계처분의 대상이 되는 것은 아니며, 사용자가 어느 행위에 대해 어떠한 징계처분을 할 것인지를 기준으로 설정할 때 징계처분이 가능하다.

b) 따라서 근로자의 귀책사유에 대하여 시말서의 징구나 경고를 하더라도 단순히 훈계하고 그 잘못을 반성케 하는데 그친다면 징계처분이라고 할 수 없다. 그러나 시말서 징구에 그치지 아니하고 대기발령 또는 직위해제를 하는 등 근로자에게 불이익 조치를 한다면, 이는 징계처분으로 보아야 한다.

2) 징계권의 행사와 재량권 사용자의 징계권행사에 대하여는 구체적으로 법률에 명시되어 있지 않다. 다만, 근로기준법 제23조제1항에서 '사용자는 근로자에 대하여

16) 이 경우 징계요건은 국가의 형벌과 같이 엄격한 죄형법정주의를 적용한다면 과실에 대하여 특별한 규정이 없으면 징계처분을 할 수 없게 된다. 그러나 근로자에 대한 징계처분은 대부분 업무상의 과실을 의미하므로 엄격히 구분할 필요는 없다고 본다. 다만, 징계의 양정을 결정하는데 참작사유가 될 뿐이다.

17) 대판 1993. 9. 28, 93다22524

정당한 이유 없이 해고, 휴직, 정직, 전직, 기타 징벌을 하지 못한다'고 규정하고 있을 뿐이다. 이 규정은 정당한 이유 없이 근로자를 징벌할 수 없다는 징계사유를 예시적으로 열거한 것에 불과하다. 따라서 근로기준법이나 단체협약에 의한 구체적인 규정이 없는 한 사용자는 어떠한 행위를 경영질서의 위반으로 규율하거나, 징계사유를 어떻게 한정할 것인지 제한을 받지 않는다.

[그림 1-2] 징계권행사의 문제점

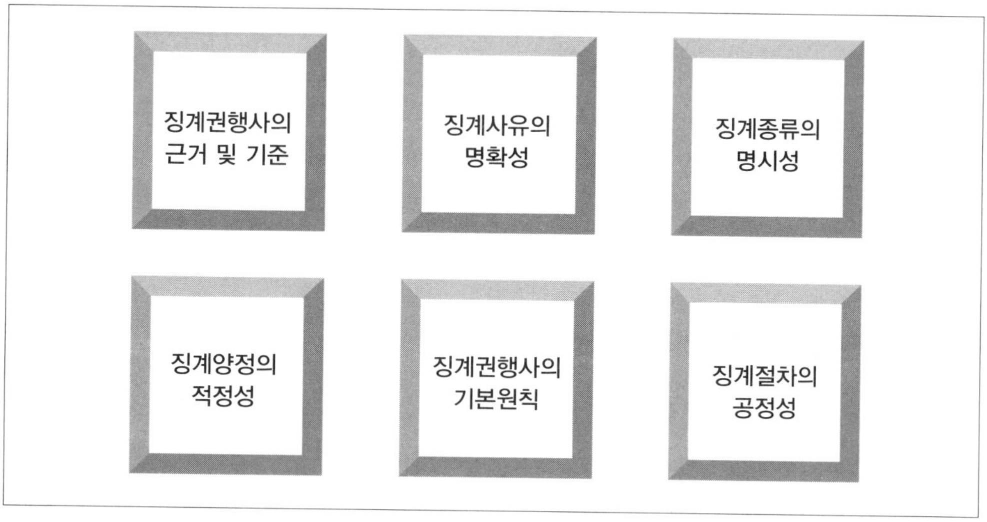

(5) 징계종류의 설정

1) 징계종류의 명시와 신분 보장 a) 사용자가 피징계자인 근로자를 대상으로 징계처분을 하는 경우에는 징계종류가 사전에 명시되어 있어야 한다. 따라서 사용자는 취업규칙이나 단체협약에 징계사항을 작성하는 경우 징계의 종류를 명확히 규정을 할 필요가 있다. 이 경우 사용자는 회사의 특성과 징계의 목적을 고려하여 어떠한 징계종류를 자유로이 창설할 수 있는지 의문이 제기된다.

b) 일반근로자와 달리 공무원의 경우에는 특별권력관계에서 국가의 공적 업무를 수행하는 점을 고려하여 신분보장을 하는 동시에 징계의 종류도 법률에 의하여 엄격히 규제하고 있다. 공무원은 국민의 봉사자로서 직무를 수행하기 때문에 정치적 외압 또는 조직의 기관장에 의해 불공정하거나 위법 · 부당한 불이익을 받지 않아야 한다. 따라서 국가공무원법과 지방공무원법에서 징계의 종류를 파면 · 해임 · 정직 · 감봉 · 견책의 다섯 가지로 정하고 있다. 공무원에 대한 단순한 경고는 징계로 보지 않는다.[18] 이러한 징계종류

18) 공무원이 소속장관으로부터 받은 "직상급자와 다투고 폭언하는 행위등에 대하여 엄중 경고하니, 차후

에서 성격에 따라 파면이나 해임이 공무원관계를 배제하는 내용으로 하는 배제징계라고 한다면, 정직 · 감봉 · 견책은 교정징계라고 분류하기도 한다.[19)]

2) 징계처분의 규제와 남용 방지 a) 일반적으로 공무원과는 달리 근로자의 경우에는 근로자를 보호하기 위한 관점에서 근로기준법 제23조에서 정당한 사유 없이 해고 등 징계처분을 하지 못하도록 규제하거나 근로기준법 제95조(제재규정의 제한)에서 감급의 제재한도를 정하고 있을 뿐, 징계권의 종류와 징계사유에 대하여 규정하지 아니하고 있다.

b) 사용자는 징계의 종류와 사유, 절차 등에 대하여 자유로이 정할 수 있으나, 이를 남용할 여지가 있으므로 근로기준법 제93조(취업규칙의 작성 · 신고) 제11호에 "표창과 제재"에 관한 사항을 취업규칙의 내용으로 명시하여 고용노동부장관에게 신고하도록 하고 있다. 따라서 근로자의 징계권에 대하여는 원칙적으로 사용자의 자율에 맡겨져 있고, 국가가 그 남용여지에 대하여 예방감독이나 사후적 구제를 하는 입법형식을 채택하고 있다.

(6) 징계권행사의 절차와 징계양정

a) 징계권의 행사가 정당성을 지니기 위해서는 징계절차 및 징계양정에 대한 이해가 필요하다. 또한 징계사유가 발생 또는 발견이 되었더라도 어떠한 절차에 따라 어느 시기에 그 권한을 행사해야 적합한지 살펴볼 필요가 있다. 이 경우 징계절차상 징계대상자, 즉 근로자의 주변상황을 어느 정도까지 청취하고 징계처분의 대상자, 사유의 발생동기, 당사자의 연령, 근속기간, 경험 또는 숙련도, 공헌도에 대하여 어느 정도 참작할지를 고려할 필요가 있다.

b) 일단 징계처분이 결정된 뒤에 동일사안에 대하여 차후에 다시 징계처분을 할 수 있는가 하는 것은 일사부재리의 원칙과 관련하여 남용문제가 될 수 있다. 만약 동일하거나 유사한 징계사유에 대해 다른 근로자와 비교하여 특정근로자만 상대적으로 불리한 징계처분을 하게 된다면, 징계형량의 형평성 측면에서 문제가 될 것이다.

c) 징계양정은 사회통념상 어느 정도의 범위내에서 재량권이 허용되며, 일탈 내지 남용으로서 볼 수 있는지를 살펴 보아야 한다. 따라서 적정한 징계처분을 위해서는 징계의

이러한 사태가 없도록 각별히 유념하기 바람'이라는 내용의 서면은 경고가 공무원의 신상에 영향을 미치는 국가공무원법상의 징계의 종류에 해당되지 아니하고, 근무충실에 관한 권고행위 내지 지도행위로서 그 때문에 공무원으로서의 신분상 불이익을 초래하는 법률상의 효과가 발생하는 것도 아니므로 경고가 국가공무원법상의 징계처분이나 행정소송의 대상이 되는 행정처분이라고 할 수 없어 그 취소를 구할 법률상의 이익이 없다(대판 1991. 11. 12, 91누2700).

19) 홍정선, 행정법원론(하), 2006, 306면

정도가 사회통념상 허용범위를 넘는지의 여부, 징계의 사유가 된 사실의 내용과 성질, 징계에 의하여 달성하려는 목적과 이에 수반되는 제반사정을 객관적으로 심사하여야 한다. 판례는 징계의 정당성 또는 기준을 '사회통념상 재량권'에 두고, 징계의 정도가 그 범위를 넘을 때에는 징계권의 일탈 내지 남용이 되어 위법하다고 한다.[20)]

(7) 징계권행사에 대한 노동위원회의 판정과 법원의 태도

1) 징계권 남용에 의한 판결사례의 증가 a) 종래 우리나라는 성장위주의 경제정책을 수행하는 과정에서 근로자의 단결권이나 단체행동권이 엄격히 제한되어 왔고, 그 결과 노동정책의 방향이나 노사문제의 연구는 자연히 집단적 측면에 치중되었다. 그러나 최근에 근로자의 권리의식이 크게 향상됨에 따라 노동운동의 방향도 개별적 측면의 권리보장에 관심을 보이고 있다.

b) 또한 산업의 고도화에 따른 다양한 근로형태의 출현은 어느 정도까지 근로자의 활동범위로 볼 것인지 판단하기 어렵다. 그러나 기업의 인력활용을 뒷받침하기 위한 자율규범은 아직도 허술하거나 불합리하게 제정되어 있다. 그 결과 근로자와 사용자간의 노동분쟁이 빈발하고 징계권남용에 대한 법원의 판결사례도 증가하고 있다.

2) 노동위원회의 판정결과와 법원의 취소원인 a) 사용자의 징계권행사를 이유로 한 지방노동위원회나 중앙노동위원회의 판정결과를 살펴보면 상당수의 사건들이 법원의 태도와 불일치하여 판결에 의해 취소되고 있다.[21)]

---

20) 대판 1987. 7. 7, 83추1

21) 2006년 중앙노동위원회가 행정소송을 수행한 결과에 의하며, 628건의 초심판정 사건 중 53.5%안 336건은 초심과 재심, 법원의 판단이 일치하였으나, 292건은 서로 견해를 달리하였다. 121건은 노동위원회의 초심과 재심의 판단이 일치하였으나 법원이 판단을 달리하였고, 107건은 재심에서 초심판정을 취소하였는데 법원에서 재심판정이 유지되었다. 또한 61건은 재심에서 초심결정을 취소하였는데 법원에서 재심판정을 취소함으로써 결과적으로 초심판정이 유지되었다. 노동위원회의 초심 및 재심 판정이 법원에서 취소된 정도를 살펴보면, 초심판정 231건이 취소되어 36.8%의 패소율을 보였고, 재심판정 185건이 취소되어 29.5%의 패소율을 나타냈다(판정, 판결추적 분석집, 중앙노동위원회 2007. 3면).

[표1-2] 해고사건의 판정 및 법원 판결결과의 분석 (2004. 1. 1-2006.9.30)

구 분			재판판정의 초심취소율	행정소송의 초심취소율	행정소송의 재심취소율
징계해고 (306건)	사유	39건	30.8%	48.7%	33.3%
	절차	19건	10.5%	47.4%	57.9%
	양정	243건	23.0%	34.2%	30.0%
	징계시효 등	5건	60.0%	20.0%	40.0%

b) 징계처분사건의 취소원인을 살펴보면, ① 징계해고절차에 관하여 노동위원회는 초심 · 재심판정에서 근로자의 비위행위가 중대하고도 명백한 경우 사용자가 취업규칙 또는 단체협약에서 정하고 있는 절차를 일부 준수하지 아니하였더라도 해고의 정당성을 인정하고 있으나, ② 법원은 징계절차가 취업규칙 또는 단체협약에 위반되면 징계사유나 징계양정의 정당성 여부를 검토함이 없이 부당해고로 판단하는 점에서 차이를 나타내고 있다.[22]

c) 징계해고의 사유에 관한 판단에 있어서도 노동위원회의 판정에 대하여, 법원은 주로 사실조사와 심리가 미진하거나 일부사실에 대한 판단유탈을 이유로 판정을 취소하고 있다. 또한 경영상 해고의 사유에 대하여, 법원은 노동위원회보다 해고의 경영상 필요성을 넓게 인정하는 경향을 나타내고 있어 노동위원회의 판정이 취소되고 있다. 이러한 해석의 차이는 법원이 기업활동의 지속성을 위한 경영상 해고의 허용에 무게를 두는 반면, 노동위원회는 근로자의 보호를 위한 해고의 금지에 보다 무게를 두는데 차이가 있기 때문이다.[23]

d) 구제신청의 이익에 관한 판단에 있어서도 지방노동위원회는 초심에서의 구제신청의 이익, 중앙노동위원회에서는 신청의 이익, 법원에서는 행정소송상 소의 이익이 각기 다름에도 불구하고 이에 대한 개념과 용어의 정립이 되어 있지 않으며, 이익의 존부에 대한 판단시점에 관하여도 법원판결이 심급마다 서로 다른 견해를 보이는 판결의 불안정성 등 문제점이 나타나고 있다.[24]

22) 판정 · 판결 추적분석결과, 중앙노동위원회, 2007, 5면

23) 판정 · 판결 추적분석결과, 6면

24) 판정 · 판결 추적분석결과, 7면

제2절 사용자의 인사권과 사법심사

1. 사용자의 인사권과 근로자의 의무

(1) 인사권과 경영권

1) 인사권의 의의와 행사 a) 인사권이란 근로자의 채용 · 배치 · 이동 · 인사고과 · 승진 · 승격 · 휴직 · 해고 등 경영조직에서의 근로자의 지위변동이나 처우에 관계되는 사용자의 처분권을 말한다. 이러한 인사권은 원칙적으로 사용자의 경영권에 속하는 경영집행권의 일종이다.

b) 사용자의 인사권은 일정한 경영조직의 지휘명령계통을 통하여 효율적으로 행사되어야 한다. 인사권의 행사는 경영조직을 통하여 상사의 업무명령이나 지시가 내려지고, 이를 통하여 근로자를 감독하게 된다. 따라서 인사권은 기업의 지휘 · 감독을 위한 권한의 존재를 전제로 집행이 이루어진다.

c) 그러나 인사권이라는 사용자에게 인정된 불가침의 고유권한을 인정하기에는 근로자의 근로조건에 미치는 영향이 지대하여 점차 법규범적 관점에서 국가가 개입할 수 밖에 없다.[25] 근로자는 사용자의 인사권행사에 대하여 거부하거나 방해 또는 불이행을 하게되면 징계권을 받게된다. 이 경우 사용자는 인사권의 일종인 징계처분에 대하여 해고, 휴직, 정직과 같은 근로기준법 제23조제1항에 의한 정당성의 심사를 받아야 할 것이다.[26]

d) 예를 들면, 해고의 예고 등의 법적 규제, 평등대우, 여자의 기회균등, 단체협약 · 취업규칙에 의한 징계처분이 정당한지를 다투는 경우가 그러하다. 사용자의 인사권이 순수하게 행사되지 아니하고, 징계처분으로 남용이 되면 결과적으로 정당성을 잃게 되어 무효가 될 것이다. 인사권은 경영권 중 경영집행권에 해당되며, 징계권도 경영집행권에 포함된다.

---

25) 근로자에 관한 근로의 종류, 장소 또는 근로조건은 근로계약의 체결 시에 정하는 것이 일반적이다. 그러나 근로계약의 체결 시에 그 내용을 구체적으로 정하지 않거나 막연히 사용자에게 일임하는 경우가 많아 근로계약의 내용에 흠결이 있게 되어 근로자와 분쟁이 생길 수밖에 없게 된다. 이 경우 근로자의 인사이동에 사용자의 권한은 일반적으로 경영권으로 인정하고 근로자는 수용하게 된다. 따라서 사용자의 인사권행사가 그 본질을 넘어 남용되는 경우에는 근로자에게 심각한 불이익을 초래할 가능성이 있으므로 이에 대한 사법적 심사를 할 당위성이 있다고 보아야 한다.

26) 이병태, 노동법, 현암사, 1999, 575면

2) 인사권과 경영권 a) 경영권은 제2차 세계대전 후 노동조합운동이 본격화되고 노동조합측이 기업경에의 개입을 요구하기 시작하자, 노동조합의 노동권에 대립되는 용어로 사용된 것으로 법률상의 개념은 아니다. 경영권은 대내적으로는 생산관리나 생산계획의 결정이나, 경영간부의 인사 및 재무에 관계되는 사항의 결정권 등을 의미하고, 대외적으로는 주주 · 노동조합 · 금융기관 · 정부 · 고객 · 지역사회 등의 이해관계집단과의 자기경영의 이익을 자주적으로 주장할 수 있는 권한을 말한다. 이러한 경영권은 다시 경영의결권, 경영조직권, 경영집행권으로 구분할 수 있다.

b) 여기에서 경영의결권은 회사의 경영방침을 정하고 경영사항에 대하여 의결하는 권능을 말하며 최고경영자의 결정권, 주주총회의 의결권, 사업추진계획의 승인권 등이 여기에 해당된다. 경영조직권은 경영조직의 신설, 폐지, 통합 또는 조정을 하거나 공장의 이전, 사업기구의 확대 등 경영조직을 구성하거나 변경 폐지할 수 있는 권능을 말한다. 경영집행권은 경영방침에 의하여 결정된 사항을 집행하는 권능을 말한다.

[그림 1–3] 경영권의 범위

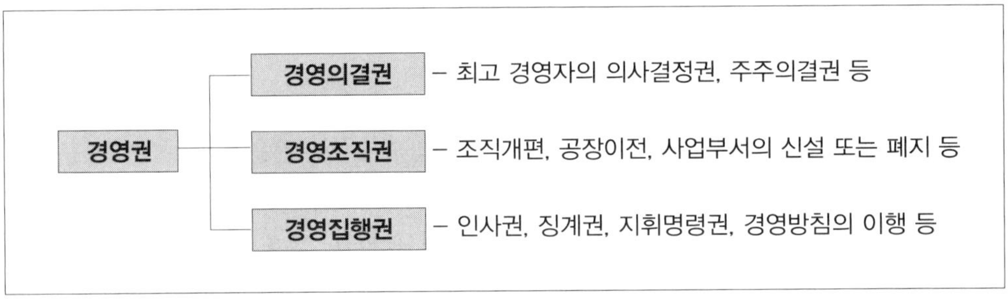

(2) 인사권의 유형

1) 지휘명령권 a) 지휘명령권은 근로계약에 의하여 사용자가 근로자의 노동력을 구체적으로 처분하기 위한 권한으로서 근로자에 대한 지시감독권이라고도 한다. 지휘명령권은 단체협약 · 취업규칙 · 근로계약 등을 전제로 하고, 그 합리적인 범위 내에서 행사할 수 있는 것에 지나지 않는다.[27)]

b) 실제로 근로계약 · 취업규칙 · 단체협약의 '포괄적인 합의(규정)'에 근거하고, 사용자에게 지휘명령권의 광범위한 역할을 승인하게 되면, 사용자에게 포괄적이고 방대한 권한을 인정하는 결과를 가져오게 된다. 따라서 근로자가 사용자와 대등한 입장으로 자유로운 의사에서 교섭했었다면 지휘명령권에 대하여 어떠한 내용의 권리의무를 승인하였을 것인지를 고려하여야 하며, 포괄적 합의에 관하여도 '합리적인 한정해석'을 하는 것이 타

27) 土田道夫, 勞務指揮權과 그 限界, 爭點新版 172항

당하다.[28)]

2) 노무지휘권 또는 업무명령권 a) 노무지휘권은 구체적으로 인사권과 구별하여 인적자원의 관리 이외에 근로제공을 위한 수단으로서 근로자를 복종시키는 권한을 의미한다. 이에 따라 근로자에 대한 노무제공의 내용과 범위가 구체적으로 실현된다. 노무지휘권은 노동력의 처분에 관한 권한이므로 업무명령권 또는 지휘명령권과 실질적인 구분 없이 사용하기도 한다.

b) 업무명령권은 일정한 계획이나 방법, 수단 등을 정하여 업무를 효율적 · 합리적으로 이행하도록 지시 · 명령을 하는 것을 의미한다. 이에 대한 일본의 판례는 '취업규칙이 근로자에 대해 일정한 사항에 따라 사용자의 업무명령에 복종해야 하는 취지를 정한 때에는, 그러한 취업규칙의 규정내용이 해당 근로계약의 내용이 된다'고 판시하고 있다.[29)]

3) 인사이동권 인사이동권은 근로자의 노동력을 효율적으로 이용하기 위하여 근로자를 다른 직위나 직책, 장소 등으로 변경하는 것을 말한다. 인사이동권은 수직이동과 수평이동으로 구분하며, 특히 후자를 배치전환이라고 한다.

4) 파견명령권 a) 파견명령권은 근로자가 업무수행 중에 사용자의 지시에 의하여 다른 기업으로 파견되어 근무하도록 명령하는 것을 말한다. 여기에는 재적전출의 형태로 파견근무를 하도록 하는 재적파견명령과 파견사업체의 고용사업주가 파견회사인 사용사업주에게 근로자를 파견하는 계약을 체결한 후 근로자를 파견하여 근무시키는 파견명령이 있다.

b) 전자의 재적파견명령은 원래의 회사와 근로자신분을 유지한 채 다른 회사에 파견되어 업무를 지원하거나 지도하는 등의 업무를 수행하고 업무가 종료하면 원래의 회사로 복귀하는 것을 말한다.

c) 후자의 파견명령은 근로자파견사업을 전제로 근로자를 다른 회사에 파견한 후 고용사업주의 지휘명령을 받아 업무를 수행하도록 하는 명령으로서 파견근무를 본무로 조건으로 고용된 것을 말한다. 이 경우 파견사업주는 『파견근로자보호등에 관한 법률』에 의하여 파견사업의 등록을 한 후 허용직종에 한하여 근로자를 파견시키는 업무명령을 하여야 한다.[30)]

28) 土田道夫, 勞働契約에서의 勞務指揮權의 意義와 構造(1)~(8), 法協 105권 6호 10호

29) 電電公社帶廣局事件, 最高裁1小判 1986. 3. 13. 勞判 470호 6항

30) 근로자파견의 의의 형태, 파견사업의 허용직종 및 파견업무 등에 대한 자세한 해설은 다음 자료를 참조: 이상국, 근로자파견의 법률지식, 청림출판사, 1999

[그림 1-4] 인사권의 주요내용

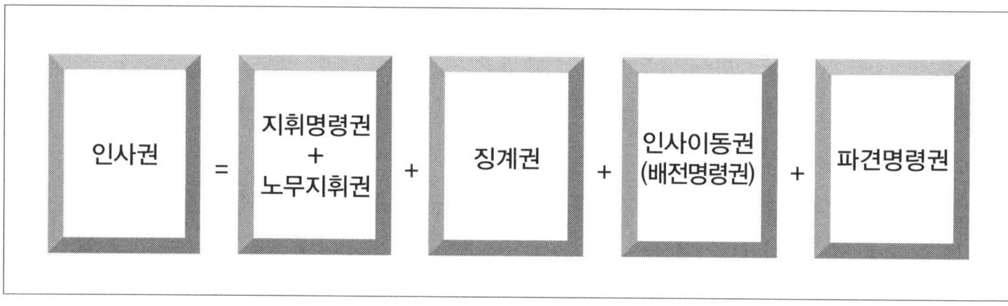

관련판례

(1) 대륙교통이 원고의 근무형태를 비전속배차로 배정한 것은 그 주된 이유가 미납의 사납금이 많고 업무지시를 따르지 않는 원고에 대한 근로확인 및 관리감독을 철저히 하기 위한 업무상 필요성에 기인한 것인 점, 원고가 비전속으로 배차받아 운행한 차량들이 자신이 전속적으로 배차받아 운행하던 차량과 비교하여도 더 노후된 차량은 아닌 점, 또한 원고가 매일 차량을 바꿔가며 배차받고 교대근무자가 고정되어 있지 않아 회사에 출퇴근하여야 하는 등으로 인하여 다소 생활상의 불편함이 따른다고 하더라도 이는 근로자로서는 수용하여야 하는 범위 내의 것인 점, 그 밖에 택시운전기사가 전속배차로 근무하다가 비전속배차로 근무하게 되는 경우 비전속배차로 근무하기 때문에 수입이 감소되는 것이라고 단정할 수 없는 점 등을 모두 고려하면 원고의 근무형태를 전속배차에서 비전속배차로 변경한 것은 정당한 업무명령에 속한다(서울행판 2004.7.16, 2003구합37232).

(2) 원고들이 피고 보조참가인의 기능직 직원과 동일한 업무를 수행하였다고는 볼 수 없지만, 실질적으로 그 수행업무의 대부분이 기능직 직원의 업무와 중복되는 것이었음에 비추어 적어도 기능직 직원과 유사한 업무를 수행하였다고 볼 수 있고, 따라서 피고 보조참가인의 기능직 직원에게 적용되는 근로조건이 원고들에게도 적용된다고 판단하였고, 나아가 피고 보조참가인이 원고들을 대상으로 한 2010. 2. 24.자 인사발령(이하 '이 사건 인사발령'이라 한다)의 정당성에 관하여, 그 판시와 같은 사정들을 들어, 이 사건 인사발령은 원고들에게 적합한 근로조건을 부여하지 않았거나 원고들과 피고 보조참가인 사이에 성립된 근로관계의 내용을 변경하는 것이어서 부당하다고 판단하였다. 원심판결 이유를 기록에 비추어 살펴보면, 원심의 위와 같은 판단은 수긍할 수 있고, 거기에 논리와 경험의 법칙에 반하여 자유심증주의의 한계를 벗어나거나 근로조건, 인사발령의 합리성에 관한 법리를 오해하는 등의 잘못이 없다(대판 2016. 03. 10, 2012두9758).

(3) 인사권의 행사와 정당성

1) 인사권의 행사와 강격처분 a) 근로자의 식무등급을 하위부터 상위로 격상하는 행위를 '승격(昇格)'이라고 하고, 역으로 상위에서 하위로 격하하는 것을 '강격(降格)'이라고 한다. 이 경우 인사권의 행사는 누구를 언제 어떻게 승격하거나 강격할 것인지는 원칙적으로 사용자의 재량행위에 속하는 것이다.[31] 그러나 근로자가 불이익한 강격처분을 받게 되는 경우 이를 정당한 인사권의 행사로 보아 수용해야 하는지 의문이 제기된다.

b) 인사권은 사용자가 업무상 필요성이 있는 경우 효율적인 인력배치를 위하여 재량권을 가지고 행사된다. 그러나 업무상 필요성과 근로자의 불이익을 비교형량하여 상대적으로 근로자가 입게되는 불이익이 크다면 인사권의 남용으로 보아야 할 것이다.

2) 강격처분의 인사권과 정당성의 판단 a) 인사권의 행사로 과장대리에서 주임으로 강격처분한 경우 적법성이 있는지에 대하여 살펴보면, 일본의 판례는 『인사권을 행사하고 근로자의 이동을 행함에 있어서는 해당직책에 수반하는 권한의 정도에 상응하여 각각 다른 재량의 범위가 있다고 해야 하며, 이것을 현저하게 일탈하여 인사권의 남용까지 이르게 되는 것은 허락되지 않는다』라고 하였고, 원고가 나중의 직제(과장대리)로서의 『직책을 다하는 능력과 자세가 있는지 아닌지는 사용자가 충분하게 피고에 대하여 정당한 업무상의 이해를 하는 사항이라고 할 것이므로, 그 적법성에 관한 판단은 인사권을 남용했던 것이라고 인정받지 않는 한 사용자가 피고에 대하여 충분하게 이해하고 있는지는 광범한 재량에 맡겨지고 있다』 라고 판시하였다.[32]

b) 일본의 판례를 보면, 부장직을 해직하고 차장급에 등급을 주었던 것을 위법으로 보고 사용자에게 손해배상을 청구한 사건에 대하여 『사용자가 피고용자를 어떠한 직책에 종사시키다가 그 직책을 해지하는 것은 근로계약 · 취업규칙 등의 특별한 제한이 없는 한 근로계약의 성질상, 사용자의 업무상 · 조직상의 필요성, 본인의 능력, 적성, 인격문제를 고려하여 자유롭게 결정하는 권한을 갖고 있다』고 판시하였다.[33]

c) 또한 일본의 판례는 『강격처분을 취업규칙 기타에 근거를 둔 근로계약상의 징계처분이 아니고 인사권에 기초하는 재량적 행위로서의 강격처분이라고 함으로써 음주운전에 따르는 면허정지, 상품 등에 관계하는 보고의 해태, 회사의 운송편을 가족의 개인적인 용무에 사용한 것 등을 이유로 부장에서 일반직으로의 강격처분을 한 것이므로 유효

---

31) 최근의 경우로는 사회보험 진료보수의 지불기금 사건, 東京地裁 1997. 7. 4, 勞判 565호 7항 참조

32) 나고야 방송사건, 名古屋地裁 1976. 3. 31. 勞判 149호 43항

33) 세라만년필 사건, 東京地裁 1979. 12. 11. 勞判 332호 20항

하다』 고 판시하였다.[34] 이와 같이 판결은 강격처분에 관하여도 비교적 광범한 재량권을 인정하고 있지만, 그 재량권도 인사권의 남용에 해당되면 규제를 받게 된다.

관련판례

(1) 직원들이 회사의 조직정비방침에 따라 사직이 아닌 직급을 하향조정하는 데 대해 동의서를 제출하고, 미리 정한 심사기준에 따라 심의를 거쳐 이를 결정하는 사안에서, 직원들은 강임(직급하향)이라는 사실자체를 진정 마음속으로 원하는 바는 아니지만, 누군가는 감원대상자로 선정되지 않을 수 없는 상황에서 객관적으로 타당한 심사기준에 의해 자신이 감원대상자로 선정될 경우에는 직권면직을 당하기보다는 강임되는 것이 더 좋다고 판단하여 위와 같은 강임동의의 의사표시를 하였다고 할 것이므로, 이를 두고 강임동의의 내심의 효과의사가 결여된 비진의 의사표시라고 할 수 없다(대판 1996. 12. 20, 95누16059).

(2) 참가인 회사가 구조조정과정에서 상당한 정도의 감원과 조직축소를 하는 과정에서 2, 3급 등 상위직급 간부직원에게 보직을 부여하는 것이 불가능했으며, 이 과정에서 원고에 대하여 보직을 부여하지 못하고 이 사건 전보발령을 하게 된 점, 원고에 대한 보직부여기준적용에 있어 비합리적인 기준이 적용되었다는 점이 보이지 않는 점, 이 사건 전보에 따라 원고의 급여는 감소하게 되었으나 이는 낮아진 직무난이도의 반영이나 업무실적 저조에 따른 성과수당의 감소에서 보이고, 전보로 인하여 출퇴근 등의 불이익이 없는 점 등에 비추어 볼 때, 이 사건 전보가 정당한 인사권의 범위를 벗어난 것으로 보기 어렵다(대판 2005. 11. 16, 2005두7990).

(3) 조OO이 김OO등에게 대의원대회 개최무산을 지시한 바로 다음날부터 이 사건 노선변경명령이 이루어진 점, 2002년도 하반기 시민만족도 조사 역시 그 이전에 실시된 것과 비슷한 시기에 실시된 점, 34번 노선버스를 23대 정도만 보유하고 있으면서 평소에도 실제로는 10여대만 운영하고 있었고, 이 사건 노선변경명령 후에도 그 이전보다 오히려 더 적게 운행한 적도 있는 점 등에 비추어 보면 이 사건 노선변경명령은 급박하게 실시되어야 할 정도의 업무상의 필요성이 있다고 보기는 어렵고, 원고들은 이 사건 노선변경명령으로 인하여 사실상 휴게시간을 거의 갖지 못하는 등 이전보다 더 열악한 노동환경에서 일할 수 밖에 없는 생활상의 불이익을 받을 것으로 보인다(대판 2006. 2. 23, 2005두13421).

---

34) 星電社事件, 神戸地裁 1991. 3. 14, 勞經速 143호 43항

(4) 인사권과 근로자의 의무

1) 근로제공의무 a) 근로제공의무는 근로계약의 체결에 의한 근로자의 기본적인 의무(본무)로서, 사용자의 지휘명령에 따라 근로를 제공해야 하는 의무를 말한다. 근로제공의무의 구체적 내용 및 그 범위는 어떠한 종류의 근로를 언제, 어디에서, 어느 정도, 어떻게 제공할 것인가에 대해 단체협약 · 취업규칙 등으로 정하지만, 사용자가 근로계약상 취득하는 인사권(노동력 배치권) 및 노무지휘권(노무수령과정에서의 지휘명령권), 나아가서 업무명령에 의하여 보다 구체적으로 실현된다.[35)]

b) 근로의 종류 · 장소는 근로계약의 기본적 요소를 이루는 것이며, 근로계약에 의해 정해지고, 통상은 입사시의 합의내용 등 계약체결 전 · 후의 사정, 단체협약 내지 취업규칙의 규정내용, 해당 기업에서의 관행 등에 의하여 양당사자의 계약의사가 확정된다. 이에 따라 소정의 근로일수나 근로시간이 정해지고, 휴일 및 휴가 등 근로조건이 정해진다. 따라서 연차유급휴가, 산전 · 후의 휴가, 육아휴직, 공민권 행사를 위한 조퇴라든지 병으로 인한 결근, 경조휴가 등 법령 내지 취업규칙에 근거를 두는 경우를 제외하고, 근로자가 정당한 이유 없이 결근 · 지각 · 조퇴 · 직장이탈을 하는 것은 근로제공의무에 위반된다.

2) 직무전념의무 a) 근로자는 사용자의 지휘명령에 따라 성실하게 근로해야 할 의무를 진다. 직무전념의무란 근로자가 근로시간 중에 성실히 주의력을 집중하여 그 직무에만 종사하지 않으면 아니 된다는 것을 의미한다. 이 경우 근로자가 직무전념을 하는 정도는 해당 직무에 있어서 통상 요구되는 주의를 기울이는 것을 의미한다.[36)]

b) 근로자는 근무시간 중에 원칙적으로 직무 이외의 다른 행위를 하여서는 아니되나, 반드시 전인격적으로 직무에 헌신해야 한다고 강제할 수도 없다. 따라서 해당 직무의 수행에 필요한 정도의 정신집중이 이루어지고 있으면 충분하다. 근로자가 직무에 전념하지 않고 무단으로 이탈하거나 게임 · 주식 등 업무 이외의 행위를 하는 경우 징계처분을 할 수 있다.

3) 겸직금지 및 이중취업의 금지 a) 근로자는 원칙적으로 자신을 고용한 사용자에 대하여만 근로를 제공하고 사용자의 승낙 없이 임의로 겸직하거나 이중취업을 할 수 없다. 따라서 취업규칙에 근로자의 겸직 · 이중취업을 금지하는 규정이 없더라도 신의칙상 의무로서 이를 준수하여야 한다. 다만, 명시적인 규정미비로 인한 부당한 행위에 대

---

35) 이상국, 징계권행사의 법률지식, 44면.

36) 日本 電報電話局事件, 最高裁1小判 1986. 3.1 3, 勞判 470호 6항

하여는 징계처분을 할 수 없고, 사후에라도 사용자가 승낙을 하게 되면 유효한 것으로 본다. 이와 같이 다른 업무나 기업에 이중으로 취업하는 것을 금지하는 취지는 본래의 노무제공에 지장을 초래하거나 기업의 신용 · 평판이 하락하는 것 또는 기업비밀이 누설되는 것을 방지하려는 것이다.

b) 근로자는 본인의 업무를 종료하고 직장에서 퇴근한 이후에는 원칙적으로 사생활상의 영역에서 자유로이 활동을 할 수 있고, 이러한 영역 내에서는 문화활동, 각종 강습에의 참여, 학원수강, 수면 등 다양한 활동을 자유로이 할 수 있다. 따라서 사용자는 특별한 사정이 없는 한 근로자의 사생활영역까지 간여할 수 없다. 그러나 근로자의 사생활영역에서의 활동이라 하더라도 회사의 기술 · 노하우, 경영비밀을 이용하여 영리활동을 하거나 기업의 경영에 지장을 초래하는 행위를 하게 되면 징계처분의 대상이 될 수 있다.

4) 경업피지의무의 위반 a) 경업피지의무는 근로자에 대한 직업선택의 자유를 제한하는 결과가 되기 쉬운 점에서 일률적으로 제한할 수 없기 때문에 어느 정도 허용해야 되는지 논란이 된다. 근로자의 퇴직 후 재취업을 금지하는 경업피지의무는 그것을 금지할만한 합리적이고 상당한 이유가 있어야 한다.

b) 단순히 경쟁업체로의 이직만을 이유로 경업피지의무의 위반으로만 보는 것은 자칫 헌법 제15조에 의한 직업선택의 자유를 침해할 우려가 있다. 따라서 근로자가 다른 사용자의 아래에서 지득할 수 있는 일반적 지식 · 기술 · 경험을 이유로 근로관계 종료후 그것을 활용할 수 없도록 금지하는 것은 단순한 경쟁의 제한으로서 민법 제103조의 공서양속에 위반된다.

5) 연수회 · 강습회에의 참가 사용자는 근로자에게 회사가 주최하는 연수회나 강습회에의 참가하도록 명령할 수 있다. 따라서 근로자는 업무수행에 필요한 기술 · 기능의 습득에 필요한 연수나 노동력의 질을 높이기 위한 강습회, 교육훈련과정에 참석할 수강의무를 지게 되나, 오로지 인격도야를 목적으로 하는 교양교육은 여기에 포함되지 않는다.[37] 마찬가지로 개인적 신앙이나 사상에 관한 교육, 조합활동에 관계없는 교육에는 근로자가 반드시 따를 의무는 없다.[38]

6) 조사활동의 협력 사용자가 직장 내에서의 근로자의 행동이나 경영자료의 수집 등을 목적으로 조사활동을 하는 경우에 근로자는 해당 조사활동에 협력할 의무가 있다.

---

37) 勞働靜岡地本事件, 靜札地裁 1952. 7. 29, 勞民輯 24卷 3號 374項 ; 同事件, 東京高裁 1977. 1. 26 勞判 269호 44항

38) 三井美具勞組事件, 幌地岩見況地裁 1952. 7. 29, 勞民集 3권 4호 357項

그러나 조사활동이 개인의 사생활이나 사상, 기타를 조사하기 위한 것으로 기업의 경영활동과 관련이 없는 경우에는 이를 거부하여도 무방하다. 따라서 사용자가 명확하게 조사목적을 설명하지 아니한 채 조사에 응하도록 하는 경우 업무관련성이 없다고 스스로 판단한 결과 거부할 수 있으면, 이를 이유로 근로자를 징계처분할 수 없다.

7) 복장착용 및 용모 등의 규제 a) 사용자는 보건 · 위생상의 관점 혹은 근로자의 식별 등을 위하여 근로자에게 특정된 복장을 착용하도록 지정할 수 있다. 또한 두발이나 수염 등을 단정히 하여 고객을 응대하도록 의무화하고, 이를 준수하지 않으면 징계처분을 할 수 있다.

b) 일본의 판례는 전세승용차운전수가 수염을 길러 회사가 수염을 깎을 것을 명령하였음에도 이를 거부하자, 승무정지처분을 한 사건에 대하여 "고객에 대한 쾌적한 서비스를 제공하는 것이 요청되는 전세 승용차업무의 성질상 회사가 근로자에 대하여 복장 · 수염 · 두발 등에 관한 일정한 규제를 하는 것은 원활한 노무제공의무를 이행하는데 있어서 요구되는 합리적인 규제"라고 판시하였다.[39)]

8) 동료와의 화합 근로자는 직장생활을 원만히 하기 위해 동료와 화목하게 지내야 한다. 따라서 동료근로자와 협력하고 화합을 도모하여야 하며, 근무분위기를 해치거나 갈등을 유발하여서는 아니된다. 만약 특정의 근로자가 다른 근로자와 지나치게 갈등을 유발하고 화합을 해치는 행위를 하는 경우 징계처분을 할 수 있다.

2. 인사권의 행사와 정당성의 판단

(1) 인사이동과 사법심사

1) 인사이동의 의의와 형태 a) 인사이동은 사용자가 경영상 필요에 따라 업무효율성을 증진하기 위해 근로자의 업무나 지위를 변경하는 행위를 말한다. 인사이동은 ① 근로자의 직무가 변경되는 배치전환(전직), ② 근로자의 근무장소가 변경되는 배치전환(전근), ③ 원래 사업주가 아닌 제3자의 지휘명령을 받으며 근로를 제공하는 타사근무(파견근무), ④ 근로자신분은 유지하면서 일시적으로 근로를 계속할 수 없는 사유로 근로관계가 정지되는 휴직, ⑤ 본래의 회사가 아닌 다른 회사의 사용자와 근로계약을 체결하는 전적 등 다양한 형태로 구분할 수 있다.[40)]

39) 東京地裁 1980. 12. 15, 勞判 269號 44項

40) 김형배 교수는 인사이동을 배치전환, 전출, 전적으로 분류하여 일본에서의 배치전환, 출향, 전적에 대응시키

b) 이러한 인사이동은 근로계약과 별개의 경영권 내지 소유권에서 유래하는 사실행위(사용자의 원천적 재량사항)에 지나지 않는다고 보아 법률상 유효 · 무효를 논할 필요가 없다는 판례가 있다.[41] 이러한 판례의 입장에 의하면, 인사이동에 의하여 근로자의 임금이나 근로시간, 신분상 지위의 변동에 영향이 있더라도 이는 사용자의 재량권에 속하는 인사권의 행사로 보아 위법성의 대상이 되지 않는다.

2) 인사이동과 징계사유의 경합 a) 원래대로의 인사이동이 아닌 징계처분의 일종으로 행사되거나 정당한 인사권인 것처럼 가장한 행위로 볼 수 있는 경우에는 사법심사의 대상이 된다. 따라서 외견상 경영의 합리화, 기업의 합병, 채산불량부서의 폐지를 이유로 한 인사이동과 근로자의 징계사유가 경합되는 경우, 아니면 순수한 인사권의 행사로서 기업차원에서 근로자의 전근조치가 경영상 필요성과 생활상의 불이익이 충돌하는 경우에 재량권의 남용여지에 대해 사법심사를 할 수 있다.

b) 이것을 근로자의 입장에서 보면, 정당한 근로권의 침해행위로 볼 수 있기 때문에 단순한 사실행위로 해석할 수 없다. 따라서 인사이동을 이유로 한 인사권의 남용에 대하여는 사법심사의 대상이 된다고 보아야 한다.

3) 대기발령과 직위(보직)해제 a) 대기발령 등 근로자에게 불이익한 처분이라도 취업규칙이나 인사관리규정 등에 징계처분의 하나로 규정되어 있지 않다면, 이는 원칙적으로 인사권자인 사용자의 고유권한에 속하는 인사명령의 범주에 속하는 것이라고 보아야 하고, 인사명령에 대하여는 업무상 필요한 범위 안에서 사용자에게 상당한 재량을 인정하여야 한다. 따라서 위와 같은 처분은 그것이 근로기준법에 위반되거나 권한남용에 해당하는 등의 특별한 사정이 없는 한, 단지 징계절차를 거치지 아니하였다는 사정만으로 위법하다고 할 수는 없다.[42]

b) 한편 사용자의 인사명령에 속하는 불이익한 처분이 대기발령이나 보직의 해제와 같은 잠정적 처분인지, 전보 등 확정적 처분인지는 그 명칭과 상관없이 처분이 이루어진 구체적인 경위, 그로 인한 근로자 지위의 변화, 변경된 근로의 내용, 업무의 지속성 여부, 처분 당시 사용자의 의사 등 제반 사정을 종합하여 판단할 것이다.[43] 직위해제도 동일하게 해석된다.

고 있고, 이병태 교수는 배치전환, 타사근무, 전적으로 박홍규 교수는 전직, 장기출장, 전적으로 분류하고 있다 ; 김형배, 노동법, 박영사 1997. 9, 382면 ; 이병태, 최신노동법, 현암사 1998, 574~586면 ; 박홍규, 노동법론, 삼영사 1995, 461면

41) 國民生命保險事件 東京地裁 1952. 2. 7. 勞民集 3卷 1號. 10면

42) 대판 2000. 6. 23, 98다54960 : 대판 2005. 2. 18, 2003다63029

43) 대판 2013. 05. 09, 2012다64833

관련판례

(1) 대기발령과 같은 잠정적인 인사명령이 그 명령 당시에는 정당한 경우라고 하더라도, 그러한 명령의 목적과 실제 기능, 그 유지의 합리성 여부 및 그로 인하여 근로자가 받게 될 신분상·경제상의 불이익 등 구체적인 사정을 모두 참작하여 그 기간은 합리적인 범위 내에서 이루어져야 한다. 따라서 대기발령 등의 인사명령을 받은 근로자가 상당한 기간에 걸쳐 근로의 제공을 할 수 없다거나 근로제공을 함이 매우 부적당한 경우가 아닌데도, 사회통념상 합리성이 없을 정도로 부당하게 장기간 동안 잠정적 지위의 상태로 유지하는 것은 특별한 사정이 없는 한 정당한 이유가 있다고 보기 어려우므로 그와 같은 조치는 무효라고 보아야 한다(대판 2007. 2. 23, 2005다3991 참조). 그리고 위와 같은 법리는, 대기발령처럼 근로자에게 아무런 직무도 부여하지 않아 근로의 제공을 할 수 없는 상태에서 단순히 다음 보직을 기다리도록 하는 경우뿐 아니라, 당해 근로자의 기존의 직무범위 중 본질적인 부분을 제한하는 등의 방식으로 사실상 아무런 직무도 부여하지 않은 것과 별 차이가 없는 경우 등에도 마찬가지로 적용된다고 보아야 한다. 또한 원심에 이르기까지 적법하게 채택하여 조사한 증거들에 의하면 다음 사실을 알 수 있다. 즉 원고는 피고 산하 의과대학 교수이자 대학병원의 산부인과 전문의로서 교수의 지위와 임상의사의 지위를 겸하고 있지만 주된 업무는 의사로서의 진료이고 대학에서 강의를 맡은 것은 학기당 10시간도 채 되지 않는 정도였다. 이 사건 진료정지처분에도 불구하고 원고는 임상교원으로서의 지위를 유지하여 강의나 연구활동을 할 수는 있었지만 종전 직무 중 가장 핵심적인 부분인 진료를 하지 못하게 되었고, 아울러 진료를 기초로 한 연구활동도 사실상 어렵게 되었다. 또한 진료수당 부지급, 호봉승급 배제 등의 급여상의 불이익도 받게 되었다. 그런데도 피고는 이 사건 진료정지처분으로써 2009. 10. 1.부터 원고의 진료를 정지시킨 뒤, 그로부터 6개월이나 지난 2010. 3. 30.부터 실질적인 조사를 위한 진상조사위원회 활동을 시작하였다. 위 진상조사위원회가 2010. 8. 30.까지 5개월간 조사를 하여 2010. 10. 1.경 원고가 진료를 담당하는 것이 부적절하다는 의견을 내놓은 뒤에도, 피고는 2010. 11. 29.에야 원고에게 연구전담교수로의 전환을 제안하면서 2010. 12. 10.까지 의견을 제시하라고 통보하였다. 위와 같은 원고의 직능과 직책, 이 사건 진료정지처분에 의한 원고의 직무 제한의 정도 및 원고가 입게 된 불이익의 내용, 잠정적인 인사명령 상태가 지속된 기간 등을 앞서 본 법리에 비추어 보면, 피고가 위와 같은 조사를 거쳐 원고에게 연구전담교수로의 전환을 제안하기 훨씬 전에 원고를 원래의 지위로 복귀시키거나 다른 보직을 부여하는 확정적인 처분을 하였어야 마땅하다. 따라서 적어도 원심이 인정한 위 2010. 12. 10. 이후에는 잠정적인 처분에 불과한 이 사건 진료정지처분 상태를 지속할 합리적인 이유가 있다고 볼 수 없다. 원심이 같은 취지에서, 2010. 12. 11. 이후에도 피고가 이 사건 진료정지처분을 유지한 것은 위법하다고 판단한 것은 정당한 것으로 수긍할 수 있고, 거기에 피고의 상고이유 주장과 같은 법리오해의 위법이 있다고 할 수 없다(대판 2013. 05. 09, 2012다64833).

(2) 근로기준법 제46조 제1항에서 정하는 '휴업'에는 개개의 근로자가 근로계약에 따라 근로를 제공할 의사가 있는데도 그 의사에 반하여 취업이 거부되거나 불가능하게 된 경우도 포함되므로, 이는 '휴직'을 포함하는 광의의 개념인데, 근로기준법 제23조 제1항에서 정하는 '휴직'은 어떤 근로자를 그 직무에 종사하게 하는 것이 불가능하거나 적당하지 아니한 사유가 발생한 때에 그 근로자의 지위를 그대로 두면서 일정한 기간 그 직무에 종사하는 것을 금지시키는 사용자의 처분을 말하는 것이고(대판 2009. 9. 10, 2007두10440 참조), '대기발령'은 근로자가 현재의 직위 또는 직무를 장래에 계속 담당하게 되면 업무상 장애 등이 예상되는 경우에 이를 예방하기 위하여 일시적으로 당해 근로자에게 직위를 부여하지 아니함으로써 직무에 종사하지 못하도록 하는 잠정적인 조치를 의미하므로(대판 2011. 10. 13, 2009다86246 참조), 대기발령은 근로기준법 제23조 제1항에서 정한 '휴직'에 해당한다고 볼 수 있다. 따라서 사용자가 자신의 귀책사유에 해당하는 경영상의 필요에 따라 개별 근로자들에 대하여 대기발령을 하였다면 이는 근로기준법 제46조 제1항에서 정한 휴업을 실시한 경우에 해당하므로 사용자는 그 근로자들에게 휴업수당을 지급할 의무가 있다. 원심은 인천지방법원이 2007. 1. 18. 위 법원 2006카합2621호로 '원고들을 포함한 219명의 근로자들이 임시로 대우자동차판매의 근로자 지위에 있음을 정한다'는 가처분결정을 한 사실 등을 인정한 다음, 이 사건 대기발령은 대우자동차판매가 위 가처분결정에 기하여 원고들의 근로자 지위를 인정하기는 하였으나 이미 회사분할로써 직영승용판매 부문이 신설회사로 이전되어 원고들을 종전의 직영승용판매 부문에서 근로하게 할 수 없거나 대우자동차판매에 그러한 의무를 부담시키는 것이 합리적이라고 볼 수 없으므로, 이 사건 대기발령 상태는 대우자동차판매가 실질적으로 직영승용판매 부문을 휴업하는 것으로 볼 수 있고, 근로기준법 제46조에서 정한 '사용자의 귀책사유'는 민법 제538조 제1항의 규정과 관련지어 볼 때 사용자가 기업의 경영자로서 불가항력이라고 주장할 수 없는 모든 사유를 말하는데, 대우자동차판매가 경영상의 이유로 이 사건 대기발령을 한 것을 불가항력에 해당한다고 보기 어렵다는 이유로, 피고는 원고들에게 적어도 휴업수당 상당액을 지급할 의무가 있다고 판단하였다. 원심판결 이유를 앞서 본 법리에 비추어 보면, 원심의 위와 같은 판단은 정당하고, 거기에 상고이유 주장과 같이 논리와 경험의 법칙을 위반하고 자유심증주의의 한계를 벗어나 사실을 잘못 인정하거나 근로기준법 제46조 제1항에서 정한 휴업수당에 관한 법리 등을 오해한 위법이 없다(대판 2013. 10. 11, 2012다12870).

---

(2) 인사권의 행사와 사전합의조항

a) 사용자는 인사권을 행사할 수 있으나, 그 남용이 있는 경우에는 근로자에게 불이익을 줄 수 있다. 더 나아가 노동조합의 간부는 인사권의 행사에 따라 노동조합활동에 지장을 받을 수 있다. 이러한 이유로 노동조합은 인사권의 자의적 행사를 방지하고자 단체협약에 의해 일정한 제한을 하고자 한다.

b) 특히 노동조합의 간부가 적극적인 활동을 하였다는 것을 빌미로 멀리 떨어진 지방으로 전근시키거나 조합원의 지위를 상실하는 지위로 승진시키는 등 행위를 하는 경우, 교섭중에 다른 사업 또는 사업장으로 발령조치를 하는 행위는 노동조합의 활동을 저해하는 것이므로 부당노동행위에 해당된다. 따라서 노동조합은 노동조합간부의 인사에 대하여 사전합의 또는 협의를 할 것을 단체협약으로 체결하고자 한다. 노동조합은 단체협약에 사전합의 또는 사전동의에 관한 조항이 있으면, 조합원간부의 인사에 대하여 거부권을 행사할 수 있다. 그러나 노동조합이 합리적인 이유 없이 거부권을 행사하면 남용으로 보는 것이 판례의 입장이다(대판 1993. 7. 13, 92다50263 : 대판 2007. 9. 6, 2005두8788 : 대판 2010. 7. 15, 2007두15797 : 대판 2012. 06. 28, 2010다38007.

관련판례

단체협약의 인사협의(합의)조항에 노동조합간부의 인사에 대하여는 사전 '합의'를, 조합원의 인사에 대하여는 사전 '협의'를 하도록 용어를 구분하여 사용하고 있다면, 교섭 당시 사용자의 인사권에 대하여 노동조합간부와 조합원을 구분하여 제한의 정도를 달리 정한 것으로 보아야 하고, 그 정도는 노동조합간부에 대하여는 조합원에 대한 사전 협의의 경우보다 더 신중하게 노동조합 측의 의견을 참작하여야 한다는 정도의 차이만 있는 것으로 볼 수는 없는 것이므로, 조합원에 대한 인사권의 신중한 행사를 위하여 단순히 의견수렴절차를 거치라는 뜻의 사전 '협의'와는 달리, 노동조합간부의 인사에 대하여는 노동조합과 의견을 성실하게 교환하여 노사 간에 '의견의 합치'를 보아 인사권을 행사하여야 한다는 뜻에서 사전 '합의'를 하도록 규정한 것이라고 해석하는 것이 타당하다(대판 1993. 7. 13, 92다50263 등 참조). 그리고 정리해고는 근로자에게 귀책사유가 없는데도 사용자의 경영상의 필요에 의하여 단행되는 것으로서, 정리해고의 대상과 범위, 해고회피 방안 등에 관하여 노동조합의 합리적인 의사를 적절히 반영할 필요가 있고, 노사 쌍방 간의 협상에 의한 최종 합의 결과 단체협약에 정리해고에 관하여 사전 '협의'와 의도적으로 구분되는 용어를 사용하여 노사 간 사전 '합의'를 요하도록 규정하였다면, 이는 노사 간에 사전 '합의'를 하도록 규정한 것이라고 해석함이 상당하고, 다른 특별한 사정 없이 단지 정리해고의 실시 여부가 경영주체에 의한 고도의 경영상 결단에 속하는 사항이라는 사정을 들어 이를 사전 '협의'를 하도록 규정한 것이라고 해석할 수는 없다. 한편 사용자가 위와 같이 인사처분을 함에 있어 노동조합의 사전 동의나 승낙을 얻어야 한다거나 노동조합과 인사처분에 관한 논의를 하여 의견의 합치를 보아 인사처분을 하도록 단체협약 등에 규정된 경우에는 그 절차를 거치지 아니한 인사처분은 원칙적으로 무효로 보아야 할 것이지만, 이처럼 사전합의조항을 두고 있다고 하더라도 사용자의 인사권이 어떠한 경우라도 노동조합의 동의나 합의가 있어야만 행사할 수 있는 것은 아니고, 노동조합이 사전합의권을 남용하거나 스스로 사전합의권의 행사를 포기하였다고 인정되는 경우에는 사용자가 이러한 합의 없이 한 인사처분도 유효하다고 보아야 한다. 여기서 노동조합이 사전합의권을 남용한 경우라 함은 노동조합 측에 중대한 배신행위가 있고 이로 인하여 사용자 측의 절차의 흠결이 초래되었다거나 인사처분의 필요성과 합리성이 객관적으로 명백하며, 사용자가 노동조합 측과 사전 합의를 위하여 성실하고 진지한 노력을 다하였음에도 불구하고 노동조합 측이 합리적 근거나 이유제시도 없이 무작정 인사처분에 반대함으로써 사전 합의에 이르지 못하였다는 등의 사정이 있는 경우에 인정된다 할 것이다(대판 2007. 9. 6, 2005두8788 : 대판 2010. 7. 15, 2007두15797 : 대판 2012. 06. 28, 2010다38007).

3. 배전명령

(1) 배전명령(전직 · 전근 · 전보)에 의한 배치전환

1) 배치전환의 의의와 유형 a) 배전명령이란 동일기업 내에서 근로자의 직종, 직무내용, 근무장소 중 어느 것을 변경하는 배치전환명령을 말하며, 줄여서 '배전명령'이라고도 한다. 배전명령은 업무의 성격과 업무장소의 변동에 대한 사용자의 재량권이 남용되지 않는 한 정당한 인사권의 행사로서 인정된다. 이러한 배전명령은 사업장내에서 직종의 변경없이 이동배치하는 것으로 보는 광의의 견해도 있다.[44] 배전명령은 형식상 근로자의 거주지변경을 수반하거나 장시간의 통근시간을 요하는 근무장소의 변경을 의미하는 전근,[45] 근무장소의 변경 없이 직무내용만을 변경하는 전직으로 구분된다.

b) 또한 전근과 전직이 동시에 이루어지는 경우 이를 통칭하여 전보라고도 한다. 이러한 개념은 모두 배전명령에 따른 배치전환에 해당되나, 용어에 대한 정의가 법률로 명시되어 있지 않기 때문에 개념이 통일되어 있지 않다. 그 결과 근로기준법 제23조에 의한 전직과 견해가 반드시 동일하지는 않다.[46] 배치전환은 수직 또는 수평의 배치전환이 가능한 조치로서 전보의 개념보다 실질적으로 광범위하게 이용되고 있다. 그러나 통상적으로 배치전환이란 수평적인 방향으로서 인사이동을 의미한다.

2) 배치전환의 정당성 a) 배치전환은 사용자의 정당한 인사이동으로 볼 수 있으나, 업무상 필요성에 의하여 행사되고, 합리성이 있어야 한다. 따라서 배치전환의 정당성은 ① 근로자의 생활상의 불이익과의 비교형량, ② 배치전환의 시기, ③ 배치전환의 과정이나 사용자가 취한 절차 등에 의하여 판단할 수 있다.[47] 이 경우 업무상 필요성은 노동력의 적정배치, 업무의 능률증진, 근로자의 능력개발, 업무운영의 원활화 등을 위한 것이면 족하다.

44) 조정구 · 김주목, 인사관리 solution(Ⅰ). 중앙경제사, 2008, 91면

45) 이에 반하여 직무(직종)의 변경을 전보라고 하는 견해도 있다(김형배, 근로기준법, 박영사, 1992. 606면).

46) 이러한 불명확한 견해로 인하여 전직, 전근, 전보의 개념을 명확히 구분하여 사용하지 않는 판례의 태도를 종종 볼 수 있다(管野和夫, 李鋌 譯, 日本勞動法, 法文社, 2007, 404면).

47) 대판 1998. 12. 23, 97누18035

b) 직장질서의 유지나 회복, 또는 근로자간의 인화를 위한 배치전환도 업무상 필요성이 있다고 인정되므로 정당한 이유가 있는 경우에는 허용된다고 할 것인데, 이 경우 비록 배치전환에 딩해 근로자에 대한 제재적인 의미가 내포되어 있다고 하더라도 그 자체가 단체협약이나 취업규칙 등에 정한 징계절차를 요하는 징계로서 규정되지 아니한 이상 그러한 징계절차를 거치지 않았다고 하더라도 효력에 영향이 없다.[48]

관련판례

(1) 이 사건 배치전환의 경위를 인정한 다음 그 배치전환은 참가인 회사가 업무상의 필요에 따라 한 것으로서 이는 사용자인 참가인 회사의 인사권의 범위 내에 속하는 것이라고 보아야 할 것이므로 이를 가리켜 위법한 배치전환이라고 할 수는 없고, 또한 오늘날의 서울 시내 및 시외의 교통 상황과 서울 부근 도시의 교통망, 참가인 회사 소속 다른 근로자들의 시내 · 외 출 · 퇴근 실태 등을 종합하여 참작하면, 출 · 퇴근 시간이 70분 내지 90분씩 소요된다는 사정만으로는 참가인 회사가 원고에 대하여 이 사건 배치전환을 한 업무상 필요성의 정도에 비추어 원고의 생활에 미치는 불이익의 정도가 현저히 크다고 할 수도 없으며, 이 사건 배치전환을 하게 된 경위와 필요성, 참가인 회사의 취업규칙 및 인사규정 등을 종합하여 검토해 보면, 참가인 회사가 원고에게 사전 협의를 거치지 아니하거나 원고의 동의 없이 이 사건 배치전환을 하였다 하여 곧 신의성실의 원칙에 어긋난다고 볼 수 없다고 판단하였는바, 이는 위 법리에 따른 것으로서 정당하고, 상고논지는 이유 없다(대판 1998. 12. 22, 97누5435).

(2) 근로자가 승진 및 배치전환 이후 해고되자 지방노동위원회에 부당해고구제신청을 하였으나 신청기간 도과를 이유로 각하되었고, 이에 중앙노동위원회에 재심신청을 하였으나 기각되어 위 각하결정이 확정되었다고 하더라도 이로써 그 해고가 정당한지 여부가 아직 확정되지 아니하였다고 할 것이고, 더군다나 위 해고가 승진 및 배치전환에 따른 무단결근 등을 그 해고사유로 삼고 있어서 승진 및 배치전환의 부당노동행위 해당여부가 위 해고의 사유와도 직접 관련을 갖고 있다면, 승진 및 배치전환에 대한 구제의 이익이 있다. 사용자가 근로자의 정당한 노동조합활동을 실질적인 이유로 삼으면서도 표면적으로는 업무상 필요성을 들어 배치전환을 한 것으로 인정되는 경우에는 부당노동행위라고 보아야 할 것이고, 배치전환이 부당노동행위에 해당되는지 여부는, 배치전환의 동기, 목적, 배치전환에 관한 업무상의 필요성이나 합리성의 존부, 전보에 따른 근로자의 생활상의 불이익과의 비교형량, 배치전환의 시기, 사용자와 노동조합과의 관계, 배치전환을 하기에까지 이른 과정이나 사용자가 취한 절차, 그 밖에 배치전환 당시의 외형적 객관적인 사정에 의하여 추정되는 부당노동행위 의사의 존재 유무 등을 종합적으로 검토하여 판단하여야 한다(대판 1998. 12. 23, 97누18035).

48) 대판 1998. 12. 22, 97누5435

(3) 이 사건에 관하여 보건대 ① 원고가 이 사건 배치전환을 한 근거인 위 「공장직원 순환 배치기준」 은 원고의 직원들을 배치전환하는 데 대한 객관적인 기준으로서 그 제정 목적이 부당하다고 보이지 않고, 그 필요성도 인정되며, 구체적인 배치전환 대상자 선정의 기준도 나름대로 합리적이라고 보이는 점, ② 참가인은 25년간 오폐수 처리업무에만 종사하여 왔을 뿐만 아니라, 오폐수 처리업무를 하는 직원은 참가인 혼자뿐이어서 참가인의 근무 장애시의 업무공백에 대비하고, 참가인의 정년이 3년 밖에 남지 않아 후임자를 양성할 필요도 있었기 때문에 위 「공장직원 순환 배치기준」에 따르면 원고는 우선순위의 배치전환 대상자인 점, ③ 참가인이 입사 전에 대기환경 및 수질환경 분야 자격증을 취득하였고, 원고에 입사한 이래 25년간 오폐수 처리업무만을 계속 수행하였다고 하여, 원고와 참가인 사이에 참가인의 업무내용이 오폐수 처리 관련업무로 근로조건화되어 있다고 볼 수 없고, 오히려, 그와 같이 오랫동안 같은 업무에 종사하는 데 따른 폐해방지를 위하여 원고가 「공장직원 순환 배치기준」 을 마련하여 직원에 대한 배치전환을 실시한 점, ④ 참가인의 신체상태에 대한 앞서 본 바와 같은 소견이 있기는 하나, 그렇다고 하더라도 참가인이 새로 담당하게 된 업무를 수행하는 데 지장이 있다고는 보이지 않는 점(오히려 참가인은 이 사건 배치전환으로 인하여 담당하게 된 업무가 너무 단순한 것이어서 불만이라는 취지의 주장을 하기도 한다), ⑤ 수질환경보전법 시행령 제31조, [별표 6], [별표 10], 「기업활동 규제완화에 관한 특별조치법」 제29조제4항에 의하면, 위 별표 6 소정의 2종 사업장으로서 1일 평균 17시간 이상 작업하고, 폐수를 폐수종말처리장에 유입시켜 처리하는 원고는 3종 사업장의 환경기술인 1명만을 채용하면 된다고 해석되는바, 이와는 달리 「기업활동 규제완화에 관한 특별조치법」 시행령 제12조 제7항을 거론하며 원고가 2인 이상의 환경기술인을 채용하여야 한다는 전제 아래 원고가 이 사건 배치전환으로 환경관리기사 자격증 소지자인 참가인을 배제한 채 3종 사업장의 환경기술인 1명만을 두었음을 탓하는 참가인의 주장은 받아들일 수 없는 점(더욱이 이 사건 배치전환 이전에도 원고는 환경기술인으로 참가인 1명만을 채용하고 있었으므로 환경기술인의 수가 줄어든 것도 아니다), ⑥ 원고가 이 사건 배치전환 이후 9개월 만에 참가인을 본소 업무혁신팀으로 인사발령을 하였다가 다시 2개월여 만에 생산업무에 재배치한 것은 원고가 직원들에 대한 명예퇴직절차를 진행하는 과정에서 발생한 것으로서 이 사건 배치전환과는 무관한 점 등의 사정을 종합하여 보면, 객관적이고 합리적이라고 인정되는 위 「공장직원 순환 배치기준」 에 따라 이루어진 이 사건 배치전환이 근로기준법 규정에 위반하거나 사용자의 권리를 남용한 것이라고 할 수 없으므로, 이 사건 배치전환을 부당한 인사조치라고 본 이 사건 재심판정은 부당하다(서울고판 2008. 6. 4, 2007누25758).

---

2) 유사용어와의 구별 a) 출장은 '일시적으로'사업장 외의 다른 곳에서 일을 시키는 작업이나 사업장 외에서 업무를 하게 하는 것을 말하며, 근로자의 직무내용이나 근무장소가 변경되는 점에서 전직 · 전근과 공통적인 면이 있지만 출장기간이 '단기간'이라는 점에서 구별된다.[49]

49) 배치전환이라는 용어에서 '전환'은 동일한 근무지내에서 근무부서가 변경되는 것을 의미한다(管野和夫,

b) 전직이나 전근은 동일기업 내의 인사이동으로서 협의의 배치전환으로 해석되나, 기업간의 인사이동인 전출 및 전적은 광의의 배치전환으로 구분된다.[50] 전출은 원래의 기업에서 신분을 보유한 채 다른 기업으로 배치전환이 되는 재적전출을 말하며, 이에 따른 지휘명령권이 다른 사업주에게 이전된다는 점에서 이러한 변경이 따르지 않는 파견이나 출장과 구별된다.[51]

c) 전적은 사업주의 명령에 따라 원래의 기업에서 근로자의 신분을 해지하고 다른 기업으로 배치전환이 되는 이적전출을 말하며, 엄밀한 의미에서 다른 사업주의 지휘명령을 받는 새로운 근로관계가 형성되는 것을 말한다. 이 경우 근로자는 새로운 입사의 형식절차를 받게 되고, 종전 사업주의 명령이나 경영방침에 의하여 계열회사 등 새로운 기업으로 이전하는 것이 특징이다.

[그림 1-5] 배치전환의 유형

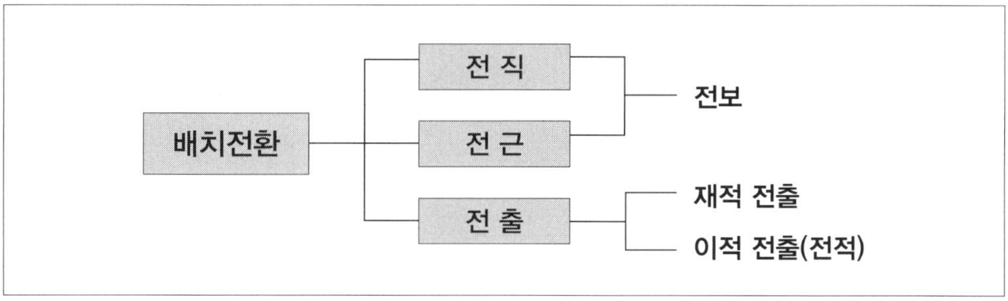

관련판례

(1) 근로자에 대한 전보나 전직은 원칙적으로 인사권자인 사용자의 권한에 속하므로 업무상 필요한 범위 내에서는 사용자는 상당한 재량을 가지며 그것이 근로기준법에 위반되거나 권리남용에 해당되는 등의 특별한 사정이 없는 한 유효하고, 전보처분 등이 권리남용에 해당하는지의 여부는 전보처분 등의 업무상의 필요성과 전보 등에 따른 근로자의 생활상의 불이익을 비교 교량을 하여 결정되어야 할 것이고, 업무상의 필요에 의한 전보 등에 따른 생활상의 불이익이 근로자가 통상 감수하여야 할 정도를 현저하게 벗어난 것이 아니라면 이는 정당한 인사권의 범위 내에 속하는 것으로서 권리남용에 해당하지 않는다(대판 1997. 7. 22, 97다18165).

李鋌 譯, 日本勞動法, 法文社, 2007, 404면).

50) 이상국, 근로기준법해설, 중앙경제사 1997, 616면

51) 이 경우 파견은 원래의 회사에 근로자신분을 보유한 채 근로자의 지휘명령권이 다른 회사로 이전하는 것이므로 근로자파견과 동일하나 일정기간의 파견업무를 종료한 후 원래의 회사로 복귀되는 것이 예정되어 있으므로 차이점이 있다. 이러한 파견을 사외파견이라 한다.

(2) 근로자에 대한 전보는 원칙적으로 인사권자인 사용자의 권한에 속하므로 업무상 필요한 범위 내에서 사용자는 상당한 재량을 가지며, 그것이 근로기준법 등에 위반되거나 권리남용에 해당되는 등의 특별한 사정이 없는 한 무효라고 할 수 없고, 전보처분 등이 권리남용에 해당하는지의 여부는 전보처분 등의 업무상의 필요성과 전보 등에 따른 근로자의 생활상의 불이익을 비교 · 교량하고 근로자측과의 협의 등 그 전보처분 등의 과정에서 신의칙상 요구되는 절차를 거쳤는지 여부를 종합적으로 고려하여 결정하여야 한다(대판 2000. 4. 11, 99두2963).

(3) 전보발령 당시 참가인은 새로 맡은 미화업무를 수행할 수 없을 정도의 건강상태에 있었다고는 보기 어렵다 할 것이고, 오히려 위 전보발령조치를 보복성 인사라고 주장하고 그 철회를 요구하면서 처음부터 새로운 업무를 수행할 의사가 없음을 밝혔던 점 등에 비추어 보면 건강상의 문제를 핑계삼아 위 인사조치에 반발한 것에 불과하다고 볼 여지도 있다 할 것이므로, 유효한 전보명령에도 불구하고 인사조치에 이의를 제기하면서 건강상의 이유를 내세워 한 달 이상의 기간 동안 전보명령에 따른 업무를 수행하지 않은 참가인의 행위는 원고 법인의 직원으로서의 직무상 의무를 위반하거나 직무를 태만히 한 비위행위에 해당한다 할 것이고, 이는 사회통념상 원고 법인과 참가인 사이의 근로계약관계를 지속하게 하는 것이 현저히 부당하다고 인정할 정도의 비위행위라고 할 것이므로, 원고 법인이 참가인을 징계해임한 조치에는 징계재량권을 남용한 위법이 있다고 할 수 없고, 따라서 위 해임처분은 정당하다(대판 2004. 11. 26, 2002두7715).

(4) 참가인 회사가 능력고과 외에 직원의 연령도 감안해 전보인사를 하였던 점, 원고 보다 고령인 2급 직원들의 상당수가 보직을 받았고 원고보다 나이가 적은 직원 가운데도 보직을 받지 못한 직원들이 있었던 점, 당해 직급 재직기간 단기자 우선이라는 보직부여기준이 참가인 회사의 인사재량권을 제한하는 정도의 규범적 효력을 가진다고 보기 어려운 점 등을 알 수 있다. 따라서 전직명령은 사용자의 인사권에 속하는 것으로 업무상 필요한 범위 내에서는 사용자 측에 상당한 재량을 인정해야 할 것인 점까지 감안하면, 이 사건 전보가 부당한 것이라고 할 수 없다(대판 2005. 6. 21, 2004누16494).

(5) 참가인은 지방공기업으로서 직무수행 역량과 성과가 낮은 한계인력을 합리적으로 선정 관리하여 조직의 활력과 경쟁력을 향상시킨다는 목적하에 혁신과제로 '한계인력 선정 관리계획'을 수립하여 2005년부터 시행하였는데, 이러한 제도는 경영정책상 충분히 시행할 수 있는 것이어서 제도의 시행이 위법하거나 부당한 것이라고는 볼 수 없으며, 원고는 참가인 공단에서 7년 동안 장기재직하면서 8개의 부서에서 근무하였기 때문에 평가자들이 원고를 상대적으로 더 잘 알고 있어서 우호적으로 평가할 수도 있었던 것으로 보이는데도 원고가 직원들의 다면평가 및 팀장급 간부사원 평가에서 한계인력 1순위로 선정된 점 등을 종합하여 볼 때, 이 사건 전보는 참가인이 공기업으로서 조직의 활성화와 경쟁력을 향상시키기 위해 혁신과제로 채택한 '한계인력선정 관리계획'에 따라 한계인력으로 선정된 원고에 대하여 참가인 공단의 인사규정 등

에 의하여 정당하게 인사권을 행사한 것이라 할 것이어서, 이 사건 전보가 원고가 들고 있는 근로기준법 조항들을 위반하였다거나 인사권을 남용한 것이라고 볼 수는 없다(서울행판 2006. 5. 4, 2005구합36271).

---

(2) 배전명령의 법적 성질

1) 청구권설 이 견해는 근로계약상의 합의에 기인하여 사용자가 근로의 종류나 장소에 대한 근로조건을 받아들여 근로계약의 내용으로 비로소 특정될 때 청구가 가능하다고 한다. 이 견해에 따르면, 배전명령이 포함된 근로계약이라 하더라도 당사자의 합의에 의하여 변경시키는 것이므로 청구권으로서의 성질을 갖는다고 본다.[52]

2) 형성권설 이 견해는 근로의무의 성질을 종류채무 또는 선택채무유사의 불특정채무로 받아들여 근로계약체결 후 근로자에 대한 최초의 배치에 의하여 근로의 종류와 장소가 근로계약의 내용으로 특정되어 근로계약의 계속성에 따라 원칙적으로 사용자가 배전명령을 할 수 있다고 한다.[53] 이러한 변경에는 본래 근로자의 동의를 요하지 않는다고 본다. 따라서 근로계약에는 근로의 종류와 근로장소의 결정을 할 수 있는 포괄적인 합의가 사용자에게 위임되어 있다고 본다. 배치전환명령은 그러한 합의에 근거한 사용자의 노무지휘권에 대한 행사로서 법률행위이고 근로자는 이를 수용해야 한다는 입장이다.[54]

3) 검토의견 근로의 종류와 장소의 특정은 근로계약의 내용으로서 근로관계의 성립시에 대체로 결정된다. 이와 같은 근로계약의 내용은 합리적인 인사이동의 일환으로 근로관계를 변경(형성)하는 권한이 사용자에게 인정되는 것이다. 따라서 배전명령은 근로자에게 불이익하거나 징계조치의 일환으로 시행되지 않는 한 원칙적으로 효율적인 노무수령을 위하여 허용되어야 한다. 다만, 배전명령에 의한 근로관계의 변동으로 인해 근로자가 생활상의 불편이나 불이익을 받는 정도가 사용자에 의한 업무의 효율적 수행이라는 경영목적에 비추어 형평성이 없거나 근로계약의 본질에 비추어 합리성을 일탈할 경우에는 근로자의 동의가 필요하다고 할 것이다.

---

52) 石川吉右衛門, 採用 · 配置, 經營法學論集 15면 人事, 53면: 李鋌 譯 , 日本勞動法, 法文社, 2007, 405면

53) 土田道夫,"勞働契約における 勞務指揮權の 意義と 構造"法學協會雜誌 105巻 12號 有斐閣, 1998. 1698~1699면 ; 기업내에서의 직무내용, 직무장소의 변경에 대해서는 배전, 전근 등의 용어가 사용되고 있으며(한용식, 근로기준법, 형설출판사 1979, 99면), 기업간의 직무내용, 직무장소의 변경에 대하여는 전출이나(백현기,"업무명령권의 근거와 한계" 근로관계소송상의 제문제(상), 법원행정처 1987, 207면), 전출전직의 용어(한용식, 전게서, 106면)를 사용하기도 한다.

54) 李鋌 譯, 日本勞動法, 404면

(3) 전직과 전근

1) 전 직 a) 전직이란 동일기업 내에서 근로자의 직무내용이 장기간에 걸쳐 변경되는 것을 말한다. 전직은 직무내용 내지 직종의 변경만을 의미하며, 이는 적재적소에 배치하기 위한 단순한 인사이동에 불과하므로 근로기준법 제23조에 의한 징벌금지의 대상인 전직과는 차이가 있다.

b) 일반적으로 근로자에 대한 전직이나 전근은 당초부터 직종이나 근로장소를 한정하여 채용된 것이 아닌 한, 이는 원칙적으로 사용자의 노무지휘권의 범주에 속한다. 따라서 사용자는 노동력의 효율적 이용, 업무능률의 증진, 근로자의 능력개발, 근로의욕의 촉진 등 업무상 필요한 범위 내에서 상당한 재량을 가진다고 보아야 한다.

c) 사용자와 피용자 사이에 체결되는 전직금지약정은 일종의 경업금지약정으로서, 그 체결된 배경이나 그 내용 및 기간에 합리성이 인정되는 경우에는 헌법상 보장된 직업선택의 자유를 침해하지 않는 것으로서 공서양속위반으로 볼 수 없다.[55]

관련판례

(1) 근로자가 10여 년 동안 전문기능을 가지고 식음료 영업계통에서 성실하게 근무해오던 원고를 아무런 사전협의나 통고도 없이 인원감축을 위하여 급조된 총무부 합리화 팀으로 전보하여 일거리도 주지 않고 나아가 임금의 상당부분을 이루는 봉사료조차 50%를 감액하였고, 감독관청으로부터 시정지시를 받고서는 종래 직제상 전혀 편재된 적조차 없는 총무부 인사와 연구위원으로 전보하여 지위나 급료에 있어 심히 불리한 것이므로, 이와 같은 불이익을 받을 만한 사정이 있었다고 볼 수 없는 한 인사재량권을 남용한 것이다(서울민지판 1992. 6. 19, 가합 77785).

(2) 호텔의 전화교환원은 외국어 구사능력과 전화교환기 조작기능이 요구되는 특수전문직종이고, 참가인도 원고를 전화교환원으로서 직무내용을 특정하여 채용하였고 그간 8년 동안 계속하여 교환원으로 근무시켜 왔으므로 원고가 교환주임의 지시를 위반하고 모욕적인 발언을 하였다는 이유로 원고와의 사전협의 또는 동의 없이 원고를 전화교환원과는 자격, 근무내용, 보수가 다른 객실부 하우스키핑내 오더테이커로 전보한 피고의 인사명령은 위법하여 무효이다(대판 1993. 9. 28, 93누3837).

(3) 원고의 입사 후 전직명령시까지의 근무부서 및 근무태도, 생활연고지, 노동조합장으로서의 활동경력, 그 동안에 있었던 회사의 노조간부들에 대한 부당한 인사조치, 피고 회사의 백화점과 슈퍼마켓 사이의 업무차이, 나아가 백화점 신용판매부의 인원충원 필요성과 그와 상반된 서울영업본부의 업무 및 인원의 축소 등 이 사건 변론에 나타난 제반사정에 비추어 볼

55) 대판 1997. 6. 17, 97카합758

때, 피고회사의 원고에 대한 위 전직명령은 원고가 그간 노동조합장으로서 활발한 활동을 한 데 대하여 혐오감을 가지고 있던 피고가 원고를 스스로 사퇴하도록 하기 위한 조치로서 그 정당한 이유가 없어 당연히 무효이다(대판 1994. 4. 26, 93다10279).

---

2) 전 근 a) 전근은 근로자의 근로를 제공하는 근무장소를 변경하는 것을 말한다. 전근은 직무내용 · 직종 · 직책 등의 변동 없이 사업장을 달리하는 근무지로 이동하는 것으로서, 본사에서 지방지사나 지점, 기타 사업장으로 근무장소를 변경하는 것을 말한다. 전근은 출장이나 파견과 달리 다른 장소에서 비교적 장기간 근로를 제공하며, 원래의 기업에 속하는 신분이나 직급 · 임금 등에 변동이 없다. 따라서 전근도 인사이동에 해당되어 정당성이 인정된다.

b) 그러나 순수한 인사이동이 아닌 징계의 일종으로 불이익을 주거나 부당노동행위의 성립과 관련하여 전근이 되면 그 정당성에 대하여 사법심사의 대상이 된다.[56] 이러한 전근은 근로관계를 변동시키는 사유가 된다.

관련판례

원고에 대한 전근명령은 참가인 회사가 매년 행하는 정기인사이동의 일환으로서 참가인 회사의 업무상 필요에 따라 원고의 경력과 능력 및 연고지 등을 참작하여 직원직무이동규정에 정한 절차와 인사이동기준에 의하여 이루어진 것이고, 특별히 원고에 대하여 부당하게 이루어진 것으로 인정되지 아니하므로 비록 원고에 대한 전근명령이 노사협의기간 중에 이루어졌고, 원고가 노동조합측 단체교섭위원으로 활동하였다고 하더라도 그 점만으로 참가인 회사가 원고의 노동조합 활동을 이유로 원고를 전근시킨 것으로 단정할 수 없고, 원고에 대한 전근명령이 부당노동행위에 해당되지 않는 이상 원고가 참가인 회사의 계속적인 부임 촉구에도 불구하고 전근명령에 불응한 채 무단결근한 것은 징계해고의 상당한 사유가 된다 할 것이므로, 참가인 회사가 취업규칙의 규정에 의하여 원고를 징계해고한 것은 정당하다고 판단하였는바, 원심이 인정한 사정하에서라면 참가인 회사의 원고에 대한 전근명령이 권리의 남용이나 부당노동행위에 해당된다고 볼 수 없으므로 위 전근명령은 정당하다고 할 것이며, 원고가 위 전근명령에 불응하면서 교육에 불참하고 10일 이상 무단결근한 것은 참가인 회사 취업규칙 소정의 징계해고 사유에 해당되고, 참가인 회사가 이를 이유로 원고를 징계해고한 것은 정당한 징계권의 행사로서 징계권의 남용에 해당된다고 볼 수 없으므로, 원심의 위와 같은 판단은 정당하고, 거기에 소론이 지적하는 인사권과 징계권의 한계에 관한 법리나 부당노동행위에 관한 법리를 오해한 위법이 있다고 할 수 없다(대판 1992. 12. 08, 91누11025).

---

56) 이상국, 전게서, 33면

(4) 전출과 전적

a) 일반적으로 근로자가 원래 기업의 근로자로서 신분을 보유하면서 다른 기업에 옮겨 그 기업의 지휘명령을 받으며 근무하고, 일정기간이 경과한 후에는 원래의 기업으로 복귀하는 것이 전제된 근로형태를 전출(재적전출)이라고 한다. 전출은 다른 기업으로부터 지휘명령을 받고 근무하는 점에서 전직 및 전근과 구별되고, 또 원래 기업의 근로자로서의 신분을 보유하고 있는 점에서 근로계약을 해지하고 새롭게 고용되는 전적과 구별된다.

b) 반면에 근로자가 사용자의 방침에 따라 두 개 기업간의 합의를 전제로 원래의 기업과 근로관계를 해소하고, 다른 회사에 새로이 고용되는 형태의 기업간 인사이동을 이적전출 또는 전적(전속)이라고 한다. 전적은 소속기업에서 신분을 정리하고 이직하는 것이므로 원래의 기업으로 복귀할 수 없다.

관련판례

(1) 근로자가 그를 고용한 기업으로부터 다른 기업으로 적을 옮겨 그 다른 기업의 업무에 종사하게 하는 이른바 전적은 종래에 종사하던 기업과의 근로계약을 합의해지하고 이적하게 될 기업간에 새로운 근로계약을 체결하는 것이거나 근로계약상의 사용자의 지위를 양도하는 것이므로, 동일기업내의 인사이동인 전근이나 전보와 달라 특별한 사정이 없는 한 근로자의 동의를 얻어야 효력이 생기는 것인 바, 사용자가 근로자의 동의를 얻지 아니하고 기업그룹내의 다른 계열회사로 근로자를 전적시키는 관행이 있어서, 그 관행이 근로계약의 내용을 이루고 있다고 인정하기 위하여는 그와 같은 관행이 기업회사에서 일반적으로 근로관계를 규율하는 규범적인 사실로서 명확히 승인되거나, 기업의 구성원이 일반적으로 아무런 이의도 제기하지 아니한 채 당연한 것으로 받아들여, 기업내에서 사실상의 제도로서 확립되어 있지 않으면 아니된다(대판 1993. 1. 26, 92다11695).

(2) 근로자를 그가 고용된 기업으로부터 별개의 기업체인 다른 기업으로 적을 옮겨 다른 기업의 업무에 종사하게 하는 전적은 원칙적으로 근로자의 동의를 얻어야 효력이 생기는 것이고, 다만 다양한 업종과 업태를 가진 계열기업들이 자본 · 임원의 구성 · 영업활동 등에 있어서 어느 정도 밀접한 관련성을 갖고 경제활동을 전개하는 기업그룹 내의 계열기업 사이의 전적에 있어서는 미리 전적할 계열기업을 특정하고 그 기업에서 종사하여야 할 업무에 관한 사항 등의 기본적인 근로조건을 명시하여 사전 동의를 얻은 경우나 기업그룹 내에서 근로자의 동의를 얻지 아니하고 다른 계열기업으로 근로자를 전적시키는 관행이 있어서 그와 같은 관행이 기업 내에서 일반적으로 근로관계를 규율하는 규범적 사실로 명확하게 승인되거나 기업의 구성원이 일반적으로 아무런 이의를 제기하지 아니한 채 당연한 것으로 받아들여 기업 내에서 사실상의 제도로 확립되어 있어 근로계약의 내용을 이루는 것으로 인정되는 경우처럼 특별한 사정이 있는 경우에 한하여 근로자의 구체적인 동의를 얻지 아니하더라도 근로자를 다른 계열기업으로 유효하게 전적시킬 수 있다(대판 1996. 11. 13, 92다16690).

(3) 근로자를 그가 고용된 기업으로부터 별개의 기업체인 다른 기업으로 적을 옮겨 그 다른 기업의 업무에 종사하게 하는 전적은 원칙적으로 근로자의 동의를 얻어야 효력이 생기는 것이고, 다만 다양한 업종과 업태를 가진 계열기업들이 자본 · 임원의 구성 · 영업활동 등에 있어서 어느 정도 밀접한 관련성을 갖고 경제활동을 전개하는 기업그룹 내의 계열기업 사이의 전적에 있어서는 미리 전적할 계열기업을 특정하고 그 기업에서 종사하여야 할 업무에 관한 사항 등의 기본적인 근로조건을 명시하여 사전동의를 얻은 경우나 기업그룹 내에서 근로자의 동의를 얻지 아니하고 다른 계열기업으로 근로자를 전적시키는 관행이 있어서 그와 같은 관행이 기업 내에서 일반적으로 근로관계를 규율하는 규범적 사실로 명확하게 승인되거나 기업의 구성원이 일반적으로 아무런 이의를 제기하지 아니한 채 당연한 것으로 받아들여 기업 내에서 사실상의 제도로 확립되어 있어 근로계약의 내용을 이루는 것으로 인정되는 경우처럼 특별한 사정이 있는 경우에 한하여 근로자의 구체적인 동의를 얻지 아니하더라도 근로자를 다른 계열기업으로 유효하게 전적시킬 수 있다. 또한 전적은 종전 기업과의 근로관계를 합의해지하고 이적하게 될 기업과 사이에 새로운 근로계약을 체결하는 것이므로, 유효한 전적이 이루어진 경우에 있어서는 당사자 사이에 종전 기업과의 근로관계를 승계하기로 하는 특약이 있거나 이적하게 될 기업의 취업규칙 등에 종전 기업에서의 근속기간을 통산하도록 하는 규정이 있는 등의 특별한 사정이 없는 한 당해 근로자의 종전 기업과의 근로관계는 단절되는 것이고 이적하게 될 기업이 당해 근로자의 종전 기업과의 근로관계를 승계하는 것은 아니다. 그리고 그룹내 다른 계열사로의 전적을 명하면서 종전 기업에서의 근속연수만을 기초로 하여 산정한 퇴직금을 수령할 것인지 또는 그 퇴직금을 이적하게 될 기업으로 이체 · 적립하여 근속기간의 통산을 받을 것인지를 근로자에게 선택하도록 하였는데 근로자가 자의에 의하여 퇴직금을 수령하는 쪽을 선택한 경우, 근로자의 종전 기업에서의 퇴직은 근로자의 자유로운 의사에 의하여 결정된 것으로서 그 종전 기업에서의 근로관계는 퇴직금 수령으로 종결되고 달리 특별한 사정이 없는 한 전적 후 기업으로 승계되어 계속된다고 보기 어렵다(대판 1996. 12. 23, 95다29970).

(4) 근로자가 모회사로부터 자회사로, 다시 자회사로부터 모회사로 전출되는 경우에 근로자가 자의에 의하여 계속근로관계를 단절할 의사로써 모회사 또는 자회사에 사직서를 제출하고 퇴직금을 지급받은 다음 자회사 또는 모회사에 다시 입사하였다면 전자와의 근로관계는 일단 단절될 것이지만, 그것이 근로자의 자의에 의한 것이 아니라 모회사의 경영방침에 의한 일방적인 결정에 따라 퇴직과 재입사의 형식을 거친 것에 불과하다면 이러한 형식을 거쳐서 퇴직금을 지급받았더라도 근로자에게 근로관계를 단절할 의사가 있었다고 할 수 없고, 따라서 계속근로관계도 단절되지 않는다(대판 1997. 3. 28, 95다51397).

(5) 전적은 종전 기업과의 근로관계를 합의해지하고, 이적하게 될 기업과 사이에 새로운 근로계약을 체결하는 것이므로 원칙적으로 근로자의 동의가 필요한 것으로서, 근로자가 전적명령에 응하여 종전 기업에 사직서를 제출하고 퇴직금을 수령한 다음 이적하게 될 기업에 입사하여 근무를 하였다면 특별한 사정이 없는 한 이는 전적에 대한 동의를 전제로 한 행동이라고 보아야

하고 가사 근로자가 퇴직 및 입사 등의 행위를 한 때에 그 내심의 의사가 종전 기업과의 근로관계를 종료하고 이적하게 될 기업과 근로관계를 맺으려는 것이 아니라 오로지 퇴직금을 지급받을 의사에 불과한 것으로서 비진의 의사표시에 해당한다고 하더라도 사용자가 그 진의 아님을 몰랐고 알 수도 없었던 경우에는 그 효력을 부인할 수 없다(대판 1998. 12. 11, 98다36924).

4. 휴직과 휴직명령권

(1) 휴직의 개념과 형태

휴직은 근로관계를 지속시키는 것이 불능 또는 부적당한 사유로 발생한 경우에 일시적으로 근로자를 노무에 종사하는 것을 면제하거나 금지하는 처분을 말한다. 휴직은 그 목적이나 형태에 따라 다음과 같이 구분할 수 있다. 첫째, 근로자측의 사유에 의한 것으로 상병휴직(질병휴직), 자기사정휴직, 공무휴직, 조합전임휴직 등이 있다. 둘째, 사용자측의 사유에 의한 것으로서 파견휴직, 해외유학휴직, 고용조정휴직 등이 있다. 휴직도 근로관계의 변동을 가져오는 중요한 사항이지만, 그 규정은 오로지 단체협약 및 취업규칙에 위임되어 있다.

(2) 휴직명령권

a) 휴직명령권은 단체협약이나 취업규칙 · 근로계약에 의하거나 사용자의 인사권에 근거하여 행사된다. 그러나 휴직명령이 불공정하게 이루어지게 되면, 근로자의 임금 또는 승진 등에 있어서 불이익을 받기 쉽다. 따라서 근로자 개인의 귀책사유나 질병 또는 일신상의 사유가 아닌 한 사용자에 의한 휴직명령권은 일정한 제한이 따를 수밖에 없다.

b) 단체협약이나 취업규칙 등 휴직근거규정에 의하여 사용자에게 일정한 휴직사유발생에 따른 휴직명령권을 부여하고 있다 하더라도 휴직명령이 유효하기 위해서는 정당한 요건을 갖추어야 한다. 따라서 ① 휴직규정의 설정목적과 실제기능, ② 휴직명령권 발동의 합리성, ③ 휴직명령으로 인해 근로자가 받게 될 신분 · 경제상의 불이익 등 구체적인 사정을 모두 참작하여 근로자가 상당한 기간에 걸쳐 근로의 제공을 할 수 없다거나 근로의 제공이 매우 부적당하다고 인정되는 경우에만 휴직의 정당성이 인정된다.

관련판례

(1) 취업규칙상 '휴직기간은 2월을 초과할 수 없다'고 규정하고 있는데 근로사의 휴직이 본인의 귀책사유로 인한 것이 아닌 한 회사의 귀책사유로 인한 것이고, 휴직기간 2월까지 그 휴직사유가 소멸하지 않고 있는데다가 복직하여 보았자 본래의 업무에 전혀 종사할 수 없어 복직이 아무런 의미가 없는 경우, 2개월의 휴직기간이 만료되어도 기간내에 복직하지 아니한 때에는 퇴직처리할 수 있다는 취업규칙상의 규정을 형식적으로 적용하여 그 근로자를 퇴직처리 함은 인사권의 남용 내지 신의칙과 형평에 반하는 무효의 것으로 보아야 한다(대판 1991. 10. 11, 91다19883).

(2) 사용자의 취업규칙이나 단체협약 등 휴직근거규정에 의하여 사용자에게 일정한 휴직사유의 발생에 따른 휴직명령권을 부여하고 있다 하더라도 정해진 사유가 있는 경우 당해 휴직규정의 설정목적과 실제기능, 휴직명령권 발동의 합리성 여부 및 그로 인한 근로자가 받게 될 신분상·경제상의 불이익 등 구체적 사정을 모두 참작하여 근로자가 상당한 기간에 걸쳐 근로의 제공을 할 수 없다거나 근로제공을 함이 매우 부적당하다고 인정되는 경우에만 정당한 이유가 있다고 보아야 한다. 만성활동성(2)형 간염의 보균자인 근로자가 단체협약이나 취업규칙 소정의 휴직사유인 "전염병에 걸리거나 전염의 우려가 있는 질병에 걸린 자"에 해당하기는 하나 그에 대한 휴직처분이 정당한 이유 없는 무효의 처분이 된 경우 근로자는 휴직기간 동안 사용자의 귀책사유로 인하여 자신의 근로계약상의 의무인 근로제공을 하지 못하게 된 것이라고 본다(대판 1992. 11. 13, 92다16690).

(3) 휴직근거규정에 의하여 사용자에게 일정한 휴직사유의 발생에 따른 휴직명령권을 부여하고 있다 하더라도 그 정해진 사유가 있는 경우, 당해 휴직규정의 설정목적과 그 실제기능, 휴직명령권 발동의 합리성 여부 및 그로 인하여 근로자가 받게 될 신분상·경제상의 불이익 등 구체적인 사정을 모두 참작하여 근로자가 상당한 기간에 걸쳐 근로의 제공을 할 수 없다거나, 근로제공을 함이 매우 부적당하다고 인정되는 경우에만 정당한 이유가 있다고 보아야 할 것이다. 축산업협동조합중앙회의 인사규정에 '형사사건으로 구속 또는 기소되었을 때에는 판결확정 후 1월까지 명령휴직을 할 수 있다'고 규정되어 있어 원고가 업무상 배임죄로 구속되었다가 검사의 구속취소로 석방되고 불구속 기소되어 무죄판결이 확정되기까지 명령휴직을 받은 경우 위 명령휴직은 원고가 구속된 동안에는 근로의 제공을 할 수 없는 경우에 해당하여 정당하다고 할 것이나, 원고가 석방된 이후에는 사회통념상 합리성을 결여한 처분으로 무효라고 보아야 할 것이다(대판 2005. 2. 18, 2003다63029).

쟁점사례

/사 례/ 근로자 A는 유리제조업을 하는 회사에서 근무하고 있으며, 금번에 1차 건강진단을 한 결과 고혈압 소견이 발생하여 다시 2차 검사를 한 결과 본태성 고혈압으로서 건강관리에 주의를 요한다는 의학적 진단을 받았다. 근로자 A가 근무하는 작업장은 유리제품제조를 하는 업무로서 용광로에서 유리물을 녹여 제조를 하기 때문에 작업장 내에는 온도가 40도가 될 정도로 매우 더울 뿐만 아니라 온도가 높아 쉽게 피로하여 육체적으로 힘든 업무로서 고혈압 소견자는 근무를 금지하고 있다. 사업주는 건강검진결과가 나쁘게 나왔다며, 근로자 A에게 휴직할 것을 권하고 있으며, 이에 응하지 않는 경우 강제적으로 휴직조치를 하겠다고 한다. 취업규칙에서는 [휴직기간 중 급여]에서 '선천적 고혈압은 제외 한다'고 정하고 있어 휴직을 하게 되면 근로자는 생계가 어렵게 될 우려가 있어 고민이다. 이러한 사업주 B가 근로자 A를 상대로 강제로 휴직명령을 하는 것이 정당한가?

/해 설/ 사용자의 인사권에 의하여 합리적이고 정당한 사유가 있는 한 근로자에 대하여 휴직명령을 할 수 있다. 사례의 경우에는 고혈압으로 인하여 근로자가 당해 사업장에서 업무를 하는데 지장을 초래하거나, 건강을 악화시킬 여지가 있는지를 기준으로 판단하여야 한다. 산업안전보건법 제24조제1항제2호에 의하면, 고온 및 저온 등으로 인한 건강장해에 대하여 사업주로 하여금 필요한 조치를 하도록 하고 있으므로, 고온이나 저온 등 기온변화로 고혈압이 악화될 수 있는 작업환경의 특성을 고려할 때 필요한 휴직조치가 가능하다고 보아야 한다. 따라서 근로자 A는 휴직기간 중 선천적 고혈압의 경우에는 급여를 받을 수 없는 불이익이 있더라도 휴직명령에 따라야 한다. 다만, 고혈압 소견이 선천적 또는 후천적 인지에 따른 휴직기간 중 임금 여부는 의학적 소견을 기초로 판단하여야 한다. 이 경우 휴직명령은 징계처분의 사유에 해당되지 않는다.

제2장
징계권의 근거와 특질

제1절 징계권의 근거
제2절 징계권의 특질

제1절 징계권의 근거

1. 징계권의 법적 근거에 대한 검토

(1) 계약당사자의 평등관계와 지배 · 종속의 관계

a) 어떠한 집단이나 사회단체든지 그 목적을 효율적으로 달성하기 위해서는 내부적인 조직의 통제수단으로서 규범을 필요로 한다. 특히 기업이라는 조직체에서는 경영질서를 유지하기 위한 수단으로 사용자의 징계권이 용인되지 않을 수 없다. 그러나 사용자와 근로자는 대등 · 평등한 계약관계에 있으므로 어느 일방이 상대방을 지배하거나 징계조치를 한다는 것은 원칙적으로 허용될 수 없다.

b) 그럼에도 불구하고 경영조직체에서 사용자에 의한 징계처분은 자유대등한 개인 간의 계약관계가 아니라 시민법의 계약원리로서 분명하게 결론을 지울 수 없는 사실상의 지배 · 종속의 관계를 전제로 한다는 것을 부인할 수 없다.

c) 이것을 설명하기 위해서는 어느 일방이 상대방을 징계처분하거나 지휘명령을 하기 위해서 상대방을 구속할 수 있는 법적 근거나 계약이 존재하여야 한다. 예컨데, 사용자가 근로자를 규제하기 위해서는 취업규칙이나 단체협약에 징계권의 근거가 있어야 한다.

(2) 징계권의 법적 근거에 대한 논의

a) 징계권의 법적 근거에 관해서는 최근에 와서 노동법학계에서 일부 연구가 진척되고 있으나, 아직까지 우리나라에서는 본격적인 논의가 진행되지 않고 있다. 반면에 우리나라와 노동법체계를 같이하고 있는 일본에서는 1950년대 이래 격렬한 논쟁을 거쳐 오늘에 이르고 있으나, 아직도 합일점을 찾지 못하고 있는 실정이다.[1)]

b) 독일에서는 징계권의 법적 근거에 관한 논의가 오랫동안 계속되어 왔고, 19세기말까지 통설 및 판례는 사용자의 지시권(Weisungsrecht)을 기초로 한 고유권설에 가까운 입장이었으나, 1952년 경영조직법(Betriebsver fassung-srecht)과 동법의 1972년 개정을 토대로, 기업내에서의 징계처분에 관한 사항은 노사의 경영협정(공동결정)에 의하여 설정되

1) 日本에서는 昭和 30년대에 주로 懲戒解雇의 허용문제를 중심으로 징계권의 법적 근거에 관한 논쟁이 활발히 진행되었다. 이 논쟁 이전에 최고재판소의 판례는 기업이 당연히 징계권을 갖는다는 固有權說 등 10여개의 각각 다른 견해를 주장하고 있다.

는 경우에 적법하다는 공동규범설이 지배적 견해로 나타내고 있다.[2)]

c) 미국에서는 공정기준법(Labor standard Act)이나 기타 보호법규 또는 취업규칙에서 징계처분에 관한 규정을 발견할 수 없다. 초기에는 미국에 있어서도 일방적 · 전제적 고유권이라 생각하였다. 그러나 그 후 노동조합주의의 확대에 따라 단체협약에 의한 징계권의 행사에 제한이 가해졌다. 그 결과 근로자의 고용보장요구와 사용자의 직장질서확립의 필요성에 따른 합리적인 자본주의적 노무관리라는 정책의 요청과 더불어 사용자의 자의적인 징계권행사가 억제되는 경향으로 나타나게 되었다.[3)]

d) 이상과 같이 사용자의 징계권에 관하여는 우리나라뿐만 아니라 일본, 독일, 미국 등에서도 법적으로 명시적인 수권규정을 두고 있지 않다. 그러나 현실적으로 징계권이 행사되고 취업규칙에 규정되어 있으므로 학자들은 다방면에서 이에 대한 법적 근거를 밝히려고 노력해 오고 있다. 따라서 징계권의 행사를 정당화되는 근거를 어디에서 구할 것인가에 관하여 아직도 다양한 견해가 주장되고 있다.[4)]

2. 징계권의 법적 근거에 대한 학설

(1) 고유권설

1) 고유권설의 논거 a) 이 설은 취업규칙이나 단체협약 등에 징계처분에 관하여 아무런 규정이 없더라도 사용자의 징계처분을 인정해야 한다는 견해이다. 이 견해는 경영질서의 형성 · 유지 및 위반에 대한 제재는 사용자의 고유권으로서 기업에 부여되어 있다고 보고, 구체적인 처벌규정의 매개 없이 기업질서를 유지하기 위하여 징계권을 인정해야 한다는 것이다. 따라서 사용자는 기업의 본질상 기업목적의 수행을 방해하는 근로자의 행위에 대하여 취업규칙이나 단체협약에 준거할 명시적 규범이 없는 경우라도 제재를 가할 수 있다고 본다.

2) 김형배,"경력사칭과 징계해고" 노동법과 노동정책, 일탄 김진웅박사 화갑기념논문집, (일신사, 1985), 134면

3) H.B.Bulter."Industrcsal Relations in the U.S."(N.Y.U. 1963), P.678. ; 再引用: 琴東信,"使用者의 懲戒行爲와 不當勞動行爲"(檀國大學校 論文集, 第23輯, 1989), 309면

4) 임종률, 전게논문. 156면 이하는 징계권 부정설, 고유권설, 집단적 합의설(공동규범설), 계약설, 법규범설로 크게 다섯 가지로, 김형배, 전게논문, 130면 이하는 고유권설, 계약설, 공동규범설의 세 가지로 나누고, 금동신, 전게논문, 37면 이하는 고유권설, 계약설, 부정설, 집단적 합의설, 법규범설로 다섯 가지로 나누고, 水野勝,"懲戒權論" [沼田稻次郎先生還曆記念論文集, (下)券] 1974, P526 이하는 고유권설, 계약설, 집단적 합의설, 부정설, 법령2조설, 법규범설로 나눈다.

b) 이 견해에 의하면, 징계권의 근거를 사용자가 종속적 지위에 있는 근로자에 대하여 관계적으로 갖고 있는 영업권, 지시권(Direktionsrecht)에서 구하거나[5] 기업 내의 준사법적 기능으로서 징계권을 파악하는 경우에도[6] 징계권의 근거로 삼을 수 있다.

2) 검토의견 a) 고유권설은 단지 현상 · 확인적 이론이며, 전근대적 학설이라는 비판을 받고 있다. 사용자의 고유권이나 지시권으로부터 징계권을 근거를 찾으려는 것은 근로자와 사용자의 완전한 평등을 전제로 하는 근로관계의 성질상 용인될 수 없다고 보기 때문이다.[7] 사용자의 지시권은 근로계약의 범위내에서 근로자의 노무급부를 다시 개별적으로 구체화하는 권한일 뿐, 근로자에 대한 인적 지배를 뜻하는 것은 아니다.[8]

b) 징계권은 하나의 기업 내부에 존재하는 제도적 보장으로서 집단의 존립과 질서유지라는 기능의 확보를 위해 반드시 필요하며, 단체로서의 기업에 필요한 고유권한으로서 그 존재가 인정된다는 견해이다.[9] 그러나 이러한 견해는 학설상으로 소수설에 불과하며, 단체의 존립과 유지를 위해 질서유지가 요청된다고 해서 곧바로 사용자에게 우월적인 권력을 법적으로 승인할 수 없으며 '경영권은 소유권에 뿌리박은 신성불가침의 금기라는 의식'하에 출발하였다는 점에서 경영권의 마술이라는 비판을 받고 있다.[10]

c) 징계권의 근거를 경영권에서 찾는 견해는 첫째, 성질상 전혀 단체교섭에 속하지 않는 명백한 경영자의 기능 및 책임에 관한 사항, 둘째 경영자 스스로 결정할 권한으로 근로자의 고충처리절차에의 관여가 인정되는 사항을 들고 있다. 그러나 근로자 측에서는 이에 대하여 단체협약의 대상사항이고 법적 근거도 확실하지 않다는 이유로 이를 부정한다.[11]

d) 한편 일본의 경영자협의회는 소유권의 기능적 개념으로서 혹은 조직체로서의 경영을 유지 · 확립하기 위한 독립적 권한으로서 경영권의 개념을 주장하고 있다. 이들의 견해는 경영권이 생산시설과 자본의 소유권, 무체재산권, 노동력의 처분을 포함하는 각종의 채권 및 이들을 통합하여 행사하는 기능을 포괄하는 개념이라는 것이다.

---

5)日本 高判 1950. 11. 20, 東京急行電鐵事件 : Nikisch, SAE(1966), s.132ff. ; Herschel, AuR(1966), S.384;Herschel, BetriesbuBen, 1967, S.32

6)日本 福岡地判 1958. 9. 18 九州電力佐賀支店事件

7) Sollner, GrundriB, S.244 ; Zollner, ArbR, S. 69 ; Schaub, ArbRHb, S.303 ; Adomeit Rechtsquellenfragen im Arbeitsrecht, (1969), S.100f.

8) Hueck-Nipperdey, Lehrbuch des Arbeitsrechts, Bd. I, 7 Aufl. (1963), S.260 ; Schnorr v. Carolsfeld, ArbR, 2. Aufl., S.309 ;日本 東京高判 1964.3.27, 金岡管川崎製鐵所事件

9) 鄭在勳 編, 經營權과 勞組活動, 大氷文化社, 1989, 37면

10) 淺井清信, 前揭論文, 257~259면

11) 뉘岡昇, 勞働基準法の 基礎 : 靑木宗也 山本吉人編, 基礎法律學大系, 靑林書院新社, 1976, 37면 三照

e) 그러나 재산법적 관계와 노동법적 관계는 서로 구별되는 것으로서, 이들을 억지로 하나의 기능에 결합시키려는 경영권설은 법적 근거도 없으며, 법제도상으로도 경영은 사적소유의 객체일 뿐, 이에 공공적 성격을 인정하여 독립적 지위를 부여할 수 없다는 비판을 받고 있다.[12)]

f) 또한 기업에는 사용자와 근로자가 있어 서로 대립하는 이해관계 외에 공통되는 이해관계가 있을 수 없다는 입장에서 기업에는 근로계약에 의한 노사의 결합만이 있을 뿐이며, 전인격적으로 결합한 인간의 제도와 근본적으로 다르다는 점을 지적하고 있다(제도론). 따라서 기업 내에는 사용자와 근로자는 노동력의 매매를 목적으로 하는 근로계약에 의하여 결합하고 있는 것일 뿐 가족이나 지역공동체, 국가와 같이 생래적 · 전인격적으로 결합한 인간집단의 제도와 근본적으로 다르다는 점을 들어 고유권설을 비판하고 있다.[13)]

g) 이와 같이 제도론을 긍정적인 입장의 학자들은 「국가법만이 법이라고 하는 사고는 매우 협소한 생각이며, 국가의 하위조직으로서 제도를 형성하고 있는 여러 집단도 그 자신의 법을 갖고 있음을 부정할 수 없다」고 주장한다.[14)] 따라서 징계권의 행사는 합리적이며 사회적 타당성이 있어야 함은 물론이지만, 기업의 상위에 존재하는 국가법의 정신에 어긋나지 않아야 하고, 초국가적인 자연법의 정신에도 반하지 않아야 한다는 것은 당연한 것이라고 한다.

h) 그러나 고유권설이 주장하는 논거 가운데 제도론을 반대하는 학자들의 견해는 「권리란 법 또는 계약에 의하여서만 발생할 수 있다는 원칙은 근대시민법의 기본적 원리로서 이를 부정하는 논리는 근대자본주의사회를 전제하는 한 불가능한 이론이며, 이 대원칙을 함부로 부정하는 이론은 개인에 대한 인권의 부정과 상통하는 결과를 가져오게 되므로 배제되지 않으면 아니 된다」 고 한다.[15)]

i) 또한 고유권설은 근로자의 의사와 전혀 관련되지 않은 상태에서 이론구성이 되어 있다는 점에서 비판의 여지가 있다. 이러한 점을 보완하기 위하여 계약설을 바탕으로 근로자와 사용자의 계약의사에서 징계권의 이론적 근거를 도출하려는 견해가 제기되고 있다.

(2) 계약설

1) 계약설의 논거 a) 이 설은 고유권설에 대한 비판으로서 등장한 견해로서, 노사

---

12) 片岡昇, 勞働基準法の 基礎：青木宗也·山本吉人編, [基礎法律學大系 31券], 青林書院新社, 1976, 37면

13) 花見忠,"懲戒權"勞働法講座 第5券, 勞務行政研究所, 1959, 394면

14) 淸水兼男,"懲戒權の 根據と 懲戒解雇"[菊池勇夫敎授60年祝賀記念論文集: 勞働法と 經濟法の 理論], 有斐閣, 1960, 427면

15) 柳川眞佐夫 外, 全訂 判例勞働法の 硏究,(上)券, 勞務行政研究所, 1959, 394면

대등의 원칙을 이념으로 하는 근대적 노사관계에서 노사간의 개별적 합의에 의하여 징계권이 도출된다고 한다(개별적 합의설). 즉, "사실인 관습설"에 의하여 징계규정에 대한 근로자의 동의(일관된 동의 또는 잠재된 동의)를 매개로 하여 그것이 근로관계의 내용이 되기 때문이다.[16] 그러나 사용자에 의한 징계처분을 용인하는 사실상의 기초는 경제적·생활적 종속관계에서 찾아야 한다고 비판하는 견해가 있다.[17]

b) 계약설에 의하면 취업규칙에 징계규정만 있으면 법기술적 측면에서 일괄동의를 활용하여 언제든지 징계처분을 할 수 있게 된다. 따라서 계약설은 사용자의 고유한 징계권을 부여하고 취업규칙을 매개로 하여 근로계약의 내용을 구성하고 있을 경우에 한하여 사용자에게 징계권을 인정할 수 있다는 견해이다.[18]

c) 이와 같은 계약설의 입장에 있는 이론적인 근거는 매우 다양하다. 따라서 ① 자유평등한 노사간의 명시 또는 묵시적인 근로계약에 의한 합의를 근거로 한다는 견해를 비롯하여, ② 사실인 관습이나 관행에 의한 노사의 의사합치 등을 기초로 하려고 한다는 견해, ③ 사실인 관습설의 입장을 취하면서도 근로계약의 내용을 형성하고 사회적 타당성이 있어야 한다는 견해, ④ 근로자의 통일적·집단적 의사에 의한 동의를 필요로 한다는 견해 등 매우 다양하다.[19]

2) 검토의견 a) 계약설은 사용자에게 근로관계에 관한 법규를 제정할 수 있는 권한을 갖고 있지 않다고 전제한다. 따라서 취업규칙을 법규라고 할 수는 없으며 사용자에게는 본래 징계권을 인정할 수 있는 근거가 없다는 비판을 받고 있다. 그러나 근로자의 동의를 매개로 하여 취업규칙에 징계규정이 되어 있으면 곧 그것을 근거로 징계처분을 할 수 있다고 본다. 즉, 근로자가 "취업규칙에 의한다"는 식의 일괄동의의 형식에 의하여 비로소 사용자는 징계권을 행사할 수 있게 된다는 견해이다.

b) 그러나 근로자가 취업규칙의 내용도 확인하지 않은 채 반대하지 않았다는 사실을 이유로 취업규칙에 대한 동의가 있었다고 의제하는 견해는 비판을 면할 수 없다. 따라서 법률은 징계규정이나 취업규칙에 대한 엄격한 감독권을 행사하지 않으면 아니 된다고 한다.[20] 따라서 징계권의 법적 근거를 노사의 합의에 의하여 구하려는 이론은 징계의 현실

16) 계약설중에도 사실규범설에 의하여 징계가 이루어진다는 사실로부터 근로자의 합의가 도출된다는 견해가 있다(吾妻光俊, 解雇, 231면 이하).

17) 沼田稻次郎, 勞働法要說, 1981, 252면

18) 管野知夫, 勞動法(제8판),2008, 388면

19) 금동신, 전게논문, 이와 같은 여러 학설을 정리해 보면 크게 나누어 ① 사용자와 근로자의 개별적 의사의 합의에 의한 개별적 합의설과 ② 사용자와 근로자의 집단적 의사의 합의에 의한 집단적 합의설로 구분할 수 있다.

20) 石井照久,"懲戒解雇と 就業規則," 李刊勞働法 18號, (東京, 綜合勞働研究所, 1961), 34면

적 형태나 노사의 의식에 있어서도 맞지 않는 공허한 법이론으로서, 현실적으로 사용자만이 오직 보유하고 있는 사실상의 권력에 근거하여 행해지는 불이익처분을 설명하기 어렵다는 비판을 받고 있다.[21)]

c) 계약설은 취업규칙의 법적 성질[22)]에 관한 계약설과 맥락을 같이하는 견해로서, 취업규칙상의 징계규정에 대하여 현실적으로 동의하지 않은 근로자의 경우에 그 근로자의 동의를 어떻게 의제하느냐 하는 문제점을 갖고 있다. 이 점에 관하여는, 근로자가 경영에 편입되거나 현실적으로 취업을 하고 있는 이상, 이는 취업규칙상의 징계규정에 근로자가 묵시적으로 동의한 것으로 볼 수 있다고 설명하거나,[23)] 근로계약 당사자간에는 근로조건의 결정은 취업규칙으로 정한 바에 따른다고 하는 "사실인 관습"이 존재한다고 해석한다. 따라서 취업규칙상의 징계규정에 특별히 반대의사를 표명하지 않는 한 민법 제106조(사실인 관습)에 의하여 근로자가 이에 동의한 것으로 보고 있다.[24)]

d) 계약설은 권력의 발동으로서의 본질을 가지는 징계권의 근거를 자유 · 평등한 당사자의 개별적 합의나 그 의제에서 구하고 있지만, 이것은 오늘날의 지배적인 규범의식이나 노동법의 이념에 합치되지 않는다고 한다.[25)] 또한 자유로운 계약을 통해 종속적인 관계를 설정하는 것이 시민법상 절대 불가능한 것은 아니지만, 계약설은 합의의 의제를 내세움으로써 그 허구성을 스스로 실증하고 있다는 비판을 받고 있다.[26)] 이러한 견해에 의하면 계약상의 의무위반이 징계사유로 된다고 해도, 이는 기업질서의 침해에 대한 규범적 비난에 그칠 뿐 계약자체에 기한 것이 아니라고 한다.[27)]

(3) 부정설

1) 부정설의 논거 a) 이 설은 근대법의 이념에 비추어 볼 때 법률적으로 대등한 관계에 있는 사용자가 근로자에 대한 징계권을 갖는다는 것을 인정할 수 없다는 견해이다. 그리고 당사자간의 합의를 근거로 사용자의 징계권을 인정한다 해도 사실상 지배종속관계에 있는 근로자의 자유의사를 의제한 허구성에 기초한 것이므로 사용자의 징계권은 반가치적 평가를 받을 수밖에 없다고 한다.

21) 花見忠, "懲戒權と懲戒解雇" 勞働法律旬報 216號, (東京, 勞働法律旬報社, 1955), 10면; 再引用: 琴東信, 前揭論文, 6면

22) 취업규칙의 법적 성질에 관한 여러 학설은 임종률, 취업규칙의 법적 성질과 효력, (중소기업 논문집, 1, 숭실대학교 중소기업대학원, 1987), 13면~18면 참조

23) 窪田準人, 前揭書, 37면~38면

24) 임종률, "근로자 징계의 법리," 법학논총 5, (숭실대학교 법학연구소, 1989), 158면

25) 水野勝, 前揭論文, 529면 대등한 자유의사의 주체를 예상한 합의의 구속성을 합의의 의제를 통하여, 종속이란 사회현실을 기초로 하는 징계에 미치게 하는 것 자체가 시민법적 논리로서도 무리한 의제이다.

26) 임종률, 전게논문, 158면

27) 水野勝, 前揭論文, 530면

b) 징계권은 근로자가 사용자에게 종속되어 있다고 하는 지위에 의하여 발생하는 특별한 의무를 강제하기 위한 불이익의 제재수단으로서 사용자가 가지고 있는 근로자에 대한 사실상의 권력에 근거하여 행사된다. 징계권의 근거를 논하는 까닭은 지배 · 복종관계인 징계권의 행사가 정당화되는 기초의 발견에 있는 것인데, 징계권 부정설은 이를 부정하는 견해이다.

2) 검토의견 a) 원래 근로계약관계의 이중구조설에 의하면, 근로계약에 의하여 근로자의 신분이 형성되고, 근로조건을 결정하게 된다. 따라서 근로계약은 고정적 부분과 가변적 부분으로 구성되는데, 징계권은 주로 전자에 의하여 파생된다고 할 수 있다. 이 경우 사용자의 일방적 작성에 의하여 형성된 징계규정은 사적 제재에 불과하여 최소한 국가의 실정법에 의한 적극적인 용인이 있어야 한다.

b) 그러나 근로기준법은 감급제재와 근로자의 귀책에 의한 정당한 이유가 있는 경우에 국한하고 있다. 따라서 사용자의 징계권은 재산적 처분인 감급제재와 귀책사유 이외에는 행사될 수 없다고 해석해야 한다며, 포괄적인 사용자의 징계행위를 부정한다.[28] 이러한 견해에 따르면, 근로기준법 등 노동보호법에 징계처분에 관한 특별한 규제규정이 있는 경우에만 그 한도내에서 사용자의 징계권이 인정되므로 감급이상의 징계처분은 노동법의 기본이념에 배치되어 인정될 수 없게 된다.

(4) 법규범설

이 설은 취업규칙의 법적 성질을 법규범이라고 보고, 이에 근거한 징계규정도 법규범성을 갖는다는 견해이다.[29] 이 견해는 고유권설과는 달리 징계권을 사용자의 고유권으로 보는 견해에 반대한다. 따라서 유기적 조직체인 기업이 가지는 기업질서 중에는 근로자의 이익도 존재하므로 원활한 공동작업의 질서는 유지되어야 한다는 규범의식이 기업사회에 존재하며, 이것이 근로기준법의 원리에 모순되지 않는 한 법적으로 승인되어 있다고 하는 학설이다. 이 학설에 속하는 견해 중에서도 규범성의 근거는 다음과 같은 차이를 나타내고 있다.[30]

1) 규범의식설 a) 이러한 견해에 의하면, 경영이라는 일정한 질서가 요구되는 사회에 있어서 그 규범에 위반하는 자에 대하여 사회적 반작용이 가해진다는 것은 보호법과 모순되는 일은 아니라고 할 수 있다. 따라서 징계권의 규범적 근거는 공동작업을 원

28) 峯村光郎, "懲戒權の 法的 根據" 李刊勞働法 18號, (東京, 總合勞働硏究所, 1955), 16면

29) 이병태 최신노동법, 중앙 경제사, 2008, 951면

30) 窪田準人, 職場規律と懲戒, (東京, 總合勞働硏究所, 1970), 41면

활하게 수행할 수 있는 경영질서를 유지하는 것이 경영이라는 소사회의 규범의식에 의해 뒷받침되어 있다는 데서 찾을 수 있으며, 보호법의 원리에 모순되지 않는 범위에서 법적으로 용인된다고 한다.[31] 이 견해에 대한 비판은 사용자가 일방적으로 정한 규칙에 근로자가 복종해야 한다는 규범의식이 과연 존재하는지가 의문시된다는 것이다.

b) 이 설은 공동작업을 원활히 수행하기 위하여 경영질서가 요구되는 소사회에서 규범의식에 의한 징계권의 근거를 인정하고자 하는 견해이다. 시민법적 논리만을 관철한다면, 소유권이 법적으로는 사람에 대한 지배권이 아닐 뿐 아니라, 사람은 소유권의 객체가 아니며, 개인간의 합의인 근로계약도 사실상 자유의사에 의한 것이 아니라는 것이 오늘날의 법의식이라고 한다. 다만, 취업규칙이 사회규범의 일부로서 역할하고 있다고 하는 구체적인 사실을 직시할 때, 그 사회규범이 규율하는 개별적 인간관계에 의한 합의라는 일반적 규범으로 파악함으로써 징계처분에 관한 취업규칙의 규정도 보호법적 목적에 비추어 적용된다면 충분히 규범으로서의 존재가치를 발견할 수 있을 것이다.[32]

c) 규범의식설은 평등한 인격자간의 관계에서 일방이 타방에게 제재를 가하는 것이 불합리하다고 하지만 제재조항이 형법 · 노동법 · 민법 등의 현행규정에 위배되지 않는 한, 도덕적으로 허락되지 않는다는 관념에 불과할 뿐 계약자유의 원칙상 법적으로는 유효하다. 결국 규범의식설은 징계권의 규범적 근거를 공동작업의 원활한 수행과 같은 경영질서의 유지가 경영이라는 소사회의 규범의식에 의하여 지지되는 데에서 구한다.

2) 법령 2조설 이 설은 사회규범의 실효성을 확보하려는 법의 체계적 원리 중에서 취업규칙의 내용인 징계권의 법규범성을 승인하려는 견해이다. 따라서 그 징계규정도 법적 보장이 부여되고 있다고 보고, 취업규칙에 의해 제정된 징계사항을 관습적으로 용인하기 위하여 일본법령 제2조를 통해서 국가의 승인이 부여된 결과로써 법규범으로까지 높아진다고 설명하는 견해[33]로서 일본에서 주장되고 있으며, 우리나라의 법체계상으로는 주장되기 어렵다. 이 학설은 실정법을 근거로 한 것이기 때문에 강한 설득력을 갖는 점에서 우월할 것이다.

3) 수권설 이 설은 징계권의 본질이 복무규율을 강제하는 일종의 권력작용이므로 이를 개개의 근로계약에 따라 개별적으로 약정하는 것은 양립될 수 없으며, 사적 기업에 징계권을 고유의 권력으로서 인정할 수 없으나 근로기준법 제93조, 제95조 등의 요건을

31) 沼田稻次郎,"職場秩序と 懲戒解雇"勞働法律旬報 205號, 1955, 5면 이하

32) 이상국, 징계권행사의 법률지식, 77면

33) 本多淳亮 法令 2條說을 일명 慣習法說이라고도 한다.

구비하면 취업규칙에 의한 사용자의 징계권설정이 인정된다는 견해이다.[34] 그러나 근로기준법상 취업규칙의 설정이 의무화되어 있지 않은 소기업의 경우에는 법률상 징계제도 자체가 부정된다는 비판을 받고 있다. 따라서 근로자조직과의 협정을 통해서 객관적으로 판단하여 질서를 위반한 자에 대해 징계처분이 허용된다고 한다.

4) 검토의견 a) 징계권은 사용자의 고유권이라고 하는 견해에 반대하면서도 취업규칙의 법적 성질을 법규범으로 보는 관점으로부터 취업규칙에 명시된 징계규정은 법규범으로 보아야 한다는 견해가 있다. 그러나 같은 법규범설의 입장을 택하면서도 그 이론의 근거는 반드시 동일한 것은 아니다.

b) 또한 규범의식에서 징계권의 근거를 발견하려는 견해는 평등한 인격자 상호간에 있어서 일방이 다른 일방을 제재한다고 하는 사실은 비합리적인 일이며, 사적 제재를 부정하는 현대국가의 이념에 비추어 볼 때에도 바람직하지 못하다는 것은 당연하다고 전제한다. 다만, 취업규칙이 사회규범의 일부로서 역할하고 있다고 하는 구체적인 사실을 직시할 때, 그 사회규범이 규율하는 개별적 인간관계에 의한 합의라는 일반적 규범으로서의 존재가치를 발견할 수 있을 것이라고 한다.

c) 이러한 이념을 고려할 때 경영질서가 요구되는 사회에 있어서 그 규범에 위반하는 자에 대하여 사회적 반작용이 가해진다는 것은 보호법과도 모순되는 일은 아니라고 할 수 있다. 그러나 징계권의 적용에는 그 사회의 목적에 의한 스스로의 한계가 있을 것이며, 그 한계는 경영이라는 소사회의 규범의식의 범위를 벗어나서는 아니 된다고 한다.[35]

d) 그 외에도 징계권의 본질은 객관적인 기업질서의 유지 · 확립을 위하여 설정된 복무규율을 강제하기 위한 일종의 권력작용이라고 한다. 따라서 근대 사기업의 기술적 구조로서의 단체적 성격에 의하여 요청되는 객관적인 기업질서를 확립하기 위하여 실정법인 근로기준법이 요구하는 요건을 구비하고 있는 한 취업규칙에 정하여진 징계규정은 바로 근로자를 구속할 수 있는 권한을 인정하였다고 보는 것이 타당하다고 한다.[36]

(5) 집단적 합의설

1) 집단적 합의설의 논거 a) 이 설은 근로자들의 집단적 합의에 의한 징계권을 인정하려는 견해이다. 따라서 징계규정을 포함하는 경영질서는 노사간의 합의에 의하여 설정되어지지 않으면 아니 되고, 노사간 개개의 합의에 의한 질서의 형성을 기대할 수 없

34) 뉘岡昇,“勞働の 従屬性と 懲戒權,” 勞働者權と 經營權, 勞働法學出版社, 1963, 137면~138면

35) 沼田稻次郎,“職場秩序と 懲戒解雇の 懲戒解雇,”勞働法律旬報 205號, (東京:勞働法律旬報社, 1955), 3면

36) 뉘岡昇,“懲戒權の 根據と 限界,” 菊池 前揭 記念論文集, 461면

다고 한다. 근로자들은 근로자 개개의 의사가 집단적 · 통일적 대체됨으로써 노사간의 합의에 도달하게 된다는 것이다.

b) 그러므로 집단적 · 통일적 의사는 단체협약에 의할 경우 노동조합과의 합의에 의하여 성립하고, 취업규칙에 의할 경우 근로자와의 집단적 합의에 의하여 사용자가 설정한 징계규정에 의해서만 징계권을 발동시킬 수 있다.[37)]

2) 검토의견 집단적 합의설은 집단적 합의의 형식이 어떻게 이루어지는지 불명확하고, 노동조합과 같은 집단적 대표기관이 없는 경우 누구를 합의의 주체로 볼 것인지 애매하다. 따라서 사용자가 일방적으로 작성한 취업규칙에 의하여 이를 수용하거나 거부한다는 의사표시에 의해 집단적 합의가 있었다고 보기에는 형식적이고 의제적인 것이라는 비판을 면하기 어렵다. 단체협약에 의한 경우에는 집단적 의사가 결집되어 통일된 방향으로 표출되나, 취업규칙의 경우에는 사용자가 수용할 것인지 아니면 거부할 것인지를 선택하는 의사만 남게 되는 결과를 초래하기 쉽다.

(6) 공동규범설

1) 공동규범설의 논거 a) 이 설은 사용자의 징계권을 개별적 근로관계에서 도출될 수 없다는 견해이다. 이때 "징계"라고 하는 것은 상하의 지배관계에 의하여 용인되는 개념으로서 법률관계의 당사자 일방이 스스로 법관이 된다는 것은 있을 수 없다. 따라서 징계권은 상하의 지배관리가 사실상 존재하는 경우에만 법적으로 가능하다는 견해이다. 징계권의 근거를 당사자의 합의에서 구한다는 것은 결국 근로자의 자유의사를 의제한 허구성에 기초한 것이라고 본다.[38)] 이와 같은 관점에서 볼 때 사용자의 징계권은 평등한 당사자 사이의 계약관계에서는 끌어낼 수 없게 된다. 말하자면 징계처분의 근거는 근로계약 밖에서 구해야 한다는 것이다.

b) 따라서 징계권은 공동의 기업질서 위반행위에 대한 제재를 규정한 노사의 공동규범에 그 근거를 가지고 있는 견해이다. 이 학설은 다수의 근로자가 동일한 기업 내지 경영에서 공동으로 작업한다는 것이 필요 · 불가결한 이상, 여기에 "공동작업의 질서"가 필요하고, 이 경우에는 사용자 한 사람의 기업목적을 달성하기 위한 차원을 넘는 것이다.

c) 이에 따라 사용자는 근로자의 계약상 의무위반에 대하여 계약벌에 의한 제재, 손해배상청구 등을 할 수 있으며,[39)] 그 의무위반의 정도가 중대하여 근로기준법 제23조제1항

---

37) 淺井清信,"使用者の 懲戒權" 勞働法實務大系 5券, (東京, 總合勞働硏究所, 1979), 250면

38) 만일 입법자가 고용계약자체 또는 당사자의 합의를 기초로 사용자의 징계권을 인정했다면 입법자는 노동법내에 징계권의 한계와 징계절차에 관한 규정을 두었을 뿐이다.

39) 계약벌은 그 내용에 있어 사용자의 근로자에 대한 손해배상청구권을 포함하지만, 질서벌은 계약상의 의무위

의 "정당한 이유"에 해당되는 경우에는 일반해고로서 해고할 수 있을 뿐이다. 따라서 공동규범설은 징계처분의 근거를 기업의 공동질서(Beriebliche Ordnung)의 위반행위에 대한 제재를 규정한 노사의 공동규범에서 구하고 있다.

2) 검토의견 a) 기업의 공동작업질서를 교란하는 자에 대하여는 상기한 바와 같이 계약법이 정하는 손해배상이나 계약해지라는 수단 이외에 집단적 · 계속적 근로관계의 특성에 합치하는 징계제도가 불가피하다. 따라서 다수의 근로자가 경영체내에서 공동으로 작업하고 공동질서를 유지 · 확보하기 위해서는 이러한 질서를 위반하는 행위에 대한 제재가 필요하다.

b) 징계권이 기업의 공동작업질서를 위한 것이라면 그 성질상 결코 사용자에 의하여 독단적으로 행하여 질 수 없다고 한다.[40] 이 견해에 의하면 기업의 질서를 유지하기 위한 징계제도는 개별적 입장이 아닌 단체협약(Tarifvertrag)이나 노사협정(Betriebsvereinbarung)에 의하여 공동규범으로 정립되어야 한다.[41] 이 경우 징계처분은 단체협약과 노사협정을 통한 노사의 집단적 · 사회적 자치를 통하여 이루어지며, 이에 대한 징계권의 설정행위는 그 기업 공동체의 구성원들이 스스로 그들의 행위를 규율하는 규약의 정립행위와 유사한 것이다.[42]

c) 그러나 단체협약이 아닌 취업규칙에 의한 사용자의 징계권은 합리적으로 행사할 수 없는 한계성을 지닌다. 이 견해에 의하면, 징계규정에 명시되지 않은 사유나 절차적 규정이 없는 경우 징계권행사는 설득력이 없게 된다.

(7) 학설의 논쟁과 지배적 견해

a) 이와 같이 사용자의 징계권을 인정하는 근거에 대하여는 현재까지도 논쟁이 그치지 않고 있으며, 통설이라고 할 만한 학설의 발전도 이루어지지 못한 상태이다. 따라서 독일과 같이 공동규범설이 제도적으로 확립된 국가를 제외하고는 일반적으로 부정설이나 집단적 합의설, 고유권설 등은 극히 소수설의 입장에 있으며, 계약설과 법규범설의 법리가 아직도 중대한 대립을 보이고 있다.

반에 대한 제재가 아니므로 징계처분외에 근로자에 대한 손해배상청구권을 발생시키지 않는다.

40) 김형배, 전게논문, 158면

41) Schaub, ArbRHb, S.303 ; Sollner, GrundriB, S.249 ; Wiedemann-Stumpf, Tarifvertragsgesetz, 5. Aufl., 1977, 1 Anm.24lff ; Dietz-Richardi, BetrVG 87 Rz 172, 再引用 ; 김소영,"해고사유에 관한 연구,"고려대학교대학원 박사학위논문, 1991. 141면

42) 김형배, 근로기준법, 박영사, 1993, 715면 ; Dirk-Neumann, Die Rechtsgrundlagen von Betriebsstrafenordnungen, 1968, S.254 ; Hueck-Nipperdey, a.a.O., S.260ff ; Nikisch, a.a.O., S.417

b) 취업규칙제정의 법적 근거가 근로기준법에 의하여 합법화되어 있고 취업규칙에 징계규정을 설정하고 있는 것이 일반화되어 있다 하더라도 사용자가 일방적으로 설정한 취업규칙상의 징계를 근거로 하여 징계권을 인정함은 부당하다고 한다. 따라서 사용자가 기업의 공동작업의 질서를 교란 · 위반한 자에 대하여 질서벌로서 제재를 가한다는 성격을 감안할 때, 징계권의 근거를 법규범설에서 구하는 견해가 지배적이다(다수설).

3. 징계권의 법적 근거와 판례의 태도

(1) 고유의 권한이라고 보는 판례

a) 사용자의 고유한 권한이라고 주장하는 판례의 이론적 근거는 징계처분과 같이 상벌에 관한 인사는 사용자가 경영질서를 형성하고 유지하는 권능 내지는 책무에 기초하여 이루어지는 것으로서 본래 사용자의 권한에 속하는 것이며, 근로계약의 직접적 효과로서 행사되는 성질의 것이 아니라고 한다.[43)]

b) 따라서 사용자는 비록 준거할 수 있는 명시적 규범이 없는 경우에도 본래 가지고 있는 고유한 권한으로서 기업질서에 위반한 근로자에 대하여 기업질서유지와 정상적이고도 원활한 업무의 운영을 위하여 기업으로부터의 배제, 기타의 제재를 과할 수 있는 징계권을 가지게 된다.[44)]

c) 또한 고유한 권한의 근거를 사용자의 반가치 판단에 의한다는 판결로서, 징계처분이란 근로자의 행위가 기업의 경영질서를 문란케 하고 경영활동의 완전한 운행을 저해함으로써 기업의 생산성을 감소시켰을 경우에 경영주체인 사용자에 의하여 내려진 반가치적 판단이라고 한다.[45)]

d) 이외에 업무지휘명령권에 근거하여 사용자의 고유한 권한이라고 하는 판례도 있으며,[46)] 기업운영의 필요성에 그 근거를 구하는 판례도 있다.[47)] 다소 특이한 판례로서는 "징계권은 …조직체로서의 기업에 내재하는 준사법적 기능으로서 승인되어진 권한이라고 이해되어야 한다"는 것도 있다.[48)] 최근의 판례에서는 사용자의 고유의 징계권을 부정하는 것이 많이 나타나고 있음을 주목할 필요가 있다.

---

43) 日本 千葉地裁 1968. 8. 14, 松籟荘病院不當停職事件 : 여기에서의 권능은 권한과 동일한 의미로 해석된다.

44) 日本 金澤地裁 1964. 3. 6, 高島鐵工所事件

45) 日本 札幌地裁 1952. 10. 25, 巖倉組事件

46) 日本 東京地裁 1967. 11. 20, 인디아미릿트 銀行事件

47) 日本 高松地裁 1955. 10. 10, 四國電力事件

48) 日本 福岡地裁 1958. 9. 18, 九州電力佐賀支店事件

(2) 근로계약의 본질로 보는 판례

a) 근로계약의 본질을 신의성실의 원칙에서 구하고 그 본질에 반하는 행위는 징계처분의 대상이 된다는 입장이다. 이때 명백하게 기업의 질서를 문란하게 하고 기업목적수행에 피해를 끼친 행위는 사용자가 비록 준거해야 할 명시적 규정이 없다고 할지라도 그 행위에 대하여 적절한 제재를 가할 수 있고, 이는 기업이나 근로계약의 본질에 비추어 당연한 것이라고 한다.[49]

b) 그러나 최근 계약설의 입장에 있는 판례의 경향은 조직체로서의 기업을 유지하기 위한 기능이나 필요성에서 조직체 고유의 법적 권리로서의 징계권을 인정한다는 것은 논리적으로 불가능한 것이라고 한다. 사용자가 소유권 또는 경영권을 갖고 있기 때문에 지배적 권한을 갖고 있다고 할지라도 이것이 사람에 대한 일반적 지배권으로서 근로계약에 관한 사항까지도 포함된다고 할 수 없기 때문이다.

c) 오히려 징계권의 본질은 종속노동관계에 있어서 사용자가 근로자에게 미칠 수 있는 사실상의 지배력이 있으며, 징계처분이란 생산과정에서 일어나는 위반사유에 대하여 가하는 일종의 불이익처분에 불과한 것으로 본다. 이때 불이익처분은 손해배상이나 계약해제와 같은 계약벌이 아니라 기업의 질서유지를 목적으로 하는 질서벌의 성격을 갖는다.

d) 따라서 징계권의 행사를 위해서는 법률상 그 사유를 질서벌의 사유로서 노사간에 적용되는 규범에 명시해 둘 필요가 있으며, 징계처분은 이것을 근거로 하여 행사되었을 때에만 정당하다고 아니할 수 없다.[50]

(3) 법규범으로 보는 판례

우리나라의 판례는 징계권의 근거에 대하여 통일적인 견해를 찾아볼 수 없었다. 그러나 대법원은 「기업질서는 기업의 존립과 사업의 원활한 운영을 위하여 필요불가결한 것이고, 따라서 사용자는 이러한 기업질서를 확립하고 유지하는데 필요하고도 합리적인 것으로 인정되는 한 근로자의 기업질서위반행위에 대하여 근로기준법 등의 관련법령에 반하지 않는 범위 내에서 이를 규율하는 취업규칙올 재정할 수 있고, 근로자를 해고함에 있어서 해고사유 및 해고절차를 단체협약에 의하도록 명시적으로 규정하고 있거나 동일한 징계사유나 징계절차에 관하여 단체협약상의 규정과 취업규칙 등의 규정이 상호저촉되지 아니한 경우 사용자는 취업규칙에서 단체협약소정의 해고사유와는 관련이 없는 새로운 해고사유를 정할 수 있고, 그 해고사유에 터잡아 근로자를 해고할 수 있다」 고 판시

49) 日本 東京地裁 1951. 7. 18, 北辰精密工業事件

50) 日本 横浜地裁 1961. 7. 22, 逗子開成學園事件

함으로써 법규범설과 같은 입장을 나타내고 있다.[51)]

(4) 준사법적 기능으로 보는 판례

a) 징계권은 기업질서에 위반한 근로자에 대해 기업으로부터 배제 기타의 제재를 과하는 사용자의 권한이며, 그것은 조직체로서의 기업에 내재하는 준사법적 기능으로서 작용한다는 입장이다.[52)] 기업경영에서 어떤 경영질서의 유지가 필요하다고 하여도 사용자와 근로자와의 관계는 근로계약을 매개로 하여 성립하는 것이고, 여기에서 법적관계로서의 불평등자간에서 적용되는 사용자의 징계권이 긍정된다는 것이다.

b) 판례의 입장은 사용자가 일반적으로 징계권이라는 권한을 갖는지의 여부를 문제로 삼는 것은 별론으로 하고 권리남용에 해당되지 않는 한 근로자를 해고하는 권한을 갖는다고 한다. 이때 취업규칙 · 단체협약 등에 특별한 규정이 있는 경우에 이것을 따라야 하는 것은 물론이다. 따라서 징계해고가 권리남용에 속하지 않는 한 업무의 정상적 운영과 질서를 유지하기 위해 필요한 징계처분의 목적 때문에 해고하는 것이라면 해고권의 남용이 아니라고 본다.[53)]

(5) 경영권, 노무지휘권을 이유로 하는 판례

a) 사용자의 징계권은 경영권, 노무지휘권에 의해 구체화 되어야 한다는 입장이다.[54)] 따라서 사용자에 의한 노무지휘권이 행사될 때 구체적으로 근로자의 위반행위가 명백해지고 징계가 가능하다는 것이다.

b) 물론 상대방이 그 직원의 비행, 즉 근로계약을 다루는 신의성실의 원칙에 위반한 행위에 대해 징계해고를 하는 것은 사용자가 정당하게 경영권을 행사하는 것이므로 용인되어야 한다.[55)] 그러나 사용자는 근로자에 대해 취업과 관련된 지휘명령권에 의거하여 징계권을 갖는다고 한다.[56)]

---

51) 대판 1999. 3. 26, 98두4672 ; 대판 2000. 6. 23, 98다54960 ; 대판 2002. 12. 26, 2002다57201 ; 대판 2005. 11. 25, 2003두8210

52) 日本 福岡地裁 1958. 9. 18, 九州電力佐賀支店事件

53) 日本 廣島地裁 1959. 5. 10, 製鐵廣島製作所事件;日本 東京地裁 1960. 12. 16, バンク·オブ·インデイア事件

54) 窪田準人, 前揭書, 32면

55) 日本 東京高裁 1950. 5. 22, 東京急行電鐵事件;日本 大阪地裁 1963. 2. 22, 岩倉組事件;日本 名古室地裁 1963. 2. 22, 細川商店事件

56) 日本 東京地裁 1967. 11. 20, バンク·オブ·インデイア事件

(6) 기업경영의 필요를 이유로 하는 판례

a) 사용자의 징계권은 그 본질에서 볼 때 기업체의 경영목적을 달성해야 할 경영상 필요성이 있으므로 근로자에 대한 업무명령의 유효성 및 강행성이 담보되어야 한다는 입장이다. 따라서 사용자는 수명자인 근로자를 사실상 업무명령에 복종하게 강제하고, 당해 명령을 위반하는 경우 어떤 종류의 제재를 부과할 수 있는 징계권을 가지게 된다는 것이다.

b) 부수적으로 업무명령위반 이외의 근로자의 행위에 대해서도 그것이 기업체의 구성원의 행위로서 기업체 유지의 관점에서 보아 충분히 비난받을 만한 것이라면 그것을 징계원인으로 하여 징계권을 행사하는 것도 허용된다고 한다.[57]

(7) 검토의견

a) 징계권의 근거에 관한 판례의 태도는 일관되게 같은 논거에 의하여 전개되지 못했으며, 시대의 흐름에 따라 많은 변화를 하고 있다.[58] 우리나라의 경우에는 이에 관한 판례가 많지 않으므로 법체계가 유사한 일본의 판례 경향을 분석 · 정리하여 보면 대체로 1950~1960년대에는 고유권설의 입장에서 징계권을 사용자가 기업운영상 당연히 갖는 권한이라고 판시한 것이 많았다. 그러나 최근에는 고유권설을 부정하고 노사의 명시적 또는 묵시적 합의에 그 근거를 구하려는 계약설의 입장을 택하는 경향을 나타내고 있다.

b) 사용자는 근로자의 취업에 관한 지휘명령권에 기초한 고유의 징계권을 가지며, 동시에 계약법리상 근로계약의 해약고지권(해지권)을 갖는다고 하더라도 취업규칙 및 근로계약에 징계처분에 관한 특별한 규정이 없으면 불이익을 줄 수 없다는 것이 계약설의 논지이다. 이 견해에 의하면, 징계해고의 의사표시는 통상해고와 다를 것이 없고, 단지 징계해고라는 사실상의 해고유형이 현상적으로 존재하는 것에 불과하다.

c) 징계해고의 의사표시는 근로계약의 종료를 효과의사로 하는 점에 있어서 통상의 즉시해고와 조금도 다를 바가 없다고 판단하여 징계해고를 통상해고의 한 가지 현상에 불과한 것이라고 잘못 생각하는 것은 감급 기타의 징계처분과 같은 종류의 질서벌이라는 측면에서 비판을 받을 수 있다.[59] 계약법리에 따르면 해고 이외의 징계처분은 법적 근거에 기초하지 않은 사실행위라 해야 하고, 사용자가 하는 징계처분이 시민법상 허용되는 범위를 넘고 있지 않더라도 그 처분은 위법으로 해석하게 된다는 비판을 면할 수 없다.[60]

57) 日本 高松地裁 1955. 10. 10, 四國電力事件

58) 금동신, 전게논문, 9면

59) 日本 東京地裁 1967. 11. 20, バンク·オブ·インデイア事件

60) 恒藤武二 "懲戒解雇", 月刊勞働問題14號,(なお宮島尙史), "懲戒解雇と一般の解雇", 勞働法律旬報211號 三照

징계권 근거와 판례의 태도	
고유권한설	사용자가 경영질서를 형성 · 유지하기 위한 고유권한
근로계약본질설	근로계약에 의하여 사용자의 징계권을 승인한 권한
노무지휘권설	사용자의 근로자에 대한 노무지휘권에 기초한 징계권
기업경영필요설	기업경영의 필요상 근로자에 대한 업무명령을 강제하는 권한
준사법적기능설	기업질서를 위반한 근로자를 기업으로부터 배제 기타 제재를 가하기 위한 사용자의 준사법적 기능

제2절 징계권의 특질

1. 질서벌로서의 징계권

(1) 질서벌의 개념

a) 근로자가 단순히 근로계약에 따른 근로의무 또는 복종의무를 위반한 경우에는 개별적 차원에서 계약벌의 대상으로 삼을 수 있다. 따라서 근로자의 결근 · 지각 · 직장이탈 · 불량품제조 등에 대해 계약벌을 과하는 것이 가능하다. 그러나 근로자의 개별적 차원을 넘어서는 관점에서 기업질서 내지 직장규율을 위반한 것이라면 단순히 근로계약상 의무위반이라기 보다 하나의 경영체에 대한 조직규범을 침해하는 결과가 된다. 이 경우 징계권은 대등한 개별 인격자간의 근로계약상 의무위반에 대한 것이 아니라 지배복종관계를 전제로 한 조직규범에 대한 복종의무위반으로서 행사된다.

b) 질서벌은 계약벌에 대신하는 경영질서의 위반 또는 생산성에의 불기여, 기타 신의칙 위반에 대한 특별한 제재로서 근로자에게 일정한 불이익을 주고 동시에 재발방지를 위하여 다른 근로자에 대한 본보기의 목적으로 부과하는 것이다.[61] 이러한 질서벌은 집단이나 단체, 국가 등 일정한 조직체를 유지 · 운영하기 위하여 필요로 하는 단체법적 차원에서의 규제수단이다. 질서벌은 사용자나 근로자 개인의 존재를 넘어 어느 정도 독립된 지위를 가진 기업이라는 조직체에서 요구되는 공동질서를 유지하기 위해 위반자에 대해 가해지는 제재수단의 조직규범을 말한다.

(2) 질서벌의 특질

a) 사용자의 징계권은 기업질서의 유지를 목적으로 질서위반자에 대해 가해지는 질서벌이다. 질서벌은 계약위반에 대한 세새로서 손해배상, 위약금, 계약의 해제 또는 해지 등과 같은 손실전보를 직접적인 목적으로 하는 계약벌과 구별된다.[62]

b) 질서벌은 반드시 금전적 손해에 한정되지 않고, 권리의 박탈 등 불이익뿐만 아니라, 정신적 · 도덕적 성격이 강한 견책 · 경고 이외에 전직 · 강직 · 승진의 지연 · 출근정지 ·

61) 이상국, 징계권행사의 법리, 60면

62) 임종률,"근로자 징계권의 법리"법학논총5, (숭실대법학연구소 1989), 155면

징계해고, 근로자에 대한 인격적 비난까지 포함한다.[63]

c) 질서벌은 기업의 질서유지를 위한 것으로서 그 목적 · 수단 · 절차에 있어서 같은 질서벌의 유형인 형벌과 엄격히 구별된다. 형벌은 국가사회의 질서유지를 목적으로 사법적 절차에 의하여 생명형 · 자유형 · 재산형 · 명예형 등을 가하는 것이지만, 질서벌은 기업질서의 유지를 목적으로 내부적 절차에 의해 근로자의 각종 이익을 박탈하거나 신분적 불이익조치를 하는 것에 불과하다. 따라서 징계권의 행사로 인해 근로자의 생명권, 자유권을 침해하거나 신체형을 가해서는 아니된다.

2. 질서벌과 계약벌의 비교

(1) 징계권에 대한 계약벌적 견해

a) 징계권은 경영질서위반으로 경영전체의 통일적 이익의 침해에 대해 가해지는 질서벌이라는 점에서, 근로자의 계약위반에 대한 제재로서의 계약벌과 다르다고 할 수 있다. 그러나 판례 중에는 징계권을 계약벌로 보는 입장이 없지 않다.[64]

b) 징계권은 사용자의 지휘명령권을 뒷받침하며, 명령위반자에게 계약상의 불이익을 물을 수 있는 소위 계약벌의 성격을 지닌다는 견해이다. 근로자가 경영질서를 존중하고 복무규율에 따라 근로해야 하는 의무는 근로계약의 내용에 기초한다는 것이다. 따라서 징계권은 계약에 의해 일방이 타방을 지배하는 단체의 성격을 승인함으로써 성립하는 것으로 본다.[65] 그 결과 원래 평등 · 대등한 인격자간에 있어 사용자가 일방적으로 복무규율위반을 이유로 제재조치를 하는 것은 부당하다고 한다.

c) 그러나 징계권은 현실적으로 사용자가 근로자 본인의 의사에 상관없이 행사하는 일방적 제재처분이다. 다만, 사용자에 의한 경영질서유지를 목적으로 하는 지배관계도 근원적으로는 근로계약을 통해 사용자의 경영질서권 내에 들어 있을 때 성립하는 것이라고 한다. 따라서 사용자는 징계권을 행사(처분)하는 경우에 근로자의 무단결근, 고의에 의한 불량품제조 등에 대해서 계약벌과 징계벌의 쌍방을 과하는 것도 이론적으로 불가능하지 않다고 한다. 그 결과 근로자가 불량품을 생산한 경우 근로계약을 해지하는 동시에 막대한 손실에 대하여 손해배상책임을 물을 수 있다.

---

63) 한종호, 전게논문, 5면

64) 浪江源治, "懲戒權の 基本問題", (大學誌勞働法8號), 136면

65) 浪江源治, "懲戒權の 基本問題", (大學誌勞働法8號), 136면

(2) 근로계약위반과 계약벌

a) 사용자는 근로계약에 의하여 생산활동에 필요한 노동력을 확보하고 그 대가로 근로자에게 임금을 지급한다. 따라서 근로계약은 노동력의 급부와 임금지불의 교환을 본질적 내용으로 하는 채권계약이다. 근로계약은 본래 그 계약상의 측면에서는 계약당사자의 사이에 채권 · 채무라는 이중의 채권관계가 발생하는데 불과하다.[66)]

b) 따라서 근로자가 근로계약의 약정대로 근로를 하지 않는 경우에는 계약상의 채무불이행이 되어 계약의 해제(= 보통해고), 손해배상책임, 기타 민법에서 인정하는 여러 가지 법률효과(반대급부청구권의 소멸, 동시이행의 항변권의 발생)가 발생된다.

[표 2-1] 계약벌과 질서벌의 차이

계약벌	질서벌
① 근로제공 · 계약준수 ② 위약금, 손해배상책임 ③ 상호 대등 · 평등관계 ④ 금전적 손해 및 계약의 해지	① 복무규율, 질서유지 ② 신분적, 경제적 불이익 ③ 지배복종관계 ④ 금전적 손해 및 권리박탈

c) 계약벌로서 채무불이행책임은 단순히 계약상 일방의 당사자인 근로자만이 부담하는 것이 아니라, 타방의 당사자인 사용자도 임금지불에 대해 똑같은 이행책임을 지게 된다. 이와 같이 계약법리에 의하면, 근로자와 사용자는 서로에게 대등한 입장에 서게 된다. 그러나 사용자는 경영주체로서 경영질서를 유지할 징계제도를 설정하여 근로자에게 문책을 할 수 있다. 반면에 피용자인 근로자는 사용자를 대상으로 문책할 수 없는 한계성을 지닌다.[67)]

d) 근로자가 고의 또는 과실로 업무에 막대한 지장을 주는 경우 그 손해에 대하여 손해배상책임을 묻는 것은 계약벌로 해석된다. 그러나 근로자의 고의 또는 과실로 인한 손해가 반복적으로 발생함에도 시정되지 않는다면 단순히 계약벌의 문제로 취급할 수 없다. 이러한 경우에는 개별적으로 계약벌의 대상이 되나, 종합적으로 보아 질서벌의 대상이 되기도 한다. 따라서 사용자는 근로자의 계약벌적 사유가 반복되는 경우 이를 이유로 징계처분의 사유로 정한다면 질서벌로서 문책할 수 있다고 할 것이다.

---

66) 김형배, 근로기준법, (박영사, 1993, 96면

67) 淺井清信, 使用者の 懲戒權, (勞働法大系5券), (東京, 總合勞働研究所, 1979), 254면

[그림 2-1] 계약벌과 질서벌의 원리

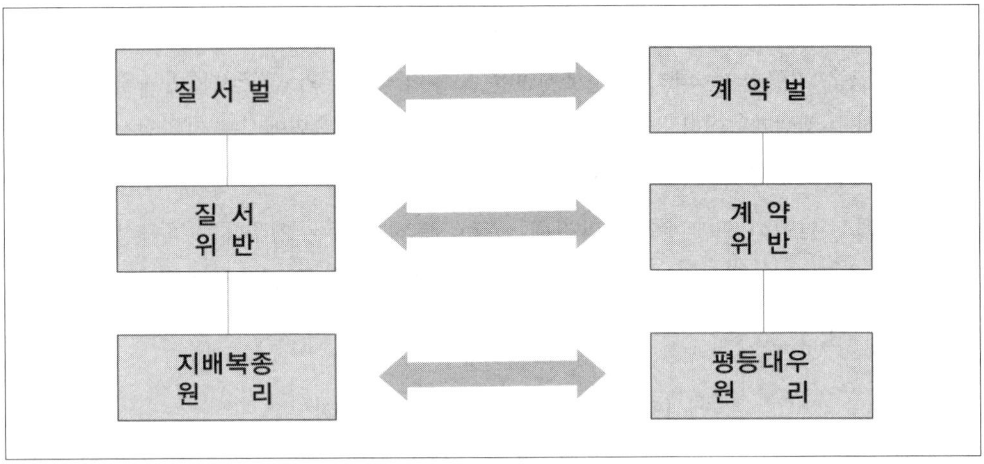

쟁점사례

/사 례/ 근로자 P는 민간기업 산하의 D연구소에서 새로운 건설제품기술을 개발해오다, 프랑스로 유학을 가게 되었다. 유학기간 중에는 연구소에서 P에게 생활비와 학비를 지원을 해주었고, 그 결과 P는 공학박사학위를 취득하고 귀국하여 현재 D연구소에서 근무하고 있다. 그러나 근로자 P는 근무기간이 2년이 지난 시점에서 S대학에서 교수로 와달라는 제의를 받고 이직을 하려고 하자, 연구소에서는 "의무재직기간 5년을 채워야 한다는 훈련약정에 위반되므로 이직을 할 수 없다"고 한다. 더욱이 이직할 때에는 취업규칙에서 정한 '다른 회사로의 이직을 하려는 경우'에 해당되므로 퇴직금규정상 퇴직금을 2분의 1까지 몰수하는 불이익 조치를 할 수 있고, 유학비에 대한 전액을 손해배상을 해야 한다고 한다. 이와 같이 근로자가 "다른 직장으로의 이직하려는 경우"에 징계처분의 대상이 되는가?

/해 설/ 회사가 경영상 필요에 의하여 그 소속근로자를 선발하여 유학 등 교육훈련을 지원하고, 이에 소요된 일체비용을 지원하는 조건으로 귀국 후에는 일정기간 의무적으로 근무를 하도록 하는 위탁교육훈련약정은 정당한 계약으로 유효하다. 이러한 위탁교육훈련약정은 외국 등 교육기관에서 기술을 습득한 후 기업에 기여하도록 하기 위한 목적으로 유학비 등 교육훈련비를 지원하는 것이므로 일정기간 의무재직기간을 정하거나 해당기간을 채우지 못하고 이직하는 경우에는 교육훈련비를 상환하도록 규정하고 있다. 이 경우 회사의 경비지원으로 유학을 한 근로자는 훈련약정에서 정한 기간 동안 근무할 의무를 부담하며, 해당기간을 충족하면 교육훈련비의 상환의무가 면제된다. 따라서 근로자 P가 의무재직기간을 무시하고 이직을 하고자 하는 경우에는 교육훈련비를 상환하여야 하

며, 상환을 거부하는 경우 손해배상책임을 지게 된다. 그러나 이러한 이유로 근로자의 직업선택권까지 금지하는 것은 부당하며, 교육훈련비를 상환하는 소선으로 나른 직장으로의 선택이 가능하다고 보아야 한다. 사례와 같이 취업규칙에 '다른 직장으로의 이직하려는 경우'를 징계사유로 정하고 있더라도 이직을 방해할 목적으로 징계사유로 삼는 것은 타당하지 않다. 그러나 정당한 사유 없이 수차례 이직을 시도하여 기업의 경영질서를 문란하게 하는 경우에는 이를 이유로 징계조치를 할 수 있으며, 퇴직금을 몰수하겠다는 조치는 법정 퇴직금에는 적용할 수 없으며, 누진퇴직금에 대하여는 상회하는 금액에 효력이 인정된다.

제3장
징계사유와 정당성의 판단

제1절 각종 법률의 규정과 징계사유의 분류

1. 각종 법률의 징계규정과 문제점

(1) 선원법의 징계규정

a) 선원법은 선원의 직무, 복무, 근로조건의 기준, 직업안정 및 교육훈련에 관한 사항을 정함으로써 선원의 기본적 생활을 보장 · 향상시키기 위한 목적으로 제정된 것으로, 노동법의 분류에 속한다. 여기서 선원은 임금을 목적으로 선박안에서 근로를 제공하기 위하여 고용된 자로서 선장 · 해원 및 예비원(승무중이 아닌 자를 말한다)을 말한다. 선원은 해상근무를 하는 특성을 지니므로 이들에 대한 징계권은 선장인 사용자가 행사한다.

b) 선원법 제22조에 의하면 선장은 해원에 대하여 (i) 상급자의 직무상 명령에 따르지 아니한 때, (ii) 선장의 허가 없이 선박을 떠난 때, (iii) 선장의 허가 없이 흉기 또는 「마약류 불법거래방지에 관한 특별법」 제2조 제1항의 규정에 의한 마약류를 선박 안에 들여온 때, (iv) 선박 안에서 싸움 · 폭행 · 음주소란행위를 하거나 고의로 시설물을 파손한 때, (v) 직무를 게을리 하거나 다른 해원의 직무수행을 방해한 때, (vi) 정당한 사유없이 선장이 지정한 시간까지 선박에 승선하지 아니한 때, (vii) 그 밖에 선내질서를 어지럽게 하는 행위로서 단체협약 · 취업규칙 또는 선원근로계약으로 정한 행위를 한 때 징계할 수 있다고 규정하고 있다.

c) 징계는 훈계 · 상륙금지 및 하선으로 하며, 상륙금지는 정박중에 10일 이내로 한다. 하선의 징계는 해원이 폭력행위 등으로 선내질서를 문란하게 하거나, 고의로 선박운항에 현저한 지장을 초래하게 한 행위가 명백한 경우에 한하여 적용한다. 이 경우 선장은 지체 없이 선박소유자에게 하선의 징계를 한 사실을 통보하여야 한다. 또한 선원법 제32조 제1항에서는 선박소유자가 정당한 사유 없이 선원근로계약을 해지하거나, 휴직 · 정직 · 감봉 기타 징벌을 하지 못하도록 규정하고 있다.

(2) 근로기준법의 징계규정

a) 근로자를 징계처분하기 위해서는 취업규칙이나 단체협약 등에 징계사유가 명확히 열거되어 있어야 한다. 근로기준법 제23조제1항에서 정당한 이유 없이 징벌을 할 수 없다는 규정은 징계처분의 사유로서 정당성을 언급하고 있는데 불과하다. 이러한 입법규정

의 미비가 사용자에게 곧바로 어떠한 징계수단을 취하든 상관없다는 것을 의미하는 것은 아니다.

b) 따라서 징계권행사가 자칫 인격적 침해 이외에 경제적 불이익처분이 되는 현실을 감안하여 징계권의 남용을 규제하는 측면에서 법리적 검토를 할 필요가 있다. 일반적으로 취업규칙에는 징계처분의 대상이 되는 사유와 징계의 종류가 열거되어 있다.

(3) 취업규칙 · 단체협약의 징계규정과 문제점

a) 징계권의 행사는 근로자가 기업의 공동질서를 위반한 것에 대한 제재이므로 취업규칙이 아닌 단체협약 등 노사의 공동규범으로서 근거규정을 설정할 필요가 있다. 따라서 어떠한 사유가 징계처분의 대상이 되는지 또는 징계사유로서 열거하지 아니한 사항에 대하여 징계할 수 있는지 명확히 정해야 한다.

b) 징계사유가 단체협약 등에 규정되어 있다 하더라도 그것이 본래적 의미의 징계사유에 해당되느냐의 문제는 별도로 검토하여야 한다. 실제에 있어 취업규칙이나 단체협약에서 계약위반사유와 질서위반사유를 혼동하는 규정이 많기 때문이다. 따라서 계약위반사유가 징계사유로서 규정되어 있다고 하여 곧바로 징계처분의 정당성이 인정 또는 부정이 되는 것은 아니다. 징계사유에 대하여는 강행법규인 근로기준법 제23조제1항에 의하여 취업규칙 또는 노사의 공동규범으로서 정당성을 별도로 심사해야 할 것이다.

c) 만약 징계사유가 추상적이고 포괄적으로 규정되어 있는 경우 사용자의 자의적 해석에 따라 남용될 여지가 있기 때문이다. 그러므로 징계처분이 유효하기 위해서는 징계처분의 요건이 되는 사유에 대하여 사법적 심사가 필요하다. 그러나 징계처분의 대상인 징계사유는 여러 가지 형태로 단체협약이나 취업규칙에 규정되어 있으므로 이것을 일괄하여 정형화시키기는 어렵다.[1)]

2. 징계사유의 분류

(1) 규제의 목적과 징계사유

징계권은 징계사유에 대응하여 처분의 종류가 결정되어야 한다는 입장에서 "규제 목적과 근로자 행위의 성질에 따라" 그 구체적인 징계사유를 분류할 필요가 있다. 따라서 경

1) 금동신 교수님은 징계사유를 유형화하여 ① 징계의 목적에 의한 분류, ② 징계사유의 구체적 내용에 의한 분류, ③ 행위의 성질에 의한 분류, ④ 근로자의 복종의무에 따른 그 내용에 의한 분류, ⑤ 규율목적과 근로자의 행위의 성질에 의한 분류 등으로 大別하고 있다.

영질서의 유지라는 목적에 따라 어떠한 근로자의 행위를 규율할 것인지를 고려하여 징계사유로 정할 수 있다. 최근 문제가 되고 있는 악성 인터넷 댓글이 징계사유가 되기 위해서는 기업의 경영질서나 명예 또는 신뢰와 인과관계가 있어야 한다. 이와 같은 인과관계를 전제로 행태상 경중을 고려하여 그에 대응하는 징계종류를 적용할 수 있도록 해야 한다.

(2) 징계사유 분류표

다음에 예시한 징계사유분류표는 징계사유에 대응하여 어떠한 징계종류를 적용하였는지를 알 수 있도록 구분한 것이다. 따라서 예시된 사항을 살펴보면, 무단결근은 훈계부터 해고까지의 징계종류 중에서 사안의 얼마나 경미하거나 중대한 것인가에 따라 동일한 징계사유에 대해 다양한 징계처분을 할 수 있음을 나타내고 있다. 따라서 무단결근에 대하여 일률적으로 해고처분을 하는 것은 타당하지 않으며, 피징계자인 근로자의 근무실적, 무단결근의 이유, 반성의 여지 등을 고려하여 보다 가벼운 징계처분을 할 수 있으면 이에 따라야 한다.

[표 3-1] 징계사유분류표

징계사유 / 징계종류	개별적 행위 ①													
	경력사정	무단결근	근무태도·성적불량	폭언, 폭행, 상해	업무방해	기밀누설	횡령, 착복, 유용	성폭력	허위보고, 문서위조	명예훼손	경업피지 의무위반	풍기 및 규율문란	물품반출	뇌물수수
훈계														
견책														
근신														
경고														
감급														
감봉														
출근정지														
정직														
강급														
강격														
면직(해고)														
비고	※ 상기 내용중 훈계, 근신, 경고 등이 단순히 불이익을 주는데 불과하다면 인사처분 또는 징계처분중 어느 것을 행할 것인가를 정책적으로 결정할 필요가 있음													

[표 3-2] 징계사유분류표

징계사유	개별적 행위 ②											
		업무명령위반										
징계종류	이중취업	배치전환거부	전출·전적거부	승격거부	잔업거부	소지품검사거부	교육연수수강거부	시말서제출거부	출장응원거부	지시명령거부	집단행동, 시위·선동	시설물의무단사용
훈계												
견책												
근신												
경고												
감급												
감봉												
출근정지												
정직												
강급												
강격												
면직(해고)												
비고	※유의사항 ① 징계의 사유에 해당된다는 외견상 이유만으로 징계처분을 하여서는 아니됨 ② 징계의 원인, 사유, 기업의 경영질서 등에 미치는 영향, 사생활상의 영역 등을 고려하여 판단하여야 함											

[표 3-3] 징계사유분류표

징계사유 / 징계종류	사생활상의 행위					불법적인 조합활동 또는 정치활동						
	교통사고	선거법위반	도박	형사관련체포, 구류, 기소	파렴치범죄	정치활동	취업시간중의 조합활동	유인물의 배포, 부착	리본 · 완장의 착용	강행취업 · 출근저지	살쾡이파업 · 항의파업	시설물무단점거 · 이용
훈 계	1											
견 책												
근 신												
경 고			2			1						
감 급												
감 봉												
출근정지												
정 직												
강 급												
강 격												
면 직 (해 고)												
비고	※유의사항 ① 숫자표시는 징계사유의 해당하는 횟수를 말함. 이 경우 징계처분시에는 직무와의 관련성 및 경계사유의 발생경위, 사안의 경중 등 기타사정을 고려하여야 함. ② 조합활동, 정치활동과 경합될 때에는 부당노동행위, 공민권의 행사등과 관련하여 법률적 제재규정이 있으므로 유의하여야 함.											

제2절 징계사유의 유형과 정당성의 판단

1. 근무태만

(1) 근무태만의 의의

a) 근무태만은 주어진 업무를 주의를 태만히 하거나 성실히 이행하지 않는 것을 말하며, 업무태만 또는 직무태만이라고도 한다. 외견상으로는 근무태도의 불량과 유사하여 구별하기 어려우나, 통상적으로 주의의무 또는 성실의무를 위반한 행위로 볼 수 있다. 근무태만은 외견상 업무를 수행하거나 수행하였던 사실에 기인하여 발생하는 업무책임을 묻고자 하는 것이다.

b) 구체적으로는 ① 업무에 대한 주의의무의 부족으로 업무에 지장을 초래하거나 경영상 손실을 가져오는 사고의 발생, ② 계약서의 작성 및 체결상의 부주의로 중대한 하자를 야기하여 경영손실을 초래하는 행위, ③ 불성실한 업무수행으로 지장을 초래하는 행위, ④ 판매목적으로 최종생산물의 하자물품을 제대로 검사하지 않고 송출하는 행위 등 매우 다양하다.

(2) 근무태만과 징계처분의 정당성

1) 근무태만과 채무불이행책임 a) 원칙적으로 근무태만은 근로계약상의 노무를 일부 또는 전부 제공하지 않는 행위나 결함이 있는 노동력을 제공하는 행위를 말한다. 따라서 취업규칙에 정해진 절차에 의하여 허용되지 않는 한 일반적으로 채무불이행으로서 임금삭감의 대상이 되거나 인사고과의 평가의 대상이 될 수 있을 뿐이며,[2] 곧바로 징계처분의 대상이 되는 것은 아니다.

b) 그러나 노동력의 제공이 용인될 수 없을 정도로 사용자의 신뢰를 훼손하거나 경영목적에 지장을 초래하는 것은 경영질서의 유지에 악영향을 주는 행위로서 징계처분의 대상이 된다. 따라서 잦은 지각이나 결근, 무단외출 등 정상적인 노무제공을 기대할 수 없는 경우에는 징계처분의 대상이 된다.

2) 김소영, 전게논문, 144면 ; 전게서, 31면

2) 근무태만과 징계처분의 사유 a) 또한 징계처분의 대상자가 시말서를 제출하고도 개전하지 않고 그 빈도가 반복된다면 징계처분의 대상이 될 수 있다.[3] 그러나 지각과 조퇴를 월 3회하면 1일 결근으로 처리하는 것을 단체협약 또는 취업규칙 등에 규정하여 징계처분의 기준으로 할 수 있으나, 주휴일 또는 연차유급휴가의 운영상 소정의 근로일수를 개근하지 않은 자로 취급할 수는 없다.[4]

b) 결근이나 지각의 원인이 표면적 사유보다는 근로자의 사기 또는 고충과 관계되어 의욕을 상실했다거나 불만의 원인에서 기인된 경우도 있으므로 이를 해소하기 위한 기업의 노력도 참작하여야 한다. 따라서 근무태도를 이유로 감독자 또는 관리자로부터 여러 차례의 주의를 받고도 이를 시정하지 않는 행위에 대하여서는 징계사유로서 충분하다고 하겠으나,[5] 직장이탈이라든가 무단결근을 이유로 하는 징계처분은 그것이 "중대하고도 악질적이며 현저하게 직장질서를 문란하게 하는 행위일 것"을 필요로 한다.

3) 근무태만과 징계처분의 적합성 판단 a) 사용자가 근로자의 근무태만을 묻고자 하는 경우에는 해당 근로자의 정상적인 업무수행능력이나 자격을 갖춘 상태이었는지를 전제로 판단하여야 한다. 따라서 ① 근로자가 통상적으로 처리할 수 있는 업무의 성격인지, ② 해당 업무가 전문적인 지식·기술·경험을 어느 정도 필요로 하는 업무인지, ③ 해당 업무의 수행상 예기치 않은 위험성이 발생할 개연성이 있는지 등을 참작해야 한다. 버스운전기사가 도로를 운행하는 과정에서 예기치 않은 교통사고의 발생가능성, 건설현장에서의 추락사고 등으로 사고의 발생가능성이 있을지라도 주의의무를 이유로 근무태만의 책임을 물을 수 있다.

b) 직무태만의 대표적인 유형을 살펴보면, ① 본인의 업무에 전념하지 않고 대충 처리하는 행위, ② 업무상 준수의무나 주의의무를 태만히 하는 행위, ③ 관리감독을 소홀히 하여 물건이 손괴되거나 분실 또는 도난 당하는 행위, ④ 업무 중 잡담을 하거나 지시사항을 태만히 하는 행위, ⑤ 본인의 업무를 소홀히 한 채 타인의 업무에 관여하거나 참견하는 행위, ⑥ 불성실한 업무처리나 보고로 업무에 지장을 초래하는 행위, ⑦ 고객에 대한 불친절로 물의를 일으키는 행위, ⑧ 근무지를 무단이탈하는 행위 등이 징계처분의 대상이 된다.

---

3) 대판 1977. 3. 22, 74다1403 : 노동부업무지침(근기 1451-24180, 1984. 12. 10).

4) 노동부 유권해석 (법무 811-17966, 1978. 8. 22) ; 노동부 유권해석 (법무 811-11418, 1979. 5. 1)

5) 대판 1977. 3. 22, 74다1403

개 념	근무태만의 유형	판 단
근무에 임하는 근로자로서의 자세가 성실한가, 불량한가 등을 명시하여 규율하기 위한 것을 말함	1. 본인의 업무에 대하여 전념하지 않고 대충 처리하는 행위 2. 업무상 주의의무나 준수의무를 태만히 하는 행위 3. 관리 · 감독의 소홀로 남의 물건에 손실 또는 파괴, 파손을 초래하거나 도난당한 경우 4. 업무중 잡담, 지시사항의 태만으로 업무의 효율성을 떨어뜨린 경우 5. 업무에 전념하지 않고 빈둥거리거나 배회하는 행위 6. 본인의 업무를 태만히 한 채 타인의 업무를 참견하는 경우 7. 취급하는 물품이나 금품의 관리를 태만히 하는 행위 8. 불성실한 업무처리, 보고로 업무의 지장을 초래하 는 행위 9. 고객에 대한 불친절로 물의를 일으키는 행위 10. 월 1회 이상 또는 3일 이상 무단결근을 하는 경우 11. 근무지를 무단이탈하는 경우	근무태만의 유무는 다른 근로자와 비교하여 행위의 내용, 반성의 정도, 감독자와의 상관관계 등을 고려하여 판단 하여야 함.

관련판례

(1) 원칙적으로 정당한 이유 없이 장기간(일반적으로 1주 이상) 무단결근을 하고도 사용자의 출근독촉에 따르지 아니하거나 출근 및 결근이 일정치 않는 등 평소 출근성적이 불량하여 사용자로부터 3회 이상 주의를 받고도 이를 시정하지 아니하는 등 근무태도가 극히 불량하다고 인정되는 경우에 징계해고를 할 수 있다(대판 1977. 3. 22, 74다1403).

(2) 운수회사의 단체협약에 사고로 인하여 약식기소된 자에 한하여 인사조치를 할 수 없다고 규정된 경우, 그 의미는 경미한 사고로 약식기소된 경우에 그 사유만으로 징계 등 불이익처분을 하지 않는다는 취지로 볼 것이므로 약식기소된 사고를 일으킨 사정 이외에도 종전의 불성실한 근무태도와 징계의 전력 등을 보태고 또 사고를 일으킨 원인을 따져 버스운전자로서의 자질이 부족하다고 보아 징계조치하는 것까지 금지하는 취지로 볼 수 없다(대판 1990. 11. 23, 90다카25512).

(3) 노조전임자라 할지라도 사용자와의 사이에 기본적 근로관계는 유지되는 것으로서 취업규칙이나 사규의 적용이 전면적으로 배제되는 것이 아니므로 단체협약에 조합전임자에 관하여 특

별한 규정을 두거나 특별한 관행이 존재하지 아니하는 한 출퇴근에 대한 사규의 적용을 받게 된다(대판 1995. 4. 11, 94다58087).

(4) 기록에 의하면, 원고가 소속된 정리회사 주식회사 OO중공업의 인사위원회규정 제9조는 징계의 종류로 해고, 감봉, 감급, 견책, 경고의 5가지를 열거하고, 제11조에 의한 징계사유를 정하고 있는 징계양정기준 제12항제2호는 7일 이상 무단결근하였을 때에 대하여 징계의 종류 중 해고처분만을 할 수 있도록 규정하고 있으며, 위 정리회사와 그 소속 근로자들로 조직된 노동조합 사이에 체결된 단체협약 제26조제1항제1호도 "정당한 사유 없이 7일 이상 무단결근 하였을 때"를 징계위원회에 회부할 수 있는 사유로 규정하고 있는 바, 해고는 징계처분 중 가장 무거운 처분으로서 사회통념상 고용계약을 계속시킬 수 없을 정도로 근로자에게 책임이 있는 사유가 있는 경우에야 할 수 있는 것인 점에 비추어 인사위원회규정에 의한 징계해고사유인 7일 이상 무단결근 하였을 때"란 일정한 시간적 제한이 없이 합계 7일 이상의 무단결근을 한 모든 경우를 의미하는 것이 아니라 상당한 기간 내에 합계 7일 이상의 무단결근을 한 경우를 의미한다고 제한적으로 해석하여야 할 것이다. 원심이 적법하게 확정한 바와 같이 원고가 1991. 1. 경에 5회, 1992. 3. 경에 2회 무단결근을 하여 1년 2개월에 걸쳐 합계 7회의 무단결근을 한 것이라면, 이는 사회통념상 고용관계를 계속할 수 없을 정도로 상당한 기간 내에 7회 이상의 무단결근을 한 것이라고 볼 수는 없으므로 이는 인사위원회규정 소정의 징계해고사유에 해당되지 않는다고 할 것이다(대판 1995. 5. 26. 94다46596).

(5) 엔진과열사고가 근로자의 근무태만과 경험부족으로 인하여 발생하였다고 인정한 것은 정당하고 또한 기록에 나타난 모든 사정에 비추어 보면 굴삭기의 운행을 상당기간 중단하게 됨을 계기로 시용기간 중에 위와 같은 근무태만과 경험부족을 보인 근로자를 업무부적격자로 보아 해고한 것은 합리적인 이유가 있고 사회통념상 상당한 것으로 인정된다(대판 1999. 2. 23, 98두5965).

(6) 노조전임자라 할지라도 사용자와의 사이에 기본적인 근로관계는 유지되는 것으로서 취업규칙이나 사규의 적용이 전면적으로 배제되는 것이 아니므로 단체협약에 조합전임자에 관하여 특별한 규정을 두거나 특별한 관행이 존재하지 아니하는 한 출 · 퇴근에 대한 사규의 적용을 받게 되고, 노동조합의 업무가 사용자의 노무관리업무와 전혀 무관한 것이 아니고 안정된 노사관계의 형성이라는 면에서 볼 때는 오히려 밀접하게 관련되어 있으므로, 근로계약 소정의 본래 업무를 면하고 노동조합의 업무를 전임하는 노조전임자의 경우에 있어서 출근은 통상적인 조합업무가 수행되는 노조사무실에서 조합업무에 착수할 수 있는 상태에 임하는 것이라 할 것이고, 만약 노조전임자가 사용자에 대하여 취업규칙 등 소정의 절차를 취하지 아니한 채 위와 같은 상태에 임하지 아니하는 것은 무단결근에 해당한다는 것이 대법원의 확립된 견해이다(대판 1993. 8. 24, 92다34926 ;

대판 1997. 3. 11, 95다46715 ; 대판 2005. 10. 13, 2005두5093).

쟁점사례

/사 례/ 중견건설업을 경영하는 대표이사 A는 얼마 전 공개채용을 통해 안전관리 및 노무관리에 대한 3년 이상의 경력을 지닌 근로자 B를 대리급 사원으로 채용하였다. 그러나 상기 근로자 B는 자신이 담당하고 있는 업무 중 산업안전보건관리비만을 건설도급공사의 원가에 반영하고 건강보험료, 산재보험료 등 사회보험료를 누락한 채, 하도급 계약을 체결하였다. 이때 원수급인 C는 이미 계약체결이 된 상태이므로 누락된 보험료는 하수급인 사업주 A가 부담하라고 한다. 이 경우 상기 건설공사로 인하여 각종 보험료를 산정한 결과 1억원에 상당하는 손실이 입게 되어, 대표이사 A는 근로자 B를 상대로 구상권을 행사하고자 검토중이나 너무 가혹한 것 같아 고민이다. 이 경우 사업주 A는 근로자 B를 근무태만을 이유로 징계해고 등 중징계처분을 할 수 있는지?

/해 설/ 근무태만은 근로를 하고 있는 근로자의 고의나 과실로 인하여 업무수행에 지장을 초래하거나 주의의무의 부족으로 통상적으로 예견되는 업무상 하자를 발견하지 못한 경우에 발생하는 책임을 묻고자 하는 것이다. 따라서 형식상으로는 근로자가 업무를 수행하고 있거나 수행하였던 사실이 존재하므로 이를 노동력이 없었던 것으로 볼 수는 없다. 사례의 경우에는 해당업무에 대한 3년 이상의 경력을 지닌 근로자라면 당해업무의 성격상 통상적으로 각종 사업보험료의 산정에 어려움이 없을 것으로 판단되므로 막대한 사회보험료의 누락으로 인해 발생한 손실에 대한 책임을 물을 수 있다. 따라서 경제적 손실을 고려하면 즉시해고의 대상이 될 수 있다.

2. 근무태도의 불량

(1) 근무태도와 근무태도불량

a) 근무태도란 근로자가 근로계약에 정하는 바에 따라 업무를 담당하는 경우 충실하게 근무하여야 할 자세나 행동을 말한다. 근무태도는 노무제공의 과정이나 근무자세가 얼마나 충실한 것으로 볼 수 있는지를 나타내는 징표로서 외견상 드러난 행태를 기준으로 판단한다.

b) 근무태도불량은 주로 업무에 전념하지 않아 업무의 효율성을 저하시키거나 생산량을 저하시키는 행위를 말한다. 동료근로자의 작업을 방해하거나 업무 중에 잡담을 심하게 하거나 정당한 사유 없이 근무지를 이탈하는 행위 등 매우 다양하다. 근무태만은 수어진 업무의 내용이나 결과를 이유로 책임을 추궁하는 것이라면, 근무태도는 업무의 수행과정에 있어서 자세나 행동을 이유로 문책을 하는 수단이라는 점에서 차이가 있다.

(2) 근무태도와 징계처분의 정당성

a) 근로자가 ① 본래의 업무와 무관한 독서를 하거나 수면행위, ② 게임 또는 오락을 하는 행위, ③ 회의나 교육에 대리출석을 하거나 타인에게 부탁하는 행위, ④ 지정된 복장 이외의 착용 등은 근무태도의 불량으로 평가된다.

b) 근로자의 근무태도가 불량한 경우에는 일반적으로 근로자로서의 부적격성이나 성적불량으로 평가할 수 있다. 이때 능력부족으로 인하여 성적이 오르지 않는다거나 부적격하다고 할 경우에는 그 자체가 질서위반행위가 아니므로 징계처분의 대상이 될 수 없다. 이 경우 근무태도의 양호 및 불량 여부는 다른 근로자와의 비교, 행위의 질적 내용, 반성의 정도, 감독자의 지시여부도 고려하여야 한다.

c) 판례는 고속버스 운전기사들이 음주나 도박을 하고 늦게 취침하였다는 이유로 징계처분을 한 사건에 대하여 고속버스업무의 특수성과 강력한 교통안전대책, 사고의 대형화, 다발화에 대비한 회사교양교육, 상벌규정 등에 대한 징계해고는 타당하다고 한다.[6] 이와 같이 고속버스의 운전기사가 업무시간이 종료된 후 숙소에서 음주도박을 한 행위는 업무시간으로 볼 수 없어 근무태만으로 책임을 물을 수 없고, 다음날의 근무를 위한 충분한 휴식을 취할 의무가 있으므로 오히려 근무태도의 관점에서 징계책임을 묻는 것이 타당하다.

d) 그러나 축하회에서 우연히 도박에 가담했다가 분위기에 휩쓸려 한 단 한번의 행위에 대해 해고처분을 하는 것은 사회통념상 현저하게 타당성을 잃은 것이 아닌 한 재량권의 한계를 일탈한 것이 된다.[7]

e) 근무태도불량의 전형적인 유형을 살펴보면, ① 근무시간 중 독서 · 오락 · 수면 등 업무와 관련없는 행위를 하는 것, ② 회사 내 또는 지정숙소에서의 음주 · 도박을 하는 행위, ③ 출근카드의 대리 각인 또는 출퇴근시간의 기록을 허위로 하는 행위, ④ 지각 · 조퇴 등의 사유를 사전 또는 사후에 보고하지 않는 행위, ⑤ 강의 · 연수 · 훈시 등의 목적으로 집합시 참석하지 않는 행위, ⑥ 정해진 제복을 제대로 착용하지 않는 행위, ⑦ 상사의 지시나 명령을 제대로 이행하지 않는 행위 등이 있다.

6) 대판 1983. 11. 23, 82다카1243
7) 대판 1985. 3. 26, 84누711

개 념	근무태도불량의 유형	판 단
근로계약에 의한 근로제공과정에서 직무에 전념하지 않는 행위	1. 근무시간 중 독서, 수면, 오락 등 업무와 관련 없는 행위를 하는 것 2. 회사 내 또는 지정숙소에서의 도박, 음주를 하는 행위 3. 출근카드의 대리각인 또는 출퇴근 시각의 기록을 허위로 하는 행위 4. 지각, 조퇴 등의 사유를 사전에 보고하지 않는 행위 5. 월 3회 이상, 10분 이상의 지각을 하는 행위 6. 강의, 연수, 훈시 등의 목적으로 집합시 정당한 이유없이 출석하지 않는 행위 7. 정해진 제복을 제대로 착용하지 않는 행위 8. 업무에 전념하지 않고 대충 처리하는 행위 9. 수차례의 근무성적이 불량하여 시정지시 및 개선명령을 받고도 이를 이행치 않은 행위 10. 교육훈련을 태만히 하거나 훈련태도가 불량한 경우 11. 상사로부터 지시받은 업무를 수차례에 걸쳐 지연시키거나 보고서를 제출하지 않은 행위 12. 회사물품, 재료 등을 작업공정과정에서 낭비하거나 폐기처분하여 재산적 손실을 끼치는 행위 13. 회사의 영업방침을 위반하는 행위	근로자로서의 업무에 임하는 정신적 · 육체적인 태도, 성실성을 평가하고 직무수행을 위하여 요구되는 요건을 구비하였는가에 따라 판단함. 근로자의 적격성을 판단하는 기준으로도 활용이 가능함.

관련판례

(1) 가수면 적발로 징계의 의미로서 회사가 한 근무부서 이동명령에 반발하여 다른 직원들의 작업을 방해하고 무단결근 등을 한 경우 징계해고는 정당하다(대판 1991. 5. 28, 91다10497).

(2) 방화관리자로 소화기 등 소방시설을 유지 · 관리할 책임을 지고 있는 피징계자가 소화의 점검 · 정비에 관한 감독을 게을리 한 채 제조된 10년이 지난 부식된 소화기를 폐기하지 않고 비치함으로써 분사실습을 하던 직원이 중상을 입은 경우 책임을 경감시킬 만한 사유가 될 수 없다(대판 1993. 9. 28, 93다22524).

(3) 철도공무원이 법정 연가일수의 범위내에서 연가를 신청하였다고 할지라도 그에 대한

소속 행정기관장의 허가가 있기 전에 근무지를 이탈한 행위는 특단의 사정이 없는 한 국가공무원법 제58조에 위반되는 행위로서 징계사유가 된다(대판 1996. 6. 14, 96누2521).

(4) 정밀기계 제조공정에 중요한 임무를 띠고 있는 조장이 야간작업중 졸다가 적발되어 주의를 받고도 재차 작업중 졸고 있는 것이 다시 적발되고 자리까지 옮겨 졸았다면 정당한 이유 있는 해고이다(대판 1977. 3. 22, 74다1403).

(5) 원심은, 원고에 대한 징계처분은, 원고가 1997학년도 제2학기 및 1998학년도 제1학기 재임용 · 승진을 위한 평가자료(연구업적물)로서 제출한 판시 이 사건 각 서적 '정보의 경영'과 '정보의 경제적 가치')이, 판시 이 사건 원서(영문서적 'Information Economics')를 그대로 번역한 것인데도 마치 원고가 창작 저술한 서적인 양 가장하여 출판한 것임이 판명됨으로써 교원으로서의 품위를 손상하고 학교의 명예를 훼손하였다는 것을 사유로 하여 이루어진 사실, 1997학년도 제2학기 재임용 대상자였던 원고가 자신의 연구업적물로서 이 사건 각 서적 중 '정보의 경영'(1997. 5. 30. 발행)과 다른 한편의 논문을 제출하여 재임용되었고, 다시 1998학년도 제1학기 승진 대상자였던 원고가 역시 자신의 연구업적물로서 이 사건 각 서적 중 '정보의 경제적 가치'(1997. 11. 30. 발행)를 제출한 사실, 이 사건 각 서적은 이 사건 원서를 그대로 번역한 것으로서 내용이 동일한 것인데도 각 서적의 표지 및 서문에는 마치 원고가 저술한 창작서적인 것처럼 기재되어 있을 뿐더러 제목만 달리하여 두 권으로 따로 출판된 사실을 각 인정하고, 원고가 번역서에 불과한 이 사건 각 서적을 자신의 창작물인 것처럼 가장하여 출판하고는 이를 위 재임용 및 승진을 위한 평가자료로서 제출한 행위는 대학사회의 학술연구 및 면학분위기를 심히 해치고, 고도의 윤리성 · 도덕성이 요구되는 대학교수로서 그 직무상의 의무를 태만히 하였을 뿐만 아니라 대내외적으로 그 체면 또는 위신을 손상시켜 품위를 유지하지 못하였다고 할 것이며, 이는 사립학교법 제55조에 의하여 준용되는 국가공무원법 제56조(성실의무) 및 제63조(품위유지의 의무)에 위반하고, 원고가 주장하는 여러 사정을 고려하더라도 원고를 해임한 판시 이 사건 재심결정이 재량권을 남용하거나 그 한계를 일탈한 것이라고 할 수 없다고 판단하였는바, 기록에 비추어 살펴보면 원심의 위와 같은 사실의 인정과 판단은 모두 수긍할 수 있고, 거기에 상고이유로 주장하는 바와 같이 채증법칙을 위반하여 사실을 오인하거나 재량권의 일탈 · 남용에 관한 법리를 오해한 위법이 있다고 할 수 없다(대판 2002. 5. 28, 2000두9380).

(6) 보조참가인은 1999. 11. 12과 12. 22, 2000. 2. 1, 6. 5, 6. 23. 12. 8과 12. 9 등 수회에 걸쳐서 비전임 노조간부에 대한 근태관리 철저 등을 명한 공문을 소속기관에 보낸 사실, 이를 전해 받은 보조참가인의 OO화력본부에서도 1999. 8. 4과 12.23, 2000. 2. 2, 6. 26, 12. 7, 12. 8과 12. 29, 2001. 2. 23 등 수차례에 걸쳐서 원고에게 노조전임자가 아니므로 근무시간 중 담당업무를 성실히 수행하도

록 알린 사실, 그런데 2000. 12. 14부터 2000. 12. 21까지 있는 보조참가인의 복무감사결과, 원고가 2000. 2. 2부터 2000. 12. 19까지 239일의 근무기간 중 50일간을 전혀 업무에 임하지 않은 사실이 확인되었고, 그 후에도 원고는 업무복귀지시를 계속 어겨서 2001. 1. 8, 1. 22과 2. 15에 3회의 경고를 받은 사실, 그럼에도 불구하고 원고는 2001. 3. 19까지 계속하여 담당업무를 처리하지 않은 사실, 한편 원고와 같은 비전임 노조지부장으로서 담당업무소홀로 복무감사에 적발된 다른 7명의 비전임 노조지부장들은 복무감사 후에는 근무태도 불량으로 경고나 견책 등의 징계를 받지는 않은 사실을 알 수 있는바, 이와 같은 정도라면 원고에게는 사회통념상 고용관계를 계속할 수 없을 정도의 책임 있는 사유가 있다고 볼 것이다(대판 2006. 6. 15, 2003두5600).

(7) 피고회사가 장기적인 고객의 신뢰를 확보함과 동시에 SCA 등 영업사원들의 수입을 보전하면서 그들 상호간에 신뢰할 수 있도록 하기 위하여는 정도영업을 관철하여야 할 필요성이 컸던 반면, 피고회사의 지속적인 교육에도 불구하고 SCA들의 정도영업방침 위반사례가 빈번하게 발생하였던 사실과 위반행위가 은밀히 이루어진 결과, 위반사례를 적발하는 것이 쉽지 아니하여 부득이하게 미스터리 쇼핑 조사의 방법을 사용하게 된 사실을 각 인정할 수 있다. 이에 의하면 피고회사가 SCA 등에 대하여 실시한 미스터리 쇼핑이 선량한 풍속 및 기타 사회질서에 반한다거나 신의칙에 어긋나는 행위라고 할 수 없으므로, 피고회사가 실시한 미스터리 쇼핑에서 적발된 원고의 정도영업방침 위반행위는 이 사건 계약의 해지사유로 삼을 수 있다 할 것이다(서울고판 2006. 7. 14, 2006나9516).

쟁점사례

/사 례/ 아파트관리사무소에 근무하는 경비원 A는 근무시간 중 주민이 추석기간중에 주고 간 음주와 음식을 먹고 경비초소에서 취침를 하다가 아파트 입주자 B가 도난을 당하는 사건이 발생하였다. 당직근무를 하게 되는 경비원의 경우에는 근무시간 중에 취침을 하여서는 아니 된다는 규정을 무시하고 주민이 주고 간 음식과 음주를 먹고 난 후 사건이 발생한 것이다. 이에 도난을 당한 입주자 B는 관리사무소에 강력히 항의하여 해당 경비원 A를 해고하라고 요구하고 있다. 이 경우 아파트관리회사는 경비원 B를 근무태만 불량으로 징계처분을 할 수 있는지?

/해 설/ 아파트관리회사에 근무하는 경비원은 도난 방지, 아파트출입자의 통제, 관리세대의 우편물 수수, 관리단지 내에의 교통통제 등을 주요업무로 하고 있다. 이 경우 아파트 관리원의 주된 업무는 도난방지라 할 수 있고, 근무시간 중에는 주간이든 야간이든 취침을 하여서는 아니 된다고 취업규칙에 정하여 운영하거나 근무수칙을 정하고 있다. 따

라서 아파트단지내의 주민이 명절을 이용하여 음식 및 음주를 제공하여 먹었다 하더라도 이를 이유로 도난사건이 발생한 것에 대하여 책임을 모면하기 어렵다. 따라서 근무시간 중 음식물과 음주를 허용하였다 하더라도 이로 인해 근무시간중 취침까지 허용하는 것이 아니므로 근무태도가 불량한 것으로 보아야 하며, 경비원 B에 대하여는 징계처분이 가능하다. 다만, 음주제공이 결정적 원인이 되었는지에 따라 징계양정을 참작함이 타당하다.

3. 근무성적불량

(1) 근무성적과 성적불량

a) 근무성적은 근로자가 직무수행에 필요한 지식 · 기술 · 경험을 토대로 주어진 업무를 성실히 수행하거나 목표를 달성하였는지를 평가하는 것을 말한다. 이 경우 근무성적을 평가하기 위해서는 사전에 교육훈련이나 업무습득에 필요한 교육이 이루어져야 한다. 그러나 근무성적은 업무수행능력을 주로 평가하는 것이 아니라 업무실적을 위주로 평가하는 것을 의미한다.

b) 성적불량이란 같은 기업 내 동료나 상사 등과 비교하여 근무성적을 평가한 결과 그 실적이나 성적이 상대적으로 저조한 경우를 말한다. 이 경우 성적불량에 해당하는지 여부는 비교집단의 특성, 업무목표의 달성정도, 평가기간 및 고과표 등을 종합적으로 고려하여 판단하여야 한다.

(2) 근무성적불량과 징계처분의 정당성

a) 형식적으로 노무제공의 형태를 취하더라도 실질적으로 업무실적이 저조하거나 노력부족을 이유로 한 시정지시를 위반하면 징계처분을 할 수 있다. 따라서 범법행위로 근로계약을 충실히 이행하지 않는다거나 직장규율을 문란케 하는 등 노사간의 신뢰를 상실케 하는 행위는 여기에 해당되지 않는다. 그러나 무단결근이나 직무태만 · 잦은 지각 등 근무태도는 근무성적의 평가기준에 포함될 수 있다.

b) 성적불량 자체만으로 곧바로 징계처분의 대상이 당연히 되는 것은 아니나,[8] 근무성적

8) 여기서 유의해야 할 점은 단순히 업무수행능력이 부족하거나 근무성적이 불량하다는 사유만으로 징계사유가 될 수 없다는 점이다. 오히려 개인의 능력 · 자질 등의 특성을 고려하였는지, 업무수행에 필요한 기술 · 경험을 갖추었는지에 의하여 노동력이 정상적 제공이 가능한지를 고려해야 할 것이다.

이 현저히 불량하거나 수 차례의 저조한 실적을 나타내는 경우 또는 시정지시 · 교육참가의 명령에도 이를 태만히 하거나 개선하지 않는 경우에는 징계처분의 대상이 된다. 또한 판매실적이나 수금실적이 근로자의 업무성질상 본무에 해당된다면 이를 근무성적의 평가기준으로 삼을 수 있다. 따라서 근로자의 수금실적이 저조한 경우에는 근로자로서의 지위, 근무경력, 다른 근로자와의 실적 비교 등을 참작하여 징계처분의 사유로 할 수 있다.

개 념	근무성적불량의 유형	판 단
근무에 임하는 근로 자로서의 자세가 성실한가 불량한가 등을 명시하여 규율 하기 위한 것을 말함	1. 근무태만이나 근무태도의 불량으로 근무성적이 저조한 경우 2. 동료근로자와 평가하여 3회 이상 최하위를 성적으로 받는 행위 3. 업무를 게을리하여 근무성적불량으로 평가받은 경우 4. 근무성적불량으로 시정지시를 받고도 이를 개선하지 않은 경우 5. 근무성적으로 허위로 작성하거나 변조하는 행위 6. 근무성적이 현저히 불량한 경우 7. 기타 근로자로서의 적격성이 없다고 판단되는 경우	근로자로서의 업무수행 실적에 대한 결과, 개선 노력, 등을 평가하고 직무 수행을 위하여 필요한 요건을 구비하였는가에 따라 적격성을 판단함

관련판례

(1) 근로기준법 제27조제1항에서 규정한 "정당한 이유"라 함은 사회통념상 근로계약을 계속시킬 수 없는 정도로 근로자에게 책임있는 사유가 있다던가 부득이한 경영상의 필요가 있는 경우를 말하는 것이므로 근로계약이나 취업규칙등 사규에 해고에 관한 규정이 있는 경우 그것이 근로기준법에 위배되어 무효가 아닌 이상 그에 따른 해고는 정당한 이유가 있다고 할 것이다(대판 1986.7.15, 85나3733 참조). 원심은 피고 회사가 보험업을 영위하는 영리법인으로서 업무상, 성격상 그 거수실적의 많고 적음에 따라 회사운영의 성패가 좌우된다고 할 수 있는 점에 비추어 앞서 본 바와 같은 징계규정이 무효의 규정이라고 할 수 없고 또 그 거수실적불량의 정도가 추상적 자의적인 기준에 의한 것이 아니라 근로자의 직위, 보수, 근무경력, 다른 근로자의 전반적인 근로성적, 회사의 경영실태 등 제반사정을 참작하여 근로자로서 최소한도의 직무수행능력이 결여되었다고 인정되는 경우라면 위 징계규정에 따라 해고한 데에 정당한 이유가 있다고 할 것이라고 전제한 다음, 위 인정사실에 의하여 원고의 앞서 본 장기간의 거수실적이 단지 다른 사원에 비하여 상대적으로 다소 낮은 정도가 아니라 원고의 직위

와 보수에 비추어 보면 일반적으로 기대되는 최저한의 실적에도 미치지 못하는 정도였다고 할 것이므로 이와 같은 사정 아래에서 피고 회사가 회사의 인사규정을 적용하여 원고를 징계면직한 조치가 징계권의 남용으로 볼 수 없고 근로기준법 제27조제1항 소정의 정당한 이유가 있는 때에 해당한다고 판단하였다. 원심이 적법하게 확정한 위 사실에 나타난 원고의 귀책사유와 당시 피고 회사의 경영상태를 아울러 고려하여 볼 때 원심의 위 판단은 정당한 것으로 수긍이 되고 거기에 소론이 주장하는 바와 같은 근로기준법 제27조에 정한 정당한 이유에 관한 법리오해의 위법이 있다 할 수 없다(대판 1991.3.27. 90다카25420).

(2) 검열운항승무원 자격이 없는 심사관의 평가를 주요자료로 삼은 운항승무원 자격심의위원회의 '조종요원 부적격' 의결에 따라 취업규칙상 '근태가 불량하거나 근무성적 또는 교육훈련성적이 불량하거나 직원으로서의 부적격함이 인정될 때에 해당되는 이유로 수습조종사요원인 근로자가 해고된 사안에서, 검열운항승무원의 자격을 규정한 회사의 운영규정은 형식적으로 해고절차를 규정한 것이라고 볼 수 없고, 동규정은 항공기운항의 안전을 도모하기 위하여 당국의 인가를 받은 것으로서 직접적으로 운항승무원자격심의위원회가 행하는 의결의 공정성을 도모하기 위한 규정은 아니며 운항승무원 자격심의회가 행하는 의결의 공정성를 도모하기 위한 규정은 아니며. 운항승무원 자격심의위원회가 의결을 함에 있어 기초로 삼을 수 있는 자료에 대하여 아무런 제한이 없어 운항승무원 자격심의위원회가 수습조종사요원에 대한 부적격여부를 판단함에 있어 반드시 검열운항승무원의 자격이 있는 자에 의해 평가자료만에 의하여야 하는 것은 아니라는 이유로 검열운항승무원 자격이 없는 심사관들의 평가 및 이에 기초한 운항승무원 자격심의위원회 '조종요원 부적격'의결이 부당하다고 판단할 수 있다(대판 1996. 8. 23, 96누1439).

(3) 참가인이 2004년 하반기 근무성적평정 결과 1차 평정에서 우에 해당하는 점수 중 가장 높은 95점을 받는 등 참가인의 위 복직기간 동안의 근무태도가 다소 양호한 편이라고 볼 여지가 있다 하더라도 이는 이 사건 채용거부 이후의 사정에 불과한 이상, 이러한 사정만으로 이 사건 채용거부 당시의 평가 결과가 객관성을 상시한 것이라 할 수 없다(서울고판 2006. 6. 1, 2005누7848).

쟁점사례

/사 례/ A회사에서는 연봉제를 실시하면서 매년 분기별로 평가하여 연봉액을 조정할 수 있도록 임금체계가 설계되어 있으나, 부서별 순위를 매기어 최하위등급을 연속하여 3회 이상 받은 자에 대하여 징계처분을 하고자 한다. A회사는 농화학제품제조 및 수입판매업을 하는 업

체로서, 제품판매는 제품의 신제품인지 여부, 시기별 · 지역별 차이에 따라 매출액이 달라질 수 있고, 전국영업 판매지점별 순위를 매긴 후 실적이 좋지 않은 자를 전국순위 50명중 10명을 징계처분을 할 예정이며, 부진한 자에 대하여는 사직서를 받는 등 강력한 조치를 취하고자 한다. 이 경우 매출부진을 이유로 징계처분을 하는 것이 타당한가?

/해 설/ 직무태만은 근로자가 근로계약에 의한 노무제공의무를 충실히 이행하지 아니하고 직무를 태만히 하는 행위를 말한다. 이러한 직무태만에 대하여는 원칙적으로 징계처분이 가능하다. 따라서 영업사원이 근무시간중에 근무지를 이탈하거나 불성실한 업무처리, 도박, 음주 등으로 인하여 업무의 정상적 수행을 하지 아니한 경우 행태상의 이유로 징계처분을 하는 것은 정당하다. 그러나 사례의 경우에는 영업매출에 대한 순위에 따라 징계처분을 하는 것이므로 부당하다고 보아야 한다. 따라서 매출부족을 이유로 한 징계대상에 해당하는지에 대하여는 제품의 경쟁력, 시기별 · 지역별 차이, 시장의 수요동향 등을 종합적으로 고려하여 근로자의 직무태만으로 볼 수 있는지에 따라 판단하여야 한다. 단순히 영업매출액이 부진한 사유를 들어 연동적으로 근로자의 연봉총액을 조정할 수 있도록 임금체계가 되어 있다면 해당 근로자에 대하여 연봉총액을 하향조정하는 경제적 불이익조치는 징계처분이라고 볼 수 없다. 그러나 징계처분의 사유를 연속적으로 최하등급을 3회 이상 받은 자에 대하여 징계처분을 할 수 있도록 취업규칙이나 징계규정에 명시하고 있다면 징계처분이 가능하다고 본다.

4. 지시명령위반

(1) 지시명령위반의 의의

a) 지시명령위반이란 업무상 필요한 지시 · 명령을 정당한 이유 없이 이행하지 아니하거나 태만히 하는 행위를 말한다. 여기에는 복종하지 않는 행위뿐만 아니라 제때에 이행하지 않는 행위, 상사의 승낙이 필요한 사항을 자의적으로 하는 행위를 포함한다.[9)]

b) 사용자에 의한 지시명령은 구두 또는 문서에 의하여 노동력의 이용을 구체적으로 실현하는 행위로서 업무의 내용에 따라 근무명령, 출장명령, 배치전환명령, 안전교육에의 참석명령, 소지품검사명령, 시말서 제출명령 등 매우 다양하게 불리우고 있다. 이외에 법률

9) 이상국, 징계권행사의 법률지식, 100면

에 의한 근로자의 동의를 전제로 한 연장근무명령 등이 포함된다.

(2) 지시명령위반과 징계처분의 정당성

1) 계약위반행위와 징계처분의 정당성 사용자의 업무지시에 대한 위반은 원칙적으로 계약위반행위로서 징계처분의 대상이 아닌 계약벌의 대상으로 보아야 한다. 따라서 회사의 취업규칙이나 단체협약에 "정당한 업무명령을 위반한 경우"를 징계사유로 규정해 놓았다 하더라도 당연히 징계처분으로서의 정당성이 인정되는 것은 아니다. 계약벌의 위반은 손해배상의 청구, 위약금의 부과가 일반적이며, 더 나아가 근로계약의 해지 등으로 실현될 수 있기 때문이다. 그러나 근로자가 사용자의 업무지시를 위반한 결과 경영조직에 미치는 영향을 준다면 기업질서의 문란을 이유로 징계처분을 할 수 있다.

2) 시간외 · 휴일 근무명령의 위반 a) 시간외근로와 휴일근로의 명령은 근로기준법 제53조(연장근로의 제한)에 의한 절차에 따라 근무명령을 할 수 있으며, 연장근로의 경우 관행적으로 행하여져 왔다 하더라도 의무없는 연장근로를 거부하는 행위는 업무지시에 위반하는 것이 아니라는 견해와[10] 위반이라는 견해가 대립되어 있다.[11]

b) 사용자는 근로자와 합의하면 1주일에 12시간을 한도로 제50조(근로시간)의 근로시간을 연장할 수 있다(근로기준법 제53조제1항). 근로시간의 연장은 개별동의나 취업규칙에 명시하여 시행할 수 있다. 이러한 동의에도 불구하고 연장근로(시간외근로)를 거부하는 경우 징계처분을 할 수 있다. 그러나 근로자의 작업거부가 근로기준법상 사용자의 부당한 처우에 대한 항의 내지 시정요구의 수단으로 이루어졌다면, 이에 따른 징계해고처분은 형평에 어긋난 결정이어서 징계권남용에 해당하므로 당연히 무효가 된다.[12]

3) 시말서 제출명령의 거부행위 a) 시말서 제출명령의 거부행위는 시말서의 법적 성격을 어떻게 보느냐에 따라 징계처분성을 달리 해석할 수 있다. 시말서는 경위서 또는 전말서 · 사유서 등 여러 가지 명칭으로 통용되고 있으나, 일반적으로 징계처분을 행하기에 앞서 제출이 요구되고 있는 자기 과오의 시인문서를 말한다. 시말서가 단순히 위반사항의 경위 · 전말을 자세히 적어 제출하는 경위서로 보는 견해와 위반행위를 일으킨 근로자가 반성이나 사죄의 표현으로 제출하는 각서의 의미로 보는 견해로 구분된다.

b) 따라서 사용자는 시말서를 제출하려고 하지 않을 때 근로자에게 불리한 진술을 어디까지 강요할 권한이 있을 것인가, 시말서 그 자체가 사과의 뜻을 내포하고 있으므로

10) 김소영, 전게논문, 147면

11) 금동신, 전게논문, 30면

12) 대판 1991. 5. 28, 90다8046

시말서를 근거로 또 다시 징계처분을 하는 것은 이중처벌금지의 원칙에 위반되는 것은 아닌가 하는 문제가 제기된다.[13)]

c) 시말서의 제출거부를 이유로 하는 징계처분을 부정하는 견해는 시말서의 제출을 강제하는 행위는 사과하고 싶지 않다는 개인의 자유의사를 부당하게 제약하는 행위로서 현대 민주주의적 법사상에 반하기 때문에 그 명령자체가 정당한 업무명령이라고 할 수 없고 이를 이유로 하는 징계처분은 무효라고 하는 것이다.[14)]

d) 판례에서는 징계사유는 인정하되, 시말서 제출지시의 거부를 또다시 징계사유로 삼아 근로자를 징계파면을 한 행위는 당해 근로자의 직위, 근무형태, 근속기간 등에 비추어 사회통념상 상당하다고 보여 지는 균형이 없으므로 징계권 남용에 해당한다고 판시하였다.[15)]

e) 그러나 징계처분성을 긍정하는 견해는 시말서의 제출이 단순히 사건의 경위 등을 기재하여 보고하도록 하는 취지라면, 근로자에게 근로계약에 부수하는 신의칙상 의무로서 근로관계와 관련하여 사용자의 조사에 응할 의무가 있다고 한다. 따라서 시말서의 제출이 반드시 제출자의 내심의 자유를 침해한다고는 볼 수 없으며, 취업규칙에 시말서의 제출이 규정되어 있으면 이것을 근거로 징계처분을 할 수 있다고 한다.[16)]

f) 생각건대 자기에게 불리한 진술을 강요할 권리는 누구에게도 없으며, 이를 거부할 수 있는 것은 법이 인정하는 기본적 원칙이라는 점에서 볼 때 징계대상자가 불리한 진술을 해야 할 의무는 없다고 보는 것이 타당하다. 따라서 다수의 견해는 시말서의 제출거부라는 이유만으로는 징계처분을 할 수 없다. 다만, 취업규칙에 규정이 있을 경우에도 사실확인 또는 경과보고로서의 문서의 제출을 명령할 수 있을 뿐이다.

4) 지시명령위반의 징계처분성 지시명령의 위반을 이유로 징계처분을 하기 위해서는 위반행위의 사실관계를 개인적 차원의 평가에 그치지 않고 공동규범으로서 경영질서에 위반되는지를 고려하여 판단해야 한다. 지시명령위반의 전형적인 유형을 살펴보면, ① 상사의 업무상 지시나 명령을 이행하지 아니하거나 거부하는 행위, ② 상사의 승인 또는 허락을 받지 아니하고 자의적으로 하는 행위, ③ 교대시간, 작업장소의 지정, 통제구역의 출입제한 등 의무사항을 위반하는 행위, ④ 긴급업무 · 협력업무를 회피하거나 태만히 하는 행위, ⑤ 안전 및 위생에 관한 준수의무를 위반한 경우를 들 수 있다.

13) 금동신, 전게논문, 30면

14) 서울행판 2008. 7. 17, 2007구합460051

15) 대판 1991. 8. 13, 91다12745 ; 대판 1991. 12. 24, 90다12991

16) 대판 1991. 12. 24, 90다12991

개 념	지시명령위반의 유형	판 단
업무상 필요한 지시, 명령에 반항하거나 정당한 이유없이 복종하지 않는 행위	1. 상사가 업무상 필요한 지시, 명령을 행한 경우에 정당한 이유없이 이행하지 아니하거나 거부하는 행위 2. 상사의 승인 또는 허락을 받지 아니하고 자의적으로 행위 하는 행위 3. 배치전환, 잔업지시, 출장명령, 연수교육 등의 지시를 이행하지 아니하거나 태만히 하는 행위 4. 교대시간, 작업장소 지정, 통제구역의 출입제한 등의 의무사항을 위반하는 행위 5. 긴급업무, 협력업무를 회피하거나 태만히 하는 행위 6. 상사가 직무성격상 필요한 사항이나 준수해야 할 사항을 지시하였음에도 이를 태만히 한 경우 7. 안전 및 위생에 관한 준수의무를 위반한 경우 8. 회사가 지시한 교육이나 훈련에 불참하는 행위 9. 사고 또는 사건의 경위에 대한 시말서를 제출하지 않는 행위	지시명령위반여부는 업무에 관한 지시를 고려하고 구체적 위반사실이 개인적 차원의 과실로 평가되는데 그치지 않고 경영질서를 문란케 하는지 여부에 따라 질서 유지차원에서 판단 해야 함.

관련판례

(1) 사고다발로 회사에 재산상 손해를 끼쳤음에도 시말서제출을 거부하고 업무지시 거부로 정상적인 업무운영을 저해하였다면 징계해고사유에 해당한다(대판 1993. 11. 23, 93다25264).

(2) 여객자동차운송사업을 영위하는 사업체에 있어서 사용자가 승무직 근로자인 운전사에 대하여 행하는 배차행위 또는 배차지시는 통상적인 업무수행명령에 속한다 할 것이므로 근로자인 운전사는 특별한 사정이 없는 한 이러한 사용자의 배차지시에 따라야 할 것이고 이를 거부하는 것은 근로계약에 따른 근로자의 본질적이고 기본적인 의무인 근로제공의무를 이행하지 않는 것으로서 이는 채무불이행이 될 뿐 아니라 일반적으로 해고사유가 된다 할 것이고, 단체협약에서 회사는 조합원의 정직 · 해고 · 휴직 · 승급 · 상벌 · 배차 기타 제반 인사원칙에 관하여는 사전에 노조의 의견을 들어 결정한다."고 규정하고 있다 하여 달리 볼 수 없다(대판 1994. 12. 23, 94누3001).

(3) 노동조합의 전임자는 사용자와 사이에 기본적 노사관계는 유지되고 근로자로서의 신분

도 그대로 가지지만 휴직상태에 있는 근로자와 유사하여 근로제공의무가 면제되고, 한편 사용자가 근로시간을 대체하여 근로자에 대하여 실시하는 교육 · 연수 · 훈련 등은 거기에 참가하는 것이 근로자의 의무로서 강제되는 한 근로제공과 다를 바 없으므로 단체협약 등에 다른 정함이 없다면 근로제공의무가 면제된 노동조합 전임자가 그러한 교육 등에 참가하지 않았다 하여 바로 잘못이라고 보기는 어렵다(대판 1999. 11. 23, 99다45246).

(4) 참가인이 징계위원회에 출석해 대차운행지시를 거부한 사실에 대해 자신의 잘못을 시인하지 않아 원고회사와의 깨진 신뢰관계를 회복시킬 의사를 보이지 아니한 점, 이 사건 이전에도 운행 중 사고유발로 수회의 징계처분을 받은 점 등을 살펴보면 원고회사와 참가인 사이의 신뢰관계는 더 이상 근로계약관계를 유지할 수 없을 정도에 이르렀다고 봄이 상당하므로 원고회사는 이 사건 징계의 종류로 해고를 선택한 것이 위법하다고 볼 수 없다(대판 2005. 6. 10, 2004두10784).

(5) 사회복지법인 대한불교조계종 사회복지재단이 운영하는 ○○시장애인복지관(이하 '이 사건 복지관'이라 한다)의 인사규정 제47조제1항은 "직원이 행한 행위가 징계사유에 미치지 아니하고 조직의 질서유지에 위배될 수 있는 경미한 행위를 한 경우 부서장은 해당 직원에게 지적사항을 시정하고 반성의 계기가 되도록 시말서와 함께 주의를 줄 수 있다"고 규정하고 있는바, 그 규정내용에 비추어 위 규정상의 시말서는 단순히 사건의 경위를 보고하는 데 그치지 않고 더 나아가 근로관계에서 발생한 사고 등에 관하여 자신의 잘못을 반성하고 사죄한다는 내용을 포함하고 있다고 할 것이므로 사죄문 또는 반성문을 의미하는 것으로 봄이 상당하고, 따라서 이에 근거한 시말서 제출명령은 사용자의 업무상 정당한 명령으로 볼 수 없으므로 근로자가 그와 같은 시말서의 제출명령을 이행하지 않았더라도 이를 징계사유나 징계양정의 가중사유로 삼을 수는 없다. 따라서 상고이유에서 들고 있는 대법원 1991. 12. 24. 선고 90다12991 판결 등은 사죄문 또는 반성문을 의미하는 시말서에 관한 것이라고 할 수 없어 사안이 달라 이 사건에 적용하기에 적절한 것이 아니다. 원심판결에는 상고이유로 내세우는 바와 같은 판례위반이나 심리미진 등의 위법이 없다(대판 2010. 01. 14. 2009두6605).

(6) 사용자가 사고나 비위행위 등을 저지른 근로자에게 시말서를 제출하도록 명령한 경우, 그 시말서가 단순히 사건의 경위를 보고하는 데 그치지 않고 더 나아가 근로관계에서 발생한 사고 등에 관하여 '자신의 잘못을 반성하고 사죄한다는 내용'이 포함된 사죄문 또는 반성문을 의미하는 것이라면, 이는 헌법이 보장하는 내심의 윤리적 판단에 대한 강제로서 양심의 자유를 침해하는 것이므로 효력이 없고, 그에 근거한 사용자의 시말서 제출명령은 업무상 정당한 명령으로 볼 수 없다(대판 2010. 1. 14. 2009두6605). 원심판결 및 원심이 인용한 제1심판결 이유에 의하면, 원심은, 원고들이 피고보조참가인(이하 '참가인 회사'라 한다)에게 제출한 진

술서에 이미 대략적인 사건의 경위가 기재되어 있어 그 외에 추가적으로 확인이 요구되는 사항이 있을 것으로 보이지 않는 점, 참가인 회사가 위 진술서의 내용을 확인한 뒤 발송한 이메일의 내용, 원고들에 대하여 한 2011. 9. 9.자 징계와 관련하여 지방노동위원회에 제출한 참가인 회사의 답변서 내용 등에 비추어 보면, 참가인 회사가 원고들에게 제출 요구한 시말서는 사죄와 반성의 내용이 포함된 것으로 봄이 상당하고, 따라서 그와 같은 시말서 제출명령은 정당한 업무상 명령으로 볼 수 없으므로, 원고들이 위 명령에 불응하였다는 것은 정당한 징계사유가 될 수 없다고 판단하였다. 원심판결의 이유를 앞서 본 법리와 기록에 비추어 살펴보면, 원심의 그와 같은 판단은 정당한 것으로 수긍할 수 있고, 거기에 상고이유 주장과 같이 논리와 경험의 법칙을 위반하여 자유심증주의의 한계를 벗어나 판결에 영향을 미친 위법이 없다 할 것이다(대판 2014. 06. 26. 2014두35799).

쟁점사례

/사 례/ 알루미늄호일을 제조하는 B회사는 근로자 700명을 고용하고 있는데, 성수기를 맞이하여 일손이 모자라 교대근무를 하고 있다. 그러나 단체협약에 의하면 연장근로나 교대근무는 노동조합과 합의하여 실시하도록 규정되어 있다. 노동조합은 단체협약의 기간이 만료됨에 따라 교섭기간 중에는 노동조합의 지침에 의하여 연장근로를 하지 않을 방침이다. 이 경우 회사에서 근로자 A에게 업무복귀를 하라고 하면서 불응하는 경우 지시명령위반으로 징계처분을 하겠다고 하는데 과연 정당한가?

/해 설/ 일반적으로 연장근로에 대하여는 근로기준법 제53조에서 근로자의 동의를 얻도록 규명하고 있기 때문에 원칙적으로 근로자가 거부를 하는 경우에는 연장근로를 시킬 수 없다. 그러나 취업규칙 또는 단체협약에 연장근로를 하도록 명시한 경우에는 이에 따라야 한다. 문제는 단체협약에 의하여 연장근로를 하기로 노사간에 체결되었으나, 단체협약이 종료되는 경우에 그 효력이 존속되는가 아니면 상실되는가에 의하여 근로자의 근로의무가 달라질 수 있는 것이다. 사례의 경우에는 단체협약상 연장근로의 의무는 채무적 효력의 성격을 지니므로 단체협약이 종료된 경우에는 그 효력도 당연히 상실된다고 보아야 한다. 따라서 단체협약이 만료된 경우에는 연장근로에 대하여 근로자의 동의를 얻어야 사용자가 연장근무지시를 할 수 있다. 따라서 단체협약의 종료 후 근로자의 연장근로를 거부한다는 이유로 지시명령위반으로 징계처분을 할 수 없다.

5. 복무규율위반

(1) 복무규율위반의 의의

a) 복무규율위반이란 직장인으로서 지켜야 할 다양한 행태상의 근무수칙을 위반하여 업무활동을 방해 또는 지연하거나 근무분위기를 해치는 행위를 말한다. 이러한 행위는 기업의 이미지를 훼손하거나 고객에게 불쾌감을 줄 수 있으며, 같은 조직내에서 다른 근로자의 근무분위기를 해치게 되어 업무활동이나 회사의 경영에 지장을 초래할 수 있으므로 규제하고자 하는 취지이다.

b) 그러나 이러한 행위를 규제하는 기준이 지나치게 추상적이거나 애매한 경우에는 징계권이 남용될 수 있다. 따라서 사회통념이나 공서양속에 비추어 노동관행에 대하여도 양식 있는 판단을 하여야 할 것이다. 복무규율을 위반하는 행위는 사업장 내의 공동작업을 곤란하게 하거나 기업에 불리한 영향을 비치는 특정근로자의 행동으로 인해 직장의 평화와 질서가 교란되는 것을 의미한다.[17]

(2) 복무규율위반과 징계처분의 정당성

1) 플랭카드 및 구호가 적힌 명찰 등의 사용 a) 일반적으로 복무규율에 대하여는 취업규칙에 명시되어 있으나, 취업규칙에 복무규율에 관한 규정이 없다고 해도 근로자는 기업공동생활을 침해하는 행위를 하여서는 아니된다. 실제로 기업에서는 취업규칙에 의하여 근로자에게 정치활동금지에서부터 사용자의 경영방침에 따라야 하는 경우에 이르기까지 다양하게 규율하는 것이 현실이다.

b) 따라서 근로시간 중에 정치적 내용의 플래카드를 들고 있거나 정치적 구호가 적힌 명찰을 착용함으로써 대다수의 근로자에 대한 업무를 방해하거나 구체적으로 침해할 때에는 복무규율을 위반한 것으로서 징계처분의 사유가 된다.

2) 사용자 또는 회사의 명예훼손 근로자가 ① 사실에 어긋나는 주장이나 그릇된 정보를 회사의 유인물 등에 게재하거나 TV에 출연하여,[18] 또는 노사집회 등에서 허위의 발언을 하여 사용자 또는 회사의 명예를 훼손하는 행위, ② 사용자를 모욕하는 행위, ③ 수련생과의 부도덕한 관계, ④ 기업의 평화를 깨뜨리는 행위는 복무질서를 문란시키는

17) 김소영, 전게논문, 148면

18) 근로자가 직업병에 관한 TV 프로그램에 출연하여 수은중독자에 대하여 회사가 취하고 있는 조치에 반하여 진실과 다른 내용의 진술을 하고 그 표현에 있어서도'결탁','위협 · 협박'등의 과장된 표현으로 회사를 비방한 경우(日本東京高裁 1974. 7. 30)

행위로서 징계처분의 사유가 된다.

3) 사내에서의 폭행 직장에서 상사 및 동료, 부하에 대한 폭언이나 폭력을 행사하거나 비방을 하는 경우 징계처분의 대상이 된다. 따라서 회사에서 남자직원이 직무상 상명하복관계에 있지 아니한 동료 여직원이 사적인 심부름을 즉시 해주지 않는다는 이유로 폭행을 하여 상해를 입힌 경우에는 그 진단서가 위조되었다 하더라도 그 여직원이 그로 인한 수치심과 모욕감을 못 이겨 회사를 사직하였고, 폭행의 동기가 자신의 보직변경에 따른 회사에 대한 불만의 폭발이었다면 이는 회사의 복무질서를 교란시키고 동료사원간의 융화단결을 심히 해하는 행위일 뿐만 아니라 회사의 명예와 신용을 손상시킨 행위로서 이를 이유로 한 해고는 정당하다.[19)]

4) 흡연금지 등 공동질서의 위반 기업내에서의 흡연금지나 음주금지의 위반, 퇴근시의 회계검사의 거절, 사고방지규정의 위반행위 등으로 인하여 공동작업의 질서가 교란되는 경우에도 역시 "경영질서의 침해"로 인한 징계처분의 사유에 해당한다.

5) 언행 또는 용모 등의 수칙위반 상사나 동료, 부하에 대한 불쾌한 감정을 유발하는 언행으로 물의를 일으킨 경우, 이상한 복장 또는 두발로 근무분위기를 해치거나 회사의 미이지를 훼손시킬 우려가 있는 경우에는 이를 규제할 수 있다. 따라서 ① 제복 착용을 거부하거나 불량하게 한 경우, ② 복장 · 용모 · 두발 등의 청결의무를 불이행할 경우에는 징계대상이 된다. 이와 같이 근로자의 용모나 행태 등을 규제하기 위해서는 복무규정으로 정하여 징계사유가 될 수 있음을 근로자에게 알려야 한다.

6) 복무규율위반의 징계처분성 a) 복무규율은 근무분위기의 조성과 풍기문란 등 근무수칙의 위반행위를 근절하여 경영질서를 유지하려는 것이다. 따라서 근로자가 직장에서 폭행 · 협박 · 기물파손 등의 행위로 경영권을 침해하는 경우에는 경영질서를 문란하게 한 행위로서 징계처분의 대상이 된다.

b) 복무규율위반의 전형적인 유형을 살펴보면, ① 근무시간 중의 집단활동으로 업무정지 또는 지장을 초래하는 행위, ② 계획표, 지침, 표시판, 통지서, 공문, 기타 공공목적의 유사물을 파괴하거나 훼손 · 유실하는 경우, ③ 회사의 승낙 또는 허락없이 유인물을 배포하는 행위, ④ 동료의 대화를 비밀리에 녹음하는 행위, ⑤ 상사 또는 동료를 비방하거나 모욕을 주는 행위, ⑥ 사업장 내에서 음란행위 또는 성폭력을 하는 행위, ⑦ 회사 내에서 상행위 또는 기부금의 납부를 강제하는 행위 등을 들 수 있다.

---

19) 고판 1986. 4. 4, 85나3265

개 념	복무규율위반의 유형	판 단
직장내에서 풍기문란 등 근무수칙을 위반하는 행위	1. 상사 및 동료, 부하에 대한 폭언, 폭력을 행사하거나 비방한 경우 2. 제복착용을 거부하거나 불량하게 한 경우 3. 업무수행상 금지하고 있는 소유물을 지참하거나 이를 반입한 경우 4. 복장, 용모, 두발 등의 청결의무를 불이행한 경우 5. 위생에 관한 준수사항을 위반한 경우 6. 사업장 내의 다른 근로자와 공동작업을 곤란하게 한 경우 7. 근무시간중의 집단활동으로 업무정지 또는 지장을 초래하는 경우 8. 계획표, 지침, 표지판, 통지서, 공문 기타 공동목적의 유사물을 파괴하거나 훼손, 유실하는 경우 9. 회사의 허락없이 유인물을 배포하는 행위 10. 동료의 대화를 비밀리에 녹음하는 행위 11. 상사 또는 동료근로자를 비방하거나 모욕을 주는 행위 12. 사업장 내에서 풍기문란, 음란행위, 또는 성폭력을 행한 경우 13. 사업장 시설 또는 직분을 이용하여 매춘행위를 소개한 경우 14. 사업장 내에서 도박, 마권, 복권 이에 준하는 행위를 하거나 방조한 경우 15. 근무시간 중 난폭한 장난, 소음을 일으키는 행위, 물품투척 등의 행위를 하는 경우 16. 타인의 사생활을 공개하거나 유포하여 위화감을 조성하는 경우 17. 외설스런 그림, 사진, 기타 영상물을 보여주거나 배포하는 경우 18. 회사 내에서의 상행위 또는 기부금의 납부를 강제하는 경우 19. 정당한 근거없이 사용자를 고발하거나 매스컴에 허위정보를 제공하는 경우 20. 지시계통을 무시하여 물의를 일으킨 경우 21. 사내에서의 고성방가 또는 소란행위를 일으키거나 이에 참여한 경우	기업질서를 확보하려는 측면에서 내용이 추상적이거나 경미한 위반의 경우에는 사회 통념이나 공서양속 내지는 노동관행에 비추어 판단함.

관련판례

(1) 폭행, 협박, 기물파손 등 취업규칙과 경영권을 침해하여 경영질서를 문란케 한 행위는 해고예고적용이 제외되는 근로자의 귀책사유에 해당된다(서울고판 1977. 9. 13, 76구439).

(2) 대규모 제조업체인 회사의 경영질서유지를 위하여 무엇보다도 회사 내에서의 사원들의 엄격한 근무기강 확립이 요구될 것임에 비추어 이러한 회사 근무질서를 저해하는 사원들의

폭력행위에 대하여 이를 징계해고의 대상으로 삼을 수 있다고 정한 단체협약 등의 징계규정이 무효라 할 수 없고, 비행 근로자가 자기보다 16세나 연상이고 회사 근무경력이 10년이나 많은 노조위원장을 탁자위에 뛰어올라가 발로 턱을 차 쓰러뜨리고 주먹으로 일굴을 때리는 등 폭행을 가하여 3주간의 치료를 요하는 상해를 입히고 그로 인하여 형사처벌까지 받았다면 그 비행의 동기와 경위 등에 비추어 다른 특별한 사정이 없는 한 그에 대한 해고처분은 정당하다(대판 1992. 3. 13, 91다39559).

(3) 호텔전화교환원은 외국어 구사능력과 전화교환기 조작기능이 요구되는 특수 전문직종이고 또한 내용을 특정하여 채용되었을 뿐만 아니라 8년간 계속 근무하여 왔음에도 상사의 지시를 위반하였다 하여 협의도 없이 타직무로 배치전환 하였으며, 이에 반발하여 상사에게 폭언 등을 한 것은 징계사유에 해당하나 근본적으로 위법한 인사명령에 항거하는 과정에서 또는 그 후유증으로 일어나게 된 점 및 상사와의 몸싸움 과정에서 자신도 상해를 입었다는 점을 감안할 때 해고는 징계양정을 일탈한 것이다(대판 1993. 9. 28, 93누3837).

(4) 회사의 명예를 훼손하는 허위내용의 유인물배포행위가 취업규칙상 소정의 회사의 사전 승인 없이 이루어졌고 장기간 5차례에 걸쳐 배포되었으며, 사용자에 대해 적개심을 유발시킬 염려가 없고 직장질서를 문란 시킬 구체적 위험성이 있는 경우 이를 이유로 한 해고는 정당하다(대판 1994. 5. 27, 93다57551).

(5) 직장내에서 다른 동료들의 대화내용을 비밀리에 녹음하는 행위는 개인의 사생활 침해행위 뿐 아니라 직원상호간 불신을 야기하여 직장내 화합을 해치는 것으로 취업규칙규정에 위반되므로 해고는 정당하다(서울민지판 1994. 6. 22, 93가합63193).

(6) 정당한 업무명령인 승무정지에 반발하고 또한 사납금 미납행위로 징계위원회에 회부되자 상사에게 저녁에 7차례 전화를 하면서 '죽여 버리겠다'는 협박을 하고 음주한 후 대표이사 사무실에 들어와 대표이사, 이사, 손님 등 4명이 있는 가운데 상사에게 협박 및 폭언을 하고 멱살을 잡는 등을 하였으며, 이로 인하여 업무에 방해를 받았다면 그 후 잘못을 뉘우치고 사과를 하였더라도 사회통념상 고용관계를 지속할 수 없는 비위행위에 해당한다(대판 1994. 8. 12, 94누1890).

(7) 회사를 매도하는 유인물을 배포했고 쟁의행위기간이 아님에도 피켓팅 등 투쟁선동을 했다면 취업규칙 소정의 징계사유에 해당한다. 원고가 합리적인 근거나 증거없이 회사를 일방적으로 매도하는 문구가 기재된 유인물을 다량으로 제작하여 배포했고 적법한 쟁의행위 기간 중이 아님에도 불구하고 원고 혼자서 피켓팅을 하고 더 나아가 투쟁선동까지 한 것은 취업

규칙 소정의 징계사유에 해당한다. 또 회사가 지시불이행과 근무지 이탈 등 징계사유에 대해 해명서 내지 경위서 제출, 사과 등을 요청받았으나 거부했고 회사 노무부장을 몽둥이로 때려 전체 4주의 상해를 가하는 등 원고의 각 행위의 상해를 가하는 등 원고의 각 행위의 내용과 그 성질, 횟수, 비위 정도 등을 볼 때 더 이상 근로관계를 유지하기 어려운 사정이 발생했다할 것이므로 징계해고는 정당하다(서울고판 2002. 3. 28, 2001누8584).

쟁점사례

/사 례/ 노동조합의 집행부에 대하여 반대입장에 있는 조합원 A는 최근에 조합원총회를 거치지 아니하고 사납금을 인상해 단체협약에 대해 조합원의 불만이 높아지자, B노조위원장을 찾아가 항의를 하던 중 욕설을 퍼붓는 노동조합의 위원장을 폭행하여 이마가 일부 찢어지는 상처를 입혔다. 이에 노동조합의 위원장 B는 동료직원 C 및 D를 동원하여 폭행한 이유로 조합원 A를 고소하여 형사상 폭행죄로 각각 벌금 200만원을 받았는데, 회사측에서는 폭행의 발단이 조합원 A에게 있다며 징계하겠다고 한다. 이 경우 과연 조합원 A만을 징계하는 것이 정당한가?

/해 설/ 단체교섭의 결과에 불만을 가지고 항의를 하는 과정에서 서로 폭언이나 폭행을 한 경우에는 쌍방에게 모두 책임이 있다고 보아야 한다. 사례의 폭행행위에 해당하는 근로자는 비록 조합원간의 교섭결과에 대한 분쟁으로 폭행을 한 것이므로 조합원 내부의 문제로 볼 수 있어 복무규율을 적용할 수 없으나, ① 조합원 역시 근로자 신분을 보유하고 있는 점, ② 단체교섭의 결과가 발단이 되었다고 하나 폭행행위 자체는 노사관계와 밀접한 관련성이 있는 점, ③ 사업장내에서의 폭행을 방치하는 경우 기업의 경영질서를 문란하게 할 영향이 있는 점 등을 고려할 때 회사의 취업규칙을 적용하여 징계처분을 할 수 있다고 본다. 그러나 조합원중에서 근로자 A만을 징계처분을 하는 것은 형평의 원칙에 위배되므로 부당하고, 위원장 및 폭행에 관련된 근로자 전원에 대하여 적정한 징계처분을 하는 것이 타당하다.

6. 비밀유지의무위반과 사용자의 고발

(1) 비밀유지의무와 영업비밀

1) 비밀유지의무의 의의 a) 비밀유지의무란 업무와 관련하여 얻은 거래상의 비밀

이나 기업의 비밀을 제3자에게 누설하거나 유출하지 말아야 할 의무를 말한다. 전신전화공사의 직원이 직무도중 청취한 통화내용의 일부를 외부에 누설한 행위는 관계법규 및 회사 취업규칙 등에서 정한 징계사유에 해당되므로 이를 이유로 한 변식저분은 정당하다.[20] 그러나 회사의 신용이나 명예 등과 관련된 비밀을 제3자나 일반인에게 공포하여야 할 정당한 이익이 있고 그 이익이 사용자가 침해받을 이익과 비교하여 더 클 경우에는 근로자의 비밀유지의무는 성립되지 않는다.

b) 또한 근로자는 사용자의 근로기준법위반을 이유로 신고할 수 있으며, 이를 이유로 불이익을 받지 못하도록 법률로 보장하고 있다. 근로기준법 제104조제2항은 "사용자가 근로기준법 및 동법 시행령 등을 위반하였음을 근로감독관 또는 노동부장관에게 신고한 것을 이유로 해고 기타 불리한 처우를 하지 못한다"고 규정하고 있다.

2) 영업비밀과 정보의 보유가치성 a) 근로자는 회사의 업무를 수행하면서 얻게 되는 영업비밀을 활용하거나 제3자에게 누설하여서는 아니 되며, 이를 위반한 경우에도 비밀유지의무위반이 된다. 이 경우 '영업비밀'이란 공연히 알려져 있지 아니하고 독립된 경제적 가치를 가지는 것으로서, 상당한 노력에 의하여 비밀로 유지된 생산방법, 판매방법, 그 밖에 영업활동에 유용한 기술상 또는 경영상의 정보를 말한다.[21]

b) 여기서 '공연히 알려져 있지 아니하다'는 것은 그 정보가 간행물 등의 매체에 실리는 등 불특정 다수인에게 알려져 있지 않기 때문에 보유자를 통하지 아니하고는 그 정보를 통상 입수할 수 없는 것을 말하고,[22] '독립된 경제적 가치를 가진다'는 것은 그 정보의 보유자가 그 정보의 사용을 통해 경쟁자에 대하여 경쟁상의 이익을 얻을 수 있거나 그 정보의 취득이나 개발을 위해 상당한 비용이나 노력이 필요하다는 것을 의미한다.[23]

c) 또한 '상당한 노력에 의하여 비밀로 유지된다'는 것은 그 정보가 비밀이라고 인식될 수 있는 표시를 하거나 고지를 하고, 그 정보에 접근할 수 있는 대상자나 접근방법을 제한하거나 그 정보에 접근한 자에게 비밀준수의무를 부과하는 등 객관적으로 그 정보가 비밀로 유지 · 관리되고 있다는 사실이 인식 가능한 상태인 것을 말한다.

(2) 비밀유지의무위반과 징계처분의 정당성

a) 근로자에게 기업설비의 안전에 대한 책임이 있는 경우에 이를 사업주에게 시정해

20) 日本 大阪高裁 1967. 12. 25 ; 日本 東京高裁 1980. 2. 18 ; BAG 26. 5. 1977, WzA 611 BGB Beschaftigungspflicht Nr.2 ; LAG Dusseldorf 24. 2. 1969, DB 1969, 667

21) 대판 1999. 3. 12, 98도4704

22) 대판 2004. 9. 23, 2002다60610

23) 대판 2008. 2. 15, 2005도6223

줄 것을 요청하였으나 거부하여 할 수 없이 권한 있는 주무당국에 상황을 보고한 것은 비밀유지의무의 위반에 해당되지 않는다. 마찬가지로 근로자인 운전자가 사용자로부터 초과된 중량의 화물을 싣고 운행하도록 명령받은 경우 그가 이행을 거절하고 그러한 사실을 행정관청에 고발하는 것은 징계처분의 사유가 될 수 없다.

b) 그러나 근로자가 사용자에게 일정한 사항을 요구하다 이를 들어주지 않는다는 이유로 탈세사실을 관할 세무서에 고발조치를 하는 것은 일종의 보복 또는 협박에 해당될 수 있어 징계처분의 사유가 된다.

개 념	비밀유지의무위반의 유형	판 단
비밀유지의무는 근로제공과 관련하여 얻은 거래상의 비밀이나 기업의 비밀을 제3자에게 누설 하지 말아야 하는 의무를 말함	1. 회사의 영업활동 및 경영정책, 직무관련사항을 허락없이 제3자에게 유포한 경우 2. 회사의 영업비밀을 누설하여 불이익을 초래한 경우 3. 회사의 기밀에 관한 사항을 제3자에게 제공하였거나 이를 시도한 경우 4. 경쟁회사나 다른 회사에 정보를 누설하여 회사에 불이익이 초래되는 경우 5. 업무상 취득한 정보를 제3자에게 누설하여 회사에 지장을 초래하는 경우 6. 사외비에 해당하는 정보, 문서, 장부, 도면 등을 허가없이 사외에 유출하는 경우 7. 사업장의 주요시설, 업무공정 등을 회사의 허가없이 외부에 공개하는 경우 8. 허위사실로 사용자를 고발 또는 고소하는 행위	비밀유지의무위반은 누설된 기밀이 보편화된 지식, 기술의 경우이거나 회사에 미치는 영향 정도가 경미 한 경우에 징계 양정을 달리 할 수 있음

관련판례

(1) 필기구 제조업체에 있어서 잉크제조의 원료가 되는 10여 가지 화학제품의 종류, 제품 및 색깔에 따른 약품들의 조성비율과 조성방법에 관한 기술정보는 가장 중요한 경영요소 중의 하나로서, 그 기술정보가 짧게는 2년, 길게는 32년의 시간과 많은 인적 · 물적 시설을 투입하여 연구 · 개발한 것이고, 생산제품 중의 90% 이상의 제품에 사용하는 것으로서의 가치가 있으며, 그 내용이 일반적으로 알려져 있지 아니함은 물론 당해 업체의 직원들조차 자신이 연구하거나 관리한 것이 아니면 그 내용을 알기 곤란한 상태에 있어 비밀성이 있고, 당해 업체는 공장 내에 별도의 연구소를 설치하여 관계자 이외에는 그 곳에 출입할 수 없도록 하는 한편 모든 직원들에게

는 그 비밀을 유지할 의무를 부과하고, 연구소장을 총책임자로 정하여 그 기술정보를 엄격하게 관리하는 등으로 비밀리에 하여 왔다면, 그 기술정보는 부정경쟁방지법 소정의 영업비밀에 해당하고, 당해 업체가 외국의 잉크제품을 분석하여 이를 토대로 이 사건 기술정보를 보유하게 되었다거나, 역설계가 허용되고 역설계에 의하여 이 기술정보의 획득이 가능하다고 하더라도 그러한 사정만으로는 그 기술정보가 영업비밀이 되는데 지장이 없다고 할 것이다(대판 1996. 12. 23, 96다16605).

(2) 영업비밀이 영업비밀보호법에 의하여 보호되는 시간적 범위는 침해행위자가 침해행위에 의하여 공정한 경쟁자보다 유리한 출발, 시간절약이라는 부당한 이익를 취하지 못하게 함으로써 공정하고 자유로운 경쟁을 보장하기 위해 필요한 시간적 범위 내로 제한되어야 하고, 그 범위를 정함에 있어서는 영업비밀인 정보의 내용, 영업비밀 보유자의 그 정보취득에 소요된 기간과 비용, 영업비밀의 유지에 기울인 노력과 방법, 침해자들이나 다른 공정한 경쟁자가 독자적인 개발이나 역설계와 같은 합법적인 방법에 의하여 그 기술정보를 취득하는데 필요한 시간, 침해자가 종업원인 경우에는 사용자와의 관계에서 근무기간, 담당업무나 직책, 영업비밀에의 접근 정도, 영업비밀보호에 관한 내규나 약정, 종업원이었던 자의 생계활동 및 직업선택의 자유와 영업활동의 자유, 지적재산권의 일종으로서 존속기간이 정해져 있는 특허권 등의 보호기간과의 비교, 기타 변론에 나타난 당사자의 인적·물적 시설 등을 고려하여 합리적으로 결정하여야 할 것이다(대판 1998. 2. 13, 97다24528).

(3) 원심은 그 채용 증거들에 의하여 인정되는 다음과 같은 사정들, 즉 ① 주식회사 피피아이(이하 '피피아이'라 한다)로부터 피고인들이 부정하게 취득·사용하였다고 기소된 이 사건 파일 중 광통신수동소자인 스플리터와 AWG 관련 파일은 기존에 이미 일반적으로 널리 알려진 기술과 차별화된 기술이 포함된 것이라거나 독립된 경제적 가치를 지닌 정보가 포함되어 있다고 보기에 부족한 점, ② 이 사건 파일 중 트리플렉서와 관련된 파일은 피피아이에서 연구 또는 생산한 것이라고 볼 증거가 없는 점, ③ 이 사건 파일 중 나머지 부분 역시 이미 공개된 보고서 또는 학회에 발표된 논문을 구성하는 내용이거나 독립된 경제적 가치를 지닌 정보라고 볼 수 없는 점, ④ 피고인들 중 일부가 피피아이에 입사할 때 '업무상 기밀사항 및 기타 중요한 사항은 재직 중은 물론, 퇴사 후에도 누설하지 않는다'는 내용의 일반적인 영업비밀준수 서약서를 작성한 사실은 있으나, 피피아이에서 업무와 관련하여 작성한 파일에 관하여 보관책임자가 지정되어 있거나 별다른 보안장치 또는 보안관리규정이 없었고, 업무파일에 관하여 중요도에 따라 분류를 하거나 대외비 또는 기밀자료라는 특별한 표시를 하지도 않았으며, 연구원뿐만 아니라 생산직 사원들도 자유롭게 접근할 수 있어 파일서버 내에 저장된 정보를 열람·복사할 수 있었고, 방화벽이 설치되지 않아 개개인의 컴퓨터에서도 내부 네트워크망을 통한 접근할 수 있는 등 이 사건 파일들이 상당한 노력에 의하여 비밀로 유지되었다고 보기

어려운 점을 종합하여 보면, 이 사건 파일은 영업비밀에 해당하지 않는다고 판단하였다. 앞서 본 법리와 기록에 비추어 살펴보면, 원심의 위와 같은 사실인정 및 판단은 정당하고, 거기에 상고이유로 주장하는 바와 같은 채증법칙 위반, 구 부정경쟁방지 및 영업비밀 보호에 관한 법률 소정의 영업비밀에 관한 법리오해 등의 위법이 없다(대판 2008. 7. 10, 2008도3435).

쟁점사례

/사 례/ 근로자 A는 방위산업체에서 근무를 하면서 항공기의 핵심부품의 설계업무를 담당하여 왔다. 그러나 근로자 A는 2년 후 정년을 이유로 퇴직을 하게 되면, 향후 생활이 고민이 되던 차에 중국에서 사업을 하는 후배 B로부터 "좋은 기술을 썩히지 말고 중국의 대기업체에서 이사의 직위에 연 10억을 받는 조건으로 이직을 하는 것이 좋겠다"는 권유를 받고, 평소에 본인이 담당하던 몇 가지 중요설계도를 복사하여 일부를 중국의 후배 B에게 송부하였다. 그러나 2개월 후 국가정보원으로부터 산업스파이라는 명목으로 체포되어 조사를 받고 있다면, 이 경우 근로자 A를 징계할 수 있는 근거규정이 없더라도 징계처분이 가능한지?

/해 설/ 근로자가 주요기밀에 속하는 설계도를 무단으로 외국으로 반출하는 행위는 중대한 귀책사유에 해당하는 행위로서 징계처분의 대상이 된다. 이 경우 근로자가 취급하는 업무는 경쟁회사뿐만이 아니라 국가적으로 중요한 산업기밀은 경제에 미치는 영향이 막대하여 비밀유지의무가 따른다. 문제는 이와 같은 근로자의 중대한 비위행위에도 불구하고 취업규칙 등에 산업기밀이나 회사의 비밀에 해당하는 사항을 유출하거나 누설한 경우에 징계처분을 한다는 명시적 규정이 없는 경우 해당 근로자를 징계할 수 있는가 하는 것이다. 징계권의 성질을 계약설의 입장에서 해석한다면, 취업규칙이나 단체협약에 명시적 규정을 두지 않는 한 징계처분이 어렵다고 보아야 하며, 형사처벌을 받아 구속되는 경우에 사실상 근로를 할 수 없는 상태에 있다면 자동퇴직처리를 할 수 있을 것이다. 그러나 법규범설에 의하면 근로자의 비위행위에 대하여 구체적인 징계사유를 명시하지 아니하였다 하더라도 징계처분이 가능하다고 할 수 있다. 따라서 근로자의 비위행위에 대하여 사실상 중대한 귀책사유에 해당하므로 즉시해고까지 가능하다고 보아야 한다.

7. 겸직금지 및 경업금지위무의 위반

(1) 겸직금지와 경업금지

a) 겸직금지란 원래 고용된 회사의 업무 이외에 다른 업무에 종사하지 않아야 할 의무를 말한다. 따라서 근로자는 사용자의 승낙 없이 다른 업무를 수행할 수 없다. 또한 경업금지의무란 영업상 경쟁업종이나 직종에 해당하는 업무에 종사하지 않을 의무를 말한다.[24] 여기서 경업이란 근로자가 회사를 퇴직한 후에 경쟁적 성격을 갖는 유사 또는 동일한 업종의 다른 회사로 이직하거나 혹은 스스로 경영하는 회사를 설립하여 종전 회사에서 획득한 지식 · 기술 · 기능 · 인간관계를 이용하여 경쟁적 성격을 갖는 직업활동에 종사하는 것을 말한다.

b) 대부분의 취업규칙에는 「다른 회사나 단체의 임원 또는 종업원이 되거나 영리를 목적으로 하는 업무에 종사하려고 할 때에는 회사의 승인을 받도록 하거나 퇴직후 일정기간은 동종 또는 유사한 회사에 취직하거나 경업하지 못한다」고 규정되어 있다. 이것은 영업기밀이나 전문성을 지닌 기술 · 경험을 소유한 근로자에게 재직중 또는 퇴직후 종사를 금지하는 약정의무를 말한다.

c) 그러나 공무원의 겸직금지와 같이 법률상 규제가 분명하게 되어 있는 경우에는 이론의 여지가 없으나, 일반 근로자의 경우에는 이에 관한 금지규정이 없으므로 징계처분의 대상이 될 수 있느냐 하는 것이 문제로 된다. 그럼에도 불구하고 취업규칙 등에서 겸직금지를 이유로 제재규정을 설정하고 있는 이유는 사용자의 징계권을 합리적으로 행사함과 동시에 비밀유출에 의한 경영손실을 예방하기 위한 것이다.

(2) 겸직금지와 징계처분의 정당성

1) 겸직금지와 근로계약위반 a) 근로자의 겸직에 대하여는 취업규칙이나 단체협약에서 "근로자는 사용자의 동의 없이 회사의 경영에 지장을 초래하거나 영업상 손실을 줄 우려가 있는 겸업이나 겸직을 하여서는 아니 된다"고 정할 수 있다. 그러나 취업규칙에 의하더라도 겸직을 절대적으로 금지하는 것은 특별한 경우를 제외하고는 합리성을 결여한 것으로 무효라 할 것이다. 근로자는 근로계약상의 근로시간을 제외한 나머지 시간의 활용이 거의 자유이기 때문이다. 근무시간외의 부업이나 겸직으로 인해 사용자의 근로계약상 권한을 침해하지 않는 범위내에서 겸직이 가능하다.

b) 따라서 겸직금지위반은 근로계약상의 성실의무위반으로서 계약위반행위는 될 수 있

---

24) 김재훈 "근로자의 퇴직후 경업피지의무", 노동법연구 제5호 1996, 356면

으나,[25] 당연히 질서위반에 의한 징계사유가 되지 않는다. 겸직금지의 위반자체가 근로계약상의 성실의무위반이 되는 것은 아니며, 사용자가 근로자의 부업이나 겸직에 대하여 정당한 이해관계를 갖는 경우에만 계약위반으로서 유효할 것이다. 이와 같이 겸직의 문제는 본질적으로 근로자와 사용자간의 개별적 문제이며, 집단적 공동질서의 문제로 볼 수 없다.[26]

2) 겸직금지의 정당성과 징계처분성 겸직금지를 징계사유로 긍정하는 학설[27]과 판례[28]는 「사용자에 대한 노무제공에 지장을 줄 정도의 장시간의 겸직은 피로의 축적으로 작업능률이 저하되며, 산재발생의 가능성이 높게 된다」는 점을 들고 있다. 근로자가 자유시간에 적절한 휴식을 취함으로서 정신적 · 육체적 피로회복을 하는 것은 다음의 근로를 위한 필수요건이므로 사용자가 근로자의 자유시간의 이용에 관심을 가지는 것은 당연하다. 겸직의 내용에 따라서는 기업의 경영질서를 해하고 기업의 대외적 신용과 명예를 손상시키는 경우도 있으므로 취업규칙이나 단체협약에서 겸직금지를 규정하는 것이 반드시 부당하다고 할 수 없다.

관련판례

피징계자에게 징계사유가 있어서 징계처분을 하는 경우, 어떠한 처분을 할 것인가 하는 것은 징계권자의 재량에 맡겨진 것이고, 다만 징계권자가 재량권의 행사로서 한 징계처분이 사회통념상 현저하게 타당성을 잃어 징계권자에게 맡겨진 재량권을 남용한 것이라고 인정되는 경우에 한하여 그 처분을 위법하다고 할 수 있고, 그 징계처분이 사회통념상 현저하게 타당성을 잃어 재량권의 범위를 벗어난 위법한 처분이라고 할 수 있으려면 구체적인 사례에 따라 징계의 원인이 된 비위사실의 내용과 성질, 징계에 의하여 달성하려고 하는 목적, 징계양정의 기준 등 여러 요소를 종합하여 판단할 때에 그 징계 내용이 객관적으로 명백히 부당하다고 인정할 수 있는 경우라야 한다(대판 1999. 10. 8, 99두6101). 1) 그런데 기록에 의하면, 피고 연구원은 1998. 6. 11.자 공문을 통하여 퇴직 대상자에게, "명예희망퇴직 대상자로 확정된 직원은 1998. 6. 30.까지 퇴직절차를 종료하고 퇴직하되, 다만 1998. 7. 1.부터 같은 해 9. 30. 사이에 명예희망퇴직을 희망하는 직원 중 그 기간 내에 근속년수 5년 또는 15년이 되는 직원에 대하여는 그 근속년수 만료일자를 퇴직일로 하고, 명예퇴직금에 대한 과세는 15년 이상 근속

---

25) Schaub, ArbRHBb, S.256 ; BAG Ap Nr.60, 68 zu 626 BGB

26) 단체협약이나 근로계약에 특별한 규정이 없는한 근로자는 사용자에 대하여 겸직에 대한 고지의무를 갖는다고 한다(LAG Rrankfurt DB68, 2178).

27) M. Rehbinder, a.a.o., S.46 ; 西村外, "勞動者保護法", 勞動法講義(3), 1981, 245면

28) 사용자가 종업원에게 特別加算金을 지급하고 잔업을 폐지하며 피로회복능률향상을 위해 노력하고 있는 시간에 같은 업종의 다른회사에 취업한 근로자에 대한 징계는 정당하다(日本 福岡地判 1972. 7. 10. 20 判決).

자의 명예희망퇴직금은 퇴직소득을 적용하여 과세하고 15년 미만 근속자는 세법상 근로소득세 과세대상으로 판단된다."는 내용의 통지를 하였음을 알 수 있는바, 이는 그 내용상 1998. 7. 1.부터 같은 해 9. 30. 사이에 근속년수 15년이 되는 직원들로 하여금 세세상의 혜택을 받도록 해 주기 위한 배려에서 나온 것일 뿐, 그 해당 직원들로 하여금 그 기간에 맞추어 퇴직희망일자를 정하도록 강제하거나 강요한 것이라고는 보여 지지 아니한다. 2) 한편, 원고는 명예희망퇴직신청서를 제출한 1998. 6. 15. 당시에 이미 소외 회사로부터 채용합격통지를 받고 있었으므로 원고로서는 퇴직희망일자를 1998. 6. 30.로 선택할 수 있었음에도 불구하고 그렇게 하지 아니하고 세제상의 혜택을 누릴 의도에서 퇴직희망일자를 1998. 9. 18.로 정하여 명예희망퇴직신청서를 제출하고 피고 연구원으로부터 그에 따른 퇴직명령을 받았던 것이고, 그 퇴직일까지의 기간 동안에 피고 연구원의 직원으로서의 신분을 그대로 유지하면서 실제로는 소외 회사의 직원으로 근무할 목적으로, 병가의 사유가 되지 못하는 경미한 질병을 이유로 병가를 신청하여 피고 연구원으로부터 병가를 얻고 그 병가기간 동안에 소외 회사에 근무하였던 것이므로 원고가 비록 위 병가 신청에 대하여 소속 부서장의 묵인을 받았다고 하더라도, 그것만으로는 피고 연구원이 위와 같은 병가신청의 이유 내지 목적을 알면서도 병가를 승인하였다거나 그러한 사정을 알았더라도 병가를 승인하였을 것이라고는 할 수 없고, 따라서 위 병가의 승인은 원고가 피고 연구원을 기망하여 받아낸 것이라고 보아야 할 것이다. 그리고 원고가 피고 연구원으로부터 병가를 받아 소외 회사에 근무한 2개월 남짓의 기간이 사회통념상 용인될 수 있는 정도의 단기간에 해당한다고도 할 수 없다. 3) 이러한 이 사건 징계처분의 원인이 된 비위사실의 내용과 성질, 원고가 비위행위를 저지르게 된 경위 등에 비추어 볼 때, 원심이 인정한 바와 같은 여러 사정(위에서 인정한 사실에 배치되는 부분 제외)을 고려하더라도, 원고를 해임처분한 징계양정이 객관적으로 명백히 부당한 것으로서 사회통념상 현저히 타당성을 잃어 징계권자에게 맡겨진 재량권을 일탈하였거나 남용한 것이라고 단정할 수는 없다고 할 것이다(대판 2002. 08. 23, 2000다60890, 60906).

---

(3) 경업금지의무위반과 징계처분의 정당성

a) 경업금지의무는 당사자간에 특약으로 정할 수 있으며, 직업선택의 자유와 규제의 합리성에 대하여 형평성이 인정되어야 한다. 이를 위해서는 기업이익의 보호(기업비밀의 유지 등)와 근로자의 보호(전직, 재취직의 자유)의 균형을 고려한 상당한 합리적 보상이 마련되어야 한다.[29] 이 경우에는 ① 제한의 기간, 장소적 범위, 제한의 대상이 되는 직종의 범위, 대가의 유무 등에 관하여는 기업의 이익, ② 근로자의 불이익 ③ 사회적 이익

29) 山口俊夫, 勞働者의 競業避止義務, 423항 '俊藤清, 轉職의 自由와 企業秘密의 防圍, 57項 ; 西村健一郎, 安枝英神 勞働基準法, 青林書院, 1996. 179~184면

(독점 집중의 두려움, 소비자의 이익)의 세 개의 관점에서 판단해야 한다.[30] 따라서 합리적인 보상조치 없이 사용자가 일방적으로 취업규칙에서 경업금지의무를 정하였다 하더라도 당연히 정당성이 인정되는 것이 아니다.

b) 근로자가 퇴직 후 다른 동종회사에 취직한 경우 경업피지의무위반을 이유로 퇴직금의 부지급 또는 감액 등 징계처분한 것은 별다른 실익이 없다. 다만, 퇴직자가 경업금지의무를 위반하여 동일 또는 유사업종에 취업하여 기술 등 노하우의 유출, 경쟁사에 의한 매출감소 등 구체적 사실이 발생하였다면 손해배상청구를 할 수 있다고 본다.

개 념	겸직금지 및 경업피지의무위반의 유형	판 단
다른 회사나 단체의 임원 또는 직원이 되거나 영리 목적으로 업무에 종사하는 것을 금지하는 것을 말함	1. 경쟁회사와의 친척 또는 인척관계에 있는 자가 업무에 종사 하는 경우 2. 겸직으로 인하여 회사의 대외적 신용과 명예를 손상시키는 경우 3. 회사업무와 동일한 업무 또는 경쟁적인 영업에 종사하는 경우 4. 회사의 승낙없이 타회사의 아르바이트, 촉탁, 강의 등의 업무에 종사하는 경우 5. 회사의 허락없이 회사의 이익에 반하는 업무에 종사하는 경우 6. 경쟁관계에 있는 회사의 업무를 원조하는 경우 7. 다른 회사의 업무를 원조 또는 지원 등을 하고 그 대가를 받는 경우	겸직으로 인하여 피로의 축적으로 작업능률이 저하될 여지가 있고 본래의 노무제공에 지장을 주는지 여부에 따라 판단하되 근무시간 외의 사적 개인 생활의 영역에 속하는 경우는 제외함

관련판례

(1) 원심판결의 이유에 의하면, 1) 원심은 당사자 사이에 다툼이 없거나 거시 증거에 의하여, 원고 회사는 1978년 한 · 일 양국의 다이아몬드공구 전문생산업체가 합작으로 설립한 회사로서 오랜 동안 사원의 해외연수 등을 통하여 선진기술을 도입하는 한편 꾸준한 자체기술의 개발로 석재의 연마 · 절단 · 가공을 위한 다이아몬드톱(Diamond Saw)의 팁(Tip)을 제조하는 공정 중 결합제(Bond)의 성분과 배합비율, 금속분말의 비중, 가열온도와 가열시간 및 가하는 압력의 정도 등에 관하여 일반에게 알려져 있지 아니하고 또 독립된 경제적 가치를 가지는 기술적인 영업비밀(노우하우)을 보유하게 된 사실, 원고 회사는 이러한 영업비밀 중 핵심기술을 문서화하여

30) 포세코 · 일본 · 리미테츠도 사건, 良地裁 1970. 10. 23, 하급 민집 21권 9 · 10호

그 접근을 제한하는 방법으로 관리하는 한편 1992년 8월경에는 피고 A 등을 포함한 거의 전 직원들과 사이에 퇴직 후 3년까지는 위 제조기술과 관련된 정보 및 원고 회사에서 직무상 지득한 영업비밀을 활용하거나 누설하지 아니하며 동 기밀을 사용하거나 사용하려고 하는 동종의 조직에 근무할 수 없기로 하는 내용의 회사기밀보호계약을 체결한 사실, 피고 A는 1982년 4월에 영업사원으로 원고 회사에 입사하여 1983. 3. 21.부터 원고 회사의 생산부서에 근무하면서부터 10여 회의 해외기술연수를 받았고 1993. 1. 25. 품질경영부장으로 승진한 후에는 원고 회사의 공업용 다이아몬드공구 생산에 필요한 전반적인 기술을 총괄하다가 1993년 3월경 원고 회사를 사직한 다음 생산부서 함께 근무하다가 뒤따라서 퇴직한 피고 B, C, D 등과 함께 같은 해 9. 9. 피고 회사를 설립한 사실, 그 후 원고 회사의 생산2부 품질관리과장으로 재직하던 피고 E도 같은 해 10. 16. 퇴직한 다음 이에 합류하였는데, 피고 회사는 같은 해 12. 31.경부터 다이아몬드톱 등 원고 회사의 제품과 동종의 다이아몬드공구를 생산 · 판매하기 시작한 사실, 이에 원고 회사는 피고 A 등이 원고 회사에 근무하면서 알게 된 영업비밀을 이용하여 위 제품을 생산한다는 이유로 1994. 4. 11. 피고 A를 상대로 인천지방법원 94카합1107호로 부정경업행위금지가처분신청을 한 결과 위 신청사건이 계속중이던 같은 해 8. 25. 피고들은 원고의 주장을 모두 인정하고 잘못을 사과하면서 앞으로 더 이상 원고의 영업비밀을 침해하지 않을 것이며 이를 위반할 경우에는 연대하여 손해배상금으로 금 50,000,000원을 지급하기로 약정한 사실, 그러나 피고 회사는 위와 같은 합의 이후에도 여전히 같은 종류의 다이아몬드공구를 계속 제조 · 판매 하고 있는 사실 등을 인정한 다음, 피고들은 위 1994. 8. 25.자 합의 내용에 따라 원고에게 연대하여 금 50,000,000원의 손해배상약정금을 지급할 의무가 있다고 판단하였다. 2) 기록에 의하면, 피고들은 1심 제1차 변론기일에서 진술간주된 1995. 6. 12.자 준비서면에서 원고 회사가 침범당하였다고 주장하는 다이아몬드공구의 제조공정에 관한 영업비밀을 위 합의 후에도 종전과 같이 계속 사용하여 피고 회사의 제품을 생산한 사실을 자백하였고, 그 후 위 자백이 유효하게 취소되었다고 볼 만한 아무런 자료가 없으므로, 피고들이 위 합의 후에도 종전과 같은 종류의 다이아몬드공구를 계속하여 제조 · 판매하고 원고 회사의 영업비밀을 침해한 사실을 인정한 원심판단은 정당하고, 거기에 소론과 같이 채증법칙을 위반하거나 심리미진으로 인하여 보호할 가치 있는 영업비밀의 내용을 구체적으로 특정하지 아니한 채 영업비밀의 침해사실을 인정한 위법이 있다고 할 수 없다. 논지는 이유 없다. 3) 합의서에 포함된 각 조항의 문구가 그 자체로 애매하거나 상호 모순되는 경우에는 그 합의서가 작성된 경위, 분쟁발단의 경위 등을 고려하는 한편 각 조항을 종합적으로 살펴서 당사자의 의사를 합리적으로 해석하여야 하는 점은 소론과 같으나, 이 사건의 경우 원고와 피고들 사이에 1994. 8. 25. 작성된 위 합의서(갑 제11호증)는 그 문면상 피고들이 자신의 잘못을 시인하고 더 이상 원고 회사의 영업비밀을 침해하지 아니할 것을 약정하였을 뿐 원고 회사가 피고들로 하여금 이미 침해하여 온 원고 회사의 영업비밀을 계속 사용하도록 양해하였다고 볼 만한 아무런 문구도 찾을 수 없어 그 각 조항이 문구 자체로 애매하거나 상호 모순된다고 볼 수 없고, 더욱이 원심판결이 적절히 판시하고 있는 바와 같이, 위 합의서는 피고 A 등이 원고 회사에 재직할 당시 영업비밀유지의무 및 경업금지의무를 약정한 판시 회사기밀보호계약에 터잡아 원고 회사가 피고들을 상대로 부정경업행위금지가처분을 신청한 후 쌍방간에 화해가 이루어져 원고 회사가 위 신청사건을 취하하기로 하면서 작성한 것이므로, 그 분쟁발단의 원인 및 합의에 이른 경위 등에 비추어 보더라도 원고 회사로서는 피고들에게 기존의 영업비밀침해행위를 향후에도 계속 용인하기로 하는 합의를 하였다고 보기 어렵다. 또한 원고 회사가 다이아몬드 공구의 제조공정에 있어서 일반적 지식 또는 기능이라고 할 수 없는 특수한 기술상의 비밀정보를 가지고 있고 이러한 비밀정보는 일종의 객관화된 지적재산이라고 할 것이므로 이를 보호하기 위하여 원고 회사의 영업비밀을 지득하는 입장에 있었던 피고 A 등에게 퇴직 후 비밀유지의무 내지 경업금지의무를 인정하였다고 하여 위 합의서의 해석이 직업선택의 자유에 관한 헌법 규정에 위배한다고 볼 수 없다. 같은 취지의 원심판결은 정당하고 거기에 소론과 같은 합의서의 해석에 관한 법리오해의 위법이 있다고 할 수 없다. 논지도 이유 없다(대판 1997. 06. 13, 97다8229).

(2) 원심판결 이유 및 기록에 의하여 보더라도 원고들이 이 사건 무기정직 및 대기발령 이후 위 기간 동안 피고에게 근로를 제공하지 못한 것은 사용자인 피고의 귀책사유로 인한 것이니, 피고가 위 징계를 이유로 원고들의 근로 제공에 대하여 계속 그 수령을 거부하고 있는 상태에서 원고들이 피고를 사직한 다른 기자들과 함께 주식회사 참언론을 설립하고 '시사IN'을 발간하는데 관여하였다고 하더라도, 이와 같은 원고들의 행위가 위 징계 등이 없었다고 하더라도 행하여졌을 것이라고 단정할 수는 없다 할 것이다. 부당해고 등으로 정상적으로 근로를 제공하고 임금을 지급받을 수 없게 된 근로자가 그 기간 중 다른 직장에 취업을 하거나 창업을 하였다고 하더라도 특별한 사정이 없는 한 이는 부당해고라는 사용자의 귀책사유로 인하여 초래된 것이지, 그 취업이나 창업 등이 있었으니 해고가 없었더라도 원래의 직장에서 근무할 수 없었을 것이라고 볼 것은 아니기 때문이다. 따라서 원고들이 경업금지의무를 위반한 행위를 하였다는 사실만으로 피고에 대한 원고들의 근로 제공이 사실상 불가능하게 되었다거나 피고의 귀책사유가 소멸하였다고 단정할 수는 없다고 할 것임에도, 원심이 이와 달리 원고들의 경업금지의무 위반을 들어 곧바로 피고에 대한 근로의 제공이 사실상 불가능한 상태가 발생한 경우에 해당한다고 판단한 데에는 부당징계에 따른 소급임금 산정에 관한 법리를 오해한 잘못이 있고, 이는 판결에 영향을 미쳤다고 할 것이다(대판 2012. 09. 27, 2010다99279).

쟁점사례

/사 례/ 식품연구소의 연구원으로 근무하는 근로자 A는 얼마 전 부인이 요리음식점을 개업하면서 일이 많아지자, 야간에 음식배달을 도와주다 보니 출근시 자주 지각을 하고, 수

면부족으로 업무 중 회사에서 자주 졸거나 낮잠을 자다가 회사간부 B에게 적발이 되어 지적을 받았다. 처음에는 먹고 살기 위해 고생을 한다고 양해하고 넘겼으나, 근로자 A의 근무태만 횟수가 점차 늘고, 심지어 중요한 회의가 있는 날 지각을 하여 바이어와의 계약이 무산되기도 하였다. 이에 사업주 C는 매우 화가 나 해당 근로자 A에게 당장 회사를 그만 두라고 통보를 하였다. 이 경우 근로자 A에 대해 잦은 지각 이외에 겸직금지를 이유로 사직처리를 할 수 있는지?

/해 설/ 일반적으로 겸직금지를 하는 이유로 사용자의 승낙 없이 다른 직무에 종사하는 것을 말하며, 경업금지는 동종 또는 유사한 업종에 종사하지 못하도록 하는 것을 말한다. 사례의 경우에는 배우자가 음식점 영업을 하면서 이를 도와주던 근로자가 잦은 지각 및 중대한 회의에 지각하여 회사의 업무에 막대한 지장을 초래하는 경우로서 징계처분의 대상이 된다. 이 경우 징계처분의 사유를 겸직금지로 볼 것인지 또는 지각 등 근무태만으로 볼 것인지에 관한 문제를 우선적으로 판단하되, 사생활상의 영역에서 배우자명의의 업무를 보조해온 정황으로 보아 겸직금지나 겸업금지로 보기는 곤란하다고 할 것이다. 엄밀히 말해 근로자가 근무시간 중에 다른 직무에 종사하는 것이 아니라 퇴근 후 배우자가 운영하는 음식업을 보조한 것에 불과하여 취업규칙을 사생활상이 영역까지 확대하여 적용하는 것은 부당하다고 보아야 한다. 그러나 근로자 역시 다음날의 회사업무를 충실히 수행하기 위한 휴식을 제대로 취한지 아니한 채, 잦은 지각이나 근무 중 취침, 중요한 회의에 지각하는 등 회사의 업무에 지장을 초래한 점을 고려할 때 징계처분의 사유에 해당된다고 보아야 한다.

8. 업무 이외의 비행과 형사범죄

(1) 업무 이외의 비행과 징계처분

a) 업무이외의 비행이란 기업 내에서 일어나는 위반행위나 비위행위가 아니라 근로자의 사생활영역에서 발생하는 비위행위를 말한다. 이것은 근로자로서의 활동영역이 아닌 사회인으로서의 활동영역에서 일어나는 다양한 비위행위를 말한다. 원칙적으로 근로자의 사생활영역에서 발생하는 비위행위를 이유로 직장의 규범을 적용하는 것은 타당성이 없다. 사생활의 보호에 대하여는 입법적 규정이 없기 때문에 노동능력이나 직무수행의 적격성과 직접관계가 없는 영역까지 사용자가 규제하여서는 아니 된다. 그러나 인격적 침해에 해당하지 않는 한 합리적인 한도 내에서 어느 정도의 간여는 불가피하다고 볼 수

있다.[31)]

b) 근로자의 업무 이외의 비행은 인격적 신뢰영역 또는 사업체내에서의 동료근로자와의 관계 등에 영향을 미쳐 근로관계가 침해될 수 있다. 또한 사업장 밖에서 행하여진 절도 · 횡령 · 상해 등 근로자의 형사범죄행위, 부도덕한 품행, 개인적 부채 등으로 인하여 급부영역이 구체적으로 침해당함으로써 경영질서가 침해되거나 사용자와의 신뢰관계, 회사 또는 사용자의 명예나 위신이 현저히 손상시킬 수 있다. 따라서 비록 업무 이외의 행태라 하더라도 근로관계의 성질, 근로자의 지위 및 근속연한 등을 고려하여 포괄적 이해형량에 어긋나는 경우 징계처분의 사유에 해당된다.

(2) 징계처분의 정당성

1) 부도덕한 품행과 부정청탁 등 a) 품행이 방종하거나 부도덕하더라도 이는 사적행위에 속하는 것이므로 사회적으로 비난받을 수 있으나, 징벌성에 해당하지 않는 한 원칙적으로 징계처분의 사유에 해당되지 않는다. 그러나 기업내에서의 음담패설, 심한 욕설을 하는 행위 등 부도덕한 품행은 제재할 수 있으며, 기업질서가 침해되는 경우에는 징계처분의 사유가 된다.

b) 회사의 거래처와 유대관계나 친목을 유지하기 위한 목적을 넘어 직위를 이용하여 특정인에 대한 우대 또는 이익의 제공을 미끼로 향응을 받거나 기타 이익의 제공을 약속하는 행위는 회사에서 금지하고 있는 취업규칙이나 기업의 지침 또는 훈시에 위반되어 징계처분의 사유가 된다. 따라서 회사의 거래처로부터 사례 · 향응 · 향연을 받거나 금전을 차용한 후 돌려주지 않는 행위, 업무와 관련하여 부정청탁을 하거나 청탁을 받고 사례 또는 향응을 제공받는 경우에는 징계처분을 할 수 있다.

2) 성희롱 또는 성추행 등 불법행위 a) 모든 국민은 인간으로서의 존엄과 가치를 가지며 행복을 추구할 권리가 있고 이를 실현하기 위해서는 개개인이 갖는 인격적 이익 내지 인격권은 법에 의하여 존중되고 보호되어야 한다. 특히 남녀관계에서 일방의 상대방에 대한 성적 관심을 표현하는 행위는 자연스러운 것으로 허용되어야 하지만, 그것이 상대방의 인격권을 침해하여 인간으로서의 존엄성을 훼손하고 정신적 고통을 주는 정도에 이르는 것은 위법하여 허용될 수 없는 것이다.

b) 그리고 어떤 성적 표현행위의 위법성 여부는, 쌍방 당사자의 연령이나 관계, 행위가 행해진 장소 및 상황, 성적 동기나 의도의 유무, 행위에 대한 상대방의 명시적 또는 추정적

31) 사생활의 보호에 관한 자세한 자료는 다음 논문을 참조: 김태정,"근로자 사생활의 의미와 보호범위", 노동법학 제22호(한국노동법학회, 도서출판관악사, 2006. 6).

인 반응의 내용, 행위의 내용 및 정도, 행위가 일회적 또는 단기간의 것인지 아니면 계속적인 것인지 여부 등의 구체적 사정을 종합하여, 그것이 사회공동체의 건전한 상식과 관행에 비추어 볼 때 용인될 수 있는 정도의 것인지 여부, 즉 선량한 풍속 또는 사회질서에 위반되는 것인지 여부에 따라 결정되어야 할 것이다.[32] 그리고 상대방의 성적 표현행위로 인하여 인격권의 침해를 당한 자가 정신적 고통을 입는다는 것은 경험칙상 명백하다 할 것이다.

c) 여성근로자나 남성근로자 등 성별을 불문하고 타인을 강제로 추행하거나 업무상 위력에 의한 추행이 인정될 정도의 성적 언동을 포함한 성희롱을 하는 경우 징계처분의 사유가 된다. 특히 사업주는 직장내에서 성희롱으로 인한 피해자가 발생하지 않도록 고용환경을 개선하여야 하며, 직장내 성희롱 피해자에 대하여는 사업주에게 손해배상책임을 물을 수 있다. 따라서 사업주는 성희롱이나 성추행을 이유로 근로자를 징계처분 할 수 있다.

개 념	업무이외의 비행	판 단
근로자의 신뢰관계의 유지를 곤란케하는 것을 말함	1. 부도덕한 품행이나 방종으로 인하여 업무성격상 근로관계의 유지가 곤란한 경우 2. 여자근로자에 대한 육체적인 접촉이나 언어, 행동 등을 이용한 성희롱이나 성폭력행위를 한 경우 3. 음담패설이나 심한 욕설을 하는 행위 4. 고객 또는 동료직원, 상사 등에 대한 구타, 폭행 또는 이에 준하는 위협을 가한 경우 5. 고객 또는 동료직원, 직장상사 등의 집으로 전화를 하여 폭언을 하거나 위협을 가하는 언동을 하는 경우 6. 회사의 거래처로부터 사례, 향응, 향연을 받거나 금전을 차용한 후 돌려주지 않는 경우 7. 업무와 관련하여 부정청탁을 하거나 청탁을 받고 사례, 향응을 제공받는 경우 8. 동료직원을 무고하여 유죄판결을 받은 경우	근로자의 행위가 경영 질서의 유지가 곤란하거나 사용자와의 신뢰관계가 파괴하는 품행, 업무 외의 비행 여부를 판단함

관련판례

(1) 원심이 적법하게 인정한 바와 같이, 원고가 이 사건 엔엠알기기 담당 유급조교로서 정식 임용되기 전후 2, 3개월 동안, 피고 1가 기기의 조작 방법을 지도하는 과정에서 원고의 어깨, 등, 손 등을 위 피고의 손이나 팔로 무수히 접촉하였고, 복도 등에서 원고와 마주칠 때면

32) 대판 1998. 2. 10, 95다39533 : 대판 2007. 6. 14. 2005두6461

원고의 등에 손을 대거나 어깨를 잡았고, 실험실에서 "요즘 누가 시골 처녀처럼 이렇게 머리를 땋고 다니느냐."고 말하면서 원고의 머리를 만지기도 하였으며, 원고가 정식 임용된 후에는 단둘이서 입방식을 하자고 제의하기도 하고, 교수연구실에서 원고를 심부름 기타 명목으로 수시로 불러들여 위아래로 훑어보면서 몸매를 감상하는 듯한 태도를 취하여 원고로서는 불쾌하고 곤혹스러운 느낌을 가졌다는 것인바, 이러한 사실관계에 의하면 화학과 교수 겸 엔엠알기기의 총책임자로서 사실상 원고에 대하여 지휘 · 감독관계에 있는 피고 1의 위와 같은 언동은 분명한 성적인 동기와 의도를 가진 것으로 보여지고, 그러한 성적인 언동은 비록 일정기간 동안에 한하는 것이지만 그 기간 동안만큼은 집요하고 계속적인 까닭에 사회통념상 일상생활에서 허용되는 단순한 농담 또는 호의적이고 권유적인 언동으로 볼 수 없고, 오히려 원고로 하여금 성적 굴욕감이나 혐오감을 느끼게 하는 것으로서 원고의 인격권을 침해하였다고 할 것이고, 이러한 침해행위는 선량한 풍속 또는 사회질서에 위반하는 위법한 행위이고, 이로써 원고가 정신적으로 고통을 입었음은 경험칙상 명백하다고 할 것이다. 따라서 위 피고의 위와 같은 성적인 언동은 불법행위를 구성한다 할 것이므로 피고 1로서는 원고에 대하여 원고가 입은 정신적 손해를 배상할 책임이 있다고 할 것이다. 그리고 이른바 성희롱의 위법성의 문제는 종전에는 법적 문제로 노출되지 아니한 채 묵인되거나 당사자간에 해결되었던 것이나 앞으로는 빈번히 문제될 소지가 많다는 점에서는 새로운 유형의 불법행위이기는 하나, 이를 논함에 있어서는 위에서 본 바와 같이 이를 일반 불법행위의 한 유형으로 파악하여 행위의 위법성 여부에 따라 불법행위의 성부를 가리면 족한 것이지, 원심이 설시하는 바와 같은 불법행위를 구성하는 성희롱을 고용관계에 한정하여, 조건적 성희롱과 환경형 성희롱으로 구분하고, 특히 환경형의 성희롱의 경우, 그 성희롱의 태양이 중대하고 철저한 정도에 이르러야 하며, 불법행위가 성립하기 위하여는 가해자의 성적 언동 자체가 피해자의 업무수행을 부당히 간섭하고 적대적 굴욕적 근무환경을 조성함으로써 실제상 피해자가 업무능력을 저해당하였다거나 정신적인 안정에 중대한 영향을 입을 것을 요건으로 하는 것이므로 불법행위에 기한 손해배상을 청구하는 피해자로서는 가해자의 성희롱으로 말미암아 단순한 분노, 슬픔, 울화, 놀람을 초과하는 정신적 고통을 받았다는 점을 주장 · 입증하여야 한다는 견해는 이를 채택할 수 없는 것이다. 또한 피해자가 가해자의 성희롱을 거부하였다는 이유로 보복적으로 해고를 당하였다든지 아니면 근로환경에 부당한 간섭을 당하였다든지 하는 사정은 위자료를 산정하는 데에 참작사유가 되는 것에 불과할 뿐 불법행위의 성립 여부를 좌우하는 요소는 아니라 할 것이다. 그렇다면, 원심이 판시와 같은 이유로 피고 1의 위와 같은 성적 언동이 위법하지 아니하다고 하여 위 피고의 원고에 대한 불법행위에 기한 손해배상책임을 부정한 것은 불법행위를 구성하는 성희롱의 요건, 한계, 입증책임과 인격권 침해 등 정신적 손해의 배상에 관한 법리를 오해한 위법을 범한 것이라고 하지 아니할 수 없다. 이 점을 지적하는 논지는 이유 있다(대판 1998. 02. 10, 95다39533).

(2) 원고가 공사현장의 감리업무를 담당하는 자로서 공정하고 성실하게 업무를 수행하여야 함에도 불구하고, 공사를 시공하는 소외 회사에 대하여 향응 등의 제공을 적극적으로 요구하였을 뿐 아니라, 시공회사인 소외 회사로서는 시공사와 감리자의 관계상 이러한 원고의 청구를 거절하는 것이 사실상 힘든 상태에서 원활한 공사시공 등을 위해 제공하는 두차례에 걸친 비싼 술 접대와 휴가비를 수령하였으므로, 원고의 이러한 행위는 감리자로서 건축물의 공사감리를 주 업무로 하는 참가인 회사의 명예와 신용을 크게 손상한 것으로서 사회통념상 참가인 회사와 사이에 더 이상 근로관계를 계속하기 어려울 정도에 이르렀다고 봄이 상당하다(대판 2005. 4. 19, 2004두14182).

(3) 구 남녀차별금지 및 구제에 관한 법률(2003. 5. 29. 법률 제6915호로 개정되기 전의 것, 이하 '법'이라고 한다) 제2조 제2호에서는 "성희롱이라 함은 업무, 고용 기타 관계에서 공공기관의 종사자, 사용자 또는 근로자가 그 지위를 이용하거나 업무 등과 관련하여 성적 언동 등으로 성적 굴욕감 또는 혐오감을 느끼게 하거나 성적 언동 기타 요구 등에 대한 불응을 이유로 고용상의 불이익을 주는 것을 말한다."라고 규정하고 있다. 여기서 성희롱의 전제요건인 '성적 언동 등'이란 남녀 간의 육체적 관계나 남성 또는 여성의 신체적 특징과 관련된 육체적, 언어적, 시각적 행위로서 사회공동체의 건전한 상식과 관행에 비추어 볼 때 객관적으로 상대방과 같은 처지에 있는 일반적이고도 평균적인 사람으로 하여금 성적 굴욕감이나 혐오감을 느끼게 할 수 있는 행위를 의미한다고 할 것이고, 위 법 규정상의 성희롱이 성립되기 위해서는 행위자에게 반드시 성적 동기나 의도가 있어야 하는 것은 아니지만, 당사자의 관계, 행위가 행해진 장소 및 상황, 행위에 대한 상대방의 명시적 또는 추정적인 반응의 내용, 행위의 내용 및 정도, 행위가 일회적 또는 단기간의 것인지 아니면 계속적인 것인지 여부 등의 구체적 사정을 참작하여 볼 때, 객관적으로 상대방과 같은 처지에 있는 일반적이고도 평균적인 사람으로 하여금 성적 굴욕감이나 혐오감을 느낄 수 있게 하는 행위가 있고, 그로 인하여 행위의 상대방이 성적 굴욕감이나 혐오감을 느꼈음이 인정되어야 할 것이다. 따라서 객관적으로 상대방과 같은 처지에 있는 일반적이고도 평균적인 사람으로 하여금 성적 굴욕감이나 혐오감을 느끼게 하는 행위가 아닌 이상 상대방이 성적 굴욕감이나 혐오감을 느꼈다는 이유만으로 성희롱이 성립될 수는 없다고 할 것이다. 원심은, (명칭 생략)초등학교 3학년 담임교사들의 회식 자리에서 교감인 원고가 교장인 소외 1, 교무부장인 소외 2와 함께 참석하여 학생지도, 전국 초등학교 3학년 기초학력평가 및 1학기 영어 선도수업 등 학습에 관한 대화를 하던 중 소외 1이 3학년 담임교사 중 여자교사 3명에게는 소주잔에 맥주를 따라 주었고, 남자교사 3명에게는 소주잔에 소주를 따라 주었는데, 남자교사 3명만 소외 1에게 답례로 술을 권하고, 여자교사 3명은 술을 권하지 않자 두 차례에 걸쳐 여자교사들에게 교장선생님께 술 한 잔씩 따라 줄 것을 권유한 사실을 인정한 다음, 위 회식 장소에서의 대화 내용, 원고가 위와 같은 말을 하게 된 정황 등에 비추어 원고가 성적 의도를 가지고 위와 같은 언행을 하였다기보다 직

장 상사인 교장으로부터 술을 받았으면 답례로 술을 권하여야 한다는 차원에서 한 것으로 보여지는 점, 회식에 참석한 여자교사 3명 중 2명이 원고의 언행으로 인하여 성적인 굴욕감 또는 혐오감을 느끼지 않았다고 진술하고 있는 점 등에 비추어 이 사건 회식의 성격, 참석자들의 관계, 장소 및 원고가 이 사건 언행을 할 당시의 상황, 성적 동기 또는 의도의 구체적인 사정을 종합하여 보면, 원고의 이 사건 언행이 우리 사회공동체의 건전한 상식과 관행에 비추어 볼 때 용인될 수 없는 선량한 풍속 또는 사회질서에 위반되는 것이라고 보기 어렵다고 판단하였다. 위 법리와 기록에 비추어 볼 때, 원고가 단지 여자교사들에 대하여 교장인 소외 1에게 술을 따라 줄 것을 두 차례 권한 이 사건 언행은 여자교사들로 하여금 성적 굴욕감 또는 혐오감을 느끼게 하는 성적 언동에 해당하지 않는다고 할 것이므로 이를 성희롱이라고 한 이 사건 결정이 위법하다고 한 원심의 판단은 정당하고 거기에 상고이유의 주장과 같은 채증법칙 위배 또는 법 제2조제2호의 성희롱의 해석에 관한 법리오해의 잘못이 없다(대판 2007. 06. 14, 2005두6461).

(4) 이 사건 원고의 행위는 여직원들을 껴안거나 볼에 입을 맞추거나 엉덩이를 치는 등 강제추행 또는 업무상 위력에 의한 추행으로 인정될 정도의 성적 언동도 포함된 성희롱 행위로서, 객관적으로 상대방과 같은 처지에 있는 일반적이고도 평균적인 사람의 입장에서 보아 고용환경을 악화시킬 정도로 그 정도가 매우 심하다고 볼 수 있을 뿐 아니라, 한 지점을 책임지고 있는 지점장으로서 솔선하여 성희롱을 하지 말아야 함은 물론, 같은 지점에서 일하는 근로자 상호간의 성희롱 행위도 방지해야 할 지위에 있음에도, 오히려 자신의 우월한 지위를 이용하여 자신의 지휘 · 감독을 받는 여직원 중 8명을 상대로 과감하게 14회에 걸쳐 반복적으로 행한 직장 내 성희롱이라고 할 것이므로, 이러한 원고의 성희롱 행위가 우발적이라거나 직장 내 일체감과 단결을 이끌어낸다는 의도에서 비롯된 것이라고 평가할 수 없으며, 이 사건 성희롱 행위가 남녀고용평등법이 성희롱 행위를 금지하고 성희롱 예방교육, 성희롱 행위자에 대한 징계 등을 규정하게 된 이후인 2002. 7.경부터 2003. 7. 11.까지 반복적으로 행해 진 점에 비추어 설사 원고의 성희롱 행위가 그동안의 왜곡된 사회적 인습이나 직장문화 등에 의하여 형성된 평소의 생활태도에서 비롯된 것으로서 특별한 문제의식 없이 이루어졌다고 하더라도 그러한 이유로 그 행위의 정도를 가볍게 평가할 수 없으므로, 결국 원고의 성희롱 행위는 참가인 규정상 징계해직 사유인 '위반의 범위가 크고 중하며 고의성이 현저한 경우'로 보아야 하고, 원고가 징계해고되지 않고 같은 직장에서 계속 근무하는 것이 성희롱 피해자들의 고용환경을 감내할 수 없을 정도로 악화시키는 결과를 가져 올 수도 있다는 점과 사업주가 성희롱 피해자들에 대해 손해배상책임을 부담할 수도 있다는 점 등을 감안할 때, 참가인의 원고에 대한 이 사건 징계해직처분은 객관적으로 명백히 부당하다고 인정되지 않는다(대판 2008. 7. 10, 2007두22498).

3) 직무와 관련이 없는 형사범죄행위 a) 일반적으로 단체협약이나 취업규칙에는 근로자가 형사상 소추를 받았다거나 유죄판결을 받은 경우를 징계처분의 사유로 규정하고 있다. 그러나 취업규칙과 단체협약에 근로자를 제재하는 규정이 근로기준법 제23조에 위반되어서는 아니 된다. 따라서 제재규정에 해당하는 행위자체만 가지고 근로자를 징계처분을 할 수 없고 범죄사실의 내용에 따라 징계처분성을 인정하여야 한다.

b) 직무와 관련 없는 사항으로 인한 공무방해죄의 경우에도 기업질서와 관련되거나 기업의 사회적 평가를 훼손하게 되므로 징계처분이 가능하다. 높은 지위에 있거나 특별한 신임이 요구되는 지위에 있는 근로자의 업무와 관련 없는 형사범죄행위,[33] 회사의 경리부장의 부정수표단속법위반죄,[34] 재무행정계통의 업무에 종사하는 근로자의 개인적 탈세행위와 같은 재산적 범죄의 경우에도 징계처분의 사유가 된다.[35]

c) 이때 징계처분은 근로자의 형사범죄행위로 인하여 기업의 공동질서나 노사간의 신뢰관계가 파괴되었는지를 고려하여 정당성을 판단하여야 한다. 따라서 징계처분의 유·무효의 판단은 어디까지나 단체협약이나 취업규칙, 기타 이에 준하는 규정에 의하게 된다. 또한 유보조항으로서 '형사사건으로 형의 확정을 받았을 때' 또는 휴직사유로서 '형사사건의 혐의로서 수사기관에 구속되거나 재판 진행중으로 근로제공을 할 수 없는 기간'등으로 정하여 그 기간 동안 징계처분을 할 수 없도록 규정하고 있는데 반드시 그럴 필요는 없다.

4) 형사범죄에 대한 징계처분성 업무이외에 법령에 명시된 범죄에 해당되는 행위를 한 경우에는 신뢰관계의 상실을 이유로 징계처분을 할 수 있다. 이 경우 징계처분의 대상이 되는지는 형법 기타 법령에 위반하는 범죄행위로써 사안의 경중, 정황 등에 비추어 객관적으로 근로관계를 유지할 수 없을 정도로 신뢰를 훼손하는지, 정상적 노무제공이 가능한지를 고려하여 판단해야 한다. 형사범죄의 전형적인 유형을 살펴보면, ① 근로자로서의 적격성에 의심을 갖도록 하는 정도의 실정법을 위반한 경우, ② 사업장 밖에서 절도, 상해, 강도, 강간 등의 파렴치한 범죄행위를 한 경우, ③ 음주운전, 뺑소니운전으로 구속된 경우 등을 들 수 있다.

---

33) 대판 1988. 5. 10, 87다카2853

34) 노동부유권해석 (1971. 1. 26, 근기 1455. 8. 10 ; 회사의 경리부장이 부정수표 단속법 위반죄로 구속됨을 이유로 한 징계해고처분)

35) 노동부유권해석 (1971. 1. 26, 근기 1455. 8. 10)

개 념	형사범죄의 유형	판 단
업무 이외에 법령에 규정하는 범죄에 해당하는 행위를 한 경우에 신뢰 관계의 파괴를 이유로 징계 처분을 하는 행위	1. 자치단체의 선거시 특정인의 당선을 방해하여 선거법을 위반한 경우 2. 추천서 또는 투표권 위조 등을 이유로 선거법위반 등으로 형사상 소추된 경우 3. 근로자로서의 적격성에 의심을 갖도록 하는 정도의 실정법을 위반한 경우 4. 반국가단체 또는 이적단체를 조직 · 가담하여 활동한 경우 5. 파렴치한 범죄행위로 형사상 소추된 경우 6. 형사사건으로 기소되어 금고 이상의 형을 받은 경우 7. 마약, 대마초 흡연 등을 행한 경우 8. 사업장 밖에서 절도, 상해, 강도, 강간 등의 파렴치한 행위를 저지른 경우 9. 사업장 내외에서 폭행, 상해, 횡령 등의 사고를 일으킨 경우 10. 교통사고를 3회 이상 일으킨 경우 11. 음주운전, 뺑소니 운전 등으로 구속된 경우	형법 기타 법령에 위반하는 범죄 행위로서 사안의 경중, 정황 등을 비추어 객관적으로 근로관계를 유지할 수 없을 정도로 신뢰를 훼손하는지, 정상적 노무제공이 가능한지를 고려하여 판단

관련판례

(1) 형사상 친고죄인 강간죄의 고소기간이 경과되었다 하더라도 동일 직장 내에서 업무상 자기의 감독하에 있는 미성년자인 여자안내원을 강간하였다는 사실은 회사 취업규칙의 규정 등에 비추어 보더라도 징계해고사유에 해당된다(대판 1987. 5. 26, 86구766).

(2) 운수회사의 단체협약에 사고로 인하여 약식기소된 자에 한하여 인사조치를 할 수 없다고 규정된 경우, 그 의미는 경미한 사고로 약식기소된 경우에 그 사유만으로 징계 등 불이익처분을 하지 않는다는 취지로 볼 것이므로 약식기소된 사고를 일으킨 사정 이외에도 종전의 불성실한 근무태도와 징계의 전력 등을 보태고 또 사고를 일으킨 원인을 따져 버스운전자로서의 자질이 부족하다고 보아 징계조치하는 것까지 금지하는 취지로 볼 수 없다(대판 1990. 11. 23, 90다카25512).

(3) 사용자가 근로자에 대하여 징계권을 행사할 수 있는 것은 사업활동을 원활하게 수행하는데 필요한 범위 내에서 규율과 질서를 유지하기 위한 데에 그 근거가 있다고 할 것이므로,

근로자의 사생활에서의 비행은 사업활동에 직접 관련이 있거나 기업의 사회적 평가를 훼손할 염려가 있는 것에 한하여 정당한 징계사유가 될 수 있다고 할 것인바, 원심이 인정하고 있는 원고에 대한 징계사유인 부동산투기행위가 원고의 사생활에서의 비행에 불과하다고 볼 여지가 없지 아니하다 하더라도, 택지의 개발과 공급, 주택의 건설, 개량, 공급 및 관리 등을 통하여 시민의 주거생활의 안정과 복지향상에 이바지함을 목적으로 지방공기업법 제49조에 의하여 서울특별시가 전액 출자하여 설립할 피고보조참가인공사의 설립목적, 그 업무의 종류와 태양, 부동산보상 관련업무를 담당하는 원고의 업무내용 등의 여러 사정을 종합적으로 고려하면, 원고의 위 비행행위는 객관적으로 피고보조참가인 공사의 사회적 평가에 심히 중대한 악영향을 미치는 것으로 평가될 수 있는 경우라고 할 것이므로, 원심이 원고의 비위를 들어 이는 피고보조참가인 공사의 인사규정 제43조제5호 소정의 "공익을 저해하는 중대한 행위를 하였을 때"에 해당한다고 본 것은 정당한 것으로 수긍할 수 있으며, 또한 위 인사규정이 근로기준법 제27조에 위반되는 무효의 것이라 할 수도 없으므로, 거기에 위 인사규정을 오해하거나 징계권의 법리를 오해한 위법등이 있다고 할 수 없다. 따라서 피고보조참가인 공사가 위에서 설시한 바와 같이 택지의 개발과 공급, 주택의 건설, 개량, 공급 및 관리등을 통하여 시민의 주거생활의 안정과 복지향상에 이바지함을 목적으로 지방공기업법 제49조에 의하여 서울특별시가 전액 출자하여 설립된 공법인인 점과 원고가 비록 그 신분은 공무원이 아니라고 하더라도 부동산에 관련된 사무를 담당하는 자로서 피고보조참가인 공사에 입사한 후에도 부동산매매업을 영위하였다고 볼 수 있을 정도로 부동산투기를 계속하였다는 점 등을 고려하면, 소론이 주장하는 사정을 참작하더라도 이 사건 해임이 징계재량권의 남용에 해당한다고 볼 수는 없다(대판 1994.12.13. 93누23275).

(4) 원고가 유죄판결을 받은 범죄의 내용은 같은 직장의 동료직원을 무고한 것이라는 점에서 다른 직원과의 신뢰관계나 인간관계가 손상되어 직원들간의 인화에 좋지 않은 영향을 미칠 수 있을 뿐만 아니라 참가인 학원의 명예나 신용과 무관하다고 볼 수 없는 점, 원심이 무고행위의 정상참작사유로 들고 있는 확인서는 무고죄의 형사판결에서 그 신빙성이 배척된 점 등을 아울러 참작하면, 원고와 참가인 학원간에 신뢰를 바탕으로 한 고용관계의 계속이 어렵게 된 데에 원고의 책임이 있다고 보아야 한다(대판 2005. 6. 10, 200두10548).

쟁점사례

/사 례/ 정부출연기관인 H공사의 직원 A는 퇴근하던 중 길가에서 신용카드를 주웠고, 백화점에서의 여성복 구매, 꽃 구매, 식당에서의 식사, 구두 등 생활품의 구매를 10여 차례에 걸쳐 무단으로 카드를 사용하다가 A백화점 CC카메라에 의하여 적발되었고, 그 결

과 H공사직원이라고 방송보도까지 되었다. 이에 공사에서는 이러한 직원 A의 행태가 비록 사적으로 이루어졌더라도 회사의 명예를 실추시켰다며, 징계해고조치를 할 예정이다. 이러한 경우에 사적행위로 인한 범죄에 대하여 취업규칙을 적용하여 해고하는 징계처분이 정당한지?

/해 설/ 일반적으로 취업규칙은 근로자의 근로조건에 관한 사항과 근로자의 복무규정에 관한 사항을 정한 회사의 자치규범을 정한 문서를 말한다. 이러한 취업규칙을 작성하여 행정관청에 신고하고 운영하는 목적은 기업의 경영질서의 유지하고 근로자의 임금 등 근로조건을 집단적으로 처리하여 경영의 효율성을 도모하기 위해서 작성하여 운영하는 것이다. 이러한 취업규칙에는 근로자의 임금, 근로시간, 휴일, 휴가뿐만 아니라 근로자의 대우에 관한 사항, 징계에 관한 사항을 포함하고 있고, 이에 근거하여 고용된 근로자의 귀책사유가 있는 경우에는 징계처분을 할 수 있다. 그러나 취업규칙은 원칙적으로 경영질서의 유지를 목적으로 하는 것이므로 사업장내에서 일어나는 근로자의 비위행위에 대하여 징계처분을 할 수 있는데 불과하여, 근로자의 사생활상의 영역에서 발생하는 문제는 징계처분을 할 수 없다. 그러나 근로자가 사회인으로서 각종 규범을 위반한 경우에 당연히 시민법이나 형법 등에 의하여 책임을 지는 것과는 별개로 기업의 명예나 신용에 영향을 미치는 행위에 대하여는 예외적으로 취업규칙을 적용하여 징계처분을 할 수 있다. 사례의 경우와 범죄행위를 한 근로자와 기업 사이에는 더 이상 근로관계를 유지할만한 신뢰관계를 기대할 수 없기 때문이다. 따라서 형사범죄를 인하여 회사에 재직시키는 경우에 직장의 분위기나 협력업무에 악영향을 줄 우려가 있는 점, 방송보도로 인하여 회사의 명예를 실추시킨 점 등을 들어 근로자에 대한 징계처분이 가능하다고 본다.

9. 회사의 시설관리권에 대한 침해

(1) 시설관리권의 침해와 수인한도

1) 시설관리권의 개념 a) 시설관리권이란 사용자가 자신의 소유권이나 점유권에 근거하여 회사의 물적 시설 · 설비 및 장소 등을 회사의 목적에 따라 관리 · 사용 · 처분을 할 수 있는 권한을 말한다.[36] 근로자가 업무 이외의 목적으로 회사의 시설을 이용하려고

36) 노상헌,“시설관리권 · 징계처분과 부당노동행위”, 조정과 심판(중앙노동위원회, 2008, 7), 45면에서는 통상 기업은 생산과 판매에 필요한 여러 가지 물적 시설을 갖추고 있으며, 이러한 물적 시설에 대하여 소유권 내지 점유권

할 때에는 회사의 허가나 승낙을 얻어야 하며, 허가의 절차나 사용 후의 원상회복조치 등에 관하여 취업규칙에 정할 수 있다.[37)]

b) 회사의 시설물에는 건물, 사무실, 공장, 창고, 식당, 오락실 및 휴게실, 각종 체육시설 및 운동장, 기타 부대시설과 토지 또는 건물 등에 대한 부착물을 포함한다. 여기에 사업주가 소유한 기구나 도구, 운송차량을 포함하는지 해석상 논란의 여지가 있으나, 각종 공작물 이외에 것도 포함된다고 보아야 할 것이다. 따라서 근로자가 회사의 차량을 사적인 용도로 무단사용하거나 사용자의 승인 없이 노동조합의 활동에 동원하여 사용한 경우에도 시설물의 무단침해에 해당된다.

2) 시설관리권의 침해와 수인한도 a) 기업내에서의 조합활동이 사용자의 시설관리권을 침해하는 경우 징계처분이 가능한지는 학설과 판례의 입장이 서로 다르게 나타나고 있다. 수인의무설은 기업시설을 노동조합이 이용하는 경우 사용자가 어느 한도까지는 끈기를 가지고 참아야 하므로 징계처분을 할 수 없다는 견해이다.[38)] 이때 어느 한도란 조합활동으로서 유인물배포활동의 필요성과 사용자가 받는 업무상 및 시설관리상의 지장을 초래하는 정도를 비교해서 결정하되, 유인물의 부착방향, 내용, 장소, 매수, 영향 등을 고려하여야 한다.

b) 위법성조각설은 수인의무설을 비판하되 노동조합은 시설의 이용권이 없고 유인물 부착하는 행위는 위법성이 조각되므로 징계처분이 불가능하다는 견해이다. 어느 입장을 취하든 업무상의 지장이나 실질적 피해의 정도를 판단기준으로 하고 있는 점은 서로 같다. 이에 대해서 판례의 입장은 양설을 부정하되, 유인물의 부착행위를 시설관리권의 남용이라 인정할 수 있는 특단의 사정이 없는 한 정당하지 않으므로 징계처분이 가능하다고 한다.[39)]

(2) 징계처분의 정당성

a) 근로자가 회사의 시설물을 허가 없이 무단으로 사용하거나 본래의 용도 이외에 다른 목적으로 승낙없이 사용하면 징계처분의 사유가 된다. 회사시설의 무단이용이나 침해는 실제 경영상의 업무에 지장을 초래하였거나 지장이 초래되지 않았더라도 불법점유만

을 가지는 사용자는 그 물권적 지배권능에 따라 기업시설을 사업수행을 위하여 사용, 유지, 보존하고 관리하는데 이를 시설관리권이라고 한다. 사용자의 시설관리권은 재산권으로부터 인정되며, 경영권 · 업무운영체제확보, 사업장 질서유지를 그 보호법익으로 한다고 설명하고 있다.

37) 이상국,“사용자의 징계권에 관한 연구”, 한양법학 제21집(한양법학회, 2007, 8), 602면.

38) 임종률, 노동법, 박영사, 2008, 280면: 한국경영자총협회, 파업과 직장폐쇄, (경총신서, 1989), 26면

39) 日經連法制部編, 懲戒處分の基準, (日本 經營團體連盟法制部, 1984), 128면

으로도 징계사유가 될 수 있다.

b) 노동조합이 사무실을 점거하여 농성하거나 회사의 게시판에 유인물을 부착하는 행위, 회사의 건물외부에 현수막을 부착하는 행위에 대한 징계처분은 쟁의행위의 정당성을 전제로 판단하여야 한다. 만약 조합활동이 정당하다면 노동조합이 사용자의 시설물을 일시적으로 점거하였더라도 시설관리권의 침해문제는 수인의무에 의하여 용인이 된다고 보아야 한다.

c) 노동조합의 사무실은 사용자가 제공하는 편의제공으로 보아야 한다. 그러나 단체협약 등을 통하여 일단 제공이 되면 그 범위 내에서 조합의 회사시설물의 이용이 용인되는 것이므로 단체협약이 만료되었다는 이유만으로 별다른 대책 없이 노동조합사무실을 폐쇄하는 조치를 할 수 없다. 또한 노동조합사무실의 폐쇄에 대해 항의를 하였다는 이유로 조합원을 징계처분을 하여서는 아니 된다.

개 념	회사시설의 무단이용, 점거의 유형	판 단
회사시설은 기업의 목적으로 사용자가 출연한 재산으로서 이를 무단으로 사용하거나 점유하여 훼손 또는 손실시키는 것을 예방하고자함	1. 회사의 승낙없이 시설물을 무단으로 이용하는 경우 2. 사업장시설의 구역을 무단 사용하는 경우 3. 사업장의 차량, 기구, 장비, 도구 등을 회사의 승낙없이 무단으로 사용하는 경우 4. 사업장 시설의 서비스를 이용하도록 제3자에게 승낙없이 대여하거나 공여하는 경우 5. 집단적으로 사업장시설을 점거하여 시설 본래의 용도를 저해하는 경우 6. 시설물을 이용하지 못하도록 폐쇄하거나 잠금장치를 하는 경우 7. 불법적으로 점거하여 관계자의 출입을 통제하거나 관리, 감독을 저해하는 경우	회사의 시설을 무단으로 사용하거나 점유를 금지하고 그 시설의 침해가 경영상의 기능이나 관리상의 지장을 초래하는지 여부를 판단함

관련판례

(1) 영업상의 필요에 의하여 조직을 축소개편함에 대하여 비록 피고회사가 원고들에 대하여 사전에 충분한 시간을 두고 통고하지는 않았다고 하더라도 원고가 다수의 물리력을 사용하여 장기간에 걸쳐 회사시설을 무단점거 농성했다면 그러한 사유로 징계해고를 함은 정당하다(서울고판 1999. 1. 8, 98나1).

(2) 사용자가 노동조합에게 단체협약에 따라 무상제공하여 온 노동조합의 사무실의 사용관계는 민법상 사용대차에 해당한다고 할 것이고 사용대차 목적물은 그 반환시기에 관한 약정이 없는 한 계약이나 목적물의 성질에 의한 사용수익이 종료한 때 또는 사용수익에 족한 기간이 경과하여 대주가 계약을 해지한 때에 반환하도록 되어 있는 것(민법 제613조)에 비추어 보면, 앞서 본 바와 같이 노조사무실 제공을 포함하는 단체협약 전체가 해지된 지 6월 경과되어 소멸하였다 하더라도 그 사유만으로 당연히 위와 같은 사용대차 목적물의 반환사유인 사용수익의 종료 또는 사용수익에 족한 기간의 경과가 있다고 할 것은 아니어서 특히 그 반환을 허용할 특별한 사정(예컨대 기존 사무실의 면적이 과대하여 다른 공간으로 대체할 필요가 있다든지 사용자가 이를 다른 용도로 사용할 합리적인 사유가 생겼다는 등)이 있어야만 그 사무실의 명도를 구할 수 있다고 보는 것이 상당하다(대판 2002. 3. 26, 2000다3347).

쟁점사례

/사 례/ 얼마 전 노동조합의 사무국장 A는 관리직 사원 B가 저지함에도 이를 무시한 채 무단으로 구내식당과 운동장을 이용하여 지역노동조합의 체육대회를 개최하였다. 이로 인하여 일요일에 갑자기 늘어나는 외부의 사람과 차량진입으로 인하여 많은 경비원들이 총출동하여 사내관리를 하였고, 행사 후 방치된 쓰레기를 치우기 위하여 일요일까지 출근하여 일을 하느라 교대자도 쉬지 못하였다는 보고를 경비대장 C로부터 듣고 화가 난 총무과장 D는 이 사실을 노동조합위원장 E에게 항의를 하는 과정에서 폭언이 발생하였다. 이에 회사에서는 관련사실을 조사하는 과정에서 노동조합의 사무국장 A가 상기와 같은 회사시설의 체육관, 축구장, 휴게실을 수차례에 걸쳐 무단사용을 한 사실을 적발하고, 총무과의 사용승인을 받지 아니한 사실과 회사시설의 무단이용에 따른 문제점을 인지하고 노동조합의 위원장 E와 사무국장 A를 중징계처분을 할 방침이다. 그러나 그 동안 회사측이 묵시적으로 승인한 것이라며, 노동조합이 항변을 하는 경우 이들을 징계처분을 할 수 없는지?

/해 설/ 회사시설은 사용자의 소유권에 속하는 것이므로 이로 인한 시설관리권은 사용자의 전속적 권한에 속한다. 따라서 회사의 시설물을 이용하기 위해서는 사용자의 승인을 받아야 하며, 무단으로 이용하는 경우에는 징계처분의 대상이 된다. 사례의 경우에는 노동조합의 간부가 수차례에 걸쳐 무단으로 시설물을 이용하였고, 이에 대하여 경비원들이 특별히 저지를 한 사실이 없었던 점을 들어 사용자의 묵인이 있었다고 주장할 수 있으나, 시설물의 관리책임자의 용인이나 최고경영자가 사용하여도 좋다는 승인이 있었다고 할 수 없으므로 단지 수차례에 걸쳐 불법적인 사용을 한 것을 전제로 관행 또는 묵시적

승인이 된 것으로 주장할 수 없다. 또한 노동조합이 정당한 절차를 거쳐 사용에 대한 승인을 요구하였으나 이에 대한 명시적 반대의사를 표시하지 아니하였고, 그 후 노동조합이 회사의 시설물을 이용하였거나 행사에 회사의 관리책임자나 최고경영자가 참가하기도 하는 등 구체적으로 용인할 만한 사실이 없는 한 상기 행위는 시설물의 무단사용에 해당된다고 보아야 한다. 이러한 사유로 취업규칙 또는 징계규정에 의하여 노동조합의 사무국장 A와 위원장 E에 대한 징계처분을 하는 것은 정당하다.

10. 횡령 · 착복 · 뇌물수수

(1) 횡령 · 착복 · 뇌물수수의 의의

1) 횡령 횡령이란 공금이나 남의 물건을 불법으로 차지하는 것을 말하며, 타인의 재물을 보관하는 자가 그 재물을 횡령하거나 반환을 거부하는 경우에는 형법 제355조제1항에 의하여 처벌된다. 업무상 다른 사람의 재물을 보관하는 자가 그 재물을 횡령하거나 반환을 거부하는 경우에는 업무상 횡령죄에 해당된다. 기업의 경영질서를 이유로 하는 횡령죄는 주로 업무상 횡령죄를 의미한다고 보아야 할 것이다.[40)]

2) 착복 착복이란 남의 물건을 부당하게 자기의 것으로 하는 것을 말하며, 이 경우에도 형사상 범죄로는 횡령의 죄로 취급하여 다룬다. 착복은 횡령행위의 일종으로서 소비, 착복, 은닉 또는 점유의 부인을 횡령의 사실행위로 보고 있다.

3) 뇌물수수 뇌물수수란 어떤 직위 또는 권한을 이용하여 사적인 일에 이용하기 위해 건네는 돈이나 물건 등을 받는 행위를 말한다. 대부분의 국가는 뇌물을 주고받는 행위를 범죄로 규정한다. 뇌물죄는 공무원의 직무에 관한 죄로서 수뢰죄와 증뢰죄로 구분한다. 수뢰죄는 공무원 또는 중재인이 그 직무에 관하여 뇌물을 수수 · 요구 또는 약속하는 죄이고, 증뢰죄는 공무원 또는 중재인에게 뇌물을 약속 · 공여 또는 공여의 의사표시를 함으로써 성립하는 죄를 말하며, 일반 기업에서는 근로자의 위법행위에 대하여 뇌물죄를 적용하는 것은 타당하지 않다. 그러나 기업의 자치규범으로서 이와 같은 뇌물수수를 이유로 한 비위행위에 대하여 형사상 범죄와는 별개로 징계사유로 할 수 있다.

---

40) 우리나라 형법에서는 업무상횡령죄에 대하여 10년 이하의 징역 또는 3000만 원 이하의 벌금에 처하도록 규정한다(제356조). 이에 비해 단순 횡령죄는 5년 이하의 징역 또는 1500만 원 이하의 벌금에 처한다(제355조).

(2) 징계처분의 정당성

1) 횡령 · 착복 · 뇌물수수와 징계처분 a) 회사의 금전을 횡령하거나 착복하는 행위는 신뢰를 훼손하고 회사에 손해를 끼친 행위이므로 그 액의 다과를 막론하고 재산상 신임이 요구되는 지위에 있는 근로자(예 : 경리부장)가 재산적 범죄를 행하거나 대리권을 남용하여 업무상 배임행위를 함으로써 근로자의 개인적 이익을 취한 경우 징계처분의 대상이 된다.[41] 회사금품의 착복 · 횡령 행위에 관해서도 그 형태에 있어서는 여러가지 양태가 있는 것이며, 일률적으로 모든 착복사안에 대하여 징계해고가 타당하다고 할 수 없다. 그러나 버스 · 택시의 운전기사에 의한 요금의 부정획득은 기업의 수입확보에 중대한 장애가 되므로 불과 몇백원을 착복한 사안이라도 징계해고가 가능하다.[42]

b) 또한 뇌물수수의 경우에 사용자의 근로자에 대한 신뢰는 물론 사업이나 해당 근로자의 명성, 동료근로자의 위신이 노무급부의 가치를 현저히 침해할 정도로 손상되는 경우에는 기업의 명예 · 신용을 실추시키게 되므로 징계처분의 사유에 해당된다.[43] 특히 특별한 신뢰가 요구되는 지위에 있는 근로자에게는 단 1회의 사소한 선물이나 뇌물의 수수라도 징계해고의 사유가 될 수 있다.[44]

2) 징계처분의 사유와 판단 a) 타인 또는 회사의 재산이나 금품을 횡령 · 유용하거나 착복, 절도하는 행위는 근로관계의 신뢰를 파괴하는 반사회적 성격의 파렴치한 범죄행위라고 볼 수 있다. 횡령 · 착복 · 절도 등의 행위는 사회적 비난 뿐만 아니라 직장내의 불신과 노사간의 신뢰관계를 유지하기 곤란하므로 징계처분의 대상이 될 수 있다. 이 경우에는 경영질서의 유지 이외에 신뢰성, 사회적 비난성이 기업에 미치는 악영향을 고려하여 징계 여부를 판단해야 한다.

b) 횡령 · 착복 등 징계대상이 되는 유형을 살펴보면, ① 직원의 출연재원, 회사의 비용, 수익금, 재물 등 재산적 가치가 있는 자금을 유용 · 횡령을 하는 경우, ② 손님으로부터 받은 금품을 회사에 입금하지 않고 착복하는 경우, ③ 부정한 방법으로 회사자산의 편취, 매매, 증여를 하는 행위 등을 들 수 있다.

---

41) 서울 민지판 1990. 9. 6, 가합9051 ; 업무상 배임 및 수뢰 행위 ; 서울 민지판 1975. 11. 11(노조지부장의 직무상 횡령행위) ; 대판 1971. 8. 31, 71다139(은행원이 부하직원과의 공모로 행한 부정행위)

42) 김수복, 근로기준법 쟁점사례해설, (서울, 중앙경제사, 1999), 547면

43) 민원인이 뇌물봉투를 책상위에 놓고 간 후 그것을 모르고 다른 봉투와 함께 케비넷에 보관한 것은 외형상 수뢰에 해당되어 공무원의 품위를 손상케 한 것으로 지방공무원법 소정의 징계사유에 해당된다 하더라도 이 같은 사유만으로 해임의 징계처분을 한 것은 징계양정에 관한 재량권을 현저하게 일탈한 것이다(서울고판 1982. 10. 27, 82구87).

44) BAG 2.6, 1960 und 22. 11. 1962, Ap Nr. 42 und 49 Zu 626 BGB

개 념	횡령 · 착복 등	판 단
타인의 재산이나 금품을 횡령, 유용하거나 착복, 절도하는 행위는 근로자에 대한 신뢰를 파괴시키는 반사회적 성격의 파렴치한 행위에 해당함	1. 직원의 출연재원, 회사의 비용, 수익금, 재물 등 재산적 가치가 있는 자금을 유용, 횡령하는 경우 2. 회사의 공금을 횡령, 유용하는 경우 3. 손님으로부터 받은 금품을 회사에 입금하지 않은 채 착복하는 경우 4. 부정한 방법으로 회사자산의 편취, 매매, 증여를 하는 행위 5. 회사 또는 고객의 재물을 절도하거나 이를 시도한 경우 6. 고객의 귀중품, 금품 기타 재산적 가치가 있는 제품을 절도하는 경우 7. 회사의 허락없이 재료품, 보급품, 음식류, 도구, 완성품을 무단으로 반출하는 행위 8. 거래관계에 있는 회사 등으로부터 금품을 받는 경우 9. 업무를 이용하여 이득을 얻는 등 배임하는 행위 10. 사업장의 구역, 차량, 기구, 장비, 재료 등을 개인의 이익 또는 영리의 목적으로 사용하는 행위	횡령, 착복, 절도 등의 행위는 사회적 비난이나 신뢰성 유지 곤란을 고려하여 징계 처분 여부를 판단. 이 경우에는 경영질서의 유지이외에 신뢰성, 사회적 비난이 기업에 미치는 악영향을 고려하게 됨

관련판례

(1) 영업소 판매원 등이 거액의 횡령행위를 한 경우 지휘감독상의 책임을 물어 영업소장을 면직한 것은 정당하다(대판 1989. 1. 17. 87다카 1999).

(2) 지하철 노조의 확대간부회의 무임승차결의에 따라 지하철역의 개찰구를 개방하고 안내방송으로 승객들에게 무임승차를 권유하는 등의 행위로 무임승차하도록 하였더라도 필요적으로 거치도록 되어 있는 조합원 찬반투표도 거치지 아니하고 냉각기간 중에 하였다면 쟁의권의 남용으로 정당성이 없고, 따라서 이로 인하여 지하철공사에 운임상당의 재산상 손해를 끼쳤다면 업무상배임죄를 구성할 수 있다(대판 1990. 5. 15, 90도357).

(3) 횡령은 범죄행위로서 그 액수가 적다하여 그 사실만으로 비행의 정도가 낮다고 평가할 수 없고, 우유협동조합의 지방영업소장이 우유판매대금의 일부를 판촉비에 사용하였고, 징계면직 이전에 조합이 입은 손해를 모두 배상하였다고 하더라도 징계처분이 재량권의 범위를 일탈한 것으로 위법하여 무효라고 할 수 없다(대판 1990. 11. 23, 90다카21589).

(4) 초등학교 교사가 학부모로부터 학생문제로 상담요청을 받고 수차례에 걸쳐 술 등의 향응을 제공받고, 음란한 내용의 비디오테이프를 빌려 주었으며, 두 차례에 걸쳐 합계 금 200,000원의 현금을 받고, 술에 취한 학부모와 새벽 3시경까지 공원에 함께 있는 등의 행위로 인하여 물의를 일으킨 것은 국가공무원법 제61조제1항 소정의 청렴의무와 같은 법 제63조 소정의 품위유지의무를 위반한 것이라는 이유로, 그러한 비위사실을 들어 한 해임처분은 정당하다(대판 1997. 4. 25, 96누17479).

(5) 횡령한 금액이 불과 2,600원에 지나지 않는다 하더라도 소액의 버스요금을 수입원으로 하여 존립하는 버스운송회사로서는 사소한 금액이라도 소홀히 할 수 없고, 버스요금을 직접 수령함으로써 운송수입금의 관리를 일임하고 있는 버스 운전기사가 이를 유용할 경우 그 액의 다과를 불문하고 노사간의 신뢰를 치명적으로 해치게 되며 회사경영에도 심각한 손상을 주게 되는 점 등에 비추어 볼 때 피고회사와 원고사이에 근로관계는 사회통념상 원고의 귀책사유로 그 계속을 기대하기 어려울 정도에 이르렀다(대판 2004. 4. 28, 2004두2714).

(6) 고도의 청렴성이 요구되는 간부의 지위에 있던 원고가 시공업체로부터 10회에 걸쳐 5백만원이라는 적지 않은 금액의 뇌물을 수수한 것은 그 비위의 정도가 결코 가볍다고 볼 수 없고, 자신과 유사하게 뇌물수수죄로 자격정지 1년의 선고유예를 받고서도 감봉처분을 받았다고 주장하는 직원들은 직급이 낮고 수수금액이 적은 경우로서 사안의 경중을 달리하는 것이며, 인사규정에 유죄의 확정판결이 있어야 해임할 수 있다는 규정이 없는 이상 형사절차에서 유죄의 확정판결을 받기 전이라도 징계혐의 사실은 인정될 수 있는 것이므로 원고의 책임 있는 사유로 인하여 더 이상 근로관계를 지속할 수 없는 지경에 이른 이상, 이 사건 해임처분에 있어 재량권을 남용하거나 일탈한 위법이 있다고 볼 수 없다(대판 2004. 5. 27, 2004두27522).

(7) 비록 원고가 받은 돈이 1만원에 불과하여 큰 금액이 아니라고 하더라도, 경찰공무원의 금품수수행위에 대해 엄격한 징계를 가하지 아니할 경우 경찰공무원들이 교통법규 위반행위에 대하여 공평하고 엄정한 단속을 할 것을 기대하기 어렵게 되고, 일반 국민 및 함께 근무하는 경찰관들에게 법적용의 공평성과 경찰공무원의 청렴의무에 대한 불신을 배양하게 될 것이다. 그러므로 원심이 인정한 바와 같은 정상에 관한 참작사유들을 고려하더라도 피고가 이 사건 징계사유를 이유로 원고에 대하여 해임처분을 한 것은 원고의 직무의 특성과 비위의 내용 및 성질, 징계양정의 기준, 징계의 목적 등에 비추어 볼 때에 그 징계내용이 객관적으로 명백히 부당한 것으로 사회통념상 현저하게 타당성을 잃었다고 할 수는 없다(대판 2006. 12. 21, 2006두16274).

(8) 근로자 A가 참가인 회사의 양도성예금증서를 담보로 제3자 등의 명의로 부정하게 47억원을 대출받아 참가인 회사 주식을 대량 매입한 것이 밝혀진 상태에서 원고를 비롯한 일부 임직원들이 근로자 A를 통해 다른 직원들과는 별도로 개인적으로 주식을 배정받은 사실이 밝혀짐으로써 근로자들로부터 원고 등에 대한 불신과 의혹이 제기되고 있었던 점, 특히 B건설 주식회사는 근로자 A가 재직 당시 회사정리절차 종결 후 2003. 8월경까지 사이에 425억원에 달하는 거액의 공사를 비교 견적 없이 발주 받고, 그 대표이사 C가 근로자 A에게 31억 4,000만원에 달하는 사례비를 지급하고, 근로자 A가 위와 같이 주식을 매입하는 과정에서 명의를 대여하는 등 근로자 A가 배임행위를 함에 있어 깊이 관여되어 있었는데, 기술팀장으로 재직하였던 원고가 B건설 주식회사를 위해 허위의 공사준공검사확인서를 발급하여준 것이 밝혀짐으로써 원고도 근로자 A의 배임행위에 개입되어 있다는 의심을 받을 여지가 충분히 있었다고 보이는 점 등의 사정만으로 위 2004. 1. 16자 전보발령이 권리남용에 해당하는 등 위법한 것이라고 보기에는 부족하다(서울고판 2007. 1. 12, 2006누1182).

쟁점사례

/사 례/ D축산협회에서 근무하는 경리부장 C는 임신 중에 있는 부인이 갑자기 진통이와 급히 병원에 입원시켰으나, 병원비를 마련할 수 없어 회사의 공금 400만원을 인출하여 사용하였다. 이후 경리부장 C는 매월 임금지급시 마다 월 100만원씩 공제하여 입금시켜 오다가 감사 당시 200만원이 입금되지 아니한 사실이 적발되었고, 회계감사가 경리부장을 추궁한 결과 상기와 같은 어려운 사정으로 공금을 유용하였음을 자백하고 자술서를 제출하였다. 이에 따라 감사실장이 이사회에서 결과보고를 하면서 "해당근로자를 징계조치하도록 감사결과보고가 되어 있다"며 보고한 후 인사팀에 이를 이첩하였다. 이에 대하여 신임사장은 감사결과 보고서를 토대로 해당 경리부장 C를 형사고발조치를 하지 않는 대신 파면하겠다고 한다. 이 경우 징계처분이 정당한지?

/해 설/ 경리부장은 상기협회의 자금을 관리하는 책임자로서 다른 근로자에 비하여 보다 높은 직무상 윤리성이 요구되는 자라고 볼 수 있다. 그럼에도 불구하고 경리부장이 급박한 사정이 있다하여 자신의 직위를 이용하여 협회의 공금을 무단으로 공금을 인출하여 사용하는 행위는 중대한 범죄행위이다. 이러한 행위로서 금지되는 범위는 일정한 사회생활상의 지위에 따라 계속 행하는 사무를 총칭하며, 생계수단이나 영리목적의 영업에 국한되지 않는다. 경리부장의 행위는 타인의 재물을 보관하는 자가 업무상의 임무를 위반하여 그 재물을 횡령하거나 반환을 거부하는 행위에 해당되어 업무상 횡령죄에 해당된다. 업무상 횡령죄는 형법 제356조에 따라 10년 이하의 징역 또는 3000만원이하의 벌금

에 처한다. 그러나 상기인의 행위에 대하여는 형사처벌을 묻지 않기로 하는 대신 자체적으로 징계처분을 하기로 하였다면, 취업규칙을 적용하여 징계해고 등 무거운 징계처분을 할 수 있다.

11. 명예훼손

(1) 명예훼손의 의의

a) 명예훼손이란 사람의 품격 · 신용 등에 관한 사회적 평가를 위법하게 저하시키는 행위를 말한다. 따라서 추행의 소문을 유포하거나 허위의 고소를 하거나 신문에 단순한 범죄용의자를 진범인으로 보도하는 것 등이 여기에 해당된다. 보통 형법에는 명예훼손죄로 규정하고 있으나, 민법에서는 인격권의 침해로서 불법행위에 대해 손해배상책임을 인정하고 있다. 명예훼손의 피해자는 사람 이외에 법인, 법인격 없는 사단도 될 수 있다. 명예훼손은 일반적으로 진실을 말하였다고 해서 위법성이 조각되지 않으나, 공익목적을 위하여 진실을 말하는 것은 위법성이 조각된다고 본다.

b) 명예훼손에 대하여는 형법 제307조제1항에서 '……사람이 명예를 훼손하는 자'라고 규정하고 있을 뿐이다.[45] 그러나 기업은 단체협약, 취업규칙이나 징계규정에 의하여 명예훼손에 대한 독자적인 징계사유를 명시할 수 있다. 따라서 취업규칙에 의한 징계사유로서의 명예훼손은 형법상의 명예훼손과 반드시 동일하지는 않다. 근로자에 의한 명예훼손행위는 형법상의 개념과 동일한 정도로 해석할 필요가 없다.

(2) 명예훼손과 징계처분의 정당성

a) 기업은 거래의 안전과 영업활동을 촉진하기 위하여 대내외적으로 신뢰도를 높일 필요가 있다. 그러나 근로자의 부도덕한 행위나 불법적인 행위, 기타로 인하여 기업의 명예가 침해되거나 신뢰도가 훼손될 수 있다. 따라서 신문 또는 인터넷 등에 게재하여 회사의 명예를 훼손시키거나 이로 인하여 거래관계에 있는 많은 사람들로 하여금 회사를 불신케 한 결과 회사의 운영에 어려움을 가져오게 하였다면 명예훼손에 해당된다고 보아야 한다.

45) 명예훼손에 대하여는 형법 제307조에서 사람에 관한 명예훼손, 제308조에서 사자의 명예훼손, 제309조에서 출판물 등에 의한 명예훼손을 각각 규정하고 있다. 사람의 명예훼손을 훼손한 자는 2년 이하의 징역 또는 500만원 이하의 벌금에 처한다.

b) 그러나 사업주가 세금포탈, 배임행위, 공금유용 등으로 회사가 어려움에 처하게 되는 것을 막기 위하여 세무서 등 감독기관에 신고하여 시정시키는 것은 근로자의 정당한 행위로서 위법성이 조각되어 명예훼손에 해당되지 않는다.

개 념	명예훼손의 유형	판 단
사용자나 근로자가 조직생활을 영위하면서 가지게 되는 가치인 명예를 훼손하거나 사람을 모욕하는 것을 말함	1. 사내외에서 부도덕한 행위로 회사의 명예를 실추시킨 경우 2. 명확한 근거없이 회사를 비방하거나 허위사실을 유포한 경우 3. 회사내부의 일이나 기밀사항을 유포하여 회사에 물의를 일으킨 경우 4. 방송, 언론 등에 출연하여 회사를 비방한 경우 5. 회사원의 신분을 이용하여 사내외에서 물의를 일으킨 경우 6. 불법적인 행위, 파렴치한 행위로 수사기관에 구속되거나 형사상 기소된 경우 7. 회사에 불명예가 되는 행위를 하거나 이에 가담한 경우 8. 외부인사와의 금전소비대차 등에 의하여 급여 등에 가압류 등이 설정된 경우	근로자의 사생활의 자유에 중점을 두고 고찰하되 근로자가 속한 회사의 명예, 계속적 신뢰관계의 유지, 기업의 공익성이 부정되어 있는지, 사회 통념상 고용 관계를 계속적으로 유지하기 곤란한지 여부를 고려하여 판단함

관련판례

(1) 종합병원 내과 과장직의 의사가 건강식품으로 알려진 스쿠알렌을 암에 대한 특효약으로 선전하면서 환자들에게 특정약국에서 이를 구입할 것을 권유한 것은 병원의 신뢰도를 저하시키거나 명예를 훼손하는 것으로 볼 것이다(대판 1992. 3. 12, 90다6866).

(2) 원심이 인정한 바와 같이, 형식적으로는 피고가 수해지역 이재민돕기 성금과 추석 불우이웃돕기 성금으로 직원들의 동의 없이 1995. 9월분 기본급의 1%(합계 금 1,529,060원)를 공제하고, 피고 사업회노동조합의 여러 차례에 걸친 사과 및 공제분의 반환 요구에도 불구하고 같은 해 11. 14. 그 공제 경위 및 성금의 집행 내역만을 통보함에 그치고 아무런 반응을 보이지 아니하여, 같은 해 12. 초순경 노동조합의 조합장인 원고가 부조합장 소외 인 등 61명의 연명으로 용산경찰서에 피고의 회장, 사무총장 및 총무부장을 횡령혐의로 고소를 하게 되었으나, 한편 기록에 의하면, 피고 사업회노동조합 또는 그 상급노동단체가 같은 해 9. 21.부

터 위 고소가 제기될 무렵까지 수 차례에 걸쳐 피고에게 요구해 오던 단체교섭을, 피고가 원고는 조합원자격이 없다는 이유 등으로 계속 거부하고 있어 원고와 피고의 회장, 사무총장 등 경영진과의 갈등이 심화되고 있었고, 원고로서는 위 고소에 이르기 전 그 직책과 식탁상 피고가 제시한 자료에 의하여, 피고가 국방부의 성금모집 등 지시를 받고서 모금방법의 편의를 위하여 관행적으로 운영위원회 결의를 거쳐 일괄적으로 1%씩 공제하였고, 그 모금액의 1/2이 명백히 신문사에 기탁되고 나머지 성금도 대체로 제 용도로 사용되었으며 특정인들이 착복한 것이 아니라는 사실을 알게 되었을 것임을 쉽게 추단할 수 있는바, 이러한 모든 사정에 비추어 보면 비교적 소액인 공제분의 반환문제를 내부에서 합리적으로 해결하려는 자세를 보이지 아니하고 원고 주도하에 굳이 수사기관에 고소하는 방식을 택한 것은, 실질적으로는 피해자에게 보장된 고소권의 행사를 위장하여 당시의 노조와 피고 경영진과의 갈등을 형사문제로 증폭 비화시켜 피고나 그 경영진들의 명예를 공개적으로 실추시켜 해하려는 감정적 의도에서 나온 행위라고 보아야 할 것이다. 또 기록에 의하면, 원고가 구내에서 마주친 연장자이자 상사인 피고의 회장을 보고도 인사를 하지 않고 앞으로 인사를 하지 않기로 했다고 말하고, 외부사람들이 있는 자리 등에서 "삼성장군인데 똥별이다. 6 · 25 때 도망을 잘 다녀 지금도 잘 간다."는 등 회장을 폄훼한 사실이 인정되는 바, 이는 직장의 위계질서를 파괴하고 직원으로서의 품위를 스스로 손상하는 행위가 아닐 수 없다. 그러므로 위 징계사유인 피고의 사무총장에 대한 원고의 폭언행위에, 피고는 법령상 국방부장관의 지휘 · 감독을 받으면서 기록상 구성원들이 대부분 군출신인 관계로 현실적으로 비교적 엄격한 상명하복의 위계질서가 형성되어 이를 토대로 운영되고 있는 소규모의 특수 조직체이고, 원고도 예비역 중령인 점, 앞서 본 바와 같은 위 경영진에 대한 고소행위, 피고의 회장에 대한 결례 및 폄훼행위의 방법과 그 내용, 그리고 이들 행위로 인한 피고의 직장질서 문란 및 그 경영진의 명예실추 결과 등 제반 징계양정 사유를 참작하면, 원고의 노동조합활동이 법의 보호를 받는 것과는 별도로 이 사건에서 원고는 방법 및 절차의 적법성과 직장질서를 외면하고 위 노동조합 활동을 빙자하거나 이에 편승하여 불필요한 개인적 감정의 비행으로써 사회통념상 피고와의 신뢰관계를 반복적으로 훼손하여 근로관계를 계속할 수 없는 중대한 사유가 있다고 하지 않을 수 없다. 그럼에도 불구하고 원심이 판시와 같은 이유만으로 원고의 비행이 피고와의 근로관계를 지속하기 곤란한 중대한 것이라고 볼 수 없다고 한 것은, 징계양정 및 징계해고에 있어서의 정당한 사유에 대한 법리를 오해하여 판결 결과에 영향을 미친 잘못이 있다고 할 것이니 이 점을 지적하는 논지는 이유 있다(대판 1998. 05. 22, 98다2365)

(3) 근로자가 직장의 내부사실을 외부에 공표하는 것은 공표된 내용과 그 진위, 그 행위에 이르게 된 경위와 목적, 공표방법 등에 따라서는 사용자의 비밀, 명예, 신용 등을 훼손하는 행위로서 징계사유가 될 수 있지만, 고도의 공공성을 갖는 공법인에 있어서는 그 업무가 무엇보다도 먼저 관련 법령 및 제규정에 따라 적법하게 수행되어야 하고, 그 업무수행에 있어

서의 위법행위는 널리 공법인의 내 · 외부로터 감시 · 견제되어야 할 필요가 있으므로 소속 직원에 의한 업무관련사실의 공표행위는 일반 사기업의 경우와 동일하게 평가되어서는 아니 된다. 공법인인 지방공사 의료원의 직원이 그 의료원의 비정상적인 약품구입절차에 대하여 조사 · 시정하여 달라는 내용의 진정을 도지사에게 하고, 그 진정서 사본을 도의회 의원에게 제공한 행위는 의료원의 복무규정, 인사규정에 위반되지 않는다. 따라서 공법인인 지방공사 의료원의 직원이 상급자인 관리부장과 의료원장에게 공개질의서나 이의신청서를 제출함으로써 그 명예와 권위를 훼손하고 기강을 어지럽힌 행위를 하였다는 사유로 파면처분을 한 것은 징계재량권의 범위를 일탈한 것이다(대판 1999. 12. 21, 98두7787).

(4) 공공의 이익에 관한 것에는 널리 국가 · 사회 기타 일반 다수인의 이익에 관한 것뿐만 아니라 특정한 사회집단이나 그 구성원 전체의 관심과 이익에 관한 것도 포함하는 것이고, 적시된 사실이 공공의 이익에 관한 것인지 여부는 당해 적시사실의 내용과 성질, 당해 사실의 공표가 이루어진 상대방의 범위, 그 표현의 방법 등 그 표현 자체에 관한 제반 사정을 감안함과 동시에 그 표현에 의하여 훼손되거나 훼손될 수 있는 명예의 침해 정도 등을 비교 · 고려하여 결정하여야 한다. 회사의 대표이사에게 압력을 가하여 단체협상에서 양보를 얻어내기 위한 방법의 하나로 현수막과 피켓을 들고 확성기를 사용하여 반복해서 불특정다수의 행인을 상대로 소리치면서 거래행진을 함으로써 위 대표이사의 명예를 훼손한 행위가 공공의 이익을 위하여 사실을 적시한 것으로 볼 수 없어 위법성이 조각되지 아니한다(대판 2004. 10. 15, 2004도3912).

(5) 참가인은 전산원 구조조정에 대해 불만을 품고 상급자인 전산원장에게 폭언을 하고, 학교 통신망인 전자게시판에 전산원장을 비방하는 글을 게재하는 등의 명예훼손행위를 했을 뿐만 아니라 이사장을 면담하기 위해 근무시간 중에 다른 직원들을 선동해 근무지를 이탈했고, 또 참가인의 업무상 착오로 인해 원고 법인의 예산에서 훈련비를 지급하게 함으로써 재산상 손해를 입혔고, 시설임대료 등의 수입 및 지출의 투명성을 확보 못하는 등의 사유로 직위해제 및 대기 발령되었음에도 참가인은 대기발령 기간 중에도 원인인 명예훼손행위를 수회에 걸쳐 또다시 반복했을 뿐만 아니라 원고 법인 사무처장에 대한 각종 개인적인 비리의혹을 무책임하게 마구 제기함으로써 그 명예를 심각하게 훼손했다면, 이사건 면직처분은 원고의 정당한 인사권의 범위를 벗어난 것이라 볼 수 없다(대판 2005. 11. 25, 2003두8210).

(6) 참가인은 2002. 7. 6 원고회사 사무실의 기물파손행위를 한 뒤 원고로부터 3차례에 걸친 시말서 작성요구를 받고도 이를 모두 거부하였고, 2002. 11. 17 근무시간 중 음주운전을 한 뒤 원고회사 업무과장 앞에서 원고의 대표이사, 부장 등을 모욕하는 언동을 한 전력도 있다. 더욱이 원심이 인용한 제1심판결의 이유에 의하더라도 참가인들은 이 사건 징계해고 이

후인 2003. 8. 9에서 2003. 9. 26까지 원고회사 차고지에 천막을 설치하고 장송곡을 트는 등 원고회사의 업무를 방해하였고 또한 2003. 8월 초순경 'OO상사 악덕사업주를 규탄한다'는 등의 내용이 기재된 유인물을 제작하여 춘천시내 불특정 다수인에게 이를 배포함으로써 원고 대표이사의 명예를 훼손하여 그 범죄사실로 2004. 4. 2 춘천지방법원으로부터 각각 150만원의 약식명령을 받았다는 것인바, 이러한 범죄행위에 이를 정도의 비위행위도 그 비위행위의 내용에 비추어 볼 때 피징계자의 평소의 소행에 관한 하나의 자료로서 판단자료로 삼아야 할 것이다(대판 2006. 2. 24, 2005두11630).

쟁점사례

/사 례/ 벤처회사에 근무하는 근로자 A는 근무시간외에 다단계판매업에 종사를 하면서 주변에 있는 아는 사람들로부터 돈을 빌려 사용한 결과 채권자로부터 부채상환독촉에 시달리게 되었고, 얼마 전 법원으로부터 회사로 채권자가 근로자 A에 대해 임금채권을 압류한다는 통지서가 접수되었다. 최근에는 회사로 독촉전화가 자주 오다보니 근로자 A가 전화를 회피하여 다른 동료직원이 전화에 시달려 제대로 일을 할 수 없으며, 심지어 채권자가 회사로 와서 근로자 A에게 "돈을 돌려 달라"며 소란을 피운 적도 있다. 이러한 이유로 회사에서는 개인적 차원의 사생활상의 문제로 볼 수 없다고 단정하고, 근로자 A를 불러 사직서를 제출하라고 하였으나, 본인이 거부한 채 아무런 대답이 없다. 이에 회사에서는 '직원의 과중한 사채사용으로 인해 소란을 피우는 등 소란을 불러 일으켰으므로 회사의 명예가 실추되었다'며 1주일이내에 사직을 하지 않는 경우 해고를 시키겠다고 한다면 과연 정당한가?

/해 설/ 근로자의 채무문제는 원칙적으로 사적행위의 영역에 속하기 때문에 이를 이유로 징계처분을 할 수 없다. 그러나 지나친 채무로 인하여 정상적인 업무수행에 지장을 초래하거나 도박 등 사행성 업무, 기타 사회상규에 어긋나는 행위로 인하여 회사업무에 지장을 초래한 경우에는 징계처분의 사유가 될 수 있다. 사례의 경우에는 회사의 업무 이외에 사적으로 다단계판매업에 종사하면서 많은 부채로 인하여 시달리다 보니 정상적으로 업무수행을 하기가 어렵다고 보아야 한다. 따라서 업무 이외의 사유라도 이로 인하여 회사의 업무를 정상적으로 수행할 수 없다거나 그 행위로 인해 경영질서에 미치는 영향이 크다면 취업규칙이나 단체협약에 따라 징계처분이 가능하다. 그러나 명예훼손은 원칙적으로 사람을 주체로 하는 범죄이므로 보통 자연인이라고 하는 사람에게도 인정되며, 법인의 경우에도 정당, 노동조합, 주식회사, 기타 상법상의 회사는 물론 병원, 종교단체도 명예훼손의 주체가 될 수 있다고 본다. 따라서 근로자 개인의 채무로 회사에서 소란행위가 있었더라도 사용자에 대

한 허위사실의 유포 등을 한 것이 아니므로 명예훼손을 이유로 한 징계처분은 부당하다고 보아야 한다.

12. 회사물품의 절취 · 반출

(1) 회사물품의 절취 · 반출과 형사책임

a) 회사물품을 무단으로 훔치는 절취나 사업장 외부로 허락 없이 반출하는 행위는 모두 위법행위에 해당될 뿐만 아니라 기업의 징계사유로 삼을 수 있다. 회사의 생산제품이나 작업에 사용하는 각종 재료나 기구 등을 사용자 또는 소유자의 승낙 없이 무단으로 절취하거나 반출하는 행위는 근로자의 중대한 범죄행위로서 징계사유에 해당된다. 물품관리의 태만으로 재고부족이나 수량부족 등에 의한 손실이 발생한 경우에는 징계처분뿐만 아니라 손해배상책임이 발생한다.

b) 타인의 재물을 절취하는 죄는 형법 제329조에 위반된다. 본죄의 보호법익은 소유권뿐만 아니라 점유도 포함된다. 따라서 부동산뿐만 아니라 동산도 본죄의 객체가 된다. 여기서 절취란 점유자의 의사에 반하여 그 재물에 대한 사실상의 지배를 침해하여 자기 또는 제3자의 점유로 옮기는 것을 말한다.

(2) 물품의 절취 · 반출과 징계처분의 정당성

a) 회사의 상품이나 재고품 혹은 재료 등을 무단으로 반출하는 행위는 위법이 되어 형사처벌이 대상이 되나, 사법기관에 고소나 고발을 하는 것과는 별도로 자체적으로 취업규칙에 의하여 징계처분을 할 수 있다. 취업규칙을 적용하는 경우에도 회사소유물에 대한 절도나 횡령은 반사회적 성격의 범죄행위로서 중징계처분의 대상이 된다. 그러나 그것이 매우 낮은 가치의 물건이나 1회뿐인 경우라고 생각되는 경우 또한 본인이 반성의 정이 현저하게 인정되는 경우에는 한번쯤은 정상을 참작하여 출근정지 등 보다 가벼운 징계처분에 그치게 하고, 갱생의 기회를 주는 쪽이 타당할 것이다.

b) 마찬가지 취지에서 근로자가 회사제품을 가지고 나간 것이 판명되었고 범행을 인정하여 다시 조사를 확대한 결과 감독소홀로 많은 사람들이 반출한 사실을 추가적으로 알게 되었다면 관련자 전원을 징계할 수 있는 것이다. 그러나 부정행위자를 징계처분을 하더라도 위반횟수, 금액, 공모의 유무 혹은 상사의 관리태만을 참작하여야 하며, 횟수가

많은 자에 대해서는 상대적으로 무거운 징계처분이 가능하다고 보아야 한다.

c) 취업규칙이나 징계규정에 의해 이와 같은 회사의 생산품이나 자재의 도난방지를 위하여 허가없는 반출을 금지하고 이를 확인하기 위하여 휴대품을 검사할 수 있다. 그러나 이러한 휴대품 검사는 방법여하에 따라서 사생활이나 인격에 대한 침해행위로서 인권침해에 해당될 여지가 있다.

d) 이에 대하여 일본의 판례는 "소지품 검사가 취업규칙이나 기타 명시된 근거에 의하여 행해질 경우에는 달리 이에 대치할 만한 조치가 전무하다는 상태가 아니라 할지라도 근로자의 개별적인 경우에 그 방법이나 타당성을 결하지 않는 한 검사를 수인할 의무가 있다"고 판시하고, 이 수인의무에 위반한 근로자의 거부행위는 사실상의 지시위반으로서 징계처분의 사유에 해당된다고 한다.[46] 그러나 근로자가 회사의 불량품을 반출한 행위로 징계당한 것은 부당하다고 한다.[47]

개 념	회사물품의 절취 · 반출 유형	판 단
회사의 상품이나 재고품 또는 재료 등을 무단으로 반출하거나 절취 함으로써 재산적 손실을 끼치는 행위를 말함	1. 회사의 생산제품이나 부속물을 무단으로 반출하는 경우 2. 회사의 재산물을 승낙없이 외부로 반출하는 경우 3. 회사의 주요생산시설 또는 이용물을 절취 또는 반출하는 경우 4. 사용자의 승낙없이 회사의 제품이나 재료 기타 부품을 임의로 처분하는 행위 5. 회사의 주요 프로그램이나 관련 용역물을 외부에 무단으로 제공하는 경우 6. 기타 부정한 방법으로 회사물품을 절취 또는 반출하는 경우	회사물품의 절취 또는 반출시 징계처분 여부는 영리와 비영리의 목적을 불문하고 기업의 시설 기타 재산물의 보호라는 관점에서 판단하여야 함

관련판례

(1) 원심판결 이유에 의하면, 원심은 이 사건 공소사실은 '피고인은 주식회사 G가구 개발부 직원으로서 신상품 개발을 위한 디자인 업무에 종사하고 있었는데, ① 1989. 9. 5. 위 회사 개발실 사무실에서 자신이 디자인하였으나 회사로부터 채택 받지 못한 위 회사 소유의 도면 25장을 가지고 나오고, ② 1990. 1. 13. 10:30경 위와 같은 경위로 보관 중이던 위 회사 소유의 도면 복사본 27장을 가지고 나와 이를 각 절취하고, ③ 위 ②항 기재 일시경 위 회사 공장 본관 2층 여자화장실 내에서 위 회사 총무계장인 피해자 A가 위 도면 복사본 27장의 반환을 요

46) 日本 最高裁 1968.8.2 西日本鐵道會社事件

47) 중노위, 1996.9.13. 96부해158

구하였으나 피고인이 이를 거절하여 서로 다투던 중 손으로 피해자의 어깨를 밀어 그곳에 설치된 수건걸이에 부딪치게 하여 그에게 요치 3주간의 좌흉부염좌상을 가하였다'는 것인바, (1) 먼저 각 절도의 점에 대하여는, (가) 피고인이 공소사실 ①항 기재와 같이 디자인 도면 25장을 가지고 나온 사실은 인정되지만, 그 이유는, 피해 회사는 피고인이 근무를 태만히 하거나 상사의 직무상 명령에 불복한 사실이 없음에도 괜히 사직을 권고해 오다가 피고인이 이에 불응하자 1989. 9. 1. 징계위원회를 개최하여 피고인에게 1989. 9. 5. 부터 12. 5. 까지 3개월간의 정직처분을 내렸기 때문에, 피고인으로서는 지방노동위원회에 이에 대한 부당정직구제신청을 제기하고 그 쟁송에서 피고인이 평소 회사업무에 충실하였다는 근무실적의 증거로 삼을 목적으로 위 도면들을 가지고 나온 것뿐이고, (나) 또한 피고인이 공소사실 ②항 기재대로 디자인도면 복사본 27장을 가지고 나온 사실도 인정되나, 그 이유도 피고인이 1989. 12. 6.경 위 정직기간이 도과하여 회사에 출근하자 위 회사 개발부장 B가 피고인에게 1990. 1. 10.까지 평소 업무량의 2배에 가깝게 디자인도면 60장을 작성해 오라고 지시하여 피고인이 1990. 1. 10경 도면 45장을 작성하여 제출하였던바, 영업이사 C와 위 B 등은 위 도면들을 제대로 살펴보지도 아니한 채 도면도 형편없고 실적도 없다고 면박을 주면서 이를 전부 반려하고는 다음날 갑자기 위 도면들을 같은 해 1. 13.까지 다시 제출하라고 지시하므로, 피고인으로서는 전날 위 C 등으로부터 실적도 없다고 면박을 받은 터이므로 그들이 위 도면을 도로 가져가면 이를 폐기하고서는 피고인의 업무실적이 없다고 우길지도 모른다는 생각에서, 당시 피해 회사가 부당정직구제명령에 불복하여 계속 중이던 위 부당정직구제신청사건에 대한 재심사건에서 피고인의 근무실적에 대한 증거로 사용할 목적으로 위 도면 중 27장을 복사하여 가지고 나온 사실, 이 사건에서 피고인이 피해 회사에서 가지고 나온 도면들은 피고인이 상사의 지시에 따라 업무의 일환으로 제작한 가구디자인 도면의 원본 또는 그 복사본들인데, 평소 피해 회사에서는 디자이너들이 회사의 지시에 따라 작성한 도면을 위 B을 통하여 위 C에게 제출하면 동인이 그 중 회사에 필요한 것만을 채택하여 개발실에 있는 도면함에 따로 보관하고 이에 대하여는 그 유출 또는 반출을 엄격히 통제하고 있으나 채택하지 아니한 도면들은 대부분 작성한 디자이너에게 반환하여 각자가 자기의 서랍 또는 집에 보관하거나 폐기하는 등 임의로 처분해 온 사실을 인정한 다음, 위 각 도면들은 평소 디자이너 개인에게 임의처분이 허용되어 온 데다가, 피고인은 회사로부터 부당하게 징계를 받았다고 생각하고 노동위원회에 구제신청을 하면서 자신이 그동안 회사업무에 충실하였다는 사실을 입증하기 위한 자료로 삼기 위하여 가지고 나온 것에 불과하므로, 피고인에게 위 도면들에 대한 불법영득의 의사가 있었다고 볼 수 없다는 이유를 들어, 피고인에게 유죄를 선고한 제1심판결을 파기하고 무죄를 선고한데 이어, (2) 나아가 위 상해의 점에 대한 공소사실도 인정되나, 이는 피고인이 앞서 본 바와 같이 피해 회사에 제출하였다가 반려된 디자인도면 45장 중 27장을 소송자료로 사용하기 위하여 복사한 후 이를 여자화장실에 있는 피고인의 쇼핑백에 넣어 두었는데, 위 C의 지시를 받은 피해자 A가 피고인으로부터 위 쇼핑백을 빼앗으려 하자, 이를 빼앗기지 않으려고 양손으로 끌어안고 구석에 웅크리고 있었는데도, 피해자가 위 쇼핑백을 빼앗기 위하여 계속 다가오므로, 이를 저지하기 위하여 손으로 피해자의 어깨를 밀치는 바람에 피해자가 뒤로 밀려나면서 수건걸이에 부딪쳐 부상한 사실을 인정한 다음, 위와 같이 남자인 피해자가 비좁은 여자화장실 내에 주저앉아 있는 피고인으로부터 무리하게 쇼핑백을 빼앗으려고 다가오는 것을 저지하기 위하여 피해자의 어깨를 순간적으로 밀친 것은 피해자의 불법적인 공격으로부터 벗어나기 위한 본능적인 소극적 방어행위에 지나지 아니하므로 이는 사회통념상 허용될 수 있는 행위로서 그 위법성을 인정할 수 없다는 이유로, 역시 피고인에게 유죄를 선고한 제1심판결을 파기하고 무죄를 선고하였는바, 원심이 확정한 사실관계에 비추어 볼 때 원심의 위와 같은 판단은 모두 옳고, 여기에 절도죄의 불법영득의 의사나 상해죄의 위법성에 관한 법리오해의 위법이 없다고 할 것이다(대판 1992. 03. 27, 91도2831).

(2) 원심판결 이유에 의하면, 원심은 거시 증거에 의하여, 1) 원고 회사의 창고장은 거래처로부터 구입된 물품이 창고에 입고될 때에는 그 수량 및 하자 유무를 확인함과 아울러 물품과 함께 송부된 거래명세표 3부 중 1부에는 물품을 이상 없이 수령하였다는 내용을 기재하고 서명날인하여 거래처에 교부하고 1부는 자신이 보관하며 나머지 1부는 원고 회사 경리과에 보내어 물품대금을 지급하게 하는 사실, 2) 반면 창고장은 판매사원들에게 물품을 출고할 때에는 판매사원들로부터 품목 및 수량이 기재된 출고의뢰서가 제출되면 이를 검토한 후 창고보조인부 등으로 하여금 판매사원들에게 상품을 인도하게 한 사실, 3) 또한 판매사원들이 출고받고서도 판매하지 못한 물품이나 반품받은 물품을 입고할 경우에는 판매사원별로 입고의뢰서를 작성받아 이를 검토한 후 입고시킨 사실, 4) 창고장은 판매사원들로부터 받은 위 출고의뢰서 및 입고의뢰서를 매일 판매사원별로 정리하여 경리과에 보내는 한편 이를 기초로 판매사원별 출고량 및 입고량을 기재한 출 · 입고의뢰서(원고 회사에서는 이를 통상 상품출고장이라고 부른다. 이하 '상품출고장'이라고 한다)를 작성하고 다시 이에 기하여 총입고량 및 총출고량을 기재하여 물품잔고량을 나타내는 일일재고현황표를 작성하여 온 사실, 5) 다른 한편 원고 회사의 경리과에서도 매일 창고장으로부터 판매사원들에 대한 출고의뢰서를 넘겨받은 다음 판매사원들로부터 당일의 거래명세표를 제출받아 각 판매사원별 판매량 및 판매대금을 점검한 후 이를 종합하여 상품판매일지(원고 회사에서는 이를 통상 판매일보라 부른다. 이하 '판매일보'라고 한다)를 작성하고 그 작성과정에서 출고되었다가 판매되지 않은 물품 또는 반품된 물품이 발견될 때에는 그 내용을 창고장에게 직접 또는 전화로 통보하여 준 사실, 6) 그런데 피고 장명훈이 창고장직을 그만둘 무렵 장부상의 재고보다 창고내의 실제 재고가 상당히 부족한 것으로 나타나자 원고 회사가 위 피고와 합의하여 세무회계사무소에 재고현황을 파악하게 한 결과, 판매일보를 기준으로 하여 위 피고가 창고장업무를 인수할 당시의 실제 재고에 1991. 4. 16.까지의 총입고량을 합한 다음 판매일보상의 출고량(판매량)을 감한 수량과 조사 당시의 실제 재고를 비교할 경우에는 그 부족액이 합계 금 168,612,762원(1990. 2.

11.부터 같은 해 10. 24.까지 분이 금 83,600,669원이고 같은 해 10. 25.부터 1991. 4. 16.까지 분이 금 85,359,303원이다)이고, 상품출고장을 기준으로 하여 실제 재고를 비교할 경우에는 그 부족액이 합계 금 57,725,561원(1990. 2. 11.부터 같은 해 10. 24.까지는 재고부족액이 금 83,766,242원이고 같은 해 10. 25.부터 1991. 4. 16.까지는 오히려 입고량보다 출고량이 많아 금 26,040,681원 상당의 재고초과가 생겼다)으로 밝혀진 사실, 7) 판매일보를 기준으로 할 때 생긴 재고부족현상은 ① 창고업무에 관여한 근무자들이 상품출고장에 기재하지 아니하거나 실제보다 적은 수량을 기재하고 창고에 보관한 물품을 임의로 반출하여 처분하였을 가능성, ② 판매사원들이 상품출고시 임의로 출고의뢰서보다 많은 수량의 상품을 반출하였을 가능성, ③ 창고보조인부들이 실수로 출고의뢰서보다 많은 수량을 출고하였을 가능성, ④ 옥외창고에 적재되어 있던 물품이 도난당하였을 가능성, ⑤ 작업 또는 보관 중에 자연적으로 파손되었을 가능성, ⑥ 창고장이 실수로 판매사원들로부터 물품을 반납받지 아니하고도 입고의뢰서를 작성받거나 실제 수량보다 많은 수량으로 입고의뢰서를 작성받았을 가능성, ⑦ 창고장이 경리직원으로부터 물품의 반납통보를 받고서도 착오나 잘못으로 실제로 이를 입고받지 아니했을 가능성, ⑧ 판매사원들이 출고받아 판매한 상품의 수량을 허위로 줄여 경리직원에게 보고하였음에도 경리직원이 이를 간과하거나 또는 경리직원이 출고의뢰서와 거래명세서의 수량 차이나 반품된 상품이 있는 것을 간과하여 이를 창고장에게 통보하지 아니함으로써 그 물품이 실제로 입고되지 아니했을 가능성 등 여러 원인에서 기인할 수 있는 사실, 8) 원고 회사는 위 피고가 창고장으로 재직하는 동안 앞서 판매일보를 기준으로 할 때 재고 부족분으로 밝혀진 위 금 168,612,762원 상당의 물품의 행방을 밝힐 수 없어 동액 상당의 손해를 입은 사실 등을 각 인정한 다음, 원고 회사 재고부족으로 입은 위 손해는 창고장으로서 선량한 관리자의 주의의무를 다하지 아니하여 발생한 경우(위 ① 내지 ⑦의 각 사유)와 위 ⑧ 등과 같이 경리직원의 임무소홀로 인한 경우가 혼재하여 있는데 그 비율이 각각 얼마나 되는지 확정짓기는 곤란하지만, 원고 회사의 재고관리업무가 창고장과 경리직원의 긴밀한 업무연락 및 상호 확인의 방법에 의하여 이루어지는 관계에 있는 점, 원고 회사의 물품판매 및 창고운영체계상 재고발생분에 대한 각 원인발생의 가능성의 정도 등에 비추어 볼 때, 그 비율을 균등하게 추정할 수밖에 없다고 인정하여 위 피고의 잘못으로 인한 손해부분을 판매일보를 기준으로 한 재고 부족분의 절반인 금 84,306,381원(168,612,762.5)으로 판단하고, 나아가 이러한 손해발생에 창고운영 또는 재고관리체제에 내재하고 있는 근본적인 문제를 개선하지 아니한 원고 회사의 과실도 한 유발원인이 되었다고 50%의 과실상계를 하여 피고 A의 손해배상액을 정하고, 이를 전제로 신원보증인인 피고 B의 책임범위를 결정하였다. 그러나 피고 A는 어디까지나 원고 회사의 창고장으로서 그 직무수행상의 책무가 원심이 판시한 바와 같이 입 · 출고 물품의 수량 및 하자 유무를 확인하고 물품이 훼손되지 않도록 다른 창고업무 종사자들을 지휘 · 감독하여 보관 중인 물품이 도난당하거나 멸실되지 않도록 보관상의 주의의무를 다하며 이에 부수하여 재고관리 및 장부정리 등을 하는 것이므로, 위 피고가 원고 회사의 창고장으로서 선

량한 관리자의 주의의무를 해태하여 원고 소유의 물품이 멸실됨으로써 원고 회사에게 손해가 발생하였다면 그 책임의 범위는 마땅히 위 피고의 직무범위 내에서 그 귀책사유로 인하여 발생한 손해의 범위 내로 한정되어야 할 것이므로, 원심이 위 피고의 직무해태로 인하여 손해가 발생하였는지 여부와 그 범위를 판단함에 있어서는, 위 피고가 창고장의 직무를 인수할 당시의 실제 재고량에 그 후 새로이 입고된 총물량을 합한 다음 거기에서 직무수행기간 중의 총출고량을 공제한 나머지 수량과 후임자에게 인계할 당시의 실제 재고량과의 차이를 위 피고의 책임하에 작성된 장부상의 기재내용과 함께 따져 보아야 하고, 이와 달리 경리직원이 작성한 판매일보상의 판매량을 공제한 수량을 기준으로 삼게 되면 출고된 후 위 피고가 지휘·감독할 수 없는 판매사원들의 잘못으로 멸실된 물품이나 경리직원들의 잘못으로 판매일보에 누락된 물품 등과 같이 창고장의 직무와 무관한 범위에까지 위 피고에게 손해배상책임을 묻는 결과가 되어 부당하다. 기록에 의하면, 원고 회사 소속 판매사원들은 대부분 일단 출고받은 물품이 재고로 남더라도 창고에 반환하지 않고 차량에 싣은 채로 보관한 사실판매일보(을 제4호증)에는 이를 '전일재고'로, 재고조사표(갑 제2호증의 1, 2)에서는 '차량재고'로 각 표시하였다, 위 피고는 1991년 4월경 원고 회사 대표이사의 지시를 받고 각 판매사원별로 출고수량과 판매일보상의 판매수량과의 차이를 조사하여 보고하였는데 그 액수가 1억 원이 넘는 사실(갑 제7호증의 3), 원고 회사는 여러 차례 판매사원들을 상대로 수사기관에 횡령혐의로 고소한 바가 있고 그 중 소외 B는 위 피고가 창고장으로 재직하는 동안 원고 회사의 물품대금을 횡령한 잘못이 인정되어 실형을 선고받은 사실을 인정할 수 있는바, 사실관계가 이와 같다면 더욱이 판매일보상의 판매량을 기준으로 위 피고의 책임범위를 정할 수는 없을 것이고, 특히 판매일보를 기준으로 재고 부족분을 산정한 다음 위 피고의 임무소홀로 인한 책임부분을 그 절반으로 추정할 아무런 근거도 없다고 할 것이다. 다만, 앞서 본 상품출고장의 기재가 그 자체로 많은 부실한 내용을 담고 있어 그대로 믿기 어렵다면 그러한 부분은 매일 경리과에 보내져 판매일보 작성의 기초자료가 된 거래명세표, 출고의뢰서 및 입고의뢰서 등에 대한 증거조사를 실시하여 재고 부족에 관한 사실관계를 확정하여야 할 것이다. 그럼에도 불구하고 원심이 위 피고의 잘못으로 인하여 발생한 손해의 유무 및 그 범위를 정함에 있어서 경리직원이 작성한 판매일보상의 판매량을 기준으로 삼은 것은 잘못이라고 할 것이므로, 논지는 이유 있다(대판 1997. 04. 11, 96다47449).

(3) 원고에 대한 징계사유 중 가장 주된 부분인 약품 무단유출의 점은 2년의 징계시효가 경과하여 이를 징계사유로 삼을 수 없다(원고가 의도적으로 장기간 약품유출사실을 은폐하여 참가인 의료원측이 이를 적발하기 불가능하였다고 볼 아무런 증거가 없으므로, 참가인 의료원측으로서는 적어도 원고의 약품유출행위가 종료된 2001. 2. 4.경부터 원고에 대하여 위 약품유출의 점을 징계사유로 삼아 징계할 수 있었다). 원고에 대한 나머지 징계사유는 사무분담 변경으로 인한 업무미숙으로 인한 것 등 그 징계사유 발생경위에 나름대로 참작할 만한 사정이 있고, 그

비위의 정도 또한 중한 것으로 보이지 아니하므로 이 사건 징계해고는 인사권을 남용한 부당해고이다(서울행판 2005. 11. 8, 2005구합10309).

쟁점사례

/사 례/ S조선소에 근무하는 근로자 A는 조선소 내에서 강철판을 절단하고 남은 철판조각을 모아 두었다가 퇴근시에 회사의 경계 밖에 옮겨 빼돌리는 수법으로 고철로 팔아 용돈으로 사용해오다 회사에 적발이 되었다. 회사의 총무팀에서는 당해사건을 조사한 결과 작업반장 B 이외에 다른 동료 3명이 함께 5년간에 걸쳐 동일한 반출행위를 한 것으로 밝혀졌다. 해당 근로자 A는 상사인 작업반장 B와 동료들이 관행적으로 해오던 습관대로 어울리게 되어 회사에서 버리는 고철인줄 잘못알고 별다른 죄의식을 느끼지 못했다고 한다. 이 경우 회사에서는 고철을 무단반출을 하였다는 이유로 징계할 수 있는지?

/해 설/ 회사에서 사용하는 작업도구나 재료 등은 원칙으로 사용자의 소유에 속하는 것이며, 해당 작업에 따른 부산물도 사용자의 승낙없이 근로자가 임의로 처리할 수 없다. 따라서 조선업에 종사하는 근로자가 작업 중 발생하는 고철덩어리를 모아 두었다가 무단으로 반출하여 판매한 후 그 수익금을 용돈으로 사용한 행위는 부정행위에 해당된다. 설사 동료근로자들이 오랜 기간 동안 관행적으로 반출하여 무단으로 처리하여 왔더라도 이러한 행위를 관행이라 주장할 수 없다. 또한 징계처분을 함에 있어서 당해 위반행위가 위법행위나 회사의 규범에 위반하였는지, 근로자가 제대로 인식하였는지를 전제로 하여 징계처분의 정당성을 판정하는 것도 아니다. 따라서 해당근로자가 고철을 모아 두었다가 무단으로 처분하는 행위는 타인의 재물을 절취하는 행위에 해당되어 형법 제329조에 의한 절도죄에 해당된다. 따라서 A뿐만 아니라 다른 동료근로자 3명, 작업반장 B에 대하여 취업규칙이나 단체협약에 의해 징계처분을 할 수 있다.

13. 업무방해

(1) 업무방해의 의의와 형사책임

a) 업무란 사람이 그 사회적 지위에 있어서 계속적으로 종사하는 직무 또는 사업을 말한다. 이때 업무에는 통상적으로 근로자 자신이 수행하는 업무뿐만 아니라 근로계약에 근거하여 수행이 기대되는 부수적인 업무도 포함된다. 업무방해는 개별 근로자가 수행하는

업무뿐만 아니라 경영조직의 전부 또는 일부의 업무에 지장을 초래하거나 방해를 한 경우도 포함된다. 따라서 근로자 개인의 차원을 넘어 전체 회사의 차원에서도 업무방해에 해당되는지를 판단할 수 있다.

b) 근로자가 정당한 이유 없이 사용자의 업무를 방해하거나 다른 사람의 업무수행을 저지하는 경우, 이와 관련하여 허위의 사실을 유포하거나 기타 위계 또는 위력으로써 타인의 업무를 방해한 자는 업무방해죄를 구성한다. 이러한 자에 대하여는 형법 제314조에 의하여 5년 이하의 징역 또는 1,500만원 이하의 벌금에 처한다.

(2) 업무방해와 징계처분의 정당성

1) 업무방해죄와 징계권의 행사 a) 형법 제314조 소정의 업무방해죄에서 말하는 위력이란 피해자의 자유의사를 제압, 혼란케 할 세력을 가리키는 것으로서, 노동쟁위 행위는 본질적으로 위력에 의한 업무방해의 요소를 포함하고 있다. 다만 근로자의 단체행동권은 단결권, 단체교섭권과 함께 헌법에 의하여 보장된 권리이므로 단체행동권에 속하는 노동쟁의 행위가 형식적으로 근로조건의 유지 · 개선 기타 근로자의 정당한 이익을 주장하기 위한 상당한 수단인 경우에는 정당행위로서 위법성이 조각된다 할 것이다.[48)]

b) 사용자는 국가의 형벌권과는 별개로 근로자의 업무방해를 이유로 취업규칙에 의해 사적 질서벌로서 징계권을 행사할 수 있다. 다만, 사용자에 의한 징계권행사는 모두 국가의 형벌권의 대상이 되는 것이 아니라, 기업경영의 특질상 근로관계에서 부과하는 위반행위를 대상으로 한다. 따라서 동료의 작업을 방해하거나 사업주의 시설물이나 영업시설의 이용을 방해 또는 저지하는 행위는 업무방해에 해당되어 징계처분의 사유가 된다.

2) 업무방해의 판단과 징계처분성 a) 업무방해는 업무의 정상적 운영을 방해하거나 시설 등의 사용을 저해하며 업무에 지장을 초래하는 것을 말한다. 이 경우 업무에 방해가 되는지는 ① 동료, 기타 타인의 노무제공을 방해하거나 저지하지 않는지, ② 사업주의 시설물 이용을 방해하거나 무단으로 사용하는지, ③ 작업과 밀접한 관련이 있는 서비스의 이용을 저해시키는지 등을 고려하여 판단해야 한다.

b) 따라서 근로자들이 집단적으로 작업장을 이탈하거나 결근을 하여 업무의 정상적운영에 지장을 초래한 경우도 업무방해에 해당된다고 보아야 한다. 업무방해의 전형적인 유형을 살펴보면, ① 허위의 사실을 유포하거나 위계 또는 위력으로 다른 사람의 업무를 방해하는 행위, ② 협박 또는 강압으로 다른 직원의 업무수행을 저지 · 방해하는 행위 등을 들 수 있다.

---

48) 대판 1991.11.8, 91도326

개 념	업무방해의 유형	판 단
업무의 정상적 운영을 방해하거나 시설 등의 사용을 저해하여 업무에 지장을 초래하는 것을 말함	1. 허위의 사실을 유포하거나 위계 또는 위력으로 다른 사람의 업무를 방해하는 행위 2. 협박 또는 강압으로 다른 직원의 업무수행을 저지, 방해하는 경우 3. 회사의 문서 또는 기기, 도구 등을 손괴시키거나 고의로 훼손하여 정상적 업무에 지장을 초래케 하는 경우 4. 사업장 시설, 장소, 설비, 기계 등을 점거하여 본래의 영업을 할 수 없도록 하는 경우 5. 전기, 수도, 가스 등의 공급을 중단하여 업무에 지장을 주는 경우 6. 컴퓨터 정보처리장치 또는 전자기록 등을 훼손하거나, 프로그램을 무단 삭제하는 경우 7. 컴퓨터 등 정보처리장치에 허위의 정보 또는 부정한 명령을 입력하거나 기타의 방법으로 정보처리에 장애를 발생시키는 행위 8. 버스운행의 정지, 전화 또는 통신시설의 절단 등으로 그 사용을 중지시키는 경우	동료 기타 타인의 노무제공을 방해하거나 저지하지 않는가, 사업주의 시설물 이용을 방해하지 않는가, 작업과 밀접한 관련이 있는 서비스의 이용을 저해시키지 않는가에 따라 판단함

관련판례

(1) 다수의 근로자들이 상호 의사연락하에 집단적으로 작업장을 이탈하거나 결근하는 등 근로의 제공을 거부함으로써 사용자의 생산 · 판매 등 업무의 정상적인 운영을 저해하여 손해를 발생하게 하였다면, 그와 같은 행위가 노동관계 법령에 따른 정당한 쟁의행위로서 위법성이 조각되는 경우가 아닌 한, 다중의 위력으로써 타인의 업무를 방해하는 행위에 해당하여 업무방해죄를 구성한다(대판 1991. 4. 23, 90도2771).

(2) 사용자측이 임금교섭에 대하여는 적극적이었음에도 조종사노조는 임금협상을 포기하더라도 외국인 조종사의 채용및 관리, 운항규정심의위원회구성 등에 관한 보충협약체결에 대하여 이를 철회하지 않을 것임을 분명히 하여 임금교섭의 구체적인 진정이 없었던 이상 조종사노조의 단체교섭의 주된 목적은 임금교섭이 아닌 위 보충협약 부분이라 할 것인데, 위 보충협약 부분 중 가장 쟁점이 된 외국인 조종사의 채용 및 관리에 관한 조종사 노조측의 제시요구안은 외국인 조종사의 채용을 2001. 6. 30.자로 동결하고 외국인 부기장을 채용할 수 없도록 하는 등 사용자의 경영권을 본질적으로 침해하는 내용이어서 단체교섭의 대상이 될 수 없는

사항이므로 그 주장을 관철할 목적으로 한 2001. 6.경의 이 사건 쟁의행위는 정당성이 없어 목적의 정당성이 결여하였고, 판시와 같은 이유로 쟁의행위의 시기 · 수단 · 방법에 있어서 정당성의 한계를 벗어났으므로, 피고인들의 청원경찰법위반의 범행을 유죄로 판단하고, 이 사건 업무방해의 범죄를 유죄로 인정한다(대판 2008. 9. 11, 2004도746).

(3) 사용자가 연설, 사내방송, 게시문, 서한 등을 통하여 의견을 표명하는 경우 그 표명된 의견의 내용과 함께 그것이 행하여진 상황, 시점, 장소, 방법 및 그것이 노동조합의 운영이나 활동에 미치거나 미칠 수 있는 영향 등을 종합하여 노동조합의 조직이나 운영 및 활동을 지배하거나 이에 개입하는 의사가 인정된다면 노동조합 및 노동관계조정법 제81조제4호에 규정된 '근로자가 노동조합을 조직 또는 운영하는 것을 지배하거나 이에 개입하는 행위'로서 부당노동행위가 성립하고, 또 그 지배 · 개입으로서의 부당노동행위의 성립에 반드시 근로자의 단결권의 침해라는 결과의 발생까지 요하는 것은 아니다(대판 2006. 9. 8, 2006도388 참조). 그러나 사용자 또한 자신의 의견을 표명할 수 있는 자유를 가지고 있으므로, 사용자가 노동조합의 활동에 대하여 단순히 비판적 견해를 표명하거나 근로자를 상대로 집단적인 설명회 등을 개최하여 회사의 경영상황 및 정책방향 등 입장을 설명하고 이해를 구하는 행위 또는 비록 파업이 예정된 상황이라 하더라도 그 파업의 정당성과 적법성 여부 및 파업이 회사나 근로자에 미치는 영향 등을 설명하는 행위는 거기에 징계 등 불이익의 위협 또는 이익제공의 약속 등이 포함되어 있거나 다른 지배 · 개입의 정황 등 노동조합의 자주성을 해칠 수 있는 요소가 연관되어 있지 않는 한, 사용자에게 노동조합의 조직이나 운영 및 활동을 지배하거나 이에 개입하는 의사가 있다고 가볍게 단정할 것은 아니라 할 것이다. 원심판결 이유 및 기록에 의하면, ① 한국철도공사가 2009. 11. 24. 이 사건 노동조합과의 단체협약을 해지하자 이 사건 노동조합은 같은 해 11. 26.부터 같은 해 12. 2.까지 파업을 진행하다가 같은 해 12. 3. 업무에 복귀한 사실, ② 이 사건 노동조합은 이후 계속하여 한국철도공사와 단체교섭을 진행하였음에도 교섭이 이루어지지 않자, 2010. 5. 12.까지 교섭이 결렬될 경우 재차 파업을 하겠다고 한국철도공사에 예고(파업 예정일은 2010. 5. 12. 04:00경임)한 사실, ③ 이에 한국철도공사의 ○○본부장이자 단체교섭의 사용자 측 교섭위원 중 한 명인 공소외 1은 2010. 5. 8.부터 같은 달 11일까지 한국철도공사 산하 차량사업소 및 정비단 등 현장을 순회하면서 직원설명회를 개최하기로 하여 파업 예정일 이전 며칠 동안 집중적으로 전국을 이동하며 직원설명회를 개최한 사실, ④ 공소외 1이 2010. 5. 11. 한국철도공사 산하 서울차량사업소에서 약 300여 명에 이르는 직원을 상대로 위와 같은 설명회(이하 '이 사건 설명회')를 개최하려고 위 사업소에 도착하자, 피고인들 및 조합원 30여 명은 건물 1층 현관 앞을 막아서서 '내일이 파업인데 본사에 가서 협상하는 데 가 있어야지 여기 있을 때가 아니다'고 하거나 '파업을 하루 앞두고 성실교섭이나 하지 뭐 하러 왔어. 현장에 설명회를 할 시간이 있으면 다시 돌아가 교섭에 충실히 임해 파업을 막도록 하라'고 하면서 멱살을 잡는 등으로 건물 안으로 들어가지 못하게 가로막

은 사실, ⑤ 피고인들의 위와 같은 출입방해 등으로 인하여 공소외 1은 결국 그날 서울차량사업소 2층 회의실에서 과장 등 중간관리자와 차량팀원 일부 등 몇십 명만 참석한 가운데 약 10분간 설명회를 진행하면서 한국철도공사의 현황에 비추어 파업에 무리가 있다는 취지의 발언을 하고 나아가 국민들의 파업에 대한 시각과 국가가 처한 현실 등과 함께 현재로서는 철도가 파업이 된다면 한국철도공사 전체의 위기가 올 수 있다고 언급한 사실을 알 수 있다. 이러한 순회설명회의 경과 등에 비추어 볼 때, 공소외 1이 이 사건 설명회에서 설명하고자 한 내용은 다른 지역설명회에서 한 발언과 유사할 것으로 보이지만, 원심은 그 내용에 대해서는 구체적으로 심리한 바가 없다. 그리고 그 발언의 내용이 이 사건 설명회가 무산된 뒤 중간관리자 등을 상대로 하였던 발언 내용과 별 차이가 없는 것이라면, 이는 파업이 예정된 상황에서 한국철도공사의 전반적 현황과 파업이 회사에 미치는 영향을 설명하면서 파업 참여에 신중할 것을 호소 · 설득하는 등 사용자 입장에서 노동조합이 예정한 파업방침에 대해 비판적 견해를 표명한 것으로서 사용자 측에 허용된 언론의 자유의 범위를 벗어난 것이라고 단정하기는 어렵다 할 것이다. 다만 원심판결 이유 및 기록에 의하면, 피고인들의 출입방해 행위 당시 서울차량사업소장 공소외 2가 피고인들 등에게 '내일 파업이니까 오신 거예요. 파업하지 말라고. 내일 파업하면 우리 직원들이 많이 다치니까 하지 말라고 얘기하러 오신 거예요'라는 취지로 말한 사실이 인정되기는 한다. 그러나 이는 공소외 2가 서울차량사업소장으로서 피고인들이 공소외 1의 출입을 막아선 상황에서 이를 풀 것을 설득하는 과정에서 우발적으로 한 것으로 보이고, 그 내용도 그 사업소 소속 직원인 피고인들이 파업으로 인해 입을 손해를 우려하는 취지의 충고성 발언으로 볼 수 있는 등 발언 당시의 상황, 발언의 경위 및 시기 등 여러 사정들에 비추어 볼 때, 보복이나 위협 등의 의사가 표시되었다고 보기는 어렵다. 그 밖에 공소외 1이 이 사건 설명회를 개최하려고 한 과정에서 노동조합의 조직이나 운영을 지배하거나 이에 개입하는 의사가 있었던 것으로 볼 만한 행동을 하였다는 자료는 찾아볼 수 없다. 그렇다면 원심으로서는, 비록 이 사건 설명회가 파업이 임박한 시기에 개최된 것이라고 하더라도, 공소외 1이 이 사건 설명회 전 다른 지역에서 한 순회설명회에서 표명한 발언의 내용 및 그러한 발언 등이 조합원이나 노동조합의 활동에 미쳤거나 미칠 수 있는 영향, 그리고 당초 예정된 파업의 정당성 여부 등 지배 · 개입의 부당노동행위를 인정하는 전제가 되는 전후 상황 등에 대하여 구체적으로 심리하여, 이 사건 설명회 개최가 사용자 입장에서 단순히 파업에 대한 의견을 개진하는 수준을 넘어 조합원에 대해 회유 내지 위협적 효과를 가지는 등의 사정이 있어, 사용자에게 노동조합의 운영이나 활동을 지배하거나 노동조합의 활동에 개입하려는 의사가 있었던 것으로 추단되는지 여부를 판단하였어야 할 것이다. 그럼에도 원심은 이에 이르지 아니한 채 단지 그 판시와 같은 사정만으로 이 사건 설명회 개최가 '근로자가 노동조합을 운영하는 것을 지배하거나 이에 개입하는 행위'로서 업무방해죄의 보호법익으로서의 업무에 해당하지 않는다고 판단하였으니, 이러한 원심의 판단에는 지배 · 개입에 의한 부당노동행위의 성립에 관한 법리 또는 업무방해죄의 보호법익으로서의 업무에 관한 법리를 오해하여 필요한 심리를 다하지 아니함으로써 판결에 영향을 미친 위법이 있다(대판 2013. 01. 10, 2011도15497).

(4) 업무방해죄의 수단인 위력은 사람의 자유의사를 제압·혼란하게 할 만한 일체의 억압적 방법을 말하고 이는 제3자를 통하여 간접적으로 행사하는 것도 포함될 수 있다. 그러나 어떤 행위의 결과 상대방의 업무에 지장이 초래되었다 하더라도 행위자가 가지는 정당한 권한을 행사한 것으로 볼 수 있는 경우에는, 그 행위의 내용이나 수단 등이 사회통념상 허용될 수 없는 등 특별한 사정이 없는 한 업무방해죄를 구성하는 위력을 행사한 것이라고 할 수 없다. 따라서 제3자로 하여금 상대방에게 어떤 조치를 취하게 하는 등으로 상대방의 업무에 곤란을 야기하거나 그러한 위험이 초래되게 하였다 하더라도, 행위자가 그 제3자의 의사결정에 관여할 수 있는 권한을 가지고 있거나 그에 대하여 업무상의 지시를 할 수 있는 지위에 있는 경우에는 특별한 사정이 없는 한 업무방해죄를 구성하지 아니한다. 원심은, 그 판시와 같은 이유로 ○○광역시개인택시운송사업조합 새마을금고(이하 '새마을금고'라 한다)의 임원이 되기 위하여는 ○○광역시개인택시운송사업조합(이하 '조합'이라 한다)의 조합원 자격을 갖추어야 하기 때문에 새마을금고가 사실상 조합의 영향력 하에 있어 그 권고사항을 따르지 않을 수 없는 지위에 있음을 이용하여, 조합 이사장 지위에 있는 피고인이 조합 이사장 명의로 새마을금고에 공문을 보내 ○○개인택시신문(이하 '택시신문'이라 한다)에 게재하던 광고를 중단하도록 한 행위가 위력에 의한 업무방해죄에 해당한다고 판단하였다. 그러나 원심판결 이유 및 원심이 적법하게 채택한 증거들에 의하면, 피고인이 이사장으로 근무하는 조합은 개인택시운송사업에 관한 정부시책에 협력하고 택시운송사업의 합리화와 공익성 제고 및 조합원 상호간의 친목도모와 사업의 발전 등 공동의 이익증진을 도모함을 목적으로 하고 있고, 이러한 목적을 달성하기 위한 사업 중 하나로 새마을금고를 설립한 사실, 새마을금고의 주된 사무소는 조합 내에 두고 그 업무구역도 조합과 동일한 사실, 새마을금고의 임원은 조합의 조합원 자격을 갖추어야 하고, 새마을금고 회원의 구성은 조합원, 조합 산하기관 직원 및 고용원과 그 가족들인 사실, 매주 월요일 오전 조합 이사장실에서 조합 이사장의 주재 아래 조합의 전무, 실장, 부장 및 새마을금고의 상근이사와 상근감사 등이 참석하여 부서장 회의를 개최하는데, 이는 일주일간의 조합 및 새마을금고의 전반적인 업무에 대한 보고 시간으로 활용되는 사실, 택시신문이 2009. 4. 29.경 조합 이사장인 피고인의 택시정보화사업에 관한 잘못된 처리내용을 알리는 기사를 게재하자, 조합 이사회는 그 기사 내용이 조합 집행부를 비방하여 조합을 음해하려 한다고 판단하고 2009. 5. 8.경 회의를 열어 택시신문으로 하여금 '○○개인택시신문'이라는 명칭을 사용하지 못하도록 하는 가처분 신청 및 민·형사 제소 등에 관하여 논의한 사실, 그 과정에서 이사 공소외 1의 긴급 제안에 따라 택시신문에 새마을금고 또는 조합원이 광고를 게재하지 못하도록 하는 방침의 안건이 발의되어 조합 이사장인 피고인의 의사진행에 따라 조합 이사회 만장일치로 통과된 후, 그 결의 내용이 조합 이사장 명의로 '광고게재 금지

권고 통보'라는 공문으로 새마을금고에 전달된 사실, 그 공문에는 조합의 방침에 따르지 않는 새마을금고 소속 조합원은 징계위원회에 회부될 수 있다고 기재되어 있는 사실, 그 후 단발적으로 택시신문에 광고를 게재해 오던 새마을금고는 택시신문 광고를 중단하게 된 사실 등을 알 수 있다. 이러한 사실관계를 앞서 본 법리에 비추어 보면, 제3자의 의사결정에 직접적으로 관여하거나 지시할 권한을 가지고 있는 행위자가 그 권한 범위 내에서 업무상의 지시 등을 하면서 그 실행을 확실하게 하기 위하여 지시 등에 따르지 않는 경우의 제재조치 등을 강조하는 과도한 표현을 사용하였다 하더라도 이는 특별한 사정이 없는 한 행위자 자신의 고유권한을 행사한 범주에서 벗어나는 것은 아니라고 할 것인데, 이 사건 조합의 정관, 새마을금고의 설립 경위, 새마을금고 임원 및 회원의 구성, 조합과 새마을금고 사이에 주기적으로 이루어지는 업무보고 및 의사결정 과정 등을 고려하면, 조합과 새마을금고는 상호간 업무적으로 밀접하게 연관되어 있고 조합이 새마을금고의 업무에 직 · 간접적으로 관여할 권한을 가지고 있다고 볼 만한 사정도 상당하다고 보인다[피고인과 피해자는 모두 새마을금고가 조합에 소속되어 있거나 조합의 산하기관이라는 취지로 진술하고 있기도 하다(공판기록 217쪽, 수사기록 13, 14, 567쪽 참조)].

따라서 원심으로서는 새마을금고의 일반적인 경영 및 운영에 관한 사항에 대하여 조합 이사회가 논의 · 결정할 권한이 있는지, 조합 이사회가 새마을금고에 대하여 특정 매체에 광고게재를 중단하도록 의결하는 것이 그 업무상의 권한 범위에 속하는지, 위 이사회결의가 이루어질 당시 새마을금고의 대표자 등도 동석하여 논의 과정에 참여하였는지, 그리고 나아가 그러한 권한 행사가 정당한 권한 행사를 빙자하였다거나 사회통념상 용인되는 범위를 넘는 등 특별한 사정이 있는지 여부 등에 대하여 면밀하게 심리한 다음 피고인의 위 이사회결의 내용 통보 등의 행위가 택시신문에 대한 업무방해죄를 구성하는지 여부를 판단하였어야 할 것이다. 그럼에도 원심은 단지 그 판시와 같은 이유만으로 피고인이 조합 이사장으로서 새마을금고에 광고게재 중단을 요구한 행위가 업무방해죄를 구성하는 위력의 행사에 해당함을 전제로 업무방해죄가 성립한다고 단정하고 말았으니, 이러한 원심의 판단에는 업무방해죄에 있어 위력에 관한 법리를 오해하여 필요한 심리를 다하지 아니한 위법이 있다. 이 점을 지적하는 피고인의 상고이유는 이유 있다(대판 2013. 02. 28, 2011도16718).

쟁점사례

/사 례/ 지방자치단체의 산하기관인 D공사 노동조합에서는 사용자를 상대로 단체교섭을 요구하여 왔으나, 공사의 특성상 이사장이 처리할 수 없는 권한에 속하는 사항에 대하여는 단체협약의 체결이 불가능한 것으로 판단하고 지방자치단체장을 상대로 집회를 할 계획이었다. 이에 따라 D노동조합은 노동조합의 간부가 주도하여 근무시간 중 조합원

300명을 동원하여 시청 앞에서 농성하고 시가행진을 하면서 대학교운동장에서 연대파업 전야제를 하였다. 이에 대해 공사측 사용자는 무단으로 작업장을 이탈한 조합원과 조합간부를 대상으로 위법성으로 조사하고, 조합간부책임과 무단이탈 등을 사유로 업무방해에 해당한다고 보아 형사고소를 하고 파면처분을 하는 등 중징계처분을 하고자 한다. 이 경우 노동조합의 입장에서는 헌법상 단체행동권을 보장하고 있으므로 도시집회 및 연대파업을 위한 전야제 등 행사는 당연한 근로자의 기본권으로서의 권리이므로 사용자측이 징계행위는 부당하다고 주장하고 있는데, 과연 업무방해를 이유로 징계처분을 할 수 있는지?

/해 설/ 일반적으로 근로자는 노동조합에 자유로이 가입할 수 있고, 단결권 및 단체교섭권, 단체행동권에 대하여는 헌법 제33조제1항에 의하여 명시하고 있다. 여기서 단체행동권에는 집회, 단합대회, 전당대회, 홍보활동, 쟁의행위 등 매우 다양한 분야에 걸쳐 노동조합의 조합활동이 포함된다. 사례의 경우 파업전야제나 집회는 단체행동권에 속하는 권리이며, 이러한 활동은 적법한 활동으로 허용된다고 보아야 한다. 그러나 근무시간 중에 작업장을 무단 일탈하지 아니하여 근로를 거부하는 것은 사업의 정상적 운영에 막대한 지장을 주는 것이므로 업무방해에 해당된다. 지방자치단체를 상대로 집회를 하고 시가행진을 하는 경우에는 자체만으로 곧바로 위법하다고 할 수 없다. 그러나 적법한 쟁의신고를 거친 정당한 쟁의행위에 속한다면 사업장 이외에서 집회를 하였더라도 징계처분을 할 수 없다. 이 경우 [집회 및 시위에 관한 법률]은 별도의 법률문제로 보아야 한다.

14. 불법적인 노조활동 또는 집단행동

(1) 의의

a) 불법적인 노조활동이란 헌법 또는 노동법에서 허용된 정당한 조합활동의 범위를 일탈하거나 위반하여 활동하는 행위를 말한다. 노동조합의 활동은 ① 노동조합의 결성 및 운영, ② 각종 집회의 개최 및 참가, ③ 유인물배포에 의한 홍보활동, ④ 단체교섭 및 쟁의행위 등 다양한 활동영역으로 구분된다. 이러한 노동조합의 활동은 원칙적으로 근무시간 이외에 자유로이 활동을 할 수 있으나, 근무시간 중에 활동이 이루어지는 경우에는 업무를 방해하거나 사용자의 시설물의 사용권을 침해할 우려가 있다.

b) 조합활동의 정당성을 판단하는데 가장 문제가 되는 것은 근무시간중의 활동이다. 따라서 노동조합의 활동이 회사를 상대로 하는 것인지, 노동조합원 및 노동조합간에 밀접한 관련이 있는 사항인지, 아니면 회사 이외의 외부단체나 일반대중을 위한 것인지를 고려하여야 한다. 노조활동의 정당성은 근로조건의 유지개선을 위한 것이냐 아니면 정치운동으로서의 성격을 띤 것이냐에 따라 해석이 달라진다.

(2) 유인물의 배포활동과 징계처분의 정당성

a) 노동조합원 1인이 근로시간 이외에 직장 및 기숙사에서 다른 조합원에게 노동관계법의 개정 반대를 내용으로 하는 서명을 요구하는 경우는 사생활의 자유의 범위 내에서 속하는 것으로 징계처분의 대상이 될 수 없다[49].

b) 그러나 휴게시간 중에 노동법개정을 반대하는 서명활동을 이유로 한 행위에 대해서는 취업규칙위반을 들어 해당 근로자를 징계처분할 수 있다. 휴게시간은 근무도중에 일시적으로 휴식을 취한 후 다음 근무를 하도록 부여하는 것이므로 사용자의 지배관리의 영향이 미치는 구속시간이다. 따라서 휴게시간에는 근로자의 피로회복을 보장하여야 하며, 이를 방해하는 행위는 금지된다. 휴게시간중의 기업내에서 유인물의 배포는 다른 근로자의 휴식을 방해하거나 구체적으로 직장질서를 문란하게 하는 것이 아닌 한 휴게시간의 자유이용에 비추어 사용자의 허가를 받지 않았다는 이유로 징계처분할 수 없다.[50]

c) 호텔이라는 특수성에 근거하여 리본착용을 징계사유로 인정하거나,[51] 일반적으로 리본투쟁을 위법시하고 더불어 조합활동은 아니지만 표찰착용을 이유로 징계처분을 하

49) 日本 客崎地裁 1963. 4. 10 旭化成岡支社事件

50) 대판 1991. 11. 12, 91누4146

51) 日本 東京高裁 1977. 8. 9.

는 것은 유효하다.[52] 그러나 유인물 부착, 기타 단결권과 시설관리권의 관계에 대해서는 수인의무설, 위법성조각설, 원칙적 위법설이 있다. 종래의 학설은 수인의무설이 많았으나, 요즈음은 위법성조각설을 취하는 경향을 나타내고 있다.[53]

개 념	유인물배포 및 게재의 유형	판 단
조합활동의 일환으로 회사내에서 근로자를 상대로 유인물 배포, 홍보를 위해 현수막 등을 게재하는 행위	1. 회사의 승인을 받지 않고 유인물을 배포하거나 가정 통신문을 발송하는 경우 2. 회사를 비방하는 표식물, 현수막, 포스터 등을 게재하거나 부착하는 경우 3. 회사 내에서 임의로 연판장을 돌리거나 서명을 받는 경우 4. 불법집회, 서클, 시위를 행하거나 유인물을 배포하는 경우 5. 회사의 허가없이 신문, 잡지, 방송, 기타 공공장소에 업무에 관한 사항을 투고, 인쇄물 게재 등을 하는 경우	주체, 목적, 방법 등에 있어서 정당한 조합활동의 일환으로 사용자의 승인을 얻지 아니한 채 유인물을 배포하여 기업의 경영권이나 시설물을 침해했는지를 판단

(3) 불법적인 집단활동과 징계처분의 정당성

1) 불법적인 조합활동과 징계처분의 사유 a) 법령에 위반하거나 정당한 쟁의절차없이 조합원의 일부가 주도하여 경영진의 퇴진을 주장하는 행위, 집단적으로 제복의 착용을 거부하는 행위 등은 불법적인 조합활동으로 보아야 한다. 또한 사업장내에서의 정치구호를 외치거나 집회 또는 연설을 하는 행위도 불법적인 활동으로서 징계처분의 사유가 된다. 이때 조합원이나 간부에 대하여는 징계책임이 따르고 경영상 손실을 끼친 경우에는 민법 제750조에 의한 불법행위로 인한 손해배상책임이 인정된다고 본다.

b) 하여튼 정당하지 않은 조합활동에 대해서 사용자는 노동조합에 철거를 요구하고 이를 거부할 때 부착물을 철거하는 자력구제도 가능하다. 그러나 사용자가 위반자를 상대로 징계처분할 경우에는 징계해고 등 상당히 무거운 처분일수록 징계권이 남용될 가능성이 크다.

2) 불법적인 조합활동과 징계처분성 불법적인 조합활동은 1차적으로 법령에 위반되는 행위를 전제로 판단하되, 2차적으로 회사내의 집회나 단체행동이 조합활동으로 용인될 수 있는지 등을 고려하여야 한다. 불법적인 조합활동의 유형은 ① 경영진의 퇴진을 요구하는 집회나 시위를 하는 경우, ② 집단적으로 사업장을 이탈하거나 점거하는 경우 등을 들 수 있다.

52) 日本 最高裁 1978. 12. 13.

53) 대판 1991. 11. 12, 91누4164

개 념	불법적인 조합활동의 유형	판 단
노동조합의 활동이 주체, 목적, 방법상에 있어서 정당한 조합활동으로서 노동3권을 강화하기 위한 조합 자체를 위하여 행하여지는 구체적 행위	1. 취업시간중의 노동법개정 반대서명을 받는 경우 2. 경영진의 퇴진을 요구하는 집회나 시위를 하는 경우 3. 쟁의신고를 하지 아니한 채 불법적으로 리본착용, 완장착용을 하는 경우 4. 집단적으로 근로자들이 제복의 착용을 거부하는 경우 5. 사업주시설물을 무단으로 점거하거나 경영을 방해하는 경우 6. 이사진 또는 비노조원의 출근을 저지하는 경우 7. 조합원총회의 결의없이 행한 살쾡이 파업, 항의파업으로 경제적 손실을 일으킨 경우 8. 사업장내에서의 정치활동, 집회, 시위를 하는 경우 9. 불법적인 파업 · 농성 등을 주도하거나 참가한 행위 10. 경영권 범위를 이탈하여 대정부정책 등에 대한 투쟁을 이유로 사업장 내에서 불법집회를 하는 경우 11. 회사의 허가없이 사내집회를 하거나 연설, 집회선동, 기타 정치적 활동을 하는 경우 12. 법령에 위반하여 불법파업을 한 경우	회사내의 집회, 단체행동이 정당한 쟁의행위나 조합 활동으로 용인될 수 있는지, 노동조합 본래의 목적으로서 근로조건의 유지 개선을 위한 것인지를 고려하여 판단

관련판례

(1) 소속회사의 노동조합에서 분규가 발생하자 노조활동을 구실로 정상적인 근무를 해태하고, 노조의 조합장이 사임한 경우 노조규약에 직무를 대행할 자를 규정해 두고 있음에도 자신이 주동하여 수습대책위원회를 구성하여 그 위원장으로 피선된 뒤 근로시간중에도 노조활동을 벌여, 소속회사의 취업규칙을 위반하고 고의로 회사업무능률을 저해하였으며, 회사업무상의 지휘 · 명령을 위반하였음을 이유로 그 종업원을 해고한 것은 정당한 징계권의 행사로 보아야 한다(대판 1984. 12. 26, 84누135).

(2) 사용자와 노동조합이 임금에 관한 협약을 마무리 지었으나 이에 불만을 품고 동조하는 일부 근로자들과 함께 농성을 계속하던 중 여러 차례에 걸쳐 사용자로부터 근무지시를 받고도 정상근무를 거부한 경우 징계위원회의 심의를 거쳐 장기결근 등의 사유를 들어 이들을 해고한 것은 정당하다(대판 1990. 11. 9, 90누621).

(3) 회사의 노조활동에 대한 방해의도가 있다는 비방유인물 등을 소지한 채 출근하다가 적발

된 경우 당해 근로자의 이러한 행위만으로 '개인은 조합과 회사의 사전동의 없이 인쇄물을 게시 · 배포할 수 없다'고 규정한 단체협약이나 취업규칙 소정에 위반된다고 보아 징계해고 사유에 해당한다고 볼 수 없다(대판 1993. 10. 12, 93다1957).

(4) 상급단체인 전국석유화학노동조합연합 명의의 공개사과요구 공문이 참가인 회사 노조사무실에서 원고의 관여 하에 작성되어 발송된 것으로 보이고, 한국노총 여천지부 산하 노동조합 중 일부가 출정식만을 하였지 파업에 들어가지는 않았는데 원고가 이끄는 참가인 회사 노조만이 파업에 이르렀으며, 원고가 교대근무를 위하여 출근하는 오후 근무자들을 회사 정문에서 파업에 동참하게 하는 등 참가인 회사의 생산에 피해가 올 수도 있는 행동을 한 사실 등이 인정되어, 원심의 사실인정에 일부 잘못이 있기는 하지만 이러한 사정 등을 보태어 원심이 인정한 사실관계를 종합하여 보더라도, 원고와 참가인회사 사이의 근로관계를 지속하게 하는 것이 현저히 부당하다고 인정될 정도의 중대한 귀책사유가 원고에게 있다고 보기는 어려우므로 이 사건 징계면직이 부당하다고 한 원심의 판단은 결론에 있어서 정당하다(대판 2002. 4. 26, 2000두4637).

(5) 집회나 시위는 다수인이 공동목적으로 회합하고 공공장소를 행진하거나 위력 또는 기세를 보여 불특정 다수인의 의견에 영향을 주거나 제압을 가하는 행위로서 그 회합에 참가한 다수인이나 참가하지 아니한 불특정 다수인에게 의견을 전달하는 과정에서 어느 정도의 소음이 발생하는 것은 부득이하므로 집회나 시위에 참가하지 아니한 일반국민도 이를 수인할 의무가 있고, 그 집회나 시위의 장소, 태양, 내용과 소음 발생의 수단, 방법 및 그 결과 등에 비추어, 집회나 시위의 목적 달성의 범위를 넘어 사회통념상 용인될 수 없는 정도로 타인에게 심각한 피해를 주는 소음을 발생시킨 경우에는 위법한 위력의 행사로서 정당행위라고는 할 수 없으나 합리적인 범위내에서는 확성기 등 소리를 증폭하는 장치를 사용할 수 있고 확성기 등을 사용한 행위 자체를 위법하다고 할 수 없다(대판 2004. 10. 15, 2004도4467).

쟁점사례

/사 례/ 최근에 지방자치단체의 국장을 지닌 퇴직공무원이 지방공기업의 이사장으로 취임하면서 노동조합에서 경영진 퇴진운동을 벌이고 있다. 이 경우 경영진의 퇴진운동이 위법이라며, 노동조합의 간부에 대하여 징계처분을 할 수 있는지?

/해 설/ 지방자치단체는 「지방공기업의 설치 및 운영에 관한 법률」에 의하여 지방자치단체의 장이 지방공기업의 대표자를 임명할 수 있으며, 이에 관한 권한은 법률에 의한 고유

권한이다. 따라서 지방공사의 경영진을 외부에서 임명한다고 하여 퇴진운동을 벌이는 것은 부당하다. 또한 노동조합은 근로조건을 유지개선을 목적하는 순수한 노동조합의 활동범위를 넘어 경영진이 퇴진하라는 운동을 하는 것은 경영질서를 문란하게 하는 행위에 해당된다. 따라서 외부인사를 경영진으로 임명한다는 이유로 저지하는 행위는 징계처분의 대상이 될 수 있다.

15. 교통사고

(1) 교통사고와 근로자의 귀책사유

a) 근로자가 회사업무를 떠나서 승용차를 운전중 또는 업무수행 중에 다양한 활동영역에서 교통사고를 일으키거나 사고를 당하여 피해를 입기도 한다. 원칙적으로 회사업무를 떠난 상태에서 운전중에 발생한 교통사고는 사적영역에 속하므로 징계처분을 할 수 없다. 그러나 업무수행 중에 교통사고를 일으킨 근로자에 대해서는 제재로서 불이익을 과할 수 있으며, 다른 근로자에 대한 경고의 의미로서 징계처분을 할 수 있다. 이것은 교통사고가 오로지 근로자의 고의 · 과실 등 귀책사유에 기인하는 경우에 한정된다.

b) 여기서 근로자의 귀책사유에 대한 징계처분은 교통사고를 일으킨 운전기사에 대하여 국가가 형벌권을 발동하는 경우에 요구되는 형법상의 고의 · 과실과 다르다. 또한 피해자가 손해배상청구권을 행사하는 경우에 요구되는 민법상의 고의 · 과실과 반드시 동일한 것도 아니다. 따라서 근로계약관계에 수반하는 신의성실의 원칙에서 요청되는 노사쌍방의 의무이행상황, 즉 근로자측이 당해 근로계약상의 성실의무 내지 주의의무 등을 다하였는가 하는 것뿐만 아니라 교통사고의 진정한 원인이 주로 근로자의 영역에 속하는 것인지를 고려하여야 한다.

(2) 교통사고와 징계처분의 정당성

1) 교통사고와 징계처분의 대상 a) 만약 근로자가 교통사고를 일으키거나 유발시킨 행위에 대해 아무런 제재도 하지 않은 채 방치하여 둔다면 직장규율의 이완을 초래하며, 장래 어떠한 교통사고를 일으킬지도 모르는 등 기업질서 내지 노무의 통제유지라는 면에서 문제가 될 것이다.

b) 그러나 기업의 안전관리, 본인의 과실의 양태나 정도 등을 배제하고서 사고를 일으켰다는 결과만을 가지고 징계처분을 하는 것은 허용되지 않는다. 따라서 사고의 양태,

결과의 중대성, 해고를 부득이하다고 인정하는 점 등을 고려하여 회사의 교통안전교육에 지장을 주고 다른 근로자에게 악영향, 나아가서는 직장규율유지에 지장을 생기게 할 것이 충분하다면 징계처분의 사유가 된다.[54)]

2) 교통사고와 징계양정의 결정 a) 업무상 과실상해 및 도로교통법위반 등의 이유로 근로자를 징계처분하는 경우에는 ① 동기의 우발성, 재범의 우려, 사고발생상황에 동정의 여지가 있는지 여부, ② 사고에 대한 반성여지, ③ 업무수행에 지장을 주거나 사회적 신용에 훼손을 주지 않는지, ④ 근무성적은 타인보다 뒤지지 않는지, ⑤ 결과의 중대성, ⑥ 다른 근로자에 대한 악영향, ⑦ 나아가서는 직장규율유지에 지장을 주는지 등을 충분히 고려하여 징계양정을 결정하여야 한다.

b) 일본의 판례를 보면 후배인 택시운전기사에게 음주를 권장하고 동승하여 교통사고(가료 약 2주간의 상해)를 일으킨 사안에 대하여 "자동차운전에 관한 것인 한, 다른 기업과 비교해서 더욱 엄격한 규제를 할 수 있는 합리적 이유가 있으므로 선배운전사로서 지도하고 음주운전을 엄히 주의시켜야 할 지위에 있다"는 책임을 들어 징계해고를 인정한 사례가 있다.[55)] 따라서 사용자가 평소부터 근로자에게 교통법규의 준수, 특히 음주운전 또는 폭력행위 등의 방지에 관해서 그 주의를 게시하는 등으로 강력히 경고하였음에도 이를 위반한 경우에는 징계해고처분이 인정된다.[56)]

개 념	교통사고의 유형	판 단
근로자가 차량을 직접 운전하여 교통 사고를 일으킨 행위나 다른 운전자의 교통사고를 유발시킨 행위	1. 업무수행을 위한 차량의 운전 중 고의 또는 과실로 사고를 일으킨 행위 2. 차량운전 중 과속이나 신호위반으로 인하여 타인을 사망하게 하거나 3주 이상의 중상을 입힌 행위 3. 음주상태에서 운전업무에 종사하다 적발된 경우 4. 지정된 행위지를 벗어나 사적 운행을 한 경우 5. 운전 중 휴대폰을 사용 또는 조작하다 교통사고가 발생한 경우 6. 업무시간 종료 후 무단으로 회사차량을 운행하는 행위	운전자의 주의의무 위반, 고의 또는 중대한 과실 여부를 기준으로 판단, 불가피한 사정이 있는 경우에는 징계처분 시 정상을 참작

54) 대판 1991. 7. 9, 91다25882

55) 日本 千葉地裁 1976. 7. 15.

56) 日本 福岡地裁小倉支判, 1971. 6. 7 (業務외의 交通事故로서 飮酒를 하고 自動車를 運轉하여 死亡事故를 일으켜 業務上 過失致死罪 禁錮 10월, 執行猶豫 3年 有罪判決을 받은 자에 대한 普通解雇處分 事件).

관련판례

(1) 버스운전기사가 교차로에 이르러 좌회전신호가 들어오자 마자 주의를 살피지 아니한 채 성급히 출발하는 바람에 이미 교차로에 진입하여 진행중이던 오토바이를 발견하지 못하고 충돌함으로써 오토바이 운전자가 사망하게 되었다면, 위 버스운전사의 행위는 "고의 또는 과실로 중대한 사고를 발생시켜 회사에 손해를 끼쳤을 때"에 해당되므로 해고처분은 정당하다(대판 1992. 8. 18, 92다19910).

(2) "취업규칙에 년에 3회 이상 교통사고를 일으키면 해고한다."고 규정하고 있을 경우 고속버스는 순간적인 실수로 커다란 인명피해가 나기 쉬워 운전자에게 높은 주의력과 조심성이 요청되므로 사고가 가볍다하더라도 해고는 정당하다(대판 1993. 7. 13, 92다56933).

(3) 운수근로자가 무단으로 차량운행을 하다 사고를 일으켜 소속회사에 손해를 일으킴과 동시에 강력한 항의를 받게 했다 하더라도 그 사고가 당해 근로자의 고의가 아닌 경우 단체협약상 해고사유인 '고의로 중대한 사고를 발생시켜 회사에 손해를 끼친 자'등의 규정을 들어 행한 징계해고는 부당하다(대판 1993. 11. 9, 93구379152).

(4) 원심판결 이유에 의하면 원심은 피고 회사의 취업규칙이나 인사규정에서 '고의 및 과실로 인하여 중대한 사고를 야기하여 회사에 재산상 손해를 야기한 자'를 해고할 수 있다고 규정하고 있기는 하나, 자동차운수사업은 그 사업의 특성상 불가피하게 교통사고를 수반할 수 밖에 없기 때문에 종사원의 운전업무 수행 중의 교통사고를 징계사유로 삼기 위하여는 단순히 그 교통사고의 결과가 중대하다는 사유뿐 아니라 교통사고를 야기한 사람의 과실의 정도, 사고의 경위, 피해상황 등을 종합하여 판단하여야 하고, 징계의 종류 중에서도 특히 해고사유로 삼기 위하여는 징계의 원인이 된 교통사고가 전적으로 또는 주로 종사원의 고의, 과실에 의하여 발생하였으며, 그것이 종사원의 업무부적격성의 징표가 되어 그 종사원으로 하여금 피고 회사에 계속 근무하게 하는 것이 다른 종사원에 대한 교육효과 및 직장의 규율과 질서유지의 측면에서 현저하게 부적당한 경우 등 그 해고를 정당화할 사정이 존재하는 경우에야 정당한 이유가 있을 것이라고 전제한 다음, 원고가 이 사건 교통사고를 야기하여 동료 종사원을 사망케 하고, 회사에 많은 손해를 가한 사실은 있으나, 1) 원고의 과실은 전방을 잘 살피지 아니하고 또 피해자를 발견하고도 브레이크가 아닌 가속페달을 밟은 점으로서, 이는 임금협정서에 현저한 운전사의 과실이 있는 경우로 열거하고 있는 노선위반, 음주운전, 무면허, 사고로 인한 면허취소시 또는 교통사고처리특례법 제3조제2항의 처벌특례 제외사유인 10개항의 사유 중 어느 것에도 해당되지 아니하고, 이 사건 사고에는 원고의 과실 이외에 버스를 보고도 피하지 못한 피해자의 과실과 교통정리를 위한 차량유도요원을 배치하지 아니한 피

고의 과실도 경합되어 있음에 비추어 원고의 과실이 중대한 과실이라거나 오로지 원고의 과실에 의한 사고로 볼 수 없고, 2) 단체협약에 해고사유로서 법령상 결격사유의 발생으로 면허가 취소된 경우 및 업무 이외의 사건으로 구속된 경우를 열거하고 있기는 하나 사망사고로 인한 벌점은 60점으로서 면허취소사유인 벌점 121점보다 현저히 적어 면허취소사유에 해당되지 아니하고, 원고가 이 사건 사고로 구속되었다 하더라도 업무 이외의 사고로 인한 구속에도 해당되지 아니하며, 임금협정서에 종사원이 업무상 교통사고로 구속된 기간에는 고정급을 지급하도록 규정하고 있고, 실제로 원고의 구속기간 중 기본급을 지급한 점에 비추어 피고 회사는 단체협약상 사망사고라는 중대한 사고를 야기한 경우에도 이를 해고사유로 삼지 아니하고, 그러한 사유로 구속된 경우에도 해고사유로 보지 아니하고 오히려 기본급을 지급하여 생계를 보장하여 주었던 사실을 알 수 있으며, 3) 원고가 출소 후 복직원을 제출하자 이를 받아들여 복직시키고 그 무렵 사망사고로 구속되어 재판받은 소외인도 복직시켜 근무하게 하는 등으로 사망사고를 이유로 해고한 것은 1980년 이래 신호위반 사망사고의 경우를 제외하고 한 건도 없었던 것으로 보아 피고 회사에서는 사망사고를 해고사유로 보지 아니한 것이 관례이고 원고에 대하여도 마찬가지의 태도를 보이고 있으며, 4) 피고 회사가 이 사건 사고로 말미암아 유족보상금, 차량수리비, 휴차료, 위로금, 합의금 등으로 100,000,000원 이상의 손해를 입었으나 그 중 유족보상금과 장의비 등 금 61,292,067원은 노동부에서 산재보험금으로 지급되었고, 단체협약에 "회사는 교통사고로 인한 종사원에 대한 구상권은 행사하지 않으며, 검찰송치전까지 합의하도록 책임진다."고 규정하고 있어 피고 회사는 이에 따라 당연히 손해를 부담하여야 하는 것이므로 그 액수가 많다는 사유만으로 해고사유에 해당할 수 없고, 5) 사고로 인한 피해자의 유족이 원고의 해고를 요구하면서 버스의 운행을 방해한다거나, 그들과 합의하라는 피고 회사의 종용에 불구하고 원고가 이에 응하지 아니한다거나, 종사원들에 대한 설문조사 결과 종사원 다수가 원고의 복직을 반대하고 있더라도 해고가 적법하게 되는 것은 아니어서 이 사건 징계해고처분은 정당한 사유 없이 이루어진 것이거나, 징계권을 심히 일탈한 경우에 해당하여 위법하다고 판단하고 있다. 그러므로 살피건대 피고 회사의 인사관리규정 또는 취업규칙에 해고사유로 규정된 '과실로 인한 중대한 사고'의 의미는 중대한 과실로 인하여 교통사고를 야기하거나 교통사고로 인하여 인명피해로서 사망자 또는 다수의 중상자가 발생하거나 물적 피해로서 피해금액이 상당한 정도에 이르는 등 그 결과가 중한 사고 등을 말한다고 봄이 상당하고(대판 1991. 3. 22, 90다18944 참조), 원심이 인정한 사실관계에 의하면 이 사건 사고는 원고의 과실로 인한 것으로서, 그 결과 사람이 사망하고 차량 여러 대가 파손되는 등으로 인적 · 물적 피해가 상당하였음을 알 수 있으므로 원고의 행위는 일응 해고사유에 해당된다고 보아야 할 것이며, 특히 징계해고가 정당성을 부여받기 위하여는 구체적인 사안에서 사회통념상 근로계약을 존속시킬 수 없을 정도로 근로자에게 책임 있는 사유가 있음을 요하는 것이기는 하나, 일단 해고사유에 해당되는 이상 원고의 과실 정도, 피해의 경중, 평소의 소행, 징계사유 발생 이후의 정황 등을 종합적으로 보아 해고의 상당성 여부를 판별할 수 있는 것이지, 원심과 같이 운수사업의 특성상 종사원의 중대하거나 전적인 과실로 인한 경우에만 해고사유에 해당한다고 한정하거나, 임금협정서 또는 단체협약상 해고와 직접 관련이 없는 특정 규정의 취지를 임의로 해석하여 사망사고 또는 물적 피해는 아무리 중대하더라도 독립하여 해고사유에 해당되지 않는다고 단정할 수 없고, 가사 원심과 같이 사망사고 또는 물적 피해가 독립하여 해고사유에 해당되지 않는다고 보더라도 그러한 피해가 복합된 것이라면 이에 대한 법적 평가도 달라질 수밖에 없다 할 것이니, 이 점에 관한 원심의 판단은 해고사유의 해석에 관한 법리를 오해한 위법이 있다고 하지 않을 수 없다. 나아가 이 사건 사고로 인하여 상당한 피해가 발생하였음은 앞서 본 바이고, 원심이 인정한 사실관계에 의하더라도 사람과 차량의 왕래가 많아 매우 혼잡한 주차장에서 전방을 잘 살피지 아니하고 운전한다거나 뒤늦게 피해자를 발견하고도 브레이크가 아닌 가속페달을 밟은 원고의 과실은 운전자에게 요구되는 주의의무를 현저하게 결한 것으로서, 적절하게 피하지 못한 피해자의 과실 및 차량유도요원을 배치하지 아니한 피고 회사의 과실보다 훨씬 큼이 명백하고, 임금협정서에 현저한 과실로 열거되지 아니하였다거나 교통사고처리특례법상 처벌특례 제외사유에 해당되지 아니한다고 하여 원고의 과실이 중하지 아니하다고 할 수 없으며, 피고 회사가 1980년 이래 신호위반 사망사고의 경우를 제외하고는 사망사고를 이유로 해고한 경우가 한 건도 없었다 하더라도 그 사이 사망사고가 몇 건이나 있었는지, 그 사고의 경위 및 결과가 어느 정도인지를 살펴봄이 없이 피고 회사에서는 사망사고를 해고사유로 보지 아니한 것이 관례로 형성되었다고 단정할 수도 없고, 마찬가지로 피고 회사가 원고의 복직신청을 받아들여 원고에 대하여 이를 문제 삼지 아니할 태도를 보였다 하더라도 원고가 피해자 유족의 방해로 실제로는 한번도 운행을 하지 못하고 곧바로 회사가 징계절차에 착수한 점에 비추어 특별한 사정이 없는 한 아직 해고되지 않으리라는 원고의 신뢰를 보호할만한 정도에 이르렀다고는 볼 수 없고, 오히려 향후 원고의 업무에 대한 적응도, 사고 후유증의 수습에 대한 기여도, 이에 대한 주위의 평가 등을 보아 해고 여부에 대한 판단을 하겠다는 취지로 그 판단을 유보한 것으로 봄이 상당하며, 그럼에도 불구하고 원고가 사고의 후유증을 수습하는 데 아무런 협조를 하지 아니하고, 회사측의 설문에 대하여 다수의 직원들이 원고의 복직에 반대하는 의사를 밝히고 있다면 사회통념상 근로계약을 존속시킬 수 없을 정도로 근로자에게 책임 있는 사유가 있다고 할 것이므로, 이와 다른 원심의 조치는 필요한 심리를 다하지 아니하고 해고의 상당성 및 징계권의 남용에 관한 법리를 오해한 위법도 있다 할 것이다(대판 1997. 04. 08, 96다33556).

(5) 피징계자에게 징계사유가 있어서 징계처분을 하는 경우, 어떠한 처분을 할 것인가 하는 것은 징계권자의 재량에 맡겨진 것이고, 다만 징계권자가 재량권의 행사로서 한 징계처분이 사회통념상 현저하게 타당성을 잃어 징계권자에게 맡겨진 재량권을 남용한 것이라고 인정되는 경우에 한하여 그 처분을 위법하다고 할 수 있고, 그 징계처분이 사회통념상 현저하게 타당성을 잃어 재량권의 범위를 벗어난 위법한 처분이라고 할 수 있으려면 구체적인 사례에 따

라 징계의 원인이 된 비위사실의 내용과 성질, 징계에 의하여 달성하려고 하는 목적, 징계양정의 기준 등 여러 요소를 종합하여 판단할 때에 그 징계 내용이 객관적으로 명백히 부당하다고 인정할 수 있는 경우라야 한다(대판 2002. 8. 23, 2000나60890, 60906 : 대판 2005. 4. 29, 2004두10852 등 참조). 한편 해고처분은 사회통념상 고용관계를 계속할 수 없을 정도로 근로자에게 책임 있는 사유가 있는 경우에 행하여져야 그 정당성이 인정되는 것이고, 사회통념상 근로자와의 고용관계를 계속할 수 없을 정도인지 여부는 사용자의 사업 목적과 성격, 사업장의 여건, 근로자의 지위 및 담당 직무의 내용, 비위행위의 동기와 경위, 이로 인하여 기업의 위계질서가 문란하게 될 위험성 등 기업질서에 미칠 영향, 과거의 근무태도 등 여러 가지 사정을 종합적으로 검토하여 판단하여야 한다. 또한, 근로자에게 여러 가지 징계혐의사실이 있는 경우 이에 대한 징계해고처분이 적정한지 여부는 그 사유 하나씩 또는 그중 일부의 사유만 가지고 판단할 것이 아니고 전체의 사유에 비추어 사회통념상 고용관계를 계속할 수 없을 정도로 근로자에게 책임이 있는지 여부에 의하여야 한다(대판 1996. 9. 20, 95누15742 : 대판 2009. 5. 28, 2007두979 등 참조). 원심판결 이유 및 원심이 채택한 증거에 의하면 다음 각 사실을 알 수 있다. 1) 보조참가인과 그 노동조합 사이에 체결된 단체협약 제50조제4호는 근로자에 대한 징계처분 종류의 하나로 '징계해고'를 규정하고 있고, 제48조제5호는 징계사유로 '교통사고 다발자, 중대과실 · 특례법 위반 사고자'를 들고 있다. 또한, 이 사건 임금협정 제11조제1항제4호는 '월 2회 이상 상습적으로 교통법규를 위반한 자'를, 같은 항 제5호는 '정당한 사유 없이 월간 운송수입금이 기준액에 미달한 자'를 징계대상으로 규정하고 있다. 2) 원고는 2009. 12. 23. 제한속도를 시속 50km가량 초과한 시속 140km로 택시를 운행하다가 방호벽을 들이받아 차량이 손괴되는 '제1차 교통사고'를 내고 보조참가인으로부터 정직 1월의 징계처분을 받은 전력이 있다. 원고는 그 후에도 과속으로 택시를 운행하다가 2010. 5.경 및 같은 해 6.경 속도 위반으로 각 1회 적발되었는데, 2010. 9. 12.에는 빗길에 제한속도를 시속 20km 이상 초과한 시속 115km로 택시를 운행하다가 다시 방호벽을 들이받아 승객이 다치고, 차량이 손괴되는 '제2차 교통사고'를 냈다. 3) 한편 원고는 2008. 1.경부터 2010. 6.경까지 20여 회에 걸쳐 속도 위반, 주정차 위반, 버스전용차로 위반 등 교통법규 위반으로 적발되었는데, 2008년 3월에 3회, 같은 해 7월에 2회, 같은 해 10월에 3회, 2009년 1월에 2회 등 한 달에 2회 이상 적발된 경우도 수회 있다. 4) 나아가 원고는 보조참가인에게 2007. 10.경부터 2010. 9.경까지 28회가량 월간 운송수입금 기준액 중 일부를 미납하였고, 이를 이유로 2007. 10.경부터 2009. 12.경까지 6회에 걸쳐 시말서 등을 작성하였다. 원고의 시말서에는 '대가족의 생계, 생활비, 월세 등 경제적 문제로 미납금이 발생하였는데, 이를 분납할 것이며 추후 미납금이 없도록 하겠다'고 기재되어 있음에도, 원고는 시말서 작성 이후인 2010년 5월, 6월, 8월, 9월에도 월간 운송수입금 기준액을 제때 납입하지 않았다. 이러한 사실관계와 원심이 채택한 증거에 의해 알 수 있는 원고의 교통사고 전력, 제2차 교통사고의 원인 및 내용과 피해 규모, 원고의 교통법규 위반의 내용과 횟수 및 시간 간격, 월간 운송수입금 기준액 미납의 횟수 · 기간 및 정도와 정당한 사유의 소명 정도 등을 앞서 본 법리와, 택시 운전기사에게는 택시 운행상 고도의 주의의무 및 교통법규 준수의무가 있고, 택시회사에 월간 운송수입금 기준액 등을 납입해야 한다는 사정이 위 각 의무의 위반을 정당화할 수 없는 점, 운송수입금을 기반으로 사업을 영위하는 택시회사로서는 운송수입금이 제때 규칙적으로 납입되는 것이 경영상 매우 중요하고, 운송수입금의 미납은 근로자 개인의 사적인 유용이나 횡령으로 이어져 고용관계의 안정적 존속을 해할 가능성이 큰 점 등에 비추어 살펴보면, 원고와 보조참가인 사이의 고용관계는 원고의 귀책사유에 의해 사회통념상 계속할 수 없을 정도가 되었다고 봄이 상당하므로, 보조참가인이 위와 같은 사정을 징계사유로 하여 원고를 해고한 것은 징계권의 남용에 해당한다고 보기 어렵다(대판 2013. 10. 31, 2013두13198).

쟁점사례

/사 례/ 피자재료용 식품을 납품하는 회사의 근로자 A는 서울에서 인천지방에 있는 거래처를 방문하였다가 저녁식사를 함께 하기로 하여 인근 바닷가에 있는 횟집에서 식사를 하고 반주로서 소주 2병을 먹고 귀가하는 도중 커브 길에서 미끄러지며 전봇대에 부딪치는 교통사고를 발생시켰고, 경찰관이 이를 목격하고 조사하던 중 음주측정을 한 결과 알콜농도 1.0의 수치가 나타나 운전면허 3월의 정지처분을 받았다. 이 경우 음주운전이라는 사실이 회사로 통보되자, 회사에서는 근로자의 업무는 "운전업무를 반드시 해야 되는 업무성격상 근무시간 중에 음주로 면허정지를 받았으니 해고를 하겠다"고 한다. 이 경우 근로자 A가 거래처의 업무상 부득이 하게 음주를 하게 되었고, 음주가 사고의 직접적 원인이 아니라 도로상태의 특성상 발생한 것이며, 우연히 음주사실이 적발되었기 때문에 징계해고를 하는 것은 부당하다고 주장한다. 이러한 징계처분이 과연 정당한지?

/해 설/ 일반적으로 취업규칙 등에서는 교통사고를 다발적으로 유발하는 경우, 중대한 교통사고로 인적 또는 물적 손해를 유발하여 회사에 손실을 끼친 경우에는 징계해고를 할 수 있다. 그러나 사고의 발생경위, 불가피성, 업무와의 관련성 등을 고려하여 보다 경미한 징계처분을 할 만한 정당한 사유가 있는 경우에는 그에 상응하는 적절한 조치를 하여야 한다. 사례의 경우에는 운전면허가 없이 본래의 업무를 수행할 수 없는 성질의 직무라면 근로계약을 해지할 수 있고, 근로자 A의 귀책사유를 이유로 하는 근로계약의 해지가 가능하다. 따라서 영업업무의 특성상 음주를 하였더라도 운전업무가 필수적인 조건이 되므로 근무시간 중에 사고를 발생시켜 면허를 정지당한 것이라면 징계해고의 된다고 보아야 한다.

16. 경력사칭

(1) 경력사칭의 의의

a) 경력사칭은 근로자가 본인의 근무경력이나 학력 등 근로조건의 결정에 기준이 되는 사항을 사실과 다르게 고지하는 행위를 말한다. 통상적으로 사용자는 근로자를 채용할 때에 업무능력과 직장질서 · 규범에 대한 적응성 등 근로자로서의 적격성을 심사하기 위하여 학력 · 경력 및 일신상의 제반사항을 알고자 하며, 이에 따라 근로자에 대한 신상조사를 하게 된다.[57] 이러한 신상조사는 근로계약체결시에 취업희망자에게 이력서의 제출을 요구하거나 경력에 관한 자료의 진실여부를 조사하는 것이다.

b) 이때 근로자가 경력이나 학력 등 신상에 관한 제반사항에 대하여 허위로 고지하는 경우 취업 후 사용자는 이를 이유로 징계해고를 할 수 있다.[58] 경력사칭은 자신의 과거경력을 단순히 숨기는 정도에 그치는 것이 아니라, 이로 인하여 사용자가 근로관계를 유지할 수 없을 정도로 신뢰관계가 훼손되거나 적어도 능력에 따른 근로조건을 결정하는데 지장을 초래할 정도에 이르게 되면 이를 이유로 징계할 수 있다.

(2) 경력사칭에 대한 해고의 법리

a) 경력사칭은 이전의 직장에서 근무한 관한 경력이 없거나 근무한 사실을 누락하는 등 사실과 다르게 사칭하는 행위를 말한다. 경력사칭을 징계해고로 할 수 있는가에 대해서는 계약체결중의 신의칙 위반으로 보아 일반해고의 사유로 파악하는 학설,[59] 계약해제사유에 해당된다고 하는 학설[60] 및 판례로서 징계해고긍정설이 있으며, 기업질서침해의 구체적 위험성 및 결과발생을 징계해고사유로 보는 입장의 학설[61]이 있다. 기업질서의 침해로 보는 견해는 경력사칭이 징계해고의 근거가 되기 위해서 그로 인해 기업의 임금, 직급결정 등 근로조건의 체계가 문란해지고 적정한 노무배치가 저해되어 기업의 생산과정이

57) 김형배, 근로기준법, 박영사, 1993, 722면; 대판 1990. 10. 30, 89다카30846

58) 우리나라에서 징계해고의 대상으로 인정하는 법원의 판결은 상당수에 이른다. ; 대판 1985. 4. 9, 83다카2202 ; 대판 1986. 10. 28, 85누851 ; 대판 1988. 2. 9, 87누818 ; 대판 1989. 1. 31, 87아카2410 ; 대판 1991. 4. 9, 90다카27402

59) 이 설에 의하면 경력사칭은 신의칙위반으로 일반해고의 사유가 될 수는 있으나 징계해고의 사유는 될 수 없다고 한다; 김형배, 노동법, 박영사, 2010, 552면

60) 일본에서 주장된 학설로서 근로관계를 기초로 하는 노사사이의 계속적 관계이므로 진실고지의 신의칙상 의무위반을 이유로 계약해제는 인정하나 징계는 할 수 없다는 견해이다(片岡昇, "團結と 勞働協約の研究", 1959, 301면 이하).

61) 서울고판 1989. 10. 14, 89나9267 ; 日本 福岡地裁 1954. 12. 18 日本 炭業事件 ; 日本 大阪高裁 1962. 8. 14 日本 新戸製鐵事件

나 질서에 곤란을 초래하는 등 구체적인 기업질서위반의 결과가 요구된다고 한다.

b) 또한 경력사칭에 대해서 해고 이외에 민법의 취소법리를 근로관계에 적용시킬 수 있는가의 여부에 대하여는 '해고설'과 '취소설'로 대립되어 되어 왔다.[62] 이 설은 경력사칭을 민법의 취소법리에 적용시키고자 한다는 점에서 징계해고 부정설과 같으나 경력사칭이 징계사유에 해당되는 것을 부정하는 것은 아니라는 견해이다. 즉, 경력사칭은 징계해고의 사유에 해당될 수도 있고 일반해고의 사유에 해당될 수 있으나, 경력사칭이 해고의 사유로 보기에 불충분한 고용계약의 착오 또는 사기, 강박으로 인한 근로관계의 취소가 될 수 있다고 한다.

(3) 경력사칭과 통상해고

a) 일반적으로 취업규칙에 경력사칭을 징계사유로 명시하였다는 이유만으로 당연히 징계처분으로서의 정당성이 담보되는 것은 아니다. 경력사칭은 기본적으로 착오(민법 제109조제1항)나 사기(민법 제110조제1항)에 의한 근로계약상의 취소사유가 되거나 신뢰관계의 상실로서 해약(해고)의 사유가 될 수 있어도 기업질서의 침범으로 볼 수 없기 때문이다.

b) 경력사칭은 근로계약을 체결하는 시점에서 발생한 문제이므로 계약위반사유로 볼 수 없으며, 징계처분시에 그로 인하여 실제로 경영질서가 구체적으로 침해되어 사용자가 피해를 입지 않은 이상 기업의 공동질서위반사유로 볼 수도 없다는 견해이다.[63] 다만, 근로계약체결에 있어서 진실고지의무위반에는 해당될 것이다.

(4) 전과사실 · 경력 · 학력 등의 사칭과 징계해고

a) 법원의 태도는 경력사칭에 대하여 여전히 신뢰관계의 훼손을 이유로 징계사유로 보고 있다. 따라서 사용자가 경리과장을 승진시키는 과정에서 경력을 심사하기 위하여 조회한 결과 이전 직장에서 공금횡령으로 형사처벌을 받은 사실이 밝혀졌다면 사용자는 상기 근로자를 경리부장으로 승진시킬 수 없을 뿐만 아니라 정상적인 근로관계를 유지할 수 없을 정도로 신뢰관계가 훼손된다고 볼 수 있다. 이러한 사례라면 법원은 징계해고의 징계사유로 인정할 것이다. 그러나 판례는 가벼운 은폐[64]나 은폐사실의 추인[65] 또는 오랜

62) 이 설은 독일에서 논의되어 왔던 취소설의 법리를 경력사칭으로 인한 징계해고에 적용시키고자 하는 것이다 (보다 자세한 것은 김소영, 전게논문, 160면 이하 : 이종복, 전게논문, 179면 이하 참조).

63) 김형배,"경력사칭과 징계해고", 노동법 연구, (박영사, 1991), 150면: 김형배, 노동법, (박영사, 2004). 640면

64) 대판 1990.12.7, 90다카23912; 대판 2004.2.29, 2003두14338

65) 대판 1988.12.13, 86다카204

시일의 성실한 근무로 경력사칭이 치유되었다고 볼 수 있는 경우에는 징계해고를 인정하지 않는다.[66)]

b) 경력사칭의 내용이나 사례는 매우 다양하나 대표적인 형태는 ① 학력의 사칭, ② 경력의 사칭, ③ 사상 · 신조의 은폐, ④ 전과사실 · 징계사실의 은폐, ⑤ 노조 임원력의 은폐 등을 들 수 있다. 학력은 미지의 근로자에 대한 능력평가의 기준이 되므로 이를 사칭하는 행위는 근로조건을 결정하는데 악영향을 미치게 되므로 징계처분의 대상이 된다. 특히 최종학력은 중요한 전력으로 간주되어 과대하거나 과소한 사칭도 징계처분의 대상이 된다는 견해이다.[67)]

(5) 사칭행위와 징계처분의 정당성

1) 경력사칭과 징계처분의 대상 a) 경력사칭이 정당한 징계사유가 되기 위해서는 허위기재로 말미암아 근로자의 노동력, 인격, 신뢰성 등에 대한 사용자의 평가를 그르치게 하거나 하였을 위험성이 있다는 것만으로는 부족하고 근로자의 과거와 중요한 경력사칭으로 인하여 임금수준, 직급결정 등 근로조건의 체계를 문란케 하거나 적정한 노무배치를 저해하는 등 현실적으로 직장질서가 침해되어 사용자가 구체적 피해를 입었어야 한다.

b) 경력의 사칭도 직종에 대한 경험도, 숙련도 등의 평가기준으로서 근로조건을 결정하는 기준이 되므로 이를 사칭한 사실은 중대한 사칭이라고 할 것이나, 직종의 성격과 무관한 전력을 기재하지 않은 사실은 능력유무의 판단에 오인을 발생케 할 여지가 없다고 하여 이는 징계처분의 대상이 될 수 없다고 보아야 한다.

2) 사상 또는 신조 등의 은폐 사상이나 신조는 별도의 법률에 의하여 금지되어 있는 것이 아닌 한 헌법이 보장하고 있는 기본권이므로 이를 은폐하는 행위는 징계처분의 대상이 되지 않는다. 노동조합간부(임원)였었다는 사실도 노동조합활동이 노동기본권으로 헌법에 의해 보장되고 있는 한, 이를 은폐하였다는 이유로 징계처분을 하는 것은 부당하다.

3) 경력사칭과 징계권의 남용 사용자가 근로자의 경력사칭의 사실을 알고도 이를 명시적으로 용인하였거나 탓하지 않을 때에는 사칭의 하자는 치유되며, 비록 사칭을 하고 입사를 하였다고 할지라도 장기간의 세월이 경과하고 근로자가 장기간 성실하고 모범적으로 근로의무를 이행하였다면,[68)] 그 이후에 발각된 경력사칭을 이유로 한 징계해고는 해고 당시의 상황에 비추어 징계권의 남용이 된다고 보아야 한다.

---

66) 대판 1993.10.8, 93다30921

67) 日本 福岡地裁 1980.1.17 西日本アルミウム工業事件;日本 東京地裁 1972.7.20 荏原製作所事件;再引用:琴東信, 前揭論文, 34면

68) 대판 1983. 10. 28, 85누851

개 념	경력사칭 · 문서위조의 유형	판 단
사실과 다른 내용을 보고하거나 기존 문서를 변경하여 상황발생에 따른 대처를 어렵게 하는 것을 말함	1. 각종 문서 및 서식, 보고서, 증빙서류를 허위로 기재한 경우 2. 인명피해가 예상되거나 기계, 시설, 기구 등의 파괴로 재산적 손실이 발생하거나 우려가 있는 사실을 은폐한 경우 3. 이력서, 인사기록카드 등 주요 신상명세서를 허위로 작성한 경우 4. 채용, 졸업증명서, 경력증명서 등을 허위로 작성하거나 변조한 경우 5. 업무관련 서류, 공문서 등을 변조한 경우 6. 회사 제증명서를 용도와 다르게 발급받거나 타인에게 대여하는 경우 7. 각종 청구서, 영수증, 결재서류 등을 변조한 경우 8. 비위사실의 은폐를 위해 문서나 기록을 변조, 파기한 경우	허위보고 및 문서위조의 고의성이 어느 정보인가, 책임을 회피하려는 의도가 내재되어 있는가, 상황발생에 따른 업무의 곤란성정도는 어떠한가에 따라 판단함

관련판례

(1) 근로자는 근로계약의 본질적 의무인 근로제공의무와 별도로 근로계약의 체결 · 근로관계의 존속 · 종료 후에도 신의칙상 부수의무를 부담하는바, 근로관계는 신뢰관계를 기초로 하는 노사 사이의 계속적 관계이므로, 그와 같은 관계를 맺으려는 근로자는 지능, 교육 정도, 성격, 경험 등 전인격적 판단의 한 자료인 자기의 경력에 관해서 진실대로 신고하여야 하며, 허위사실을 말하거나 진실을 숨김으로써 판단을 그르치게 하는 일이 없도록 유의해야 할 신의칙상의 의무를 부담한다. 사용자가 근로자를 고용하면서 경력(학력을 포함한다) 등을 기재한 이력서를 요구하는 이유는 근로자의 기능경험 등 노동력 평가의 조사자료로 삼고, 근로자의 직장에 대한 정착성 · 기업질서 · 기업규범에 대한 적응성 · 협조성 등 인격조사자료로 함으로써 노사 간의 신뢰관계의 설정이나 기업질서의 유지안정을 도모하고자 하는 데에도 그 목적이 있다(대판 1985. 4. 9, 83다카2202)

(2) 단순한 생산직 육체노동자로 채용된 근로자의 학력 부실기재행위가 학교이름만 조금 다르게 기재한 것뿐으로 그 채용시 학력이 전혀 문제가 되지 아니하였다면 사용자가 그 사실을 알았더라도 고용계약을 맺지 아니하였거나 적어도 동일조건으로는 계약을 맺지 아니하였을 것으로 볼 수 없으므로 이는 적법한 해고사유가 될 수 없다(대판 1989. 5. 9, 88다카4981).

(3) 사용자는 통상적으로 근로자가 이력서 등에 기재한 경력 등을 진실한 것으로 신뢰하는 것이므로 달리 특별한 사정이 없는 한 사용자에게 근로자의 이력서 등의 기재내용의 진실여부를 확인하여야할 일반적인 의무가 있다고 할 수는 없는 것이고, 허위경력기재행위 내지 경력은폐사유가

징계사유로 규정되어 있는 이상 취업규칙 등에서 근로자의 시용기간 동안에만 이를 징계사유로 삼을 수 있다는 등의 특별한 규정이 있는 경우를 제외하고는 이를 시용기간이 지난 후에도 징계사유로 삼을 수 있음은 당연하므로 허위경력기재행위 내지 경력은폐사유를 시용기간이 지난 후에는 징계사유로 삼을 수 없다고 할 수 없다(대판 1995. 3. 10, 94다14650).

(4) 원심이 확정한 사실에 의하면 입사당시 피고가 위와 같은 허위기재 사실을 알았더라면 원고를 고용하지 않았을 것으로 보여지므로, 이를 해고사유로 들어 해고하는 것이 부당하다고 할 수 없고, 더구나 원고가 입사한지 약 4개월만에 불법파업에 가담하여 그로 인하여 징역 1년 6월의 실형을 선고받자, 피고는 불법파업으로 인한 무단결근과 유죄판결을 해고사유로 들어 원고를 해고하였는데, 비록 피고가 불법파업이 개시된 후에는 원고가 학력 등을 속인 사실을 알게 되었다 하더라도 더 중하다고 보여지는 해고사유를 들어 원고를 해고하는 터에 나머지 해고사유는 용인하고 장차 문제삼지 않겠다는 의사를 표시하였다고는 도저히 보여지지 않고, 제1차 해고의 효력을 다투는 소송에서 별도의 해고사유인 학력 등의 기망사실을 주장하지 않았다 하여 원고에게 장차 이를 문제삼지 않겠다는 신뢰를 부여하였다고 볼 수도 없다. 또한 피고가 위 이력서 허위기재 사실을 알게 되었을 때에는 원고가 불법파업을 개시한 이후이어서 그 후에는 불법파업을 이유로 한 해고 및 그 해고를 다투는 소송이 진행되었을 뿐 피고가 위 허위기재 사실을 알고도 근로관계를 용인하였다고 볼 아무런 근거가 없으므로, 피고가 이를 알게 된 시점으로부터 5년 이상의 기간이 경과되었다 하여 신의법칙에 반하다고 할 수 없으며, 그 밖에 원심이 들고 있는 사유만으로는 피고의 이 사건 해고가 신의법칙에 반하여 징계권을 남용한 것이라고 볼 수 없다(대판 1997. 5. 28, 95다45903).

(5) 기업이 근로자를 고용하면서 학력 또는 경력을 기재한 이력서의 제출을 요구하는 것은 단순히 근로자의 근로능력을 평가하기 위해서만이 아니라, 노사간의 신뢰형성과 기업질서 유지를 위해서는 근로자의 지능과 경험, 교육정도, 정직성 및 직장에 대한 정착성과 적응성 등 전인격적 판단을 거쳐 고용 여부를 결정할 필요가 있으므로 그 판단자료로 삼기 위한 것인데, 이와 같은 목적으로 제출이 요구되는 이력서에 허위의 경력을 기재한다는 것은 그 자체가 그 근로자의 정직성에 대한 중요한 부정적인 요소가 됨은 물론, 기업이 고용하려고 하는 근로자들에 대한 전인격적인 판단을 그르치게 하는 것이므로, 근로자의 채용시의 허위경력기재행위 내지 경력은폐행위를 징계해고사유로 규정하는 취업규칙은 특별한 사정이 없는 한 정당한 해고사유를 규정한 것으로 유효하다(대판 1997. 12. 26, 97누11126).

(6) 참가인들은 원고 회사에 입사하면서 이력서에 자신들의 학력을 그들이 졸업한 고등학교까지만 기재하고 대학교를 졸업하거나 대학교에 재학하였던 사실을 기재하지 않아 최종학력을 은폐한 사실, 원고 회사는 참가인들의 위 학력은폐행위가 취업규칙 제29조제4항제11호에 규정된 징계

해고사유인 "성명, 생년월일, 학력, 경력을 사칭하거나 근로관계 유지를 위해 신뢰하여야 할 사항에 대하여 속이거나 허위 부정한 방법으로 채용된 경우"에 해당한다는 이유로 참가인들을 징계 해고한 사실을 인정한 후, 취업규칙의 규정을 무효의 규정이라고 볼만한 사정이 없고, 위와 같은 최종학력 은폐행위가 착오로 인한 것이라거나 그 내용이 극히 사소하여 이를 이유로 해고하는 것이 사회통념상 타당하지 않다고 볼 수도 없으므로, 원고 회사가 위 취업규칙의 규정을 참가인들에게 적용하여 참가인들을 해고한 것은 정당한 이유가 있는 경우라고 판단한 것은 정당한 것으로 수긍이 가고, 거기에 근로기준법 등에 대한 법리오해나 심리미진, 이유불비의 위법이 없다(대판 1999. 3. 26, 98두4672).

(7) 원고가 별 문제가 없었던 위 금품제공 사실을 은폐할 목적으로 고의로 위 경력을 누락시켰다기보다는 소외 주식회사 동진여객에서 약 2년 동안 운전기사로 근무한 경험이 있어(기록에 의하면 피고 회사는 입사자격을 2년 이상의 대형버스 운전경험자로 정하고 있다.) 이것만을 밝히면 운전경력을 나타내는 데 큰 지장이 없다고 판단한 나머지 4개월이라는 비교적 짧은 기간의 화진여객 근무경력을 누락하였다고 보이고, 피고 회사가 원고와 근로계약 체결 여부를 결정하는 데 운전경력 외에 원고의 화진여객 근무경력을 중대한 고려대상으로 삼을 만한 구체적 사정이 인정되지 아니한다는 점을 들어, 피고 회사가 원고의 화진여객 근무경력을 사전에 알고 있었더라도 원고와 고용계약을 체결하지 아니하였거나 적어도 동일 조건으로 계약을 체결하지 아니하였을 것이라고 인정할 수 없으므로 위 경력의 미기재는 정당한 해고사유가 될 수 없다고 판단하였다. 기록에 비추어 보면 원심의 설시는 미흡한 점이 있으나, 원심의 판단은 결론에 있어 정당하고, 거기에 채증법칙의 위배, 이력서 허위기재 사유로 인한 해고에 관한 법리오해, 심리미진 등의 위법이 있다고 할 수 없다(대판 1999. 12. 21, 99다53865).

(8) 기업이 근로자를 고용하면서 학력 또는 경력을 기재한 이력서의 제출을 요구하는 것은 단순히 근로자의 근로능력을 평가하기 위해서만이 아니라, 노사간의 신뢰형성과 기업질서 유지를 위해서는 근로자의 지능과 경험, 교육정도, 정직성 및 직장에 대한 정착성과 적응성 등 전인격적 판단을 거쳐 고용 여부를 결정할 필요가 있으므로 그 판단자료로 삼기 위한 것인데, 이와 같은 목적으로 제출이 요구되는 이력서에 허위의 경력을 기재한다는 것은 그 자체가 그 근로자의 정직성에 대한 중요한 부정적인 요소가 됨은 물론, 기업이 고용하려고 하는 근로자들에 대한 전인격적인 판단을 그르치게 하는 것이므로, 근로자의 채용시의 허위경력기재행위 내지 경력은폐행위를 징계해고사유로 규정하는 취업규칙은 특별한 사정이 없는 한 정당한 해고사유를 규정한 것으로 유효하다 할 것이고(대판 1995. 3. 10, 94다14650 : 대판 1995. 8. 22, 95누5943 참조), 징계해고에 정당한 이유가 있는 이상 그것이 부당노동행위에 해당한다고 할 수 없다(대판 1997. 8. 29, 96누12672 참조). 원심이 적법하게 확정한 바와 같이, 참가인이 원고에게 입사할 당시 제출한 이력서에는 상산고등학교를 졸업한 것만 기재하고 고려대학교 입학 및 졸업, 전과 사실은 기재하지 아니하고 다른 회사에 근무한 것으로

허위 기재하였다면, 위와 같은 허위로 기재된 경력의 기간과 그 경력이 참가인의 모든 경력 중에서 차지하는 중요성 등에 비추어 볼 때, 이 사건 징계해고는 그 정당한 이유가 있다고 하지 않을 수 없을 뿐만 아니라, 더구나 기록에 의하면, 원고는 1996. 2.경 TV 중소기업채용박람회를 통하여 내졸사원 8명을 채용하려고 하였으나 1명밖에 채용하지 못하게 되자 생산직 사원 중 적격자를 사무직으로 배치전환하려는 과정에서 참가인의 학력은폐 등의 사실을 알게 되었고, 이 사건 징계해고 당시의 참가인의 정당한 노동조합 활동은 노조설립준비 또는 가입사실뿐일 뿐만 아니라 당시 원고가 참가인의 그러한 노동조합 활동을 알았는지 여부도 불명확하며(구 노동조합법 제39조제1호의 부당노동행위가 성립하기 위해서는 근로자의 정당한 노동조합 활동을 이유로 해고 등의 불이익취급을 하여야 하고, 원심판시와 같이 장차 적극적인 노동조합 활동을 할 것을 혐오한 부당노동행위란 있을 수 없다), 원고가 경력을 사칭한 참가인에게 총무부나 영업부로의 전환의사를 타진하였으나 참가인이 이를 거절하기에 징계해고하였을 뿐이고, 총무부나 영업부의 사무직 사원은 노조활동이 불가능하다는 아무런 증거도 없으므로, 이 사건 징계해고가 부당노동행위로서 실체상 부당해고에 해당한다고는 볼 수 없을 것이다. 그리고 이 사건 징계위원회 회의록에 의하면 징계위원회 의장인 원고의 상무이사 000이 참가인에게 영업부나 총무부 근무를 하라고 해서 이를 거절할 경우 해고를 통지하기로 결의한 사실을 알 수 있는바, 이는 확정적인 징계의결이라고 할 것이므로 이 사건 징계해고가 징계위원회의 결의를 거치지 아니하여 위법하다고 할 수도 없다. 그럼에도 불구하고 원심은 그 판시와 같은 이유로 이 사건 징계해고가 부당해고라고 판단하였으니, 원심판결에는 채증법칙을 위배하여 사실을 오인하였거나 징계해고의 정당성에 관한 법리를 오해하여 판결에 영향을 미친 위법이 있다고 할 것이다(대판 1997. 12. 26, 97누11126).

쟁점사례

/사 례/ 근로자 K는 택시운전업무에 5년간 종사해오다 금번에 노동조합의 위원장선거에 출마하고자 한다. 그런데 갑자기 노무과장 P가 불러 사무실에 들렀더니, 노동조합에 출마하지 말라고 하여, '이유가 무엇이냐, 조합선거에 관여하면 부당노동행위다'라며 따지자, 돌연 "경찰서에 신원조회를 한 결과 벌금 200만원을 받은 사실이 있지 않느냐, 경력을 속인 죄로 해고할 수 있다"고 한다. 오래전 다른 직장에서 불법집회를 한 것을 이유로 벌금형을 받은 사실이 있지만, 입사 당시에 이를 표현하면 취직을 할 수 없을 것 같아 누락한 것이다. 이러한 경우에 회사는 전과사실은폐를 이유로 근로자 K를 징계처분을 할 수 있는지?

/해 설/ 근로자는 입사시에 자신의 경력에 대하여 사실대로 신고할 신의칙상 고지의무를 지닌다. 이때 사상이나 신조는 별도의 법률에 의하여 금지되어 있는 것이 아닌 한 헌법이 보장하고 있는 기본권이므로 이를 은폐하였다는 사실만으로 징계처분의 대상이 되지 않는

다. 그러나 자신에게 불리한 전과사실이나 징계사실의 은폐행위가 임금수준이나 직급 등을 근로조건을 결정하는데 중요한 영향을 미쳤다면 징계처분의 대상이 될 수 있다. 따라서 특별히 윤리성이나 도덕성이 요구되는 직무의 특성이나 직책의 성질을 지닌 근로자를 요구하는 채용조건이 있다면 경력사칭을 이유로 징계처분을 할 수 있다. 그럼에도 불구하고 채용당시에는 해당 직종에서 근로자를 구하기가 어려워 특별한 절차없이 이력서에 기재된 사항만을 믿고 누구든지 고용되어 왔다면 별다른 문제가 되지 않았을 것이다. 따라서 채용시 징계전력자나 범죄전력자는 채용하지 않는다고 고지하지 아니한채 입사를 시킨 후 나중에 노동조합간부(임원)였었다는 사실을 은폐하였다는 것을 이유로 하는 징계처분은 헌법상 노동기본권의 보장취지에 반하여 무효라고 보아야 한다. 사례의 경우에 노동조합의 간부였다는 전력보다 벌금형을 받은 범죄전력이 문제가 되면 징계해고를 할 수 있다. 그러나 노동조합의 출마를 저지할 목적으로 징계처분을 하는 것이 주된 사유라면 노조법 제81조에 의한 부당노동행위에 해당되어 위법이라고 보아야 한다.

제4장
징계처분의 기본원칙과 종류

제1절 징계처분의 기본원칙

1. 준사법적 원칙의 적용

(1) 기업의 목적과 징계제도

a) 사용자의 징계권은 기업의 목적을 달성하기 위하여 노동력을 기능적으로 집단화하고, 경영질서를 유지 · 형성하기 위해 요청되는 직업사회의 질서벌이다.[1] 이 경우 징계권의 행사(징계처분)는 징계권의 본질이 어떤 것이냐 하는 논의와는 달리 노사관계의 신뢰를 중시하고, 이에 반하는 행위에 대한 직업상의 반가치적 행위가 반복되지 않도록 훈계하기 위한 목적을 가진 행위라고 할 수 있다. 따라서 사용자의 징계권은 경영질서를 확립하고 생산성을 제고하기 위해서 노사간의 협력이 절실히 요구되며, 이러한 협력체제를 구축하기 위한 수단으로서 필요한 것이다.

b) 사용자는 징계권에 관한 한계를 넘어서지 않는 한, 스스로 근로자의 행위가 징계사유에 해당되는지를 평가하여 징계처분의 종류나 징계양정을 선택할 수 있는 재량권을 갖는다. 따라서 노동조합이 징계절차에 참여하지 않거나 참여할 수 있는 제도적 장치가 없다고 할지라도, 기업의 경영조직은 그 자체가 가지고 있는 목적을 위하여 취업규칙에 징계규정을 설정하고 이를 실행할 수 있다.

(2) 징계처분의 재량성

a) 취업규칙에 징계처분의 규정이 있다고 하더라도 사용자가 어떠한 징계사유에 대하여 언제든지 징계방법을 자유롭게 행사할 수 있다는 뜻은 아니지만, 원칙적으로 징계처분의 범위나 방법을 선택할 수 있는 재량을 가지게 된다. 그러나 경영질서의 유지의 필요성과 징계권의 본질적인 면을 고려할 때 과연 사용자가 어느 정도로 자유재량을 가지는지에 대한 의문이 제기된다.

b) 이 점에 대해 취업규칙에 징계사항을 '필요적 사항'으로 규정하고 있을 뿐이고, 그 내용에 관하여는 감급 이외에 아무런 언급이 없으므로 징계재량성에 대한 규제가 필요하다. 이에 대하여 학자들은 대체로 징계권행사(징계처분)에 있어 사법적 원칙의 준수가

1) 琴東信, 前揭論文, 19면~20면

필요하다는데 긍정하고 있다.[2)]

(3) 준사법적 원칙의 적용근거

a) 사용자의 징계권은 원래 국가가 입법으로 규제할 수 있는 행위를 사용자로 하여금 규제할 수 있는 권한을 법률의 수권규정을 통해 부여하고 사용자가 스스로 작성한 취업규칙에 입각하여 징계처분을 할 수 있다고 한다.[3)] 이 견해에 의하면, 사용자의 징계권은 국가형벌권의 행사에 준하는 정도의 사법성에 입각하여 행사되어야 한다는 본질적인 한계를 갖는다.

b) 징계권은 직장질서의 유지를 위한 제도로서 계약벌 처럼 손실전보를 직접의 목적으로 하지 않고, 질서벌로서 행위의무의 위반자에 대한 위해 · 보복 · 교정 등 형벌과 유사한 기능을 하게 된다. 그런데 징계권이 사용자의 자의에 따라 행사된다면 질서벌로서의 기능을 다할 수 없고, 근로자의 규범의식에 의하여 지탱될 수도 없다. 그러므로 징계권은 질서벌의 특성을 고려하여 일정한 원칙에 따라서 행사되어야 한다.

c) 원래 형법상의 제원칙(특히, 죄형법정주의 원칙)은 국가의 강력한 권력에 의한 인권침해를 방지하기 위한 수단으로서 형성된 것이다. 그러나 인권침해는 사용자에 의해서도 야기될 수 있다. 즉 사용자에 의한 징계권의 자의적 행사는 근로자를 보복의 수단으로 전락시키고, 근로자의 생존권에 대한 심각한 위협이 될 수 있다. 비록 근로관계가 사법적 관계라고 하여도 당사자간의 계약이 인간의 존엄성에 어긋나는 등 기본권침해로 형성된다면 민법 제103조와 제104조에 의하여 공서양속위반으로서 무효가 될 것이다.

d) 이렇게 볼 때, 징계권의 행사는 사용자의 자의에 맡길 수 없고 일정한 형법상의 원칙을 준용할 필요가 있다. 물론 각 기업의 독자성이나 전문적 능력의 결여로 인하여 형벌권 조건에서와 같은 엄격한 기속은 기대하기 어렵다 할지라도 징계처분에는 자연적 정의가 요구하는 최소한의 준칙이 존중되어야 한다.

e) 징계처분의 정도와 방법에 있어서도 "객관적 타당성"이 있고 "필요한 최소한의 범위"에 머물러야 하고 또한 공정성이 있어야 한다. 객관적 타당성이나 필요한 최소한의

---

2) 窪田교수는"징계는 경영이라는 하나의 부분사회에 있어서 질서유지를 위한 규범으로서 행하여지는 것인 이상, 징계처분을 행하는데 있어서 일정한 준거해야 할 기본원칙에 따라야 한다."(窪田準人, 前揭書, 99면)고 하고, 西村교수는"직장규율은 경영에 있어서 당사자를 규율하는 규범이기 때문에 거기에는 당연히 法의 支配가 인정되어야 한다."(西村外, 勞動法講義 3-勞働者保護法, 有裴閣, 1981, 238면)고 하고있다. 또한 花見忠교수는"징계규정은 사용자에 의하여 일반적으로 정하여지는 것이고, 근로자에 대하여 불이익을 과하는 근거로 되기 때문에 어떠한 행위에 어떠한 불이익을 과하는 가를 명확히 하여 두는 것이 바람직하다."(花見忠·深瀨 義郎 編著, 就業規則의 法理와 實務, 日本勞働協會, 1980, 178면)고 한 것 등이 있다.

3) 근로기준법 제93조의 취업규칙의 필요적 기재사항인 표창의 제재에 관한 사항, 동법 제96조의 감급제한 규정 등이 있다.

범위 또는 공정성은 법이 지배하는 총체적 입장에서 준거해야 할 판단기준이 된다. 이 기준을 구체화시키는 원칙[4]으로서는 ① 평등대우의 원칙, ② 죄형법정주의의 원칙, ③ 징계불소급의 원칙, ④ 개인책임의 원칙, ⑤ 상당성의 원칙, ⑥ 절차적 정의의 원칙이 고려되어야 한다.

f) 이러한 제원칙이 근로기준법에 규정된 노동현장의 정신, 즉 ① 노사평등의 원칙, ② 균등처우의 원칙, ③ 강제노동금지의 원칙, ④ 폭행금지의 원칙, ⑤ 동일노동 · 동일임금의 원칙, ⑥ 근로조건성실이행의 원칙 등에 의한 지배이념에 기초하여 충실하게 이행될 때 비로소 징계권행사의 준사법적 원칙이 실현된다고 본다.

2. 형평의 원칙

(1) 의의

a) 동일한 행위에 대한 징계처분의 정도가 서로 달라서는 아니되고 일정한 시간을 전후하여 행하여진 행위에 대해서도 전례의 처분은 후례의 징계처분을 구속한다는 원칙이다.[5] 즉, 2명 이상의 근로자의 행위가 동일 또는 유사한 징계사유의 유형에 해당되면, 그 행위에 대한 징계처분의 정도는 서로 차이가 나서는 아니된다는 것이며, "평등대우의 원칙"이라고도 한다.

b) 따라서 어떤 자에게는 무단결근 7일에 대하여 출근정지처분을 하고 다른 자에게는 징계해고를 하는 것을 형평의 원칙에 위반된다. 이 원칙은 같은 행위에 대한 법적 평가는 물론이려니와 그의 재량이나 징계종류의 선택에 있어서도 특별히 정상을 참작해야 할 사정이 없는 한 같은 처분을 하지 않으면 아니된다는 것을 의미한다.[6]

(2) 형평의 원칙과 징계처분의 정당성

a) 사용자가 선례를 변경하고자 할 경우에는 특별한 절차에 따른 조치를 먼저 하는 것이 일반적이지만, 선례를 오히려 근로자에게 유리하게 변경하는 일조차 금지시킬 이유는

---

4) 窪田교수는 징계처분의 기본원칙으로서 ① 평등대우의 원칙 ② 죄형법정주의 원칙 ③ 불소급의 원칙 ④ 개인책임의 원칙 ⑤ 상당성의 원칙 ⑥ 절차에 있어서의 정의를 들고(窪田準人, 前揭書, 98면이하) ① 평등대우의 원칙 ② 죄형법정주의 원칙 ③ 불소급의 원칙 ④ 상당성의 원칙 ⑤ 절차에 있어서의 정의를 들고 있다.

5) 대판 1979. 1. 30, 78다304와 대판 1980. 9. 9, 77다203은 소극적으로 형평의 원칙과 평등대우의 원칙을 긍정한다.

6) 근로기준법 제5조는 성별 · 신앙 · 사회적신분 등을 이유로 근로조건에 대한 차별대우를 금하고 있으며, 차별대우는 질서벌의 원리에도 어긋난다.

없다. 따라서 한번 유리하게 변경된 징계처분은 그것이 선례가 되어 그 후의 처분을 구속하게 되는 것은 당연하다.

b) 근로기준법 제6조는 "성별, 국적, 신앙 또는 사회적 신분을 이유로 근로조건에 대한 차별적 처우를 하지 못한다"고 하고, 근로조건은 채용 후의 직장에서의 대우에 관한 일체의 조건도 징계처분의 대상이 된다.[7] 그러므로 사용자가 근로자를 차별하여 징계처분을 하였다면 그것은 징계권의 남용으로 무효가 된다.[8]

c) 징계처분과의 관계에 대하여 원칙적으로 취업규칙에서 징계사유를 규정함에 있어 동일한 징계사유에 대하여 여러 등급의 징계가 가능한 것으로 규정하였다든가, 어떤 징계사유에 대하여 원칙적인 징계의 종류를 규정하면서 예외적으로 정상에 따라 보다 무거운 징계를 할 수 있는 것으로 규정하였다든가 하는 경우에 그 중 어떤 징계처분을 선택할 것인지는 징계권자의 재량에 속한다고 할 것이다. 그러나 이러한 재량은 징계권자의 자의적이고 편의적인 재량에 맡겨져 있는 것이 아니며, 징계사유와 징계처분과의 사이에 사회통념상 상당하다고 보여 지는 균형의 존재가 요구되고, 경미한 징계사유에 대하여 가혹한 제재를 과한다든가 하는 것은 징계권의 남용으로서 무효로 볼 수 있다.[9]

관련판례

(1) 징계권자가 징계대상자들에 대한 징계수위를 낮추기 위한 방편으로 징계양정기준을 정하고 그에 따라 징계처분을 하였을 경우 정해진 징계양정기준이 전혀 합리성이 없다거나 특정의 근로자만을 해고하기 위한 방편이라는 등의 특별한 사정이 없는 한 이로써 바로 당해 징계처분이 형평의 원칙에 반하여 위법하다고 할 수는 없다(대판 1997. 9. 12. 97누7165 참조). 원심판결 이유 및 기록에 의하며, 원고공단에서의 주차료 징수원들에 의한 주차료 횡령은 1980년경 유료주차장이 설치된 이후 지속적으로 있어 온 것이나 1992. 10. 경 주차료 산출을 위한 아마노 기계가 설치되기 이전에는 횡령에 대한 객관적인 증거가 남아 있지 아니하고 또 아마노 기계가 설치된 이후에 있어서도 단 4일분의 주차권을 표본조사하여 그 횡령액을 파악하는 데에만 10인의 직원에 의하여 42일이 소요될 정도로 작업량이 방대하여 정확한 횡령액의 산출은 사실상 불가능한 까닭에(다만 기록에 의하면 원고공단의 주차료 징수원은 76명이나 위와 같은 주차료 징수업무에 관한 특별감사 전후의 주차료 수입액의 차이가 월평

7) 김소영, 전게논문, 172면

8) 4년 6개월 동안 단한번의 징계처분도 받음이 없이 성실하게 근무하였으며, 자신의 비행이 밝혀지자 스스로 사표를 제출하였고 그 후 형사사건 절차에 벌금형을 선고받고 그 벌금을 납입한 점 등을 비추어 볼 때 징계의 종류 중 가장 무거운 파면을 택한 것은 사회관념상 비례의 원칙에 비추어 보아 현저히 부당하여 징계재량의 범위를 일탈한 것이다(대판 1983. 4. 26, 82누516).

9) 대판 1991. 1. 11, 90다카21176 ; 대판 1991. 10. 25, 90다20482 ; 대판 1992. 5. 22, 91누5884 참조

균 약 금 124,000,000원에 이른다) 검찰의 수사 및 공소제기, 이에 대한 법원의 판결이나 약식 명령에 의하여 주차료 징수원들의 횡령액으로 인정된 원심판시의 각 금액은 모두 1992. 10. 이후 만을 대상으로 한 것이고 그것도 주차료 징수원들이 개인적으로 횡령한 것은 제외한 채 같은 근무조원들이 공동으로 횡령한 금액을 순전히 자백에 의존하여 인정된 것임을 알 수 있다. 사정이 그러하다면, 원고가 주차료를 횡령한 징수원들에 대한 징계양정기준을 정함에 있어서 횡령액의 다과를 고려하지 아니하고 주차장 근무횟수와 근무기간 및 벌금액을 기준으로 한 것은 상당한 합리성이 있다고 보여질 뿐만 아니라 그러한 징계양정기준이 특정의 근로자만을 해고하기 위한 방편이라고도 보이지 아니하는바, 원심이 확정한 사실에 의하면 위의 징계양정기준상 소외 소외 2, 소외 3, 소외 4, 소외 5, 소외 6은 모두 해고제외 대상자에 해당하고 참가인은 해고대상자에 해당하므로 참가인에 대한 이 사건 파면처분이 위 소외 2 등에 대한 정직이나 감봉처분과 형평의 원칙에 위반되어 징계재량권을 일탈한 부당해고에 해당한다고는 할 수 없다. 나아가 소외 소외 1와의 관계에서 보건대, 기록에 의하면 앞서 본 바와 같이 소외 1의 주차장 근무기간은 2년 5개월임에도 원고는 소외 1에 대하여 원고의 사정에 의하여 경리부 파견근무를 하였음을 이유로 파견근무 이전은 주차장 근무기간에 포함시키지 않기로 하여 소외 1의 주차장 근무기간을 7개월로 인정하고 정직 3월의 징계처분을 한 사실을 알 수 있는바, 비록 원고가 위와 같은 이유로 파견근무 이전을 주차장 근무기간에서 제외한 것이 합리성이 없어서 소외 1에 대한 정직 3월의 징계처분이 위의 징계양정기준에 부합하지 아니하여 잘못된 것이라고 하더라도, 기록상 주차장 근무횟수가 1회이고, 벌금이 금 1,000,000원이나 주차장 근무기간이 1년 이상인 다른 주차료 징수원들도 모두 파면된 사실이 인정될 뿐만 아니라 원고가 이 사건 징계처분을 함에 있어서 특정의 근로자를 보다 불리하게 대우하거나 또는 보다 유리하게 대우하려는 주관적 의사가 개입되었다고 보이지도 아니하는 이 사건에 있어서, 앞서 본 바와 같은 사정으로 소외 1에 대하여 정직 3월의 징계처분이 내려졌다고 하여 참가인에 대한 이 사건 파면처분이 형평의 원칙에 위반되어 징계재량권을 일탈한 부당해고에 해당한다고 할 수 없다(대판 1997. 10. 28, 96누5780).

(2) 단체협약, 취업규칙 등에 해고에 관한 규정이 있는 경우에 그것이 구 근로기준법(1997. 3. 13. 법률 제5309호 이전의 것) 제27조제1항의 규정에 위배되어 무효가 아닌 이상 그에 따른 해고는 정당한 이유가 있는 해고라고 할 것이나(대판 1987. 4. 14. 86다카1875; 대판 1990. 4. 27. 89다카5451 등 참조), 취업규칙 등의 징계해고사유에 해당하는 경우, 이에 따라 이루어진 해고처분이 당연히 정당한 것으로 되는 것이 아니라 사회통념상 고용관계를 계속할 수 없을 정도로 근로자에게 책임 있는 사유가 있는 경우에 행하여져야 정당성이 인정되는 것이고(대판 1995. 5. 26. 94다46596 참조), 사회통념상 당해 근로자와의 고용관계를 계속할 수 없을 정도인지는 당해 사용자의 사업의 목적과 성격, 사업장의 여건, 당해 근로자의 지위 및 담당직무의 내용, 비위행위의 동기와 경위, 이로 인하여 기업의 위계질서가 문란하게 될 위험

성 등 기업질서에 미칠 영향, 과거의 근무태도 등 여러 가지 사정을 종합적으로 검토하여 판단하여야 할 것이다(대판 1995. 4. 25. 94누13053 참조). 따라서 간호조무사의 직무범위가 보조업무에 제한되어 있고, 원고 병원 전체 근로자 중 간호조무사들이 차지하는 숫자상의 비율도 근소한 점, 원고 병원에는 정신질환자들의 보호를 위한 감시 내지 경계업무를 주로 담당하는 보호사라는 직종의 근로자가 따로 있는 점, 이 사건 집단적 무단결근이 단 1일에 그치고 이로 인하여 원고 병원에 끼친 손해나 진료상의 장애는 미미했던 점 등에 비추어 보면, 비록 원고가 경영하는 병원사업이 공익사업의 일종이고(노동조합및노동관계조정법 제71조, 구 노동쟁의조정법 제4조), 정신병원의 경우 돌발적 사고 발생의 위험성도 높은 특성을 가진다는 점을 충분히 감안한다고 하더라도 참가인이 위 집단결근을 주동 내지 선동하거나 일반간호조무사들을 지휘 · 감독할 지위에도 있지 아니한 이 사건에 있어 원고가 이 사건 집단결근에 가담한 간호조무사 중 1명을 제외한 나머지 직원들에 대하여 모두 정직 10일이라는 징계처분을 하였음에 반하여 원고에 대하여는 징계의 종류로서 가장 무거운 해고의 처분을 한 것은 형평의 원칙에 반하여 징계권을 남용한 위법한 것이라 할 것이다(대판 1998. 11. 10, 97누18189).

(3) 그 징계처분이 사회통념상 현저하게 타당성을 잃은 처분이라고 하려면 구체적인 사례에 따라 직무의 특성, 징계의 사유가 된 비위사실의 내용과 성질 및 징계에 의하여 달하려는 목적과 이에 수반되는 제반 사정을 참작하여 객관적으로 명백히 부당하다고 인정되는 경우라야 하며, 같은 정도의 비위를 저지른 자들 사이에 있어서도 그 직무의 특성에 비추어, 개전의 정이 있는지 여부에 따라 징계의 종류와 선택과 양정에 있어서 차별적으로 취급하는 것은, 사안의 성질에 따른 합리적 차별로서 이를 자의적 취급이라고 할 수 없다. 이 사건에서 참가인에게 인정된 비위사실은 사회통념상 고용관계를 지속시킬 수 없을 정도로 근로자에 책임있는 사유에 해당하며, 다른 징계대상자들과의 징계의 형평에도 어긋나지 않을 뿐만 아니라 공평의 원칙에도 반한다고 볼 수 없다(대판 2004. 2. 13, 2003두8876).

3. 죄형법정주의의 원칙

(1) 죄형법정주의와 해석방법

a) 죄형법정주의란 "법률 없으면 범죄도 없으며 형벌도 없다"는 형법상의 기본이념으로써 어떠한 행위가 범죄가 되고, 이에 대해서 어떠한 형벌를 부과할 것인가는 미리 성문화된 법률에 규정해 두지 않으면 아니 된다고 하는 원칙이다. 사용자의 징계권이 질서벌의 성격을 가지고 있다는 점에서 죄형법정주의의 원리는 당연히 도입되어야 할 기본원

칙이다.

b) 근로자의 징계사유에 대하여는 죄형법정주의와 같이 엄격한 형식적이고 문리적인 해석을 요구하는 것은 아니지만, 명문의 규정에 사용된 용어가 추상적이거나 포괄적 또는 불명확할 경우에는 징계제도의 목적에 비추어 확대해석이나 유추해석으로 인해 권한남용을 일으킬 우려가 있으므로 인권보장적 측면에서 엄격하게 해석해야 한다.[10)]

(2) 죄형법정주의의 원칙과 징계처분

a) 근로기준법 제95조에 의한 제재규정을 취업규칙의 필요적 기재사항으로 정한 취지는 죄형법정주의의 원칙을 명시적으로 선언한 것이며, 징계처분을 위해서는 취업규칙에 명기된 사유가 아니면 행사할 수 없다는 효력규정을 정한 것이라고 이해해야 한다.[11)] 이 원칙에 따르면, 취업규칙에 규정되어 있지 않은 사유나 절차에 의한 징계처분은 무효라고 아니할 수 없다.[12)]

b) 징계규정은 예시적으로 명시하여서는 아니 되고 죄형법정주의의 원칙에 따라 구체적이며 한정적인 표현을 해야 한다. 그러나 대개의 취업규칙은 몇 가지 징계사유를 예시적으로 나열하고 "기타 위에 준하는 경우"라는 규정을 두고 있다. 이러한 포괄규정에 의한 징계처분은 원칙적으로 그 효력을 부정하여야 한다. 징계규정을 상세히 정한 사용자가 그렇지 못한 사용자에 비해 한층 더 불리한 위치에 선다는 것은 형평의 원리에도 어긋나기 때문이다.

c) 또한 징계규정의 해석은 죄형법정주의에 의해 엄격한 형식적이고도 문리적인 해석을 요구하는 것이 아니지만, 명문규정이 포괄적 또는 불명확할 경우에는 징계제도의 목적에 비추어 보아 목적론적 해석을 하지 않을 수 없다. 이 경우에도 확대해석이나 유추해석은 징계권의 남용을 일으킬 우려가 있을 뿐만 아니라 원래 죄형법정주의의 원칙이 인권보장적 기능에 중점이 있다는 점을 고려하여 이를 담보할 수 있는 예측가능한 범위 내에서 엄격하게 해석해야 한다.

d) 판례도 "사용자가 취업규칙에 의해 징계해고사유를 규정할 경우에는 이것에 해당하는 이상 근로자를 해고할 수 있다는 취지를 명확히 해서 기업질서를 유지하고 동시에 위

10) 琴東信, 前揭論文, 21면

11) 서울고판 1983. 12. 17, 82나3003은"1981년 말경까지도 취업규칙이 작성된 바 없었던 사실을 인정할 수 있으므로 1981. 7. 24의 정직처분은 물론, 1981. 10. 26의 전직발령이 정당한 것이라고는 할 수 없다"고 한다. 이외에도 대판 1983. 11. 22, 83다카1243 ; 대판 1981. 6. 9, 80다1769 등 다수의 판례는 전적으로 죄형법정주의 원칙에 합치하지는 않지만, 적어도 취업규칙에 정한 징계절차의 준수를 징계의 유효요건으로 보고 있다.

12) 사용자의 징계처분이 질서벌의 성격을 가지고 있다는 점에서 죄형법정주의는 당연히 도입되어야 할 기본원칙이다.

반행위가 없는 한 해고하지 않는다는 취지를 보아 취업규칙상 해고사유의 한정적 규정을 위반해서 해고할 수 없다"고 한다.[13)]

관련판례

형법 제156조는 타인으로 하여금 형사처분 또는 징계처분을 받게 할 목적으로 공무소 또는 공무원에 대하여 허위의 사실을 신고한 자를 처벌하도록 정하고 있다. 여기서 '징계처분'이란 공법상의 감독관계에서 질서유지를 위하여 과하는 신분적 제재를 말한다(대판 2010. 11. 25, 2010도10202 참조). 그런데 사립학교 교원은 학교법인 또는 사립학교경영자가 임면하고(사립학교법 제53조, 제53조의2), 그 임면은 사법상 고용계약에 의하며, 사립학교 교원은 학생을 교육하는 대가로 학교법인 등으로부터 임금을 지급받으므로 학교법인 등과 사립학교 교원의 관계는 원칙적으로 사법상 법률관계에 해당한다(대판 1996. 7. 30, 95다11689 참조). 비록 임면자가 사립학교 교원의 임면에 대하여 관할청에 보고하여야 하고, 관할청은 일정한 경우 임면권자에게 그 해직 또는 징계를 요구할 수 있는 등(사립학교법 제54조) 학교법인 등에 대하여 국가 등의 지도·감독과 지원 및 규제가 행해지고, 사립학교 교원의 자격, 복무 및 신분을 공무원인 국·공립학교 교원에 준하여 보장하고 있지만, 이 역시 이들 사이의 법률관계가 사법상 법률관계임을 전제로 그 신분 등을 교육공무원의 그것과 동일하게 보장한다는 취지에 다름 아니다. 따라서 학교법인 등의 사립학교 교원에 대한 인사권의 행사로서 징계 등 불리한 처분은 사법적 법률행위의 성격을 가진다(대판 1995. 11. 24, 95누12934 : 헌재 2006. 2. 23, 2005헌가7 헌마1163 전원재판부 결정 참조). 한편 형벌법규의 해석은 엄격하여야 하고, 명문의 형벌법규의 의미를 피고인에게 불리한 방향으로 지나치게 확장해석하거나 유추해석하는 것은 죄형법정주의의 원칙에 어긋나는 것으로서 허용되지 않는다(대판 2013. 11. 28, 2012도4230 참조). 위와 같은 법리를 종합하여 보면, 사립학교 교원에 대한 학교법인 등의 징계처분은 형법 제156조의 '징계처분'에 포함되지 않는다고 해석함이 옳다. 위 법리에 따라 기록을 살펴보면, 공소외 1은 ○○대학교, 공소외 2는 △△대학교의 각 교수로서 사립학교 교원이므로, 피고인이 그들로 하여금 징계처분을 받게 할 목적으로 국민권익위원회에서 운영하는 범정부 국민포털인 국민신문고에 민원을 제기하였더라도, 이러한 행위는 무고죄에 해당하지 않는다. 그런데도 원심은 위와 같은 각 무고의 공소사실에 대하여 유죄를 선고한 제1심판결을 그대로 유지하였으므로, 원심은 무고죄의 '징계처분'에 관한 법리를 오해하여 판결 결과에 영향을 미쳤다고 할 수밖에 없다(대판 2014. 07. 24, 2014도6377).

---

13) 日本 東京地裁 1962. 9. 28 鐘淵テ人セル事件 ; 대판 1992. 7. 14, 91다32329

4. 징계불소급 및 이중처벌금지의 원칙

(1) 징계불소급의 원칙

a) 모든 국민은 행위시의 법률에 의하여 범죄를 구성하지 아니하는 행위로 소추되지 아니하며, 동일한 범죄에 대하여 거듭 처벌받지 아니한다(헌법 제13조제1항)고 규정되어 있는 형벌불소급의 원칙이나 이중처벌금지의 원칙(일사부재리의 원칙)은 사용자의 징계행위에도 적용되어야 할 중요한 기본원칙이다. 이 원칙은 죄형법정주의의 원칙과 더불어 인권을 보장하기 위한 원칙으로서 근대법의 공통적 기본이념이 되고 있다.

b) 또한 징계불소급의 원칙으로서 징계처분에 관한 규정이 설정되기 이전에 그에 해당하는 행위를 한 근로자에 대하여 소급적용을 할 수 없다. 그러나 행위시를 기준으로 당시의 징계규정을 적용하여 징계처분을 할 수 있다.

c) 판례는 "취업규칙 위반행위시와 징계처분시에 있어서 서로 다른 내용의 취업규칙이 있는 경우, 다른 특별한 규정이 없는 한 해고 등의 의사표시는 의사표시의 시점에 시행되고 있는 신 취업규칙 소정의 절차에 따라 행하면 족하지만 징계권(징계사유)의 유무에 관한 결정은 징계가 근로자에게 있어서 불이익 처분이므로 문제로 되어 있는 행위시에 시행되고 있던 구 취업규칙에 따라 행하여야 할 것이다"고 판시하고 있다.[14]

(2) 일사부재리 또는 이중처벌금지의 원칙

1) 일사부재리의 원칙 a) 이 원칙은 동일한 행위에 대하여 2회의 징계처분을 하거나[15] 징계처분 없이 지나간 사실을 뒤에 다시 징계처분으로 삼는 것은 허용되지 않는다는 것으로 일사부재리의 원칙이라고 한다.[16] 현재 문제가 되고 있는 징계사유의 비행과 관련이 없음에도 불구하고 과거의 수뢰혐의로 감봉처분을 받은 사실까지 첨가하여 징계사유로서 징계해고하는 것은 "정당한 이유"없는 해고로서 무효라고 보아야 한다.[17] 따라서 사용자가 가벼운 견책처분으로 이미 끝났던 근로자의 행위에 대하여 근로자의 노동3권 보장활동을 이유로 소급하여 다시 중징계하는 경우가 그것이다. 과거의 징계전력을 다

---

14) 대판 1991. 9. 24, 90다12366; 대판 1991.10.25, 90다20428

15) "모든 국민은 행위자의 법률에 의하여 범죄를 구성하지 아니하는 행위로 허용되지 아니하여, 동일한 범죄에 대하여 거듭 처벌받지 아니한다"(헌법 제13호제1항)고 규정되어 있는 형벌불소급의 원칙이나 일사불재리의 원칙(이중처벌금지원칙)은 죄형법정주의원칙과 더불어 인권을 보장하기 위한 원칙으로서 근대법의 공통적 기본이념이 되고 있다.

16) Suhaub, ArbRHb, S304 ; 有泉享, 勤勞基準法, 299면 ; 管野, 勞動法, 311면

17) 서울고판 1978. 5. 30, 78나125 ; 서울고판 1991. 1. 23, 90구10997; 월 2회 무단결근에 대하여 회사가 이를 이유로 근로자에 대하여 정직 2개월의 징계를 한 바 있다면 이를 다시 징계해고사유로 삼을 수 없다.

시 징계사유로 삼거나, 현재의 징계사유에 첨가하여 징계할 수 없다.

b) 절차적 위반으로 무효가 된 징계사건에 대하여 법원에서 해고사유에 대한 절차적 정당성만 심사하였을 뿐 실체적 정당성에 대한 판단이 없었다면, 그 후 동일한 징계사유를 들어 필요한 제반절차를 준수하여 다시 징계해고를 하더라도 일사부재리의 원칙이나 신의칙에 반하지 않으며, 확정판결의 기판력에도 저촉되지 않는다.[18)]

2) 행위시의 징계처분과 이중처벌금지의 원칙 a) 사용자는 근로자의 행위가 행위시의 취업규칙에 징계처분을 할 수 있도록 명시되어 있지 않다면 그 이후에 제정된 규칙에 의하여 처벌할 수 없다. 또한 이미 경미한 처벌이라도 행해진 행위에 대하여는 그 이후에 개전의 정이 없다던가, 반성을 하고 있지 않다는 등의 추상적이고 막연한 사유만으로 중한 처벌을 추가하는 것은 이중처벌이 되므로 무효라고 보아야 한다. 그러나 근로자의 권리의 회복이나 이익을 부여하는 소급적 조치에 대하여는 이 조치로 인하여 손해를 입는 자가 없는 한 부당하다고는 할 수 없다.

b) 이중징계에 해당되기 위해서는 ① 선행처분과 후행처분이 모두 법적 성질상 동일한 징계처분에 해당되고, ② 선행의 징계처분이 무효 · 취소됨이 없이 유효하게 확정되어야 하며, ③ 선행의 징계처분과 후행의 징계처분이 동일한 혐의사실을 대상으로 하여야 한다.[19)]

관련판례

(1) 현재 문제가 되고 있는 징계사유의 비행과 관련이 없음에도 불구하고 과거의 수뢰혐의로 감봉처분을 받은 사실까지 첨가하여 징계사유로서 징계해고하는 것은 "정당한 이유"없는 해고로서 무효이다(서울고판 1978. 5. 30. 78나125).

(2) 월 2회의 무단결근에 대하여 회사가 이를 이유로 근로자에 대하여 정직 2개월의 징계를 한 바 있다면 이를 다시 징계해고사유로 삼을 수 없다(서울고판 1991. 1. 23. 90구10997).

(3) 1차 징계처분의 효력이 다투어지고 있는 상태에서 1차 징계처분을 취소함이 없이 절차를 보완하여 행하여진 2차 징계처분을 단지 1차 징계처분의 효력이 없을 것에 대비하여 행하여진 징계처분이라는 것만으로 당연히 무효라고 할 수 없을 것이다(대판 1996. 4. 23. 95다53102).

18) 대판 1981. 5. 26, 80다2945; 대판 1994. 9. 30, 93다26496; 대판 1995. 12. 5, 95다36138
19) 대판 2000, 9. 29, 99두 10902

(4) 사용자가 징계절차에 하자가 있거나, 징계양정이 잘못된 경우 또는 징계사유의 인정에 잘못이 있음을 스스로 인정할 때에는 노동위원회의 구제명령이나 법원의 무효확인판결을 기다릴 것 없이 스스로 징계처분을 취소할 수 있고, 나아가 새로이 적법한 징계처분을 하는 것도 가능하다 할 것이며(대판 1981. 5. 26. 80다 2945 참조), 이러한 경우 당초의 해고처분을 취소하면 그 처분은 소급해서 무효로 되어 처음부터 해고처분이 없었던 것과 같은 상태로 되므로, 사용자가 별도로 그 징계대상자를 원직에 복귀시켜야 할 의무를 부담하게 되는 것이 아닌데다가(이 점에서 사용자가 위와 같은 의무를 부담하게 되어 결국 다시 징계처분을 할 수 없다는 주장은 이유 없다), 이 사건과 같이 사용자인 소외 회사가 징계절차에 하자가 있음을 스스로 인정하여 그 제1차 징계처분을 취소한 것을 일컬어 소외 회사가 그 징계대상자에 대한 종전의 비리를 모두 용서한 것이라고 볼 수도 없으니, 같은 취지로 판단한 원심판결은 수긍이 가고, 거기에 해고의 법리를 오해한 위법이 있다고 볼 수 없으므로, 논지는 이유가 없다(대판 1994. 12. 27. 94누11132).

---

5. 자기책임의 원칙

(1) 의의

징계처분은 자기 개인의 행위를 대상으로 하는 것이므로, 근로자는 타인의 행위로 인하여 징계처분을 받지 않아야 한다는 것을 '자기책임의 원칙'이라고 한다. 여기서 '개인의 행위를 대상으로 한다'는 것은 객관적으로는 개인이 징계사유에 해당하는 행위, 즉 작위 또는 부작위행위를 행함을 말하며, 주관적으로는 그 행위에 대한 고의 또는 과실의 의사요소가 있는 행위라야 한다는 의미이다. 따라서 선의의 행위나 무과실 또는 제3자의 행위에 대하여 책임을 추궁한다는 것은 있을 수 없다.[20] 이른바 연좌벌, 연대처벌 등은 인정될 수 없다.

(2) 자기책임의 원칙과 징계처분

직장의 상사가 부하직원의 지휘감독권 또는 관리감독권에 기초하여 감독소홀이나 통제를 게을리 한 경우에는 감독책임을 이유로 징계처분을 할 수 있다. 이러한 경우에는 상급자에게 사전에 감독권을 부여하고 있어 자기책임의 원칙이 적용되지 않는다. 따라서 노동조합의 간부를 대상으로 위법쟁의행위에 대한 책임 혹은 조합원에 의한 쟁의행위의

20) 이러한 정신은 우리 헌법 제13조제3항에서 모든 국민은 자기의 행위가 아닌 친족의 행위로 인하여 불이익한 처우를 받지 않는다고 규정하여 소위 연좌제를 금지하고 있는 규정의 정신과 같은 것이다.

기간 중 폭력행사나 재물손괴 등을 이유로 한 노조간부에 대한 감독불이행의 책임을 추급하는 것은 자기책임의 원칙에 반하는 것이 아니다.

관련판례

(1) 원심판결 이유를 원심이 적법하게 채택한 증거들에 비추어 살펴보면, 원심이 그 판시와 같은 이유를 들어 근로자인 피고인 1이 중대한 과실로 원산지를 거짓으로 표시한 이 사건 트레이닝복을 수입하였다는 이 사건 공소사실을 유죄로 인정한 것은 정당하고, 거기에 상고이유의 주장과 같이 채증법칙 위반으로 인한 사실오인이나 중대한 과실에 관한 법리오해 등의 위법이 없다. 또한 원심은, 피고인 1의 위와 같은 위반행위에 대하여 그 사업주인 피고인 2 주식회사(이하 '피고인 회사'라고 한다)에 구 대외무역법(2008. 12. 19. 법률 제9154호로 개정되기 전의 것, 이하 '구 대외무역법'이라고 한다) 제57조제1항의 양벌규정을 적용하여 유죄로 인정하였다. 구 대외무역법 제57조제1항은 2008. 12. 26. 법률 제9221호로 개정되면서 사업주인 법인이 직원의 업무에 관한 관리감독의무를 게을리하지 아니한 경우에는 양벌규정에 의하여 처벌하지 않는다는 내용의 단서 규정이 추가되었다. 이는 범죄 후 법률의 변경에 의하여 그 행위가 범죄를 구성하지 아니하거나 형이 구법보다 경한 경우에 해당한다고 할 것이어서 형법 제1조 제2항에 따라 피고인 회사에는 위와 같이 개정된 대외무역법의 양벌규정을 적용하여야 할 것이므로(대판 2010. 12, 2010도12069 참조), 원심이 구 대외무역법 제57조제1항을 그대로 적용한 것은 잘못이라고 할 것이다. 그러나 한편 형벌의 자기책임원칙에 비추어 볼 때, 위반행위가 발생한 그 업무와 관련하여 사업주인 법인이 상당한 주의 또는 관리감독의무를 게을리한 때에 한하여 위 양벌규정이 적용된다고 봄이 상당하고, 구체적인 사안에서 법인이 상당한 주의 또는 관리감독의무를 게을리하였는지 여부는 당해 위반행위와 관련된 모든 사정, 즉 당해 법률의 입법 취지, 처벌조항 위반으로 예상되는 법익 침해의 정도, 위반행위에 관하여 양벌규정을 마련한 취지 등은 물론 위반행위의 구체적인 모습과 그로 인하여 실제 야기된 피해 또는 결과의 정도, 법인의 영업 규모 및 행위자에 대한 감독가능성이나 구체적인 지휘감독 관계, 법인이 위반행위 방지를 위하여 실제 행한 조치 등을 전체적으로 종합하여 판단하여야 한다(대판 2010. 4. 29, 2009도7017 참조). 위와 같은 법리와 원심이 적법하게 확정한 사실관계 및 그 채택 증거에 의하여 알 수 있는 여러 사정을 종합하여 보면, 피고인 회사에는 피고인 1이 위와 같은 위반행위를 함에 있어 이를 방지하기 위해 필요한 상당한 주의 또는 관리감독의무를 다하지 아니한 과실이 있음을 인정할 수 있고, 따라서 피고인 회사는 위와 같이 개정된 대외무역법의 양벌규정에 의하더라도 유죄라고 할 것이므로 원심의 앞서 본 잘못은 판결 결과에는 영향이 없다. 결국 피고인 회사의 이 부분 상고이유의 주장은 받아들일 수 없다(대판 2011. 03. 10, 2009도13080).

(2) 우리의 사법질서는 사적 자치의 원칙과 과실책임의 원칙 등을 근간으로 한다. 사적 자치의 원칙은 개인이 자신의 법률관계를 그의 자유로운 의사에 의하여 형성할 수 있다는 것을 의미하고, 과실책임의 원칙은 개인이 자신에게 귀책사유가 있는 행위에 대하여만 책임을 지고 그렇지 아니한 타인의 행위에 대하여는 책임을 지지 아니한다는 것을 의미한다. 이에 따라 개인은 자신의 자유로운 선택과 결정에 따라 행위하고 그에 따른 결과를 다른 사람에게 귀속시키거나 전가하지 아니한 채 스스로 이를 감수하여야 한다는 '자기책임의 원칙'이 개인의 법률관계에 대하여 적용되고, 계약을 둘러싼 법률관계에서도 당사자는 자신의 자유로운 선택과 결정에 따라 계약을 체결한 결과 발생하게 되는 이익이나 손실을 스스로 감수하여야 할 뿐 일방 당사자가 상대방 당사자에게 손실이 발생하지 아니하도록 하는 등 상대방 당사자의 이익을 보호하거나 배려할 일반적인 의무는 부담하지 아니함이 원칙이라 할 것이다(대판 2014. 08. 21, 2010다92438).

---

6. 상당성의 원칙

(1) 상당성의 원칙과 징계양정

a) 사용자가 취업규칙을 적용하여 근로자를 징계처분할 경우에 징계사유의 존부 인정, 정상의 판정, 징계양정의 선택 등을 징계목적과 이를 실현하는 수단 사이에 합리적으로 형평에 어긋나지 않아야 한다는 것을 '상당성의 원칙'이라고 한다. 따라서 징계처분은 징계사유와 행위의 정도, 피징계자에 대한 평소의 근무성적, 소행, 표창사실,[21] 징계의 전력, 업무의 특수성 등 기타 제반사정에 미루어 보아 객관적으로 상당한 것이어야 한다.[22]

b) 또한 징계처분사유 발생 후의 비행사실도 징계양정의 참작자료가 될 수 있다. 즉 징계권자가 견책 · 감봉 · 정직 · 해고 등 징계처분의 종류 중 어느 것을 택하느냐 하는 것은 구체적인 징계사유의 내용과 성질이 그 표준이 됨은 물론이다. 그러나 종전에 어떠한 사유로 어떠한 종류의 징계처분을 몇 번이나 받은 징계전력이 있는지, 당해 징계처분사유가 발생한 이후 저지른 비위행위사실은 있는지는 징계양정의 결정시에 참작자료가 된다.[23]

---

21) 여러 차례 표창을 받은 경력이 있는 근로자의 사소한 잘못에 대하여 징계처분중 가장 무거운 파면처분을 택한 것은 징계재량권의 범위를 일탈한 것이라 할 것이다(대판 1978. 6. 13, 76누228).

22) 회사의 취업규칙의 징계규정중 징계의 종류에는 견책, 감봉, 정직 및 징계해고 등이 있는바, 회사의 시내버스 운전기사로 일하는 근로자가 안내양들로부터 도합 3,500원과 담배 1갑 및 박카스 1병을 받았다는 것을 징계사유로 하여"정당한 이유" 있는 해고라 볼 수 없다(서울민지판 남부지원 1982. 2. 12, 82가합709 ; 서울민지판 1985. 10. 4, 84가합1384).

23) 대판 1991. 2. 12, 90누5627

(2) 상당성의 원칙과 징계처분

a) 판례는 징계절차에 의한 징계처분이 사회통념상 현저하게 타당성을 잃었다고 인정되는 경우에는 위법하다고 판시하고 있다.[24] 사용자는 근로자의 행위를 정당화할 수 있는 특별한 사유가 있다면 징계양정을 정함에 있어 그것을 참작해야 한다.

b) 징계처분은 징계사유와 징계종류 사이에 이익형량을 하여 합리적인 비례관계가 있어야 한다. 따라서 정황의 판단을 잘못하거나 정황참작의 여지가 있음에도 불구하고 이를 무시하였거나 경미한 위반행위에 대하여 과중한 처분을 하였다면 사용자에게도 귀책사유가 있는 것이므로 근로자의 위반행위만을 문제로 삼아 징계처분을 하는 것은 무효가 된다.[25]

관련판례

(1) 취업규칙이나 단체협약 등에서 징계사유를 규정함에 있어 동일한 사유에 대하여 여러 등급의 징계가 가능한 것으르 규정하였다면 그 중 어떤 징계처분을 선택할 것인지는 징계권자의 재량에 속한다고 할 것이나, 이러한 재량은 징계권자의 자의적이고 편의적인 재량에 맡겨진 것이 아니며, 징계사유와 징계처분과의 사이에 사회통념상 상당하다고 보여지는 균형의 존재가 요구되고, 경미한 징계사유에 대하여 가혹한 제재를 가한다든가 하는 것은 그 재량권의 남용으로서 무효라고 할 것이고, 또한 근로자에게 여러가지 징계혐의 사실이 있는 경우, 이에 대한 징계해고처분이 적정한지의 여부는 그 사유 하나씩 또는 그 중 일부의 사유만 가지고 판단할 것이 아니고, 전체의 사유에 비추어 사회통념상 근로관계를 계속할 수 없을 정도로 근로자에게 책임이 있는지 여부에 의하여 판단하여야 한다(대판 1997. 12. 9, 97누9161).

(2) 보상업무를 담당하는 원고들이 보상금청구인 또는 보상금 청구사건을 수임한 변호사 사무장으로부터 보상업무와 관련하여 직접 금품을 수수하거나 부하직원들이 받아온 돈을 전달받아 이를 소비하거나 다시 상관에게 전달하고 자신들의 승진과 관련하여 상관에게 금품을 제공하는 등의 비위내용이 비교적 중하나, 원고들의 위 비위행위가 원고들의 인사나 업무에 절대적인 영향력을 행사하는 상관에 의하여 유발되거나 조장되어 왔다고 볼 여지가 있다면 원고들에 대한 징계사유가 사회통념상 원고들과 참가인 사이의 근로관계를 지속하는 것이 현저히 불합리

24) 대판 1983. 6. 28, 83누130 ; 대판 1985. 10. 8, 84누735 ; 대판 1991. 2. 12, 90누5627 ; 비행을 행한 근로자의 근무경력, 사건, 동기, 경위와 정도 등을 참작치 않은 해고는 재량권의 범위를 일탈한 부당한 징계처분이라 할 것이다(서울고판 1990. 10. 18, 89구13372 ; 동지, 시말서제출이 늦었다는 이유로 한 파면, 서울고판 1990. 10. 12, 90나23474).

25) 대판 1979. 2. 13, 78다1855 : 조폐공사 파면처분 취소사건은 금품수수의 이유만으로 징계종류중 가장 무거운 해고처분을 한 것은"비례의 원칙"을 벗어난 권리남용이라고 한다.

하다고 인정될 정도의 중대한 귀책사유에 해당된다고 보기는 어렵다(대판 2002. 6. 14, 2000두8349).

(3) 근로자에게 여러 가지 징계혐의사실이 있는 경우, 이에 대한 징계해고처분이 적정한지의 여부는 그 사유 하나씩 또는 그 중의 일부의 사유만 가지고 판단할 것이 아니고, 전체의 사유에 비추어 사회통념상 근로관계를 계속할 수 없을 정도로 근로자에게 책임이 있는지 여부에 의하여 판단하여야 하는바, 원고는 운전부주의로 인사사고를 발생시켜 회사에 막대한 피해를 입혔고, 그로 인한 운전면허정지처분 기간 중에 만취상태에서 휴게실에서 잠을 자다가 적발되었고, 과거에도 3차례의 정직처분을 받은 바 있는 이사건 원고에 대해 해고처분을 한 것은 정당하다(대판 2002. 9. 24, 2002두4860).

7. 절차적 정의의 원칙

(1) 절차적 정의와 민주성

a) 사용자의 징계권은 민주적인 절차에 의하여 의혹이 없도록 명백하게 징계사유등에 대한 소명의 절차를 보장하기 위한 것을 "절차적 정의의 원칙"이라고 한다. 징계권의 공정한 행사를 도모하기 위해서는 단체협약이나 취업규칙에 정하여진 징계절차를 엄격하게 준수할 필요가 있다. 또한 징계절차상 민주성을 확보하기 위해서는 절차진행의 과정에서 본인에게 변명 또는 소명의 기회를 부여하는 절차에 의한 정의를 실현시키는 제도적 장치가 마련되어야 한다.

b) 징계처분은 직장의 안전과 질서를 유지하기 위한 질서위반에 대한 제재로서의 단체법적 성격을 가지므로 징계사유의 정당성과 함께 절차상의 정의가 요구된다. 단체협약이나 노사협정에 따라 근로자를 징계처분하는 경우 노동조합과의 협의를 거쳐야 한다거나 징계심의기구의 결의를 거쳐야 한다고 규정되어 있다면 그에 따라야 한다. 징계절차에 있어서 노동조합과 협의를 하여 결정하기로 한 협의약관이나 사전통고를 해 주기로 정한 통고약관이 있을 경우 이를 위반하여서는 아니 된다.

(2) 절차적 정의의 원칙과 징계처분

a) 노사협정과 단체협약에 명시된 징계절차는 노사를 공동으로 규율하는 단체적 규범이므로 이를 위반한 징계처분은 효력이 없다. 따라서 노사협정이나 단체협약에 규정된 절차

를 거치지 않거나 불성실한 징계심의절차에 의한 사용자의 징계처분은 무효가 된다.[26] 이와 같은 규정이 없더라도 최소한 본인에게 변명의 기회를 부여하여야 한다.

b) 판례는 단체협약이나 노사협정, 취업규칙 등에 규정되어 있는 경우 징계절차의 준수는 유효요건이지만,[27] 이와 같은 절차규정을 두지 않은 경우에는 그러한 절차를 밟지 않았다고 하여 징계처분이 무효가 되는 것은 아니라고 한다.[28]

c) 따라서 징계처분의 절차는 당해 근로자에게 충분히 항변할 기회를 주어야 하므로 ① 징계혐의사실의 고지, ② 징계심의기구에의 참석, ③ 진술의 기회(징계회의록의 작성 · 확인, 열람의 기회), ④ 증거제출의 기회, ⑤ 재심의 기회 등을 담보하여야 한다.[29] 징계처분이 유효하기 위해서는 형벌에 대한 죄형법정주의 원칙과 마찬가지로 징계처분사유의 유형과 징계처분의 종류 · 정도가 단체협약이나 노사협정 등에 문서로써 상세히 규정되어 있어야 한다.

관련판례

(1) 징계절차가 단체협약이나 노사협정, 취업규칙 등에 규정되어 있는 경우 징계절차의 준수는 유효요건이지만, 이와 같은 절차규정을 두지 않은 경우에는 그러한 절차를 밟지 않았다고 하여 징계처분이 무효가 되는 것은 아니라 할 것이다(대판 1982. 7. 9. 82다카298 ; 대판 1989. 1. 24. 88다카7313).

(2) 회사의 단체협약상의 징계규정에는 노동조합원을 징계하려면 상벌위원회의 심의를 거쳐야 하고 그 상벌위원회의 구성은 노사 각 4인씩으로 하여 노동조합원들을 참여시키도록 되어 있는데도 불구하고, 이러한 징계절차규정을 위배하여 노동조합측의 위원 2명을 포함하여 상벌위원회를 구성한 다음 그 상벌위원회의 결의를 거쳐 징계해고 하였다면, 이러한 징계권의 행사는 징계사유가 인정되는 여부에 관계없이 절차에 있어서의 정의에 반하는 처사로서 무효라고 보아야 할 것이고, 이는 자격 없는 위원을 제외하고서도 의결정족수가 충족된다 하더라도 그 상벌위원회의 구성 자체에 위법이 있는 이상 마찬가지이다(대판 1996. 6. 28. 94다53716).

---

26) 대판 1991. 7. 9, 90다8077 ; 대판 1979. 1. 30, 78다304

27) 대판 1982. 10. 26, 82다카298 ; 대판 1979. 12. 16, 79누306; 대판 2001. 4. 10, 2000두7605 참조;. 이 점에 관하여 일본판례의 경향은 징계처분결정에 크게 영향을 미치지 않을 정도의 경미한 절차상의 하자가 있다고 할지라도 그로 인하여 징계처분 자체를 무효라고 하기는 어렵다고 한다.

28) 대판 1979. 1. 30, 78다304 ; 대판 1986. 7. 8, 85다375, 85다카1591 ; 대판 1989. 1. 24, 88다카7313; 대판 1993. 7. 13, 92다42774; 대판 1995. 7. 14, 95누11491; 대판 2000. 6. 23, 99두4235; 대판 2008. 9. 25, 2006두18423

29) 신윤근, 해고문제와 대책, (도서출판 우현, 1992), 119면

(3) 참가인이 원고에게 임시이사회통지를 하면서 부의안건으로 '인천남부지부장 처리에 관한 건과 기타 현안사항'만을 기재하였을 뿐 그 이사회가 원고를 징계하기 위한 것이라거나 원고에 대한 징계사유가 무엇인지 여부를 특정하여 통지하지 않았고, 해고통보서에도 징계사유에 관한 기재를 하지 않았으며, 원고가 참가인으로부터 해고통보서를 수령한 무렵인 2002. 3. 16. 부당해임취소 및 명예회복 요청이라는 제목의 진정서를 참가인에게 내용증명우편으로 제출하여 재심을 청구하였고, 이어 2002. 4. 10. 해임처분에 대한 재심청구라는 제목의 탄원서를 참가인에게 내용증명우편으로 제출하여 앞서 제출한 진정서가 재심청구에 해당한다는 취지를 명확히 밝혔음에도 참가인은 인사규정에 따른 재심절차를 이행하지 않았으므로 원고에 대한 징계절차는 절차적 정의에 현저히 반하는 것이므로 절차상의 중대한 하자로 인하여 무효이다(대판 2005. 5. 26, 2004두14724).

제2절 징계처분의 종류

1. 경 고

(1) 경고의 의의

a) 경고는 근로자의 비위나 과실 등에 대하여 구두로 잘못을 지적하고 재발시 징계할 것을 계고하는 것을 말한다. 경고는 단순한 훈계로 시말서의 제출을 요구하지 않는다. 통상적으로 경고는 징계의 종류에 속하지 않는다고 하는 견해가 있으나, 이를 징계처분으로 설정할 것인가는 사용자의 자유재량에 속한다.[30)]

b) 경고는 근로자의 잦은 지각이나 근무태만, 조기퇴근, 동료근로자에 대한 비방, 동료근로자와 협업관계를 방해하는 등 다양한 형태의 위반행위가 재발하는 것을 방지하기 위한 것이다. 경고는 근로자의 잘못을 지적하고 주의를 일깨워 같은 행위가 재발하지 않도록 하는 수단이나, 경고를 무시하거나 재발행위가 반복되는 경우에는 이를 이유로 징계처분을 할 수 있다. 이러한 사유에 따른 징계처분은 징계규정에 명시함이 바람직하다.

(2) 경고의 징계성과 효과

a) 경고를 징계종류로 설정하기 위해서는 일상적이거나 단순한 꾸지람의 정도에 그치는 것인지, 아니면 재발시 보다 높은 징계처분을 할 것인지를 정하여 해당 근로자에게 알려야 하고, 취업규칙이나 징계종류에 명확히 규정하여야 한다. 경고는 구두경고와 서면경고로 구분할 수 있다. 이러한 경고는 당장 현실적으로 근로자에게 불이익을 주지 않으나, 나중에 승진이나 배치전환 등의 인사고과에서 불리하게 반영될 수 있다. 또한 경고처분이 반복되면 보다 무거운 징계처분의 대상이 될 수 있다.

b) 경고처분에 따른 후속조치로서 인사이동이나 인사기록에의 기록 등 불이익이 표면적으로 나타나지 않는다면 징계성을 인정하기가 곤란하다. 따라서 사용자는 경고조치에 대한 징계성을 명확하게 나타낼 필요가 있다. 취업규칙에 경고를 징계종류로서 명시하지 아니한 경우에는 징계성을 인정하기 곤란하다. 그러나 법원의 판례는 단체협약 또는 취업규칙이나 징계규정에 경고를 징계종류로 명시하지 아니하였더라도 징계성이 인정된다고 한다. 실질적 불이익처분을 고려한 입장이다.

30) 이상국, 징계권행사의 법률지식, 135면

[표 4-1] 경고와 조치사항

징계종류	조치사항	효과
경고	· 인사기록에 징계기록 · 구두경고 또는 사내공표 · 징계 당시 불이익 없음 · 3회 이상 위반시 징계조치	· 명예실추 · 인사고과상 불이익 · 임금삭감

관련판례

(1) 이 사건 경고처분은 직능급과 성과급의 일부가 감액되는 것으로서 근로자에게 불이익한 처분이므로 징계절차에 있어서와 같은 절차를 거쳐야 한다는 것이나, 기록에 의하면, 이 사건 경고처분은 보조참가인 회사의 단체협약, 취업규칙이나 인사규정에 징계의 종류로 명시되어 있지 아니한 사실을 알 수 있는바, 단체협약, 취업규칙이나 인사규정에 이 사건 경고처분이 징계처분의 하나로 규정되어 있지 아니한 이상 위 처분을 함에 있어서 해당자에게 변명의 기회를 부여하는 등의 절차를 거칠 필요는 없다고 할 것이므로 보조참가인 회사가 그러한 절차를 거치지 아니하였다고 하여 이 사건 경고처분이 무효라고 할 수는 없다(대판 2002. 9. 24. 2002두3959).

(2) 임금협정서 제8조 제2항에서의 경고는 징계로서의 경고와는 달라서, 단체협약 제28조제2호에서 정하고 있는 '게시판 공개'의 방법에 의하여야 하는 것은 아니라 할지라도 적어도 구체적으로 경고의 대상자와 행위를 적시하는 방법에 의하여야 할 것인데, 위 인정사실에 의하면 2000. 7. 21.과 같은 해 10. 17. 두 차례에 걸쳐 당시 도입된 지 얼마 되지 않아 원활한 시행이 미흡하던 전액관리제의 성실한 이행을 노동조합에 촉구하기 위하여 열린 노사협의회 석상에서 전반적인 불성실 근로사례와 몇몇 운송수입금 미입금 사례를 지적하고 그 시정을 촉구한 적은 있지만 원고의 위 횡령사실을 특정하여 경고한 사실은 없었으며, 그 무렵 미입금 내역의 횡령 사실을 적시하여 경고하였음을 인정할 만한 아무런 자료가 없으므로 참가인이 이 사건 징계에 앞서 임금협정서 제8조제2항에서 정한 경고를 하였다고 보기 어렵다. 따라서 원고를 징계함에 있어 규정된 절차를 거치지 아니한 위법이 있으므로 이 사건 징계는 위법하다(대판 2004. 11. 22, 2004두7542).

쟁점사례

/사 례/ 잦은 지각과 조기퇴근을 하는 직원을 불러 사장이 해당 근로자를 심하게 꾸지람을 하고 취업규칙이나 단체협약에 명시되어 있지 아니함에도 사용자가 근로자의 귀책사유를 이유로 하여 경고조치를 한다고 게시판에 명시하였다. 또한 경고조치를 하면서도 반성의 각서를 제출토록 하였음에도 인사기록에 기재하거나 승진시 불이익을 주지 않고 있다면, 이러한 경고조치를 징계처분으로 보아야 하는지?

/해 설/ 근로자의 잘못으로 인한 귀책사유에 대하여 가하는 불이익의 제재수단을 매우 다양하다. 그 중에서 비교적 가벼운 징계처분을 경고라고 할 수 있다. 경고처분을 하는 경우에 입게 되는 불이익은 인사기록에 의한 징계전력의 기재, 이로 인한 인사고과시의 감점 등 후속조치가 따르게 된다. 그러나 근로자의 귀책사유에 대하여 단순히 훈시하는 정도에 그치고 불이익의 제재조치가 없다면, 이를 견책인지 또는 경고에 대한 징계처분인지 구분하기 애매하다. 따라서 불이익이 따르지 아니하는 정도에 그치는 경우에는 경고라고 하더라도 징계처분으로서의 의미가 없다고 보아야 한다. 그러나 직장의 상사가 구체적으로 '경고 한다'라는 표현에 그치지 아니하고 구체적으로 불이익을 주는 경우에는 취업규칙이나 단체협약에 명시적 규정이 없더라도 징계처분을 인정하는 것이 판례의 태도이다.

2. 견 책

(1) 견책의 의의

a) 견책이란 사용자가 근로자의 위법 · 부당한 행위에 대하여 이를 반성케 하고 또한 장래에 향하여 다시 반복되는 일이 없도록 서면으로 경고하는 처분을 말한다.[31] 견책은 사용자가 행하는 징계처분중에서 비교적 가벼운 것으로 장래를 훈계하는 관념의 표시이다. 이것은 사용자가 위반행위자인 근로자를 공개적으로 훈계함으로써 주의를 환기시키는 동시에 명예권을 침해하는 불이익이 초래된다.

b) 견책은 그 자체가 근로자의 재산적 불이익을 가져오거나 근로계약의 내용에 변경을 가져오는 법적효과를 가져오는 것은 아니므로 징계처분 가운데 비교적 경미한 처분이라

31) 이상국, 월간 노동법률, (중앙경제사, 1993, 6월호), 25면

고 할 수 있다.[32)] 견책은 근로자로부터 시말서를 징구하는 방법으로 징계처분을 한다.

(2) 견책의 정당성과 복수제재의 금지

a) 기업체에서 실시되는 일반적인 견책은 주의환기 및 명예권 침해에 그치지 아니하고 정신적 · 직업적 · 경제적인 제재가 수반됨으로써 하나의 위반행위에 대한 복수제재가 된다는 측면에서 경미한 사안에 대한 가혹한 처분이므로 징계권의 남용이 될 수 있다.

b) 징계처분은 사안의 경중이나 사회적 배경 등을 고려하여 하나의 징계사유에 하나의 징계처분을 해야한다. 취업규칙이나 징계 · 상벌규정에 있어서 대부분의 기업이 견책처분시 "단일성에 의한 처분"을 하지 아니하고 있는 것은 통일적 개념의 불확립, 징계양정에 의한 형평성에 대한 검토가 부족하기 때문이다. 그러나 성실한 근무자를 우대하기 위한 조치로서 노동력평가를 위한 기준에 따른 징계전력을 고과에 반영하는 것은 정당하다고 보아야 한다.

[표 4-2] 견책과 조치사항

징계종류	조치사항	효 과
견 책	· 시말서 징구 및 사내공표 · 인사고과에 불리하게 반영 · 승진, 승급의 심사평가에 반영 ※ 3회 이상 위반시 중징계 조치	· 주의환기, 명예실추, · 근무평가상 불이익

(3) 견책의 효과

1) 견책에 의한 불이익 a) 견책 그 자체가 실질적인 불이익이 적은 처분이라 할지라도 승급일시금, 승진, 배치전환, 인사고과의 사정에 있어 불리하게 고려될 수 있으며,[33)] 그것이 몇 번 중복되면 더욱 중한 징계처분이 내려지게 된다.

b) 견책에 의한 불이익은 단순히 정신적 제재에만 그친다면 별로 문제로 될 것은 없으나, 견책으로 인하여 대부분 사내에 공표되고 이로 인하여 인격적 비난의 계기가 되기도 한다. 견책은 횟수에 따라 감급이나 출근정지 또는 인사이동에 영향을 미치는 경우도 있어 단순한 계고적 경고권의 행사라고만 할 수 없고, 다른 제재를 수반하는 중층구조의 징계처분이라고 볼 수 있다.

---

32) 금동신, 전게논문, 24면 ; 한종호, 전게논문, 51면

33) 박홍규, 전게서, 568면 ; 김형배, 전게서, 716면

2) 시말서의 제출 견책은 통상적으로 시말서의 제출을 요구하며,[34] 근무평가에 영향을 주어 승급의 일정액 또는 일정율이나 상여금의 일부가 감액될 수 있다. 그러나 견책은 미국의 경우 시말서의 제출을 요구하거나 부수된 불이익처분이 수반하지 않는 단층구조로 보아 단지 "꾸짖는 행위" 또는 "주의를 주는 행위"에 그치는 것으로 본다.[35] 근로자의 인간적 존엄성과 인권을 존중한다는 면에서 시사하는 바가 크다.

관련판례

(1) 원고는 참가인회사의 윤리강령준수 서약서에 서명함으로 인하여 이 사건 윤리강령과 서약서는 원고가 참가인의 직원으로서 준수하여야 할 규범 및 의무가 되었다 할 것인데도, 원고가 서약서의 규정에 위반하여 참가인의 승인을 받지 아니하고 출장을 강행한 점은 인사규정 제40조제1호를 위반하여 징계사유에 해당한다. 원고 이미 4차례에 걸쳐 각종 복무규율 위반으로 징계처분을 받은 점, 원고의 인사규정에 의하면, 징계의 종류로는 해임, 정직, 감봉, 견책이 있고 그 중 견책은 서면으로 훈계하는 것에 그치는 것으로 징계처분 중 가장 경미한 처분인 점을 감안하면, 참가인이 원고에게 위와 같은 징계사유가 있음을 들어 견책의 징계처분을 한 것은 적정한 징계처분이었다고 인정되고 재량권을 남용한 것으로 보이지 아니한다(대판 2006. 6. 16, 2006두5335).

(2) 사용자가 사고나 비위행위 등을 저지른 근로자에게 시말서를 제출하도록 명령한 경우, 그 시말서가 단순히 사건의 경위를 보고하는 데 그치지 않고 더 나아가 근로관계에서 발생한 사고 등에 관하여 '자신의 잘못을 반성하고 사죄한다는 내용'이 포함된 사죄문 또는 반성문을 의미하는 것이라면, 이는 헌법이 보장하는 내심의 윤리적 판단에 대한 강제로서 양심의 자유를 침해하는 것이므로 효력이 없고, 그에 근거한 사용자의 시말서 제출명령은 업무상 정당한 명령으로 볼 수 없다(대판 2010. 1. 14, 2009두6605 참조). 원심판결 및 원심이 인용한 제1심판결 이유에 의하면, 원심은, 원고들이 피고보조참가인(이하 '참가인 회사'라 한다)에게 제출한 진술서에 이미 대략적인 사건의 경위가 기재되어 있어 그 외에 추가적으로 확인이 요구되는 사항이 있을 것으로 보이지 않는 점, 참가인 회사가 위 진술서의 내용을 확인한 뒤 발송한 이메일의 내용, 원고들에 대하여 한 2011. 9. 9.자 징계와 관련하여 지방노동위원회에 제출한 참가인 회사의 답변서 내용 등에 비추어 보면, 참가인 회사가 원고들에게 제출 요구한 시말서는 사죄와 반성의 내용이 포함된 것으로 봄이 상당하고, 따라서 그와 같은 시말서 제출명령은 정당한 업무상 명령으로 볼 수 없으므로, 원고들이 위 명령에 불응하였다는 것은 정당한 징계사유가 될 수 없다고 판단하였다. 원심판결의 이유를 앞서 본 법리와 기록에 비추어 살펴보면, 원심의 그와 같은 판단은 정당

---

34) 이병태, 노동법의 법리, (法元社, 1989), 447면

35) 금동신, 전게논문, 24면

한 것으로 수긍할 수 있고, 거기에 상고이유 주장과 같이 논리와 경험의 법칙을 위반하여 자유심증주의의 한계를 벗어나 판결에 영향을 미친 위법이 없다(대판 2014. 06. 26, 2014두35799).

쟁점사례

/사 례/ 근로자 A는 얼마 전 영업부진을 이유로 대표이사 B에게 상사에게 불려가 목표치를 100%이상 달성하지 못하는 경우 사직서를 제출할 각오를 하라는 훈계를 받고 각서를 제출하였고, 몇 일후 사내의 게시판에 영업실적이 부진한 자로서 견책대상자의 명단에 포함되었다. 영업실적이 부진한 이유는 경제가 어려운 실정, 관할지역의 특성 등 여러 가지 원인이 있음에도 이를 고려하지 않은 채 근로자 A를 견책을 할 수 있는지? 이 경우 견책은 어떠한 성격이며, 인사상 불이익을 주는 것이 정당한지?

/해 설/ 영업부진을 이유로 한 견책은 가장 경미한 징계처분에 해당된다. 견책은 향후 잘못을 되풀이 하지 아니하도록 뉘우치게 하는 경미한 징계조치를 말한다. 이 경우 단순히 꾸지람을 하는 정도에 그치지 아니하고 징계전력으로 인사기록에 기록되고 향후 인사고과상 불이익을 주거나 시말서징구와 병행하여 사내에 공표되는 것이라면 징계처분성이 인정된다. 사례의 근로자가 견책을 받은 것이 정당한지 여부는 영업실적의 부진이유, 불가피한 사정이 있는지 등을 고려하여 판단하여야 한다.

3. 감 급

(1) 감급의 의의

a) 감급이란 복무규율의 위반 · 태만 등 징계사유를 이유로 사용자가 일방적으로 근로자의 임금에서 일정액의 금액을 공제하는 불이익처분을 말한다. 감급처분은 징계처분의 일환으로 경제적 불이익의 성격으로 가하는 임금손실액을 의미한다. 원래 임금은 근로계약에 의한 근로의 대가이므로 원칙적으로 전액을 지급하여야 한다.

b) 감급이 과거에는 벌금이라는 형태로서 맹위를 떨치던 제도였는데 현재에는 근로기준법에 의하여 그 근거가 마련되고 감급의 한도도 규제할 수 있도록 법제도로 정착되었다.[36] 이 규정은 근로기준법의 위약금예정의 금지규정이나 임금의 전액불의 원칙에 대한 예외규

---

36) 금동신, 전게논문, 25면

정으로서의 의미를 갖고 있다.[37] 따라서 결근, 지각, 조퇴, 파업과 같이 근로자의 노무불이행으로 인하여 임금채권이 발생하지 않는 경우나 태업 등과 같은 노동력의 불완전제공으로 인한 손실에 상응하여 임금을 감액하는 것은 감급에 해당되지 않는다.

(2) 감급의 적용대상

1) 출근정지와 감급의 제재 출근정지에 의하여 임금을 지급하지 않는 것은 노무제공을 일정기간 제공하지 않은 결과에 기인한 것이므로 임금채권이 발생되지 않는 것으로 보아 감급제재의 법리를 적용하지 않아야 한다. 따라서 지각, 조퇴, 결근에 대한 임금의 공제는 실제로 근로하지 않은 시간에 상당한 만큼의 공제라면 임금의 계산방법에 불과한 것이나, 비근로시간에 상당한 임금액 이상을 공제한다면 그것을 넘는 한도는 감급의 제재가 된다.

2) 감급의 제재와 적용대상 a) 임금이 제품의 양이나 질에 따라 정하였다면 그 정함에 따른 감액이라면 임금의 계산방법에 불과하며, 그 정함 이상의 감액이거나 임금이 시간급임에도 불구하고 불량품의 양에 따라 감액하는 경우에는 감급에 해당된다.

b) 또한 강격(급수나 격수의 강하)은 직무자체가 변경되고 상이한 직무에 따른 임금체계가 변경된 결과로 인해 임금이 지급되면 감급으로 볼 수 없고, 종래의 직무에 종사하면서 단지 임금만을 인하하는 것은 감급에 해당한다.[38] 그러나 징계처분을 받은 자를 승격시키지 않는다고 하는 결격조항은 승급에 관한 적법한 근무평정방법의 일종으로서 감급에 해당되지 않는다.[39]

관련판례

원심은 제1심판결을 인용하여, 상당히 술에 취한 원고들이 많은 양의 위험물질을 보관하고 있는 참가인 회사에 야간 출입함으로써 사고의 위험을 야기한 행위는 참가인 회사의 취업규칙 제69조제2호에서 정한 징계사유 중 '직무상 의무에 배치되는 행위'에 해당하나, 그 위반정도에 비추어 볼 때 감급 1월의 징계처분(이하 '이 사건 징계처분'이라 한다)은 징계권자의 재량권 범위를 벗어나 지나치게 무거운 것으로서 부당하다고 판단하였다. 그러나 원심의 그와 같은 판단은 아래와 같은 이유로 수긍하기 어렵다. 기록에 의하면, 다음과 같은 사실을 알 수 있다. ① 참가인 회사는 위험물을 연료로 투입하여 화학반응을 통해 플라스틱 첨가제를 생산하는 회사로서, 다량의 인화성 및 폭발성 위험물을 옥외 탱크와 공장 내에 보관하고 있다. 그에 따라 작은

37) 異見으로서는 花見 忠, 労使間における 懲戒制度の 研究, (東京, 勁草書房, 1959), 219면

38) 日本 勞働省 (1962. 9. 6. 基收917호).

39) 日本 勞働省 (1951. 3. 31. 基收938호).

실수에도 예기치 못한 사고가 발생하여 위험물의 유출 등으로 대형 안전사고가 발생할 위험이 상존하고, 그러한 사고가 발생할 경우 참가인 회사뿐 아니라 인근 지역 주민에게 막대한 재난을 초래할 우려가 있다. 실제 이 사건 징계처분 이후 참가인 회사에서는 소속 근로자의 작업절차 미준수로 인해 위험물이 누출되는 사고가 발생하였고, 그로 인해 1개월간의 조업정지처분을 받기도 하였다. ② 위와 같은 위험성 때문에 원고들과 같이 참가인 회사의 제조 업무에 종사하는 근로자들은 안전수칙의 준수가 고도로 요구되고, 그에 따라 근로계약을 체결할 때 참가인 회사에게 안전서약서를 작성 · 제출하였는데, 그중에는 '모든 작업에 임함에 있어 책임자의 지시 및 SDP(작업표준)를 따르고 제반 안전수칙을 지키겠음', '허가 없이 직장 내에서 음주행위를 하지 않겠음'등의 내용이 있었다. ③ 원고들은 2011. 8. 9. 및 2011. 8. 11. 각 그 전날 저녁부터 술을 마시기 시작하여 새벽까지 술을 마시다가 귀가치 아니하고 05:30경 또는 04:30경 참가인 회사에 들어와 탈의실에서 취침하였는데, 탈의실이 위치한 사무동과 위험물이 저장된 옥외탱크는 약 20m 정도 떨어져 있었다. ④ 원고들은 위와 같이 늦게까지 상당량의 음주를 한 후 그 주취상태에서 완전히 벗어나지 못한 채 오전 작업에 임하였는데, 당시는 1년에 한 번씩 행하여지는 참가인 회사 공장의 기계설비 정비기간으로서 분업화된 작업 공정에 따라 설비를 운용하면 되는 통상의 작업과 달리 원고들이 직접 각종 설비를 분해하여 이물질의 존재 여부를 확인한 후 교체, 세척작업을 실시하여야 함에 따라 그러한 작업 과정에서 위험물을 배출시키고 이물질을 확인하면서 예기치 못한 안전사고가 발생할 위험성이 평소보다 더 높은 상황이었다. 살피건대 위와 같은 사실과 기타 기록을 통하여 알 수 있는, 참가인 회사가 보관하고 있는 인화성 · 폭발성 물질의 위험성, 안전사고 발생 시 참가인 회사 및 인근 지역에 초래할 수 있는 막대한 영향, 위와 같은 안전사고의 위험성으로 인해 참가인 회사의 시설관리에 관한 권한은 강조될 수밖에 없고 안전과 관련된 복무규율 또한 엄격히 준수되어야 할 것인 점, 음주시간과 참가인 회사에 출입한 시각 및 수면시간 등에 의하면 원고들이 오전 작업에 임할 당시 그와 같은 음주로 인하여 정상적인 신체적 · 정신적 상태에 있지 아니하였음을 추단할 수 있는 점, 그와 같은 주취상태에서 원고들이 행한 업무의 위험성 등을 종합하여 보면, 원고들이 음주상태에서 허락 없이 안전사고 발생의 위험이 상존하는 참가인 회사에 새벽에 출입하여 업무와 무관한 취침을 위해 시설물을 이용한 행위 및 그와 같은 음주 후 신체적, 정신적으로 건전하지 아니한 상태에서 작업을 행함으로써 실제 사고의 발생 여부와 상관없이 안전사고의 위험을 초래한 행위에 대하여 한 참가인 회사의 원고들에 대한 감급 1월의 이 사건 징계처분은 결코 사회통념상 현저하게 상당성을 잃어 재량권의 범위를 벗어나 위법한 것이라고는 볼 수는 없다. 그럼에도 불구하고 원심은 위와 같은 징계사유를 인정하면서도, 그 판시와 같은 사정을 들어 참가인 회사의 이 사건 징계처분은 그 징계양정이 너무 무거워 부당하다고 판단하였는바, 원심의 이러한 판단에는 징계양정에 관한 법리를 오해하여 판결에 영향을 미친 위법이 있다. 이 점을 지적하는 이 부분 상고이유 주장은 이유 있다(대판 2014. 06. 26, 2014두35799).

(3) 임금공제의 한도

a) 감급의 한도에 관한 제한으로서 근로기준법 제95조는 "취업규칙에서 근로자에 대하여 감급의 제재를 정할 경우에 있어서는 그 감액은 1회의 액이 평균임금의 1일분의 2분의 1을, 총액이 1임금지급기의 임금총액의 10분의 1을 초과하지 못한다"고 명시하고 있다. 감급에서 주로 문제가 되는 것은 지각 · 조퇴 등에 있어서 1회의 사안에 대하여 그 시간에 비례하지 아니하고 과중하게 임금액을 공제하는 것이다.[40)]

b) 지각 · 조퇴 3회에 해당하는 자에 대하여 해당일을 결근처리함과 동시에 무급처리하는 것은 감급제재로 본다. 따라서 지각 · 조퇴의 3회에 따른 사실상의 근로제공의 시간에 비례하지 아니하고 일방적으로 무급처리함으로써 공제한도를 초과하게 되므로 감급규정에 따라 규제할 필요가 있다.

c) 또한 근로기준법 제95조의 적용에 있어서 감급제재는 어느 날을 기준으로 할 것인가 또는 현실적인 임금의 지급일을 기준으로 할 것인가에 관하여 논의가 있으나, 행위시를 기준으로 하는 제재법규적용의 원칙에 비추어 징계사유의 발생시기를 기준으로 하는 것이 타당할 것이다.[41)]

[표 4-3] 감급과 조치사항

징계종류	조치사항	효 과
감 급	· 임금의 일부를 제재의 수단으로 공제 · 1임금지급기에 있어서 임금총액의 1/10초과금지, 1일임금의 1/2범위 내에서 감액 · 인사고과시에 징계전력이 인정됨	· 주의환기 · 명예실추 · 경제적 불이익 · 근무평가상 불이익

행정해석

(1) 직무의 변경없이 종전과 동일한 업무에 종사케 하면서 강등, 감봉, 감호봉의 징계조치를 함에 따라 삭감하는 임금액이 근로기준법 제95조(제재규정의 제한)의 기준을 초과할 경우 이는 법위반이라 할 것이나, 취업규칙등에서 승급의 기준을 정함에 있어 결격사유에 해당하는 근로자(예 : 징계처분을 받은 자)에 대하여 정기승급에 있어서 일정한 제한을 두는 승급정지는 기발생된 임금의 삭감이라고 볼 수 없으므로 이는 감급의 제재에 해당되지 않는다고 보아야 할 것임(근기 01254-1508, 1993. 6. 29).

40) 李相國, 前揭書, 25면

41) 琴東信, 前揭論文, 25면

(2) 상여금은 개별사업장의 경영실적, 근로자의 근무실적이나 태도, 출근율 등을 고려하여 단체협약이나 취업규칙 등에 그 지급율, 지급조건 등을 정하여 그러한 기준에 따라 지급할 수 있는 것인바, 단체협약이나 취업규칙상의 일정한 지급기준, 조건 등에 따라 상여금이 개별근로자에게 차등 지급된다 하더라도 이는 근로기준법위반이라 볼 수 없을 것임. 따라서 근무태도, 출근율, 등을 감안 지급조건을 정한 질의상의 상여금규정은 근로자의 근로계약 불이행시 사용자가 손해발생 여부 및 실손해액과 관계없이 일정한 손해액이나 위약금액을 미리 정하는 근로계약을 체결하고자 하는 취지이므로 근로기준법 제20조 및 근로제공의 결과로 인하여 일단 발생한 임금채권을 제재로서 지나치게 많은 금액을 방지하고자 하는 취지인 동법(제재규정의 제한) 위반에 해당되지 않을 것임(근기 68207-1997, 1993. 9. 14).

(3) 감급의 제재는 근로자가 근로를 제공함으로써 일단 발생한 임금채권을 감액하는 것으로서, 근로자가 자신의 귀책사유로 취업규칙 등에 정한 정당한 사유에 의해 출근정지, 정직이나 직위해제 등의 징계를 받음으로서 임금의 전부 또는 일부를 지급받지 못했다면 이는 징계의 결과 근로를 제공하지 못한데에 따른 것으로서 근로기준법 제95조위반은 아니라고 사료됨(근기 68207-798, 1999. 12. 4).

쟁점사례

/사 례/ 회사의 취업규칙에서는 '직원이 월 3회이상 지각하는 경우에는 결근으로 취급한다'라는 규정이 있고, 징계규정에서는 3회이상 지각이나 조퇴를 한 경우에는 1일분의 임금을 공제한다'라고 규정하고 있다. 이 경우 실제로 30분 지각, 4시간 조퇴의 형식으로 이루어지게 되는데, 1일분 임금을 감액한다는 규정이 타당한지, 실제로 일을 못한 시간에 비하여 임금을 공제하는 불이익이 크다면 감급제재의 규정에 위반되는 것은 아닌지?

/해 설/ 근로자의 출근실적이나 조퇴실적을 고려하여 제재를 하는 것이라면, 징계종류로서의 성질을 지닌다고 보아야 한다. 사례의 경우에 실제로 지각이나 조퇴로 인하여 근로를 하지 못한 시간이나 날짜를 고려하여 산정한 후 임금을 공제하는 것은 타당하다. 따라서 실근로시간의 임금액을 초과하여 일당개념으로 1일분의 임금을 공제하는 것은 감급제재의 규정에 위반된다. 사례의 경우 지각, 조퇴에 있어서 1회의 사안에 대하여 그 시간에 비례하지 아니하거나, 지각 · 조퇴의 3회에 따른 사실상의 근로제공의 시간에 비례하지 아니하고 일방적으로 무급처리를 하는 것은 임금공제한도를 초과하게 되어 위법이 되므로 무효가 된다. 다만, 감급제재의 한도범위내에서는 임금공제가 허용되므로 정당하다.

4. 감 봉

(1) 감봉의 의의

a) 감봉이란 근로자의 근속년수에 의해 결정된 급호와 성과를 기준으로 책정된 임금수준에서 일정액을 삭감하는 경제적 불이익처분을 말한다. 감봉은 임금체계상 호봉이나 연봉에 미리 임금인상기준 또는 임금결정수준이 구분되어 있는 경우 일정 임금액을 삭감하여 하향조정하는 불이익 처분이다.

b) 현행법에서는 징계에 관한 직접적 · 구체적 규정이 없고 단지 근로기준법 제23조제1항에서 "정당한 이유없이 … 징벌을 할 수 없다"고 명시할 뿐 경제적 불이익처분은 근로기준법 제95조(제재규정의 제한)의 규정만이 있을 뿐이다. 따라서 근로기준법 제23조제1항을 예시규정으로 본다면 다양한 징계종류가 창설될 수 있고, 이러한 징계종류는 '감급의 제재'이외의 것도 유효한 것으로 볼 수 있다.

(2) 감봉의 효과

a) 감봉의 제재수단은 취업규칙이나 단체협약 또는 징계규정에 처분의 대상, 불이익의 내용 및 기간을 정하여 실시한다. 이 경우 감봉은 단순한 감급의 제재보다는 그 기간이 장기간에 걸치고 경제적 불이익이 크게 되는 문제점이 있다. 이러한 감봉은 감급제재의 제한에 관한 근로기준법 제95조(제재규정의 제한)의 적용을 받게 되는지 논란이 제기된다.

b) 감봉이 감급규정의 적용을 받는다는 견해(긍정설)는 모두 임금을 공제하는 불이익의 제재수단이 동일하기 때문이다. 감급규정의 적용을 반대하는 견해(부정설)는 감급은 임금공제의 상한선을 정한 제재수단이고, 감봉은 급여의 인상기준 또는 인상율은 삭감하는 제재수단이기 때문에 서로 다르다고 한다. 특히 감봉은 임금체계가 호봉제로 구성되어 있는 연공급에서 의미가 있다. 그러나 오늘날 연공급의 임금체계는 직무급, 직능급에 이어 연봉제 등으로 변화하면서 그 의미가 퇴색되고 있다.

c) 징계처분의 종류로서 감봉은 일정액의 임금수준을 감액하는 불이익 처분으로서 감급과 구별된다. 감봉에 대하여는 근로기준법 제23조에 의해 정당한 이유 없이 할 수 없는 것은 당연하고, 그 한계는 특별히 정하지 않고 있다. 다만, 지나친 호봉감액으로 경제적 불이익이 큰 경우에는 다른 징계종류와 비교하여 형평성의 관점에서 비판의 여지가 있다. 호봉 또는 연봉의 감액은 근로의 대가를 보다 낮게 평가하여 경제적 보상을 하겠다는 평가절하의 일종으로 보아야 할 것이다.

[표 4-4] 감봉과 조치사항

징계종류	조치사항	효 과
감 봉	· 호봉의 삭감분을 정하여 실시 · 경제적 제재수단으로 이용 · 인사고과시 징계전력으로 반영	· 명예실추 · 근무평가상 불이익 · 경제적 불이익

관련판례

(1) 참가인회사는 그 업무의 정지 또는 폐지가 공공의 일상생활과 국민생활을 위태롭게 할 수 있는 필수공익사업장에 해당하고 불법파업으로 인한 회사의 명예 및 신용훼손 등 손해가 발생한 점, 원고가 1,250명의 조합원이 참여하고 장기간에 걸친 파업에 참가하여 무단 결근한 책임이 결코 가볍다고는 볼 수 없는 점, 무단결근을 원래 해고사유인데도 원고가 당초 파업시의 역할, 복귀일자, 복귀 후의 반성여부와 정도, 징계절차에서의 진술내용과 태도, 사업소장의 선정요망 등을 모두 고려하여 징계의 내용이 감봉 1월로 감경된 점 등에 비추어 볼 때, 이 사건 징계처분이 형평의 원칙에 반한다거나 징계양정이 지나치게 가혹하다고 볼 수 없다(대판 2006. 3. 9. 2005두16062).

(2) 원고와 같은 연봉계약직 근로자의 경우 연봉액수는 근로계약의 가장 본질적이고 핵심적인 부분으로서, 그러한 부분에 대한 합의 없이 근로계약이 체결되었다고 보기 어렵고, 참가인 법인 역시 원고와 연봉삭감에 관하여 합의가 이루어지지 아니하면 재계약을 체결하지 않기로 결의하였으며, 만약 원고 주장과 같이 원고와 참가인 법인 사이에 연봉삭감 부분에 대하여 합의가 없었다면 원고와 참가인 법인 사이에는 이 사건 근로계약기간 종료 후 재계약이 이루어지지 아니하였다고 볼 수밖에 없는 결과가 된다는 점 등을 고려하면 원고와 참가인 법인 사이에는 이 사건 1차 근로계약기간 종료 후 기존 연봉을 3% 삭감하는 조건으로 근로계약이 새롭게 체결되었다고 보아야 하며, 이러한 근로계약이 적법하게 체결된 이상 위 연봉삭감은 근로계약으로서 징계가 아니다(서울행판 2006. 4. 25, 2005두 구합36455).

쟁점사례

/사 례/ K대학교의 학생생활원에서 보일러의 운전업무를 담당하는 근로자가 음주를 하고 들어와 야간근무시간에 수면을 취하다 보일러가 과열하여 폭발직전의 위급상황까지 이르렀으나, 다행이 순찰하던 경비원이 발견하여 급히 스위치를 끄는 바람에 위기를 모면하게 되었다. 이에 대학기숙사의 생활원장은 해당 근로자를 징계해고를 하려다 징계양

정을 낮추어 2호봉을 삭감하는 감봉처분을 하려고 한다. 이 경우 1호봉 30,000원 기준으로 60,000원을 삭감하면 월급여가 6만원씩 매월 감액되어 지급되는데, 해고대신에 '감봉 1년에 처 한다'는 징계조치가 감급제재에 위반되는지?

/해 설/ 징계권에 대하여는 법률로 직접 규정하고 있지 아니하므로 어떠한 경우에 징계사유가 되고, 징계종류, 징계절차를 정할 것인지는 자유로이 취업규칙이나 단체협약에 의하여 정할 수 있다. 그러나 법률로 특별히 제한하지 아니하기 때문에 취업규칙에 명시규정이 있다는 이유만으로 징계권행사가 되는 경우 남용되는 사례가 있게 된다. 따라서 사용자는 취업규칙에 감봉을 징계종류로 설정하여 시행할 수 있다고 징계사유에 대한 징계처분의 양정이 적당하다면 위법이라고 할 수 없다. 이때 감봉처분은 근로기준법 제95조에 의한 감급의 제재에 의해 제한보다 불이익이 큰 제재수단이므로 양자간에 위법성이 있는지 검토하여야 한다. 감급의 처분은 종래와 동일한 근로의 대가를 전제로 하여 통상적으로 발생하는 임금액을 정상적으로 지급하지 아니하고 감액처분을 하는 불이익의 제재이다. 그러나 감봉은 징계의 일종으로 부과하는 경제적 불이익조치로서 근로의 대가를 종래와 다른 가치로 평가절하를 하여 임금수준을 결정하는 것이므로 근로기준법 제95조에 의한 제재규정의 제재와 다른 징계종류로 보아야 한다. 사례의 경우에는 징계해고 대신에 징계양정을 낮추어 취업규칙에 따라 감봉 1년에 처하는 것이 가능하다고 보아야 한다.

5. 출근정지와 정직

(1) 출근정지의 의의

a) 출근정지는 근로자의 신분을 그대로 유지한 채 일정기간 출근를 정지시키고 업무를 박탈하여 노무의 수령을 거부함으로써 해당 기간중의 임금을 지급하지 않는 불이익처분을 말하며, 정직이라고도 한다. 이에 대하여는 그 기간이 긴 것을 정직이라 하고 비교적 기간이 짧은 것을 출근정지라는 견해가 있다.[42] 출근정지는 회사의 업종에 따라 업무정지, 승무정지 등 다양한 명칭으로 사용되기도 한다.

b) 출근정지기간 중에는 임금지급이 되지 않는 동시에 근속년수의 산입에서 제외하는 불이익이 따른다.[43] 출근정지는 근로제공이 거부되고 임금의 발생이 되지 않으므로 감급

42) 한종호, 전게논문, 52면, 정직과 출근정지의 구분은 대체로 1개월 이상이면 정직, 1주일이내이면 출근정지라고 한다.
43) 박홍규, 전게서, 570면

과는 다르며, 감급제재규정이 적용되지 않는다.

c) 또한 출근정지기간중에 있는 근로자에 대하여는 그 활동을 지나치게 규제하여서는 아니 된다. 왜냐하면 출근정지의 상태에서는 근로계약상의 근로제공의무가 정지되기 때문이다. 따라서 자택에서의 근신, 노동조합활동의 금지, 회사 구내에의 출입금지 등과 같은 지나친 규제는 부당하며, 아르바이트를 하는 정도의 일에 종사하는 것도 겸직행위라고 해석해서는 안 될 것이다.

(2) 직무대기 · 업무정지 · 승무정지와의 구별

1) 직무대기 직무대기는 출근정지와는 별도로 징계해고의 전제조치로서 그 처분을 내리기 위해 조사나 심의결정을 하기까지 취업을 금지하는 불이익처분을 말한다. 그러나 사용자는 사고발생, 부정행위의 재발, 증거인멸의 우려 등 당해 근로자의 근로를 금지할 만한 정당한 이유가 없으면 임금지급책임을 면할 수 없다. 직무대기는 대기발령, 자택대기 등 다양한 형태로 활용된다.

2) 업무정지 업무정지는 근로자를 징계처분을 함에 있어서 출근은 허용되나 업무에 종사하지 못하도록 하는 것을 말한다. 업무정지는 근로자의 신분을 유지한 채 일정기간 업무에 종사하지 못하도록 하는 제재수단이다. 공무원이나 공기업에서는 해임이라는 용어를 사용하기도 한다. 업무정지자에 대하여는 일정기간 급여를 지급하지 않거나 기본급 정도의 최소한으로 임금을 지급하는 경제적 불이익이 따른다. 개인적으로는 명예가 실추되는 효과가 있다. 근로자가 징계처분을 받으면 승진 또는 승급에 불이익을 받게 된다.

3) 승무정지 a) 업무정지에 대신하여 운수업계에서 승무정지라는 용어로 사용하기도 한다. 승무정지는 사용자가 일방적으로 근로자의 노동력 제공을 거절하는 처분이다. 사용자에 의한 승무정지는 근로자의 비위행위 등 귀책사유 뿐만 아니라 통상적인 지휘명령의 위반 등에 걸쳐 광범위하게 행사되고 있어 남용의 여지가 많다.

b) 승무정지기간은 근속연수의 산입시 그 기간을 포함하며, 일정액의 기본급을 지급하나 업무의 손실에 따른 임금상실분의 경제적 불이익이 매우 큰 편이다. 승무정지가 근로자의 귀책사유를 이유로 불이익을 주는 불이익처분이라면 징계종류에 해당된다고 보아야 한다. 승무정지는 기간의 정함이 있는 유기승무정지와 기간을 정하지 않은 무기승무정지로 구분된다.

관련판례

(1) 원고가 1995. 7. 1. 입사 이래 이 사건 교통사고를 내기까지 7년여 간 무사고로 운전해 온 점, 이 사건 징계처분으로 원고는 기본급도 받을 수 없는 금전적 손해를 무기한 입게 되는 점, 무기한의 승무정지는 경제적으로는 사실상 해고와 같은 효과를 초래할 뿐만 아니라 그렇다고 섣불리 다른 곳에 취업하기도 애매한 지극히 불안정한 지위에 놓이게 된다는 점에서는 해고보다는 오히려 불이익하다고 할 수도 있는 점, 이 사건 징계사유의 하나로 삼은 '차입금 1,000만원의 미상환행위'는 정당한 징계사유가 되지 못하는 점 등을 고려할 때 이 사건 징계처분은 결과적으로 참가인이 이 사건 교통사고를 유발한 것에 대하여 무기한의 승무정지를 명한 것으로서 사회통념상 현저하게 타당성을 잃었다고 할 정도로 객관적으로 명백히 부당하다(서울행판 2005. 1. 14. 2004구합15017).

(2) 참가인 회사로서는 근로자인 원고가 회사 경영권 분쟁에 편승하여 운송수입금을 회사에 입금하지 아니함은 물론 배차 받은 차량을 입고하지도 아니하는 등 회사의 규율을 문란하게 하는 행위를 하므로 이를 방지하기 위하여 이 사건 승무정지처분을 할 경영상의 필요성이 있었다고 보여 지고, 원고가 택시 운송업을 하는 참가인 회사 근로자로서 가장 기본적인 의무라 할 수 있는 운송수입금을 고의로 회사에 입금하지 아니한 것은 그 잘못이 결코 작다고 할 수 없고, 참가인 회사 징계규정에 의하면 승무정지는 징계사유 중 비교적 가벼운 징벌에 속하며, 그 밖에 변론에 나타난 여러 사정을 감안하면 이 사건 승무정지처분은 적정한 징계이다(서울행판 2005. 10. 18. 2005구합13186).

(3) 운송사업체에 있어서 승무정지처분은 사용자가 경영권 행사의 일환으로 업무수행을 위하여 근로자에 대하여 행하는 업무명령인 승무지시의 소극적 양태라 할 것이고, 이러한 승무정치처분이 경영상 필요나 업무수행의 합리적인 이유에 기인한 경우에는 이는 정당한 업무명령에 속한다 할 것이다. 원고는 이 사건 교통사고 당시 버스정류장도 아닐 뿐만 아니라 편도 6차선의 대로 중 4차로와 5차로에 걸치는 지점에 승객을 하차하게 함으로써 뒤따라오던 오토바이에 충격당하여 피해를 야기 시킨 것으로 사고유발에 있어 그 과실의 정도가 가볍다고 할 수 없는 점, 피해자의 상해부위가 뇌 부분이고 그 정도가 6주간의 치료를 요할 정도로 중한 결과가 발생한 점, 참가인회사로서는 이 사건 교통사고의 사후처리와 원고에 대한 책임추궁 여부를 결정하는데 어느 정도 시간이 소요될 수밖에 없었을 것으로 볼 수 있는 점을 종합하여 보면, 참가인회사가 경영권 행사의 일환으로 업무수행을 위하여 원고에 대하여 한 업무명령인 이 사건 승무정지처분은 경영상의 필요나 업무수행의 합리적인 이유에 기인한 것이어서 정당하다(서울행판 2005. 11. 24. 2005구합11746).

(3) 출근정지와 임금채권

a) 근로기준법은 감급처분에 관해서는 제한규정을 명시하고 있으나, 출근정지나 업무정지에 관하여는 아무런 규정을 두고 있지 않다. 그러나 학설과 판례의 일반적인 견해(통설)는 공서양속과 사회통념에 따라 합리적인 제한이 가능하다고 한다. 우선 사용자가 노무제공을 일방적으로 거부하는 행위인 출근정지와 근로자의 임금채권에 관하여는 계약법리에 따라 민법 제400조의 채권자지체에 해당되지 않으므로 근로자의 임금채권청구권을 상실하게 된다고 본다.

b) 그러나 출근정지기간이나 업무정지기간이 지나치게 길어지면 근로자의 생계위협이 크게 되어 매우 가혹한 불이익처분이 되기 쉽다. 출근정지의 기간에 관해서도 별단의 규정이 없으므로 공서양속과 사회통념에 따라 출근정지기간중 아무런 임금을 지급하지 않으면서 경제적으로 열악한 근로자에게 장기간의 근신을 요구하는 것은 근로자에게 지나치게 불이익이 되어 징계권의 남용으로 보아야 한다. 따라서 출근정지는 7일간도 너무 과중하다는 주장도 있다.[44)]

(4) 출근정지와 감급제재

1) 감급제재부인설 a) 이 설은 출근정지기간중에도 임금채권이 형성되지 않으므로 임금공제이론을 적용하지 않다는 견해이다.[45)] 출근정지기간중에는 근로제공이 없으므로 임금채권이 발생하지 않고 이로 인한 부지급은 정당하다고 한다.

b) 그러나 이 기간은 월급근로자의 경우 출근유무에 관계없이 임금을 지급하는 형태가 일반적으로 관행화되어 있다는 점과 출근정지기간 동안에 사실상 근로제공이 이루어지지 않는다 하더라도 최소한의 생활보장급이 지급되어야 한다는 입장에서 일률적으로 감액공제라고 하는 것은 타당하지 않다. 따라서 임금을 공제한다는 용어의 사용은 근로자의 노동력이라는 채무불이행이 없었다는 점에서 "감급이론의 적용"을 할 수 없다는 논리적 모순에 봉착하게 된다.[46)]

---

44) 阿久澤龜夫,"懲戒," 勞働法事典, (東京, 勞働旬報社, 1979), 653면

45) 이에 대하여 출근정지나 정직에 대하여 감급의 제한규정이 적용된다고 볼 것이 아니라 그 기간이나 사유 등에 있어서 제한의 차이가 있다는 견해가 있다. : 임종률,"근로자 징계의 법리," 법학논총 5, (숭실대 법학연구소, 1989), 166면

46) 日本 最高裁, 1965, 明治生命事件 : 학설은 임금을 크게 "근로의 대가로 지급되는 것"과 "생활보조비의 성질을 갖는 것" 으로 구분하고 근기법 제18조의 임금정의에서 "근로의 대상" 이라는 의미가 엄밀한 노동력 대가인 交換的 要素를 가짐과 동시에 한편으로는 扶養的 要素 및 補償的 性格을 갖는다는 임금이분설을 나타내고 있다(보다 자세한 것은 국내문헌, 파업과 직장폐쇄, 한국기업경영자총협회, 1989, 134면 이하 참조).

2) 감급제재긍정설 a) 이 설은 출근정지기간에 대하여 감급제재의 이론을 적용한다는 견해이다. 출근정지의 경우 취업규칙 등에 징계처분을 할 수 있도록 규정되어 있는 점과 징계조치의 일환으로 행해진다는 측면에서 지나치게 경제적 불이익이 크고, 일반근로자와의 형평성을 고려하여 임금에 대한 감급제재를 해야 한다는 취지이다.

b) 따라서 근로기준법 제95조에서 임금지급기에 임금의 10분의 1 이하 또는 이에 상당하는 3일 이내의 기간에 한하여 임금공제를 하는 입법취지는 근로자의 유일한 생계수단인 임금을 보호하기 위한 것이므로 징계처분에 따른 불이익처분에 대하여도 그 한도를 정할 필요가 있다는 것이다. 그러나 사용자가 다양한 징계종류를 창설하여 운영할 수 있는 점을 고려할 때 출근정지에 따른 경제적 불이익은 허용함이 타당하다는 견해가 지배적이다. 따라서 기왕의 노동력에 대한 대가로서 임금을 공제하는 감급의 제재와 구별해야 한다고 할 것이다.

(5) 정직과 감급제재

a) 근로기준법 제23조제1항에서는 정당한 사유없이 정직 등 징벌을 할 수 없다고 명시하고 있으나, 정직의 내용이나 기준을 정하고 있지 않다. 따라서 현실적으로 실정법상 감급의 제한과 정직을 연계하여 제한하는 근거가 없다. 또한 근로기준법 제23조제1항의 징벌금제도 추상적으로 예시하여 해석 및 적용상 논의의 여지를 남기고 있다. 그 결과 정직처분에 의한 임금상실은 제재로서의 성격상 후속적 효과라고 보아, 근로기준법 제95조(제재규정의 제한)을 적용하지 않는 것이 타당하다.

b) 정직은 근로자의 징계사유에 대하여 경제적 압박을 주는 강력한 수단이 된다. 정직에 따른 불이익은 경제적 불이익뿐만 아니라 업무정지, 신분상 승진제한, 인사고과상의 불이익 등이 수반되어 해고 다음으로 강력한 제재수단으로 인식되고 있다.

[표 4-5] 출근정지 또는 정직

징계종류	조치사항	효 과
출근정지 (승무정지) · 정직	· 일정기간 출근을 정지시키고 업무정지 · 무급 등으로 인한 경제적 불이익 · 일정기간 승진 및 승진의 제한 · 3회 이상 징계시 해고조치 · 출근정지는 7일 이내로 조치 · 정직은 3월 이내로 조치	· 경제적 불이익 · 승진 또는 승급시 불이익 · 근무평가상 불이익 · 해고대상자의 우선선정 기준 · 근속기간의 산입시 불이익

관련판례

(1) 노동조합이 조정전치절차를 거치는 등 절차적 적법성을 띠고 있다 하더라도 쟁의행위에 돌입한 이후 쟁의행위의 방법에 있어 폭력을 행사하는 등 그 방법이나 태양이 상당성을 갖추지 못하였다면 그 쟁의행위는 위법하다. 장기간에 걸친 파업과정에서 행하여진 사업장 점거, 영업행위, 폭력행위 등 불법행위의 정도가 결코 가볍지 않고 이로 인하여 원고회사가 입게 되는 유형 및 무형의 손해가 상당한 점, 노조의 전대의원으로서 불법적인 파업행위를 주도하고 적극적으로 참여하였던 점, 원고회사가 징계해고하였다가 무급정직 1년의 징계처분으로 변경한 점 등을 들어 이 사건 무급정직 1년의 징계처분을 재량권을 남용하였거나 형평에 반한 위법이 있다고 할 수 없다(대판 2004. 7. 8, 2002두2691).

(2) 이 사건에서 참가인이 위와 같은 발언을 하게 된 경우, 발언 당시 원고 은행의 명예와 신용을 훼손하고 직원들의 인화를 해한다는 인식이나 의도는 없었던 것으로 보이는 점, 발언의 전반적인 취지가 합병이 성공적으로 정착될 것임을 말하는 것으로 보이는 점, 참가인의 발언내용으로 인하여 원고은행에 중대한 손실이 있었다거나 직원들의 인화가 심하게 저해되었다고 보기 어려운 점, 참가인이 이전에 징계를 받은 적 없이 성실하게 근무하여 왔고 누차 반성하는 의사를 표시한 점 등을 고려할 때 정직 6개월의 징계처분을 선택하는 것은 그 정도가 지나쳐서 재량권의 범위를 벗어나 위법하다(대판 2004. 10. 29. 2004두10012).

(3) 비록 질병으로 인한 휴직과 전보발령으로 인하여 참가인이 생산관리과 업무에 생소하였던 점을 고려하더라도 전보된 후 1년이 넘는 기간 동안 기초적인 업무파악 외에 별다른 업무를 수행하지 않은 것은 성실한 근무태도로 볼 수 없고, 참가인이 상급자인 안 ○○과의 개인적인 불화를 이유로 결근하고, 나아가 정당한 업무지시를 따르지 않는 점, 원고회사는 생산부서에서 사무담당부서로, 사무담당부서에서 생산부서로의 전보인사가 관행적으로 이루어져 왔고, 참가인이 전보발령된 생산관리과 팀장의 업무가 고도의 전문성을 요하지 않으며, 참가인에 대한 전보발령이 반드시 부당하다고 볼 수 없는 점, 안 ○○도 감급의 징계처분을 받은 점 등에 비추어 볼 때, 이 사건 정직처분이 부당하다고 볼 수 없다(서울고판 2005. 5. 12. 2004누7414).

(4) 판매능력향상교육은 자동차 판매업무의 실적관리를 중시하는 참가인 회사의 입장에서는 중요한 교육과정이라 할 것이며, 참가인 회사가 다른 교육에 불참한 직원들을 징계하지 아니한다 하더라도 위와 같이 중요성을 가지는 판매능력향상교육에 불참한 직원들에 대하여 징계를 하는 것이 형평에 반한다고 볼 수 없는 점, 원고는 이 사건 교육명령에 정당한 이유 없이 불응하여 정직 1월의 처분을 받았음에도 불구하고 다시 판매능력향상교육에 참여하라는

이 사건 교육명령에 또 다시 불응하였고, 그 사유 역시 정당하다고 볼 수 없어 결국 동종의 위반행위를 반복한 것인 점에 비추어 보면, 이 사건 정직이 사회통념상 명백하게 타당성을 잃어 재량권의 범위를 일탈하거나 재량권을 남용한 것으로 위법하다고 할 수 없다(서울행판 2005. 7. 21. 2005구합2681).

(5) 원고의 행위가 무보직 발령 및 명예퇴직 실시 등에 대항하여 노동조합을 설립 · 활동하는 과정에서 이루어진 것으로서 그 동기에 참작할 점이 없지 아니하나, 근무시간 중의 집회개최 등 근무지 무단이탈을 주도한 점, 유인물의 내용 등이 노동조합의 언론 선전활동의 범위를 벗어난 것으로 보이는 점, 당초 공기업이던 참가인 회사가 민영화되어 두산컨소시엄으로 인수되고, 200년도 결산결과 적자기업으로 발전되었으며, 전문컨설팅기관의 경영진단결과에서도 인력감축 등 구조조정의 필요성이 인정되는 점 등을 종합하여 보면, 정직 3개월의 징계처분이 과중하다거나 징계재량권을 남용하였다고 할 수 없다(대판 2006. 6. 10. 2004두2882).

쟁점사례

/사 례/ 회사에서 동료근로자 A를 비방하였다는 이유로 인사위원회에 회부하여 영업과장 B를 1월간 정직의 징계처분을 하였다. 회사의 취업규칙에 의하면 "동료직원을 비방한 경우"에 대해 징계처분을 하도록 규정되어 있고, 급여규정에서는 정직처분을 받은 경우 "해당기간동안 임금을 지급하지 않는다"고 정해져 있다. 이 경우 정직기간중 임금지급 여부를 둘러싸고 견해가 서로 달라 어떻게 해야 할지 궁금하다. 월급 근로자 B에 대하여 정직기간에 대한 임금공제가 가능하다는 견해와 임금공제가 불가능하다는 견해가 있는데, 어느 견해가 맞는지?

/해 설/ 정직기간에 대하여 임금공제가 허용된다는 견해와 허용되지 않는다는 견해는 근로기준법 제95조 제재규정의 제한을 받는가 하는 것과 관련하여 검토하여야 한다. 우선 감급제재를 허용하는 입장은 정직의 경우 취업규칙 등에 징계처분을 할 수 있도록 규정하는 점과 징계조치의 일환으로 일반근로자와의 형평성의 측면에서 임금의 감급을 허용해야 한다는 견해가 주장되고 있다. 이 견해에 의하면, 임금지급기의 임금의 10분의 1 이하 또는 이에 상당하는 3일 이내의 기간에 한하여 임금공제를 하고 이를 넘는 정직기간에 있어서는 임금을 공제할 수 없게 된다. 반면, 정직기간중에는 근로를 제공하지 않아 임금채권이 형성되지 않았기 때문에 임금공제이론을 적용하는 것은 부당하다는 견해가 있다. 사례의 경우에는 월급근로자의 경우 출근 유무에 관계없이 임금을 지급하는 것이 일반적 관행인 점과 출근정지기간에 사실상 근로제공이 이루어지지 않는다 하더라도 임

금의 생활보장급이 지급되어야 한다는 입장에서 일률적으로 감액공제라고 주장하는 것은 타당하지 않다. 정직기간에 임금을 공제하는 것이 부당한지 여부에 대하여는 입장에 따라 논리적 근거가 다를 수 있으나, 근로기준법 제95조는 정직기간에 적용할 수 없다고 보아야 한다. 따라서 정직으로 취업하지 못한 기간에는 임금채권이 근본적으로 발생하지 않은 것으로 보아야 한다. 징계사유가 정당하다면 징계종류상 정직의 징계처분은 임금공제의 법리가 적용되지 않는다.

6. 강급과 강격

(1) 강급의 의의와 징계처분성

a) 강급이란 직급을 상위에서 아래로 하향시키는 불이익처분을 말하며, 일명 '강등'이라고도 한다. 이 경우 직급을 분류할 때 2급직에서 3급직으로, 상위직급에서 하위의 직급으로 하향조치하는 불이익을 줄 수 있다. 이러한 강급은 승진에 역행하는 것으로 개인의 귀책사유를 이유로 불이익을 주는 동시에 명예실추에도 중대한 영향을 주게 된다. 따라서 강급은 사용자의 일방적 결정에 따라 근로자에게 강요할 수 없으며, 징계처분의 대상이 되는 경우에만 허용된다.

b) 그러나 회사전체의 규모나 직제조직의 개편 또는 축소에 의하여 부득이하게 전직원의 직급이 조정된다면 경영상의 조치로 보아 정당성이 인정되고, 동일한 사업내에서 상대적 불이익이 없기 때문에 징계처분의 일종으로 볼 수 없다. 이 경우에는 순수한 인력개편 또는 조직개편의 일환으로 보아 사용자의 재량권이 인정된다고 해석된다.

[표 4-6] 강급과 조치사항

징계종류	조치사항	효과
강급	· 징계사유에 따라 직급을 하향조정 · 직급조정에 따른 임금재조정 · 일정기간 승진 및 승진의 제한 · 인사기록에 징계처분의 내용기재	· 경제적 불이익 · 승진 또는 승급시 불이익 · 근무평가상 불이익 · 업무권한의 박탈

관련판례

(1) 사립학교법 제56조의 규정에 의하면 '학교법인 또는 사립학교 경영자는 형의 선고, 징계처분 또는 이법에 정하는 사유에 의하지 아니 하고는 본인의 의사에 반하여 휴직, 정직 또는 면직 기타 교원에게 부당한 처분을 하지 못한다. 다만 학급 학과의 개폐에 의하여 폐직이나 과원이 된 때, 또는 조건부로 임명된 자에 대하여는 예외로 한다'라고 되어 사립학교교원의 신분을 법으로서 보장하고 있으므로 학교법인 또는 사립학교경영자는 위 법을 준수하여야 할 것이고, 위 법에 의하지 않고 그에 위배하여 그가 채용하고 있는 교원으로서 위 단서에도 해당되지 않는 자에게 그 의사에 반하여 부당한 처분을 한 경우에는 그 처분은 무효이라고 함이 상당하다 할 것인바, 본건에 있어서 원판결이 확정한 사실에 의하면 피고학원이 경영하는 숭일고등학교 교감으로 재직중인 원고의 교감지위를 위 법제56조 단서에도 해당되지 않는데도 불구하고 피고는 원고의 의사에 반하여 위 교감지위를 해제하고 평교사로 강등한 처분은 당연무효이라고 하였음을 알수있고, 위 원판결은 앞에서 본 취지에 비추어 정당하다 할 것이고, 논지가 말하는 원판결은 피 고가 주장하는 본건 원고를 교감직위에서 평교사로 강임한 처분은 사립학교법 제58조제1항제2호, 피고정관 제27조에 의하여 이사회를 거쳐 한 것이라고 하나징계위원회의 동의를 얻은 바도 없거니와 그와 같은 법조와 정관규정에 의하여 강임처분을 할 수 없는 것이어서 위 주장은 이유 없다는 취지로 판시한 것임을 알 수 있으므로 소론이 원판결에서 강임처분에 징계위원회의 동의를 얻어야 한다고 말함은 원판결을 오해하므로서 그를 논란하는 것에 불과하고 원판결에 아무런 잘못은 없으며 또 소론이 지적하는 을 제2호증 (서약서)의 기재내용을 검토하더라도 원판결이 그 서약서 기재에 의하여 원고를 강임하는데 원고가 승락 또는 동의한 것이라고 볼 수 없다고 한 조처에 아무런 위법이 있다 할 수 없고 소론 상고이유 제2점은 원판결의 가정사실을 들어 논란하는 것인바, 가정사실에 기한 설시의 당부는 원판결 주문에 영향이 없으므로 이를 공격하는 논지는 상고의 이유가 되지 아니하고 원판결에는 소론과 같은 강임처분의 본질과 사립학교법의 법리를 오해한 잘못은 없으므로 논지는 독자적 견해에 불과하여 그 어느 것이나 채용 할 수 없다(대판 1973. 07. 24, 71다2508).

(2) 기록에 의하면, 원고는 1990. 7.경부터 의료원인 피고보조참가인 지방공사(이하 '참가인'이라고 한다)의 원무과장으로 근무하던 중 잦은 무단이석으로 직무를 태만히 하여, 의료보험환자에 대한 진료비 청구를 지연하고 청구한 의료보험진료비의 삭감에 대한 조치를 제대로 취하지 아니하였으며, 1992. 12. 말경 관리부장 승진에 누락된 후에는 7주간의 병가원과 원무과장 사임원을 내고, 직급을 강등하여 평직원으로 근무하겠다는 직급강등동의서를 제출하는 등 근무태도가 불성실하여 근무분위기를 문란케 하였다는 이유로, 1993. 3. 5. 직위해제 및 대기발령 처분(이하 '직위해제 등 처분'이라고 한다)을 받고 이어 대기발령일로부터 3월 이내에 재보직되지 않아 같은 해 6. 5. 직권면직처분을 받았는데, 참가인을 상대로 제기한 위

각 처분의 무효확인청구소송의 항소심에서 1995. 2. 9. 원고에게 직위해제처분의 사유가 통지되지 아니하였다는 이유로 위 직위해제처분 및 이를 요건으로 하는 위 면직처분은 모두 무효라는 원고승소판결을 선고받고 참가인의 상고 취하로 위 판결이 확정됨으로써 같은 해 4. 19. 복직하였으나, 참가인의 원장은 같은 해 4. 20. 위 직위해제 등 처분의 사유와 동일한 사유를 내세워 징계의결요구를 하고 인사위원회의 의결을 거쳐 같은 해 4. 28. 원고에게 정직 3월의 징계처분(이하 '이 사건 정직처분'이라 한다)을 하였으며, 한편 참가인의 인사규정은 위와 같은 근무성적 불량, 근무태도 불성실의 사유를 직위해제 및 대기발령 사유와 징계사유의 하나로 중복하여 규정하고(제40조제1항제1호, 제51조제4호), 인사규정 제60조의1은 징계의결요구는 징계사유가 발생한 날부터 2년을 경과한 때에는 이를 요구하지 못한다고 규정하고 있다. 위 인사규정 제60조의1의 취지는 징계사유 발생 후 사용자가 징계권을 행사할 것인지를 확정하지 아니함에 따라 근로자가 상당 기간 불안정한 지위에 있게 하는 것을 방지함과 아울러 오랜 기간이 지났기 때문에 사용자가 징계권을 행사하지 않으리라는 근로자의 기대를 보호하기 위한 것(대판 1995. 3. 10, 94다14650 참조) 이라고 할 것인데, 이 사건에서와 같이 직위해제 및 대기발령 사유임과 동시에 징계사유에도 해당하는 사유로 참가인이 인사규정 제60조의1이 정한 기간 내에 원고에 대하여 직위해제 등 처분과 면직처분 등 불이익 처분을 한 이상 참가인이 위 징계사유에 대하여 소극적인 태도를 보였다거나 원고에게 징계권 불행사에 대한 기대가 성립되었다고 할 수 없을 뿐만 아니라, 위 면직처분에 의하여 원고는 일단 근로자의 지위를 상실하게 됨으로써 나중에 원고가 위 면직처분 등이 무효임의 확인을 구하는 소송을 제기하여 그 결과 무효확인판결이 확정되었다고 할 지라도 그 때까지 참가인은 원고에 대하여 새로운 징계처분을 할 수도 없는 노릇이므로, 위 직위해제 및 면직처분의 효력을 다투는 소송의 계속중에 인사규정 제60조의1에 정한 기간이 경과되고 그 후에야 절차상의 위법을 이유로 위 각 처분의 무효확인판결이 확정되기에 이르렀다면, 이러한 경우에는 종전의 위 각 처분도 실질적으로는 원고의 복무규율이나 기타 기업질서의 위반에 대한 제재적 목적으로 행하여진 점에 비추어 참가인은 위 판결확정일로부터 상당한 기간 내에 다시 동일한 사유에 대하여 징계요구를 할 수 있다고 보아야 할 것이니, 원고에 대한 위 1995. 4. 20.자 징계의결요구는 적법하다고 볼 것이다. 그리고 직위해제 및 면직처분의 무효확인판결의 기판력은 판결 주문에 포함된 위 각 처분의 무효 여부에 관한 법률적 판단의 내용에 미치는 것으로(당원 1993. 1. 15. 선고 92다20149 판결 참조), 참가인이 위 판결의 확정 후에 직위해제 등 처분의 사유와 동일한 사유를 들어 다시 이 사건 정직처분을 하였다고 하여 위 확정판결의 기판력에 저촉된다고 할 수 없다(대판 1994. 9. 30, 93다26496 : 1995. 12. 5, 95다36138 등 참조). 따라서 위와 같은 취지에서 이 사건 정직처분이 적법하다고 한 원심의 판단은 그 이유설시에 미흡한 점은 있으나 정당하다고 여겨지고, 거기에 징계사유의 시효에 관한 위 인사규정이나 위 확정판결의 기판력에 대한 법리오해가 있다고 할 수 없다(대판 1998. 06. 12, 97누16084).

쟁점사례

/사 례/ A회사는 경영이 침체되면서 다른 회사로 경영권이 매각된 후 새로운 경영진으로 교체된 후 그 동안 존치해 온 사업구조를 조정하면서 건물의 매각, 사업구조부문의 폐지 또는 통합 등 구조조정을 종료한 후 그에 상응하는 직원의 직급을 재조정하고자 한다. 회사에서는 사업부문이 폐쇄되어, 2급직 직원이 지나치게 많은 경우 인사적체의 해소나 조직개편의 일환으로 직급조정을 하되, 이를 거부하면 경영상 해고를 할 수밖에 없다. 특히 사업부문이 폐지된 분야의 직원은 직급이 하향으로 조정될 수 있으며, 이러한 경영방침을 수용하지 않는 직원에 대하여는 경영상 해고를 할 예정이다. 이 경우 일방적으로 직급을 하향조정하는 경우에는 불이익처분으로서 징계조치로 볼 수 있는지?

/해 설/ 사용자가 정당한 사유 없이 근로자의 직급을 낮추는 것은 원칙적으로 금지되며, 근로자의 귀책사유를 이유로 하여 2급에서 3급으로 직급을 낮추는 경우에는 징계의 일종으로 보아야 한다. 그러나 사례의 경우에는 사업구조조정을 하면서 잉여노동력을 활용하기 위해 구조조정의 일환으로 직급조정을 하는 것은 근로자의 귀책사유를 이유로 한 불이익처분이라고 볼 수 없다. 따라서 경영상 사유로 사업구조조정을 하면서 폐쇄되는 사업부문의 인력에 대하여 경영상해고를 하거나 직급을 낮추어 다시 근무할 수 있도록 하는 직급조정은 가능하다고 보아야 한다. 직급조정은 회사의 조직상 계층구조를 이루는 특정직급의 잉여인력이 발생할 때, 경영개선을 위하여 불가피한 수단으로 허용된다면 정당성이 인정될 수 있다.

(2) 강격의 의의와 징계처분성

a) 강격이란 일정한 자격이나 직위를 상위에서 아래로 이동시키는 불이익처분을 말하며, 부장직에서 과장직으로 직위를 하향조정하는 것을 예로 들 수 있다. 강격은 해고 이외에 중대한 징계처분의 일종이며, 이러한 징계종류도 유효하다. 강격이 논의의 대상이 되는 이유는 근로자 개인에 대한 대외적 위신이나 명예가 훼손되고 업무권한이 박탈되며 경제적 불이익이 수반되기 때문이다. 강격의 경우에도 정당한 사유에 대해 근로기준법 제23조제1항의 징벌금지의 법리가 적용됨은 물론이다.

b) 조직의 변경이나 축소 등으로 인해 모든 직원을 강격시키는 조치는 정당한 경영권의 행사로 근로자들에게 불이익이 있다고 하더라도 징계처분으로 볼 수 없다. 그러나 노동조합의 활동을 혐오하여 이에 대한 위해 또는 보복의 수단으로 조직의 일부를 축소하거나 근로자를 강격시키는 조치는 정당성이 없으므로 인사권의 남용으로 보아야 할 것이다.

[표 4-7] 강격과 조치사항

징계종류	조치사항	효 과
강 격	· 조직구조개편에 따른 직위조정은 인사조치로 처리 (징계성과 무관하므로 구분) · 직위명칭 및 업무역할의 재조정 · 일정기간 승진 및 승진의 제한 · 인사기록에 징계처분의 내용기재	· 경제적 불이익 · 승진 또는 승급시 불이익 · 근무평가상 불이익 · 업무권한의 박탈 또는 축소

쟁점사례

/사 례/ 최근에 경영조직을 개편하면서 부서명을 실의 명칭을 폐지하고 팀 단위로 명칭을 사용하기로 하고, 직위를 본부장에서 팀장, 팀장에서 부장으로 변경하였다. 또한 직급에 따라 보직을 부여하지 아니하고 2급 직원 또는 3급직원 중에서 적합하다고 인정되는 자가 팀장을 맡도록 할 방침이다. 이 경우 부하직원이 팀장으로서 선임자인 이전 부서장을 지휘하게 된다면 사기도 저하되고 상사와 부하 간에 유대감이 깨지며 선배를 존중하는 질서가 파괴될 것이라며 경영내 반발하는 분위가기 높아지고 있다. 이 경우 직제개편에 따른 명칭변경이 불이익하다면 징계조치라고 주장할 수 있는지?

/해 설/ 회사는 업무의 효율성, 능력에 따른 인사주의 원칙을 고려하여 경영전략실 등 실 단위 체제를 인력개발팀 등 팀조직으로 개편하고 그에 상응하는 직위를 실장에서 팀장으로 변경할 수 있다. 따라서 전사적인 차원에서 경쟁을 유도하기 위한 경영방침에 따라 직제를 개편하는 것은 경영조직권의 일환으로 정당한 것이라 볼 수 있다. 이때 일부 근로자에게 불이익이 초래될 수 있으나, 이러한 사정만으로 징계처분이라고 볼 수 없다. 그러나 특정 직위자체가 조직상 계층구조로서의 지위가 근로계약의 중요한 내용을 구성하고 이를 보장하는 조건으로 채용된 경우에는 근로자의 동의 없이 직위를 변경할 수 없다. 반면에 해당 조직의 폐지 등으로 인하여 직제개편을 할만한 정당한 사유가 있음에도 근로자가 동의를 하지 아니하는 경우에는 동의권의 남용에 해당된다. 동시에 경영조직의 개편이나 조정상의 지위변경이 순수한 목적이 아닌 특정인에 대한 불이익처분을 위해 지위를 부장에서 과장 등 지위로 낮추는 것은 개인의 명예실추 등 불이익이 있게 되므로 이는 강격에 해당하는 징계조치로 볼 수 있다.

7. 권고사직

(1) 권고사직의 의의

a) 권고사직이란 근로자를 중징계할 수 있는 사유가 있더라도 먼저 사직을 권고하여 만약 사표를 제출하면 의원사직으로 처리하되, 사표를 제출하지 않으면 해고하는 것을 말한다. 이것은 징계해고에 따른 불이익조치를 주지 아니하고 원만하게 배제하기로 하는 제도로서 "조건부 의원사직"이라고도 한다.

b) 따라서 권고사직은 대내적으로는 근로자의 경영질서 위반행위가 징계해고에 해당될 만한 사항이나 본인의 명예 또는 불이익을 감안하여 일반해고의 형식으로 기업으로부터의 배제를 목적으로 하는 징계처분의 한 형태이며, 대외적으로는 사용자의 온정적 배려를 살리려는 특색을 가지게 된다.[47)]

(2) 조건부징계해고의 결의와 권고사직의 효력

a) 권고사직이 근로계약종료의 합의적 해약인가 아니면 징계처분의 일종인가 하는 문제는 권고사직의 효력을 다투는 경우에 큰 차이를 나타낸다. 합의해약이라고 보는 견해에 의하면 해고 또는 퇴직이 무효로 되는 일은 없겠지만, 징계처분이라고 할 때에는 그 처분의 정당성이 먼저 판단되지 않으면 아니 된다.[48)]

b) 취업규칙이나 징계규정에 권고사직의 규정이 정하여져 있는 경우에 이 규정에 의하여 조건부 징계해고결의를 하고 이에 따라 근로자가 사표를 제출하였다면, 이러한 사표제출이 적법한 의원사직으로 처리될 수 있기 위해서 의원사직처분의 전제인 조건부 징계결의가 징계사유나 절차 및 징계의 양정에 있어서 유효한 것이라야 한다.[49)]

c) 그러나 근로자가 일정기간내에 사직원을 제출하지 않으면 징계해고를 한다는 조건부해고결의에 따라 사표를 제출하고 이 사직원에 따라 해고가 처리되었다고 할지라도 조건부해고처분이 무효인 때에는 해고처리도 무효이며, 이때의 사직원제출이 징계해고처분에 승복하고 불복을 포기하였다고 볼 수 없다.[50)] 또한 조건부해고결의에 의하여 사표를 제출받은 사용자가 이를 의원사직으로 처리하지 아니하고 징계해고로 처리하였다면 이것 또한 무효이다.[51)]

47) 금동신, 전게논문, 26면~27면

48) 금동신, 전게논문, 26면

49) 대판 1968. 12. 24, 82다174, 82다카390

50) 대판 1985. 5. 14, 83다카2069

51) 서울고판 1982. 1. 12, 81나1095

[표 4-8] 권고사직과 조치사항

징계종류	조치사항	효과
권고사직	· 조건부 해고결의 · 사직원제출시 권고사직으로 처리 · 1개월 내에 퇴직처리 · 불응시 자동징계해고로 조치	· 해고관련기록의 삭제 · 의원사직처리 · 인사기록카드상 불이익 삭제

관련판례

(1) 조건부 징계해임처분을 당한 원고가 퇴직금을 수령하였다 하며 위 조건부 징계해임 결의 절차에 하자가 있어서 그 결의 자체가 무효라는 것까지 알면서 이를 승인한 것으로 단정하기는 어렵고, 또한 그 후 원고와 같이 조건부 징계해임결의에 따라 사직원을 제출하여 의원면직으로 처리된 사람이 피고를 상대로 제기한 소송이 대법원의 상고기각 판결로 피고 패소가 확정되자 곧바로 원고가 이 사건 소를 제기한 것이 징계처분일로부터 10년 남짓 기간이 경과된 후인 경우에는 원고의 권리행사의 지체가 그의 단순한 주관적 동기에 비롯된 것으로 보기 어렵고, 상대방의 피고로서도 이제는 원고가 그의 권리를 행사하지 아니할 것이라고 신뢰할 정당한 사유가 있었다고 볼 수 없으니 원고의 권리행사가 신의성실에 반하여 그 권리가 실효되었다고 단정할 수는 없다(대판 1990. 2. 28, 90다카6919).

(2) 징계의 종류로서 징계해고와 권고사직 등이 있고 권고사직은 "권고로 사직원을 제출케 하여 퇴직조치를 하되 1개월 이내에 사직원을 제출하지 않은 경우에는 징계해고조치를 한다" 고 되어 있는 경우 징계조치로서의 권고사직과 이에 따른 자동징계해고는 권고사직 조치일로부터 1개월 이내에 사직원을 제출하여 퇴직조치가 되지 아니함을 조건으로 하여 효력을 발생하는 징계해고이거나 서로 불가분의 관계에 있는 것으로서 1개의 징계조치로 볼 것이지, 권고사직조치가 징계해고를 하기 위한 전단계의 독립된 단순한 절차라고 볼 것은 아니므로 권고사직 및 이에 따른 해고의 무효확인을 청구하는 것은 이와 같이 불가분의 관계에 있는 하나의 징계조치의 무효확인을 구하는 것이므로 그 소송의 적부도 이를 하나의 징계조치로서 파악하여 판단하여야지 권고사직조치부분을 자동징계해고의 효력발생과 따로 떼어서 볼 것은 아니다(대판 1991. 11. 26, 91다22070).

(3) 사용자의 권고사직을 받아들일 것인지는 스스로 결정할 수 있는 문제에 불과하므로, 사직 권고를 받은 것이 취업규칙 제44조제22호 소정의 징계처분에 해당한다고 볼 수도 없다할 것인 바, 따라서 유씨가 원고로부터 권고사직 의결을 통보받고서도 이에 응하지 아니한 채 권

고사직 의결의 부당성을 지적하는 내용의 의견서를 제출하였다 하더라도 이러한 사실을 들어 그것이 취업규칙의 '징계처분을 받고 시말서 제출에 불응하거나 개전의 정이 없을 때'라는 징계사유에 해당한다고 볼 수 없다는 판단은 정당하다(대판 2002. 11. 22, 2002두3706).

쟁점사례

/사 례/ 유리・석면 제조회사의 노조위원장 A는 단체교섭 중에 흥분하여 상무이사 B에게 물컵을 집어 던져 얼굴의 이마에 상처를 입힌 사태가 발생하였다. 이를 이유로 회사측에서는 징계위원회를 개최하여 위원장 A의 폭력행위에 대하여 징계해고를 하기로 의결을 하였으나, 교섭기간중이므로 징계해고조치를 하지 않은 채 집행을 유보하였다. 그러나 노조위원장 A는 임기말에 노사협상을 해야 할 상황이므로 반대집행부로부터 경쟁이 심화되어 매우 민감한 시기였으며, 폭행을 이유로 한 해고의결사실을 알고 이를 이유로 사용자측이 위원장을 해고하기로 하였다는 주장을 내세워 파업을 불사한다는 강경투쟁을 선언하였고, 회사측에서는 파업을 우려하여 노조측의 요구를 대부분 수용하였다. 그 결과 현 위원장 A는 경쟁후보에 비하여 전세를 역전하는 계기가 되어 압도적인 표차로 재당선되었다. 한편, 위원장 선거경선에 출마하였던 후보 B는 선거의혹이 있다며, A에 대하여 위원장 직무정지 가처분신청을 하고 회사측에는 위원장 A와 공모하여 유리한 정세를 가져오는 쇼를 하였다면서 부당노동행위를 이유로 고소를 하였다. 이 경우 회사에서는 현 당선자 A를 징계해고하기에는 부담이 크고, 다시 징계위원회를 개최할 수 없고 하여 종전의 의결처분을 이유로 하여 징계해고를 집행할 것인가 아니면, 권고사직을 시킬 것인지에 대하여 고민 중에 있다. 이 경우 권고사직을 요구하는 것이 정당한지?

/해 설/ 권고사직은 경영질서위반을 이유로 한 근로자의 징계사유에 대해 징계해고를 하는 대신에 본인의 명예나 불이익을 감안하여 사직의 형태로 근로계약을 해지하는 것을 말한다. 이러한 권고사직은 외견상 근로자가 사직원을 제출하는 형식을 취하여 근로자의 개인적 명예를 유지시키고자 하는 사용자의 온정적 배려에 의한 조치이다. 권고사직은 의원사직처분의 전제인 조건부 징계결의가 징계사유나 절차 및 징계양정에 있어서 일정한 유예조치를 하는 것으로서, 사직을 하지 아니하고 거부하는 경우에는 해고할 수 있는 성격을 지니며 대체로 판례의 입장은 유효한 것으로 보고 있다. 사례의 경우에는 징계해고의 대상이 되어 징계의결까지 한 후 교섭 중에 미칠 악영향을 고려하여 그 집행만을 유예한 것이므로 권고사직의 조치는 유효하다고 보아야 한다. 따라서 징계해고의 대상이 되어 이미 의결이 되었다면, 징계해고 대신에 권고사직을 권유하였다 하더라도 부당하다고 할 수 없다.

8. 징계해고

(1) 징계해고의 의의

징계해고는 중대한 위반행위를 이유로 근로자를 기업에서 배제하지 않으면 경영질서를 유지할 수 없다고 판단되는 경우에 근로관계를 단절하는 가장 무거운 제재수단이다.[52] 따라서 근로자의 행위가 감급이나 출근정지와 같은 징계처분을 통해 반성의 기회를 준다는 것이 전혀 무의미하고, 그 근로자를 기업 내에 두게 되면 기업의 경영질서가 문란해지거나 생산성이 저해될 것이 명백한 경우에 내려지는 불이익처분이다.

[표 4-9] 징계해고와 조치사항

징계종류	조치사항	효과
징계해고	· 해고내용을 인사기록카드에 기재 · 해고결정에 따른 강제퇴직처리 · 근태고과를 불량으로 처리 · 누진제 퇴직금의 삭감조치	· 경제적 불이익 · 신분박탈 · 근무평가상 불이익

관련판례

(1) 취업규칙에서 징계사유와 그에 대한 징계종류를 규정하고 있는 이상 그 규정 자체가 신의칙에 위반한다거나 권리남용에 해당하는 등 특별한 사정이 없는 한 그 규칙에 정하는 바에 따라야 한다고 보아야 할 것이므로, 근로자의 비위사실이 취업규칙 소정의 해고사유에 해당한다면 위 취업규칙을 그대로 적용하는 것이 위법 · 부당하다는 어떤 사정이 없는 한 그 규정에 따른 해고의 징계처분은 일응 정당한 것으로 보아야 할 것이다(대판 1991. 10. 11, 91다20173).

(2) 단체협약이나 취업규칙에 근로자에 대한 징계해고사유가 제한적으로 열거되어 있는 경우에는 그와 같이 열거되어 있는 사유 이외의 사유로는 징계해고를 할 수 없다(대판 1993. 11. 9, 93다37915).

(3) 피징계자에게 여러 가지의 징계해고사유가 있을 때 그 징계해고처분이 적정한지의 여부는 그 사유 하나씩 떼어서 또는 그 중 일부의 사유만 가지고 판단할 것이 아니라 전체의 사유에 비추어 사

52) 琴東信, 前揭論文, 27면

회통념상 근로계약을 계속시킬 수 없을 정도로 근로자에게 책임이 있는지 여부에 의할 것이다(대판 1991. 11. 22, 91다6740).

(4) 기업질서는 기업의 존립과 사업의 원활한 운영을 위하여 필요불가결한 것이고, 따라서 사용자는 이러한 기업질서를 확립하고 유지하는데 필요하고도 합리적인 것으로 인정되는 한 근로자의 기업질서 위반행위에 대하여 근로기준법 등의 관련 법령에 반하지 않는 범위 내에서 이를 규율하는 취업규칙을 제정할 수 있고(대판 2009. 9. 29, 99두10902), 징계해고가 정당성을 부여받기 위해서는 구체적인 사안에서 사회통념상 근로계약을 존속시킬 수 없을 정도로 근로자에게 책임 있는 사유가 있음을 요하는 것이기는 하나, 일단 해고사유에 해당되는 이상 근로자의 과실정도, 피해의 경중, 평소의 소행, 징계사유 발생 이후의 정황 등을 종합적으로 보아 해고의 상당성 여부를 판별할 수 있을 것이다(대판 1997. 4. 8, 96다33556).

---

(2) 지휘감독책임과 징계해고

상사의 직위에 있는 자가 부하직원에 대한 관리감독을 소홀히 한 경우 지휘감독책임이 어떻게 되는가? 판례에 의한 징계사유를 보면, 1주일 이상 무단결근하거나[53] 상사의 지시명령불복종, 수차례 경징계처분에도 불구하고 계속 위반행위를 하는 경우, 시용기간중의 운전사가 추돌사고를 일으킨 경우,[54] 고속버스운전기사들이 음주 · 도박행위를 한 후 늦게 취침한 경우,[55] 영업소 판매원 등이 거액의 횡령행위를 한 것을 이유로 한 지휘감독상의 책임을 물어서 영업소장을 징계해고한 사례가 있다. 또한 취업규칙에서 교통사고, 공금횡령 등으로 형사처벌을 이유로 징계해고를 할 수 있다고 정한 경우에도 징계처분이 가능하다.

관련판례

(1) 농성기간중 사건에 대하여 노동조합원들에 대한 일체의 책임을 묻지 않기로 단체협약을 한 경우 그 취지는 위 농성과 일체성을 가지는 그 준비행위 · 유발행위까지도 포함하여 이를 면책시키기도 한 것이라고 봄이 타당하므로 농성 전에 유인물을 무단배포하여 파업을 선동한 행위로 농성과 일체성을 가지는 것이므로 이것이 취업규칙의 징계해고사유에 해당되더라도 이를 이유로 징계할 수 없다(대판 1991. 1. 11, 90다카21176).

---

53) 서울지판 1990. 2. 2, 88가합26100

54) 대판 1989. 3. 14, 87다카555사건

55) 대판 1983. 11. 22, 83다카1243

(2) 근로자가 감급이상의 징계를 할 사유를 정하고 있는 취업규칙에 해당하는 경우에는 그와 같은 징계사유가 과연 사회통념상 근로계약을 존속시킬 수 없을 정도로 중대한 것인지의 여부를 가려본 다음, 그 결과에 따라 사용자가 징계해고한 것이 정당한 이유가 있는지의 여부에 대하여 판단하여야 한다(대판 1994. 1. 11, 93다49192).

(3) 택시기가의 4년 전 교통사고에 대해 4년 전 정식절차는 아니더라도 사실상 징계가 이루어졌다면 이를 이유로 징계제재를 가하는 것은 허용될 수 없고, 배차 받은 차량을 임의로 교체승무토록 했더라도 개인적인 사정에 따라 교체 승무하는 경우 회사에서 종종 묵인해 왔다면 더욱이 취업규칙에 우선하는 단체협약에 이를 통상해고로 규정하고 있다면 징계해고를 할 수 없다(대판 1994. 4. 26, 94다8006).

---

(3) 휴업기간중의 징계해고

a) 근로기준법 제23조제2항은 "사용자는 근로자가 업무상 부상 또는 질병의 요양을 위한 휴업기간과 그 후 30일간 또는 산전 · 산후의 여자가 이 법에 규정에 의해 휴업한 기간과 그 후 30일간은 해고하지 못한다"고 규정하고 있다. 이 기간에는 각종 징계처분뿐만 아니라 각종 해고도 금지되어야 한다.

b) 이 규정의 취지는 상병근로자의 건강회복을 위하여 안심하고 휴양할 수 있도록 하려는 배려와 모성보호를 위하여 명시한 규정이다. 따라서 아무리 징계사유가 있다고 할지라도 이 기간 중에는 징계처분은 하지 않아야 한다. 동시에 제한기간의 경과 후에 효력을 발생하게 하는 징계결의도 허용되지 않는다는 견해와 가능하다는 견해가 있으나, 후자로 해석하는 것이 옳다.

c) 일시보상이나 천재지변 등과 같은 사유로 사업을 계속할 수 없을 때에는 고용노동부장관의 인정을 받아 징계해고를 하는 것은 가능하다. 취업규칙상 해고에 해당하는 근로자의 중대한 비위사실이 발견되었을 때에는 산전 · 후에 휴가중이라 하더라도 해고예고를 하여 해고금지기간이 종료된 후에 해고하는 것은 무방하다.[56)]

관련판례

(1) 원고가 비록 휴직원을 제출하고 산재처리를 요청하였다고 하더라도 참가인으로부터 2003. 11. 24.까지에 대하여만 휴가로 처리되었고, 그 이후로는 참가인의 조합장으로부터 업무

56) 1987. 3. 30. 근기01254-508

상 부상으로 인정되지 않는다는 등의 이유로 위 인사규정 제54조제5항에 의한 휴직발령을 받지 못하고 오히려 2003. 11. 29. 이후 여러 차례에 걸쳐 출근지시를 받았음에도 불구하고 원고가 계속해서 적어도 7일 이상 무단결근한 것은 위 인사규정 제61조제1항제2호에 정한 면직사유에 해당한다고 할 것인 바, 참가인이 원고에 대한 면직처분의 절차는 적법하므로 이 사건 면직처분은 정당하다(서울행판 2005. 9. 2, 2005구합5628).

(2) 원고가 건강검진을 받은 결과 간경화 등의 질병이 진단되자 2004. 11. 29. 휴직신청을 하였음에도 참가인 회사는 이를 받아들이지 아니하고 원고가 휴직신청 후 출근하지 아니한 것이 무단결근에 해당함을 전제로 원고를 해고하기에 이른 것이나, 취업규칙에 의하면, 종업원이 질병을 원인으로 휴직을 원할 경우, 그 원인된 질병이 업무상 재해로 인한 것인지 여부는 휴직기간 중의 임금 지급 여부와 관련이 있을 뿐, 휴직의 허용 여부와는 직접적인 관련이 없는 것이어서, 설사 그 원인 질병이 업무상 재해로 인한 것이 아니라고 하더라도 종업원의 신청에 따라 휴직을 허용할 수 있는 것이므로 참가인 회사가 원고의 휴직신청에 대하여 단지 건강진단서 제출을 요구하면서 휴직을 불허한 것을 휴직에 관한 위와 같은 취업규칙의 규정이나 그 취지에 반한다고 할 것이므로, 그에 따라 원고의 결근이 무단결근에 해당한다고 하여 무단결근을 이유로 해고한 것은 부당하다(서울행판 2006. 1. 19, 2005구합28010).

---

(4) 노동조합활동과 징계해고

노동조합의 활동은 총회 및 대의원대회의 개최, 각종 집회 및 시위, 유인물의 배포 등 매우 다양하다. 단체교섭, 파업 등도 중요한 활동으로 보고, 쟁의행위는 적법절차에 의한 경우 정당성이 인정된다. 그러나 불법파업을 주도한 자에 대하여는 사용자의 정당한 징계권의 행사가 가능하다. 따라서 조합활동을 이유로 징계해고를 하기 위해서는 우선 조합활동의 정당성을 심사하여야 한다.

관련판례

(1) 노동조합에서 분규가 발생하자 조합활동을 구실로 정상적인 근무를 태만히 하고 노동조합위원장이 사임시에는 그 조합규약에 직무를 대리할 자를 규정해 두고 있음에도 불구하고 스스로 노조자치수습대책위원회를 구성하여 그 위원장으로 피선된 후 근무시간중에 노동조합 활동을 벌려 회사에 손해를 끼치고 업무명령에 위반하였다면 이는 노조활동과는 관계없이 취업규칙을 위반한 것으로 징계처분의 사유가 된다(대판 1984. 12. 26. 84누135).

(2) 농성기간 중 사건에 대하여 노동조합원들에 대한 일체의 책임을 묻지 않기로 단체협약

을 한 경우 그 취지는 위 농성과 일체성을 가지는 그 준비행위 · 유발행위까지도 포함하여 이를 면책시키기도 한 것이라고 봄이 타당하므로 농성전에 유인물을 무단배포를 하여 파업을 선동한 행위로 농성과 일체성을 가지는 것이므로 이것이 취업규칙의 징계해고사유에 해당되더라도 이를 이유로 징계할 수 없다(대판 1991. 1. 11. 90다카21176).

(3) 이 사건 쟁의행위의 시기, 방법 등에 관하여 구체적인 세부계획과 지침을 세우는 등 이를 앞장서서 주도하였고, 나머지 원고들도 비록 노동조합 집행부나 중앙투쟁위원은 아니었지만 위 쟁의행위에 단순 참여하는 정도를 넘어 다른 근로자들에게 파업 및 집회참가를 종용하면서 조업을 방해하고 회사의 기물을 손괴하는 등 중대한 위법행위를 한 사실이 인정되므로 그 가담정도가 결코 가볍다고 할 수 없고, 위 쟁의행위로 인하여 회사측이 막대한 경제적 손실을 입었을 뿐만 아니라 대외적인 신용에도 큰 타격을 입었다고 볼 수밖에 없으므로 원고들에 대한 징계로 해고를 선택한 이 사건 각 징계처분이 징계권을 일탈하거나 남용한 것이 아니라고 판단하였는바, 위 법리에 따라 원심판결 이유를 기록에 비추어 살펴보면, 원심의 사실인정과 판단은 정당한 것으로 수긍이 가고, 거기에 상고이유에서 주장하는 바와 같은 징계재량권의 일탈 · 남용에 관한 법리 오해 등의 위법이 있다고 할 수 없다(대판 2005. 7. 28. 2005두3608).

---

(5) 징계해고와 통상해고의 선택

a) 징계해고의 사유가 동시에 통상해고의 요건에도 충족될 때 징계해고를 하지 아니하고 통상해고로 처리할 수 있는지에 대하여 학설과 판례는 이를 긍정하는데 이론이 없다. 그러나 징계해고로서는 무효인 통상해고를 징계해고로 전환하는 것이 가능한지에 관해서는 해고권의 남용이 되므로 이를 부정하는 견해가 지배적이다.[57] 따라서 통상해고의 요건에 해당되면 징계해고를 할 수 없다고 본다.

b) 통상해고는 부상 또는 질병 등으로 정상적인 근로를 할 수 없는 일신상의 사유로 인한 해고를 말하며, 일반해고라고도 한다. 이러한 통상해고는 통상적으로 근로자의 근로계약기간이 존속함에도 스스로 사직서를 제출하지 아니하여 사용자가 임의로 근로계약을 해지하는 것을 말한다. 교통사고를 유발하여 형무소에 수감된 경우, 사직서의 제출 없이 사망하거나 행방불명이 되어 퇴직처리로 하는 것도 여기에 해당된다.

57) 窪田準人, 前揭書, 158면

관련판례

(1) 택시기사의 4년 전 교통사고에 대해 4년 전 정식절차는 아니더라도 사실상 징계가 이루어졌다면 이를 이유로 징계제재를 가하는 것은 허용될 수 없고, 배차받은 차량을 임의로 교체승무토록 했더라도 개인적인 사정에 따라 교체 승무하는 경우 회사에서 종종 묵인해 왔으며 더욱이 취업규칙에 우선하는 단체협약에 이를 통상해고로 규정하고 있다면 징계해고를 할 수 없다(대판 1994. 4. 26, 94다8006).

(2) 근로자의 업무상 부상에 관한 요양종결에 따라 상당한 신체장해가 있어 종전의 담당업무를 수행할 수 없거나 부적합하게 된 이유로 한 회사의 근로자에 대한 장해해고는 정당하다(대판 1996. 11. 12, 95누15728).

(3) 참가인이 징계위원회에 출석해 대차운행지시를 거부한 사실에 대해 자신의 잘못을 시인하지 않고 원고회사와의 깨진 신뢰관계를 회복시킬 의사를 보이지 아니한 점, 이 사건 이전에도 운행 중 사고 유발로 수회의 징계처분을 받은 점 등을 살펴보면 원고회사와 참가인 사이의 신뢰관계는 더 이상 근로계약관계를 유지할 수 없을 정도에 이르렀다고 봄이 상당하므로 원고회사는 이 사건 징계의 종류로 해고를 선택한 것이 위법하다고 볼 수 없다(대판 2005. 6. 10, 2004두10784).

---

(6) 복직판결 후의 징계해고

부당노동행위 구제명령에 의하여 복직취업 후 얼마 되지 않는 기간에 다시 징계사유가 발생하였거나 중앙노동위원회에 재심청구중이라 할지라도 새로운 귀책사유가 발생하여 이를 이유로 징계해고를 하는 행위는 선행사실과 관계없는 일로서 부당하다고 할 수 없다.[58] 근로자의 징계처분이 징계양정의 과중으로 무효가 된 경우에는 근로자를 원직에 복직시키고 보다 가벼운 징계처분을 다시 할 수 있다.

관련판례

(1) 최초의 징계처분이 무효라는 확정판결이 있은 후 그보다 가벼운 징계처분을 하였다 하여 기판력에 저촉된다고 할 수 없다(대판 1981. 5. 26. 80다2945).

58) 근기 1455, 9-2476, 1972. 3. 8.

(2) 징계해고에 관한 절차위반을 이유로 한 지방노동위원회의 구제명령에 따라 복직되었다면 소급하여 해고되지 아니한 것으로 보게 되지만, 그 후 같은 사유를 들어 또는 새로운 사유를 추가하여 새로이 제반 징계절차를 밟아 다시 징계처분을 한다고 하여 일사부재리의 원칙이나 신의칙에 위배된다고 볼 수 없다(대판 2001. 5. 8, 2000두3481).

쟁점사례

/사 례/ 노동조합의 연맹위원장 A는 임기중에 조합비를 유용하였다는 의혹을 받아 조합원 B로부터 경찰에 고발되었고, 일부 공금유용이 밝혀져 검찰에 기소되어 벌금 100만원을 받았다. 이 사건에서 위원장 A는 100만원을 자신이 개인적으로 착복하거나 횡령을 한 것이 아니고 산하조직의 위원장들이 각종 모임에 참석하는 경우 조합기금을 인출하여 식사비와 약간의 음주를 한 것으로 사용하였으나, 영수증관리를 철저히 하지 못하고 편리상 간이영수증을 받아 10만원 등 일정액으로 적어 첨부하였고, 이러한 사실에 대하여는 대부분의 조합간부들이 알고 있다. 그러나 연맹위원장 선거에서 경쟁자 측에 있는 후보자 C가 이러한 의혹사실을 규명하는 과정에서 영수증처리방법이 문제가 되어 공금횡령으로 벌금형을 받게 되었고, 회사의 취업규칙에는 '근로자가 공금횡령으로 벌금을 받은 경우'를 징계해고를 할 수 있다고 명시하고 있다. 이 경우 위원장 A에 대한 징계해고가 정당한지?

/해 설/ 징계해고에 대하여는 취업규칙이나 단체협약 등에서 징계사유와 징계종류, 징계절차를 정하여 운영하는 경우가 대부분이다. 우선 징계해고를 할 수 있는지에 대하여는 공금횡령이라는 사유가 경영질서의 위반이라는 요건에 해당되는지를 기초로 판단하여야 한다. 사례의 경우에는 조합비를 사용하면서 영수증입증이 불명확하여 공금횡령에 해당하는 벌금을 받은 사실, 벌금을 받은 사유가 사업장의 업무가 아닌 독립된 노동조합의 업무를 수행하는 과정에서 발생한 사실로 볼 때 경영질서를 이유로 하는 징계사유에 해당된다고 볼 수 없다. 따라서 노동조합의 업무로 인한 벌금을 받았다는 사유만으로 곧바로 징계해고를 하는 것은 부당하므로 그 사유의 정당성을 경영질서와 관련된 취업규칙의 적용이 타당한지의 관점에서 심리하여야 한다.

9. 즉시해고

(1) 즉시해고의 의의

a) 민법 제661조는「고용기간의 약정이 있는 경우에도 부득이한 사유가 있을 때에는 각 당사자는 계약을 해지할 수 있다. 그러나 그 사유가 당사자 일방의 과실로 생긴 때에는 상대방에 대하여 손해를 배상하여야 한다」고 규정하고 있다. 이와 같은 규정은 근로계약에도 적용되어, 특별한 사정이 없는 한 근로계약을 해지하거나 근로자를 즉시해고를 할 수 없다. 즉시해고는 해고사유의 중대성을 감안하여 해고예고의 절차없이 곧바로 해고하는 것을 말한다.

b) 그러나 징계해고가 가능한 중대한 귀책사유가 있는 경우에까지 사용자로 하여금 해고예고의 절차를 강요하는 것은 너무 가혹하다고 할 수 있다. 그럼에도 불구하고 어떤 사유가 중대한 귀책사유에 해당하는지에 대하여 이를 당사자의 해석에 맡겨 놓는다면 사실상 노사간의 다툼으로 인하여 즉시해고가 불가능하게 된다. 이러한 이유로 어떠한 행위가 즉시해고의 사유가 되는지에 대하여 명확히 정할 필요가 있다.

(2) 즉시해고와 중대한 귀책사유

a) 즉시해고에 대하여는 근로기준법 제23조(해고 등의 제한), 제24조(경영상의 이유에 의한 해고의 제한), 제25조(우선재고용 등), 제26조(해고의 예고) 등에 정하지 아니하고, 단지 근로기준법 시행령 제5조에서 중대한 근로자의 귀책사유를 정하고 있다. 이것은 본질적으로 징계해고의 대상이 되나, 그 귀책사유가 중대한 경우에 예외적으로 해고예고의 절차없이 즉시해고를 할 수 있도록 정한 것이다.

[그림 4-1] 해고의 유형과 위반행위

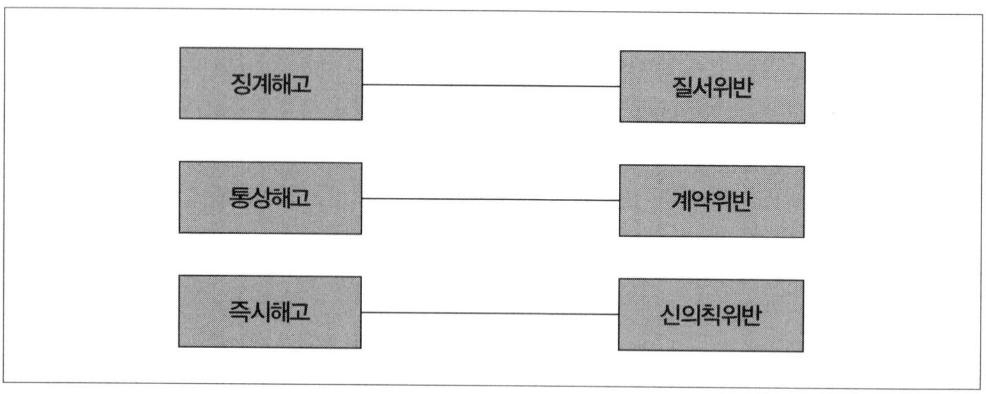

b) 그러나 근로자의 귀책사유가 즉시해고를 할 정도에 해당되지 않음에도 해고예고를 하지 아니한 채 징계처분을 하게 되면 징계권남용으로 보아 무효가 된다. 따라서 징계처분시에는 잘못의 동기·경위·정도 등에 비추어 징계의 정도가 지나치게 무거우면 재량권남용에 해당하게 된다.[59] 즉시해고된 자에 대하여는 재취업이 곤란하게 되거나 퇴직금의 감액 또는 해고예고수당 등을 지급하지 않는 등의 불이익이 따른다. 즉시해고의 대상이 되는 근로자의 귀책사유가 존재하는 한 징계해고 그 자체의 효력에는 영향을 미치지 않는다.[60]

[표 4-10] 근로자의 귀책사유

	[별표] 근로자의 귀책사유(1999. 2. 22. 개정)
1	납품업체로부터 금품 또는 향응을 제공받고 불량품을 납품받아 생산에 차질을 가져온 경우
2	영업용 차량을 임의로 타인에게 대리운전을 하게 하여 교통사고를 일으킨 경우
3	사업의 기밀, 기타 정보를 경쟁관계에 있는 다른 사업자 등에 제공하여 사업에 지장을 가져온 경우
4	허위사실을 날조·유포하거나 불법적 집단행동을 주도하여 사업에 막대한 지장을 가져온 경우
5	영업용차량 운송수입금을 부당하게 착복하는 등 직책을 이용하여 공금을 착복·장기유용·횡령하거나 배임한 경우
6	제품 또는 원료 등을 절취 또는 불법반출한 경우
7	인사·경리·회계담당 직원이 근로자의 근무상황실적을 조작하거나 허위서류 등을 작성하여 사업에 손해를 끼친 경우
8	사업장의 기물을 고의로 파손하여 생산에 막대한 지장을 가져온 경우
9	기타 사회통념상 고의 사업에 막대한 지장을 가져오거나 재산상 손해를 끼쳤다고 인정되는 경우

행정해석

(1) 근로계약이 공사기간으로 정하여져 있는 건설공사의 경우 공사가 완료되어 자동퇴직되는 경우라면 해고예고의 문제는 발생하지 않을 것이나, 공사기간이 완료되기 전에 개별적 해고예고가 아니고 불특정 다수에게 불가피한 이유 등을 들어 감원을 주지한 것은 해고예고로 볼 수 없다고 사료됨(근기 01254-13736, 1988. 9. 1).

(2) 근로자의 귀책사유로 즉시해고를 하였으나 취업규칙 또는 단체협약에 규정된 절차상 하자가 있었다면 근로기준법 제30조제1항을 위반한 해고로서 무효가 되며, 이미 무효인 해고처분을 사용자가 취소하였다고 하더라도 해고처분이 무효이기 때문에 해고예고수당의 문제는 발생하지 않음. 해고취소후 재차 즉시 해고하였다 하더라도 즉시해고의 효력은 장

59) 서울고판 1990. 10. 18, 89구13372

60) 대판 1980. 12. 9, 80다1616

래에 있어 발생하는바, 해고예고의 적용예외 규정에 해당하지 아니하는 한 30일분 이상의 통상임금을 지급하여야 함(근기 68207-807, 1999. 12. 6).

(3) 부도로 인한 사실상의 도산이라는 돌발적이고 불가항력적인 사유로 인하여 사업계속이 불가능한 경우에는 근로기준법 제26조 단서 '부득이한 사유로 사업계속이 불가능한 경우'에 해당되어 근로기준법 제26조 위반은 없는 것으로 사료됨(근기 68207-2320. 2000. 8. 2).

쟁점사례

/사 례/ 택시운전업무에 종사하는 근로자는 12시간 근무(2교대제)를 하거나 24시간 근무(전일제)의 형태로 운행하면서 교대제의 경우에는 105,000원을, 전일제의 경우에는 160,000원을 사납금으로 입금시키고 있다. 사납금은 회사에 출근하여 타고메타기록과 운행시간을 대조하여 정산하고, 초과운송수익금은 6대4로 회사와 배분하고 있다. 사납금은 매일 일정액을 정하여 입금하되, 초과운송수익금은 일정한 주기내에 자율적으로 정산해 오고 있다. 그러나 최근에 대표이사의 아들이 사장으로 오면서 사납금을 즉시 입금하고, 초과운송수익금도 함께 정산을 하도록 방침을 정하였으나 일부 근로자들이 종전과 같이 초과운송수익금의 입금일자를 지키지 아니하자, 근로자 2명을 공금횡령으로 경찰서에 고소를 하고 "결과가 나오는 대로 징계조치를 하겠다"고 한다. 이 경우 즉시해고가 가능한지?

/해 설/ 근로자의 해고는 근로자의 귀책사유로 삼을 만한 정당한 사유가 있는 경우 허용된다고 보아야 하며, 귀책사유가 중대한 경우에는 즉시해고도 가능하다. 사례의 경우에는 사납금 이외에 운송초과수익금을 운전기사가 보유하고 있다가 일정액을 회사에 입금시켜는 관행이 있었으나, 이를 경영방침에 의해 변경하여 제때에 입금하도록 하였음에도 이를 거부한 때 징계사유로 볼 수 있는지가 논란이 되는 것이다. 운송초과수익금의 배분액을 2일 내지 3일씩 늦추어 입금하는 것이 관행으로 되어 있는 경우에는 곧바로 징계대상이 될 수 있는 것은 아니라고 본다. 그러나 사업주가 이를 시정하여 즉시 입금하거나 정산을 하도록 방침을 변경하여 근로자들에게 고지한 후에는 이에 따라야 하며, 이를 위반하는 행위는 횡령에 해당되어 즉시해고의 징계사유가 될 수 있다.

10. 직권면직

(1) 직권면직의 의의

a) 직권면직이란 면직처리기준에 따라 심사절차 없이 근로관계를 해지하는 것을 말한다. 직권면직은 인사권의 일종으로서 근로기준법과 같은 해고사유의 정당성이나 해고예고의 절차를 거쳐 해고하는 것이 아니라 사전에 정한 면직기준에 따라 신분을 종료하는 것이다. 직권면직은 근로자를 배치전환을 할 수 없는 등 합리적이고 객관적인 기준과 근거에 따라 결정하여야 하며, 이에 따르지 아니한 채 자의적으로 면직처분을 하는 것은 임용권을 남용하는 것이 된다.

b) 판례는 직권면직의 경우 징계의 절차, 즉 진술의 기회를 부여하지 않은 채 면직조치를 하여도 정당하다고 한다.[61] 그러나 면직의 사유가 근로자의 비위행위나 경영질서의 위반 등을 이유로 한 것이라면 명칭에 불문하고 징계처분의 일종으로 보아야 한다. 따라서 근로자의 비위행위를 이유로 인사위원회를 개최하여 대기발령을 한 후 3월이 경과함에 따라 직권면직을 한 것은 절차상의 하자로 부당하다.[62]

(2) 직권면직과 해고와의 관계

a) 직권면직은 잉여노동력을 합리적으로 처리할 수 없는 사정이 있는 경우에 해고절차를 거치지 아니하고 면직시키는 조치로서 근로관계를 해지하는 것이므로 해고의 문제로 취급된다. 그러나 직권면직은 일반 근로자를 대상으로 하기보다는 주로 공무원법에 의한 공무원을 대상으로 적용되는 조치라고 볼 수 있다.[63] 직권면직은 일반 공무원을 대상으로 하는 공무원규정을 원용하여 창설한 것으로서 특히 정부투자기관 등 공기업에서 많이 이용되고 있다. 이 경우 직권면직의 정당성은 그 성질을 고려하여 해고의 법리를 적용하여야 할 것이다.

b) 공무원에 대하여는 국가공무원법 제70조제3항, 지방공무원법 제62조제3항이 말하는 '임용형태 · 업무실적 · 직무수행능력 · 징계처분사실 등을 고려하여 정한 면직기준'을 정하고, 심사를 거치지 아니하고 면직할 수 있으며, 이 경우 면직기준은 합리적이고 객관적인 기준의 내용을 구체적으로 정한 것으로 볼 수 있다.[64]

---

61) 대판 2000. 6. 23, 99두4235

62) 서울고판 2005. 6. 22, 2004누23645

63) 직권면직은 공무원법 소정의 사유가 있는 경우 본인의 의사와는 관계 없이 임용권자가 일방적인 의사에 의하여 공무원의 신분을 박탈하는 단독행위이다: 조성혜,"공기업 근로자에 대한 직위해제와 직권면직의 문제점," 노동법학 제23호(한국노동법학회, 2006. 12), 304면

64) 사립학교교원을 직권면직에 대하여는 일정한 면직기준을 정하고 그에 따라 면직대상자의 실적과 능력 등을 심사하여 별다

관련판례

(1) 회사 직원들과 술집에서 단합대회를 하다가 술기운에 상사의 멱살을 잡아당기다가 옷을 찢은 행위를 한 것은 사내질서 및 근무기강 확립을 위해 징계를 하여야 할 필요성은 인정된다 하더라도, 취중에 폭행하였으며 피해자와 원만하게 합의하고 잘못을 뉘우치고 있으며 입사 후 4년이 넘도록 별일 없이 성실하게 근무하여온 점 등을 종합할 때 징계면직은 징계권의 범위를 일탈한 것이다(대판 1992. 5. 22, 91누5884).

(2) 규정의 해석상 직권면직처분을 징계처분의 일종으로 볼 수는 없는 경우 참가인은 원고들에 대하여 징계절차와는 관계없이 진술의 기회를 부여하지 아니하고 직권면직처분을 할 수 있다 할 것이다. 그럼에도 불구하고, 원심이 참가인의 원고들에 대한 직권면직처분은 징계의 절차, 즉 원고들에게 진술의 기회를 부여하는 절차를 거치지 아니하여 위법하다고 판단한 것은 참가인의 운영규정의 해석을 그르치거나 직권면직처분에 관한 법리를 오해하여 판결결과에 영향을 미친 위법이 있다 할 것이다(대판 2000. 6. 23, 99두4235).

(3) '사립학교의 경우 폐과로 인한 폐직, 과원이 된 때 교원을 직권면직함에 있어서도 국가공무원법 제70조제3항, 지방공무원법 제62조제3항의 규정을 유추하여 임용형태 · 업무실적 직무수행능력 · 징계처분사실등을 고려한 면직기준을 정하고 그 기준에 의한 심사 결과에 따라 면직 여부를 결정하여야 한다'는 것은 어디까지나 학교법인이 산하의 다른 사립학교나 해당학교의 다른 학과 등으로 교원을 전직발령 내지 배치전환함으로써 면직을 회피하거나 면직대상자를 최소화할 여지가 있는 경우에 한한다고 보아야 하고, 이와 달리 사립학교의 사정상 전직발령 내지 배치전환 등에 의한 교원의 면직회피 가능성이 전혀 없는 경우에는 위와 같은 면직기준에 따른 심사절차를 거치지 아니하였다고 하더라도, 학과의 폐지 자체가 불가피하고 정당한 것이라면 이를 이유로 한 교원의 면직은 합리적이고 객관적인 근거에 기한 것으로서 역시 정당한 것이라고 할 수밖에 없다(대판 2008. 3. 13, 2007다66071).

---

(3) 직권면직과 징계처분성

a) 일반적으로 취업규칙에 의하면, 근로자의 중대한 과실에 의한 의무위반 또는 비위행위를 직무수행의 능력부족이나 근무성적 또는 근무태도의 불량으로 간주하여 직권면

른 하자가 없는 교원은 가급적 구제하는 조치가 요구된다. 국가공무원의 경우에는 국가공무원법 제70조의1, 지방공무원법 제62조의1에서 직권면직사유를 정하고 있으며, 근무성적불량, 근무수행능력부족, 자격증상실, 면허취소, 적격심사탈락, 폐직 또는 과원 등을 규정하고 있다.

직처분을 하기도 하며, 징계의결요구에 해당 근로자를 직위해제한 후 대기기간에 경과함과 동시에 직권면직을 시키기도 한다.[65] 이러한 직권면직은 공무원의 경우에는 파면 또는 해임보다는 신분보장이나 경제적인 측면에서 유리하기 때문에 구별의 실익이 있다. 그러나 공무원의 경우 파면되면 퇴직금의 2분의 1이 몰수되어 경제적 불이익이 크다.

b) 한편 일반 근로자의 경우에는 신분보장이라는 실익은 없고 단지 징계절차상 진술의 기회를 부여하지 않는 것에 불과하다면, 근로기준법 제23조와 관련하여 면직의 정당성이 문제가 된다. 따라서 해고의 법리에 비추어, 회사에서 직권면직에 관한 사유와 절차를 적용할 것인지를 고려해야 한다. 그러나 직권면직의 본질은 해고의 기준이나 절차를 배제하고자 의도한 규정이다. 오히려 직권면직은 일반적으로 근로자의 의무위반행위보다는 업무수행능력의 부족이나 근무성적불량, 직제와 정원의 개폐로 인한 폐직 또는 과원이 발생하는 경우에 이루어지는 것이다. 이와 같이 직권면직은 주로 일신상의 사유 또는 경영상의 사유에 대하여 행사되는 것이다.[66]

c) 그러나 공무원과 같이 엄격히 법률로 정하지 있지 아니한 근로자의 경우에는 취업규칙에 의하여 직권면직을 의무위반 또는 근무태만 등 사유에 대하여 적용하기도 한다. 이러한 이유로 징벌로서의 직권면직과 인사조치로서의 직권면직이 혼동되는 사태가 발생하기도 한다. 만약 사용자가 근로자의 중대한 의무위반행위나 비위행위를 이유로 제재를 하는 수단으로 직권면직을 할 수 있다면, 이는 징계해고와 다를 바 없어 징계처분성이 인정된다. 이러한 직권면직은 사용자의 일방적 의사표시에 의하여 근로관계를 종료시키는 점에서 징계해고와 동일하다고 볼 수 있다.[67]

관련판례

(1) 참가인법인이 공식적으로 HP에 대하여 피해액 회수를 위한 어떠한 노력을 기울이지 않은 채 원고에 대하여만 피해액의 변상을 요구하면서 원고를 업무상배임 등의 혐의로 고소하

---

65) 조성혜, 전게논문, 204면 : 직위해제는 근로자가 직무수행능력이 부족하거나 근무성적 또는 근무태도 등이 불량한 경우, 근로자에 대한 징벌절차가 진행 중인 경우, 근로자가 형사사건으로 기소된 경우 등에 있어서 당해 근로자가 장래에 있어서 계속직무를 담당하게 될 경우 예상되는 업무상의 장애 등을 예방하기 위하여 일시적으로 당해 근로자에게 직위를 부여하지 아니함으로써 직무에 종사하지 못하도록 하는 잠정적인 조치로서의 보직의 해제를 의미한다(대판 1996. 10. 29, 95누15926 ; 대판 1997. 9. 26, 97다25590). ; 상기 논문에서 조성혜 교수는 직위해제에 대하여 근로자를 계속근로를 시킬 경우 예상되는 업무상의 장애에 대한 예방적 조치로서 과거의 비위행위에 대한 징벌적 제재인 징계와 구별된다고 설명하고 있다(조성혜, 전게논문, 306~307면).

66) 조성혜, 전게논문, 321면

67) 대판 1996. 11. 26, 95누17571

고, 원고를 상대로 피해배상을 청구하는 소송을 제기해 옴에 따라 원고가 참가인 법인에 대하여 손해를 변상하거나 구체적인 변상계획을 밝힐 수도 없게 된 사정을 알 수 있고, 대기발령기간중 원고의 직무수행능력이 부족하거나 근무성적이 불량하다는 직위해제사유가 계속 존재한다고 볼 만한 증거가 없음에도 불구하고 3개월 기간이 만료하였다는 사유만으로 이 사건 당연면직처분을 한 것은 징계권의 남용에 해당한다(대판 2004. 10. 28, 2003두6665).

(2) 원고가 2002. 3. 26.부터 2002. 4. 22.까지 정신증으로 병원에 입원하여 치료를 받다가 계속 치료받기 위하여 2002. 4. 23.부터 2002. 5. 21.까지 병가를 신청한 상태였던 점에 비추어 볼 때 직장생활을 하는데 지장이 없을 것이라는 내용의 2002. 5. 8.자 진단서만으로 직위해제사유가 소멸되었다고 보기 어렵고, 취업규칙 제51조는 참가인 공단이 필요하다고 인정할 경우 직원들에게 교육훈련을 시킨다는 취지일 뿐 직위해제자에 대하여 근무성적향상을 위한 교육훈련 등의 조치를 취하여야 할 의무를 참가인 공단에게 부여한 것으로 보이지 아니하고, 참가인 공단의 인사규정에는 직권면직처분과 징계처분이 따로 규정되어 있으면서 직권면직처분에 대하여는 징계처분과 달리 아무런 절차규정을 두고 있지 아니하므로 참가인 공단이 직권면직처분을 함에 있어 당해 근로자에 대한 소명기회부여 등 일반적인 징계절차를 거칠 필요가 없다(대판 2005. 10. 13, 2005두6522).

(3) 참가인이 구조조정에 대해 불만을 품고 상급자인 원장에게 폭언을 하고 명예훼손을 한 것은 충분히 비난받을 만한 행동이고, 참가인이 업무상 착오로 인하여 원고 법인의 예산에서 훈련비를 지급하게 함으로써 재산상 손해를 입힌 것이라든가 임대수입금의 수입 및 지출이 투명성을 확보하지 못한 것, 원장의 인장을 임의로 제작하여 이를 사용한 것 역시 비난받을 만한 행동들이므로 이 사건 직위해제 및 대기발령은 적법하다. 적법한 직위해제 및 대기발령을 받은 참가인이 근신하여 근무태도향상을 꾀하고 자신의 잘못을 반성하기는 커녕 명예훼손 행위를 여러 차례 반복한 것은 직위해제기간 동안 자신의 잘못을 전혀 반성하지 않았음을 단적으로 보여주는 것이므로 이 사건 면직처분은 정당한 인사권의 범위 내에서 행해진 것이다(대판 2005. 11. 25, 2003두8210).

(4) 원고는 퇴직금을 송금받기 전으로서 이 사건 직권면직을 받고 3주 만에 이 사건 직권면직의 근거가 된 비위사실이 허위임을 주장하면서 소외 2, 1을 출판물에 의한 명예훼손으로 고소함으로써 이 사건 직권면직을 받아들이지 아니하고 그 직권면직의 사유를 적극적으로 다투는 태도를 보였을 뿐 아니라, 그 후에도 피고 협회의 다른 임직원들과 함께 피고 협회의 대표자 선출 및 행정업무에 관여함으로써 여전히 피고의 근로자의 지위에 있음을 전제로 하는 행동을 취하였다. 따라서 이러한 사정 등에 비추어 보면, 비록 원고가 피고에 의하여 일방적으로 송금된 퇴직금을 지출하면서 명시적인 이의를 유보하지 아니하였다고 하더라도, 이러한

사정만으로 이 사건 직권면직을 유효한 것으로 인정하거나 이에 승복하였다고 보기는 어렵고, 원고의 형사 고소가 이 사건 직권면직의 효력을 직접 다투는 법적 절차로는 부족하다거나 원고가 피고 협회의 입무에 다시 관여하는 과정에서 불법적인 방법을 사용하였다는 사정만으로는 달리 볼 수 없으므로, 결국 원고가 이 사건 직권면직의 효력을 인정하지 않고 이를 다툰 것으로 보기에 충분한 사정이 있다고 봄이 타당하다. 그리고 원고가 명시적인 이의를 유보하지 아니하고 퇴직금을 송금받아 지출한 때부터 8개월 남짓의 기간이 지나서야 비로소 이 사건 소를 제기하였다고 하더라도, 이는 원고가 검사로부터 위 형사 고소에 대한 고소사건처분결과통지서를 받은 지 불과 1주일 만에 제기된 것으로서 앞서 본 사정들을 함께 참작하여 보면, 원고로부터 고소를 당한 소외 2나 그가 대표자였던 피고 협회로서는 사회통념상 근로자인 원고가 이 사건 직권면직의 결과를 더 이상 다투지 않을 것이라고 신뢰할 만한 정당한 기대를 가지게 되었다고 보기도 어려우므로, 원고가 이 사건 소로써 이 사건 직권면직의 효력을 다투는 것이 신의성실의 원칙이나 금반언의 원칙에 어긋난다고 단정할 수 없다. 그럼에도 이와 달리 원심은, 원고가 퇴직금을 수령하면서 이의의 유보나 조건을 제기하지 않았다거나 소외 2 등에 대한 고소의 결과와 관계없이 이 사건 직권면직의 효력을 다투는 소를 제기하는 것이 가능하였다는 등의 사정만을 들어 이 사건 소 제기가 신의성실의 원칙이나 금반언의 원칙에 위배되어 부적법하다고 잘못 판단하였다. 이러한 원심의 판단에는 이의 유보 없는 퇴직금 수령 시에 해고 효력이 부정될 수 있는 특별한 사정, 신의성실의 원칙 또는 실효의 원칙에 관한 법리를 오해하여 판결에 영향을 미친 위법이 있다. 이를 지적하는 상고이유 주장은 이유 있다(대판 2014. 09. 04, 2014다210074).

제5장
징계권행사와 불이익처분

제1절 징계권행사와 불이익처분

1. 징계처분과 경제상의 제재

(1) 임금의 의의

1) 임금의 개념과 법적 성질 a) 근로기준법 제2조제1항제5호에서는 "임금이란 사용자가 근로의 대가로 근로자에게 임금, 봉급, 기타 여하한 명칭으로든지 지급하는 일체의 금품을 말한다"고 규정하고 있다. 따라서 사용자가 근로의 대가로 지급하는 것과 일반적으로 근로계약, 취업규칙 또는 단체협약에서 그 지급조건이 명백하게 되어 있는 것을 임금으로 취급한다. 여기서 근로의 대가란 근로자가 사용자의 지휘명령을 받으며 근로제공의 대가로서 받는 보수를 의미한다.

b) 근로자가 근로의 대가로서 사용자에 대하여 그 지급청구권을 가지는 것이 임금이다. 따라서 근로관계와 관계없이 고객으로부터 받는 팁이라든가 사용자가 근로계약상 지급의무와 관련없이 근로자에게 임의로 지급하는 금품은 임금이 아니다.

c) 대법원의 판례도 "임금이란 사용자가 근로의 대상으로 지급하는 일체의 금품을 말하고 의례적 · 호의적 의미에서 지급되는 것은 포함되지 아니한다"고 한다.[1] 따라서 사용자가 근로자에게 지급하더라도 ① 임의적 · 은혜적인 것, ② 복리후생적인 것, ③ 실비변상적인 것은 임금으로 보지 않는다.

관련판례

(1) 어떤 금품이 임금에 해당하는지 여부를 가늠할 수 있는 구체적인 사정으로서, 근로자에게 계속적 · 정기적으로 지급되며, 그 지급에 관하여 단체협약 · 취업규칙 · 급여규정 · 근로계약 · 노동관행 등에 의하여 사용자에게 그 지급의무가 지워져 있고, 또한 일정 요건에 해당하는 근로자에게 일률적으로 지급하는 것이라면, 그 명칭 여하를 불문하고 우선적으로 임금이라고 볼 수 있을 것이다(대판 1990. 12. 7, 90다카19647; 대판 2002. 10. 17, 2002다8025 전원합의체 판결; 대판 2003. 4. 22, 2003다10650).

(2) 사용자가 근로자에게 지급하는 임금은 반드시 계속적 · 정기적으로 지급되어야만 근로

1) 대판 1973. 3. 27, 72다2425 ; 대판 1976. 1. 27, 74다1580

제공과 관련된 것이고 그렇지 않은 것은 근로제공과 무관한 것이라는 논리필연적인 관계가 있는 것은 아니므로, 드물게나마 계속적 · 정기적으로 지급되는 것이 아니라 하더라도 다른 사정을 종합하여 사용자가 근로자의 근로제공과 관련하여 지급하는 것으로 볼 수 있으면 임금에 해당하고, 이와 달리 어느 금품이 계속적 · 정기적으로 지급되는 것이라 하더라도 근로의 제공과 관련 없이 지급되는 것이라면 그 금품의 지급이 단체협약, 취업규칙, 근로계약 등에 의하여 지급의무가 발생한 것이라 하더라도 임금에 포함시킬 수 없을 것이다(대판 1996. 5. 1. 4, 95다19256 판결 참조).

(3) 임금이란 사용자가 근로의 대상으로 근로자에게 임금 · 봉급 기타 어떠한 명칭으로든지 지급하는 일체의 금품을 말하는 것인바, 카지노 영업장의 고객이 자의에 의하여 직접 카지노 영업직 사원들에게 지급한 봉사료를 근로자들이 자율적으로 분배한 것은 사용자로부터 받은 근로의 대상이라고 할 수 없으므로 그 성질상 근로기준법이 정한 임금의 범위에 포함되지 않는다(대판 1999. 1. 26, 98다46198).

(4) 사용자는 근로계약을 체결함에 있어서 근로자에 대하여 기본임금을 결정하고 이를 기초로 제수당을 가산하여 지급함이 원칙이라 할 것이나 근로시간, 근로형태와 업무의 성질 등을 참작하여 계산의 편의와 직원의 근무의욕을 고취하는 뜻에서 기본임금을 미리 산정하지 아니한 채 제수당을 합한 금액을 월급여액이나 일당임금으로 정하거나 매월 일정액을 제수당으로 지급하는 내용의 이른바 포괄임금제에 의한 임금지급계약을 체결한 경우에 그것이 근로자에게 불이익이 없고 제반 사정에 비추어 정당하다고 인정될 때에는 이를 무효라고 할 수 없다(대판 1999. 5. 28, 99다2881).

(5) 상여금이 계속적 · 정기적으로 지급되고 그 지급액이 확정되어 있다면 이는 근로의 대가로 지급되는 임금의 성질을 가지나 그 지급사유의 발생이 불확정하고 일시적으로 지급되는 것은 임금이라고 볼 수 없다. 회사가 근로자들에게 지급한 '성과금'은 경영실적이나 투쟁의 달성 여부에 따라 그 지급 여부나 지급금액이 달라지는 경영성과의 일부 분배로 볼 수 있을 뿐, 근로의 대상으로서의 임금이라 할 수 없다(대판 2006. 2. 23, 2005다5429).

---

2) 평균임금의 의의와 범위 a) 근로기준법 제2조제1항제6호에서 "평균임금이란 이를 산정하여야 할 사유가 발생한 날 이전 3개월간에 그 근로자에 대하여 지급된 임금의 총액을 그 기간의 총일수로 제한 금액"이라고 규정하고 있다. 평균임금은 근로자에 대한 통상의 생활임금을 종전과 같이 보장하려는데 그 취지가 있으므로 우연적 사정에 의하여 통상의 경우보다 현저하게 많거나 적은 금액으로 되는 것은 산정방법에서 제외하

여야 한다.[2)]

b) 평균임금은 근로자에 대한 여러 가지 급여금, 즉 퇴직급 · 휴업수당 · 연차유급휴가수당 · 재해보상금과 제재로서의 감급액을 산출하는 기초가 된다. 따라서 징계처분의 일환으로 임금을 공제하는 경우에도 이와 같은 평균임금을 기초로 할 수 있다.

c) 평균임금의 산정기초가 되는 임금총액에는 사용자가 근로의 대가로 근로자에게 지급하는 금품으로서, 근로자에게 계속적 · 정기적으로 지급되고 단체협약 · 취업규칙 · 급여규정 · 근로계약 · 노동관행 등에 의하여 사용자에게 그 지급의무가 지워져 있는 것은 그 명칭 여하를 불문하고 모두 포함된다. 그러나 사용자 이외의 자가 지급한 금품이나 근로의 대상으로서 지급되는 것이 아니라 근로자가 특수한 근무조건 또는 환경에서 직무를 수행함으로 말미암아 추가로 소요되는 비용을 변상하기 위하여 지급되는 실비변상적 금원 혹은 사용자가 지급의무 없이 은혜적으로 지급하는 금원 등은 평균임금산정의 기초가 되는 임금총액에 포함되지 아니한다.[3)]

관련판례

(1) 영업용 택시기사가 택시운송수입금 전액을 운수회사에게 입금할 의무가 있음에도 불구하고 미터기 금액을 제외한 나머지 금액을 입금하지 아니한 채 이를 횡령하였다면, 이를 두고 운수회사가 그 택시기사에게 나머지 금액을 임금으로 지급하였다고 할 수는 없으므로, 그 나머지 금액은 평균임금 산정의 기초가 되는 임금총액에 포함될 수 없다(대판 1996. 9. 10, 95누17410).

(2) 평균임금 산정기간 내에 지급된 임금이라 하더라도, 퇴직금 산정의 기초가 되는 평균임금을 산출함에 있어서는, 사용자의 퇴직금 출연에 예측가능성을 기할 수 있게 하기 위하여 사용자가 관리가능하거나 지배가능한 부분이 아니면 그 범위에서 제외하여야 하므로 근로자들이 사납금 초과수입금을 개인수입으로 자신에게 직접 귀속시킨 경우, 그 개인수입 부분의 발생 여부나 그 금액 범위 또한 일정하지 않으므로 운송회사로서는 근로자들의 개인수입부분이 얼마가 되는지 알 수도 없고 이에 대한 관리가능성이나 지배가능성도 없다고 할 것이어서 근로자들의 개인수입부분은 퇴직금 산정의 기초인 평균임금에 포함되지 않는다. 따라서 운송회사의 근로자들이 총운송수입금을 전부를 운송회사에 납부하는 경우에는 근로자들이 사납금 초과수입금을 개인 자신에게 직접 귀속시킨 경우와 달리, 운송회사로서는 사납금 초과수입금의 발생여부와 금액범위를 명확히 확인 · 특정할 수 있어 사납금 초과수입금을 관리하고 지배할 수 있다고 보아야 할 것이고, 운송회사가 추후에 근로자들로부터 납부 받은 사납금 초과수

2) 대판 1999. 5. 12, 97다5015
3) 대판 1999. 2. 9, 97다56235

임금 상당의 금원을 근로자들에게 지급하였다고 하여 달리 볼 것이 아니라 할 것이므로 운송회사가 근로자들로부터 납부 받은 사납금 초과수입금은 퇴직금 산정의 기초가 되는 평균임금에 포함되는 것으로 보아야 한다(대판 2002. 8. 23, 2002다4399).

(3) 상여금이 임금후불적 성질의 것인지 또는 은혜적, 포상적 성질의 것인지는 획일적으로 분류할 수 없는 것이기는 하나 상여금 명목의 금원이 근로자들에게 불확정적이고 일시적으로 지급되는 것이 아니라 계속적·정기적으로 지급되고 그 지급액이 확정되어 있다면 근로자에 대한 근로의 대상으로 지급되는 임금의 성질을 가지는 것으로서 평균임금 산정의 기초가 되는 임금총액에 포함될 수 있다고 해석하여야 한다. 연중에 입사하였다가 같은 연중에 평균임금 산정사유가 발생하였고 상여금의 수액이 실근로일수에 따라 가변적인 기본임금에 연동되어 있어 당해연도의 상여금 총액을 확정적으로 예상할 수 없는 경우에는 다른 특별한 사정이 없는 한, 평균임금 산정기간에 해당하는 근로자의 정확한 상여금은 각 분기별로 실제 지급받은 상여금을 평균임금 산정기간별로 별도로 일할 계산하여 이를 합산하는 방식에 따라 산정하는 것이 합리적이다(대판 2002. 10. 25, 2000두9717).

(4) 포상금 지급은 해마다 그 지급시기는 다르나 매년 한 두 차례 시행되는 것이 관례화 되어 있음을 알 수 있고 이를 우발적, 일시적 급여라고 할 수 없으며, 피고가 해마다 미리 지급기준과 지급비율을 정하고 그에 따라 계산된 포상금을 지급하는 것인 이상 직원들이 그 요건에 맞는 실적을 달성하였다면 피고로서도 그 실적에 따른 포상금의 지급을 거절할 수 없을 것이므로 이를 은혜적인 급부라고 할 수도 없고, 또한 직원 대다수가 포상금을 업무와 관련된 용도로 사용하였다고 하더라도 피고가 포상금을 업무와 관련된 용도에만 사용하도록 하였다고 볼 자료가 없는 이상 그 용도는 직원들의 의사에 맡겨져 있어 그와 같은 사정이 있다고 하여 평균임금적 성격이 부정되는 것은 아니므로, 개인포상금은 평균임금에 포함된다고 하여야 할 것이다(대판 2003. 2. 11, 2002다388).

---

3) 통상임금의 의의와 범위 a) 통상임금이란 근로자에게 정기적·일률적으로 소정근로 또는 총근로에 대하여 지급하기로 정하여진 시간급금액·일급금액·주급금액·월급금액 또는 도급금액을 말한다. 통상임금은 해고예고에 갈음하는 수당, 시간외·야간 및 휴일근로시의 할증임금, 연차유급휴가금의 산정기초가 되는 임금단위이다.

b) 어떤 임금이 통상임금에 해당하려면 그것이 정기적·일률적으로 지급되는 고정적인 임금에 속하여야 하므로, 정기적·일률적으로 지급되는 것이 아니거나 실제의 근무성적에 따라 지급 여부 및 지급액이 달라지는 것과 같이 고정적인 임금이 아닌 것은 통상임금에

해당한다고 볼 수 없다.[4)]

c) 사용자가 매 근무일마다 근로자에게 지급한 교통비 · 승무수당과 현물로 제공한 식사의 가액 및 매월 개근한 무사고 운전사에게 지급한 무사고수당은 실제 근무일수나 근무실적에 따라 지급액이 변경되어 정기적 · 일률적으로 지급되는 고정적인 임금이라 볼 수 없다. 또한 노동조합이 단체협약에 따라 근로자들의 교통사고 발생시 생활안정을 도모하기 위하여 사용자로부터 매월 기금의 형식으로 지급받은 돈을 조합원들에게 운전자보험금이라는 명목으로 분배한 것은 근로의 대상으로 지급된 임금이라 볼 수 없으므로, 이들은 모두 통상임금에 포함되지 않는다.[5)]

관련판례

(1) 통상임금은 평균임금의 최저한을 보장함과 아울러 근로기준법 소정의 시간외, 야간 및 휴일근로에 대한 가산수당이나 해고예고수당 등의 산정근거가 되는 것인바, 위 각 수당에는 가산율 또는 지급일수 외의 별도의 최저기준이 규정된 바 없으므로 노사간의 합의에 따라 성질상 통상임금에 산입되어야 할 각종 수당을 통상임금에서 제외하기로 하는 합의의 효력을 인정한다면, 위 각 조항이 시간외, 야간 및 휴일근로에 대하여 가산수당을 지급하고, 해고근로자에게 일정기간 통상적으로 지급받을 급료를 지급하도록 규정한 취지는 몰각될 것이므로, 성질상 근로기준법 소정의 통상임금에 산입될 수당을 통상임금에서 제외하기로 하는 노사간의 합의는 같은 법 제22조제1항 소정의 같은 법이 정한 기준에 달하지 못하는 근로조건을 정한 계약으로서 무효이다(대판 1994. 5. 24, 93다5697).

(2) 원심은, 피고가 매년 7월 1일을 기준으로 1년 이상 근속한 근로자에게 매 1년 단위로 일정한 금액을 가산하여 근속수당으로 지급하였지만, 이러한 근속수당은 근로자의 이직률을 줄이고 근속의욕을 고취하여 장기근속을 장려하기 위한 성격의 수당으로서 통상임금에 포함되지 아니한다고 판단으나, 이 사건에서 피고가 그 소속 근로자에게 지급한 근속수당은 은혜적인 배려에서가 아니라 일정한 근속연수에 이른 근로자에게 실제의 근무성적과는 상관없이 매월 일정하게 지급된 것으로서 정기적 · 일률적으로 지급되는 고정적인 임금이므로, 통상임금에 포함되어야 한다(대판 2002. 7. 23, 2000다29389).

(3) 고열작업수당은 당해연도 4월부터 9월까지 실제 변화된 온도를 고려하여 고열등급을 새로이 조정하지 않고 전년도 온도측정에 따라 확정된 고열등급대로 같은 공정 내의 사원들에게 같은 금액의 수당을 지급해왔고, 또한 일정한 공정에 투입된 고열작업장 종사자는 일반적

4) 대판 1978. 10. 10, 78다1372 ; 대판 2003. 4. 22, 2003다10650.

5) 대판 2002. 7. 23, 2000다29370

으로 전보・휴직 등의 사유가 발생하거나 일시적으로 결원이 생겨 작업반장이 공정별로 인원배치를 조정하니 않는 한 같은 공정에서 지속적으로 근무하게 된다는 것인바, 이러한 조건은 일시적・유동적 조건인 것이 아니라 고정적 조건이라고 보아야 할 것이고, 고열작업수당이 지급되도록 정하여진 공정에 종사하는 모든 근로자들에 대해서 일정한 조건이 충족되면 일정한 금액이 매년 정기적・일률적으로 지급된 것으로서 통상임금에 포함된다. 고열작업수당은 전보, 부서 내 이동, 입사, 퇴사, 휴직, 복직, 정직, 파견 등으로 인하여 1개월 중 일부 기간만 고열작업장에 근무한 경우에는 해당 월의 총일수를 기준으로 일할 계산한다고 되어 있으나, 이는 전보, 입사, 퇴사 등 특별한 사유가 발생하여 1개월 중 일부기간만 종사하게 될 경우의 일할계산에 관한 것으로 이러한 규정을 들어 근로자의 근무실적에 따라 차등 지급되는 것으로서 통상임금에 속하지 아니한다고 할 수도 없고, 또한 매년 고열등급이 달리 지정되어 그 지급받을 수 있는 금액이 다를 수 있다고 하더라도 이는 매년 당해연도에 어떤 고열등급에 정해지면 그에 따라 일률적으로 당해 동정에 근무하는 모든 근로자에게 그 등급에 따라 같은 금액이 지급되는 것이므로 위와 같은 사정을 들어 통상임금에 속하는 것이 아니라고 할 수도 없다. 다만, 지원조의 경우에는 해당 월 작업일수를 기준으로 하여 50% 이상을 고역작업장에서 근무하면 당해 월의 고열작업수당을 지급하는 반면 그 미만인 경우에는 고열작업수당을 지급하지 않았다는 것이므로 근무실적에 따라 지급되는 것으로서 통상임금에 해당되니 않는다고 볼 여지가 있다(대판 2005. 9. 9, 2004다41217).

(4) 1997년도 성과금이 통상임금에 해당한다는 원고들의 주장은 상고심에서의 새로운 주장으로서 적법한 상고이유가 될 수 없을 뿐만 아니라, 뒤에서 보는 바와 같이 1997년도 성과금에 대한 피고 회사의 지급의무가 발생하였다고 볼 수 없는 이상 위 성과금을 통상임금에 포함시킬 수 없음이 명백하므로, 이 부분 상고이유의 주장은 어느 모로 보나 받아들일 수 없다. 원심은 그 채용증거들을 종합하여 그 판시와 같은 시실을 인정한 후, 목표달성 성과금은 매년 노사 간 합의로 그 구체적 지급조건이 정해지며 그 해의 생산실적에 따라 지급률은 물론 지급여부까지도 달라질 수 있는 것으로 보이고, 달리 생산실적과 무관하게 원고들에게 지급되어야 할 성질의 것이라고 보기는 어렵다 할 것인데, 1997년도 성과금의 경우 그 지급조건으로 정한 생산실적을 달성하였다는 점을 인정할 증거가 없다는 이유로 원고들의 이 부분 청구를 받아들이지 않았는바, 기록에 비추어 살펴보면, 원심의 사실인정 및 판단은 정당한 것으로 수긍이 가고, 거기에 원고들이 상고이유로 주장하는 바와 같은 목표달성 성과금에 관한 법리오해 등의 위법이 없다(대판 2006. 8. 24, 2004다35052).

(5) 이 사건 효도제례비, 연말특별소통장려금 및 출퇴근보조여비를 통상임금에서 제외하기로 하는 노사간의 합의가 있었다고 보기도 어려울 뿐만 아니라(단체협약에 이를 통상임금에서 제외하기로 하는 내용의 문언도 없다), 설사 그러한 합의가 있었다고 하더라도 그러한 합

의는 무효라고 판단한 것은 정당하여 수긍할 수 있고, 거기에 상고이유에서 주장하는 바와 같이 노사간의 합의의 효력에 관한 법리오해 등의 위법이 있다고 할 수 없다(대판 2007. 6. 15, 2006다13070).

(6) 어떤 임금이 통상임금에 속하기 위해서 정기성을 갖추어야 한다는 것은 임금이 일정한 간격을 두고 계속적으로 지급되어야 함을 의미한다. 통상임금에 속하기 위한 성질을 갖춘 임금이 1개월을 넘는 기간마다 정기적으로 지급되는 경우, 이는 노사 간의 합의 등에 따라 근로자가 소정근로시간에 통상적으로 제공하는 근로의 대가가 1개월을 넘는 기간마다 분할지급되고 있는 것일 뿐, 그러한 사정 때문에 갑자기 그 임금이 소정근로의 대가로서 성질을 상실하거나 정기성을 상실하게 되는 것이 아님은 분명하다. 따라서 정기상여금과 같이 일정한 주기로 지급되는 임금의 경우 단지 그 지급주기가 1개월을 넘는다는 사정만으로 그 임금이 통상임금에서 제외된다고 할 수는 없다. ② 어떤 임금이 통상임금에 속하기 위해서는 그것이 일률적으로 지급되는 성질을 갖추어야 한다. '일률적'으로 지급되는 것에는 '모든 근로자'에게 지급되는 것뿐만 아니라 '일정한 조건 또는 기준에 달한 모든 근로자'에게 지급되는 것도 포함된다. 여기서 '일정한 조건'이란 고정적이고 평균적인 임금을 산출하려는 통상임금의 개념에 비추어 볼 때 고정적인 조건이어야 한다. 일정 범위의 모든 근로자에게 지급된 임금이 일률성을 갖추고 있는지 판단하는 잣대인 '일정한 조건 또는 기준'은 통상임금이 소정근로의 가치를 평가한 개념이라는 점을 고려할 때, 작업 내용이나 기술, 경력 등과 같이 소정근로의 가치 평가와 관련된 조건이라야 한다. ③ 어떤 임금이 통상임금에 속하기 위해서는 그것이 고정적으로 지급되어야 한다. '고정성'이라 함은 '근로자가 제공한 근로에 대하여 업적, 성과 기타의 추가적인 조건과 관계없이 당연히 지급될 것이 확정되어 있는 성질'을 말하고, '고정적인 임금'은 '임금의 명칭 여하를 불문하고 임의의 날에 소정근로시간을 근무한 근로자가 그 다음 날 퇴직한다 하더라도 그 하루의 근로에 대한 대가로 당연하고도 확정적으로 지급받게 되는 최소한의 임금'이라고 정의할 수 있다. 고정성을 갖춘 임금은 근로자가 임의의 날에 소정근로를 제공하면 추가적인 조건의 충족 여부와 관계없이 당연히 지급될 것이 예정된 임금이므로, 지급 여부나 지급액이 사전에 확정된 것이라 할 수 있다. 이와 달리 근로자가 소정근로를 제공하더라도 추가적인 조건을 충족하여야 지급되는 임금이나 조건 충족 여부에 따라 지급액이 변동되는 임금 부분은 고정성을 갖춘 것이라고 할 수 없다(대판 2013. 12. 18, 2012다89399).

(2) 징계처분에 의한 임금공제

a) 사용자는 취업규칙 또는 단체협약을 통하여 감급 등의 징계처분을 하는 경우에 제재수단으로 임금공제를 할 수 있다. 이때 근로기준법상의 임금개념은 소득세법상의 급여

소득의 범위와 반드시 일치하지는 않으며, 소득에 대한 원천징수의 여부를 가지고 임금성을 판단할 수 없다.[6)]

b) 만약 징계처분으로서 임금공제를 한다면 통상임금과 평균임금 중 어느 것을 기준으로 할 것이며 그 한계는 얼마인지 의문이 제기된다. 이에 대하여 근로기준법 제95조에서는 감급제한의 규정에서 평균임금을 대상으로 상한선의 공제를 규제하고 있다. 이 규정은 제재규정의 상한선을 정하여 근로자의 생계를 보장하고자 하는데 그 취지가 있다.

c) 징계처분을 이유로 임금을 공제할 때, 지각 3회를 1일 결근으로 처리하는 것이 문제가 된다. 지각 · 조퇴 · 결근 등 근로의 제공이 없는 시간에 비례한 임금만을 공제하는 것은 임금계산방법의 일종으로 볼 수 있다. 그러나 지각 · 조퇴 · 결근시각과 무관하게 초과된 비율로 임금을 공제하는 것은 징계의 성격을 띠게 되므로 근로기준법 제95조에 의한 감급제재의 규제를 받는다고 할 것이다.

d) 임금공제는 기왕의 근로에 대한 임금을 지급하지 않는 경제적 불이익조치로서 제재수단은 감급의 제재에 따른다. 그러나 기왕의 근로가 아닌 정직이나 출근정지는 일정기간 노무수령을 사전에 거부하는 것으로 당해 기간은 임금이 발생하지 않은 것이므로 감급의 제재가 적용되지 않는다. 따라서 임금공제에 대하여 근로기준법상 구체적 규정이 없으나, 평균임금을 기준으로 공제처분을 할 수 있다고 본다. 다만, 업무정지나 승무정지와 같이 출근이 허용되는 징계처분은 통상적인 근로에 의하여 발생하는 통상임금을 기준으로 임금공제를 할 수 있다.

관련판례

(1) 금품이 계속적 · 정기적으로 지급되는 것이라 하더라도 근로의 제공과 관련 없이 지급되는 것이라면 임금에 포함시킬 수 없을 것이다(대판 2006. 8. 24, 2004다35052).

(2) 무효인 부당전직에 불응하여 근로를 제공하지 아니한 경우, 종전 근무지에서 계속 근로하였을 경우에 받을 수 있는 임금의 지급을 청구할 수 있다(대판 2006. 9. 14, 2006다33531).

6) 근기 1451-15804, 1984. 7. 19

쟁점사례

/사 례/ 근로자를 징계처분하면서 경제적 불이익으로서 임금을 공제하고자 한다. 이 경우 3월간 감급처분을 할 때 통상임금과 평균임금중에서 평균임금을 기준으로 임금을 공제할 수 있는가, 만약 승무정지처분으로 하는 경우 감급의 제재를 따라야 하는지?

/해 설/ 근로기준법에는 감급제한의 규정에서 평균임금을 기준으로 임금공제의 상한선을 정하고 있으나, 통상임금에 의한 공제도 가능하다. 이 규정은 제재규정의 상한선을 정하여 근로자의 생계를 보장하고자 하는데 그 취지가 있기 때문이다. 따라서 징계처분시에도 근로기준법상 구체적 규정이 없으나 평균임금을 기준으로 공제처분을 할 수 있다. 정직처분에 대하여는 노무수령이 거부되어 노동의 대가가 발생하지 아니하므로 감급의 제재규정이 적용되지 않는다. 그러나 승무정지처분은 출근이 허용되나, 업무가 정지된 상태로서 일부 임금의 지급이 허용되는 경우 통상임금을 기준으로 임금을 공제하여도 정당하다. 그러나 동일 또는 유사한 징계사유에 대해 통상임금이나 평균임금을 각각 적용하는 것은 형평성을 상실하게 될 여지가 있으므로 통일적인 기준을 정해 공제함이 바람직하다.

(3) 퇴직금의 감액 또는 부지급

1) 퇴직금의 의의 a) 퇴직금이란 1년이상 근로관계의 종료를 사유로 사용자가 퇴직자에게 지급하는 금품을 말하며, 지급방법에는 일시금급여와 연금제도로 구분된다. 원래 퇴직금제도는 노사의 자율적인 결정에 따라 단체협약 등을 통해서 규율되어야 함이 원칙이지만, 우리나라에서는 퇴직후 근로자의 생존권을 보장하기 위하여 퇴직금제도를 법률로 정하고 있다.

b) 근로자퇴직급여보장법 제8조제1항은 "사용자는 계속근로연수 1년에 대하여 30일분 이상의 평균임금을 퇴직금으로서 퇴직하는 근로자에게 지급하는 제도를 설정하여야 한다. 다만, 근로년수가 1년 미만인 경우에는 그러하지 아니하다"고 규정하고, 또한 제2항은 "제1항의 퇴직금제도를 설정함에 있어서 하나의 사업장에 차등제도를 두어서는 아니된다"고 규정하고 있다.

2) 이사의 보수와 퇴직금의 지급문제 회사의 임원은 근로기준법에 의한 근로자라 아니므로 이 법에 의한 퇴직금을 청구할 수 없다. 그러나 상법 제388조는 "이사의 보수는 정관에 그 액을 정하지 아니한 때에는 주주총회의 결의로 이를 정한다."고 규정하고

있다. 여기에서 말하는 이사의 보수에는 월급 · 상여금 등 명칭을 불문하고 이사의 직무 수행에 대한 보상으로 지급되는 대가가 모두 포함되고, 퇴직금 내지 퇴직위로금도 그 재직 중의 직무집행의 대가로 지급되는 보수의 일종이다.[7] 이 규정은 강행규정이므로, 정관에서 이사의 보수 또는 퇴직금에 관하여 주주총회의 결의로 정한다고 되어 있는 경우에 그 금액 · 지급시기 · 지급방법 등에 관한 주주총회의 결의가 있었음을 인정할 증거가 없다면 이사는 보수나 퇴직금을 청구할 수 없다.[8]

3) 퇴직금의 법적 성질과 감액의 정당성 a) 징계해고자에 대해 퇴직금을 감액하거나 부지급을 하는 불이익처분이 가능한지를 살펴보면, 단체협약이나 취업규칙 등에 의해 미리 지급조건이 명확한 퇴직금은 근로기준법상 임금이므로[9] 통상의 해고와 다르게 퇴직금을 지급하지 않는 불이익을 주는 것은 부당하다고 보아야 한다. 그러나 공무원의 경우에는 별도의 규정에 따라 파면을 당하면 퇴직금이 감액된다.

b) 일반적으로 정년퇴직, 권고사직, 의원퇴직, 징계해고 등 퇴직사유에 따라 퇴직금의 지급총액을 달리하는 하는 것이 정당한지는 법적 성질에 따라 해석이 달라질 수 있다. 즉, 임금후불적 성격을 강조하면 징계처분을 이유로 퇴직금을 상실시키는 것은 법적 근거 또는 합리적 이유가 되지 못하나, 퇴직금의 공로보상적 성질을 강조하면 퇴직금은 징계처분의 일환으로 공제가 가능하다고 한다.[10] 임금후불설에 의하면 징계해고로 인한 퇴직금의 전부 또는 일부를 지급하지 않는 것은 근로기준법 제43조 전액불지급의 원칙에 위반된다.

c) 판례[11]는 징계해고된 자의 퇴직금청구권을 박탈한 퇴직금제도가 근로기준법에 위반되므로 무효라고 한다. 퇴직금의 감액 부지급이 근로자에게 주는 불이익의 중대성에 비추어볼 때 징계해고시 퇴직금의 전액을 지급하지 않는 것은 징계권의 남용에 해당된다. 따라서 형사상 소추 또는 유죄판결을 받은 근로자에게도 후불적 임금의 성질을 가진 퇴직금이 지급되어야 하므로 퇴직금부지급은 허용될 수 없다.[12] 근로자가 파면퇴직되었다

---

7) 대판 1977. 11. 22, 77다1742 등 참조

8) 대판 2004. 12. 10, 2004다25123

9) 日本 最高裁 1968. 3. 12, 電電公社小倉電話局事件 ; 日本 最高裁 1968. 5. 28, 伊予相互金融事件

10) 퇴직금의 법적 성질은 일반적으로 ① 임금후불설 ② 공로보상설 ③ 생활보상설로 구분되며, 판례와 행정해석은 공통적으로 임금후불설을 지지하고 있다.

11) 대판 1967. 2. 7, 65다1832

12) 노동부유권해석(1981. 4. 2, 법무 811-10148) ; 노동부유권해석(1981. 5. 2, 근기 1455-3680): 근로자 자신의 범법행위를 설정한다 하더라도 이는 국가형사정책적으로 엄격히 다스려야 할 문제이며, 형사책임과 민사책임은 엄격히 분리되어야 하는 법 이념에 비추어 보아도 범법행위만을 이유로 동법 제28조에 보장된 퇴직금제도의 혜택을 배제할 수 없다.

하더라도 소정의 퇴직금은 지급하여야 하며, 파면된 자를 퇴직금의 지급대상에서 제외시키는 자체규정(사규)을 정하였다 하더라도 무효가 된다.[13)]

d) 그러나 법정퇴직금의 금액을 상향하는 누진퇴직금의 경우에는 그 해석을 달리해야 할 것이다. 즉, 누진퇴직금을 지급하고 있는 사업장에서 징계처분의 대상이 된 경우에 일반 퇴직자와 구별하여 불이익처분의 일종으로 누진율을 삭감할 수 있으며, 이는 성실한 근로자와 비교하여 형평성이 제기되기 때문이다.[14)] 공로보상설의 입장에서 보면, 피징계자에 대하여 퇴직금의 누진금액을 감액하더라도 정당하다고 볼 수 있다.

관련판례

(1) 먼저 피고 공사의 퇴직급여규정 제5조제1항의 "피고 공사의 직원이 업무와 관련하여 금고 이상의 형을 받았거나 징계처분에 의하여 파면된 경우에는 그 퇴직급여액은 100분의 50을 감하여 지급한다"는 규정(이하 이 사건 퇴직금감액 규정이라 한다)의 효력에 관한 상고이유를 살펴본다. (가) 기록에 의하여 살펴보면, 위 퇴직금감액 규정은 정부투자기관인 피고 공사의 직원으로 하여금 재직 중 성실하고 청렴하게 근무하도록 유도하기 위한 것으로서 그 목적의 정당성이 인정될 뿐 아니라, 제한의 사유를 업무와 관련한 범죄행위로 인하여 금고 이상의 형을 선고받거나 징계처분에 의한 파면이라는 중대한 사유가 발생한 경우로 한정하고, 제한의 범위도 근로기준법 제28조 소정의 최저 퇴직금제도에 위배되지 아니함으로써 그 수단의 상당성과 법익의 균형성도 갖춘 것으로서 사유재산권을 보장한 헌법 규정에 위배된다고 볼 수 없고 또한 헌법상의 2중처벌금지 규정이나 평등권 규정에 위배된다고도 볼 수 없으므로 위 퇴직금감액 규정이 헌법에 위배된다는 논지는 이유 없다. (나) 위 퇴직금감액 규정은 피고 공사의 전직원에게 일률적으로 적용되는 것으로서 근로기준법 제28조제2항에 위배된다고 볼 수 없고, 기록에 의하여 살펴보면 원고들의 경우 5년 이상의 근속자로서 위 감액규정에 의하여 퇴직금지급율을 100분의 50 범위내로 감축하여 산출한다 하더라도 그 수액은 근로기준법 제28조제1항 소정의 최저퇴직금보다 다액이므로 위 감액규정이 근로기준법 제28조제1항에 위배된다고 볼 수도 없다. 피고 공사의 직원 중 5년 이하의 근속자에 대하여 위 감액 규정에 의하여 퇴직금 지급율을 100분의 50으로 감액하여 퇴직금을 산출한다면 그 수액이 근로기준법 제28조제1항의 최저퇴직금보다 소액이 되기는 하나 위 감액 규정이 이러한 경우까지 50/100을 감액한다는 취지로 보이지는 아니하고 근로기준법 제28조제1항에 위배되지 아니하는 한도 내에서 50/100을 감액하는 취지라고 보여지므로 논지는 이유 없음에 돌아간다. (다) 기록에 의하여 살펴보면, 피고 공사의 취업규칙 제4조에 이 규칙에 정한 사항이 법령 또는 정

13) 노동부유권해석(1981. 7. 15, 근기 1455-14856); 그러나 공무원의 경우에는 파면되면 퇴직금이 몰수되는 불이익이 있다.

14) 하갑래, 근로기준법, (중앙경제사, 1992), 630면

부 지시에 저촉되는 경우에는 법령 또는 정부 지시에 따른다고 규정되어 있음을 알 수 있으나, 한편 원고들의 퇴직 이전까지 이 사건 퇴직금감액 규정이 무효라고 볼 만한 법령이 있었다거나 무효이어서 이를 적용하여서는 아니된다는 취지의 정부 지시가 있었다고 볼만한 아무런 자료가 없으므로(원고들 주장의 1992. 6. 9.자 노동부의 방침이 이에 해당한다고 볼 수 없다) 이 사건 퇴직금감액 규정이 법령 또는 정부지시에 저촉되어 무효라는 논지는 이유 없다. (라) 퇴직금은 후불 임금으로서의 성격 이외에도 사회보장적 급여로서의 성격과 공로보상으로서의 성격을 아울러 가지는 것인 점에 비추어 위 감액 규정이 퇴직금의 본질에 어긋나는 것이라고 볼 수 없다. 위 감액규정이 퇴직금의 임금성, 권리성에 배치된다는 소론은 독자적 견해에 불과하여 받아들이지 아니한다. 소론이 원용하는 판결은 이 사건에 적절한 것이 아니다. 논지는 이유 없다. (마) 퇴직금은 근로기준법 제96조에 따라 감급의 제한을 받는 대상 임금이 아니므로 위 퇴직금감액 규정이 근로기준법 제96조에 위배되어 전부 무효라거나 유효하다 하더라도 근로기준법 제96조의 제한에 따라 퇴직금총액의 10분의 1 범위 내에서만 유효하다는 논지는 모두 이유 없다. (바) 이 사건 피고 공사의 퇴직금 제도는 공무원 연금제도와 상이할 뿐만 아니라 위 감액규정이 공무원연금법 제64조제1항 단서 규정에 반한다고 볼여지도 없으므로 이 사건 퇴직금감액 규정이 위 법조에 위배되어 무효라는 소론 주장은 이유 없음이 명백하다. 또한 이 사건 퇴직금감액 규정과 유사한 형식을 취하고 있는 공무원연금법 제64조1항이 헌법에 위배되므로 이 사건 감액 규정도 무효라는 소론 주장은 위 공무원연금법 제64조제1항이 헌법에 위배되지 아니하므로[헌법재판소 1995. 7. 21. 자 94헌바27, 29 (병합) 결정 참조] 이유 없음이 명백하다. (사) 이 사건 퇴직금감액 규정은 1974. 10. 31.자 퇴직급여개정에 의한 것으로서 종전보다 불이익하게 변경된 것인데 근로자 집단의 동의가 없었으므로 위 개정 전후의 모든 근로자에 대하여 무효인바, 따라서 원고들 모두에 대하여 이를 적용할 수 없다거나, 가사 그렇지 않다 하더라도 위 개정 이전에 입사한 원고 1, 2, 3, 4, 5에 대하여는 무효이므로 이를 적용할 수 없다는 소론 주장은 원심에서 주장한 바 없이 상고심에 이르러 새로이 하는 주장으로서 원심판결에 대한 적법한 상고이유가 될 수 없으므로 받아들이지 아니한다. (아) 기록에 의하여 살펴보면, 이 사건 퇴직금감액 규정의 유 · 무효에 관련한 원심의 사실관계의 인정 및 판단은 정당한 것으로 수긍이 가고, 그 과정에 소론과 같은 석명권불행사, 심리미진 등의 위법이 있다고 할 수 없다(대판 1995. 10. 12, 94다36186).

(2) 고용계약에 의하여 지방자치단체의 잡급직원 등으로 근무하다가 퇴직하고 그 다음날 지방공무원법에 의한 고용직 공무원으로 임용된 경우에 양자는 신분상 관계가 판이하여 그 고용관계가 계속된 것으로 볼 수 없으므로 잡급직으로서의 고용관계는 그 퇴직한 날 종료된 것으로 보아야 하며, 잡급직 등으로 근무한 기간 동안의 퇴직금은 그 퇴직할 당시의 임금을 기준으로 산정하여야 하고 퇴직금지급청구권은 잡급직에서 퇴직한 날 발생한다(대판 2001. 2. 9, 2000다21512).

(3) 퇴직금이란 퇴직이라는 근로관계의 종료를 요건으로 하여 비로소 발생하는 것으로 근로계약이 존속하는 동안에는 원칙적으로 퇴직금 지급의무는 발생할 여지가 없는 것이므로, 사용자와 근로자들 사이에 매월 지급받는 임금 속에 퇴직금이란 명목으로 일정한 금원을 지급하기로 약정하고 사용자가 이를 지급하였다고 하여도 그것은 근로기준법 제34조제1항에서 정하는 퇴직금으로서의 효력은 없다(대판 2002. 7. 12, 2002도2211).

(4) 퇴직급여에 관한 규정에서 임원 및 직원이 업무와 관련하여 금고 이상의 형을 받은 경우에는 그 퇴직급여의 100분의 50을 감하여 지급하도록 규정하고 있더라도, 그 규정이 임직원으로 하여금 재직 중 성실하고 청렴하게 근무하도록 유도하기 위한 것으로서 정당한 목적을 가지고 있고, 제한의 사유를 업무와 관련한 범죄행위로 인하여 금고 이상의 형을 선고받은 중대한 사유가 발생한 경우 등으로 한정하고 있으며, 제한의 범위도 근로기준법 소정의 최저 퇴직금제도에 위배되지 아니함으로써 그 수단의 상당성과 법익의 균형성도 갖춘 것이라면 그 규정을 무효라고 볼 수 없고, 퇴직금은 후불임금으로서의 성격 이외에도 사회보장적 급여로서의 성격과 공로보상으로서의 성격을 아울러 가지는 것인 점에 비추어 볼 때 위와 같은 퇴직금감액규정이 퇴직금의 본질에 어긋나는 것이라고 볼 수 없다. 따라서 근로자가 퇴직 당시 퇴직급여 전액을 지급받았으나 퇴직 후 재직 중의 업무와 관련하여 금고 이상의 형을 받은 경우에는 그 퇴직급여를 감하여 지급한다는 퇴직급여규정에 따라 그 근로자는 퇴직급여 중 그 감액 상당액을 법률상 원인 없이 취득한 것이므로 반환하여야 한다(대판 2002. 9. 6, 2002다29442).

(5) 채무자의 소멸시효에 기한 항변권의 행사도 민법의 대원칙인 신의성실의 원칙과 권리남용금지의 원칙의 지배를 받는 것이어서, ① 채무자가 시효완성 전에 채권자의 권리행사나 시효중단을 불가능 또는 현저히 곤란하게 하였거나, ② 그러한 조치가 불필요하다고 믿게 하는 행동을 하였거나, ③ 객관적으로 채권자가 권리를 행사할 수 없는 장애사유가 있었거나, 또는 ④ 일단 시효완성 후에 채무자가 시효를 원용하지 아니할 것 같은 태도를 보여 권리자로 하여금 그와 같이 신뢰하게 하였거나, ⑤ 채권자보호의 필요성이 크고, 같은 조건의 다른 채권자가 채무의 변제를 수령하는 등의 사정이 있는 경우에는 채무자가 소멸시효의 완성을 주장하는 것이 신의성실의 원칙에 반하여 권리남용으로서 허용될 수 없다. 따라서 근로자가 추가 퇴직금 청구권을 행사하는 것이 객관적으로 불가능한 사실상의 장애사유가 있었다고 보아 사용자의 소멸시효 항변이 신의칙에 반하여 허용될 수 없다(대판 2002. 10. 25, 2002다323322).

(6) 상법 제388조는 "이사의 보수는 정관에 그 액을 정하지 아니한 때에는 주주총회의 결의로 이를 정한다."고 규정하고 있고, 이사의 퇴직금은 이사의 직에서 퇴임한 자에 대하여 그

재직 중 직무 집행에 대한 대가로 지급되는 보수에 해당한다. 기록에 따르면, 원고가 퇴직할 당시 피고 회사의 정관은 제24조에서 "퇴직한 임원의 퇴직금은 당해 임원이 퇴직한 날부터 소급하여 1년 동안 지급한 총 급여액의 10분의 1에 상당하는 금액에 근속년수를 곱한 금액의 범위 안에서 재임 중 공로를 참작하여 이사회에 부의결정된 금액으로 한다."라고 규정하고 있는데, 원고가 피고 회사에서 퇴직한 후 현재까지 피고 회사는 따로 이사회를 열어 원고에 대한 퇴직금액을 얼마로 할지에 관하여 아무런 결의를 하지 않은 사실을 알 수 있는바, 이와 같이 회사가 정관에서 퇴직하는 이사에 대한 퇴직금액의 범위를 구체적으로 정한 다음, 다만 재임 중 공로 등 여러 사정을 고려하여 이사회가 그 금액을 결정할 수 있도록 하였다면, 이사회로서는 퇴직한 이사에 대한 퇴직금액을 정하면서, 퇴임한 이사가 회사에 대하여 배임행위 등 명백히 회사에 손해를 끼쳤다는 등의 특별한 사정이 없는 한, 재임 중 공로의 정도를 고려하여 정관에서 정한 퇴직금액을 어느 정도 감액할 수 있을 뿐, 퇴직금청구권을 아예 박탈하는 결의를 할 수는 없으므로, 이사회가 퇴직한 이사에 대한 퇴직금을 감액하는 등의 어떠한 결의도 하지 않았을 경우 회사로서는 그와 같은 이사회 결의가 없었음을 이유로 퇴직한 이사에 대하여 정관에 구체적으로 정한 범위 안에서의 퇴직금의 지급을 거절할 수는 없다고 보아야 한다. 같은 취지에서 피고 회사는 원고에게 정관에 정하여진 퇴직금액을 지급할 의무가 있다고 판단한 것은 정당하고, 거기에 이사의 퇴직금 지급 등에 관한 법리를 오해한 잘못이 없다(대판 2006. 05. 25, 2003다16092,16108).

쟁점사례

/사 례/ G건설회사는 구조조정의 수단으로 명예퇴직을 실시하여 명예퇴직위로금과 퇴직금을 지급할 예정이다. 그런데 명예퇴직을 신청한 직원 중에서 징계위원회가 개최되어 의결결과 징계변상이 확정된 근로자가 있다. 이에 회사에서는 퇴직금과 명예퇴직위로금을 압류하는 절차를 밟고자 하는데, 우선 회사에서 임의적으로 퇴직금과 명예퇴직위로금을 직원 개인통장으로 입금시키지 않고 내부적으로 상계할 수 있는지 궁금하다. 해당 근로자는 회사에서는 입사시 "회사에 손해를 끼쳤을 경우 제반급여에서 우선 공제하는 등 즉시 변상하겠음"이라는 내용의 서약서를 작성하였는데 이의 효력이 인정되는지?

/해 설/ 근로기준법 제43조에 의하면 법령 또는 단체협약에 특별한 규정이 없는 한 임금 · 퇴직금 전액을 근로자에게 지급하도록 규정하고 있어 사용자에 의한 임금채권상계를 원칙적으로 금지된다. 사례의 경우 사용자가 직원에 대해 불법행위로 인한 손해배상청구권을 가지는 경우에도 임금채권에 대한 상계가 금지되며, 퇴직금도 상계가 금지되는 임금채권의 범위에 포함된다. 따라서 해당자에 대해 내부적인 거래로서 퇴직금을 바

로 상계시키기는 불가능하므로, 민사소송을 통하여 배상을 청구해야 한다. 이때, 민사집행법 제246조에 따라 퇴직금의 1/2 범위까지 압류가 가능하다. 한편 퇴직위로금은 근로관계에 부수하여 발생되는 채권이기는 하나 임금채권은 아니므로 근로자의 불법행위로 인한 채권과 상계가 가능하다. 따라서 입사시 서약서로 "제반급여에 대한 우선 공제"를 규정하였다고 하더라도 근로자의 임금채권에서 다른 채무를 자동적으로 상계하는 것은 금지된다.

(4) 상여금의 산정과 감액

1) 상여금의 의의와 유형 a) 상여금은 정기적으로 지급되는 고정상여금과 비정기적으로 지급되는 특별상여금으로 구분되며, 징계처분의 일환으로 일정 범위의 상여금액까지 공제가 가능하다.[15] 그러나 근로기준법 제43조제2항의 단서조항과 동법 시행령 제25조제3호에서 임금지불의 원칙에 대한 예외로서 "임시로 지급되는 상여금"을 포함시키고 있고, 취업규칙의 작성 · 신고규정(근로기준법 제93조제5호와 일부사항) 이외에 전혀 상여금에 관한 규정이 언급되지 않고 있다.

b) 고정상여금은 상여금의 지급시기를 매 분기 또는 특정기마다 지급하는 것을 사전에 취업규칙 혹은 단체협약 등에 정하여 규칙적으로 지급하는 금품으로 정기상여금이라고도 하는데, 이 경우에는 임금으로 본다.[16]

c) 특별상여금은 특별한 공로에 따라 혹은 근무성적 우수자에 대한 평가, 매 분기 또는 연말 결산시에 경영실적을 감안하여 기타의 명목으로 지급하는 일체의 금품을 말하며, 변동상여금이라고도 한다. 특별상여금의 일반적인 지급형태는 사용자의 단독 결정이나 별도의 노사합의에 비정례적인 방식으로 지급되고 있으며, 단체협약등에서 "····회사의 경영실적에 따라 (추가)지급할 수 있다"고 표현되고 있다.

2) 상여금의 법적 성질과 감액의 정당성 a) 고정상여금은 일정한 주기로 지급하는 정기성, 사전에 지급조건이 정해진 확정성을 지니고 근로자에게 지급하는 소정근로의 대가이므로 임금성을 지니는 바, 징계처분의 일환으로 전액을 부지급하는 것은 허용되지 않는다. 다만, 일부의 금액공제는 근로기준법 제95조에 의한 감급의 제재를 받는다. 이때 징계종류에 따른 일부공제는 한정금액을 명시하여야 하며, 이를 초과할 수 없다.[17] 고

15) 이상국, "상여금의 법적 문제에 관한 고찰", 월간 시사금융(시사금융사, 1993. 8월호), 135면

16) 대판 1981. 11. 24, 81다카174 ; 노동부유권해석(1980. 12. 22 법무 811-33935)

17) 상여금의 성격이 공로보수, 수익배분적 성격에 따른 근태고과라는 점에서 징계처분의 일환으로 공제하는 것

정상여금은 동일노동에 종사한 근로자에 있어서도 그 지급액에 차이가 있으며, 성적고과에 의해서 일정한 폭으로 지급액을 정할 수 있다.

b) 특별상여금은 당해 근로자의 기업에 대한 공헌도나 경영실적을 감안하여 사용자가 그 지급액을 가감할 수 있으며, 엄밀한 의미에서 근로의 대가로 평가할 수 없게 되어 임시적으로 지급하거나 사전에 지급이 확정되지 아니한 금품이므로 징계처분에 따른 감급의 제재를 받지 않는다. 따라서 취업규칙이나 단체협약에 특별한 제한규정이 없는 한 특별상여금을 부지급하거나 상당한 금액을 감액하는 것이 가능하다. 다만, 징계처분시 근로자의 기업에 대한 공헌도 등을 전혀 고려하지 아니한 채 일률적으로 상여금을 공제하는 것은 징계권남용에 해당된다.

c) 상여금의 지급대상기간 중에 결근 또는 지각의 사유가 있으면 일정기준에 따라 상여금을 감액할 수 있다.[18] 상여금의 지급에 대하여는 근로기준법에 별도의 정함이 없으므로 당해 사업장의 취업규칙이나 단체협약에서 정하는 바에 따라야 하며, 결근일수에 따라 차등지급한다는 기준은 근로기준법에 위반되지 않는다.

3) 징계처분과 상여금의 지급제한 a) 근로자가 자신의 귀책사유로 인해 취업규칙 등에 정한 정당한 사유에 의해 출근정지, 정직이나 직위해제 등의 징계를 받음으로써 임금의 전부 또는 일부를 지급받지 못했다면 법 제98조(현재 제95조) 위반은 아니다.[19] 따라서 근로자의 출근정지 등으로 인하여 출근율이나 업무실적을 충족하지 못하여 상여금의 지급기준에 미달한 경우에는 상여금을 지급하지 아니 할 수 있다.

b) 상여금 지급규정에 징계자에 대한 상여금의 지급제한을 규정할 경우 감급제재 규정의 적용을 받는다.[20] 따라서 상여금의 지급제한에 대하여 제한시기, 제한액의 산정방법, 제한금액의 한도에 대하여 명확한 기준을 정할 필요가 있다. 이 경우 상여금의 지급제한에 대하여는 감급제재의 규정에 따라 금액제한을 규제할 뿐이다.

관련판례

(1) 기록에 의하여 관계증거를 살펴보면, 원고들이 상여금청구권을 포기하였다는 피고의 항변에 대하여, 근로자가 임금의 일종인 상여금을 포기함에 있어서는 명백한 의사표시를 요하는데, 피고 회사가 경영위기상황을 극복하기 위하여 직원을 대폭 감축하면서 피고 회사에 잔류한 직원들에 대하여 일방적으로 상여금지급을 중지하였고, 피고 회사에 잔류한 원고들

이 가능하다(노동부유권해석 ; 1979. 1. 25, 법무 811-1871) ; 김수복, 전게서, 281면

18) 법무 811-1871, 1979. 1. 25 ; 임금 32240-6549, 1989. 5. 2

19) 근기 68207-798, 1999. 12. 4

20) 근로기준팀-1394, 2006. 3. 29

이 그와 같은 조치에 관하여 별다른 이의 없이 근무하여 왔다는 사정만으로는 원고들이 장래에 발생할 상여금청구권을 포기하였다고 볼 수 없고, 달리 상여금청구권 포기에 관한 원고들의 명백한 의사표시가 있었다는 점을 인정할 증거가 없다는 이유로 이를 배척하고, 기지급 특별수당을 미지급 상여금에서 공제하여야 한다는 피고의 항변에 대하여, 원심판결 판시와 같은 경위로 지급된 특별수당이 상여금 대신 또는 상여금의 일부로 지급된 것으로 보기에 부족하고, 또한 피고 회사가 추후 미지급 상여금에서 기지급 특별수당을 공제할 것임을 명시하였다거나 그 공제에 관하여 원고들의 동의를 받았다는 점을 인정할 증거가 없다는 이유로 이를 배척하였는바, 원심의 위와 같은 사실인정은 수긍이 가고 거기에 채증법칙을 위배하여 사실을 오인한 위법이 있다고 볼 수 없다(대판 1999. 06. 11, 98다22185).

(2) 단체협약을 문서화하고 당사자 쌍방의 서명날인을 하도록 규정한 노동조합및노동관계조정법 제31조제1항의 취지는 단체협약이 규율대상으로 하고 있는 노사관계가 집단적 · 계속적이라는 점을 고려하여 체결당사자를 명백히 함과 동시에 당사자의 최종적인 의사를 확인함으로써 단체협약의 진정성과 명확성을 담보하려는 데 있다고 할 것이므로(대판 1995. 3. 10, 94마605 : 대판 2001. 1. 19, 99다72422 : 대판 2001. 1. 19, 2000다30516 등 참조) 단체협약의 진정성과 명확성이 담보된다면 단체협약의 당사자 쌍방이 서명날인을 하지 아니하고 기명날인을 하였다고 하더라도 그 단체협약이 위 강행법규에 위반하여 무효라고 할 수는 없다고 할 것이다. 또, 단체협약의 사용자측 당사자는 "사용자 또는 그 단체"이고, 그 중 "사용자"라 함은 개인기업인 경우에는 그 기업주개인, 법인 내지 회사기업인 경우에는 그 법인 내지 회사를 의미한다고 할 것이나 구체적인 단체교섭의 당사자는 경영담당자 또는 사용자의 이익대표가 되는 경우가 많으며, 이들이 사용자의 위임에 의하여 단체교섭을 진행한 후 사용자가 단체협약서에 서명날인함으로써 단체협약이 체결된 경우에도 그 단체협약은 유효하게 성립한다고 할 것이다. 원심이 앞에서 본 법리에 따라, 그 채용 증거에 의하여 소외 회사와 소외 노조 사이에 1997. 7. 29. 상여금, 월차 수당 및 하기 휴가비 반납의사 등을 확인하고 소외 회사를 정상화하기 위한 결의 내용이 담긴 약정이 체결된 사실을 인정한 다음, 이 사건 1997. 7. 29.자 약정은 그 내용에 비추어 임금의 감급에 관한 단체협약에 해당하므로 소외 회사와 소외 노조 사이의 구 단체협약(1998. 5. 1. 개정되기 전의 것)상의 상여금 등 지급규정은 특별한 사정이 없는 한 위 약정에 의하여 적법하게 변경되었으므로 소외 회사는 원고 등에게 위 상여금 등을 지급할 의무가 없다고 판단하여 원고의 청구를 기각한 제1심판결을 유지한 것은 정당하고, 거기에 상고이유의 주장과 같은 심리미진, 채증법칙 위배로 인한 사실오인, 단체협약의 성립요건 및 효과에 관한 법리오해 등의 위법이 있다고 볼 수 없다(대판 2002. 08. 27, 2001다79457).

(3) 건전한 재정은 기업에 있어 생명줄과도 같다. 재정의 악화는 경영난으로 이어지고 그것

이 심화되면 기업의 존립이 위태로워진다. 특히 임금은 기업의 재정에 가장 큰 영향을 미치는 요소 중의 하나이다. 노사는 임금협상을 하면서 근로자에게 근로의 대가로 얼마만큼의 금품을 어느 시기에 어떠한 형태와 조건으로 지급할 것인지를 정하게 된다. 이러한 임금협상은 기업의 경영실적, 근로자의 노동생산성, 물가상승률, 동종 업계의 일반적인 임금인상률 등 여러 요소를 고려하여 이루어지지만, 기업의 지속적인 존립과 성장은 노사 양측이 다 같이 추구하여야 할 공동의 목표이므로 기업재정에 심각한 타격을 주어 경영상 어려움을 초래하거나 기업의 존립기반에 영향을 주면서까지 임금을 인상할 수는 없는 것이다. 따라서 임금의 인상은 기업이 생산 · 판매 활동 등을 함으로써 얻을 수 있는 수익에 기초하여 노동비용 부담능력 안에서 이루어져야 한다는 내적 한계가 있고, 이는 노사 상호 간에 양해된 사항이라 할 수 있다. 그리하여 노사가 자율적으로 임금협상을 할 때에는 기업의 한정된 수익을 기초로 하여 상호 적정하다고 합의가 이루어진 범위 안에서 임금을 정하게 되는데, 우리나라의 실태는 임금협상 시 임금총액을 기준으로 임금인상 폭을 정하되, 그 임금총액 속에 기본급은 물론, 일정한 대상기간에 제공되는 근로에 대응하여 1개월을 초과하는 일정 기간마다 지급되는 상여금(이하 '정기상여금'이라고 한다), 각종 수당, 그리고 통상임금을 기초로 산정되는 연장 · 야간 · 휴일 근로 수당 등의 법정수당까지도 그 규모를 예측하여 포함시키는 것이 일반적이다. 이러한 방식의 임금협상에 따르면, 기본급, 정기상여금, 각종 수당 등과 통상임금에 기초하여 산정되는 각종 법정수당은 임금총액과 무관하게 별개 독립적으로 결정되는 것이 아니라 노사 간에 합의된 임금총액의 범위 안에서 그 취지에 맞도록 각 임금항목에 금액이 할당되고, 각각의 지급형태 및 지급시기 등이 결정된다는 의미에서 상호 견련관계가 있는 것이다. 그런데 우리나라 대부분의 기업에서는 정기상여금은 그 자체로 통상임금에 해당하지 아니한다는 전제 아래에서, 임금협상 시 노사가 정기상여금을 통상임금에서 제외하기로 합의하는 실무가 장기간 계속되어 왔고, 이러한 노사합의는 일반화되어 이미 관행으로 정착된 것으로 보인다. 이러한 관행이 정착하게 된 데에는, 상여금의 연원이 은혜적 · 포상적인 이윤배분이나 성과급에서 비롯된 점, 국내 경제가 성장기로 접어든 이후 상여금이 근로의 대가로서 정기적 · 일률적으로 지급되는 경우가 많다고는 하지만 여전히 성과급, 공로보상 또는 계속근로 장려 차원에서 지급되는 경우도 있고 그 지급형태나 지급조건 등이 다양하여 그 성질이 명확하지 아니한 경우도 있는 점, 근로현장에서 노사 양측에 지대한 영향력을 발휘하여 온 고용노동부의 '통상임금 산정지침'이 1988. 1. 14. 제정된 이래 일관되게 정기상여금을 통상임금에서 제외하여 온 점, 대법원판례상으로도 2012. 3. 29. 이른바 '금아리무진 판결'이라고 불리는 대법원 2010다91046 판결이 선고되기 전에는 상여금의 통상임금 해당성을 부정한 대법원판결(대판 1990. 2. 27, 89다카2292 : 대판 1996. 2. 9, 94다19501 등)만 있었고 정기상여금이 통상임금에 해당할 수 있음을 명시적으로 인정한 대법원판결은 없었던 점 등이 그 주요원인이 되어 노사 양측 모두 정기상여금은 통상임금에서 제외되는 것이라고 의심 없이 받아들여 왔기 때문인 것으로 보인다. 위와 같은 임금협상의 구조와 한계, 근로현장에서의 임금협상 방법과 과정, 각 임금 항목의 결정 방법 및 그 내용, 관행 등을 고려하지 아니한 채, 종래 정기상여금을 통상임금에서 제외한 노사합의가 근로기준법의 강행규정에 위배되어 무효라는 이유로 새로이 정기상여금이 포함된 통상임금을 기초로 한 법정수당을 추가로 지급하게 되면, 근로자가 받을 임금총액이 당초 노사 간에 합의한 임금총액의 범위를 훨씬 초과하게 되어, 임금협상 당시 노사 양측이 의도한 것과 사뭇 다른 결과가 발생할 수 있다. 앞서 본 바와 같이 임금에 관한 노사합의는 기업의 한정된 수익에 기초하여 합의한 임금 총액의 범위 안에서 각 임금항목에 액수를 할당하고 그 개별적인 지급시기, 지급형태 및 조건 등을 정하는 실질을 갖고 있다. 따라서 기업의 수익 기초가 동일한 이상 노사 양측이 임금협상 당시 정기상여금이 통상임금에 해당할 수 있다는 점을 인식하였다면, 해당 정기상여금이 통상임금에 산입됨을 전제로 기본급과 수당 등의 인상률을 조정하고 지급형태나 조건 등을 변경하는 등의 조치를 취함으로써 결과적으로 통상임금을 기초로 산정되는 각종 법정수당을 포함하여 근로자에게 지급되는 임금총액은 정기상여금이 통상임금에 산입되는 경우와 그렇지 않은 경우 사이에 실질적인 차이가 없도록 하는 등 기업의 부담능력 범위 내에서 다른 대안을 마련하여 노사합의를 이루었을 것으로 봄이 타당하다. 그런데도 이러한 사정들은 전혀 고려하지 아니한 채 노사 양측이 합의 당시 상호 공통적으로 이해하고 있었던 것과는 전혀 다른 법리적 사유를 들어 사용자에게 정기상여금이 포함된 통상임금을 토대로 한 추가적인 법정수당 지급의무를 부과한다면, 근로자 측은 한편으로는 임금협상 당시 노사가 서로 양해한 전제나 기초 아래 기업의 한정된 수익을 감안하여 결정된 임금을 모두 지급받으면서, 다른 한편으로는 그 전제나 기초가 무효임을 주장하며 기업의 한정된 수익을 넘는 추가적인 법정수당을 지급받게 되고, 반면에 사용자 측은 노사합의를 신뢰하여 이를 기초로 수지균형을 맞추며 기업을 경영하여 오다가 예측하지 못하였던 재정적 부담을 지게 되고, 그로 인하여 중대한 경영상의 어려움을 겪거나 기업의 존립 자체가 흔들리는 상황에 놓이게 될 수 있다. 이는 상호신뢰를 기초로 하여 노사합의를 이루어 자율적이고 조화로운 관계를 유지하며 공동의 이익을 추구해 온 노사관계에 있어 예기치 않은 사유로 서로 간의 신뢰기반을 깨뜨리고 노사가 지향해 온 상생관계를 해치는 행위로서 궁극적으로는 근로자의 근로환경이나 근로조건에도 부정적인 영향을 미치고, 기업의 재정적 파탄으로 이어져 일자리의 터전을 상실할 위험도 초래하는 등 노사 양쪽 모두에게 피해가 갈 수 있다. 따라서 앞서 본 바와 같은 방식의 임금협상과정을 거쳐 이루어진 노사합의에서 정기상여금은 그 자체로 통상임금에 해당하지 아니한다고 오인한 나머지 정기상여금을 통상임금 산정 기준에서 제외하기로 합의하고 이를 전제로 임금수준을 정한 경우, 근로자 측이 앞서 본 임금협상의 방법과 경위, 실질적인 목표와 결과 등은 도외시한 채 임금협상 당시 전혀 생각하지 못한 사유를 들어 정기상여금을 통상임금에 가산하고 이를 토대로 추가적인 법정수당의 지급을 구함으로써, 노사가 합의한 임금수준을 훨씬 초과하는 예상외의 이익을 추구하고 그로 말미암아 사용자에게 예측하지 못한 새로운 재정적 부담을 지워 중대한 경영상의 어려움을 초래하거나 기업의 존립을 위태롭게 한다면, 이는 종국적으로 근로자 측에까지 그 피해가 미치게 되어 노사 어느 쪽에도 도움이 되지 않는 결과를 가져오므로 정의와 형평 관념에 비추어 신의에 현저히 반하고 도저히 용인될 수 없음이 분명하다. 그러므로 이와 같은 경우 근로자 측의 추가 법정수당 청구는 신의칙에 위배되어 받아들일 수 없다(대판 2013. 12. 18, 2012다89399 전원합의체 판결).

쟁점사례

/사 례/ 근로자 A씨는 업무수행 중 비행으로 인해 취업규칙과 제반절차에 의거 감봉처분을 받고 이를 수용하였다. 그러나 취업규칙에 피징계자에 대해서 "징계처분을 받은 때에는 상여금의 일부를 제한하여 지급할 수 있다"고 규정하고 있다면 A씨가 분기별로 받는 상여금중 일부를 지급하지 아니하는 경우 근로기준법 제95조(제재규정의 제한)에 위반 되는지?

/해 설/ 근로기준법 제95조는 사용자가 취업규칙에 의해 근로자의 임금을 공제하는 감급의 제재를 정하는 경우 감급의 최고한도를 정함으로써 근로자의 생계를 보호하고자 하는 규정이다. 그러나 사용자는 법률의 제한이 없는 한 다양한 형태의 징계종류를 설정할 수 있으므로 징계처분의 종류에 따라 근로자에게 징계처분에 의한 경제적 불이익을 줄 수 있다. 따라서 상여금에 대한 경제적 불이익처분도 가능하며, 감급의 제재도 허용된다. 그러나 감급처분으로서 고정상여금의 일부를 공제하는 경우에는 근로기준법 제95조에 의한 감급의 제재대상이 된다. 그러나 특별상여금의 경우에는 임금성을 부인하는 견해가 있어 근로기준법 제95조의 규정을 적용하지 아니할 수 있다.

2. 징계처분과 취업상의 제재

(1) 승진 · 승급 등 인사 · 임용의 제한

a) 근로자는 징계사유에 따라 다양한 징계처분의 불이익을 받게 된다. 그 중에서도 가장 큰 불이익은 해고이지만, 이외에 대표적인 불이익은 승진 · 승급 등 인사 · 임용에 제한이 될 수 있다. 승진이나 승급은 일반적으로 근무평정을 통하여 보다 높은 직위나 임금수준으로 이동하는 것을 말한다. 그러나 징계를 받게 되면 인사고과상의 감점요인에 해당되거나, 불이익처분에 의해 일정기간 승진을 할 수 없게 된다.

b) 승진 · 승급 등 인사 · 임용의 제한은 일단 징계처분을 받으면 더 이상 같은 사유로 징계처분을 할 수 없다는 중복처벌금지의 원칙과 관련하여 정당성이 있는지 논란이 생길 수 있다. 그러나 일반적으로 성실한 근로자들에 비하여 징계처분을 받은 자에 대하여 어떠한 형태로든지 불이익을 주어야 형평성이 있고, 징계종류에 따른 후행조치를 해야 할 정당성이 있다.

c) 그러나 이에 대하여는 직접적인 제재방법이 아닌 단순한 불이익처분이기 때문에 이중징계가 아니라 간접제재라는 견해(간접제재설)와 불이익처분은 정상적인 근로자와 형평성을 고려하기 위한 효과에 불과하다는 견해(징계효과설)로 나뉘어지고 있다. 징계처분을 받은 자라는 입장을 떠나 현행법이 징계규정을 직접적으로 명시하지 않았고, 징계종류를 자유로이 창설할 수 있는 한 그 처분효과에 대하여도 동일한 법리가 적용된다고 보아야 할 것이다.

d) 따라서 징계처분에 따른 불이익의 내용 또한 효과를 사전에 명시하거나 고지한 경우에는 유효한 것으로 보아도 무방하다. 다만, 징계처분의 종류와 효과를 요구하지 않거나 구분하였다 하더라도 별도의 처분을 오랜 기일이 경과한 후에 하는 것은 근로자에게 고지되지 않은 것으로 보아 징계권남용으로 해석해야 한다.

관련판례

(1) 사립학교법(1981. 2. 28 법률 제3373호로 개정된 것) 제53조의2 제2항은 "대학교육기관의 교원은 직명별로 10년 이내의 범위안에서 당해 학교법인의 정관이 정하는 바에 따라 기간을 정하여 당해 학교의 장이 임면한다" 고 규정하고 있는 바, 위 규정에 의하여 계약기간을 정하여 임용된 교원은 그 기간이 만료된 때에는 재임용계약을 체결해야 하고 만약 재임용계약을 체결하지 못하면 재임용거부결정등 특별한 절차를 거치지 않더라도 당연퇴직된다고 해석된다. 원심이 적법하게 확정한 바와 같이 피고 학교법인 계명기독대학이 그 정관의 정하는 바에 따라 1981. 3. 1 원고와 사이에 같은 날부터 1985. 2. 28까지 4년간원고를 피고 학교법인이 설치운영하는 계명실업전문대학의 식품영양과 부교수로 임용하는 계약을 체결하여 원고가 위 전문대학의 부교수로 재직하다가 그 계약기간이 만료되었으나 재임용계약을 체결하지 못하였다면 원고는 위 임용계약기간이 만료된 1985. 2. 28 위 전문대학의 부교수직에서 당연퇴직되었다 할 것이고, 피고 학교법인이 1984. 11. 24 위 전문대학의 교원인사위원회의 심의결정에 따라 원고를 재임용하지 아니하기로 한 결정 및 통지는 원고에 대하여 임기만료로 당연퇴직됨을 확인하고 알려주는데 지나지 아니하여 이로 인하여 원고와 피고 학교법인 사이에 어떠한 법률효과가 발생하는 것은 아니라 할 것이므로 원고는 이에 대한 무효확인을 구할 소의 이익이 없다고 할 것이다. 원심이 같은 취지에서 원고의 피고 학교법인에 대한 이 사건 소는 부적법하다 하여 이를 각하한 조치는 정당하고, 거기에 소론과 같은 위 법조항에 의한 교원재임용제도 및 소의 이익에

관한 법리오해나 사실오인의 위법이 있다 할 수 없다. 사립학교 교원은 위 법 제56조에 의하여 그 신분이 보장되고 신분보장에 어긋나는 부당한 처분이 무효라 함은 논지가 지적하는 바와 같으나 위 법조항은 교원이 교원의 신분을 가지고 있는 임용계약기간동안 그와 같은 신분보장을 받는다는 취지이고 이러한 신분보장제도가 있다하여 임용계약기간이 만료된 경우 반드시 재임용되어야 할 법적인 근거가 될 수는 없다 할 것이므로 이와 다른 견해에서 교원의 임용계약기간이 만료되더라도 당연퇴직되는 것이 아니라 전 임용기간에 특별한 하자가 없는 한 재임용되어야 하며, 교원은 재임용기대권을 가진다는 논지는 독자적인 견해로서 받아들일 것이 못된다. 논지는 그밖에도 원고의 피고 학교법인에 대한 이 사건 소가 소의 이익이 있음을 전제로 하여 피고 학교법인이 원고를 재임용하지 아니하기로 한 결정이 그 요건과 절차에 위배되었다거나 문서제출명령에 관한 법리를 오해하여 채증법칙을 어겼다는 등 실체관계에 관하여 다투고 있으나 원고의 피고 학교법인에 대한 이 사건 소가 소의 이익이 없어 부적법한 이상 더 나아가 논의할 실익이 없다 할 것이다. 논지는 모두 이유없다(대판 1987. 06. 09, 86다카2622).

(2) 원심판결 이유에 의하면 원심은, 피고보조참가인(이하 "참가인"이라 약칭한다)은 1981. 8. 22. 원고를 참가인 운영의 인천대학교의 조교수로 임용하였다가 1982. 4. 1. 동 대학교의 부교수로 승진 임용하여 교원으로 종사케 해 오던 중 1991. 10. 14.에 이르러 원고에게는 위 임용 당시 교원임용 결격사유가 있었다 하여 원고에 대한 위 각 임용행위를 취소하였는데, 원고는 1980. 1. 31. 변호사법위반죄로 징역 1년의 선고를 유예하는 판결을 받은 사실이 있어 위 조교수 임용 당시에는 그 선고유예 기간이 경과되지 않았음이 명백하여 사립학교법 제52조, 제57조, 교육법 제77조에 의하여 사립학교 교원에게도 적용되는 국가공무원법 제33조제5호 소정의 임용 결격사유에 해당된다 할 것이므로 그와 같은 임용 결격사유를 가진 원고를 조교수에 신규임용한 행위는 위 국가공무원법의 조항에 위반되는 것으로서 당연무효라 할 것이고, 한편 원고를 부교수에 승진임용한 행위는 신규임용이 아니라 위 조교수 임용행위에 기하여 승진발령한 것에 불과하므로 조교수 임용행위가 무효인 이상 이 역시 당연무효라 할 것이며, 참가인의 원고에 대한 위 각 임용행위의 취소는 위와 같이 당연무효인 것을 확인시켜 주는 행위에 지나지 않는다 할 것이므로 그러한 참가인의 행위는 정당하다고 할 것인즉 거기에 잘못이 있음을 주장하는 원고의 재심청구를 기각한 피고의 결정에는 아무런 위법이 없다고 판단하였다. 그러나 위 각 임용 당시 사립대학 교원의 임면관계를 규율하던 법률인 구 사립학교법(1990. 4. 7. 법률 제4226호로 개정되기 전의 것) 제53조의2 제2항, 제54조 등의 규정에서는 대학교육기관의 교원은 직명별로 기간을 정하여 임용하도록 하고 또한 각 임명때마다 감독청에 보고하는 절차를 거치도록 하고 있으며, 한편 국공립대학 교원의 임면관계를 규율하던 법률인 구 교육공무원법(1991. 3. 8. 법률 제4348호로 개정되기 전의 것) 제11조제3항의 규정에서는 대학근무 교원은 다음과 같이 기간을 정하여 임용한다고 하면서 조교에서부터 교수에 이르기까지의 직명에 따라 그 기간을 달리 정하고 있는 바, 대학교원의 임면에 관한 위와 같은 제 규정은 대학교원에 대해서는

각 직명마다 임용을 달리하여 그 직명에 따라 정해진 임용기간 동안 교원의 지위를 보장하고자 하는 데 그 취지가 있는 것으로 보여지므로 그러한 취지에 비추어 볼 때 조교수로 신규임용한 자를 그 후 동일한 대학에서 부교수로 임용하는 행위는 조교수 임용행위에 기한 단순한 승진발령행위로 볼 것이 아니라 직명이 부교수라는 교원에 임용하는 것으로서 이는 새로운 신분관계 설정행위로 봄이 상당하다 할 것이고 따라서 조교수 임용행위에 무효사유가 있다 하여 부교수 임용행위도 당연히 무효가 된다고 할 수는 없을 것이다. 위 법리에 비추어 보면 원심이 원고에 대한 이 사건 부교수 임용행위를 조교수 임용행위에 기한 단순한 승진발령행위로 보고 조교수 임용행위에 무효사유가 있는 이상 부교수 임용행위 역시 무효라고 한 위와 같은 판단은 사립대학교 교원의 임용에 관한 법리를 오해한 위법이 있는 것이라고 하지 않을 수 없고 이 점을 지적하는 논지는 이유가 있다(대판 1993. 09. 10, 93누487).

(3) 원심판결 이유에 의하면, 원심은 원고가 1990. 9. 1. 사립학교법 제53조의2 제3항과 피고 법인 정관 제43조제2항의 규정에 의하여 임용기간 2년으로 정하여 조교수로 임용되었고, 피고 법인 인사규정에서 정관 규정에 따라 임용기간이 만료되는 자 중에서 전 임용기간 중의 연구실적 등 소정의 여러 사항을 참작하여 재임용할 수 있다(제9조)고 규정하고 있을 뿐 피고 법인 정관, 교원 인사 규정 및 재임용 심사기준 내규에 재임용 의무를 정한 규정이 없고, 교원 재임용 심사기준 내규 제9조의 심사평정표 전체 항목 중 평정 결과가 D 이하가 15개 이상이거나 E가 7개 이상인 경우에는 재임용에서 제외한다는 규정은 피고 법인이 임용기간이 만료되는 교원에 대한 재임용 심사평정표상의 평점이 그 기준 이상이어야만 재임용할 수 있다는 취지이지 그 기준 이상의 평점을 받은 교원에 대하여는 반드시 재임용하여야 한다는 취지로 볼 수 없으며, 달리 피고 법인에게 임기만료되는 교원에 대한 재임용 의무가 있다거나 재임용 심사평정표상 그 기준 이상의 평점을 받은 교원을 반드시 재임용하여야 한다는 취지로 볼 수 있는 근거 규정이 없으므로, 원고와 피고 법인 간의 교원 임용에 관한 계약은 종기부 법률행위라고 새길 수밖에 없고, 따라서 원고는 임용기간이 만료됨으로써 피고 법인 교원으로서의 지위를 상실하였다고 할 것이고, 피고 법인이 원고를 재임용하여야 할 의무가 없는 이상 재임용을 위한 교원 인사위원회에서 원고에 관하여 심의하지 아니하거나 원고를 재임용하지 아니한 것으로 인하여 원고와 피고 법인 사이에 새로운 법률효과가 발생한 것은 아니므로, 이에 대한 이 사건 무효확인의 소는 소의 이익이 없어 부적법하고, 또 재임용 탈락에도 불구하고 교원 신분이 존속됨을 전제로 임기 만료 후의 급료를 구하는 금원 지급청구도 이유 없다고 판단하였는바, 관계 규정과 기록 및 위에서 본 법리에 비추어 보면, 원심의 위와 같은 판단은 정당한 것으로 수긍이 되고, 거기에 상고이유로 주장하는 바와 같이 교수재임용 제도에 관한 법리를 오해하거나, 채증법칙에 위배하여 사실을 오인한 위법이 있다고 할 수 없다. 헌법과 사립학교법 등에 규정된 사립학교 교원에 대한 신분보장 규정은 교원이 교원의 신분을 가지고 있는 임용계약기간 동안 그와 같은 신분보장을 한다는 취지일 뿐 임용계약기간이 만료된 경우에 임용권자에게 임용의무를 지우는 취지

라고는 볼 수 없고, 또 피고 법인 정관 제43조의2 제2항의 임시교원에 대하여 임용기간이 만료되면 당연히 퇴직한다는 규정이 임시교원이 아닌 경우에는 임용기간의 만료로 당연히 퇴직하는 것이 아니라 재임용에서 제외될 때 비로소 퇴직하는 것이라고 해석할 근거가 된다고 볼 수 없다. 그 주장하는 바는 모두 이유 없다(대판 1997. 06. 10, 97다3132).

(4) 근로자를 승진임용하거나 승진임용에서 탈락시키는 것은 원칙적으로 인사권자의 권한에 속하므로 업무상 필요한 범위 안에서는 상당한 재량을 인정하여야 할 것이므로, 승진임용에서 탈락시키는 조치가 노동조합법 제39조제1호, 제4호 또는 근로기준법 제27조제1항 등에 위반되거나 재량권 남용이나 일탈에 해당하는 등 특별한 사정이 없는 한 위법하다고 할 수 없을 것이며, 승진탈락조치가 정당한 인사권의 범위 내에 속하는지의 여부는 당해 조치의 필요성과 그러한 조치를 하는 과정에서 신의칙상 요구되는 절차를 거쳤는지의 여부 등에 의하여 결정되어야 할 것이다(서울고판 1997. 6. 13, 96구4420).

쟁점사례

/사 례/ 사립학교 서무직원 A씨는 상사의 제지에도 불구하고 음주 후 해당학교 교직원 B에게 전치 2주의 폭행을 하였고 이후에도 유사사례가 3회에 걸쳐 지속된 바, 학교재단 측으로부터 근신 1회, 감봉 1회 등의 징계를 하였다. 그런데 해당 학교법인의 인사규정에는 감봉처분을 받을 경우 당해연도 승진·승급에서 제외한다는 규정이 있고, 매년 직원 직무교육을 할 때 이를 고지한 바 있다. 그럼에도 불구하고 최근에 승진인사에서 자신보다 입사가 1년이나 늦은 후임자 B가 상위직으로 진급하였는데, 이러한 징계전력을 이유로 한 직원 A의 승진제한은 정당한지?

/해 설/ 일반적으로 징계처분은 경제적 불이익, 신분상의 불이익, 명예상의 불이익 등 다양한 형태로 제재하는 불이익수단이므로 성실근무자와 차별적 처우를 주는 것은 당연하다. 사례의 경우에는 과거 인사평정시 징계처분의 기록이 반영되고 같은 능력과 경력의 승진대상자를 심사함에 있어 불이익을 주는 징계처분의 효력으로서 정당한 조치라고 보아야 한다. 징계권의 행사는 징계처분에 따른 불이익의 제재수단에 의하여 징벌로서의 실효성, 즉 효과를 나타내는 것이다. 만약 정직을 받은 근로자에 대하여 경제적 불이익 이외에 승진제한의 불이익 조치를 하지 않는다면, 징계처분은 실효성이 반감될 것이다. 그러나 이러한 징계처분에 따른 불이익은 승진제한에 대해 1회에 그쳐야 하며, 이러한 한도내에서 정당한 징계처분이라고 할 수 있다.

(2) 직위해제에 의한 업무정지 또는 당연퇴직

a) 직위해제는 직위를 계속 유지할 수 없는 사유가 있을 때 직위를 부여하지 아니하는 것을 말한다. 직위해제는 ① 근로자의 업무수행능력이 부족하거나 근무성적 또는 근무태도 등이 불량한 경우, ② 징계절차가 진행중인 경우, ③ 형사사건으로 기소된 경우 등의 사유로 근로자가 계속적으로 업무에 종사하게 되면 예상되는 업무상의 장애를 예방하기 위하여 업무에의 종사를 금지하는 잠정적인 조치이다.[21] 이러한 직위해제는 징계절차를 거치거나 본인진술의 기회를 부여함이 없이 곧바로 보직해제를 할 수 있다. 직위해제는 징계처분 후에 행하는 경우에 동일한 사유로 징계처분을 하는 것으로 일사부재리의 원칙에 어긋나는가에 대하여 판례는 이를 부정하고 있다.[22]

b) 직위해제는 징벌적 제재인 징계와 그 성질을 달리하는 것이어서 어느 사유로 인하여 징계를 받았다 하더라도 그것이 직위해제의 사유로 평가될 수 있다면 이를 이유로 새로이 직위해제를 할 수도 있는 것이고, 이는 일사부재리나 이중처벌금지의 원칙에 저촉되는 것이 아니다.[23] 직위해제중에는 업무를 수행할 수 없다. 징계의결이 요구되는 자에 대하여 직위를 부여하지 아니할 수 있다고 명시한 경우에는 징계처분절차의 진행중에만 직위를 부여하지 않는다는 취지로 해석하여야 한다. 따라서 징계의결이 되었거나 징계의결이 취소된 경우에는 직위해제처분도 그 효력이 상실되는 것으로 보아야 한다.[24]

c) 또한 인사규정에 "직위해제된 자가 6월이 경과되어도 직위를 부여받지 못한 경우에는 6월이 경과한 날에 당연퇴직한다"고 규정하고 있다면, 직위해제상태가 일정기간 존속한다는 사실에 의한 효과가 발생하는 것에 불과하므로 직위해제의 효력 여부에 의하여 당연퇴직의 정당성을 판단하여야 한다.[25]

관련판례

(1) 직위해제처분에 이은 당연면직처리는 이를 입체로서 관찰할 때 근로자의 의사에 반하여 사용자의 일방적 의사에 따라 근로계약관계를 종료시키는 것으로서 실질상 해고에 해당하고, 따라서 그 처분에 있어서는 근로기준법에 의한 제한을 받는다고 할 것이나, 인사규정상 직위해제처분을 받은 자는 그 자체의 효력에 의하여 일정한 조건하에 당연면직처리를 할 수 있는 개연성을 가지게 되고, 반면 당연면직처리는 직위해제 후 3월간 직위를 부여받음이 없

21) 조성혜, "공기업 근로자에 대한 직위해제와 직권면직의 문제점," 노동법학 제23호(한국노동법학회, 2006. 12), 306면 이하 참조

22) 대판 1983. 10. 25, 83누184

23) 대판 1992. 7. 28, 91다30729

24) 대판 1979. 2. 13, 78누372

25) 대판 1980. 9. 30, 79누65

이 직위해제상태가 계속됨으로 인하여 이루어지는 처분이므로 일단 직위해제처분이 정당하게 내려진 경우라면 그 후 3월의 기간동안 직무수행능력의 회복이나 근무태도개선 등의 직위해제사유가 소멸되어 마땅히 직위를 부여하여야 할 사정이 있음에도 합리적인 이유없이 직위를 부여하지 아니하는 등의 경우가 아닌 한 당연면직처리 그 자체가 인사권 내지 징계권의 남용에 해당한다고 볼 수 없다(대판 1995. 12. 5, 94다43351).

(2) 직위해제는 일반적으로 근로자가 직무수행능력이 부족하거나 근무성적 또는 근무태도 등이 불량한 경우, 근로자에 대한 징계절차가 진행중인 경우, 근로자가 형사사건으로 기소된 경우 등에 있어서 당해 근로자가 장래에 있어서 계속 직무를 담당하게 될 경우 예상되는 업무상의 장애 등을 예방하기 위하여 일시적으로 당해 근로자에게 직위를 부여하지 아니함으로써 직무에 종사하지 못하도록 하는 잠정적인 조치로써 보직의 해제를 의미하므로 과거 근로자의 비위행위에 대하여 기업질서유지를 목적으로 행하여지는 징벌적 제재로서의 징계와는 그 성질이 다르다. 근로자가 직위해제처분을 받은 후 그 직위해제 기간 동안에 그 직무수행능력이 향상되었다거나 진정으로 자신의 잘못을 반성하는 등으로 개전의 정을 보이지 않고, 오히려 근로자는 진정으로 자신의 잘못을 뉘우치기 보다는 자신의 비위행위가 사장의 지시에 의하여 어쩔 수 없이 이루어진 것처럼 그 책임을 상급자에게 전가시키는 등으로 자신을 변명하는 것으로 일관하여 온 사정을 알 수 있는바, 그렇다면 회사가 그와 같이 개전의 정을 나타내고 있지 아니한 근로자에 대하여 인사규정에 따라 직권면직의 처분을 한 것이 정당한 인사권의 범위를 벗어나거나 인사권을 남용하였다고 단정할 수도 없다(대판 1996. 10. 29, 95누15926).

(3) 직권면직처분 때문에 사실상 직무를 수행할 수 없었던 기간 동안 승진심사를 받을 기회를 실질적으로 보장받지 못하였다고 하더라도 원칙적으로 그 직권면직기간은 계급정년기간에 포함된다(서울행판 2007. 7. 25, 2007구합9525).

---

(3) 대기발령

1) 대기발령의 의의와 유형 a) 대기발령은 업무수행능력이 부족하여 근무성적 또는 업무실적이 불량하거나 부하직원에 대한 감독능력이 부족한 경우 담당업무의 수행을 중지시키고 대기하는 인사조치를 말한다. 대기발령은 입사시험에 합격하고 임용전에 있는 대기발령과 징계조치의 수단으로 이용하는 대기발령 등 다양하게 이용된다. 대기발령은 징계사유에 따른 불이익처분인지에 의하여 구별된다.

b) 대기발령은 근로계약을 존속시키면서 근로자의 근로제공을 일정기간 금지 또는 정지하는 것을 말한다. 대기발령은 일반적인 회사의 경영상 사정을 이유로 하거나 근로자

의 일신상, 행태상의 사유를 이유로 하여 근로계약관계를 존속시키면서 당해 근로자의 직무를 일정기간 정지시키는 것으로서 사유에 따라 다양한 명칭으로 불리운다.[26] 일반적으로 경영상 사정에 따른 인사처분은 보직대기 또는 직무대기라고도 하여, 대기발령과 구분하기도 한다.

2) 대기발령의 정당성과 징계처분 a) 대기발병은 인사권의 행사로서 인사명령에 의해 업무상 필요한 범위 안에서 합리적으로 행사되어야 한다. 대기발령은 정당한 인사명령으로 대기발령의 목적과 기능, 대기발령의 합리성 여부 및 그로 인하여 근로자가 받게 될 신분상 · 경제상의 불이익 등 사정을 참작하여 합리적인 범위 내에서 행사되어야 한다. 대기발령은 임시적인 조치로서의 인사명령이므로 지나치게 장기간 대기발령으로 근로자에게 불이익을 주는 것은 합리성이 결여되면 인사권의 남용으로 보아야 한다.

b) 또한 대기발령은 업무실적의 불량이나 비위행위 등 징계혐의를 이유로 업무수행이 부적절하다고 판단될 때 비위행위의 조사 등을 위해 업무로부터 분리하여 임시로 조치하기도 한다. 한편 대기발령은 징계절차상의 목적이외에 해임과 유사한 성격의 징계종류로 명시하여 징계종류의 일종으로 행사되기도 한다. 따라서 징계권자가 징계사유를 이유로 근로자에 대하여 "3월간 대기발령으로 명한다"는 내용이라면, 이는 불이익의 제재로서 징계처분에 해당된다고 보아야 한다.

관련판례

(1) 원고에 대한 해직이 징계해직사유가 아니라 근무수행능력이 부족하여 근무성적 또는 업무실적이 불량하고 소속직원에 대한 감독능력이 현저히 부족하다는 이유로 피고의 인사규정에 따른 대기발령을 한 다음, 같은 규정에 의한 자연해직처분을 한 것이라면 이 조처가 근로기준법에 위반된다고 볼 수 없고 징계절차가 아닌 이상 징계절차에 따른 징계사유의 통지나 변명의 기회부여 등의 절차를 밟지 아니하였다 하여 잘못이 있다 할 수 없다(대판 1989. 7. 25, 88다카25595).

(2) 대기발령은 참가인 회사의 인사규정 제16조제1호에 근거한 것으로서 그 상당성이 있고 대기발령 선정기준도 합리성과 공정성을 가지고 있으므로 이 사건 대기발령은 정당하고, 참가인 회사가 1997년 말경 경영위기에 처하였고, 그 노동조합과의 사이에 사직서 수리기준에 관하여 협의를 마치는 등 원고에 대한 대기발령을 할 수 있는 실질적인 요건들이 갖추어져 있었을 뿐 아니라 원고가 위 사직서 수리기준의 1순위 대상자에 해당되는 점을 고려하면 참가인 회사가 원고를 대기발령함에 있어서 근로자 본인과 사전협의를 거치지 않은 절차상의 하자가 있었

26) 대판 1992. 11. 13, 92다16690

다고 하더라도 그 사정만으로 이 사건 대기발령이 무효라고 할 수 없다(대판 2002. 12. 26, 2002두8011).

(3) 원심이 참가인회사가 원고를 징계위원회에 회부하면서 징계위원회에 회부된 자가 차량을 운행할 경우 사고의 위험 등을 예방하기 위하여 징계처분이 이루어질 때까지로 기간을 한정하여 한 이 사건 대기발령은 업무수행의 합리적인 이유에 기인한 정당한 업무명령에 해당한다고 판단한 것은 위 법리에 따른 것으로 정당하고, 거기에 대기발령에 관한 법리오해의 위법이 없다(대판 2006. 11. 23, 2006두11644).

(4) 기업이 그 활동을 계속적으로 유지하기 위하여는 노동력을 재배치하거나 그 수급을 조절하는 것이 필요불가결하므로, 대기발령을 포함한 인사명령은 원칙적으로 인사권자인 사용자의 고유권한에 속한다 할 것이고, 따라서 이러한 인사명령에 대하여는 업무상 필요한 범위 안에서 사용자에게 상당한 재량을 인정하여야 하지만(대법원 2005. 2. 18. 선고 2003다63029 판결 참조), 대기발령이 일시적으로 당해 근로자에게 직위를 부여하지 아니함으로써 직무에 종사하지 못하도록 하는 잠정적인 조치이고, 근로기준법 제30조 제1항에서 사용자는 근로자에 대하여 정당한 이유 없이 전직, 휴직, 기타 징벌을 하지 못한다고 제한하고 있는 취지에 비추어 볼 때, 사용자가 대기발령 근거규정에 의하여 일정한 대기발령 사유의 발생에 따라 근로자에게 대기발령을 한 것이 정당한 경우라고 하더라도 당해 대기발령 규정의 설정 목적과 그 실제 기능, 대기발령 유지의 합리성 여부 및 그로 인하여 근로자가 받게 될 신분상 · 경제상의 불이익 등 구체적인 사정을 모두 참작하여 그 기간은 합리적인 범위 내에서 이루어져야 하는 것이고, 만일 대기발령을 받은 근로자가 상당한 기간에 걸쳐 근로의 제공을 할 수 없다거나, 근로제공을 함이 매우 부적당한 경우가 아닌데도 사회통념상 합리성이 없을 정도로 부당하게 장기간 동안 대기발령 조치를 유지하는 것은 특별한 사정이 없는 한 정당한 이유가 있다고 보기 어려우므로 그와 같은 조치는 무효라고 보아야 할 것이다. 기록에 의하면, 피고 회사의 취업규칙 제53조제1호는 경영형평상 과원으로 인정된 자에 대하여는 대기발령을 할 수 있고, 제53조제2호는 대기발령된 직원에 대하여는 출근을 금할 수 있으며, 회사의 명에 의하여 출근하는 경우에는 기본급 또는 그에 준하는 임금만을 지급하고 기타의 급여는 지급하지 아니한다고 되어 있으며, 소외 회사에도 동일한 내용이 취업규칙에 정해져 있는바, 소외 회사가 경영형편상 과원을 이유로 이 사건 인사대기처분을 한 것 자체는 업무상 필요한 범위 안에서 이루어진 것으로서 정당한 이유가 있었다고 보더라도 그 이후 장기간에 걸쳐 인사대기처분을 그대로 유지하고 있다가 피고 회사가 2002. 10. 11.경 사실상 소외 회사와 원고 사이의 고용관계를 그대로 승계하면서 원고와 명시적으로 고용계약까지 체결한 이상 경영형편상 과원이라고 보기도 어려우므로 원고에 대한 대기발령 사유는 일응 해소되었다고 볼 것인데, 그 이후에도 원고에게 아무런 직무도 부여하지 않은 채 기본급 정도만을 수령하도록 하면서 장

기간 대기발령 조치를 그대로 유지한 것은 특별한 사정이 없는 한 정당한 사유가 있다고 보기 어렵다 할 것이다(대판 2007. 02. 23, 2005다3991).

쟁점사례

/사 례/ 공기업 근로자 P는 직무상 비밀(입찰정보)를 업체에 알려주고 향응을 접대 받아 징계위원회에서 직권면직처분을 받았으나, 재심을 신청하여 직위해제 및 대기발령을 받게 되었다. 근로자 P는 대기기간이 6개월이 지나도록 새로운 보직을 부여받지 못한 채 당연퇴직하게 되었는데, 이를 이유로 지방노동위원회에 구제신청을 하였다. 이 경우 대기발령 기간의 도과에 따라 당연퇴직처리를 하는 것이 정당한지?

/해 설/ 근로자 P는 징계처분에 의하여 직위해제처분을 받았고 대기발령상태에서 일정기간이 경과하면 당연퇴직한다는 규정에 따라 근로계약이 중도에 해지되었다. 물론 직위해제나 대기발령은 인사명령으로서 그 자체는 징계처분이라고 볼 수 없다. 그러나 대기발령에 따라 일정기간이 경과하여도 복직되지 아니하는 경우에 당연퇴직한다는 규정은 절차상 근로계약을 중도에 해지하는 불이익처분이라 볼 수 있다. 이러한 조치는 근로계약의 해지절차가 까다로운 점을 고려하여 해고절차를 거치지 아니하고 근로자를 배제할 수 있는 수단으로 이용되고 있지만 징계처분으로 보아야 한다. 사례의 입찰정보의 제공과 대기발령은 향응접대의 비위행위를 이유로 대기발령을 하여 사실상 신분을 박탈하는 조치를 한 것이므로 사회통념상 합리성이 있고 당연퇴직의 정당성이 인정될 수 있다고 할 것이다.

(4) 명예실추

a) 근로자가 징계처분을 받고 근로자의 성명이나 징계사유와 징계종류에 따른 조치내용이 사내에 공포되면 모멸감이나 수치심을 갖을 수 밖에 없다. 이러한 징계내용을 어떻게 공개할 것인가 아니면 처분결과만을 공개할 것인가는 전적으로 징계권자의 재량사항이다. 징계권의 행사는 징계처분을 통해 당해 근로자에게 반성의 기회를 주는 동시에 타인에게 계고의 효과를 주는 것이므로 어느 정도 단계까지 징계내용을 사내에 공포하는 것은 정당하다고 본다.

b) 그러나 징계사유나 내용 · 대상자에 관한 사항을 사외에 공포하거나 사내라 할지라도 계고의 목적이라는 범위를 일탈하여 근로자에게 직장생활을 영위할 수 없을 정도로

지나친 모멸감을 주는 정도에 이르면 징계권의 남용에 해당될 수 있다. 이러한 불이익의 징계조치로 계고 및 반성의 목적이 달성된 경우에는 징계의 효력이 상실된다.

쟁점사례

/사 례/ 근로자 K는 회사내 동료와의 다툼으로 폭력을 하게 되어 상대방과 함께 경고처분을 받은 바 있으며, 이후에도 개선된 모습을 보이지 못하고 근무지를 이탈하여 회사는 징계위원회를 개최하고 감봉 3개월을 처분하였다. 그러나 회사가 근로자 K의 징계사유와 징계처분내용을 사내게시판에 공개하자, 명예훼손 및 이중처벌이라며 경찰서에 사업주를 상대로 고소를 하였다. 이러한 징계조치는 정당한지?

/해 설/ 일반적으로 사용자가 근로자를 징계처분을 하는 경우에 어떠한 사유나 절차, 방법에 의할 것인지에 대하여는 근로기준법에 정하고 있지 않다. 따라서 사용자는 근로자를 징계처분을 하는 경우에 징계처분결과를 사내게시판을 통하여 전직원에게 공개하거나 사내 통신망을 이용하여 게시할 수 있다. 이러한 공표행위는 경영질서를 유지하기 위한 목적으로 동일한 행위가 반복되거나 재발되지 아니하도록 다른 근로자에게 본보기로 공표하는 정당한 행위이다. 따라서 사내에 특정인의 비행내용과 징계처분의 결과를 공개하여 인간적인 모멸감을 일부 줄 수 있으나, 이러한 행위가 곧 징계처분을 무효로 할 만큼 부당하다고 볼 수 없다.

(5) 징계사면후의 불이익

a) 근로자에 대한 징계처분이 일정한 목적을 달성한 경우에는 지나친 불이익을 해소하기 위하여 징계전력을 말소하는 사면조치를 할 수 있다. 이러한 사면제도를 사용자는 자율적인 판단에 따라 도입하여 근로자에게 갱생의 기회를 주는 은혜를 부여하고 앞으로 인사상의 불이익을 주지 않는다거나 전면적으로 징계사실을 삭제하는 조치를 할 수 있다. 그러나 사면조치에도 불구하고 일정기간 경과하지 아니한 근로자에 대하여 승진을 제한하는 조치를 소급하여 말소해야 하는지 의문이 제기된다.

b) 판례는 사면에 의하여 징계의 효력이 상실됨은 별론으로 하고, 비록 사면이 있었다 하더라도 당해 징계처분의 기성효과에는 아무런 변경이 있을 수 없는 법리이므로 특단의 사정이 없는 한 사면사실만으로 징계처분이 변경 · 취소될 수 없다고 판시하고 있다.[27)]

27) 대판 1996. 2. 9, 95누8065

관련판례

대통령 특별사면에 의하여 사면된 징계처분이라 하더라도 그 징계처분을 받은 비리행위에 대하여 공무원 신규채용에 있어 청렴성을 판단하는 요소로 고려할 수는 있으나, 그 징계처분이 있었다는 사실만으로 신분 · 처우상 어떠한 불리한 대우를 하여서는 아니 되므로, 그 원인이 된 이 사건 비리행위의 경중을 감안하지 아니한 채 원고에 대하여 이미 특별사면된 이 사건 징계처분이 있다는 이유만으로 이 사건 임용제외처분을 하였다면 재량권을 일탈하였거나 남용한 것으로 위법을 면할 수 없다(서울행판 2006. 12. 20, 2006구합14209).

쟁점사례

/사 례/ A건설회사는 영업양도에 의하여 다른 그룹의 계열사로 이전되었고, 경영진이 모두 새로이 교체되었다. 새로 부임한 대표이사는 회사의 경영혁신을 위하여 1차적으로 구조조정을 하고, 전문기술인력을 보충하고 기존의 사원에 대하여 징계사면을 하겠다는 경영방침을 세워 인사팀에 검토하라는 지시를 하였다. 인사기록카드의 "징계처분란"에는 정직, 감봉, 견책 등이 기재되어 있는데, 현재 면직이나 해임으로 인해 일부 징계사건은 지방노동위원회와 법원에 계류중에 있다. 이 경우 계류중이거나 말소제한기간 내에 있는 징계사건은 어떻게 처리해야 하는지?

/해 설/ 근로자에 대한 징계처분의 결과는 인사기록카드에 기록하고 일정기간에 걸쳐 후속적인 불이익조치를 할 수 있다. 징계말소에 대하여는 취업규칙이나 징계규정에서 정한 바에 따르되, 징계전력에 대한 말소는 징계처분의 집행이 확정되거나 종료된 사안에 대하여 하여야 한다. 따라서 노사당사자간에 소송, 진정, 구제신청 등으로 진행 중에 있는 징계사건은 확정되지 않았기 때문에 제외하여야 한다. 이때 유의해야 할 점은 3년 또는 5년으로 말소제한기간을 정한 경우에는 징계말소를 하여서는 아니 된다. 따라서 무효확인 또는 취소소송이 진행 중인 징계처분사건은 법원 판결의 결과에 따라 무효가 되거나 취소판결에 의한 재징계의 문제가 남게 되므로 말소대상에서 제외할 필요가 있다.

제2절 징계처분과 부당노동행위

1. 부당노동행위의 연혁과 의의

(1) 부당노동행위의 연혁

a) 원래 부당노동행위제도는 1935년 미국의 와그너 法(Wagner Act)에 의하여 성립된 것으로 1947년의 태프트 · 하틀리法(Taft-Hartley Act)에 이르러 대폭적인 개정과 더불어 제도의 성격도 변화되어 단순한 근로자의 단결권보장만이 아닌 노사의 불공정관행을 금지시키는 제도로서 발전되었다.

b) 부당노동행위제도의 내용은 1959년에 개정된 랜드럼 · 그리핀 법(Landrum-Griffin Act)에 의하여 노동조합의 부당노동행위의 요건이 강화된 후 오늘에 이르고 있다. 이 제도는 제2차 세계대전 후에 급속히 세계적으로 파급되어 인도(1947), 캐나다(1948), 일본(1949), 이태리(1970), 영국(1971) 등에 계수되었고, 우리나라는 1953년의 노동조합법에서 이 제도를 계수하여 사용자의 부당노동행위를 규정하고 있다.

(2) 부당노동행위의 의의

a) 부당노동행위(Unfair Labor practice)는 사용자에 의한 반조합적인 불공정노동행위로서 노동3권의 침해행위를 말한다. 우리나라의 부당노동행위는 1953년 3월에 처음 ① 노동조합법 제10조제1항에서 지배개입, ② 동조 제2항에서 노동조합원을 이유로 하는 차별대우, ③ 동법 제34조제1항에서 단체교섭을 정당한 이유없는 단체교섭의 거부, ④ 노동쟁의조정법 제10조는 근로자의 쟁의참가 및 노동위원회에의 신고, 증언 등을 이유로 하는 차별대우를 각각 부당노동행위라고 규정하였다.

b) 1963년에 노동관계법을 전면 개정하여 노동조합법과 노동쟁의조정법에 산재해 있던 부당노동행위의 규정을 노동조합법 제4장에서 독립된 하나의 '장'으로 하여 동법 제39조 내지 제44조에서 부당노동행위의 종류, 구제신청 및 구제명령에 관한 규정을 정비하였다. 이 과정에서 과벌주의 대신에 노동위원회에 의한 원상회복주의를 채택하게 되었고, 노동위원회의 구제명령에 위반하는 경우에 한하여 벌칙을 부과하게 되었다. 그 이후 개정을 통하여 원상회복주의와 과벌주의를 병행하고 있으며, 최근에는 구제명령에 대한 긴급이행명령제도를 도입하여 운영하고 있다.[28)]

---

28) 1986년 노동조합법 개정시 기존의 원상회복주의에 과벌주의를 신설하여, 현재는 원상회복주의와 과벌주의를 병행하고 있다. 1997년의 노동관계법 전면 개정시에는 종전의 체재를 그대로 유지하되 법조문이 변경되었으

(3) 부당노동행위의 주체

a) 부당노동행위의 주체는 각국의 실정법에 따라 노동조합의 부당노동행위까지도 금지하는 입법례가 있으나, 우리나라는 사용자만을 그 주체로 규정하고 있다. 따라서 노동조합및노동관계조정법 제81조에서 「사용자는 다음 각 호의 1에 해당하는 행위를 할 수 없다」 고 규정하고, 그 구체적인 내용으로서 불이익처분, 불공정계약, 단체교섭거부, 지배개입, 경비원조의 행위를 금지하고 있다. 부당노동행위제도는 헌법상 인정된 단결권보장의 구체화뿐만 아니라 그 위에 확립되어야 할 합리적인 노사관계의 형성을 목적으로 한다.[29)]

b) 근대 사회법은 노동기본권의 역사적 과정에서 부당노동행위제도가 나타난 것으로 본다. 산업현장에서 노사관계는 이익대립적 측면에서 볼 때 항상 공정하고 합리적인 관계가 유지되기를 기대하기 어렵다. 그 결과 사용자는 노동조합의 활동을 환영하지 않으며, 이로 인한 부당노동행위의 유형도 매우 다양할 수밖에 없다. 부당노동행위제도는 상대적으로 우월한 지위에 있는 사용자의 부당한 행위를 규제하고 행위자를 처벌하며 피해자를 원상회복을 시킴으로써 공정한 노사관계의 질서를 형성시키려는 취지로 도입한 것이다.

관련판례

이 사건 부당노동행위가 인정될 경우 그 구제명령을 이행하여야 할 주체는 원고로부터 사용자의 지위를 포괄적으로 승계한 한국철도공사가 되어야 한다. 그런데 철도청 소속 공무원은 한국철도공사의 출범과 함께 한국철도공사에서 당연히 고용을 승계하는 것이 아니라 먼저 철도청장이 소속 공무원 중 공무원신분을 계속 유지하고자 하는 자와 공사의 직원으로 신분이 전환될 자를 확정하여 공사가 직원을 임용할 수 있도록 조치하고, 그 후에 공무원신분을 계속 유지하는 자와 한국철도시설공단직원으로 임용될 자를 제외한 철도청 직원을 공사의 직원으로 임용하도록 되어 있어서 피고보조참가인의 조합원이자 철도청 소속 기능직 공무원이었던 이 사건 관련자들의 고용을 한국철도공사가 당연히 승계하였다거나 이 사건에서 부당노동행위가 인정될 경우 그 구제명령을 이행하여야 할 주체가 한국철도공사라고 할 수 없다(대판 2005. 10. 28, 2005두10415).

며, 법원이 구제명령의 긴급이행명령을 내릴 수 있도록 실효성의 확보방안을 강구하였다(노동조합및노동관계조정법 제85조 제5항).

29) 岩井貞男,"不當勞働行爲の本質", 日本勞働法學會 編:現代勞動法講座 7卷, (東京, 總合勞働硏究所, 1982), 25면

2. 조합원의 징계처분과 부당노동행위

(1) 부당노동행위와 징계처분의 관계

a) 징계처분과 부당노동행위와의 관계에서 문제가 되는 것은 근로자의 징계처분사유와 사용자의 부당노동행위에 대한 사유가 경합되는 경우이다. 이에 관해서는 몇 가지의 학설이 논의되고 있다.[30)]

첫째로 취업규칙의 위반으로 처리할 수 있는 정당한 사유만 있다면 설령 반조합적인 의도가 있다 할지라도 부당노동행위는 성립하지 않는다는 견해이다(제1설).

둘째로 취업규칙에 의한 징계처분과 노동조합활동에 의한 징계처분과의 사이에 조합활동이 없었다면 취업규칙위반에 의한 처분도 없었을 것이라는 처분 사이의 상당인과관계에 의하여 결정되어야 한다는 견해이다(제2설).

셋째로 취업규칙위반에 의한 징계처분사유와 조합활동을 이유로 하는 부당노동행위의 사유를 비교하여 어떤 사유가 보다 중시되어 징계처분을 하게 된 결정적 이유가 되었는가에 따라 결정되어야 한다는 견해이다(제3설).

넷째로 양처분의 사유가 경합되었을 때에는 일반적으로 부당노동행위로 인정되어야 한다는 견해 등이 있다(제4설).

b) 그러나 현재 판례나 행정해석의 일반적 경향은 제2설과 제3설의 입장에서 조정되고 있는 경향이며, 학설 또한 다수설이라고 할 수 있다. 따라서 근로자의 행위가 정당한 노동조합활동에 해당되는지 또는 노사간의 신의칙에 반하는 것은 아닌지 등은 구체적 사정에 따라 판단할 수밖에 없다.

관련판례

(1) 조합원이 유인물을 배포한 행위가 비록 근로조건의 개선을 목적으로 했다 하더라도 그 내용이 사실을 왜곡 또한 과장한 것으로서 회사경영진에 대한 극도의 불신 내지 증오심을 유발케 하여 직장질서를 문란하게 할 위험성이 있다면 이를 이유로 한 사용자측의 징계해고는 부당행위가 아니다(대판 1993. 2. 9, 93누20880).

(2) 사용자가 근로자를 해고함에 있어서 표면상의 해고사유와는 달리 실질적으로는 근로자가 노동조합업무를 위한 정당한 행위를 한 것을 이유로 해고한 것으로 인정되는 경우에는 부당노동행위라고 보아야 할 것이고, 근로자의 노동조합업무를 위한 정당한 행위를 실질적인 해고사유로 한 것인지의 여부는 사용자측이 내세우는 해고사유와 근로자가 한 노동조합업무를 위한

30) 琴東信, 前揭論文, 15면~16면

정당한 행위의 내용, 해고를 한 시기, 사용자와 노동조합과의 관계, 동종의 사례에 있어서 조합원과 비조합원에 대한 제재의 불균형 여부, 징계절차의 준수 여부, 징계재량의 남용 여부 기타 부당노동행위 의사의 존재를 추정할 수 있는 제반사정을 비교 · 검토하여 종합적으로 판단하여야 하고 적법한 징계해고사유가 있어 징계해고한 이상 사용자가 근로자의 노동조합활동을 못마땅하게 여긴 흔적이 있다 하여 그 사유만으로 징계해고가 징계권남용에 의한 부당노동행위에 해당한다고 단정할 것도 아니다(대판 1994. 12. 23, 94누3001).

(3) 사용자가 근로자에 대하여 징계해고 등 불이익처분을 함에 있어서 표면상의 징계처분 사유와는 달리 실질적으로는 근로자가 노동조합업무를 위한 정당한 행위를 한 것을 이유로 징계처분을 한 것으로 인정되는 경우에는 '노동조합 및 노동관계조정법'에 정한 부당노동행위의 하나라고 보아야 할 것인데, 근로자의 노동조합업무를 위한 정당한 행위를 실질적인 징계처분 사유로 한 것인지의 여부는 사용자측이 내세우는 징계사유와 근로자가 한 노동조합의 업무를 위한 정당한 행위의 내용, 징계처분을 한 시기, 사용자와 노동조합과의 관계, 기타 부당노동행위 의사의 존재를 추정할 수 있는 모든 사정을 비교 검토하여 종합적으로 판단하여야 한다(대판 1991. 4. 23, 90누7685 : 대판 1994. 12. 23. 94누3001 등 참조). 이러한 법리와 기록에 비추어 살펴보면, 원심이 그 채용증거에 의하여 인정한 여러 사정을 종합하여, 피고인이 공소외 1, 공소외 2에 대한 이 사건 2005. 1. 24.자 직무정지 대기발령 및 2005. 4. 8.자 해고 등 징계처분을 한 것이 피고인의 부당노동행위 의사에서 비롯된 것이라고 단정할 수 없고, 달리 이를 인정할 증거가 없다는 취지로 판단한 것은 정당한 사실인정과 판단으로 수긍할 수 있다. 또한, 원심이 그 채용증거에 의하여 인정한 여러 사정을 종합하여, 피고인의 2004. 6. 6. 발언 및 그로 인한 교인들의 2004. 6. 7. 행동들은 교회의 시설관리권한에 기하여 화곡동교회 안에서 그 판시와 같은 출범식을 하지 못하게 한 것일 뿐, 근로자가 노동조합을 조직 또는 운영하는 것을 지배하거나 이에 개입하는 부당노동행위에 해당한다고 할 수 없고, 달리 이 부분 공소사실을 유죄로 인정할 증거가 없다고 판단한 것도 정당한 것으로 수긍할 수 있다. 원심판결에는 이에 관하여 채증법칙을 위반하거나 부당노동행위의 법리를 오해한 위법이 없다. 그리고 어떤 징계사유가 존재하고 당시 사정으로 보아 사용자가 당해 징계처분을 할 만한 정당한 이유가 있다고 판단한 것이 무리가 아니었다고 인정되는 경우에는 설사 그 징계처분이 사법절차에서 정당한 이유가 없는 것으로 인정되어 무효로 된다고 하더라도 그와 같은 사유만으로 곧바로 구 '근로기준법'(2007. 4. 11. 법률 제8372호로 전문 개정되기 전의 것) 제110조, 제30조제1항에 의한 형사처벌의 대상이 된다고 할 수는 없고, 여기에서 나아가 그와 같은 징계가 그 내용에 있어 징벌권을 남용하거나 또는 그 범위를 벗어난 것으로 인정되고 또 이것이 사회통념상 가벌성이 있는 것으로 평가되는 경우에 한하여 형사처벌의 대상이 된다(대판 1994. 6. 14, 93도3128 : 대판 1995. 11. 24, 95도2218 : 대판 2005. 10. 7, 2005도3763 : 대판 2007. 1. 11, 2005도8291 등 참조). 이러한 법리와 원심이 인정한 사실관계에 따르면, 피고인이 원심 판시 각 징계처분을 할 당시 그 징

계처분에 정당한 사유가 있다고 판단한 것이 무리가 아니었던 것으로 보이므로, 설사 위 각 징계처분이 사법절차에서 정당한 이유가 없는 것으로 인정되어 무효로 된다고 하더라도 그와 같은 사유만으로 피고인의 위 각 징계처분 행위를 사회통념상 가벌성이 있는 것으로 평가하여 형사범죄가 성립하는 것으로 단정하기는 어렵다고 할 것이다. 원심판결의 이유에 이에 관하여 일부 적절하지 못한 설시가 있으나 근로기준법에 의한 형사처벌의 대상이 되지 않는다고 판단한 결론은 정당하다. 원심판결에는 이에 관하여 판결결과에 영향을 미친 채증법칙 위반이나 법리오해 등의 위법이 없다(대판 2008. 01. 24, 2007도6861).

---

(2) 불이익취급

1) 불이익취급의 의의 노동조합및노동관계조정법 제81조는 "근로자가 노동조합에 가입 또는 가입하려고 하였거나 노동조합을 조직하려고 하였거나 기타 노동조합의 업무를 위한 정당한 행위를 한 것"(제1호) 또는 "근로자가 정당한 단체행동에 참가한 것을 이유로 하거나 또는 노동위원회에 대하여 사용자가 이 조의 규정에 위반한 것을 신고하거나 그에 관한 증언을 하거나 기타 행정관청에 증거를 제출한 것"(제5호)을 이유로 하여 사용자가 그 근로자를 해고하거나 기타 불이익을 주는 행위를 부당노동행위로서 금지하고 있다.

2) 부당노동행위로 인정되는 해고 부당노동행위로 인정되는 해고의 형태로는 ① 징계해고, ② 기업의 합리화를 구실로 한 해고, ③ 단순한 경력사칭을 이유로 한 해고, ④ 강요에 의한 의원사직, ⑤ 영업양도시의 일부 근로자에 대한 취업거부, ⑥ 근로계약의 갱신거부, ⑦ 계절근로자 또는 정년후의 재채용의 거부, ⑧ 경미한 무단결근 또는 무단이탈을 이유로 한 해고조치, ⑨ 노동조합 탈퇴자 또는 비조합원에 대하여 감봉처분을 하면서 동일사안에 대하여 조합원에게는 해고처분을 한 경우 등 매우 다양하게 나타난다.[31)]

3) 조합활동을 이유로 한 불이익취급 a) 정당한 조합활동 등을 이유로 징계처분을 하는 경우에는 부당노동행위에 해당된다. 예컨대 ① 근로자의 업무상 과실행위에 대하

31) 부당노동행위로 인정되지 않는 해고의 형태는 ① 노조설립의 활동을 구실로 노사협의회에서 결정한 연장 및 야간근무를 거부하고 동료 근로자들을 선동한 이유로 회사규칙에 의하여 해고된 경우, ② 정당한 절차없이 쟁의행위를 주동하여 난동사태를 유발함으로써 대다수 조합원에 의하여 쫓겨난 사실을 이유로 감원대상에 포함시킨 경우, ③ 조합활동과 무관한 친목단체 조직 · 운영을 이유로 해고한 경우, ④ 노동조합에서 직위해제된 노조전임자가 원래 소속 부서의 폐지로 인하여 변형된 부서로의 출근을 거부하여 해고된 경우, ⑤ 경력사칭 등을 이유로 경영질서가 침해되어 해고된 경우, ⑥ 조합활동과 무관한 사건으로 유죄판결을 받았음을 이유로 해고된 경우 등 다양하게 나타나고 있다.

여 상당기간 동안 문제삼지 아니하다가 노동조합에 가입하자 이를 징계한 경우, ② 조합활동을 이유로 다른 근로자와 징계처분상의 차별대우를 하는 경우, 이는 부당노동행위에 해당된다.

b) 그러나 ① 기존의 노동조합을 어용노조라고 노동조합과 회사를 함께 비방하고 허위사실을 유포한 것에 대하여 감봉처분한 경우, ② 단체협약 등에 의한 당사자간의 합의없이 노사간부가 회사업무를 수행하지 아니하고 노조업무에만 전념하여 이에 감봉 1개월의 징계처분을 한 경우 등은 부당노동행위에 해당되지 아니한다.

4) 인사상의 불이익취급 a) 인사상의 불이익취급이란 근로자에 대한 휴직, 배치전환, 전근, 출근정지, 복직거부, 장기출장 등의 불이익처분을 말한다. 정당한 조합활동을 이유로 인사상의 불이익처분을 하는 경우에는 부당노동행위에 해당된다. 예컨대 ① 노동조합을 결성하려 한 이유로 근로자를 계열회사로 전보발령한 경우, ② 노조분회장을 조합원의 대다수가 근무하는 사업장에서 조합원이 한 명도 없는 사업장으로 전출발령한 행위, ③ 조합활동을 이유로 근로자를 복직거부, 휴직 또는 전근·전보시킨 경우 등은 부당노동행위에 해당된다.

b) 불이익취급은 노동3권의 침해와 관련하여 판단되어야 하므로 사용자의 행위 자체가 외형상 불이익취급이 아니더라도 실질적으로 불이익취급이 될 수 있다. 따라서 조합원을 노동조합에 가입할 자격이 부여되지 아니하는 직위 또는 직급으로 승진·승급시키거나 근로자가 이를 거부하는 것을 업무명령위반이라는 빌미로 불이익취급을 하는 경우에는 부당노동행위에 해당될 수 있다.

c) 판례에서는 "승진인사도 부당노동행위에 해당할 수 있으나, 정기승진인사시 근로자가 승진거부의사를 표명함에도 사용자가 승진시킨 조치는 부당노동행위에 해당되지 않는다"고 한다.[32)]

5) 경제상의 불이익취급 a) 경제상의 불이익취급이란 기본급·수당·상여금·퇴직금 및 복리후생비 등에 있어서의 불이익취급을 말한다. 정당한 조합활동 등을 이유로 경제상의 불이익처분을 하는 경우에는 부당노동행위에 해당된다. 예컨대 ① 조합원의 연봉지급을 비조합원과 차별대우하는 경우, ② 비조합원의 자녀에게만 장학금을 지급하고, 조합원의 자녀에게는 지급하지 아니하는 경우 등은 모두 부당노동행위에 해당된다.

b) 그러나 ① 과업중 근로시간에 해당하는 합리적인 액수의 특별수당을 파업종료후에 파업불참가자에게만 지급하는 경우, ② 조합원이 될 수 없는 자가 조합원이 되는 경우 이를

32) 대판 1992. 1. 27, 92누9418

정상근무가 아닌 것으로 보아 연장근로수당 및 위험수당을 지급하지 아니한 경우, ③ 사용자에 해당하는 근로자에 대하여는 임금인상을 실행하고, 조합원인 근로자의 임금인상은 단체교섭을 통하도록 하는 경우 등은 부당노동행위에 해당되지 아니한다.

관련판례

(1) 사용자가 단체협약과 인사방침에 따라 근로자를 비노조직으로 승진발령하자 그 인사발령이 노조원으로서의 신분을 상실케 하여 정당한 노동운동마저 하지 못하게 할 목적으로 이루어진 것이라고 생각하고 그 이유를 들어 이에 불응하면서 직무를 포기하는 한편 동료에게 위 인사발령을 취소할 것을 요구하는 내용의 건의문을 작성교부하면서 그 건의문에 다른 근로자들의 서명을 받아 줄 것을 요청하여 그로 하여금 서명운동을 하게 한 자에 대하여 회사가 취업규칙, 사규, 단체협약에 위배된다고 하여 징계해고처분을 한 것은 정당하다(대판 1986. 7. 8, 85누170).

(2) 부당노동행위는 사용자측이 내세우는 해고사유와 근로자가 노동조합의 업무를 위한 정당한 행위의 내용, 징계해고를 한 시기, 사용자와 노동조합과의 관계, 기타 부당노동행위 의사를 추정할 만한 제반사정을 비교 · 검토하여 종합적으로 판단해야 한다(대판 1991. 4. 23, 90누76855).

(3) 근로자에 대한 전근이나 징계해고가 노동조합업무를 위한 정당한 행위를 이유로 한 불이익처분인지 여부를 판단함에 있어서는 처분시기, 사용자와 노동조합과의 관계, 동종의 사례에 있어서 조합원과 비조합원에 대한 제재의 불균형 여부, 사유의 정당성 유무, 종래의 관행에 부합 여부, 기타 부당노동행위의사의 존재를 추정할 수 있는 제반사정 등 외에 처분 후에 있어서의 노동조합활동의 쇠퇴 여부도 비교 검토하여 판단하여야 할 것이다(대판 1992. 12. 8, 91누11025).

(4) 부당노동행위의 여부는 사용자가 내세우는 사유와 근로자가 노동조합업무를 위한 정당한 행위의 내용, 징계해고를 한 시기, 회사와 노동조합과의 관계, 동종의 사례에 있어서 조합원과 비조합원에 대한 제재의 불균형 여부, 처분 후에 있어서 다른 노동조합원의 탈퇴 등 조합활동의 쇠퇴 내지 약화여부, 기타 부당노동행위의사의 존재를 추정할 수 있는 제반사정을 비교하여 종합적으로 판단하여야 한다(대판 1997. 3. 28, 96누4220).

(5) 업무능력, 근무성적, 상위직에 대한 적격성 등의 반영에 의하여 승진이 이루어지는 이른바 능력주의 승진제도 하에서 조합원이 노동조합에 가입하고 있음을 이유로 비조합원과 비

교하여 승진에 있어서 불이익한 취급을 받았다고 하기 위해서는, 특별한 사정이 없는 한 당해 조합원이 비교의 대상으로 된 비조합원과의 사이에 업무능력, 근무성적, 상위직에 대한 적격성 등에 있어서 차이가 없어야 할 것이고, 노조원과 비노조원을 전체적으로 비교하여 보아 승진에 있어서 격차가 있다고 하더라도 이로써 바로 부당노동행위에 해당한다고 단정할 수 없다(대판 1998. 2. 10, 96누10188).

쟁점사례

/사 례/ 정부투자기관에서 20년간 근무해오는 P차장은 얼마 전 국회감사에 대비하여 사업관련통계자료를 수집한 후 검토중에 있었으나, 부하직원 H가 본인이 없는 사이에 정밀한 검토 없이 기관장에게 보고하였고, 그 자료가 국회에 보고된 결과 엉망이라는 사실이 밝혀져 기관장문책이 이어졌다. 그 결과 P차장은 본인 역시 감봉처분을 받는 동시에 대전으로 전근을 가게 되었다. 그러나 업무상 과실을 저지른 부하직원 H는 노동조합의 지부장이므로 지방으로 전근되면 노동조합지부장으로서 활동을 할 수 없고, 단체협약에 의해 노동조합의 동의 없이 노조간부를 전근하는 이유를 들어 부당노동행위라며 징계조치에 불응하고 있다. 이 경우 정규인사가 아니라는 이유만으로 이들에 대한 전근조치는 부당노동행위에 해당되는지?

/해 설/ 사례와 같이 정기적인 인사이동이 아닌 부실감사로 인한 전근조치는 징계처분에 의한 후속조치로서 정당한 징계권의 행사라고 보아야 한다. 따라서 P차장에 대한 전근명령은 정당하다고 할 수 있으며, 본인은 노동조합원이 아니므로 부당노동행위라고 주장할 여지가 없다. 그러나 부하직원인 H는 노동조합의 지부장이라는 신분을 보유하고 있으며, 전근조치는 노동조합의 활동에 지장을 초래할 우려가 있기 때문에 단체협약에 의하여 동의나 합의 등을 거쳐 시행하도록 하고 있다. 이 경우 전근명령은 단체협약에 의해 노동조합의 동의를 얻어 실행하는 인사명령을 의미한다. 그러나 직원 H에 대한 전근조치는 징계처분의 일종에 해당되므로 노동조합의 동의없이 시행이 가능하며, 이를 이유로 한 부당노동행위는 성립되지 않는다고 보아야 한다.

(3) 불공정계약(비열계약)

1) 불공정계약의 의의 a) 노동조합및노동관계조정법 제81조제2호 본문은 "근로자가 어느 노동조합에 가입하지 아니할 것 또는 탈퇴할 것을 고용조건으로 하거나 특정한 노동조합의 조합원이 될 것을 고용조건으로 하는 행위"를 부당노동행위로서 금지하고

있다. 조합에의 불가입 · 탈퇴 또는 가입을 고용조건으로 하는 계약을 이른바 황견계약(yellow dog contract) 또는 불공정계약, 비열계약이라고도 한다.

b) 이 규정은 근로자의 노동3권 행사를 침해하는 사용자의 행위를 배제하는데 그 목적이 있으므로, 조합에 가입하더라도 조합활동을 하지 아니하는 것을 고용조건으로 하는 불공정계약을 규제하기 위한 것이다. 이와 같은 불공정계약의 내용은 반드시 근로계약의 체결시에 약정될 필요는 없으며, 일단 근로자가 된 후에 고용계속의 조건으로 약정하는 것도 마찬가지로 부당노동행위에 해당된다고 할 것이다.

2) 노동조합의 제명처분과 유니온 숍 a) 사용자가 근로자에게 특정조합에의 가입을 강요하거나 또는 다른 조합에의 가입을 방해하고 자주적인 조합의 조직을 약화시키거나 어용조합을 확장시키는 것은 금지한다. 따라서 불공정계약은 그 계약을 체결한 자체로서 부당노동행위를 구성하며, 조합가입을 방해 또는 탈퇴를 강제한다는 행위를 별도로 요구하지 않는다.

b) 노동조합및노동관계조정법 제81조제2호 단서는 "노동조합이 당해 사업장에 종사하는 근로자의 3분의 2 이상을 대표하고 있을 때에는 근로자가 그 노동조합의 조합원이 될 것을 고용조건으로 하는 단체협약의 체결은 예외로 하며, 이 경우 사용자는 근로자가 당해 노동조합에서 제명된 것을 이유로 신분상 불이익한 행위를 할 수 없다"고 규정하고 있다. 이와 같은 노동조합에의 가입을 고용조건으로 하는 것을 유니온 숍 협정이라 하는데, 노동조합의 단결을 강화하는 수단이 된다. 이 규정은 오히려 근로자의 단결권을 더욱 보호할 수 있기 때문에 부당노동행위로 보지 아니한다는 규정이다.

관련판례

(1) 유니온숍 협약에 따라 사용자가 노동조합을 탈퇴한 근로자를 해고한 경우에 해고근로자가 노동조합을 상대로 하여 조합원지위확인을 구하는 소를 제기하여 승소한다고 하더라도 바로 해고의 효력이 부정되는 것은 아닐 뿐 아니라, 사용자 또한 그 해고가 적법한 것이라고 주장하고 있고 해고무효확인소송에서도 그 선결문제로 조합원지위의 존부에 관하여 판단을 할 수 있으므로, 근로자가 노동조합을 상대로 조합원지위의 확인을 구하지 아니하고 막바로 해고무효확인소송을 제기하였다고 하더라도 그 소가 소익이 없다고 할 수 없다. 노동조합이 노조를 탈퇴한 근로자 11명이 노조탈퇴의사를 철회하고 노조에 다시 가입하기 위한 노력을 하였음에도 불구하고 그중 일부에 대하여는 노조탈퇴의사 철회를 받아들여 노조원의 자격을 유지하게 하고도 나머지 3명에 대하여서만 이를 받아들이지 않고 회사에 대하여 해고를 요구하여 결국 회사가 이들을 해고한 것으로서, 이와 같이 노조탈퇴의사를 철회하고 노조에 다시 가입하려는 근로자에 대하여 이를 거부하고 해고되게 한 것은 노조 자체가 단결권의 정신을 저버리고 실질상 제명

과 같은 효과를 발생시킨 것으로서, 노동조합법 제39조제2호 단서에 위반될 뿐만 아니라 유니온숍 협정에 기한 해고의 목적범위를 일탈한 것이고, 또한 11명의 탈퇴자 중 3명에 대하여서만 탈퇴의사 철회를 거부하고 해고되게 한 것은 다른 탈퇴근로자들과의 형평에도 반하여 무효이다(대판 1995. 2. 28, 94다15363).

(2) 구 노동조합(1996. 12. 31, 법률 제5244호로 폐지되기 이전의 것) 제39조제2호 단서 소정의 조항, 이른바 유니온 숍 협정은 노동조합의 단결력을 강화하기 위한 강제의 한 수단으로서 근로자가 대표성을 갖춘 노동조합의 조합원이 될 것을 '고용조건'으로 하고 있는 것이므로 단체협약에 유니온 숍 협정에 따라 근로자는 노동조합의 조합원이어야만 된다는 규정이 있는 경우에는 다른 명문의 규정이 없더라도 사용자는 노동조합에서 탈퇴한 근로자를 해고할 의무가 있다(대판 1998. 3. 24, 96누16070).

(3) 유니온 숍 협정이 체결된 노동조합을 탈퇴하여 조직대상을 같이 하면서 독립된 단체교섭권을 가지는 다른 노동조합에 가입하는 경우, 이를 허용한다면 사실상 회사 내에서 단체교섭권을 가지는 노동조합이 복수로 존재하게 되어 유니온 숍 협정의 근본이 와해되어 유니언 숍 협정은 유명무실한 것이 되어 버리는 결과가 되므로, 이와 같은 경우에도 유니언 숍 협정이 적용된다(대판 2002. 10. 25, 2000다23815).

---

(4) 단체교섭의 거부 또는 해태

a) 노동조합및노동관계조정법 제81조제3호는 "노동조합의 대표자 또는 노동조합으로부터 위임을 받은 자와의 단체협약체결 기타의 단체교섭을 정당한 이유없이 거부하거나 해태하는 행위"를 부당노동행위로서 금지하고 있다. 이 규정은 헌법상 노동3권의 보장을 구체화하여 단체교섭을 통한 단체협약을 체결하고자 한 것이다.

b) 사용자의 단체교섭의무는 성의를 가지고 교섭에 임할 것을 요구하는 것에 국한되며, 반드시 교섭을 타결시켜 단체협약을 체결할 의무는 없다. 단체교섭을 계속하였으나 당사자간의 주장이 첨예하게 대립하여 더 이상 교섭을 계속하는 것이 무의미한 것이 명백해진 경우, 즉 이른바 교섭결렬상태로 된 경우에는 단체교섭을 중단하더라도 단체교섭의 거부는 아니다.

관련판례

(1) 부당노동행위구제신청에 따른 구제명령을 얻는다고 하더라도 객관적으로 보아 그 실현이 불능인 경우와 구제를 구하는 사항이 다른 방법에 의하여 이미 실현되어 구제신청이 이미 목적을 달성한 경우에는 중앙노동위원회 판정의 취소를 구할 소의 이익은 없다고 보아야 하므로, 특정사항에 관한 단체교섭의 거부를 이유로 한 부당노동행위구제신청에 대한 각하결정의 취소를 구하는 소송 중 그에 관한 단체교섭이 타결된 경우에 그 구제신청은 이미 목적을 달성한 경우로서 위 결정의 취소를 구하는 소송은 소의 이익이 없어 부적법하다(대판 1995. 4. 7, 94누3209).

(2) 부당노동행위는 사용자가 아무런 이유 없이 단체교섭을 거부 또는 해태하는 경우는 물론이고, 사용자가 단체교섭을 거부할 정당한 이유가 있다거나 단체교섭에 성실히 응하였다고 믿었더라도 객관적으로 정당한 이유가 없고 불성실한 단체교섭으로 판정되는 경우에도 성립한다고 할 것이고, 한편 정당한 이유인지의 여부는 노동조합측의 교섭권자, 노동조합측이 요구하는 교섭시간, 교섭장소, 교섭사항 및 그의 교섭태도 등을 조합하여 사회통념상 사용자에게 단체교섭의무의 이행을 기대하는 것이 어렵다고 인정되는지 여부에 따라 판단하여야 한다(대판 1998. 5. 22, 97누8076).

(3) 전쟁기념사업회 노동조합의 조합장이 학예부장의 차하위자인 3급직 학예담당관으로 그 부하직원을 지휘하고 그 휘하의 6급 이하 직원에 대한 1차적 평가를 하지만, 부장이 2차 평정권자로서 그 평정의 권한 및 책임은 궁극적으로 부장에게 귀속되고, 부하직원의 지휘도 부장을 보조하는데 지나지 아니하며, 인사, 급여, 후생, 노무관리 등 근로조건의 결정에 관한 권한과 책임을 전쟁기념사업회로부터 위임받은 점이 없다면, 위 조합장이 구 노동조합법(1996. 12. 31, 법률 제5244호 부칙 제3조로 폐지되기 전의 것) 제3조 단서 제1호에 정한 사용자 또는 항상 그의 이익을 대표하여 행동하는 자에 해당하지 아니하므로, 위 사업회가 위 조합장을 노동조합원이 될 수 있는 자격이 없다는 이유로 당해 조합의 단체교섭요구에 응하지 아니한 것은 정당하다고 볼 수 없다(대판 1998. 5. 22, 97누8076).

(4) 사용자가 노동조합과의 단체교섭을 정당한 이유 없이 거부하였다고 하여 그 단체교섭 거부행위가 바로 위법한 행위로 평가되어 불법행위의 요건을 충족하게 되는 것은 아니지만, 그 단체교섭 거부행위가 그 원인과 목적, 그 과정과 행위태양, 그로 인한 결과 등에 비추어 건전한 사회통념이나 사회상규상 용인될 수 없는 정도에 이른 것으로 인정되는 경우에는 그 단체교섭 거부행위는 부당노동행위로서 단체교섭을 침해하는 위법한 행위로 평가되어 불법행위의 요건을 충족하게 되는 바, 사용자가 정당한 이유 없이 노동조합과의 단체교섭을 거부

하였다면, 그 단체교섭 거부행위는 건전한 사회통념상이나 사회상규상 용인될 수 없는 정도에 이른 행위로서 헌법이 보장하고 있는 노동조합의 단체교섭권을 침해하는 위법한 행위라고 할 것이므로, 그 단체교섭 거부행위는 노동조합에 대하여 불법행위를 구성한다(대판 2006. 10. 26, 2004다11070).

---

(5) 지배 · 개입 또는 경비원조

a) 노동조합및노동관계조정법 제81조제4호는 "근로자가 노동조합을 조직 또는 운영하는 것을 지배하거나 이에 개입하는 행위와 노동조합의 전임자에게 급여를 지원하거나 노동조합의 운영비를 지원하는 행위"를 부당노동행위로서 금지하고 있다. 다만, 근로자가 근로시간중에 제24조제4항에 따라사용자와 협의 또는 교섭하는 것을 사용자가 허용하는 것은 무방하며, 또한 근로자의 후생자금 또는 경제상의 불행 기타 재액의 방지와 구제 등을 위한 기금의 기부, 최소한 규모의 노조사무소의 제공은 예외로 한다.

b) 노동조합 및 노동관계조정법 제24조(노동조합의 전임자)제4항은 근로시간의 면제한도를 초과하지 아니하는 범위에서 임금의 손실없이 사용자와 협의 · 교섭을 할 수 있다고 규정하고 있다.

다른 부당노동행위가 근로자의 자주적인 노동3권의 행사 자체를 직접 방해 · 침해하고 있는데 반하여, 지배 · 개입의 경우에는 사용자가 원하는 방향으로 조합원 또는 노동조합을 움직이게 함으로써 간접적으로 노동3권의 행사를 침해하고 있는 것이다.

c) 조합조직에 관한 지배 · 개입의 대표적인 유형으로서는 ① 노동조합의 조직 또는 가입을 비난한다든가 노조결성을 인정하지 아니하겠다는 발언을 하는 경우, ② 폭행으로 조합탈퇴를 강요하고 사용자 임의로 조합해산의 신고를 한 경우, ③ 노동조합의 해산을 종용하는 경우, ④ 특정노조로부터의 탈퇴 혹은 다른 노조 또는 어용조합에의 가입을 권유 · 설득하는 경우, ⑤ 하도급업체를 만들어 조합원을 동업체에 유인 · 흡수함으로써 노동조합을 해산하게 하는 경우, ⑥ 비조합원의 조직 등 노동조합의 대항단체를 결성 · 비호하는 경우, ⑦ 노조설립을 혐오하여 이를 와해시킬 목적으로 위장폐업한 경우 등이 있다.

관련판례

(1) 쟁의행위기간 동안에 발생한 제반문제에 대하여는 노사가 그 책임을 묻지 않기로 합의가 이루어진 직후 갑자기 경영상태악화를 내세워 보조참가인이 소외 조합의 부위원장을 조합전임에게 원직인 운전기사로 복귀명령하고, 소외 조합의 총무부장을 해고하고 해고기간중의

임금을 지급하지 아니한 것은 조합활동에 대한 보복조치인 동시에 조합의 운영에 지배 또는 개입하는 부당노동행위인데도, 중앙노동위원회가 이를 부당노동행위가 아니라고 한 것은(총무부장의 해고부분을 부당노동행위라고 하고, 임금지급부분은 부당노동행위가 아니라고 하였음) 잘못이므로, 원심의 취소판결은 정당하다(대판 1991. 5. 28, 90누6392).

(2) 회사가 해고를 다투는 조합장의 복귀 통지문을 반려하고 조합장이 아닌 다른 조합원 명의로 조합비 등의 일괄공제 요구를 할 것을 요청한 것은 조합장의 노동조합활동을 방해하려는 의도에서 이루어진 것으로서 비록 이로 인하여 근로자의 단결권을 침해하는 결과가 발생하지 아니하였다고 하더라도 지배 · 개입으로서의 부당노동행위에 해당한다(대판 1997. 5. 7, 96누2057).

(3) 사용자가 연설, 사내방송, 게시문, 서한 등을 통해 의견을 표명할 수 있는 언론의 자유를 가지고 있음은 당연하다. 그러나 그 표명된 의견의 내용과 함께 그것이 행해진 상황, 시점, 장소, 방법 및 그것이 노동조합의 운영이나 활동에 미치거나 미칠 수 있는 영향 등을 종합해 노동조합의 조직이나 운영 및 활동을 지배하거나 이에 개입하는 의사가 인정되는 경우에는 '근로자가 노동조합을 조직 또는 운영하는 것을 지배하거나 이에 개입하는 행위'로서 부당노동행위가 성립한다(대판 1998. 5. 22, 97누8076 참조). 또 그 지배 · 개입으로서의 부당노동행위로서의 부당노동행위의 성립에 반드시 근로자의 단결권의 침해라는 결과의 발생까지 요하는 것은 아니다(대판 1997. 5. 7, 96누2057 ; 대판 2006. 9. 8, 2006도388).

쟁점사례

/사 례/ 택시운전기사로서 K씨는 10년간 성실히 근무를 해오다 사용자측의 각종 불공정한 행위와 사납급 부당인상문제로 인하여 조합원의 피해가 늘어나자 금번에 노동조합위원장에 출마하기로 결심하고 입후보하였다. 그러나 선거과정에서 친목단체를 구성하여 운영해오다 이들의 지지로 인하여 당선가능성이 있다는 소문이 돌자, 총무부장 P가 갑자기 K씨를 호출하여, "회사에서 인정하지 아니하는 친목단체를 구성하여 운영하였으므로 사규위반"이라며 해고조치를 하겠다고 한다. 평상시 아무런 문제를 제기하지 않고 지내다, 갑자기 친목단체를 거론하며 선거운동중에 압력을 주는 것은 부당노동행위에 해당되는지, 또한 징계처분이 정당한지?

/해 설/ 원칙적으로 회사에서는 사용자의 승낙 없이 임의단체를 구성하여 경영에 지장을 초래하여서는 아니 된다. 따라서 친목단체의 구성을 금지하기 위해서는 사전에 취업

규칙에 명시되어 있어야 하며, 이를 게시하여 근로자들이 평상시 알 수 있도록 해야 한다. 그러나 취업규치에 친목단체의 구성을 금지하는 규정이 없는 한 이를 이유로 근로자를 징계할 수 없다. 설사 친목단체에 관한 금지규정이 있었더라도 조합원의 선거운동중에 이를 이유로 해고할 수 있다고 하는 것은 특정인의 선거를 방해하는 행위로서 노동조합의 활동을 지배·개입하는 행위에 해당되며, 이로 인한 해고는 불이익취급으로 부당노동행위가 성립된다. 또한 취업규칙의 제정 또는 개정 전에 이미 친목단체가 존재하여 왔다면 나중에 취업규칙을 소급적용하여 근로자를 징계처분할 수 없다.

제6장
징계재량권의 행사와 범위

제1절 징계재량권의 행사

1. 징계재량권의 의의

a) 징계재량권이란 사용자가 근로자를 징계처분함에 있어서 자유로이 징계사유의 설정, 징계종류와 양정, 징계절차를 선택하거나 결정할 수 있는 권한을 말한다. 사용자는 ① 어떠한 행위를 징계사유로 설정하고 규율할 것인지, ② 징계사유에 어떤 종류를 적용할 것인지, ③ 징계대상에 대하여 가벼운 징계처분이나 징계면책을 할 것인가에 대하여 결정할 수 있는 재량권을 가진다.

b) 이때 징계사유가 있는지는 규제목적과 대상의 문제이고, 징계처분을 할 것인가의 여부는 노사 당사자간의 단체협약이나 취업규칙 등에 의하여 명시한 사항을 집행하는 문제로서 볼 수 있다. 그러나 징계재량권의 문제는 징계사유에 대하여 징계종류를 적절히 선택하고, 어떠한 징계양정을 결정할 것인지가 주로 논의의 대상이 된다. 징계권의 행사가 현저하게 타당성을 잃거나 형평성이 없으면 남용문제가 되기 때문이다.

2. 징계재량권의 행사

(1) 추상적 징계규정과 직무관련성

a) 징계권을 행사하기 위한 징계규정을 어떻게 정할 것인가 하는 것은 매우 중요하다. 예컨대, 징계처분의 사유로서 "직무의 내외를 불문하고 그 체면 또는 위신을 손상하는 행위를 한 때"라고 명시하는 경우가 있다. 이 경우에는 너무 추상적이고 광범위하여 직무와 관계없는 행위도 포함하는 것으로 볼 수 있어 사생활의 간섭을 허용하는 규정으로 해석된다. 따라서 징계규정은 명확성의 원칙에 따라야 하고, 직무와 관계없는 개인적 비행은 도덕적 · 사회적으로 비난받아야 할지라도 징계규정에 의해 징계사유가 될 수 없다고 보아야 한다.

b) 도덕적 차원과 법률적 차원의 문제는 경영질서를 유지하기 위한 조직규범의 관점에서 제재성을 판단해야 하므로 평가를 달리해야 할 당위성이 있다. 징계권은 일방이 타

방의 의사를 불구하고 강제적으로 부과하는 불이익처분이라는 성질을 볼 때 최소한도의 범위에서 행사되어야 한다. 또한 사용자가 징계사유를 설정한다 하더라도 이러한 규정이 곧바로 정당성이 인정될 수 없기 때문에 별도로 사법심사의 대상이 된다고 보아야 한다.

c) 예를 들어 퇴근길에 동료근로자와 음주 후 자가용운전을 하다 도로교통법위반으로 벌금을 받은 근로자에 대하여 방송에 보도되었다는 이유로 취업규칙을 적용하여 근로자를 징계처분하는 것은 부당하다. 사생활상의 영역에서 음주운전을 하여 교통사고를 일으킨 경우에는 법률위반이 되지만, 직무와의 관련성은 인과관계가 없기 때문이다. 따라서 사용자가 "음주운전자는 징계처분한다"는 회사의 규정을 정하였다 하더라도 직무관련성이 없다면 근로자를 징계처분하는 경우 징계권의 남용이 된다고 보아야 한다. 그러나 근로자의 행위가 실질적으로 회사의 명예를 실추시키는 등 사생활의 영역에서 발생한 사안이라도 기업의 경영질서 등에 미치는 밀접한 관련성이 있다면 징계처분을 할 수 있다.

관련판례

(1) 신청인이 부서관리자이자 직장상사의 지위에 있는 자로서 기혼임에도 불구하고 미혼의 부하 여직원에게 교제를 요구하며 부적절한 관계를 오랜 기간 지속하여 온 것은 그 행위자체로서 사회적 비난받을 수 있는 것이고 나아가 그 관계의 청산을 요구하는 여직원에게 만남을 지속하고자 폭력을 행사하고 그 과정에서 상해까지 입혀 결국 부하 여직원이 회사를 퇴사할 수밖에 없는 결과를 초래하였으며, 이로 인하여 회사 내 직원들이 원고의 행위에 대한 진상규명 및 적절한 징계를 요구하며 원고의 행위를 규탄하는 상황에 이르렀다면 이는 참가인 회사의 사회적 평가에 중대한 악영향을 끼치는 것일 뿐 아니라 회사 내 기업질서와 근무분위기에도 부정적 영향을 미치는 것으로서 참가인 회사가 원고를 해고한 것은 징계권을 남용한 것이라고 볼 수 없다(서울행판 2006. 2. 10, 2005구합10576).

(2) 원심은, 1) 원고가 2005. 1. 13.경부터 노조위원장 이름으로 피고회사 근로자들이나 퇴직 근로자들로부터 피고회사 발행 주식을 매수한 행위는 단체협약 제27조제7호 소정의 "회사 외부의 자와 협력하여 사업경영권에 반하는 행위를 하여 회사에 불이익을 주는 행위"나 취업규칙 제36조제1항제7호 소정의 "해사행위나 회사에 손해 또는 불이익을 초래할 수 있는 행위"로서 징계사유에 해당한다고 판단하였다. 2) 피고회사의 전 대표이사 소외 A가 회사 자금으로 무기명양도성예금증서를 발행받은 후 이를 담보로 제공하고 자기나 제3자 앞으로 대출을 받는 업무상 배임행위를 저지르고 그 대출금 등으로 피고회사 발행 주식을 취득한 사실, 소외 B 주식회사는 소외 A가 보유한 주식을 매수하여 피고회사의 경영권을 인수한 사실, 원고는 피고회사 노조위원장으로서 소외 B 주식회사의 주식취득과 경영권인수를 반대해 오던 중 2005. 1. 13.경부터 노조위원장 이름으로 피고회사 근로자들이나 퇴직 근로자들로부터 피

고 회사 발행 주식을 매수한 사실은 원심이 적법하게 확정한 바와 같다. 나아가 원심판결 이유와 기록에 비추어 보면, 원고의 주식매수는 피고회사의 경영권을 확보하거나 적어도 피고회사의 경영에 영향을 미치려는 데 그 목석이 있었나고 인징된다. 3) 그리니 근로지가 자신이 근무하는 회사 발행 주식을 취득하는 것 자체를 위법하다고 할 수 없을 뿐만 아니라, 설령 원고가 주식을 매수함으로써 소외 B 주식회사 등 피고회사의 주주나 현 경영진의 경영권을 위협하고 피고 회사의 경영에 영향을 미칠 수 있게 된다 하더라도, 이를 주주나 경영진이 아닌 피고회사에 불이익을 주거나 해를 끼치는 행위라고 볼 수는 없고, 회사 외부의 제3자로부터 주식매수에 필요한 자금이 투입되었다 하여 달리 볼 것도 아니다. 그 밖에 원고의 주식매수행위로 말미암아 피고회사가 불이익 내지 손해를 입었다거나 그러한 우려가 생겼다는 점을 인정할 증거도 없다. 4) 따라서 원고의 주식매수행위는 단체협약 제27조제7호나 취업규칙 제36조제1항제7호가 정한 징계사유에 해당한다고 볼 수 없고, 원심이 이와 달리 판단한 데에는 징계사유의 해석을 그르치거나 채증법칙을 위배한 위법이 있다할 것이다(대판 2009. 09. 10, 2008다21983).

---

(2) 징계재량권의 일탈 · 남용

a) 징계권자는 징계처분을 함에 있어서 ① 비위사실 또는 위반행위의 원인, ② 위반행위의 성질 또는 결과, ③ 징계사유의 유형 이외에 당해 근로자의 행위 전후에 있어서의 태도, ④ 징계전력이 있는지, ⑤ 징계처분이 다른 근로자 및 회사에 미치는 영향을 종합적으로 고려하여야 한다. 이 경우 사회통념상 현저하게 타당성을 결하여 징계처분의 목적을 일탈하거나 형평성을 잃게 되면, 그 재량권을 일탈·남용한 것으로 보아야 한다. 이러한 재량권의 남용은 근로자에게 과중한 불이익이 될 수 있으므로 사법심사의 대상이 될 수 있다.

b) 따라서 법원은 징계재량권의 적합성을 심사하는데 있어서, 징계권자와 동일한 입장에서서 징계처분 여부 및 징계종류의 선택, 징계처분의 결과만을 논할 것이 아니라 재량권행사에 의한 처분이 사회통념상 현저하게 타당성을 흠결하였는지를 판단하여야 한다. 그러나 징계권의 남용은 이와 구별하여 징계사유 · 징계종류 · 징계절차 및 결과를 심사하여야 함을 이미 살펴본 바와 같다. 징계권남용의 법리는 징계권자의 재량에서 출발하지만 근로관계에서는 근로계약의 보호를 위해 적절하게 규제하는 법이론으로 보아야 하기 때문이다.

관련판례

(1) 취업규칙에서 징계사유를 규정함에 있어 동일한 징계사유에 대하여 여러 등급의 징계

가 가능한 것으로 규정하였다든가, 어떤 징계사유에 대하여 원칙적인 징계의 종류를 규정하면서 예외적으로 정상에 따라 보다 무거운 징계를 할 수 있는 것으로 규정하였다든가 하는 경우에 그 중 어떤 징계처분을 선택할 것인지는 징계권자의 재량에 속한다고 할 것이다. 그러나 이러한 재량은 징계권자의 자의적이고 편의적인 재량에 맡겨져 있는 것이 아니며, 징계사유와 징계처분과의 사이에 사회통념상 상당하다고 보여지는 균형의 존재가 요구되고, 경미한 징계사유에 대하여 가혹한 제재를 과한다든가 하는 것은 권리의 남용으로서 무효라고 하지 않으면 안 된다. 피고 회사의 취업규칙 제109조에 의하면 회사의 승인없이 사내에서 인쇄물을 배포하는 행위에 대하여 감봉 또는 정직하되 정상에 따라 징계해고가 가능한 것으로 규정하고 있고, 제110조제13호는 파업을 선동한 자에 대하여 징계해고 할 수 있도록 되어 있는바, 원심은 위 제110조제13호에 해당하는 원고의 행위에 대하여서는 면책키로 한 단체협약 때문에 징계처분을 할 수 없고, 제109조에 해당하는 원고의 행위에 관하여서는 그 여러가지 판시사정을 참작할 때 징계해고 할 정도의 나쁜 행동이라고 할 수 없으므로 피고의 징계해고처분은 그 재량의 범위를 일탈하여 무효라는 취지로 판단한 것인바, 위와 같은 법리에 비추어 볼 때 원심판결은 정당하다(대판 1991. 1. 11. 90다카21176).

(2) 피징계자에게 징계사유가 있어서 징계처분을 하는 경우, 어떠한 처분을 할 것인가 하는 것은 징계권자의 재량에 맡겨진 것이고, 다만 징계권자가 재량권의 행사로서 한 징계처분이 사회통념상 현저하게 타당성을 잃어 징계권자에게 맡겨진 재량권을 남용한 것이라고 인정되는 경우에 한하여 그 처분을 위법하다고 할 수 있으며, 그 징계처분이 사회통념상 현저하게 타당성을 잃어 재량권의 범위를 벗어난 위법한 처분이라고 할 수 있으려면 구체적인 사례에 따라 징계의 원인이 된 비위사실의 내용과 성질, 징계에 의하여 달성하려고 하는 목적, 징계양정의 기준 등 여러 요소를 종합하여 판단할 때에 그 징계내용이 객관적으로 명백히 부당하다고 인정할 수 있는 경우라야 한다(대판 2002. 8. 23, 2000다60890; 60906).

(3) 회사정리절차에 들어간 회사의 업무는 일반사기업의 경우와 비교하여 더욱 투명하고 적법하게 수행되어야 하므로, 그 업무수행에 있어서의 부당함 역시 법원이나 채권자 외에 내부 직원들로부터도 감시 · 견제되어야 할 필요가 더 크다 할 것인데, 참가인 회사는 경영진의 적정하지 못한 경영으로 인하여 회사사정이 더 악화되어 가고 있었고, 직원들이 불안감을 느끼고 있었으며, 이런 상황에서 원로로서는 참가인 회사의 투명한 경영을 촉구하고, 회사의 발전을 위한다는 목적으로 직장협의회를 조직하게 되었다고 보이는 점, 이 사건 이전에도 원고가 회사 내부의 횡령사실을 고발하여 회사로 하여금 이를 회수하게 하였던 점등에 비추어 보면, 위와 같이 '허가를 받지 아니하고 임의단체를 구성하였다'는 사실만으로는 참가인 회사가 원고를 해고한 것이 지나치게 가혹하여 재량권을 일탈하였다고 할 것이어서 원고에 대한 징계해고처분은 부당하다(대판 2005. 7. 29, 2005두4366).

(4) 이 사건 단체협약상의 재심은 그 문언에 따라 '징계절차에 이의가 있을 시'로 한정하여 해석함이 옳다고 하면서, 원고가 재심을 신청하면서 들고 있었던 이OO에 대하여 폭언을 하지 아니하였다는 사유는 징계절차에 관한 것이 아니라 징계사유의 존부에 관한 것이라 할 것이어서 참가인 회사측에서 그와 같은 사유가 징계절차에 해당하지 아니한다는 이유로 원고의 재심을 받아들이지 아니한 것을 위법하다고 볼 수 없다. 자신보다 나이가 고령인 직장상사에 대하여 멱살을 잡고 흔드는 등 이 사건 폭행을 하고 이로 인하여 직장상사가 입원치료까지 받게 한 점에 비추어 그 소행이 불량할 뿐만 아니라 이와 같은 폭행이 처음은 아니고 종전에도 직장상사에 대하여 욕설을 하고 책상을 발로 차는 등의 행위를 하고 그로 인하여 참가인 회사에게 차후 사규위반시에는 자진하여 사직서를 제출할 것을 확약하면서 시말서를 제출할 정도로 소란을 피운 전력이 있으며, 그 외에도 3회에 걸친 안전운행위반 등의 행위로 인하여 정직처분 등을 받은 점에 비추어 이 사건 징계해고가 재량권을 일탈 또는 남용하여 위법한 것이라고 할 수 없다(대판 2005. 12. 23, 2005두10781).

제2절 징계재량권의 범위와 적용

1. 징계재량권의 범위

(1) 징계재량권의 행사와 정당성의 판단

a) 사용자의 징계권은 재량행위이나 자유재량이 아닌 일정한 한계가 따르는 기속재량의 성질을 지닌다. 따라서 징계처분의 사유, 징계수준과 규율위반의 태양에 따른 징계종류와 징계양정에 대해서 징계권의 행사는 객관적으로 타당한 것이어야 하고 서로 모순되지 않아야 한다. 이 경우 사용자는 어느 정도의 자유로운 재량권을 가지는가?

b) 피징계자에 대한 징계사유가 있어 징계처분을 하는 경우 구체적으로 어떠한 처분을 할 것인가 하는 것은 징계권자의 재량에 해당된다. 다만, 징계권자의 재량권행사가 사회통념상 현저하게 타당성을 잃게 되면 그 처분을 부당하다고 할 수 있다. 따라서 징계권자에 의한 징계처분이 사회통념상 현저하게 타당성을 잃어 재량권의 범위를 벗어난 위법한 처분이라고 할 수 있으려면 ① 구체적인 사례에 따라 징계의 원인이 된 비위사실의 내용과 성질, ② 징계에 의하여 달성하려고 하는 목적, ③ 징계양정의 기준 등 여러 요소를 종합적으로 고려하여 그 징계내용이 객관적으로 명백히 부당하다고 인정할 수 있는 경우라야 할 것이다.[1]

관련판례

(1) 취업규칙에서 동일한 징계사유에 대하여 여러 등급의 징계가 가능한 것으로 규정하고 있는 경우에 그 중 어떤 징계처분을 선택할 것인지는 징계권자의 재량에 속한다고 할 것이지만, 이러한 재량은 징계권자의 자의적이고 편의적인 재량에 맡겨져 있는 것이 아니며, 징계사유와 징계처분과의 사이에 사회통념상 상당하다고 보여지는 균형의 존재가 요구되는 것이다(대판 1992. 5. 22, 91누5884).

(2) 취업규칙이나 단체협약등에서 징계사유를 규정함에 있어 동일한 사유에 대하여 여러 등급의 징계가 가능한 것으로 규정하였다면 그 중 어떤 징계처분을 행사할 것인지는 징계권자의

1) 대판 2005. 11. 25, 2005두9019

재량에 속한다고 할 것이나, 이러한 재량은 징계권자의 자의적이고 편의적인 재량에 맡겨진 것이 아니며, 징계사유와 징계처분과의 사이에 사회통념상 상당하다고 보여지는 균형의 존재가 요구되고, 경미한 징계처분에 대하여 가혹한 제재를 가한다는가 하는 것은 그 재량권의 남용으로서 무효라고 할 것이고, 또한 근로자에게 여러 가지 징계혐의사실이 있는 경우, 이에 대한 징계해고처분이 적정한지의 여부는 그 사유 하나씩 또는 그 중 일부의 사유만 가지고 판단할 것이 아니고, 전체의 사유에 비추어 사회통념상 근로관계를 계속할 수 없을 정도로 근로자에게 책임이 있는지 여부에 의하여 판단하여야 한다(대판 1997.12. 9, 97누9161).

(3) 원심은 제1심판결을 인용하여, 상당히 술에 취한 원고들이 많은 양의 위험물질을 보관하고 있는 참가인 회사에 야간 출입함으로써 사고의 위험을 야기한 행위는 참가인 회사의 취업규칙 제69조제2호에서 정한 징계사유 중 '직무상 의무에 배치되는 행위'에 해당하나, 그 위반정도에 비추어 볼 때 감급 1월의 징계처분(이하 '이 사건 징계처분'이라 한다)은 징계권자의 재량권 범위를 벗어나 지나치게 무거운 것으로서 부당하다고 판단하였다. 그러나 원심의 그와 같은 판단은 아래와 같은 이유로 수긍하기 어렵다. 1) 기록에 의하면, 다음과 같은 사실을 알 수 있다. ① 참가인 회사는 위험물을 연료로 투입하여 화학반응을 통해 플라스틱 첨가제를 생산하는 회사로서, 다량의 인화성 및 폭발성 위험물을 옥외 탱크와 공장 내에 보관하고 있다. 그에 따라 작은 실수에도 예기치 못한 사고가 발생하여 위험물의 유출 등으로 대형 안전사고가 발생할 위험이 상존하고, 그러한 사고가 발생할 경우 참가인 회사뿐 아니라 인근 지역 주민에게 막대한 재난을 초래할 우려가 있다. 실제 이 사건 징계처분 이후 참가인 회사에서는 소속 근로자의 작업절차 미준수로 인해 위험물이 누출되는 사고가 발생하였고, 그로 인해 1개월간의 조업정지처분을 받기도 하였다. ② 위와 같은 위험성 때문에 원고들과 같이 참가인 회사의 제조 업무에 종사하는 근로자들은 안전수칙의 준수가 고도로 요구되고, 그에 따라 근로계약을 체결할 때 참가인 회사에게 안전서약서를 작성 · 제출하였는데, 그중에는 '모든 작업에 임함에 있어 책임자의 지시 및 SDP(작업표준)를 따르고 제반 안전수칙을 지키겠음', '허가 없이 직장 내에서 음주행위를 하지 않겠음'등의 내용이 있었다. ③ 원고들은 2011. 8. 9. 및 2011. 8. 11. 각 그 전날 저녁부터 술을 마시기 시작하여 새벽까지 술을 마시다가 귀가치 아니하고 05:30경 또는 04:30경 참가인 회사에 들어와 탈의실에서 취침하였는데, 탈의실이 위치한 사무동과 위험물이 저장된 옥외탱크는 약 20m 정도 떨어져 있었다. ④ 원고들은 위와 같이 늦게까지 상당량의 음주를 한 후 그 주취상태에서 완전히 벗어나지 못한 채 오전 작업에 임하였는데, 당시는 1년에 한 번씩 행하여지는 참가인 회사 공장의 기계설비 정비기간으로서 분업화된 작업 공정에 따라 설비를 운용하면 되는 통상의 작업과 달리 원고들이 직접 각종 설비를 분해하여 이물질의 존재 여부를 확인한 후 교체, 세척작업을 실시하여야 함에 따라 그러한 작업 과정에서 위험물을 배출시키고 이물질을 확인하면서 예기치 못한 안전사고가 발생할 위험성이 평소보다 더 높은 상황이었다. 2) 살피건대 위와 같은 사실과 기타 기록을 통하여 알 수 있는, 참가인 회사가 보관하고 있는 인화성 ·

폭발성 물질의 위험성, 안전사고 발생 시 참가인 회사 및 인근 지역에 초래할 수 있는 막대한 영향, 위와 같은 안전사고의 위험성으로 인해 참가인 회사의 시설관리에 관한 권한은 강조될 수밖에 없고 안전과 관련된 복무규율 또한 엄격히 준수되어야 할 것인 점, 음주시간과 참가인 회사에 출입한 시각 및 수면시간 등에 의하면 원고들이 오전 작업에 임할 당시 그와 같은 음주로 인하여 정상적인 신체적 · 정신적 상태에 있지 아니하였음을 추단할 수 있는 점, 그와 같은 주취상태에서 원고들이 행한 업무의 위험성 등을 종합하여 보면, 원고들이 음주상태에서 허락 없이 안전사고 발생의 위험이 상존하는 참가인 회사에 새벽에 출입하여 업무와 무관한 취침을 위해 시설물을 이용한 행위 및 그와 같은 음주 후 신체적, 정신적으로 건전하지 아니한 상태에서 작업을 행함으로써 실제 사고의 발생 여부와 상관없이 안전사고의 위험을 초래한 행위에 대하여 한 참가인 회사의 원고들에 대한 감급 1월의 이 사건 징계처분은 결코 사회통념상 현저하게 상당성을 잃어 재량권의 범위를 벗어나 위법한 것이라고는 볼 수는 없다. 그럼에도 불구하고 원심은 위와 같은 징계사유를 인정하면서도, 그 판시와 같은 사정을 들어 참가인 회사의 이 사건 징계처분은 그 징계양정이 너무 무거워 부당하다고 판단하였는바, 원심의 이러한 판단에는 징계양정에 관한 법리를 오해하여 판결에 영향을 미친 위법이 있다 할 것이다(대판 2014. 6. 26, 2014두35799).

---

(2) 징계재량권의 범위와 객관적 타당성

a) 징계권의 행사는 사회통념에 비추어 현저히 가혹하거나 부당하다고 판정되지 않는 한 사용자의 재량권에 속하는 것이라고 해석함이 타당하다. 사용자의 재량권의 범위를 넓게 해석하는 견해가 없지 않으나, 취업규칙에 기초한 징계처분은 객관적 타당성을 갖는 것이 필요하고, 정황의 판정을 잘못한 징계처분은 무효라고 보아야 한다. 사용자가 취업규칙을 적용해서 징계처분을 하는 경우 징계사유의 인정, 정황의 판단, 처분의 양정은 자유재량에 속하는 것이 아니고 사용자가 객관적으로 타당한 적용을 해야 할 의무를 진다. 따라서 정황을 잘못 판단한 경우에는 사실의 존부를 잘못 인정한 것이므로 무효이다.

b) 근로자의 행위가 징계사유에 해당되나, 그 행위가 기업운영상 지장을 주지 않고 노사간에 있어 신뢰관계를 파괴하지 않는 정도라면 가능한 한 징계해고를 하지 아니하며, 보다 가벼운 징계처분을 하여야 한다. 만약 징계사유에 해당되는 근로자가 이미 사직서를 제출하였음에도 불구하고 사용자가 징계해고를 할 수 있는지 논란이 제기된다. 근로자가 이미 퇴직을 하였다면 신분관계가 이미 종료되어 징계권을 행사할 의미가 없기 때문이다. 그러나 징계권의 행사가 단순히 임금이나 퇴직금의 수령액을 감액시키는 정도에 그치는 것이 아니라, 근로관계를 종료시키는 징계해고가 특별한 의미를 지닌다면, 사직의사에 상관없이 징계해고를 하는 것도 타당하다고 보아야 한다.

관련판례

원심판결 이유에 의하면 1) 원심은 그 내세운 증거에 의하여 피고보조참가인(이하 참가인이라 한다)회사가 1995. 8. 8. 운전기사로 근무하던 원고를 ① 시내버스 운행을 1회 결행하였고, ② 상급자에게 폭언을 하였으며, ③ 세차원과 정비원에게 회사를 중상모략하고 업무방해를 하였고, ④ 업무상 기밀엄수의무를 위반하여 유관기관에 진정함으로써 회사의 명예를 실추시켰다는 이유로 징계해고한 사실, 위 해고사유 중 ③항의 사실은 인정되지 아니하나, ① 원고가 1995. 6. 3. 17:00까지 도착하도록 되어 있는 첫번째 버스운행을 17:21에야 도착하고서도 저녁식사를 하느라고 제시간에 출발하지 아니하여 두번째 운행을 결행한 사실, ② 같은 달 5. 참가인 회사가 원고에게 만인산 휴게소 앞에서의 교통사고를 이유로 정직 29일의 징계처분을 내리자 원고는 같은 달 13. 11:00경 참가인 회사의 대표이사실에서 대표이사에게 위 징계처분의 철회를 요구하다 시비가 되어 "네가 사장이냐", "내가 고발하면 이 회사가 망한다.", "회사간판을 내리게 하겠다."는 등의 폭언을 하고, 이를 말리는 전무에게도 욕설을 한 사실, ④ 1995. 7.경 원고는 자신의 과실로 위 만인산 휴게소 앞에서의 교통사고를 야기하고서도 교통신문, 충청일보 등 언론기관과 노동청 등에 참가인 회사가 차량정비를 소홀히 하여 위의 교통사고가 발생하였고, 그런데도 불구하고 참가인 회사는 모든 책임을 운전기사들에게 전가시키는 횡포를 자행하고 있다는 취지의 제보와 진정을 하여 위 교통신문, 충청일보 등이 그러한 취지의 기사를 보도한 사실을 인정한 다음, 위 각 사실은 판시와 같은 취업규칙상의 징계해고사유에 해당하기는 하나 위 ①항에서 버스의 도착이 지연된 것은 교통체증 때문이지 원고가 준법운행을 빌미로 일부러 도착을 지연시킨 것으로 볼 수 없고, 참가인 회사의 식당사정이나 기사들의 저녁식사 관례로 보아 원고가 두번째 운행에 앞서 저녁식사를 한 것만을 탓할 수는 없으며 오히려 참가인 회사의 무리한 버스운행일정에 더 큰 잘못이 있고, 과거에도 참가인 회사가 차량의 고장수리 등을 이유로 버스의 운행을 결행한 사실이 수차 있다는 점 등에 비추어 보아 위 버스운행 1회 결행행위 자체 만으로서는 원고와의 근로관계를 계속할 수 없을 정도의 중대한 사유가 된다고 보기 어렵고, 위 ②항의 폭언은 자신에 대한 징계처분에 대하여 선처를 구하다가 대표이사가 원고의 요구를 거절하면서 서로 시비가 되어 그렇게 된 것이고, 그 밖에 이 사건 변론에 나타난 폭언의 경위와 그 정도, 그 후의 정황 등 제반 사정에 비추어 보면 원고의 위와 같은 정도의 비위행위가 원고와의 근로관계를 계속할 수 없을 정도의 중대한 사유가 된다고 보기는 어려우며, 위 ④항에 있어서도 위 인정 사실만으로는 원고가 위 취업규칙 소정의 업무상 비밀엄수의무를 위반하였다고 보기 어렵고, 원고는 앞서 본 바와 같이 교통사고로 인하여 참가인 회사로부터 정직처분을 받게 되자, 위 교통사고는 참가인 회사의 차량정비 불량에도 그 원인이 있었다고 믿고 참가인 회사에 대하여 징계처분의 철회를 요구하다가 그 뜻이 이루어지지 아니하자 언론기관 등을 상대로 자신의 억울함을 호소하기 위하여 위와 같은 행위를 한 것으로 보이고, 이런 점을 감안하면 원고의 위와 같은 행위가 반드시 그와의 근로관계를 계속할 수 없을 정도로 중대한 사유가 되는 것으로 보기는 어려우며, 이상의 모든 사유를 종합하여 보더라도 그와 같은 사유들이 원고와의 근로관계를 계속할 수 없을 정도의 중대한 사유가 된다고 보기는 어려우므로, 참가인 회사가 위와 같은 사유들을 이유로 원고를 해고까지 한 것은 징계재량권의 범위를 일탈 또는 남용한 것으로서 위 해고는 부당하다고 판단하였다. 2) 그러나 원심이 배척하지 아니한 을 제1호증의 18(징계위원회회의록)의 기재에 의하면 원고는 징계회의석상에서 버스운행의 결행에 관하여 질문 받고 "도로교통법을 제대로 지키며 준법운행을 하다 보니 뒤차 백영달 기사와 같이 7분 전에 들어왔다… 식사를 하다 보니 시간이 부족해서 나가지 않았다."고 진술하고 있고, 여기에 당일 다른 기사들이 "원고가 '무엇을 그렇게 급하게 다니느냐, 나처럼 준법운행하며 천천히 다녀라'고 말했다."고 진술하고 있는 점(을 제33, 34호증)을 더하여 보면 당일 버스의 도착지연에 원고의 책임이 전혀 없다고 할 수 없을 뿐만 아니라, 참가인 회사의 버스노선과 노선별 출발 및 도착시간은 대전지역의 모든 시내버스 회사들과 마찬가지로 대전시 시내버스공동관리위원회에서 결정되고(증인 A의 증언) 이를 위반하면 행정제재를 받도록 되어 있으므로, 원심이 운행일정에 관하여 참가인 회사에게 더 큰 책임이 있는 것처럼 설시한 것은 적절하다고 할 수 없다. 또한 다른 기사들의 경우 교통체증 등으로 앞뒤차가 같이 도착하는 경우에는 앞차의 기사가 뒤차의 기사에게 양해를 구하고 빨리 식사를 한 뒤 먼저 출발을 하거나 그렇지 않으면 다음 운행을 마친 뒤 식사를 하여 되도록 운행시간을 지키고 있다는 점(증인 A의 증언)에 비추어 보면 첫번째 운행의 도착시간이 늦어져 두번째 운행이 지연되게 된 마당에 저녁식사를 제대로 하기 위하여 그것도 준비된 식단을 거부하고 시간이 더 걸리는 라면을 주문하여 식사를 하다가 시간이 늦었다고 버스운행을 결행한 원고에 대하여 정상적인 운행상황하에서의 참가인 회사 기사들의 저녁식사 관례 등을 참작사유로 삼고 있는 것은 전혀 합당하다고 할 수 없으며, 이와 같이 마땅히 두번째의 버스운행에 나서야 함에도 이를 일부러 태만히 한 흔적이 역력한 이 사건에서 참가인 회사에서는 과거에도 차량의 고장수리 등을 이유로 버스운행을 수차 결행한 적이 있다는 점을 참작하는 것 또한 타당하다고 할 수 없다(차량의 고장을 수리하기 위한 것이라면 결행은 불가피할 것이다). 3) 그리고 위 ②항에서와 같은 폭언과 욕설이 사실이라면 그것이 징계처분에 대한 선처를 구하다 거절당하여 나온 것이든 아니든 근무시간에 다른 직원들까지 보거나 그들에게 들리는 가운데 행하여짐으로써 직장질서를 문란케 하였다고 할 것이고, 원고가 그 후에도 전혀 반성하거나 사과하지도 않았을 뿐만 아니라, 처음부터 녹음기를 휴대하고 간 점에서 어떤 빌미를 만들거나 증거를 수집해 놓으려는 기도를 하고 있었던 것으로 보여져 그 동기 또한 순수하다고 할 수 없다는 점에서 위와 같은 폭언만으로는 근로관계를 계속하기 어려운 사유가 아니라고 쉽사리 단정할 수 없다고 할 것이다. 4) 또한 위 ③항과 관련하여 1995. 7. 27.자 충청일보 기사는 참가인 회사의 명예를 크게 훼손하고 있다고 할 것인데, 원고가 참가인 회사의 정직처분에 대하여 지방노동위원회에 구제신청을 낸 것이 1995. 6. 21.이고, 지방노동위원회에서 원고의 구제신청을 이유 없다며 기각한 것이 같은 해 7. 18.인 점에 비추어 보면 원고는 지방노동위원회의 결정에 대하여는 이를 감추어 버린 채 뚜렷한 근거도 없는 자신의 주장만을 언론기관에 제보하여

기사화하게 함으로써 회사의 명예를 훼손하였다고 할 것이고, 이는 억울함을 호소한다기보다는 참가인 회사의 명예를 훼손하려는 악의가 엿보인다는 점에서 근로관계를 계속하기 어려운 중대한 사유가 아니라고 난정할 수 없다. 5) 더욱이 근로자에게 여러 가지 징계혐의사실이 있는 경우, 이에 대한 징계해고처분이 적정한지의 여부는 그 사유 하나씩 또는 그 중 일부의 사유만 가지고 판단할 것이 아니고, 전체의 사유에 비추어 사회통념상 근로관계를 계속할 수 없을 정도로 근로자에게 책임이 있는지 여부에 의하여 판단하여야 하며(대판 1996. 9. 20, 95누15742), 징계처분 이후의 비위행위라 하더라도 징계양정의 판단자료로는 삼을 수 있다고 할 것인바(대판 1996. 4. 23, 96다2378), 이 사건에서 인정되는 해고사유 하나 하나가 그 자체만으로는 근로관계를 계속하기 어려운 중대한 사유가 되는지 분명하지 아니하다 하더라도 전체의 사유를 종합하여 보고, 나아가 원고가 자신에 대한 정직처분이 부당하다는 생각에만 지나치게 집착한 나머지 회사의 비리에 대한 증거를 수집한다며 밤늦은 시각까지 카메라를 들고 회사 구내를 돌아다닌 점이라든가 원고 스스로도 자신의 잘못으로 버스운행을 결행한 적이 있음에도 불구하고 참가인 회사가 버스운행을 결행하였다고 행정관청에 세 차례나 고발하여 그 중 일부가 운행 전 점검불이행 등으로 확인되어 과징금을 부과 받게 한 것은 비록 그 고발이 해고 이후에 이루어졌다고 할지라도 해고의 효력을 다투고 있는 원고로서는 참가인 회사와의 신뢰관계를 완전히 저버린 행위로 볼 수밖에 없다는 점 등을 참작하여 보면 이 사건에서는 사회통념상 원고와의 근로관계를 계속하기 어려운 중대한 사유가 있다고 하지 않을 수 없다. 그럼에도 불구하고 원심이 판시와 같은 이유만으로 원고의 위 각 행위가 근로관계를 계속하기 어려운 사유에 해당한다고 볼 수 없다고 판단한 것은 채증법칙에 위배하여 일부 사실을 오인하고, 징계해고에 있어서의 정당한 사유 및 징계재량권의 범위에 관한 법리를 오해하여 판결 결과에 영향을 미친 잘못이 있다고 할 것이니 이 점을 지적하는 상고는 이유가 있다(대판 1997. 12. 09, 97누9161).

2. 징계재량권의 적용

(1) 징계종류의 설정과 단계적 적용

1) 징계종류의 설정과 단체협약 사용자가 징계권을 행사하기 위해 징계규정에 견책, 감급, 출근정지, 정직, 징계해고 등 여러 단계를 구분하여 징계종류를 설정할 수 있다. 그러나 단체협약에 의해 상벌위원회 운영규정을 노동조합과 협의하여 정하도록 하였으면 노사가 단체교섭의 방법으로 그 운영에 관한 규정을 설정하여야 하며, 이를 위반하여 사용자가 일방적으로 제정한 것은 효력이 없다.[2)]

2) 대판 1990. 12. 21, 90다카23936

2) 징계처분의 단계적 적용 a) 취업규칙에 여러 단계의 징계종류를 정하고 각종의 징계사유가 서로 공통성과 유사성을 지닌 경우에는 이것을 단계적으로 파악하여 순차적으로 견책 등 가벼운 징계처분을 하고 그 다음 무거운 징계해고를 하는 것이 타당하다. 징계처분은 가능한 한 근로자에게 갱생의 기회를 주고, 재발을 예방함으로써 다른 근로자에게도 훈계의 효과를 주기 위한 것이기 때문이다.

b) 이 경우 징계사유에 대해 어느 정도의 징계종류를 적용하여 징계처분을 할 것인가는 사용자의 재량권에 속하는 사항이다. 따라서 사용자의 판단이 현저히 재량의 한계를 일탈해서 객관적으로 타당성이 없는 경우에 해당되지 않는 한 징계권남용에 해당되지 않는다. 징계사유가 객관적 타당성을 지니고 중대한 귀책사유에 해당되어 비교적 가벼운 징계양정에 해당될 여지가 없는 경우에는 보다 무거운 징계해고를 할 수 있다는 것이 지배적 견해이다.

관련판례

(1) 단체협약에 반하지 않는 한 사용자는 취업규칙에서 새로운 징계사유를 정할 수 있고, 그 징계사유에 터 잡아 징계할 수도 있다. 그러나 단체협약에 해고는 단체협약규정에 의하여만 하고, 취업규칙에 의하여 해고할 수 없다고 규정되어 있다면 취업규칙에 의한 해고는 무효라고 할 것이다(대판 1993. 4. 27, 92다48697).

(2) 오로지 1회에 그친 비위행위에 대하여 징계의 종류 중 가장 무거운 해고를 선택한 것은 그 징계의 양정이 너무 무겁다고 보여지고, 또한 위 행위 하나만을 가지고 사회통념상 근로계약을 계속시킬 수 없을 정도로 책임 있는 사유라고도 볼 수 없으므로 본 해고는 회사가 부당하게 징계권을 남용한 것으로서 무효라고 한다(대판 1996. 3. 22, 95누3763).

(3) 비위행위에 대하여 이를 취업규칙에서 해고 등의 징계사유로 규정하는 것은 원래 사용자의 권한에 속하는 것이므로, 단체협약에서 '해고에 관하여는 단체협약에 의하여야 하고 취업규칙에 의하여 해고할 수 없다'는 취지로 규정하거나 '단체협약에 정한 사유 외의 사유로는 근로자를 해고할 수 없다'고 규정하는 등 근로자를 해고함에 있어서 해고사유 및 해고절차를 단체협약에 의하도록 명시적으로 규정하고 있거나 동일한 징계사유나 징계절차에 관하여 단체협약상의 규정과 취업규칙 등의 규정에 상호 저촉되는 경우가 아닌 한 사용자는 취업규칙에서 단체협약 소정의 해고사유와는 관련이 없는 새로운 해고사유를 정할 수 있고, 그 해고사유에 터 잡아 근로자를 해고할 수 있다(대판 1999. 3. 26, 98두16132).

(4) 참가인의 사적금전대차, 부당여신지원, 거래처통장 임의보관 및 사용 등의 행위가 원고

가 주장하는 바와 같이 고객예금의 횡령이나 부정대출 등이 금융사고로 귀결될 위험성이 있음은 부인할 수 없으나, 참가인이 위 행위로 인하여 원고 및 거래당사자에게 손실을 끼친 사실이 없고, 그 행위의 동기가 고객관리 및 고객에 대한 편의제공이라는 선의에서 비롯된 것으로 그 비난가능성이 크지 않은 점, 그 동안의 참가인의 근무태도 및 실적 등 제반사정에 비추어 볼 때, 원고가 참가인에 대하여 징계의 종류 중 가장 무거운 해고처분을 한 것은 그 정도가 지나쳐서 재량권의 범위를 벗어난 것으로 부당하다(대판 2006. 5. 12, 2006두4233).

---

(2) 징계양정의 선택과 참작자료

a) 징계규정에 의하여 징계종류를 무거운 것에서 가벼운 것으로 명시하는 경우에 사용자는 곧바로 근로자에 대하여 무거운 징계처분을 할 수 있는지에 대하여 의문이 제기될 수 있다. 그러나 아무리 사용자의 재량권을 인정한다고 해도 자의적 선택은 허용되지 않고 징계사유와 혐의사실에 따른 정황 사이에 객관적이고 타당성이 있는 경우에만 유효한 법적 판단이 가해져야 한다. 따라서 사용자가 징계처분을 하는 경우에 징계사유와 징계종류의 사이에는 사회통념상 상당한 균형이 요구된다.

b) 징계처분이 재량권의 한계를 벗어난 것인지 여부를 판단함에 있어서는 피징계자의 평소의 소행, 근무성적, 징계처분전력 이외에 당해 징계처분사유의 전후에 저지른 징계사유로 되지 아니한 비위사실도 징계양정에 있어서의 참작자료가 될 수 있다.[3)] 나아가 징계처분 이후의 비위행위는 그것이 사회통념상 근로계약관계를 계속시킬 수 없을 정도의 비위행위에 해당되면 그러한 비위행위도 피징계자에 대한 평소의 소행에 관한 하나의 자료로서 징계양정의 판단자료로 삼을 수 있다고 보아야 한다.[4)]

관련판례

(1) 취업규칙에서 동일한 징계사유에 대하여 여러 등급의 징계가 가능한 것으로 규정하고 있는 경우에 그 중 어떤 징계처분을 선택할 것인지는 징계권자의 재량에 속한, 징계권자의 자의적이고 편의적인 재량에 맡겨져 있는 것이 아니며, 징계사유와 징계처분과의 사이에 사회통념상 상당하다고 보여 지는 균형의 존재가 요구된다(대판 1992. 5. 22, 92누5884).

(2) 원심은 나아가, 위 원고들은 위와 같은 사유로 징계해고된 후에도 계속하여 피고 회사에 출근하여 판시와 같은 경위로 각자 또는 공동하여, ① 회사 식당에서 해고자는 식사를 제

---

3) 대판 2004. 6. 25, 2002다51555

4) 대판 2005. 5. 28, 2001두10455

공받을 수 없다고 말하는 관리팀장에게 음식물을 뿌리고, ② 정문 출입을 통제하는 경비반장 및 경비원에게 욕설 및 폭행을 가하여 상해를 입히고, ③ 조합원들을 집결시켜 파업을 선동하고, ④ 회사의 야간작업에 대항하여 정문 앞에서 일일주점을 개최하여 술을 마시고 고함을 지르는 등 이른바 음주투쟁을 전개하고, ⑤ 작업 중인 관리직 사원들을 폭행하여 상해를 입히고, ⑥ 그룹회장의 승용차를 가로막아 통행을 방해하고, ⑦ 총무팀장을 때려 상해를 입히고, ⑧ 피고와 노동조합 사이의 쟁의행위에 제3자로서 개입하는 등의 비위행위를 저질렀다고 인정한 다음, 이러한 해고 후의 사정까지 함께 고려하면 위 원고들에 대한 앞서 본 징계사유는 사회통념상 사용자와의 근로관계를 계속할 수 없을 정도로 중대한 것이어서 피고가 위 원고들을 징계해고한 것이 재량권의 범위를 벗어난 것으로 볼 수 없다고 판단하였는바, 위 원고들이 저지른 해고 후의 비위행위에 관한 원심의 사실인정에 상고이유의 주장과 같은 채증법칙 위배의 위법이 없고, 한편 징계처분 이후의 비위행위라 하더라도 징계양정의 판단자료로 삼을 수 있는 것으로 원심이 인정한 위 원고들에 대한 징계사유의 내용과 위 원고들이 징계 후에 저지른 비위행위 등을 고려하면 위 원고들에 대한 징계해고가 재량권의 범위를 벗어난 부당한 해고로 볼 수 없다는 원심의 판단도 옳고, 거기에 상고이유의 주장과 같은 법리오해의 위법이 없다. 따라서 이 점에 관한 상고이유도 받아들일 수 없다(대판 1999. 11. 23, 99다45246).

(3) 해고는 사회통념상 고용관계를 계속할 수 없을 정도로 근로자에게 책임 있는 사유가 있는 경우에 행하여져야 그 정당성이 인정되는 것이고, 사회통념상 당해 근로자와의 고용관계를 계속할 수 없을 정도인지의 여부는 당해 사용자의 사업의 목적과 성격, 사업장의 여건, 당해 근로자의 지위 및 담당직무의 내용, 비위행위의 동기와 경위, 이로 인하여 기업의 위계질서가 문란하게 될 위험성 등 기업질서에 미칠 영향, 과거의 근무태도 등 여러 가지 사정을 종합적으로 검토하여 판단하여야 한다(대판 2002. 5. 28, 2001두10455).

(4) 징계처분이 재량권의 한계를 벗어난 것인지 여부를 판단함에 있어서는 피징계자의 평소의 소행, 근무성적, 징계처분전력 이외에도 당해 징계처분사유 전후에 저지른 징계사유로 되지 아니한 비위사실도 징계양정에 있어서의 참고자료가 될 수 있다(대판 2004. 6. 25, 2002다51555 참조). 나아가 징계처분 이후의 비위행위라 하더라도 그것이 사회통념상 근로계약관계를 계속시킬 수 없을 정도의 비위행위에 해당하는 경우에는 그러한 비위행위도 피징계자의 평소의 소행에 관한 하나의 자료로서 징계양정의 판단자료로 삼을 수 있다고 보아야 한다(대판 2005. 5. 28, 2001두10455).

(5) 원고가 이 사건 사납금을 연체하기 시작한 것이 2003. 3. 15.자 교통사고 전인 2003. 3. 13.부터임을 인정할 증거가 없고, 오히려 연체액과 연체일수를 비교해 보면 위 교통사고 이

후부터 연체하기 시작하였을 가능성이 크며, 피고 회사 2002년도 일일입금장내역서에 의하며, 원고가 2002. 6.경부터 피고 회사에 사납금을 납입한 것이 확인되는데, 시용기간 3개월을 참작하더라도 원고는 2002. 9.경부터는 고정승무기사로 근무하였던 것으로 보이는 점, 피고는 100만원 이상의 사납금 미납자들에게 성실납입 독촉장을 발송하였고, 그 독촉장에는 납입기일이 2003. 4. 10.로 기재되어 있는데, 원고는 미납된 사납금이 100만원에 미달해 피고로부터 위와 같은 독촉장을 받은 사실이 없고, 독촉장 납입기일인 2003. 4. 10.에는 미납된 이 사건 사납금을 모두 납부한 점, 피고 소속 운전기사들은 사납금을 일일납입하지 않고 2-3일분을 일괄 납입하는 것이 통상이었고, 일주일분, 심지어 100만 원 이상을 일괄 납입하는 경우도 있었는데, 피고가 종전에 이를 이유로 징계한 사례가 없고, 일일납입 여부와 상관없이 말일까지의 사납금이 모두 입금되기만 하면 성실수당을 지급해온 점 등을 알 수 있고, 여기에 원고가 이 사건 사납금을 연체한 것이 2003. 3. 15.자 교통사고의 손해배상을 위해 빌린 일수사채를 변제하는 데 따른 어려움 때문이라는 점과 원고가 징계위원회 개최 직전 이 사건 사납금을 모두 납입한 사정 등을 종합해 보면, 피고와 원고 사이의 근로관계가 사회통념상 원고의 귀책사유로 더 이상 그 계속을 기대하기 어려울 정도에 이르게 되었다고 볼 수는 없고, 따라서 이 사건 해고는 지나치게 가혹하여 그 재량권의 범위를 일탈한 것으로 볼 수 있다고 할 것이다(대판 2006. 11. 23, 2006다48069).

쟁점사례

/사 례/ 이동통신사에 근무하는 근로자 S는 연장근로를 한다고 상사에게 보고한 후 사무실에서 수차례 게임을 하다가 갑자기 사무실에 들른 사장님에 의하여 적발이 된 후 2차례 경고를 받았다. 그 후에도 근로자 S는 개인적으로 주식투자를 한 후에 근무시간 중에 자주 인터넷이 접속하여 주식동향을 파악하는 등 업무시간에 엉뚱한 일을 하거나 보고서를 평상시에 철저하게 준비하지 아니한 채 지내다 제출당일 서류를 급박하게 작성하다보니 보고서의 내용이 조잡하고 오류가 많아 상급자 K로부터 심한 질책을 받았다. 이러한 근무태만에 대하여 상사 K는 사장님께 보고 하였더니 '그런 직원은 필요 없다'며 사직서를 받으라고 한다. 상기 근로자는 업무태만 경고처분을 2회 받은 징계전력이 있음에도 업무를 태만히 하는 등 개선이 되지 아니하여 부서팀장 K는 고민을 많다. 이 경우 인사팀에서는 근로자 S에 대하여 해고보다 낮은 2월의 정직처분을 하고자 하는데 정당한지?

/해 설/ 징계처분은 근로자를 훈육하여 재발방지를 함으로서 경영질서를 유지하기 위한 불이익의 제재수단으로서 그 행사는 필요한 범위 내에서 공정하고 적정하게 행사되어야 한다. 그러나 근로자가 개전의 정이 없이 비위사실이나 경영질서를 문란하게 하는 행위

가 반복될 경우에는 통상적인 징계종류 보다 그 징계양정을 높여 무거운 징계처분을 할 수 있다. 따라서 근로자의 귀책사유가 사안에 따라 비교적 경미한 경우에는 보다 가벼운 징계처분을 하여야 하나, 1회적 행위라도 중대한 귀책사유에 대하여는 중징계처분이 가능하다. 사례와 같은 경우에는 근무시간 중에 업무에 전념하지 아니하고 엉뚱한 일을 하거나 상사의 지시에 의한 보고서를 충실히 준비하여 보고하지 않고 대충 작성하여 업무를 제때에 정상적으로 추진할 수 없게 하는 등 지장을 초래하는 행위는 근무태만에 해당된다. 더욱이 종전에 경고처분을 받는 등 당해 행위에 불구하고 개선하지 않은 채 반복적인 행위를 하는 경우에는 근무태만이라도 징계양정에 있어서는 중한 징계처분을 할 수 있다고 보아야 한다.

제7장
징계위원회의 구성과 징계심리

제1절 징계위원회의 구성과 운영방법
제2절 징계처분과 인과관계의 입증

제1절 징계위원회의 구성과 운영방법

1. 징계위원회의 구성과 징계절차

(1) 징계위원회의 구성 및 의결정족수

1) 징계위원회의 구성방법 a) 징계권의 근거를 공동규범설에서 찾는 견해에 의하면 징계위원회는 사용자가 일방적으로 구성할 수 없다. 따라서 징계위원회의 정족수를 어떻게 구성할 것인가는 노사당사자의 협의에 달려 있다. 근로계약의 당사자는 평등한 관계이고, 징계위원회의 구성도 노사동수로 구성하여야 한다는 입장이다.[1] 따라서 징계위원회는 회사와 노동조합의 각 동수위원으로 구성한다고 정해져 있다면 적어도 노동조합측의 위원이 1인 이상 출석하지 않으면 위원회를 개최할 수 없다. 다만, 노동조합측의 전체위원이 정당한 이유없이 참석치 아니하는 경우에도 징계처분을 할 수 없는 것은 아니다.

b) 그러나 징계권의 근거를 법규범설에 있다고 보는 견해에 의하면, 징계위원회는 반드시 노사동수로 구성하지 아니하여도 무방하다. 징계권은 취업규칙에 의하여 설정할 수 있도록 용인된 것이므로 징계규정을 설정한 사용자가 그에 따른 책임을 져야 한다. 그 결과 징계권의 행사에 따른 위법성의 책임은 근로자가 아닌 사용자에게 귀속된다고 보는 입장이다. 따라서 징계위원회에 근로자가 위원으로 참여한다고 하더라도 이는 징계위원회의 민주적이고 공정한 절차를 감시하기 위한 목적에서 제도적으로 참여를 허용한 것에 불과하다는 견해이다.

2) 의결정족수의 부족과 결의처분의 효력 a) 징계위원회가 정족수를 채우지 않은 상태에서 개최한 징계심의는 원칙적으로 무효라고 해석된다.[2] 징계규정에 "위원장은 사장이 되고 위원은 부장 이상의 직에 있는 자로서 사장이 그때마다 지명한다."라든가 "위원회는 위원장, 위원 3명이상의 출석이 없으면 회의를 개최할 수 없다."라고 규정되어 있다면 위원장 및 위원 2명만이 출석해 징계해고를 결의하고, 나머지 1명의 위원이 불출석한 채 위원회가 개최한 상기 징계위원회의 결의는 의결정족수의 부족으로 보아 그 효력이 부인된다.

---

1) 金亨培, 前揭書, 775면~716면

2) 窪田準人, 前揭書, 230면~231면

b) 그러나 징계위원회에 일부 위원이 참석하지 아니한 경우 징계결의를 모두 무효라고 보는 것에 대하여 반대하는 견해가 있다. 일본의 학설에 의하면 "일부 위원이 불출석한 채 위원회가 개최되어 의결을 하게 되었다 하더라도 그 결의에 따른 결론이 다른 것이 될 것이라고는 도저히 생각할 수 없다면, 취업규칙 · 징계규정의 전체를 살피건대 징계위원회의 심의절차가 취업규칙 등에 위반된 경우에 해당징계처분을 무효화하는 취지의 규정은 전혀 마련되어 있지 않으므로 징계해고가 절차에 위반되더라도 무효라고는 할 수 없다"고 한다.[3)]

c) 징계위원회가 노사동수로 구성된 경우 사전협의조항을 거치도록 한 것은 사용자의 자의적인 인사권이나 징계권의 남용을 방지하려는데 그 취지가 있으므로, 노동조합의 위원장을 포함한 간부다수가 징계위원으로 참석하여 이루어진 징계해고는 사전에 노동조합과 협의를 거치지 아니하더라도 그 효력에는 영향이 없다.[4)]

관련판례

(1) 단체협약에서 징계절차를 규정한 것은 징계권의 공정한 행사를 확보하고 징계제도의 합리적인 운영을 도모하기 위한 것으로서 중요한 의미를 갖는 것인바, 원심이 인용한 제1심 판결이 적법하게 인정한 바와 같이 피고 회사의 단체협약상의 징계규정에는 노동조합원을 징계하려면 상벌위원회의 심의를 거쳐야 하고 그 상벌위원회의 구성은 노사 각 4인씩으로 하여 노동조합원들을 참여시키도록 되어 있는데도 불구하고, 이러한 징계절차규정을 위배하여 노동조합측의 위원 2명만 참석시키고 자격이 없는 상조회 소속 근로자 2명을 포함하여 위 상벌위원회를 구성한 다음 그 상벌위원회의 결의를 거쳐 원고들을 징계해고하였다면, 이러한 징계권의 행사는 징계사유가 인정되는 여부에 관계없이 절차에 있어서의 정의에 반하는 처사로서 무효라고 보아야 할 것이고, 이는 소론이 지적하는 바와 같이 자격이 없는 위원을 제외하고서도 의결정족수가 충족된다 하더라도 위 상벌위원회의 구성 자체에 위법이 있는 이상 마찬가지로 보아야 할 것이다(대판 1996. 06. 28, 94다53716).

(2) 참가인 회사는 대규모 적자가 발생하게 되자 기업회생을 위하여 자산매각, 조직 통폐합 등의 구조조정을 전개하게 되었고, 그 과정에서 생산라인이 폐쇄되게 됨에 따라 많은 잉여인력이 발생하였는데, 이들을 재택근무로 전환시켜 추후 신규설비투자를 통하여 잉여 인력문제를 해결하기로 노조와 합의하였음에도 참가인 회사는 재택근무상태인 원고에서 신규시설에서 근무토록 지시했으나, 원고는 생활상의 불편과 노조가 없어 불이익이 예상된다며 출근을 거부, 장기간 무단결근을 해서 참가인 회사는 인사위원회를 개최, 해고결의를 하였는바, 비록

3) 窪田準人, 前揭書, 230면

4) 대판 1993. 1. 12, 92다45728

단체협약상에 조합 대표자가 참석이 기재되지 않았다고 하여도, 참석권만을 가진 해당 대의원이 참석하는 재심징계위원회에서 노조 대표자가 참석을 배제하여야 할 합리적인 이유가 없고, 노동조합 대표자는 재심징계심의위원으로서 재심징계위원회 참석이 예정된 것으로 보여진다. 따라서 원고에 대한 재심징계절차에서 적합한 노조 대표자의 참석 없이 이루어진 재심징계절차에 하자가 있다고 보아야 할 것이므로, 이 사건 징계해고는 부당해고이다(대판 2007. 10. 19, 2007누12295).

---

3) 가부동수의 결정과 최소 불이익의 원칙 a) 징계위원회가 노사동수로 구성되어 의결을 하였으나 가부동수일 때 이를 어떻게 처리할 것인지에 대한 논란의 여지가 있다. 이에 대하여는 취업규칙에 무효로 할 것인지, 아니면 위원장이 결정할 것인지를 명확히 정할 필요가 있다. 판례는 「징계위원회의 징계의결시 가부동수인 경우 취업규칙 또는 징계규정에 의해 위원장이 결정권을 행사하도록 하였다면 그 효력은 유효하다」 고 판시하였다.[5]

b) 만약 징계양정에 대한 의결을 한 결과 해고 2명, 정직 2명으로 나타났다면 근로자의 불이익을 최소한으로 하는 징계처분이 되도록 하여야 한다. 그러나 위원장의 결정권이 행사되더라도 합리성을 배제하여서는 아니된다.

관련판례

(1) 징계위원회의 의결은 재적징계위원 과반수의 출석과 출석위원 3분의 2이상의 찬성으로 의결하도록 되어 있는 경우 징계의결요청자가 징계위원으로 참석하여 의결이 만장일치로 이루어진 경우에 징계사유와 직접 관련이 있는 자로서 징계의결권 행사와 관련한 하자가 있다 하더라도 의결 정족수를 넘는 때에는 그 징계처분은 당연 무효로 볼 수 없다(대판 1980. 9. 9, 77다2030).

(2) "징계위원 과반수이상 찬성(가 · 부 동수일 때는 부결로 간주)"의 의결정족요건을 충족하지 못한 이 사건 표결 결과(파면 3명, 1개월 감봉 3명)에 있어서, "파면이 과반수가 아니므로 부결"이라고 단정할 수만은 없어 보이는 사정이 있는 점, 의결정족이 사실상 불가능해 지게 되자 노측 징계위원이 "노사간 징계위원회는 그만하고 나머지는 이사장님이 알아서 결정하되, 이사회를 개최하여 좋은 결론을 낼 수 있기를 바란다"는 발언을 한 점, 금번 3차례 투표행위 이외에도, 이전에 총 6차례 개최된 징계위원회에서도 징계의결 되지 못한 사실이 있었던 점 등 전 · 후 사정을 종합한다면, 의결정족 요건을 엄격히 준수하지 아니한 하자가 일부 엿보인다 하여, 징계처분을 무효로 할 정도로 중대한 절차상 하자가 있다고 단정할 수만은 없다(중앙노동위원회 2007부해323).

---

5) 대판 1993. 7. 13, 92다50263 ;대판 1993. 4. 23, 92다34940 ; 대판 1992. 12. 8, 92다32074

(2) 징계위원회의 운영방법

1) 징계위원회의 운영과 절차적 정당성 a) 징계제도의 합리적 운영을 도모하기 위해서는 징계절차의 공정성과 민주성이 전제되어야 한다. 징계권은 기업내부에서의 복무규율 내지 규범이 제도적으로 기능할 수 있도록 행사하여야 한다. 징계위원회의 운영은 사용자의 일방적 절차로 진행되지 않도록 신중하게 심의하고 공정하게 의결을 해야 한다. 근로자의 권리 및 의무에 영향을 미치는 사항을 업무관련기관과 별도의 독립된 기관에서 담당하게 하는 것이 공정한 징계절차와 절차적 정당성을 담보할 수 있기 때문이다.[6]

b) 또한 징계권은 징계절차규정에 의해 합리적으로 행사되어야 한다. 따라서 징계위원회가 징계의결을 함에 있어서 별도의 상벌위원회의 자문을 얻어 행하는 것이 종래부터 유지되어 왔다면 이러한 절차의 적용이 취업규칙에 위반되는 것은 아니라고 보아야 한다. 회사가 별도로 정한 징계절차에 따라 인사위원회나 중역회의에서 징계심의를 한 후 징계위원회에서 결정하도록 정해져 있다면 이에 의한 징계처분도 가능하다.[7]

관련판례

(1) 주식회사의 경우 이사회는 회사의 업무집행에 관한 의사결정기관이고, 소규모 회사의 경우 이사회의 구성원과 인사위원회 혹은 징계위원회의 구성원이 상당부분 중복될 수 있기는 하지만, 대부분의 징계절차에서 이사회가 아닌 별도의 인사위원회 혹은 징계위원회의 심의·결의를 거치도록 한 취지는 근로자의 징계와 같이 근로자의 권리와 의무에 영향을 미치는 사항은 업무관련기관과 독립된 별도의 기관으로 하여금 담당하게 하는 것이 공정한 징계절차가 담보되어 절차적 정당성이 확보된다는 점에 있으므로 참가인이 이 사건 해고를 함에 있어 막연히 이사회 및 운영위원회를 개최하여 원고를 징계한 것은 징계절차상 중대한 위법이 있다(대판 2006. 2. 24, 2005두14820).

(2) 원고 법인은 노동쟁의가 종료한지 4개월이 지난 이후에야 참가인에게 징계사유나 징계위원회에 출석하여 소명하라는 취지를 전혀 기재하지 않은 채 바로 다음날 징계위원회가 개최된다는 사실을 서면으로 1회 통보하였고, 이에 대하여 노조지부가 반발하지 원고 법인은 징계위원회 개최 예정시간이 지난 후에야 참가인에게 구두로 징계위원회에 참석하여 소명하라는 취지로 통보하였고, 참가인이 이에 불응함에 따라 소명은 이루어지지 아니하였다. 또한 단체협약에는 노조지부장을 징계할 때에는 노조지부와 합의하도록 되어 있고, 직원에 대한 징계위원회 구성은 노사협의회가 대신하도록 규정되어 있음에도 단체협약에 따라 구성된 노사협의회가

---

6) 대판 2006. 2. 24, 2005두14837

7) 窪田準人, 前揭書, 226면

아닌 정관에 의거 구성된 징계위원회에서 징계절차를 강행하여 징계를 의결한 점에 비추어 볼 때, 그 절차에 하자가 있으므로 이 사건 파면은 부당하다(대판 2006. 6. 16, 2006두3629).

---

2) 징계절차 및 징계사유 a) 사용자가 근로자를 징계처분할 때 징계대상자에게 변명의 기회를 부여해야 되는지에 대하여 일본의 판례는 "징계권행사의 본질적 요건"이 아니라는 입장을 나타내고 있다. 일본판례를 살펴 보면, 징계처분이 징계위원회의 의결을 거쳐 행해지고 해당 근로자에게 변명의 기회를 주도록 취업규칙에 명시되어 있다면 징계위원회의 성격은 자문기관에 지나지 않으므로, 사용자가 근로자에게 변명의 기회를 주지 않은 채 징계해고의 의사표시를 했다고 하더라도 절차상의 위반은 되지만 징계해고의 의사표시는 무효가 아니라는 견해가 있다.[8] 그러나 취업규칙상의 징계절차는 정의가 요구하는 강행규정이므로 이를 위반한 징계처분은 무효로 보아야 한다.[9]

b) 만약 징계절차규정이 없다는 이유로 징계혐의사실을 통지하지 않거나 변명의 기회를 주지 않는 것은 절차야 어떻든 상관없다는 식의 절차적 정의를 몰각하게 되고 그 결과 징계의 실체적 정당성도 확보되기 어렵게 된다. 따라서 징계의 실체적 정당성을 확보하기 위하여 필요한 최소한의 절차(적정절차)는 취업규칙의 절차규정에 명시하여 준수되어야 한다. 그러나 절차규정이 없는 경우 이를 준수하지 않더라도 징계처분은 무효가 아니라는 것이 판례의 입장이다.

c) 우리나라의 판례는 "취업규칙이나 인사규정에 징계대상자의 출석 및 진술의 기회부여에 관한 절차가 규정되어 있지 아니하다면 그와 같은 절차를 거치지 아니하고 징계처분을 하였더라도 위법이 아니다"라고 판시하고 있다.[10] 다만, 근로기준법 제26조에서 근로자를 해고하려는 경우 적어도 30일 전에 예고를 하거나 30일분 이상의 통상임금을 지급하도록 규정하고 있다.

d) 문제는 적정절차의 내용을 어떻게 볼 것인가에 있다. 징계처분의 정당성이 확보되기 위해서는 적어도 징계혐의사실의 진부를 확인하고 혐의자와 관련된 여러 정상도 참작되어야 한다.[11] 따라서 징계혐의사실을 통지하고 징계혐의자에게 변명의 기회를 준다면 적정절차의 내용으로 이해할 수 있을 것이다.[12]

---

8) 日本 大阪地裁 1964. 5. 19 國際電信電話事件

9) 金亨培, 前揭論文, 139면 ; 林鍾律, 前揭論文, 168면 ; 대판 1982. 10. 26, 82다카298 참조

10) 대판 1993. 2. 9, 92다36861 ; 서울고판 1993. 2. 24, 92나38715

11) 서울고판 1979. 3. 8, 78나1159는 징계처분의 결정에 있어서는 그동안의 직장에의 기여도, 위반의 전력, 개전의 정 등의 정상이 참작되어야 하며, 이를 제외하고 결정한 경우에는 무효가 된다고 한다.

12) 林鍾律, 前揭論文, 16면

관련판례

(1) 취업규칙 등에서 근로자를 징계하고자 할 때에는 징계위원회의 의결을 거치도록 명하고 있는 경우, 이러한 절차를 거치지 아니하고 한 징계처분은 원칙적으로 효력을 인정할 수 없는 것이나(대판 1996. 2. 9, 95누12613) 다만, 사용자와 노동조합 사이에 근로자에 대한 징계절차를 취업규칙에 정해진 징계절차보다 근로자에게 유리한 방식으로 운영하기로 합의가 이루어져 상당한 기간 그 합의에 따라 징계절차가 운영되어 왔고, 이에 대하여 근로자들도 아무런 이의를 제기하지 아니하였다면, 그와 같은 징계절차의 운영은 취업규칙의 징계절차에 따르지 않았다고 하더라도 그 효력을 부인할 수는 없는 것이다(대판 1995. 2. 14, 94다21818). 원심판결 이유에 의하면 원심은, ① 원고 법인의 정관에는 교원에 대한 징계를 의결하기 위하여 교원징계위원회를 두도록 한 외에 일반직원의 징계를 위하여 일반직원 징계위원회를 따로 두도록 규정하고 있는 사실, ② 원고 법인은 1999. 3. 3. 법인이사회를 개최하여 법인 이사 2인과 교원 3인을 교원징계위원회 위원으로 선임할 것을 의결한 사실, ③ 원고 법인의 이사장이 참가인에 대한 징계의결을 요구하여 옴에 따라 1999. 4. 23. 개최된 교원징계위원회는 출석한 참가인으로부터 징계혐의에 대한 소명을 들은 후 참가인에 대한 징계처분으로서 같은 달 30일자로 해임을 의결한 사실, ④ 이에 따라 원고 법인의 이사장은 같은 달 26일 참가인에게 징계처분사유설명서를, 같은 달 29일 계원조형예술대 학장에게 직원 징계처분 결과통보서를 각 발송한 사실 및 원고 법인은 현재까지 교원징계위원회 외에 별도로 일반직원 징계위원회를 구성하거나 일반직원 징계에 관한 규칙을 정한 바 없는 사실을 각 인정한 다음, 원고 법인의 정관 제69조가 일반직원의 징계를 위하여 일반직원 징계위원회를 원고 법인에 따로 두어야 한다고 규정하고 있는 것은 교원과 일반직원의 신분상 차이에 착안하여 그 구성원리나 운영을 달리하기 위하여 교원징계위원회와는 별도로 일반직원 징계위원회를 구성할 것을 요구하는 취지이고, 교원징계위원회는 그 대상이 교원인 점을 고려하여 위원 5인 중 과반수인 3인 이상을 교원으로 구성하도록 규정되어 있어 그 구성원리상 특수성에 비추어 볼 때 교원징계위원회를 일반직원 징계위원회로 전용하는 것은 정관 규정의 취지에 부합하지 아니할 뿐만 아니라 일반직원에 대한 징계가 교원징계위원회의 징계의결에 의하여 이루어졌다고 하여 일반직원 징계위원회에 의한 징계절차보다 더 엄격하거나 더 유리한 절차에 의하여 징계가 이루어졌다고 단정할 수도 없는 것이므로, 결국 참가인에 대한 이 사건 징계해고는 징계권의 행사에 있어서 절차상 중대한 하자가 있는 경우에 해당한다고 봄이 상당하고, 따라서 그 징계사유가 인정되는지 여부에 관계없이 무효라고 판단하고, 참가인이 위 징계위원회에 출석하여 충분히 해명을 하였고 당시 그 징계절차를 문제삼지 아니하였으며 그 절차에 있어서도 교원징계위원회와 일반직원 징계위원회 사이에 차이가 있는 것도 아니므로 그 징계절차의 하자는 치유되었다는 원고의 주장에 대하여는 그러한 사유만으로 징계권의 행사에 있어서 절차상 중대한 하자인 징계위원회구성의 하자가 치유된다고 볼 수는 없다고 판단하여 그 주장을 배

척하였다. 기록에 비추어 살펴보면, 원심의 이와 같은 사실인정 및 판단은 앞서 본 법리에 비추어 정당하고, 거기에 상고이유로 내세우는 채증법칙 위배로 인한 사실오인이나 징계절차를 위배한 해고의 효력에 관한 법리를 오해한 위법이 없다. 이 점에 관한 상고이유의 주장도 모두 받아들이지 않는다(대판 2001. 04. 10, 2000두7605).

(2) 참가인 회사의 징계업무규정에서 징계혐의자에 대한 징계위원회 출석통지서의 교부와 진술권부여 등을 규정하고 있는 것은 그 취지가 징계혐의자로 하여금 징계사유에 대한 변명의 기회를 부여함으로써 징계의 객관성과 공정성을 확보하기 위한 것이어서 징계의 유효요건이라고 할 것임에도, 참가인 회사는 원고에 대한 징계위원회 출석통지서의 교부와 진술권 부여의 과정을 거치지 아니한 채 징계사유로서도 구체적으로 특정되지 아니한 막연한 사유를 들어 징계의결을 한 후 해고통보를 한 것이어서 이 사건 징계해고는 징계절차상의 하자로 인하여 그 정당성을 인정할 수 없고, 해고의 징계의결 후 그 공고를 하였다거나 원고가 재심을 청구하지 아니하였다고 하여 위와 같은 하자가 치유될 수는 없다(대판 2006. 3. 24, 2006두1210).

---

3) 소명의 기회와 출석통보에 불응시 의결효력 a) 단체협약이나 취업규칙에 피징계자에게 소명의 기회를 주도록 규정이 되어 있다면 이러한 절차를 거치지 아니한 징계처분은 무효가 된다.[13] 따라서 사용자가 피징계자인 근로자에게 소명의 기회를 주되 사전에 징계사유와 징계위원회의 개최일시, 장소를 통보하여야 하며, 이러한 변명과 소명자료를 준비할 만한 시간적 여유를 주어야 한다. 이러한 시간적 여유를 주지 않고 촉박하게 통보하고 행한 징계처분은 실질적으로 변명과 소명자료제출의 기회를 박탈한 것과 다를 바 없기 때문이다.[14]

b) 징계위원회는 피징계자인 근로자의 진술을 듣기위해 출석하도록 사전에 통보하여야 한다. 그러나 출석통보에 불응한 때에는 원칙적으로 1회에 한하여 심의를 연기하도록 취업규칙에 명시하였다면 이에 따라야 한다. 이러한 규정은 비위사실을 정확하게 파악하고 사건을 공정하게 처리하기 위하여 심리기일에 출석케 함으로써 변명의 기회를 주어 유리한 입증을 보장하려는데 취지가 있고, 강행규정이므로 1차 출석요구에 불응했다하여 재차출석요구를 하지 않고 한 징계처분은 위법 · 무효라고 보아야 한다.[15]

c) 징계위원회가 소명의 기회를 주고자 출석통보서를 피징계자에게 발송하였으나 그

---

13) 서울고판 1993. 4. 9, 92구2907

14) 대판 1991. 7. 9, 90다807 7 ; 대판 1991. 7. 23, 91다13731

15) 대판 1982. 10. 26, 82다카298

이전에 주소지를 옮긴 탓으로 통보서가 반송되었음에도 불구하고 피징계자가 출석하지 아니한 채 징계처분을 한 것은 위법이다. 또한 출석통지서를 발부하도록 하는 절차가 되어 있을 때 이를 이행하지 아니하고 행한 징계처분은 중대하고 명백한 하자가 되나, 취업규칙이 정하는 바에 따라 재심의과정에서 출석통지서를 발부하고 동시에 충분한 변명의 기회를 주었다면 이러한 두개의 징계절차는 그 전체가 하나의 징계처분절차라고 보아 적법하다고 할 수 있다.[16)]

관련판례

(1) 단체협약이나 취업규칙 또는 이에 근거를 둔 징계규정에서 징계위원회의 구성에 노동조합의 대표자를 참여시키도록 되어 있고 또 징계대상자에게 징계위원회에 출석하여 변명과 소명 자료를 제출할 기회를 부여하도록 되어 있음에도 불구하고 이러한 징계절차를 위배하여 징계해고를 하였다면 이러한 징계권의 행사는 징계사유가 인정되는 여부에 관계없이 절차에 있어서의 정의에 반하는 처사로서 무효라고 보아야 한다(대판 1991. 7. 9, 90다8077).

(2) 원고는 참가인들에게 징계사유나 징계위원회 개최일시를 통보하지 않은 채 2002. 2. 28. 22:30 징계위원회를 개최하여 참가인들을 해고하기로 결정하고 참가인들에게 이를 통지한 사실, 이에 참가인들이 징계절차에 하자가 있다고 하면서 이의를 제기하자 원고는 징계위원회를 다시 개최하면서 개최일시만을 구두로 통보하고 징계사유는 통보하지 않은 사실, 원고는 2002. 3. 9. 10:00 다시 징계위원회를 개최하였으나 참가인들이 서면에 의한 통보를 받지 못하였다는 이유로 참석을 거부하고 연락마저 두절되자 참가인들에 대한 구체적인 징계의결을 하지 않은 채 폐회한 사실이 인정되는 바, 2002. 3. 1.자 징계위원회의 징계의결은 참가인들에게 진술의 기회를 부여하지 않은 상태에서 이루어진 절차상의 중대한 하자가 있고, 2002. 3. 9.자 징계위원회에서 그 하자가 치유되었다고 볼 수도 없으므로, 원고의 참가인들에 대한 징계처분은 무효이다(서울행판 2003. 5. 29, 2002구합41555).

(3) 취업규칙이 징계결정에서 징계대상자에게 소명의 기회를 부여하여야 한다고 규정하고 있는 것은 징계대상자에게 징계위원회에 출석하여 변명과 소명자료를 제출할 수 있는 기회를 부여한 것이므로 피고학원은 원고에게 변명과 소명자료를 준비할 만한 상당한 기간을 두고 개최일시와 장소를 통보하여야 한다. 이 사건에서 2001. 1. 26. 14:00에 개최되어 징계해고가 의결된 징계위원회의 개최통보서가 원고의 집으로 통보된 것은 징계위원회 개최 당일로서 징계위원회에 참석할 시간적 여유 또는 변명과 소명자료를 준비할 만한 시간적 여유를 주지 않고 촉박하게 이루어진 통보로서 부적법하다(대판 2004. 6. 25, 2003두15317).

---

16) 대판 1981. 6. 9, 80다769

(4) 참가인의 취업규칙이 시행된 2002. 10. 31.경 이미 취업규칙에서 정한 정년이 지난 상태였음에도 불구하고 새로운 근로계약을 체결한 점, 참가인이 원고 서OO에게 통지한 해고통지문에는 원고 서OO이 징계파면되었다고 명시적으로 표시한 점 등을 종합하면, 원고 OO은 참가인의 묵시적 동의 아래 정년경과에도 불구하고 이 사건 해고시점까지 참가인과 사이에 근로관계를 계속 유지하였던 것이므로 참가인은 징계사유가 있음을 이유로 파면하였음을 통보한 것이지 취업규칙상 정년의 만료로 인하여 근로관계가 종료되었음을 통보한 것이라고 볼 수 없다. 원고들에게 소명의 기회를 부여하지 못할 정도로 장소적, 시간적으로 급박한 사정이 있었다고 보이지 아니하는 점에 비추어 참가인의 이사회 및 운영위원회가 원고들에게 소명의 기회를 부여하지 아니한 채 이 사건 해고를 한 것은 징계재량권을 남용한 것으로서 위법하다(대판 2006. 2. 24, 2005두14806).

---

4) 협의 · 합의 또는 동의에 관한 조항 a) 징계위원회가 징계의결을 하더라도 "노동조합과 협의를 하거나 동의를 얻지 못하면 징계처분을 할 수 없다"고 단체협약에 명시되었다면 이 규정을 위반할 수 없다. 이러한 규정은 징계권자인 사용자가 일방적으로 징계처분을 함으로써 근로자에게 초래되는 불이익을 최소화하고 보다 신중한 심의와 공정한 처분결정이 이루어지도록 하기 위한 것이다.

b) 이때 문제가 되는 것은 협의 · 동의 · 합의라는 유사용어의 사용이다. 여기서 협의는 당사자로부터 의견청취를 하는데 그치며 합리적인 이유가 있으면 이를 받아들이지 않더라고 무방하다는 것(협의약관)으로 이해해야 한다. 판례상으로는 "협의"를 인사나 징계처분의 공정을 기하기 위하여 필요한 의견을 제시할 기회를 주고 제시된 의견을 참고자료로 고려하는 정도에 지나지 않는다고 한다.[17]

c) 동의는 징계처분시에 상대방의 의견을 청취한 후 불합리하다고 판단되면 거부권을 행사할 수 있는 것(동의약관)으로 구속력이 따른다. 그러나 징계위원회에서 합리적 이유 없이 동의를 거부하는 것은 재량권 남용에 해당한다.[18]

d) 합의는 징계처분시 반드시 거치도록 되어있는 절차로서 "의견의 일치"를 요건으로 하며 이를 충족시키지 못할 경우 그 효력을 부인하는 것을 의미한다. 따라서 사용자가 징계처분을 함에 있어 노동조합과 사전 논의를 하여 의견의 합치를 보아야 한다고 규정되어 있다면 이를 위반한 것은 원칙적으로 무효라고 보아야 한다.[19]

17) 대판 1993. 1. 12, 92다45728

18) 대판 1993. 7. 13, 92다50263 ; 1993. 4. 23, 92다34940 ; 1992. 4. 14, 91다4775 ; 1992. 5. 22, 91다22100

19) 대판 1993. 7. 16, 92누16508

5) 해고동의조항의 위반과 미자격위원의 참석 a) 노동조합이 단체협약에 해고동의조항을 설정한 후 이를 근거로 동의를 거부하면 근로자를 징계처분할 수 없는지 살펴볼 필요가 있다. 이 경우에는 근로자에게 명백한 해고사유가 있음에도 합리적인 이유 없이 동의하지 않은 것은 노동조합의 권한남용에 해당되므로 사용자가 일방적으로 행한 처분도 유효하다고 보아야 한다.

b) 또한 징계위원회의 위원 중 미자격자가 참석하여 결의한 징계처분은 그 효력이 어떻게 되는지 살펴볼 필요가 있다. 이에 대하여 법원은 "징계위원회의 의결은 재적징계위원 과반수의 출석과 출석위원 3분의 2이상의 찬성으로 의결하도록 되어 있다면, 징계의 결요구자가 징계위원으로 참석하여 의결이 만장일치로 이루어진 경우에 징계사유와 직접 관련이 있는 자로서 징계의결권 행사와 관련한 하자가 있다 하더라도 의결정족수를 넘는 때에는 그 징계처분은 당연 무효로 볼 수 없다"고 판시하고 있다.[20]

관련판례

(1) 취업규칙이나 인사규정에 징계대상자의 출석 및 진술의 기회부여에 관한 절차가 규정되어 있지 아니하다면 그와 같은 절차를 거치지 아니하고 징계처분을 하였더라도 위법이 아니다(대판 1993. 2. 9, 92다36861).

(2) 단체협약에서 징계해임처분에 대하여 노동조합과 사전협의를 거치도록 한 "사전합의"의 취지는 단체협약 전체의 내용 및 노사관행에 비추어 노동조합 임원에 대한 사용자의 자의적인 인사권 행사로 인하여 노동조합의 임원 등에 대한 인사의 내용을 미리 노동조합에 통지하는 등 노동조합을 납득시키려는 노력을 하게 하고 노동조합에 의견을 제시할 기회를 주게 하며 아울러 노동조합으로부터 제시된 의견을 참고자료로 고려하게 하려는 것에 지나지 않는 것이라고 봄이 타당하므로 징계해임처분이 위와 같은 사전협의를 거치지 아니한 채 행하여졌다고 하여 반드시 무효라고 할 수 없다(대판 1993. 4. 23, 92다34940).

(3) 회사와 노동조합의 합치된 의사에 따르게 함으로써 회사의 인사권이나 징계권을 전반적으로 제한하려는 취지에서 규정된 것이 아니고, 조합원에 대한 회사의 자의적인 인사권이나 징계권의 행사로 노동조합의 정상적인 활동이 저해되는 것을 방지하려는 취지에서 인사나 징계의 공정을 기하기 위해 노동조합에게 필요한 의견을 제시할 기회를 주고 제시된 노동조합의 의견을 참고로 하는 취지라고 해석함이 상당하다(대판 1994. 3. 22, 93다28553).

(4) 사용자가 인사처분을 함에 있어 노동조합의 사전 동의나 승낙을 얻어야 한다거나 노동

20) 대판 1980. 9. 9, 77다2030

조합과 인사처분에 관한 논의를 하여 의견의 합치를 보아 인사처분을 하도록 단체협약 등에 규정된 경우에는 그 절차를 거치지 아니한 인사처분은 원칙적으로 무효라고 보아야 할 것이나, 이는 사용자의 노동소합 산무에 대한 부당한 징계권 행사를 제한하자는 것이지 사용자의 본질적 권한에 속하는 피용자에 대한 인사권 내지 징계권의 행사 그 자체를 부정할 수는 없는 것이므로 노동조합의 간부인 피용자에게 징계사유가 있음이 발견된 경우에 어떠한 경우를 불문하고 노동조합측의 적극적인 찬성이 있어야 그 징계권을 행사할 수 있다는 취지로 해석할 수는 없고, 노동조합의 사전동의권은 어디까지나 신의성실의 원칙에 입각하여 합리적으로 행사되어야 할 것이므로 노동조합측에 중대한 배신행위가 있고 이로 인하여 사용자측의 절차의 흠결이 초래된 경우이거나, 또는 피징계자가 사용자인 회사에 대하여 중대한 위법행위를 하여 직접적으로 막대한 손해를 입히고 비위사실이 징계사유에 해당함이 객관적으로 명백하여 회사가 노동조합측과 사전합의를 위하여 성실하고 진지한 노력을 다하였음에도 불구하고 노동조합측이 합리적 근거나 이유제시도 없이 무작정 징계에 반대함으로써 사전합의에 이르지 못하였다고 인정되는 경우나 노동조합측이 스스로 이러한 사전동의권의 행사를 포기하였다고 인정되는 경우에는 사용자가 이러한 합의 없이 한 해고도 유효하다고 보아야 할 것이다(대판 2003. 6. 10, 2001두3136).

쟁점사례

/사 례/ A은행은 근로자를 징계처분하는 경우 징계혐의자에게 변명을 할 수 있는 소명권을 부여하도록 취업규칙에 규정하고 있다. 그러나 예금입출금을 담당하고 있는 근로자 B가 고객의 자금 80억을 무단으로 인출하여 해외로 도주한 상태이므로 소명권을 부여하는 것이 현실적으로 불가능하다. 이 경우 취업규칙상 소명권을 부여하지 아니한 채 즉시 해고를 하여도 무방한지?

/해 설/ 근로자를 징계하기 위해서는 반드시 징계처분에 있어 징계대상자에게 변명의 기회를 부여해야 할 것인가에 대하여 "징계권행사의 본질적 요건"이냐에 따라서 견해를 달리하고 있다. 따라서 징계처분이 징계위원회의 의결을 거쳐 행해지며 해당 근로자에게 변명의 기회를 주도록 취업규칙에 명시되어 있다면 징계위원회의 성격은 자문기관에 지나지 않으므로, 사용자가 근로자에게 변명의 기회를 주지 않은 채 징계해고의 의사표시를 했다고 하더라도 절차상의 위반은 되지만 징계해고의 의사표시는 무효가 아니라는 견해가 있다. 사례의 경우에는 근로자가 금품을 절취한 절도를 한 후 도주한 상태에서 절차를 준수토록 하는 것이 불가피한 사정으로 사회통념상 인정되며, 징계절차를 준수하는 것이 무의미하다. 이러한 경우에는 근로기준법 제26조 단서(근로자가 고의로 사업에 막

대한 지장을 초래하거나 재산상 손해를 끼친 경우) 및 시행령 제5조에 의한 즉시해고의 사유가 되므로 취업규칙에 의한 소명권을 부여하지 아니하여도 징계처분을 할 수 있다.

2. 징계사유의 일부심의 및 징계사유의 추가

(1) 징계사유의 일부심리

a) 수개의 징계사유 중 그 일부가 인정되지 않는다 하여도 그 징계처분 자체가 무효로 된다거나 이를 취소할 수 없으며, 일부의 징계사유로서도 그 징계처분을 유지할 수 있다고 할 수 있으면 그것으로 족하다. 따라서 여러 개의 징계사유 중 일부가 인정되지 않으나, 인정되는 다른 일부 징계 사유만으로도 당해 징계처분의 타당성을 인정하기에 충분한 경우에는 그 징계처분을 그대로 유지하여도 위법이 되지 않는다.[21] 이 경우 징계사유로서 비위사실 내용을 심의할 때 일부징계사유가 인정되지 않는다 하더라도 재량권의 범위를 일탈한 것이 아니다.[22]

b) 또한 징계위원회의 심의를 거친 징계처분에 대하여 정당성을 다툴 경우 법원의 재판권은 어디까지 미칠 수 있는가? 이 점에 대해서는 앞서 판결을 거쳐 이루어진 징계처분에 대하여 징계사유로 된 사실인정에 오해가 있었는가를 판단할 수 있을 뿐만 아니라, 수개의 징계사유중 오해에 기초한 일부사항을 제외하고 그 나머지의 징계사유에 의해서도 징계처분의 타당성을 판단하는 권한을 갖는다고 한다.[23]

(2) 심리 중 징계사유의 추가

a) 사용자는 징계위원회의 심의를 거친 징계처분에 대하여 사법기관에서 다투고 있을 때 징계위원회에서 심의의 대상으로 되어있지 않았던 새로운 사유를 나중에 추가하여 징계처분의 유효성을 주장할 수 있는가? 판례에 의하면 "규칙에 반대하여 심의되지 않았던 이 사항이 해고사유로 부과되어도 그로써 즉시 당연해고의 무효를 초래하는 것이 아니라 하더라도 해고의 효력이 다투어지게 된 경우에는 해고사유로 다투어지고 있는 것 중에서 심의의 본래의 대상으로서 다투어지지 않았던 사유는 배척하여야 한다."고 한다.[24]

21) 대판 2007. 12. 28, 2006다33999

22) 서울고판 1980. 12. 17, 80구5

23) 日本 大阪地裁 1959. 1. 31. 京阪神急行事件

24) 日本 福岡地裁 1956. 2. 23. 鐵二瀬金廣業所事件

b) 취업규칙에서 근로자에 대한 징계처분을 징계위원회의 의결을 거쳐 행하도록 규정하고 있는 경우에 그 징계처분의 당부는 징계위원회에서 징계사유로 삼은 사유에 의하여 판단하여야 하고, 징계위원회에서 거론되지 아니한 징계사유를 포함시켜 징계처분의 당부를 판단할 것은 아니다.[25] 따라서 원래의 징계처분에서 징계사유로 삼지 아니한 징계사유를 재심절차에서 추가하는 것은 재심의 기회를 박탈하는 것이므로 무효라고 보아야 한다.

관련판례

(1) 징계사유로 본 구체적 사실의 일부라도 단체협약이나 취업규칙 등의 관계규정이 정한 징계사유에 해당한다면 그 징계는 적법하다 할 것이므로 당해 징계대상자가 저지른 행위 중 공장에서 조업중인 근로자들이 조업을 하지 못하도록 구호를 외치며 시위를 하다가 전기 스윗치를 내리는 등 조업을 중단케 하여 업무를 방해한 것을 이유로 한 해고는 정당하다(대판 1993. 12. 24, 92다44145).

(2) 원심이 인용한 제1심판결의 이유를 기록에 비추어 검토하여 보면, 원심이 그 채택 증거들에 의하여, 원고가 대학교 총장의 직권남용과 직무유기로 인하여 인사상 불이익을 입었다는 확인되지 않은 사실 및 총장에 대한 인신공격적인 표현이 담긴 질의서를 총장에게 송부하고, 이를 대학교 신문기자에게 배포하거나 감사원에 감사를 청구하면서 제출하여 대학교의 위신을 손상하고, 총장의 명예를 훼손하였으며, 총장이나 해당 부서장의 승인 없이 인사관련 자료와 회계장부를 임의로 복사하여 외부에 공개한 사실을 인정한 다음, 이는 피고 법인의 복무규정 및 인사규정을 위반한 행위로써 징계사유에 해당한다는 취지로 판단한 조치는 정당한 것으로 수긍할 수 있고, 거기에 상고이유로 주장하는 바와 같은 채증법칙 위배 등의 위법이 있다고 할 수 없다. 한편 기록에 의하면, 피고 법인 일반직징계위원회는 당초 위와 같은 사실만을 징계사유로 삼아 원고에게 정직 2월의 징계를 하기로 의결하였음에도 불구하고, 원고의 재심청구에 따라 진행된 재심절차에서는 원고가 서울고등법원 2003나2422 판결을 집행하기 위하여 대학교의 예금이 들어 있는 은행의 지점, 계좌번호 등을 [금융실명거래 및 비밀보장에 관한 법률]에 위반하여 취득한 사실을 징계사유로 추가하였는바, 기록을 모두 살펴보더라도 이를 인정할 증거가 없을 뿐만 아니라, 원래의 징계처분에서 징계사유로 삼지 아니한 징계사유를 재심절차에서 추가하는 것은 추가된 징계사유에 대한 재심의 기회를 박탈하는 것으로 되어 특별한 사정이 없는 한 허용하지 아니하므로(대판 1998. 5. 22, 98다2365 참조), 피고가 재심절차에서 위 금융거래정보 불법취득 사실을 징계사유로 추가한 것은 잘못이라 할 것이다. 그러나 여러 개의 징계사유 중 일부가 인정되지 않으나 인정되는 다른 일부 징계사유만

25) 대판 1988. 12. 13, 86다204, 86다카1035

으로도 당해 징계처분의 타당성을 인정하기에 충분한 경우에는 그 징계처분을 그대로 유지하여도 위법하지 아니하다고 할 것인바(대판 2004. 6. 25, 2002다51555 참조), 뒤에서 보는 바와 같이 인정되는 징계사유만으로도 이 사건 징계처분은 적정한 것으로 인정되므로, 원심이 금융거래정보 불법취득과 관련한 징계사유의 존부에 관하여 판단을 하지 않았다고 하더라도 판결결과에 영향을 미친 것은 아니라고 할 것이다(대판 2006. 12. 28, 2006다33999).

(3) 이 사건 근로자가 제3차 인사위원회까지 출석하여 당초 통보받은 징계사유에 관하여 충분히 소명하였음에도 합리적인 이유 없이 징계결정을 유보한 채 인사위원회를 여덟 차례나 연기한 다음 새로 징계사유를 추가한 경우, 추가된 징계사유는 해고사유로 삼을 수 없으며, 또한 단체협약의 유효기간이 만료되었다 하더라도 징계위원회의 구성방법은 규범적 부분으로서 종전의 단체협약 규정을 적용하여야 함에도 근로자들의 개별적 동의 절차만을 거쳐 취업규칙상 징계위원회의 구성을 불이익하게 변경하였을 뿐만 아니라 합리적 사유 없이 징계위원회를 수차 연기한 것은 징계절차의 중대한 하자에 해당한다(중앙노동위원회 2007부해667).

쟁점사례

/사 례/ 얼마 전에 근로자 H가 군대복무를 마치고 복직을 하였으나, 사생활상의 이유로 무단결근을 하거나 잦은 지각을 하여 Y병원은 개인별 교번제의 근무일정표를 준수하지 않아 업무에 지장을 받게 되자, 인사위원회에 회부하여 징계조치를 하는 절차를 밟고 있다. 그런데 병원업무의 직무감사를 하던 중에 근로자 H가 군대 입대 전에 금품을 횡령한 사실이 적발되었다. 상기 비위행위는 3년 전에 발생한 일인데, 이를 금번에 진행 중인 징계절차에 징계사유로 추가하여 심의하여도 무방한지?

/해 설/ 근로자를 징계처분을 하기 위해서는 징계혐의사실에 대한 조사를 통하여 징계조사결과를 토대로 징계위원회에 징계의결요구를 해야 한다. 따라서 회부된 징계사유를 심리하는 과정에서 징계위원회에 회부된 사실과 다른 추가사실이 발견된 경우에는 당해 징계혐의를 별도로 진행하여야 한다. 대개 선행비위사실을 심리하던 중 별도의 추가사실이 발견되면, 행정편의상 이를 추가하여 진행하기 쉬우나 이는 잘못된 방법이다. 심리도중에 징계사유를 추가하게 되면 해당사유에 대한 심리의 결과가 박탈되기 때문이다. 설사 새로운 추가사실이 더해지는 경우에는 나중에 진행되는 징계위원회에서 징계전력을 참작하여 정직에서 해고로 징계수위가 높아질 가능성이 있다고 하더라도 별도로 심리하여야 한다. 그러나 추가되는 징계사유가 없더라도 기존의 징계사유만으로 징계처분의 목적을 달성할 수 있으면 징계사유를 추가하지 않고 심리할 수 있다.

3. 징계심리의 기한 및 기피신청절차

(1) 징계심리의 기한

사용자가 징계권을 행사하는 경우 징계처분에 대한 심리기일과 심리기한을 정하여 운영할 수 있다. 이 경우 최초심리 및 재심신청을 위한 심리기일을 정하여 신속하게 처리하여야 한다. 이 기간은 근로자의 불안정한 신분상태를 해소하기 위해 정한 것이기 때문이다. 그러나 취업규칙에 '재심신청시 재심위원회는 30일 이내에 이를 심사하여야 한다'고 정한 경우라도 이 규정은 강행규정이라고 할 수 없다. 따라서 상당한 기간내에 재심의하여 의결하였다면 그 재심결정은 유효하다고 보아야 한다.[26)]

관련판례

(1) 최초의 징계처분이 징계양정의 재량한계를 일탈하였다 하여 징계해직처분이 무효라는 판결이 확정된 후에 동일한 징계사유에 대하여 그보다 가벼운 본건 징계정직처분으로 변경한 처분을 지목하여 위 확정판결의 기판력에 저촉된다거나 일사부재리 원칙에 위반한다고 볼 수 없으며, 금품수수의 징계사유가 있으면 그에 대한 정직처분을 상당하다고 본 원심의 조치에 수긍이 가며, 위에서 본 1979. 9. 에 한 인사부장의 재심청구는 새로운 징계요구가 아니라 이미 적법하게 요구된 징계의결의 내용을 수정한 것에 불과하다고 볼 것이다(대판 1980. 8. 19. 80누189 참조). 피고 중앙회의 징계업무처리요령 제7조는 징계의결의 요구는 징계사유가 발생한 날로부터 2년을 경과한 때에는 이를 행사하지 못한다고 규정하고 있는바, 위에서 본 바와 같이 본건 징계요구는 위 시효기간 경과되기 전에 적법하게 행사되었음이 분명하므로 이런 취지에서 한 원심의 판단은 정당하니 1979. 9. 새로운 징계요구가 있는 것으로 전제한 소론은 이유없고 동 규정을 제척기간으로 보아야 한다는 소론은 독자적인 것으로 채택할 바 못되며 소론 지적의 당원판결들은 본건에 적절한 것이 아니다(대판 1981. 5. 26. 80다2945).

(2) 참가인의 인사규정은 위와 같은 근무성적 불량, 근무태도 불성실의 사유를 직위해제 및 대기발령 사유와 징계사유의 하나로 중복하여 규정하고(제40조제1항제1호, 제51조제4호), 인사규정 제60조의 1은 징계의결요구는 징계사유가 발생한 날부터 2년을 경과한 때에는 이를 요구하지 못한다고 규정하고 있다. 위 인사규정 제60조의 1의 취지는 징계사유 발생 후 사용자가 징계권을 행사할 것인지를 확정하지 아니함에 따라 근로자가 상당 기간 불안정한 지위에 있게 하는 것을 방지함과 아울러 오랜 기간이 지났기 때문에 사용자가 징계권을 행사하지 않으리라는 근로자의 기대를 보호하기 위한 것(대판 1995. 3. 10. 94다14650 참조)이라고 할 것인데, 이 사건에서와 같이 직위해제 및 대기발령 사유임과 동시에 징계사유에도 해당하

26) 대판 2005. 11. 25, 2003두8210

는 사유로 참가인이 인사규정 제60조의 1이 정한 기간 내에 원고에 대하여 직위해제 등 처분과 면직처분 등 불이익 처분을 한 이상 참가인이 위 징계사유에 대하여 소극적인 태도를 보였다거나 원고에게 징계권 불행사에 대한 기대가 성립되었다고 할 수 없을 뿐만 아니라, 위 면직처분에 의하여 원고는 일단 근로자의 지위를 상실하게 됨으로써 나중에 원고가 위 면직처분 등이 무효임의 확인을 구하는 소송을 제기하여 그 결과 무효확인판결이 확정되었다고 할지라도 그 때까지 참가인은 원고에 대하여 새로운 징계처분을 할 수도 없는 노릇이므로, 위 직위해제 및 면직처분의 효력을 다투는 소송의 계속 중에 인사규정 제60조의 1에 정한 기간이 경과되고 그 후에야 절차상의 위법을 이유로 위 각 처분의 무효확인판결이 확정되기에 이르렀다면, 이러한 경우에는 종전의 위 각 처분도 실질적으로는 원고의 복무규율이나 기타 기업질서의 위반에 대한 제재적 목적으로 행하여진 점에 비추어 참가인은 위 판결확정일로부터 상당한 기간 내에 다시 동일한 사유에 대하여 징계요구를 할 수 있다고 보아야 할 것이니, 원고에 대한 위 1995. 4. 20. 자 징계의결요구는 적법하다고 볼 것이다(대판 1998. 6. 12, 97누16084).

(3) 절차상의 규정위반 여부를 보건대, 원고 법인의 구 규정인 '일반직원 재심위원회 조직 · 운영 규정'에 '재심청구시 재심위원회는 30일 이내에 이를 심사해야 한다'고 규정하고 있는 반면, 개정된 신 규칙은 이와 같은 규정을 두지 않고 있다. 인사규정 등에 재심사기간을 두는 것은 근로자의 불안정한 신분상태를 조속히 해소하려는 데 그 취지가 있고, 그와 같은 규정은 강행규정이라고 볼 수는 없다. 따라서 이 사건에서와 같이 재심위가 상당한 기간 내에 재심위를 열어 재심의결을 하였다면 인사규정 등에서 정한 재심사기간이 경과한 후 재심의결을 하였다는 이유만으로 그 재심결정이 무효가 된다고 할 수 없다(대판 2005. 11. 25, 2003두8210).

---

(2) 징계심리절차의 운영

사용자는 단체협약이나 취업규칙, 징계규정에 규정된 절차에 따라 공정하고 객관적인 징계처분을 해야 한다. 징계절차의 개시는 징계위원회의 출석과 피징계자인 근로자의 참석에 의해 진행하며, 징계심리는 공개 또는 비공개방식으로 진행할 수 있다. 징계절차는 대규모기업이거나 전국단위에 걸쳐 사업장이 흩어져 있는 경우에는 자율적으로 징계위원회의 종류를 보통징계위원회와 중앙징계위원회로 구분하여 재심절차를 운영할 수 있다. 징계심리의 절차에서 주로 문제가 되는 것은 ① 징계위원회의 구성방법, ② 징계심리과정에서 추가사유의 심리여부, ③ 피징계자에 대한 소명권의 부여, ④ 징계의결과정에서의 징계양정이라 할 것이다.

[그림 7-1] 징계권행사의 절차

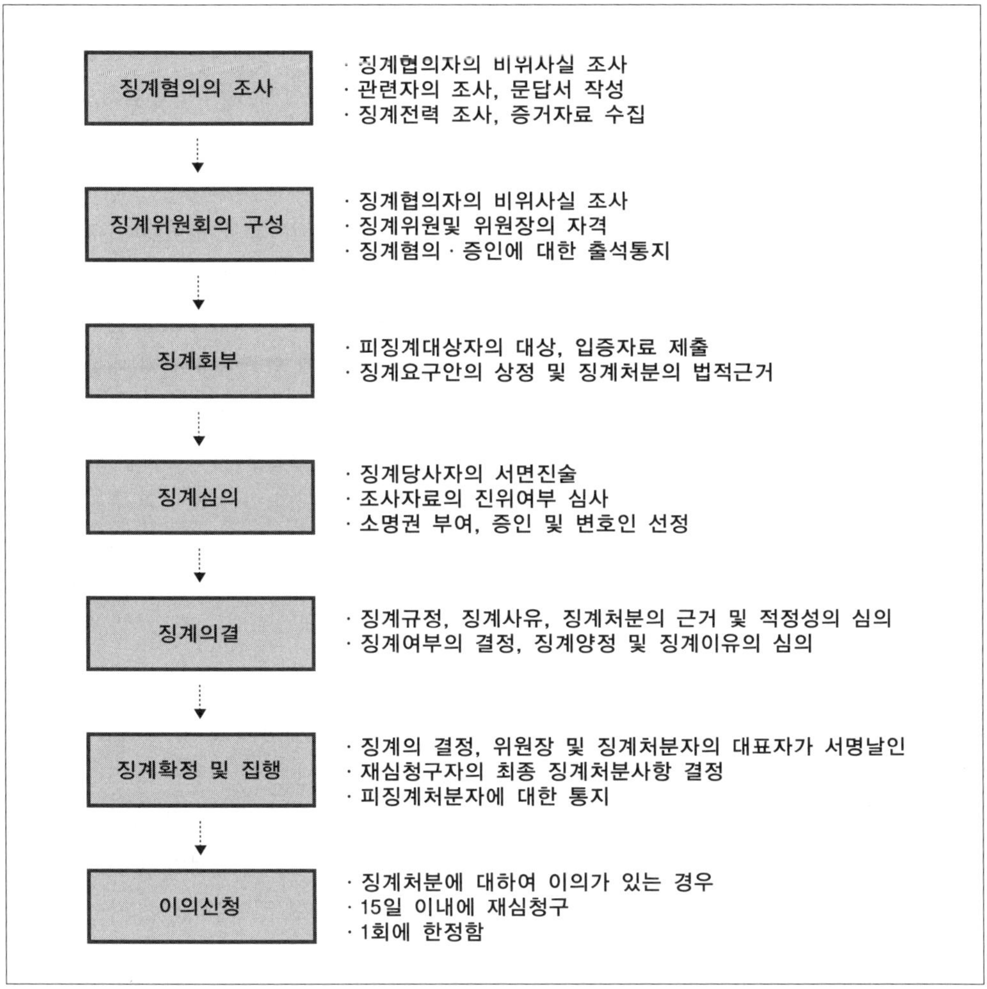

(3) 징계위원회에 대한 기피신청

a) 징계처분의 공정성을 유지하기 위해서는 피징계자와 친족 또는 인척관계에 있거나 학교선후배 사이 등 일정한 결격사유에 해당하는 자를 기피할 수 있는 기피신청제도를 설정할 필요가 있다. 근로자의 기피신청에도 불구하고 이를 무시한 채 징계처분을 하였다면 절차상의 하자로 보아야 한다. 그러나 기피신청의 사유가 정당하지 아니한 경우에는 이를 거부하고 징계위원을 구성하더라도 유효하다고 보아야 한다.

b) 기피신청은 정당한 사유와 합리성이 있어야 한다. 기피신청은 징계위원 개인에 대한 신청이 원칙이며, 징계위원 전원 또는 대부분에 대하여 기피신청을 하는 것은 허용될 수 없다. 기피신청권을 남용하여 징계위원회를 구성할 수 없거나 징계위원회의 결정을 할 수 없게 하여서는 아니된다.

관련판례

(1) 사립학교법시행령 규정에 의한 징계위원에 대한 기피제도는 징계의결의 공정성을 해칠 만한 우려가 있는 징계위원을 배제함으로써 징계절차와 의결 과정에 있어서 중립성, 객관성, 공정성을 최대한 유지하고자 하는 데 그 목적이 있고, 징계대상자로서도 기피신청권은 징계위원회의 편파적인 구성에 대하여 대항할 수 있는 유일한 권리라 할 것이므로 시행령 제24조의 6 제2항 후문의 해석에 있어서는 그와 같은 제도의 목적과 취지를 충분히 고려하여야 할 것인데, 일반적으로 기피신청은 원래 징계위원 개개인에 대한 것으로서 기피의결은 그 기피신청에 대하여 개별적으로 하는 것이므로 수인의 징계위원에 대한 기피신청이 있는 경우라도 기피신청을 당한 각 징계위원은 시행령 제24조의 6 제2항 후문에 의하여 자신에 대한 기피의결에만 참여할 수 없을 뿐 다른 사람에 대한 기피의결에는 참여할 수 있다고 할 것이나, 그들에 대한 기피사유가 공통의 원인에 기인하는 경우에는 자신에 대한 기피의결뿐만 아니라 다른 사람에 대한 기피의결에도 참여할 수 없다고 해석하는 것이 위와 같은 제도의 취지와 목적에 부합한다고 할 것이다. 또한 기피의결에 참여할 자격이 없는 위원이 참여하여 한 기피의결은 무효이고, 이는 자격이 없는 위원을 제외하고서도 의결정족수가 충족된다고 하더라도 마찬가지라고 할 것이다(대판 1996. 6. 28, 94다53716).

(2) 사립학교법상의 교원징계위원회 위원에 대한 기피신청에 관하여 당해 교원징계위원회가 기피 여부에 대한 결정을 함에 있어서는 기피신청을 받은 위원은 그 의결에 참여하지 못하게 되어 있으나, 일반적으로 기피신청은 징계위원 개개인에 대한 것으로서 그 기피신청에 대한 의결 역시 개별적으로 하는 것이므로 수인의 징계위원에 대한 기피신청이 있는 경우에도 기피신청을 당한 각 징계위원은 기피사유가 공통된 원인에 기인한 것이 아닌 한 자신에 관한 의결에만 참여할 수 없을 뿐 다른 사람에 관한 의결에는 참여할 수가 있다(대판 1999. 4. 27, 98다42547). 이 사건에 있어 원심판결 이유와 기록에 의하면, 원고가 보조참가인의 위 1996. 7. 2.자 이사회 의결에 의하여 선임된 징계위원 7인 중 6인에 대하여 기피신청을 한 데 대하여 보조참가인의 교원징계위원회가 같은 해 8월 28일자로 그에 대한 의결을 함에 있어 각각의 기피신청 대상 위원이 순차로 자신에 대한 의결에 불참하는 방식을 취하였음을 알 수 있으므로(기록 830-832면), 앞서 본 법리에 비추어 볼 때 원심이 원고의 기피신청에 대한 위 교원징계위원회의 의결이 위법하다는 원고의 주장을 배척한 조치는 그 결론에 있어 정당하고, 거기에 판결에 영향을 미친 위법이 없다. 이에 관한 상고이유 역시 받아들일 수 없다(대판 2000. 10. 13, 98두8858).

(3) 피고 법인의 '교 · 직원 징계에 관한 규정'(이하 '이 사건 징계규정'이라고 한다)은 피고 법인의 직원 징계위원회는 5인 이상 7인(위원장 1인을 포함) 이내의 위원으로 구성하고(제4조

제2항 제1호), 징계 대상자는 징계위원회의 위원이 불공정한 의결을 할 우려가 있다고 인정할 만한 상당한 사유가 있을 때에는 그 사실을 서면으로 소명하고 기피를 신청할 수 있으며(제13조 제1항), 기피신청이 있을 때에는 위원회의 의결로 기피 여부를 결정하여야 하는데, 이 경우 기피신청을 받은 자는 그 의결에 참여하지 못하고(제13조 제2항), 한편 직원의 징계의결은 재적위원 3분의 2 이상 출석과 출석위원 과반수의 찬성으로 한다(제14조 제2항)고 규정하고 있다. 그런데 기피신청은 원래 징계위원 개개인에 대한 것으로서 기피신청에 대한 의결 역시 기피신청에 대하여 개별적으로 이루어지는 것이므로, 징계위원에 대한 수 개의 기피신청이 있는 경우라도 신청을 당한 징계위원은 자신에 대한 의결에만 참여할 수 없을 뿐 다른 사람에 대한 의결에는 참여할 수 있으나, 기피사유가 공통의 원인에 기인하는 경우에는 자신에 대한 의결뿐만 아니라 다른 사람에 대한 의결에도 참여할 수 없다. 그러나 위에서 본 이 사건 징계규정의 내용 및 취지 등을 종합하여 보면, 피징계자가 징계위원 전원 또는 대부분에 대하여 동시에 기피신청을 함으로써 징계위원회를 구성할 수 없거나 징계위원회의 결정 자체가 불가능한 경우, 기피신청이 징계절차의 지연을 목적으로 함이 명백한 경우 등에는 그 신청 자체가 기피신청권의 남용에 해당하여 부적법하므로, 이러한 신청은 허용될 수 없다고 봄이 상당하다. 따라서 이러한 경우에는 기피신청의 대상이 된 징계위원이 기피결정에 관여하는 것이 금지된다고 볼 수 없다(대판 2009. 1. 30, 2007추127 참조). 나아가 기피신청이 위와 같이 징계절차의 지연을 목적으로 함이 명백한 경우에 해당하는지는 징계에 이르게 된 경위, 징계위원회 출석 여부 등 피징계자가 징계절차에서 취한 행태, 기피신청의 시기와 횟수, 기피신청으로 주장하는 기피사유의 내용 등을 종합적으로 고려하여 판단하여야 한다. 원심은 그 판시 사정들을 종합하면, 원고의 기피신청은 실질적으로 징계절차의 지연을 목적으로 함이 명백한 것으로 그 신청권을 남용하는 경우에 해당하여 부적법하므로, 원고로부터 기피신청을 받은 6인의 징계위원이 자신과 공통된 원인으로 기피신청을 받은 다른 징계위원들의 기피의결에 참여하였다고 하더라도, 그로 인하여 이 사건 파면처분이 절차상 위법하여 무효가 된다고 할 수 없다고 판단하였다. 위 법리와 기록에 비추어 살펴보면, 원심의 위와 같은 판단은 수긍이 가고, 거기에 상고이유 주장과 같이 징계절차에 있어서 기피신청권의 남용에 관한 법리를 오해하거나 논리와 경험의 법칙을 위반하여 자유심증주의의 한계를 벗어나는 등의 위법이 없다(대판 2015. 11. 27, 2015다34154).

제2절 징계처분과 인과관계의 입증

1. 징계처분과 인과관계의 입증도

(1) 징계처분과 인과관계

a) 징계권을 행사하기 위해서는 징계사실에 대한 인과관계가 성립되어야 한다. 따라서 근로자의 비위행위가 경영질서의 위반행위와 구체적으로 어떻게 인과관계가 성립되는지, 고의나 과실이 있는지 등에 대하여 규명할 필요가 있다. 이때 징계처분의 원인에는 민법 제750조에 의한 불법행위를 구성하는 고의나 과실 뿐만 아니라 민법 제390조에 의한 채무불이행에 해당하는 계약위반행위도 포함한다고 보아야 한다.

b) 그러나 징계처분과 징계혐의사실의 사이에 인과관계를 어떻게 판단해야 할 것인가에 대하여는 학설의 견해가 다양하다. 조건설의 입장에서는 해석하면, 피징계자인 근로자의 행위로 인하여 경영질서의 위반이라는 결과발생이 인정하는 것이므로 지나치게 무한정으로 징계범위를 확장하는 결과를 초래하기 쉽다. 상당인과관계설의 입장에서 해석한다면, 근로자의 비위행위가 현재에 있어서 경영질서를 위반하는 결과를 발생할 뿐만 아니라 통상적 · 일반적인 상태에서도 경험칙상 동일한 결과를 발생시킬수 있는 경우에 인과관계가 성립된다고 본다.

(2) 인과관계의 증명도

a) 징계책임의 인정을 위한 인과관계는 어느 정도로 입증되어야 하는지 개연성이론을 중심으로 살펴볼 필요가 있다. 개연성이론은 피징계자의 입증책임정도를 완화 내지 경감시키는 반면에 사용자의 반증범위를 확대시키는 결과가 된다. 이 견해의 주장근거는 피징계자인 근로자의 경제적 지위 열세, 정보의 부족 또는 미보유, 사회적 · 정치적 영향력이 부족하기 때문이다.

b) 개연성이론에 의하면 사용자는 확실성에 미치지 못하는 개연성의 정도를 입증하여야 하고, 이로써 인과관계의 존재에 대한 심증을 형성시킬 수 있다. 따라서 근로자의 징계사유에 해당되지 않는다는 주장에 대하여 사용자가 반증을 하여야 하고 이를 저지하지 못하면 패소판결을 받게 될 것이다.

c) 그러나 아직까지 징계권행사를 둘러싸고 인과관계의 입증방법과 입증책임에 대한 법원의 판결이나 학설을 찾아보기 힘들다. 다만, 사회적 · 경제적 약자인 근로자를 보호하기 위하여 입증책임을 전환하여야 한다는 학설이 대두되고 있을 뿐이다.

관련판례

통신비밀보호법은 누구든지 이 법과 형사소송법 또는 군사법원법의 규정에 의하지 아니하고는 우편물의 검열 또는 전기통신의 감청을 하거나 공개되지 아니한 타인간의 대화를 녹음 또는 청취하지 못하고(제3조 제1항 본문), 이에 위반하여 불법검열에 의하여 취득한 우편물이나 그 내용 및 불법감청에 의하여 지득 또는 채록된 전기통신의 내용은 재판 또는 징계절차에서 증거로 사용할 수 없고(제4조), 누구든지 공개되지 아니한 타인간의 대화를 녹음하거나 전자장치 또는 기계적 수단을 이용하여 청취할 수 없고(제14조제1항), 이에 의한 녹음 또는 청취에 관하여 위 제4조의 규정을 적용한다(제14조제1항)고 각 규정하고 있으므로, 공개되지 아니한 타인간의 대화를 녹음한 녹음테이프나 그 녹취록 등은 통신비밀보호법 제14조제2항 및 제4조에 의하여 재판 또는 징계절차에서 증거로 사용할 수 없고, 한편 통신비밀보호법 제3조제1항 본문 및 제14조제1항이 '공개되지 아니한 타인간의 대화를 녹음 또는 청취하지 못한다'고 규정한 것은 대화에 원래부터 참여하지 않은 제3자가 그 대화를 하는 타인들간의 발언을 녹음 또는 청취하여서는 아니 된다는 취지이다(대판 2008. 6. 26, 2007두22344).

쟁점사례

/사 례/ 자동차부품제조업체에서 인사업무를 담당하고 있는 인사담당자는, 금번에 음주 후 폭행을 한 생산직 직원을 징계할 예정이다. 그러나 피징계자들이 노동위원회에 구제신청을 하거나 법원에 소송을 할 경우에 대비하여 징계위원회에서 근로자를 징계한다면, 누가 입증책임을 부담하는지 알고자 한다. 근로기준법 제23조에 의하면 근로자를 정당한 이유 없이 징계할 수 없다고 알고 있으나, 근로자를 징계하거나 해고하는 경우에 대부분 사용자측에서 입증책임을 지는지?

/해 설/ 징계처분은 사용자가 경영질서를 유지하고자 하는 목적으로 행사하는 것이나, 징계권이 잘못하면 남용되기 쉬우므로 어떠한 사유와 절차를 준수하여 징계처분을 해야 하는지 유의해야 한다. 이러한 과정에서 중요한 것이 입증책임의 문제인데 구체적으로 살펴보면 다음과 같다. 첫째, 개별적 행위에 따른 징계처분사유로서 근로자가 이유 없이 결근하거나 지각, 조퇴 등을 하여 근로시간을 위반한 경우에 대하여 징계처분시 사용자가 입증책임을 부담

한다. 둘째, 하자 있는 근로의 급부 또는 자신의 정상적 작업능력이하의 열등한 급부를 제공하는 경우에는 근로자의 행태상 사유를 이유로 하여 징계처분을 할 수 있다. 이 경우 징계처분을 하기 위해서는 사용자가 급부하자의 존재에 대한 입증과 함께 하자 있는 근로의 제공에 대하여 사용자의 책임(예 : 사용자가 제공한 기계나 원료 자체의 결함 등)이 없다는 사실 및 사전적 경고가 있었다는 사실에 대한 진술 및 입증책임을 져야 한다. 셋째, 긴박한 경영상의 필요에 의하여 피징계자를 해고대상자로 선정하는 경우 사용자는 이에 대한 진술 및 입증책임이 있다. 따라서 사용자는 작업장에 구체적 영향을 미친 경영상의 사유로서 업계의 경쟁상황, 상품가격하락, 원료부족, 이외에 피징계자의 선정기준, 선정근거, 우선순위의 결정, 해고회피의 노력 등에 대하여 구체적으로 입증을 해야 한다. 넷째, 노동조합 활동에 참가한 것을 이유로 하는 해고 등의 불이익한 징계처분을 하는 것은 부당노동행위에 해당될 수 있으므로 사용자의 행위가 부당 · 불법적인 것임을 주장하려고 하는 자가 입증책임을 져야 한다.

2. 징계처분과 입증책임의 부담

(1) 입증책임의 당사자

1) 징계처분의 부당성에 대한 입증 사용자는 징계권을 부당하게 행사하여서는 아니 되며, 구체적 사실이 근로자의 책임이라는 것, 징계규정의 어디에 위반되고 어떠한 증거가 있는지를 명확히 하여야 한다. 일반적으로 위반사실을 명확히 확정하지 아니하였거나 막연한 증거만으로 징계하는 것은 징계권남용에 해당하게 된다. 그러나 입증책임론의 일반원칙에 "불법 · 부당을 주장하는 자(소를 제기하는 자)가 입증책임을 져야 한다"는 원칙으로 비추어 볼 때 징계처분의 부당성에 관한 입증책임은 근로자측이 부담해야 한다.

2) 징계사유의 부존재와 징계처분의 적법성 a) 징계사유의 부존재에 대하여는 근로자측이 입증책임을 져야 하며, 그 대신 사용자가 징계처분에 있어 지켜야 할 제반의무, 즉 징계처분의 적법성, 절차의 구비 및 징벌의 적정성(징계양정) 등에 관하여는 사용자가 입증책임을 져야 한다.[27] 그러나 "의심스러운 것은 피고의 이익으로"라는 형사상의 대원칙은 징계의 경우에도 인정되어야 할 것이다. 따라서 사용자는 징계처분시에 징계자 본인의 해명이나 관계자의 사정청취 등 충분한 사실을 조사하여 분명히 본인에게 책임이 있

27) 서울고판 1983. 12. 7, 82나3003

는 것, 징계사유의 어느 사항에 해당되며 어떠한 증거가 있는가 하는 것을 제시되어야 한다.

b) 근로기준법 제23조제1항은 강행법규로서 이를 위반한 해고 기타 사용자의 징계처분은 무효이므로 ① 사용자는 징계사유와 징계양정의 적정성, 절차의 준수 등 징계처분의 적법성에 대한 입증책임을 져야 하며, ② 근로자는 징계처분에 요구되는 요건의 부존재 즉, 징계사유의 부존재에 관하여 입증책임이 있다. 다만, 일률적으로 근로자에게 입증책임을 묻는 것은 전문지식의 결여, 자료의 불충분 등을 감안할 때 불합리하므로 사안에 따라 입증책임이 사용자에게 전환된다고 할 것이다.

(2) 징계사유별 입증책임의 부담

1) 개별적 행위에 대한 입증책임 근로자가 결근하거나 지각, 조퇴 등 근로제공의무를 불이행하는 것은 손해배상책임과 징계책임의 대상이 되므로 근로계약을 해지할 수 있다. 이 경우 사용자는 근로자가 임의로 휴직계를 제출하였는지, 무단결근을 하거나 지각 · 조퇴 · 임의적 직장이탈을 하였는지, 구체적 징계사유와 손해배상액 등에 대해 입증책임을 부담한다.

2) 하자 있는 근로의 제공과 입증책임 하자 있는 근로의 급부 또는 자신의 정상적 작업능력 이하의 열등한 급부를 제공하는 경우에는 근로자의 행태상의 사유를 이유로 하여 징계처분을 할 수 있다.[28] 이 경우 사용자는 급부의 하자에 대한 존재의 입증과 함께 하자 있는 근로의 제공에 대하여 사용자의 책임(예 : 사용자가 제공한 기계나 원료자체의 결함 등)이 없다는 사실, 사전적 경고가 있었다는 사실에 대한 진술 및 입증책임을 져야 한다. 또한 사용자는 근로자에 의해 제공된 노무급부의 총체적인 가치평가에 대한 진술책임은 지지 않으나, 어떠한 급부의 하자가 있었는지와 근로자의 직무능력이나 전문적 자질에 대하여 구체적으로 진술하여야 한다.

3) 경영상 해고의 대상자와 선정기준의 입증책임 경영상의 필요가 긴박하여 다른 사업 또는 사업장에서 근무할 해고회피의 가능성이 없다는 사실에 대한 진술 및 입증책임은 사용자에게 있다. 이러한 경영해고가 징계처분과 관련하여 문제가 되는 이유는 징계처분을 받은 자가 우선적으로 해고대상자로 선발되기 때문이다. 따라서 사용자가 해고시에 ① 근무상태가 불량하거나 기업공헌도가 낮은 자, ② 작업능률이 낮은 자, ③ 장기

28) 일반적으로 단체협약이나 취업규칙에는 근무태만을 징계해고사유로 규정하고 있다. 그러나 근무태만이 회사의 복무규율에 위반하거나 질서를 문란시키지 않는 한 징계해고사유로 볼 수 없다. …야간근무중 졸다가 적발되어 재차 위와같은 비행을 저지르지 아니할 것을 불구하고… 다시 감독의 눈을 피해 다른 방으로 옮겨 계속 졸았던 비행은… 징계처분사유로서 정당하다(대판 1977. 3. 22, 74라1403).

결근자 등에 의한 징계처분을 받은 자를 우선순위로 선발하였다면 선발기준과 경위에 대한 입증책임을 져야 한다.

4) 해고경위 및 징계규정의 적정성에 대한 입증책임 a) 근로기준법 제23조에 의한 해고제한의 일반원칙은 근로계약에 의한 통상해고뿐만 아니라 징계해고에 대하여도 근로자의 보호규정으로서 강행적 효력을 갖는다고 해석되므로 단체협약 또는 취업규칙의 규정도 징계의 적법성 내지 정당성이 유지되어야 한다.[29)]

b) 사용자는 취업규칙 및 단체협약 내에 여러가지 징계사유와 절차를 규정하고 있으나, 계약위반의 징계사유와 경영질서위반의 징계사유를 구별하고 있지 않다. 따라서 노사협정의 규정에 따른 징계처분이라 하여 모두 정당한 것은 아니므로 별도의 사법심사가 필요하다. 근로자가 사용자를 상대로 징계해고의 무효를 이유로 하여 법원에 지위확인을 구하는 경우에 사용자는 해고경위 및 징계규정에 따른 적정성에 대한 입증책임을 부담한다.

5) 부당노동행위의 주장과 입증 a) 노동조합활동에 참가한 것을 이유로 하는 해고 등의 불이익한 징계처분을 하는 것은 부당노동행위이며, 사용자의 행위가 부당 · 불법적인 것임을 주장하려고 하는 자가 입증책임을 져야 한다.[30)] 그러나 실제에 있어서 해고 등의 불이익취급의 이유나 동기는 사용자의 내적의사의 문제이기 때문에 객관적인 증거를 든다는 것은 용이한 일이 아니다.

b) 따라서 법률지식이 부족한 근로자측은 구체적 입증이 어려워 ① 현저한 조합활동을 하였다는 것, ② 근로자들이 해고당한 사실이 빈번하였다는 것, ③ 사용자가 평소의 언동에 반조합적 태도가 많이 있다는 등 극히 불완전한 객관적 사실을 열거하는 일반적인 주장이 될 수 밖에 없다. 이 경우 사용자측은 적극적으로 해고처분 등의 정당한 이유를 설명하여야 하며, 만약 사용자의 정당한 이유가 불명료한 것이라면 부당노동행위가 성립되는 것으로 보아야 한다.

---

29) 대판 1986. 7. 8, 96다375

30) 中勞委 1966. 10. 17 判定 亞陸交通株式會社 不當勞動行爲事件을"살펴보건대 재심신청인이 주장하는 바 회사의 전무 등이 부당노동행위를 감행하였다고 하는 주장은 그 실정이 명확하지 않을 뿐 아니라 이에 대한 구체적 입증이 없어 이를 인정하기 어렵고…"라 하여 근로자 입증책임을 언급하고 있다.

쟁점사례

/사 례/ 사업주 A는 중소기업체를 운영하다보니 취업규칙 등 인사규정이 제대로 갖추어져 있지 않다. 그러나 불성실한 근로자 B를 징계하고자 하는데, 평상시 근무태만의 사유를 제대로 기록으로 관리하지 못한 상태이다. 그럼에도 불구하고 근로자를 방치할 수 없어 징계처분을 하는 경우 해당 근로자의 귀책사유에 대하여 입증을 사용자가 해야 한다는 주장이 있다. 이 경우 근로자가 혐의 없다고 주장하는 사실에 대하여 일일이 사용자가 입증해야 하는지?

/해 설/ 중소기업을 운영하는 사업주로서는 인력부족, 관리부족, 전문성 결여 등으로 인하여 인력관리를 하기가 어려울 수 있다. 그렇다고 불성실한 근로자를 그대로 방치하거나 징계사유가 정당하다는 이유만으로 명확한 증거나 입증없이 징계처분을 할 수 없다. 징계처분 후 노사 당사자간의 다툼에서 사용자가 패소하는 원인 중에 하나가 입증책임을 소홀히 한 것이다. 일반적으로 일정한 권리를 주장하기 위해서는 자신의 주장에 대한 입증을 스스로 해야 한다. 그러나 징계권의 행사에 따른 불이익은 주로 근로자이기 때문에 사용자에게 입증책임을 지우는 것이 보다 공평하다고 볼 수 있다. 이러한 이유는 인과관계의 입증에 대한 개연성이론을 토대로 하는데, 피징계자의 입증책임정도를 완화 내지 경감시키는 반면에 사용자의 반증범위를 확대시키는 것이 타당하기 때문이다. 따라서 근로자의 징계사유에 해당되지 않는다는 주장에 대하여 사용자가 반증을 하여야 하고 이를 저지하지 못하면 패소판결을 받게 될 것이다.

제8장

징계권의 남용과 구제절차

제1절 징계권의 남용과 규제방법

제2절 징계권남용의 판단과 효과

제3절 징계권남용의 구제절차

제1절 징계권의 남용과 규제방법

1. 징계권의 남용

(1) 징계권의 남용과 규제

a) 징계권은 사용자가 신의칙에 의하여 합리적이고 공정하게 행사하도록 그 남용을 규제할 필요가 있다.[1] 이와 같이 징계권을 규제하고자 취지는 노동법에 징계권에 관한 규정이 불비하여 자칫 남용되면 근로자의 불이익이 초래되기 때문이다. 그러나 어떤 징계처분의 종류를 선택할 것인가는 징계권자의 재량에 속한다 할 것이지만, 그 재량은 자의적이고 편의적인 것이 아니라 그 징계사유와 징계종류의 사이에 사회통념상 상당성이 인정되는 균형이 요구되어야 한다. 경미한 징계사유에 대해 가혹한 제재를 한 것은 징계권의 남용에 해당된다.

b) 따라서 사용자가 징계권을 갖는다고 하여도 그것을 무제한으로 행사할 수 없으며, 부당한 결과가 초래되지 아니하도록 해야 한다.[2] 사용자에 의한 징계권의 남용은 법령해석의 착오라기보다 징계재량권의 남용에 가깝기 때문에 사회통념이나 비례의 원칙에 비추어 판단하여야 한다. 그러나 이러한 원칙 또한 지나치게 추상적이라는 문제점을 안고 있다. 사용자가 징계처분을 하게 되는 업무상 필요성과 근로자가 입을 불이익의 유무, 대소 등을 참작하여 전자에 비하여 후자가 큰 경우 그 징계처분은 징계권의 남용이 된다.[3]

(2) 징계권의 남용과 징계기준

법원은 취업규칙 또는 단체협약에 징계사유와 징계해고의 사유만을 징계의 기준으로 설시한 채 징계의 수단과 기간 등은 징계위원회의 자유재량에 위임한 경우, 동일유형의

1) 징계권에 대하여도 민법에 민법 제2조에 의한 권리남용의 법리를 적용될 수 있으며, 이는 새로운 법률을 만드는 것이 아니고 기존의 법률이 규정하고 있는 권리의 내용 · 범위를 구체화하는데 생기는 부당한 결과를 법률적으로 제거하는 기능을 의미하는 것이다. 민법 제2조제2항은 '권리는 남용하지 못한다'고 규정하고 있는데, 이것을 권리남용의 금지라고 한다. 이러한 권리남용의 금지조항은 신의성실의 원칙과 함께 민법뿐만 아니라 노동법 전체에 적용되는 원칙이다.

2) 대판 1986. 7. 22, 85다카2307 ; 민법상 권리남용에 대한 판례상의 의의는 권리행사가 권리의 남용에 해당한다고 할 수 있으려면, 주관적으로 그 권리행사의 목적이 오직 상대방에게 고통을 주고 손해를 입히려는 데 있을 뿐, 행사는 사람에게 아무런 이익이 없을 경우이어야 하고, 객관적으로 그 권리행사가 사회질서에 위반된다고 볼 수 있어야 한다고 판시하고 있다.

3) 대판 1991. 11. 12, 90다20428

징계사안에 대한 선례와 경영관행의 판단기준이 되며, 선례 및 경영관행에 비하여 현저한 불이익 또는 평등의 원칙에 위배된다면 해당징계의 결정은 무효의 원인이 된다고 판시하고 있다.[4)]

2. 징계권의 행사와 한계

(1) 징계권행사의 법리적 한계

1) 사회법의 원리와 최소한도의 징계원칙 a) 근대 사회법의 사상은 추상화된 인격개념의 배후에 존재하는 구체적인 개인성을 고려하는 점으로부터 출발한다. 개인주의 법률이 평등의 사상에 의한 권리개념을 정의하고 있음에 비추어, 사회법은 균형의 사상에 근거하고 있다. 이러한 법률에서 개인주의의 법률은 균분적 정의가 지배하고 있으나, 사회법의 경우는 배분적 정의가 지배하고 있다.

b) 현대 노동법은 이러한 사회법의 원리에 충실하게 사회적 실력의 불균형으로부터 사회적 · 경제적 균형을 유지시켜 약자의 편에 서서 이들을 보호하고자 한다. 따라서 노동법의 이념은 경제적 강자를 통제하여 실질적으로 대등한 가치가 교환될 수 있도록 하며, 국가 또는 사회가 공공의 부담으로 재력이나 노동력의 공정한 분배에 관여함으로써 이를 실현시키고자 한다.[5)] 징계권의 행사는 이러한 이념의 실질적 제약의 범위 내에서만 그 타당성이 부여되며, 이 제약을 벗어난 행위는 법률이 보호해야 할 하등의 가치가 없는 것이다.[6)]

c) 마찬가지로 사용자의 징계권행사도 사회법의 원리에 충실하게 적용되어야 정당성이 인정된다. 따라서 근로자의 징계사유에 비하여 지나치게 과중한 불이익은 그것이 비록 사용자의 권한이라고 할지라도 남용되어서는 아니된다. 사용자는 근로자의 행위가 기업에 대한 비신의적 · 비기여적 성격을 띠는 행위라도 직장질서유지를 위하여 반성과 타계의 목적에 적합한 범위 내에서 징계처분을 하고, 필요한 최소한도의 범위 내에서 징계권을 행사하여야 한다. 이러한 범위를 초월하는 징계권의 행사는 남용이 된다.

---

4) 대판 1990. 11. 23, 90다카25512 ; 대판 1991. 1. 11, 90다카21176 ; 대판 1991. 3. 27, 90다카25420 ; 대판 1991. 7. 12, 90다9353 ; 대판 1991. 7. 12, 91다12752 ; 대판 1991. 9. 24, 90다12366외 다수

5) 琴東信, 前揭論文, 17면

6) 예컨대 타인의 이익을 침해하기 위하여 권리를 행사하거나 자기에게 아무런 실익이 없음에도 불구하고 다른 사람의 불이익을 지나치게 수인케 하는 행위를 하거나 권리의 행사에 의하여 권리자의 향유하는 권익보다 타인의 피해가 더 큰 경우 또는 권리의 행사가 사회적 · 경제적 목적에 반하고, 이에 따라 건전한 사회활동이 파괴되거나 발전이 저해되는 것과 같은 공공복리나 공서양속에 위반하는 권리의 행사는 권리행사의 남용으로서 정당한 권리의 행사로서 인정하기 어렵다.

2) 노사의 신뢰관계와 직업윤리관념 a) 현대사회에 있어서 기업이라는 경영사회는 직업사회로서, 여기에는 조직규범과 직업윤리관념이 지배하는 집단성을 지닌다. 또한 기업은 사용자의 소유권이나 근로계약에 의한 노동력거래에 관한 법적 이론구성이라는 측면외에도 서로의 신뢰관계를 바탕으로 직업윤리라는 가치관을 통해서 경영활동을 유지하게 된다.

b) 여기서 신뢰란 상대방이나 제3자의 행동에 대하여 일반적으로 그러한 결과를 발생시켜서는 안될 의무를 부담하고 있는 자의 행동범위를 한정하기 위한 기준의 원리로서, 모든 참여자가 질서를 준수할 것으로 기대하는 것이 상당한 경우에는 그 신뢰 자체가 법질서를 형성하게 된다. 따라서 직업윤리관념에 반하는 행위는 신뢰에 배신하는 행위로서 윤리적 반가치행위에 대한 제재로서 징계처분의 사유가 될 수 있다.

c) 이러한 경우에 사용자는 직업사회의 제원칙을 존중하면서 근로자의 생존권과 존엄성을 옹호하는 정신을 바탕으로 취업규칙이나 단체협약에 징계제도를 설정하고 경영상의 대원칙에 따라 징계권을 행사해야 한다는 합리적 한계를 존중하여야 한다.

(2) 근로기준법상의 징계권행사와 한계

a) 근로기준법 제23조제1항에 의하면, 사용자가 근로자를 해고, 휴직, 정직, 감급 기타 징벌을 할 때에는 정당한 이유가 있어야 한다. 이 규정은 사용자가 근로자를 징벌하는 경우에 정당성을 전제로 징계권을 행사하도록 규율함으로써 근로자를 보호하려고 하는 강행규정이다. 징계권남용에 의한 부당한 징벌은 노동위원회에 구제신청을 할 수 있다.

b) 또한 근로기준법 제104조는 근로자가 법규위반사실 등을 근로감독기관에 통보한 것을 이유로 해고 기타 불이익처분을 하지 못하도록 하고, 근로기준법 제23조제2항에서 업무상 재해를 당하여 요양을 받고 있는 기간 동안에도 불이익처분을 할 수 없도록 제한하고 있다. 특별한 경영상의 필요와 업무수행의 합리적인 이유에 기인한 것이 아님에도 불구하고 근로자가 근로기준법상 위반사실을 진정한 것을 이유로 대기발령조치를 한 것은 일종의 보복적 징벌에 해당되므로 징계권남용에 해당된다.[7)]

3. 징계권남용의 규제방법

(1) 법령에 의한 징계권남용의 규제

7) 대판 1991. 3. 22, 90다18944

a) 근로기준법은 근로자의 근로조건과 기타 일정한 생활수준을 보장하기 위하여 최저기준을 정하고 감독관청으로 하여금 지도감독을 함으로써 근로자를 보호하고자 한다. 근로기준법은 가장 기본적인 노동보호법이며 근로관계의 일방 당사자인 사용자가 그 힘을 남용하여 근로조건을 일방적으로 결정하거나 실시하는 것을 예방하려는데 그 의의가 있다.

b) 근로기준법은 근로관계의 성립 · 존속 또는 종료에 관하여 법률에 의해서 일정한 권리를 근로자에게 결부시켜 보장하고 있다. 따라서 징계처분의 절차, 징계양정, 징계종류 등 징계에 관한 사항도 근로조건에 해당하기 때문에 근로기준법의 규율을 받게 된다.

c) 근로기준법 제23조제1항은 "사용자는 근로자에 대하여 정당한 이유없이 해고 · 휴직 · 정직 · 전직 · 감봉 기타 징벌을 하지 못한다"고 규정하고 있다. 이 규정은 일반해고뿐만 아니라 징계처분으로부터 근로자를 보호하고자 하는 취지의 강행규정이다. 따라서 정당한 이유없이 사용자가 징벌을 하지 못한다는 것은 취업규칙이나 단체협약에 징계사유를 정하더라도 그것이 곧 정당한 이유가 될 수 없고, 근로기준법 제23조제1항에 의거하여 정당성의 심리를 받아야 한다는 의미이다. 이 경우 법관은 단순히 해당징계가 취업규칙이나 단체협약 내에 규율되어 있는가의 여부와 그 징계사유와 처분사이에 형평의 원칙에 반하는 명백한 사실이 있는지의 여부만을 심리하는데 그치는 것이 아니라 해당 징계의 정당한 이유까지지도 심리할 수 있다.[8)]

d) 또한 근로기준법 제93조 본문 제11호에 [표창과 제재에 관한 사항]을 명시하여야 한다고 함으로써 징계처분에 관한 사항을 사용자가 설정할 것을 포괄적으로 위임하고 있다. 그러나 문제가 되는 것은 첫째, 근로기준법에 징계처분을 규제할 수 있는 일반적 근거조항이 없고 둘째, 현실적으로 사용자가 자유로이 징계사항을 설정함으로 인하여 자의적인 해석이 되기 쉬우며 셋째, 징계처분이 부당하게 되어 근로자가 노동위원회 등에 구제신청을 하더라도 직접 이행강제가 어렵다는 것이다.

(2) 단체협약에 의한 징계권남용의 규제

1) 단체협약의 의의 a) 근로자는 노동조합의 단결력을 바탕으로 사용자와 대등하게 교섭하고 또는 쟁의라는 수단을 통하여 근로조건의 유지 · 개선을 할 수 있다. 그러나 임금 · 근로시간 등 주요 근로조건의 결정에 있어서 그때그때만의 해결에 그친다면 후일 분쟁이 다시 생기기 쉽고, 경우에 따라서는 근로조건을 불이익하게 변경할 위험까지 있다. 이러한 문제점을 해결하기 위하여 근로조건의 기준을 단체협약으로 정하여 분쟁을 예방하고자 한다. 단체협약은 노동조합과 사용자가 자주적인 협정에 의하여 노사관계를

8) 김형배, "경력사칭과 징계해고," 노동법과 노동정책, (일신사, 1985), 140면

자치적으로 규율하기 위해 체결한 문서를 말한다.[9)]

b) 단체협약은 취업규칙이나 근로계약보다 우월한 효력을 지니며, 단체협약의 징계조항은 징계처분의 중요한 근거규정이 된다. 단체협약은 대체로 취업규칙에 비하여 합리적인 징계조항을 두고 있다. 이는 취업규칙과 달리 노동조합의 관여로 실질적으로 대등한 당사자의 지위가 어느 정도 회복된 상태에서의 자율교섭에 의해 체결된 결과이기 때문이다.

c) 징계권에 관한 학설 중 집단적 합의설이나 공동규범설은 징계권의 원칙적인 근거규정으로서 이론적 뒷받침이 되고 있다. 그러나 근로관계에 있어서 계약법리를 존중하는 이들 견해는 단체협약의 규범적 효력의 한계에 대하여 재고가 필요하며, 단체협약과 근로계약의 관계에 대하여 새로운 시도가 필요하다고 본다.[10)]

관련판례

(1) 단체협약에 위반한 행위라 하지만 단체협약의 내용이 이렇듯 광범위하고 다양하므로 그 위반행위의 성격이나 경중, 가벌성의 정도도 다를 수밖에 없다. 단체협약에는 임금, 근로시간 등과 같이 근로자의 근로조건에 직결되는 내용을 비롯하여 인사, 노동쟁의 등과 같이 노사관계에 관한 기본적이고도 중요한 내용이 포함될 수 있는 반면, 사소한 절차규정과 같은 지엽적인 내용, 나아가 법원의 해석 · 적용이 불가능할 정도로 추상적이고 불명료한 내용도 포함될 수 있고, 심지어는 사회상규에 어긋나는 부당한 내용이 포함될 가능성도 배제할 수 없다. 그러므로 단체협약에 위반한 행위라 하더라도 그 경중과 가벌성의 정도는 현격히 다를 수 있는 것인데도, 이를 가리지 아니하고 일률적으로 처벌하는 이 사건 법률조항은 국가형벌권 행사의 정당성과 형평성을 획득하기 어렵다. 또한 법원, 검찰 등의 법집행기관으로 하여금 처벌대상행위나 처벌대상행위자를 자의적으로 선별하여 법을 집행할 수 있는 여지를 제공하기 때문에 법집행상의 공정성마저 해칠 우려가 있는 것이다(대판 1998. 3. 26, 96헌가20).

(2) 단체협약이 실효되었다고 하더라도 임금, 퇴직금이나 근로시간, 그 밖에 개별적인 근로조건에 관한 부분은 그 단체협약의 적용을 받고 있던 근로자의 근로계약의 내용이 되어 그것을 변경하는 새로운 단체협약, 취업규칙이 체결 · 작성되거나 또는 개별적인 근로자의 동의를 얻지 아니하는 한 개별적인 근로자의 근로계약의 내용으로서 여전히 남아 있어 사용자와 근로자를 규율한다고 할 것이므로, 새로운 단체협약이 늦게 체결됨에 따라 근로자가 기존 단체협약의 임

9) 단체협약의 의의, 특성, 법적 성질에 대하여는 이학춘외 3인(공저), 노동법(II), (대명출판사, 2004), 321면 이하 참조

10) 爿岡昇, "勞働契約の問題" 李刊 勞働法 別冊, 1983, 45면 ("단체협약을 근로계약에 환원하는 단체협약의 시민법적 처리에 만족하는 한, 협약 본래의 문제 처리에 충분하지 못하고, 부적당한 결과를 초래한다")

금에 관한 부분을 1년 넘게 적용받는 결과가 된다고 하여 임금에 관한 단체협약의 유효기간을 1년으로 정하고 있는 구 노동조합법 제35조에 위반된 것이라고 할 수 없다(대판 2000. 6. 9, 98다13747).

---

2) 단체협약의 법적 성질과 징계규정 a) 단체협약의 법적 성질[11]에 관한 계약설은 "단체협약은 그 구성원에게만 효력이 미치는 것이 본래적인 모습이라는데서부터 협약당사자의 협약체결능력은 국가의 법으로부터 수권된 것이 아니라 오히려 그 구성원의 의사에 기초한다"고 한다. 그러나 수권설은 단체협약의 법규범성을 국가의사에서 구하는 입장으로서, "국가만이 법을 설정할 수 있는 독점권을 가지며, 국가가 원래 국가에 귀속하는 질서유지의 사명을 협약체결능력과 함께 노동조합과 사용자에 대하여 위탁한 것"이라고 한다.[12]

b) 이 견해에 의하면 노동조합및노동관계조정법 제31조(단체협약의 작성)는 단체협약의 법규범성을 창설적으로 인정한 규정이며, 이에 따라 단순한 사회규범인 단체협약은 비로소 법규범으로 전환된다고 한다. 그러나 독일의 유력설로서 등장하고 있는 헌법수권설[13]에 의하면, 국가의 독점적인 법제정권을 부인하고 독일기본법 제9조제3항의 단결권 보장규정[14]에 의하여 협약당사자에게 단체협약체결능력이 부여되어 있다고 한다. 즉 협약당사자들의 규범설정권한을 법률의 위임에 의한 것으로 보지 않고 헌법에서 직접 도출하려는 견해이다.[15]

c) 그런데 계약설은 협약체결능력을 지나치게 근로자의 의사에만 의존케 함으로써 단결자체의 활동에 대해서는 과소평가하고 있다는 점에 문제가 있다. 반면에 수권설은 단체협약체결능력을 국가 법률에 의한 수권에 의한 것으로 파악되기 때문에 노사자치의 영역에 국가개입의 가능성을 열어놓고 있다는 비판을 받고 있다.[16]

---

11) 김형배, 노동법, (박영사, 1993), 483면 이하 참조

12) 이학춘외 3인(공저), 노동법(II), 325면

13) 독일에서 헌법수권설을 주장하는 학자로는 K. H. Biedenkopf, H.Galperin, W. Weber 등이 있으며, 우리나라에는 李鍾馥 교수가 있다.

14) 독일기본법 제9조제3항은 우리 헌법 제33조제1항에 해당된다. 이 조항은"근로자는 근로조건의 향상을 위하여 자주적인 단결권 · 단체교섭권 및 단체행동권을 가진다"고 규정하고 있다.

15) 단체협약의 법적 성질에 관한 헌법수권설에 대하여는, 李鍾馥,"協約自律의 優位性", 判例月報, 第1767號, 1985, 6月號, 28면 이하 참조

16) 헌법이 단결권을 보장하고 있는 것은 개별근로자와 사용자간의 실질적인 불평등 관계를 극복하기 위하여 단결권을 보장함으로써 노사간의 [힘의 균형]을 유지하여 대등한 당사자간의 자율적인 근로조건의 결정이 가능하도록 하려는데 근본취지가 있다. 따라서 노사자치영역에의 국가입법의 개입은 이러한 헌법적 결단에 위배된다.

d) 그러나 헌법수권설은 단체협약체결능력을 헌법이 직접 협약당사자에게 부여한 것으로 파악되기 때문에 국가의 개입없는 노사자치주의원칙에 부합한다. 우리 헌법은 1987년 헌법개정 이전에는 헌법 제31조제1항에서 "근로사는 근로조건의 향상을 위하여 자주적인 단결권, 단체교섭권 및 단체행동권을 가진다. 다만, 단체행동권의 행사는 법률이 정하는 바에 의한다"고 규정함에 따라 단체행동권의 행사에 관하여 일반적인 법률유보조항을 두어 노사자치의 영역에 국가입법의 개입여지를 남겨 놓고 있었으나, 개정헌법에서는 제33조제1항에서 단서조항을 삭제함으로써 국가입법의 노사자치 영역에의 개입여지를 원천적으로 봉쇄하고 있다.

e) 이와 같은 헌법정신을 이어받아 노동조합및노동관계조정법은 제47조(자주적 조정의 노력)와 제51조(공익사업 등의 우선적 취급)에서 노사관계당사자의 분쟁의 자주적 해결책무와 국가 등의 이에 대한 조력의무를 규정하고 있다. 따라서 우리의 법체계는 노사자치를 노사관계의 대원칙으로 하고 있는 점에서 단체협약의 법적 성질에 관하여 헌법수권설의 견해에 찬성하는 견해가 있다.

f) 그러면 헌법수권설의 입장에서 볼 때 단체협약의 징계조항을 어떻게 해석할 수 있는가? 헌법수권설은 단체협약의 체결능력을 헌법 제33조제1항이 직접 부여한 것으로 보기 때문에, 단체협약의 효력에 관한 노동조합및노동관계조정법 제29조(교섭 및 체결권한) 제1항의 "확인"규정이며, 노동조합및노동관계조정법 자체의 창설규정으로 볼 수 없다.[17] 따라서 헌법이 국가에 입법권한을 부여하듯이, 협약당사자에게 직접 협약체결권한을 부여한 것이므로 단체협약은 법률과 거의 대등한 정도의 보호를 받지 않으면 아니 된다.[18]

g) 그러므로 단체협약의 징계조항을 해석 · 적용하는데 있어서도 법률의 해석 · 적용과 동일한 정도의 엄격성이 요구되며,[19] 질서유지입법(형법 등)의 해석원칙이 단체협약의 징계조항 해석에 있어서도 당연히 준용되어야 한다. 헌법수권설에 따르면, 사용자의 징계권은 단체협약의 징계규정에 의하여 제약을 받게 되는데, 이러한 제약의 가능성은 헌법이 협약체결당사자에게 직접 단체협약의 체결권한을 부여하고 있는데에 기초한다.

17) 노동조합법 제33조는'단체협약의 규범적 효력을 확인'한 규정이지만, 근로기준법 제98조는 이와는 달리 '취업규칙의 규범적 효력을 창설'한 규정이다.

18) 근로기준법 제20조, 제98조 및 노동조합법 제33조에서 법률과 근로계약, 취업규칙과 근로계약, 단체협약과 취업규칙 · 근로계약과의 효력관계는 법률로 명시하고 있으나, 단체협약과 법률과의 효력관계에 관하여는 법률로 명시하고 있지 않다는 점을 상기할 필요가 있다.

19) 이러한 점에서 법률로 명시하고 있지 않다는 점을 상기할 필요가 있다. 가령 징계조항의 해석에 있어서 사용자의 일방적 작성에 의한 취업규칙의 징계조항은 규정자체의 엄격한 요건이나 해석에 집착하기 보다는 노동보호라는 정책적차원의 타당성 검토가 더욱 강조될 필요가 있다.

(3) 취업규칙에 의한 징계권남용의 규제

1) 취업규칙의 의의 a) 취업규칙이란 사업장에서 근로자가 취업상 준수하여야 할 규율과 임금, 근로시간 등의 근로조건에 관한 구체적인 사항을 정한 규정을 말한다. 이러한 취업규칙은 산업혁명 후 공장제생산이 본격화함에 따라 자연발생적으로 생긴 것으로서, 근로조건을 주된 내용으로 복무규율과 제재에 관한 사항을 주된 내용으로 명시하고 있다.

b) 근로계약은 사용자와 근로자가 개별적으로 이를 체결하고 그 내용을 확정하는 것이 원칙이지만, 사용자가 다수의 근로자와 일일이 계약내용을 약정한다는 것은 번잡한 일이며, 또한 노사의 근로관계는 어느 정도 정형화되어 있기 때문에 근로계약의 체결에 있어서 취업규칙을 이용하는 것이 일반적인 현상이다. 사용자의 징계권은 취업규칙의 징계조항에 의한 규제를 받을 수 있다.

c) 이러한 취업규칙에 관한 규정을 민법이나 상법에 두지 않고 근로기준법에 둔 것은 국가가 행정적 감독을 통하여 근로자를 보호하려는 목적이 있기 때문이다. 취업규칙은 사용자가 직장내의 질서를 통일적으로 유지하고 근로조건을 획일적으로 운영하기 위하여 정한 사회규범에 해당된다. 그런데 이와 같은 취업규칙에 대하여 국가가 법률에 의해 아무런 관여도 하지 않는다면, 사용자는 사실상 취업규칙을 일방적으로 정하여 근로자의 이익을 저해할 우려가 있게 된다. 따라서 근로기준법에 따라 "근로자보호의 목적에 부합"되는 범위안에서만 취업규칙이 적용하도록 규제할 필요가 있다.

관련판례

(1) 취업규칙은 사용자가 기업경영권에 기하여 사업장에서의 근로자의 복무규율이나 근로조건의 기준을 획일적 · 통일적으로 정립하기 위하여 작성하는 것으로서, 이는 근로기준법이 종속적 노동관계의 현실에 입각하여 실질적으로 불평등한 근로자의 지위를 보호 · 강화하여 그들의 기본적 생활을 보장 · 향상시키려는 목적의 일환으로 그 작성을 강제하고 이에 법규범성을 부과한 것이라 할 것이다(대판 1977. 12. 29, 77다1378).

(2) 원심은, "사용자는 취업규칙을 상시 각 사업장에 게시 또는 비치하여 근로자에게 주지시켜야 함에도 불구하고, 피고인은 2000. 9. 1.부터 피고인이 대표이사로 있는 공소외 1 주식회사(이하 '회사'라고만 한다)의 각 사업장에 회사 취업규칙을 게시 또는 비치하지 아니하였다"는 공소사실에 대하여, 위 취업규칙 게시 · 비치 의무 위반죄는 각 사업장 별로 1개의 죄가 성립하고, 회사에는 서울 본사와 전국에 15개 정도의 사무소가 있는데, 위 공소사실만으로는 어느 사업장에 취업규칙이 게시 또는 비치되지 아니하였는지 여부 및 몇 개의 근로기준법위반죄가 기소되

었는지 여부도 알 수 없어 공소사실이 특정되었다고 볼 수 없으므로, 이는 공소제기의 절차가 법률의 규정에 위반하여 무효인 때에 해당한다는 이유로 형사소송법 제327조제2호에 의한 공소기각의 판결을 하였다. 그러나 위 공소장의 기재는 회사의 15개 사업장 전부에 각각 취업규칙을 게시 또는 비치하지 아니하였다는 취지로 해석할 여지도 충분하고, 그렇게 해석한다고 하여 법원의 심판대상이 불명확해 지거나 피고인의 방어권행사에 지장이 있다고는 보기 어려울 뿐 아니라, 설령 그렇지 않다고 하더라도 공소장의 기재가 불명확한 경우 법원의 형사소송규칙 제141조의 규정에 의하여 검사에게 석명을 구한 다음, 그래도 검사가 이를 명확하게 하지 않을 때에야 공소사실의 불특정을 이유로 공소를 기각함이 상당하다고 할 것이므로(대판 1983. 6. 14. 82도 293 참조), 원심이 검사에게 공소사실 특정에 관한 석명에 이르지 아니한 채 곧바로 위와 같이 공소사실의 불특정을 이유로 공소기각의 판결을 한 데에는, 공소사실의 특정에 관한 법리를 오해하였거나 심리를 미진한 위법이 있다고 할 것이고, 따라서 이를 지적하는 검사의 상고이유의 논지는 이유 있다. 또한 원심이 적법하게 채택하여 조사한 증거들을 기록에 비추어 검토하여 보면, 피고인 스스로 지방노동사무소에서 일부 근로자들이 주간 12시간을 초과하여 근로를 하는 경우도 있다고 진술하였던 점, 당시 회사의 지상운영부 이사 공소외 2와 인사부장 공소외 3도 제1심 법정에서 회사에서 초과근로수당이 지급되고 있었기 때문에 근로자들의 초과근로가 어느 정도 이루어지고 그에 대한 급여가 전체적으로 얼마나 지급되는지는 피고인도 알고 있었다고 증언하였던 점, 당시 주간 12시간을 초과하여 근로를 한 근로자들의 수가 전체 직원의 10%가 넘을 정도로 광범위하게 이루어졌던 점 등을 종합하여 보면, 피고인에게 회사에서 주간 12시간을 초과하는 미인가 시간외근로가 행해지고 있다는 사실에 대한 인식과 나아가 이를 용인하고 방치하는 내심의 의사가 있음을 인정할 수 있어, 미필적 고의가 인정된다고 본 원심의 조치는 정당한 것으로 넉넉히 수긍할 수 있고, 거기에 피고인이 상고이유로 주장하는 바와 같은 채증법칙 위배로 인한 사실오인 내지 고의에 관한 법리오해의 위법이 있다고 보이지 아니한다. 그렇다면 원심판결 중 공소기각 부분은 파기를 면할 수 없는바, 피고인의 유죄 부분에 대한 상고가 이유 없음은 앞서 판단한 바와 같으나, 원심이 피고인에 대하여 유죄로 인정한 각 죄와 위 공소기각된 공소사실은 형법 제37조 전단의 경합범 관계에 있어, 위 공소기각된 공소사실에 대한 심리결과 유죄로 인정된다면 하나의 형이 선고되어야 할 것이므로, 원심판결의 유죄 부분도 공소기각 부분과 함께 파기되어야 할 것이다(대판 2000. 11. 28, 2000도 2123 ; 대판 1995. 12. 22, 94도 1519 ; 대판 2006. 5. 11, 2004도5972).

2) 취업규칙의 법적 성질과 징계규정 a) 사용자가 일방적으로 결정하는 취업규칙은 그 자체로서는 법규범성을 전혀 가지지 않는 단순한 사회규범에 불과하지만,[20] 국가가 사용자의 사실상의 지배력을 억제하고 근로자의 이익을 보호하기 위하여 근로기준법 제93조를 통하여 법규범성을 창설하고, 그 범위안에서 사용자에게 법규제정권, 즉 취업규칙제정권을 수권한 것으로 보는 견해가 있다(보호법수권설).[21] 보호법수권설에 따르면 노동보호법의 목적 내지 정신에 배치되게 취업규칙을 제정 · 변경하는 경우에는 법규범성이 부인되며, 징계처분에 관한 사항도 역시 예외가 될 수 없다.

b) 근로기준법 제4조에 의하면 근로조건을 근로자와 사용자간에 동등한 지위에서 자유의사에 따라 결정하여야 한다고 규정되어 있으나, 실제에서는 사용자가 일방적으로 정한 취업규칙에 의하여 계약내용을 대체하는 결과가 벌어지고 있다. 따라서 사용자가 취업규칙에 징계처분의 사유 등을 명시한 규정은 제한적 열거규정이므로, 이러한 규정에 의하지 아니한 자의적인 징계처분은 규제할 필요가 있다.

c) 또한 취업규칙에 명시된 징계처분에 관한 사항은 근로조건의 사항으로 규범적 성격을 띤 것으로 이해하여야 하며, 사용자가 일방적으로 징계사유나 절차 등을 근로자에게 불이익하게 변경하는 것은 일정한 제약이 따른다.

3) 취업규칙의 징계사항과 징계규정의 우선적 효력 사용자는 취업규칙에 징계사항을 직접 명시하여 열거하기 보다 상세한 내용을 징계규정에 작성하여 시행할 수 있다. 이 경우 징계규정은 취업규칙에 의해 위임을 받은 세부규정이므로 취업규칙과 동일한 효력이 인정된다. 다만, 징계내용의 충돌시 징계규정이 취업규칙보다 우선적 효력을 지닌다. 물론 취업규칙이나 징계규정의 어느 한 곳에서만 명시한 징계사항은 우선적 적용의 문제를 논쟁할 이유가 없다.

---

20) 취업규칙의 법적 성질에 관하여 자세한 것은, 張錫澱"就業規則의 本質과 機能에 관한 研究," 檀國大博士學位論文, 1982, 56면 이하 참조

21) 林鍾律,"就業規則의 法的性質과 效力," 法學研究, 第12輯, (全北大學校法學研究所, 1985), 244면

제2절 징계권남용의 판단과 효과

1. 징계권남용의 판단

(1) 징계권남용의 판단기준

1) 공동규범으로서 징계권남용의 판단기준 a) 사용자에게 징계재량권을 인정하고 있는 한 징계권남용은 구체적 · 개별적으로 판단하여야 한다.[22] 이러한 판단을 위해서는 단체협약이나 노사협정 등 노사의 공동규범에 징계사유와 징계의 종류, 징계의 집행주체, 징계의 방법과 절차를 명확히 해야 한다.

b) 징계권의 행사는 궁극적으로 경영질서를 유지하고 생산성향상을 도모하기 위해 근로자의 질서위반 또는 생산성에 대한 불기여, 기타 신의칙의 위반 등 공동규범의 위반에 대한 제재로서 일정한 불이익을 부과하는 것이다. 징계권의 본질을 침해하였는지를 판단하기 위하여 ① 징계사유의 정당성이 있어야 하고, ② 징계의 사유와 종류, 양정 등이 적정성과 상당성이 보장되어야 하며, ③ 적법한 절차에 의한 공정성이 있어야 하며, ④ 청문과 변명의 기회가 보장이라는 민주성의 원칙을 규정하여야 한다. 이러한 원칙을 위반하는 행위는 징계권의 남용으로 볼 수 있다.

2) 경영질서의 위반과 징계권행사의 남용 a) 징계권은 경영질서의 유지 · 확립을 목적으로 한다. 따라서 경영질서, 즉 기업질서를 위반하거나 문란하게 하는 경우에는 징계처분을 할 수 있다. 사용자는 기업의 존재와 사업의 원활한 운영 · 유지를 위해 경영질서 또는 기업질서를 정립하고 유지하는 권한을 가진다.[23] 사용자는 경영질서를 유지 · 확립하기 위해 이에 필요한 제반사항을 규칙으로 정하거나 구체적으로 근로자에게 지시명령을 할 수 있으며, 경영질서의 위반행위의 내용 · 상태 · 정도 등을 고려하여 시정지시를 하거나 위반자에 대하여 징계처분을 할 수 있다.

b) 징계권자는 경영질서의 위반 또는 문란을 방지하는 동시에 행위자를 징계처분할 수 있는 권한을 갖는다. 그러나 징계권의 행사가 본질적으로 질서벌 또는 계약벌의 성질을 갖는지에 대하여 학설상 대립이 되어오고 있기 때문에 경영질서의 위반이나 문란을 이유

22) 박홍규, 노동법, (영남대학교 출판부, 1993), 567면

23) 管野和夫(李鋌 譯), 日本勞動法(法文社, 2007), 374면

로 모든 행위가 징계처분의 대상이 된다고 오해하여서는 아니된다. 따라서 단체협약 또는 취업규칙 등에 징계사유가 명시되어 있더라도 다시 징계대상으로서 적합성이 있는지 심사할 필요가 있다. 그 결과 징계사유가 징계권의 본질을 위반 또는 침해하는 것이라면 이에 근거한 징계권의 행사는 남용으로 판단할 수 밖에 없다고 할 것이다.

[그림 8-1] 징계권남용의 판단

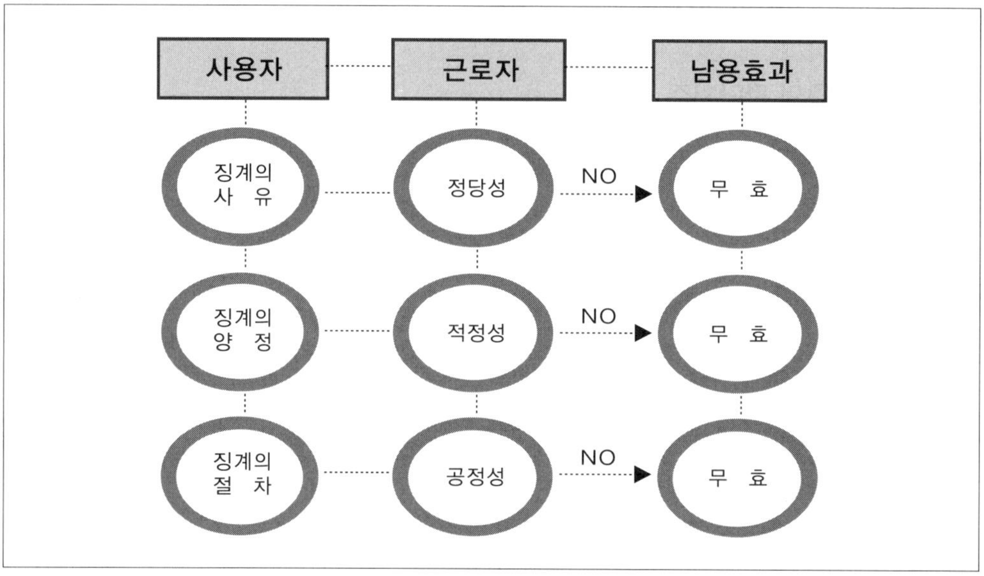

관련판례

피징계자에게 징계사유가 있어서 징계처분을 하는 경우, 어떠한 처분을 할 것인가 하는 것은 징계권자의 재량에 맡겨진 것이고, 다만 징계권자가 재량권의 행사로서 한 징계처분이 사회통념상 현저하게 타당성을 잃어 징계권자에게 맡겨진 재량권을 남용한 것이라고 인정되는 경우에 한하여 그 처분을 위법하다고 할 수 있으며, 그 징계처분이 사회통념상 현저하게 타당성을 잃어 재량권의 범위를 벗어난 위법한 처분이라고 할 수 있으려면 구체적인 사례에 따라 징계의 원인이 된 비위 사실의 내용과 성질, 징계에 의하여 달성하려고 하는 목적, 징계 양정의 기준 등 여러 요소를 종합하여 판단할 때에 그 징계내용이 객관적으로 명백히 부당하다고 인정할 수 있는 경우라야 한다(대판 2002. 8. 23, 2000다60890, 60906).

쟁점사례

/사 례/ 징계권은 근로기준법 제23조에 의한 규정이외에는 구체적 제한규정이 없어서 남용여부를 판단하는 것이 쉽지 않다. 취업규칙에서 징계사유를 열거하고 있는 경우에도 회사에 따라 천차만별인데, 어느 것을 기준으로 정당성을 판단해야 하는지 모호하다. 이러한 경우 취업규칙이나 단체협약에 명시되어 있으면, 모두 정당한 징계권의 행사로 볼 수 있는지?

/해 설/ 징계권의 행사가 정당한지, 아니면 남용인지를 판단하기 위해서는 우선적으로는 법령, 취업규칙, 단체협약에 의한 규제방법 및 우선적 해석여부를 살펴보아야 한다. 공무원의 경우에는 국가공무원법에 규정되어 있으나, 일반근로자의 경우에는 근로기준법 제23조에서 '정당한 이유 없이 징벌을 할 수 없다'고 규정할 뿐 구체적으로 징계권의 제한규정을 정하지 않고 있다. 따라서 징계규정을 제정할 때 표준모델로 삼을 만한 것을 찾기 어렵다. 그렇다고 취업규칙에 징계규정을 상세히 명시하였다고 하여 정당하다고 볼 수 있는 것은 아니다. 이러한 경우에 징계권남용을 판단하기가 쉽지 않다. 따라서 무엇을 징계기준으로 삼아야 하는지 출발부터 의문이 제기될 수 있다. 이러한 문제에 대한 해석기준으로 징계권행사에 관한 일반원칙이 필요하다. 사용자의 징계처분이 인정되는 근거에 대한 학설과 징계처분의 대상으로서 사유를 도출해 내고 어떠한 징계처분의 종류를 적용하는 것이 징계양정의 측면에서 적정성이 있으며, 징계방법으로 준수해야 할 절차 및 기본원칙에 대한 합리적 기준이 마련되어야 한다.

(2) 징계권남용의 판단대상

1) 징계권남용의 판단 a) 징계처분은 경영질서를 유지하기 위하여 필요한 규율로서, 손실의 전보를 직접적인 목적으로 하는 계약벌과 구별되는 질서벌이다. 질서벌로서의 징계처분은 금전적 불이익에 국한하지 아니하고 인격적 영역까지 침해하며, 사용자만이 근로자에게 문책을 할 수 있다는 특질을 지닌다. 징계권의 학설은 고유권설, 계약설, 부정설, 법규범설, 집단적 합의설, 공동규범설의 입장이 있으나, 판례 또는 다수설은 법규범설의 입장을 지지하고 있다.

b) 징계권의 남용을 판단하기 위해서는 ① 징계처분의 사유인 경영질서의 침해, ② 업무 이외의 비행, ③ 기업의 재산과 명예, 신뢰관계의 훼손 등 최근에 발생한 사유를 주체・원인・형태별로 고찰하여야 한다. 따라서 징계권의 행사는 ① 징계처분의 종류를 비교적 가벼운 견책처분부터 무거운 징계해고처분의 순으로 적용할 수 있는지, ② 징계처

분의 개념과 그에 따른 불이익, ③ 징계처분의 대상이 되는 사유에 위반행위가 존재하는지도 고려의 대상이다.

c) 또한 징계처분시에 적정성 또한 공정성을 유지하기 위한 준사법적 적용기준을 설정하고 이에 기초한 평등대우의 원칙, 죄형법정주의 원칙, 징계 불소급 및 이중처벌금지의 원칙, 상당성의 원칙, 절차상 정의의 원칙을 엄격히 적용되는지 살펴보아야 한다. 아울러 징계절차는 ① 징계위원회를 어떻게 구성하여야 하며, ② 징계대상자에게 소명권을 부여해야 하는 당위성, ③ 징계권의 행사방법과 징계심의사항을 일부 누락 후 추가하였을 때 징계심의의 결정이 유효한가 하는 문제도 검토하여야 한다.

2) 징계처분에 대한 입증과 정당성 판단 a) 징계처분의 정당성을 담보하기 위해서는 징계처분에 따른 임금 · 퇴직금 · 상여금 등의 공제는 정당한지, 부당노동행위와 경합이 되는지, 징계처분에 대한 입증방법에 하자가 있는지를 살펴보아야 한다. 동시에 법령, 취업규칙, 단체협약에 의한 징계권의 규제방법 및 구제방법에 대한 것도 판단대상이 된다. 현행법은 사용자가 징계권을 행사함에 있어 정당한 이유없이 징계처분을 할 수 없다는 일반적 한계 이외에 징계권을 규제하기 위한 구체적 규정을 구비하지 않고 있다.

b) 이러한 이유로 사용자의 징계처분이 인정되는 근거에 대한 학설과 징계처분의 대상으로서 사유를 도출해 내고 어떠한 징계처분의 종류를 적용하는 것이 징계양정의 측면에서 공정성이 있으며, 징계방법으로 준수해야 할 절차 및 기본원칙의 합리적 기준에 비추어 징계권 남용의 여지를 줄이고 징계처분의 정당성을 판단할 수 있는가를 법리적으로 검토하여야 한다.

관련판례

(1) 징계해고처분이 적정한지의 여부는 전체의 사유에 비추어 사회통념상 근로관계를 계속할 수 없을 정도로 근로자에게 책임있는지 여부에 의하여 판단하여야 하며, 징계종류 선택의 자료로서 피징계자의 평소 소행과 근무성적, 당해 징계처분사유 전후에 저지른 비위행위사실 등은 징계양정에 있어서 참작자료로 삼을 수 있다. 참가인의 징계전력(징계면직처분되었다가 정직 4개월로 감경되어 2000. 1. 23. 출근하게 된 후 다시 징계사유에 해당하는 행위를 한 것), 해고 이후에도 제품불매운동에 계속 참석하여 2000. 10. 27. 노동조합으로부터 제명되기에 이른 점 등을 종합하여 보면, 참가인의 귀책사유로 인하여 사회통념상 근로관계를 유지하기 어려운 사정이 발생한 것으로, 이 사건 해고는 징계재량권의 범위 내에서 이루어진 정당한 해고로 보아야 한다(대판 2004. 2. 12, 2003두12578).

(2) 원고의 부당한 대출로 인하여 그 관련자가 금융감독원에 금융분쟁조정신청을 한 사정, 이

사건 대출 외에도 공단지소장 재직시 부당대출을 한 전력이 두 번이나 더 있으며 그로 인하여 견책의 징계까지 받은 점, 또 이사회의 승인을 받지 않고 영리사업에 종사한 점과 그 경위, 사기죄로 구속 기소되어 벌금형까지 선고받은 사실로 인하여 정직 6월의 징계를 받은 점과 참가인의 간부직원인 원고가 영리행위를 일삼고 또 사기죄로 구속까지 됨으로써 참가인이 주로 그 사업을 영위하는 지역에서의 신용도의 실추정도 등을 종합하여 보면 근로관계를 계속할 수 없는 중대한 사유에 해당한다고 보여지므로 그 징계양정이 과중하여 징계권을 남용한 것이라고 볼 수 없다(대판 2005. 7. 6, 2005두5147).

(3) 참가인들의 지각과 무단결근 부분은 참가인들이 원고 회사에 입사하여 근무한 기간이 2년 6개월부터 2년 8개월이라는 상당한 기간에 이르고, 그 밖에 지각한 시간, 결근에 이르게 된 경위 등을 참작하면 사회통념상 용인할 수 없을 정도라고 보이지 아니하는 점, 교통사고발생 부분도 그 발생원인이 안전거리 미확보, 차선변경시 주의의무위반 등으로 참가인들의 고의 또는 중과실로 인한 것으로 보이지 아니하고, 일부 교통사고의 경우에는 참가인들에게 과실을 인정하기 어려운 경우도 있는 점, 원고의 단체협약에는 해고 이외에도 시말서, 견책, 출근정지 등 보다 낮은 수위의 징계가 마련되어 있다는 점에 비추어 볼 때, 이 사건 해고는 징계양정에 있어 징계재량권을 이탈하거나 남용한 위법이 있다고 할 것이다(대판 2006. 6. 30, 2006두5694).

쟁점사례

/사 례/ 여성근로자 S는 임신출산으로 인해 휴직을 요청했으나, 회사가 이를 거절하자 일방적으로 통보한 후 출근하지 않은 채 3월이 경과되었다. 그후 근로자 S는 회사에 출근하였으나 지시명령위반 및 무단결근을 이유로 자진퇴사를 종용하다 이를 거부하자 원래 근무하던 부서가 아닌 다른 지역에 있는 지점(기존 출퇴근 시간보다 2시간 이상 더 소요)으로 전보발령을 하였다. 이에 대해 근로자 S는 부당함을 호소하며 지방노동위원회에 제소하여 부당전보임을 확인받았으나 회사측은 다시 무단결근 등을 이유로 S씨를 징계해고를 하였다. 이 경우 징계권행사는 정당한지?

/해 설/ 근로자 S는 임신출산을 위한 휴직이 필요하여 휴직신청을 하였으나 이를 거절하자, 일방적으로 휴직통보를 한 후 출근을 하지 않았다면 정당한 휴직처리로 볼 수 없다. 따라서 근로자의 권리가 아무리 정당하다고 하더라도 회사의 승인을 받지 않고 일방적으로 출근하지 않은 것은 회사의 경영질서를 무시한 행위로서 출근명령을 위반한 것으로 징계사유에 해당된다. 그러나 S는 출산 및 육아문제에 더하여 허리통증으로 전보근무지로의 출퇴근이 곤란한 사정이 있었으며, 또한 이미 지방노동위원회로부터 부당전보의 판정을 받은 결과에 비추어 볼

때, 신청인의 결근에는 어느 정도 상당한 이유가 있다고 볼 수 있는 것이어서, 이러한 사정에 대한 참작 없이 다시 징계해고를 하는 것은 징계양정이 과한 것이며 징계권 남용으로 판단된다. 이 경우 노동위원회에서 부당전보로 판정을 하였더라도 과중한 징계처분에 대한 취소결정에 해당하므로 다시 경미한 징계처분을 할 수 있다. 다만, 근로기준법 제74조에 의한 90일의 산전후휴가에 해당하는 경우에는 징계처분을 할 수 없다.

2. 징계권남용의 효과

(1) 징계권의 남용과 불법행위책임

a) 사용자의 징계권은 원칙적으로 형성권의 성질을 지니나, 징계권이 남용되면 근로관계의 발생 · 변경 · 소멸의 효과가 발생하지 않는다. 징계권이 보복적으로 행사되어 남용이 되면 위법한 불법행위가 되어 타인에게 가한 손해를 배상하여야 한다(민법 제750조). 사용자가 징계권의 남용으로 근로자에게 손해(Schaden)를 가한 때에는 불법행위가 되어 손해배상책임을 지게 된다.

b) 징계권은 손해배상과 같은 위협 · 보복 · 교정 등 형사벌과 유사한 목적을 수반하는 일종의 사적 형벌로서 사용되며, 그 결과 근로자의 행위에 대한 직접적 규제나 강제 또는 인격적 비난의 수단으로 되어 인격적 이익이나 개인의 존엄을 해치는 효과를 가져 올 수 있다.[24] 이러한 과정에서 징계권의 행사가 남용될 여지가 있다.

c) 사용자의 고의 · 과실로 인해 부당징계가 발생하였고, 이로 인해 근로자의 고용을 유지할 이익이나 명예를 침해당한 경우에는 불법행위에 대하여 손해배상책임이 따른다. 또한 근로자는 정신적 고통에 대하여도 불법행위가 성립되는 한 사용자에게 위자료의 청구가 가능할 것이다.

관련판례

(1) 사용자가 고의로 부당해고를 한 이상 위법하게 사용자에게 정신적 고통을 가하는 것이 되어 불법행위를 구성할 수도 있고, 해고가 무효로 되어 직장에 복귀한다 하여 사회적 사실로서의 해고가 소급적으로 소멸 · 해소되는 것은 아니므로 소급임금을 지급받는다 하더라도 불법행위로 인한 정신적 고통의 손해가 완전히 치유되는 것은 아니다(대판 1993. 12. 24, 91다36192 :

24) 琴東信, 前揭論文, 16면

대판 1996. 4. 23, 95다6823).

(2) 사용자가 근로자를 해고할 만한 사유가 전혀 없는데도 오로지 근로자를 사업장에서 몰아내려는 의도 하에 고의로 어떤 명목상의 해고사유를 만들거나 내세워 해고한 경우나 해고의 이유로 된 어느 사실이 취업규칙 등 소정의 해고사유에 해당되지 아니하거나 해고사유로 삼을 수 없는 것임이 객관적으로 명백하고 또 조금만 주의를 기울이면 이와 같은 사정을 쉽게 알아볼 수 있는데도 그것을 이유로 해고에 나아간 경우 등 해고권의 남용이 우리의 건전한 사회통념상이나 사회상규상 용인될 수 없음이 분명한 경우에 있어서는 그 해고가 근로기준법 제30조제1항(현재 제23조제1항)에서 말하는 정당성을 갖지 못하여 효력이 부정되는데 그치는 것이 아니라 위법하게 상대방에게 정신적 고통을 가하는 것이 되어 근로자에 대한 관계에서 불법행위를 구성한다(대판 1993. 10. 12, 92다43586 : 대판 2006. 7. 28, 2006다17355 참조). 따라서 해고가 불법행위에 해당하기 위해서는 위와 같은 요건을 구비하여야 한다고 할 것이다. 위 법리에 따라 원심이 인용한 제1심판결의 이유를 기록에 비추어 검토해보면, 피고 법인의 2001. 5. 22. 자 원고에 대한 해임처분이 확정판결에 의해 무효로 되었다고 하더라도 징계사유는 인정되고, 다만 그 징계양정이 지나치다는 것이 그 이유이었으므로, 피고 법인이 아무런 징계사유도 없이 오로지 원고를 몰아내려는 의로 하에 원고를 해임하는 처분을 하였다거나, 해고권의 남용으로서 건전한 사회통념상이나 사회상규상 용인될 수 없음이 분명한 경우에 해당한다고 할 수 없고, 한편 피고 법인이 원고가 제기한 해임처분 무효확인 등의 소송에 응소하여 해임처분의 정당성을 주장하며 2004. 7. 8. 대법원에서 위 해임처분 무효확인판결이 확정될 때까지 원고를 복직시키지 아니하다가 위 판결확정 이후인 2004. 10. 1. 비로소 원고를 복직시킨 것이라고 볼 수 없다고 판단한 조치는 정당한 것으로 수긍이 가고, 거기에 상고이유로 주장하는 바와 같은 법리오해나 채증법칙 위배, 판단유탈 등의 위법이 있다고 할 수 없다(대판 2006. 12. 28, 2006다33999).

---

(2) 징계권의 남용과 채무불이행책임

a) 징계사유에 비하여 과중한 징계처분을 하게 되면 사용자의 과실, 즉 정상참작 등 일정한 재량권의 남용에 의한 채무불이행책임을 구성하게 된다. 예컨대, 징계사유를 고려할 때 정직 1개월에 적정하나 이를 무시한 채 징계해고를 하였다면 과중한 징계처분으로 볼 수 있다. 따라서 징계권남용으로 인해 사용자의 부당한 해고처분이 무효이거나 취소된 때에는 그 동안 피해자의 지위는 계속되고 있었던 것이 되고 근로자가 그 동안 근로를 제공하지 못한 것은 사용자의 귀책사유로 인한 것이므로 민법 제538조제1항 채권자 귀책사유로 인한 이행불능을 이유로 임금의 지급을 청구할 수 있다.[25)]

---

25) 대판 1981. 12. 12, 81다626

b) 근로기준법 제23조제1항은 강행법규로서 이에 위반한 부당한 징벌에 대해 사용자가 함부로 근로자를 해고하거나 기타 불리한 처분을 과하는 것을 금함으로써 근로자의 근로권과 생활권을 보호하고 이에 위반한 징계처분을 무효로 하고 있다.[26)]

쟁점사례

/사 례/ 회사의 경리책임자 L씨는 형식상 대표이사임에도 실질적 대표이사 H를 대신하여 탈세 및 횡령에 대해 형사처벌을 받는 조건으로 사례금 이외에 복직 및 승진을 약속받고 대신 형사처벌을 받았다. 이후 1년의 징역형을 받고 만기출소 후 4년간 개인사업을 하다가 어려워지자 5년 전에 복직을 약속한 회사를 찾아가 복직을 요구하였으나, 회사는 L씨의 형사처벌을 이유로 이미 징계해고처분을 하였기에 복직과 승진에 대한 약속을 이행할 수 없다고 거부하였다. 이 경우 L씨는 실질적인 대표이사 H를 상대로 부당해고의 구제신청이나 해고무효를 다툴 수 있는지?

/해 설/ 근로자 L씨가 재직 중 대표이사를 대신하여 형사책임을 지기로 공모하여 형사처분을 받아 복역을 하고, 그에 상응한 보상이나 승진등을 약속받는 행위는 민법 제103조에 의한 반사회적 법률행위로서 무효가 된다. 따라서 형무소에서 복역 후 복직을 요구하거나, 이를 거부하였다는 이유로 부당해고 등 구제신청을 할 수 없다. 이러한 행위는 사회통념상 정의관념에 부합되지 아니하므로 이에 대하여 국가가 법률적으로 조력하여 당해 근로자를 보호할만한 가치가 없기 때문이다. 또한 상기 경리책임자 L씨는 출소 후 5년이 경과한 후 복직을 요구하는 행위도 실효의 원칙이 적용되어 해고무효 확인소송의 대상이 되지 않는다고 보아야 한다.

26) 서울고판 1983. 12. 7, 82나3003

제3절 징계권남용의 구제절차

1. 사법적 구제절차

(1) 부당징계에 대한 무효확인의 소

a) 근로자는 사용자가 징계권을 남용한 경우에 노동위원회에 의한 행정적 구제와 별도로 법원에 부당징계에 대한 무효확인의 소를 제기하는 사법적 구제를 받을 수 있다. 또한 신속한 구제를 위하여 무효확인소송을 본안으로 한 지위보전의 가처분신청이나 임금지급의 가처분신청을 할 수도 있다.[27] 그러나 구제신청은 징계 후 상당한 기간 내에 하여야 하고 그 기간이 경과하면 실효의 원칙 또는 금반언의 원칙이 적용되어, 그 소를 제기하는 것은 신의성실의 원칙에 반하게 된다.[28] 이러한 사법적 구제의 결과 부당해고가 아니라는 법원의 판결이 확정된 때에는 구제이익이 소멸하였으므로 노동위원회에 구제신청을 할 수 없다.

b) 사용자의 근로자에 대한 해고가 정당한 이유가 없음을 이유로 노동위원회에 구제신청을 하여 구제절차가 진행 중에, 근로자가 별도로 법원에 사용자를 상대로 같은 사유로 해고무효확인청구의 소를 제기하였다가 청구가 이유 없다고 하여 기각판결을 선고받아 확정되었다면, 부당해고가 아니라는 점은 이미 확정되어 더 이상 구제절차를 유지할 필요가 없게 되었으므로, 구제이익이 소멸한 것으로 보아야 한다.[29]

관련판례

(1) 근로자가 회사의 징계심사위원회의 권고사직결의에 따라 사직서를 제출하였다고 하더라도 회사가 이를 수리하지 아니하고 징계해임을 하였다면 특별한 사정이 없는 한 근로자는

27) 임종률, 노동법, 박영사, 2007, 549면

28) 일반적으로 권리의 행사는 신의에 좇아 성실히 하여야 하고 권리는 남용하지 못하는 것이므로, 권리자가 실제로 권리를 행사할 수 있는 기회가 있어서 그 권리행사의 기대가능성이 있었음에도 불구하고 상당한 기간이 경과하도록 권리를 행사하지 아니하여, 의무자인 상대방으로서도 이제는 권리자가 권리를 행사하지 아니할 것으로 신뢰할 만한 정당한 기대를 가지게 된 다음에, 새삼스럽게 그 권리를 행사하는 것이 법질서 전체를 지배하는 신의성실의 원칙에 위반하는 것으로 인정되는 결과가 될 때에는 이른바 실효의 원칙에 따라 그 권리의 행사가 허용되지 않는다고 보아야 할 것이다(대판 1988. 4. 27, 87누915 ; 대판 1991. 7. 26, 90다15488).

29) 대판 1992. 7. 28, 92누6099

소로써 징계해임의 무효확인을 구할 법률상의 이익이 있다. 그러나 근로자가 징계해임에 대하여 아무런 이의를 한 바 없이 퇴직금을 수령하였고, 유사한 비위사실로 징계해임되거나 의원면직된 다른 근로자들 중 일부가 소송을 제기하여 일부는 승소하였는데도 소송을 제기하지 않고 퇴직금을 수령한 때부터 12년 8개월이 지난 후 징계의 효력을 다투는 것은 신의성실의 원칙상 허용될 수 없다(대판 1992. 10. 13, 92다24462).

(2) 원고가 참가인 회사를 상대로 제기한 징계해고무효확인의 소에서 원고의 청구를 기각한다는 내용의 원고 패소판결이 선고되고 그 판결이 확정되어 위 해고가 정당한 것으로 확정된 이상, 원고의 부당해고 및 부당노동행위 구체신청을 기각한 지방노동위원회의 결정을 유지하여 재심신청을 기각한 중앙노동위원회의 이 사건 재심판정의 취소를 구하는 원고의 이 사건 소는 그에 의하여 부당해고구제의 목적으로 실현할 수 없게 되었으므로 소의 이익이 없어 부적합하다고 하여 이 사건 소를 각하한 원심은 정당하다(대판 2002. 12. 6, 2001두4825).

(3) 원고들은 조합원들과 함께 참가인 및 그 대표사원에 대한 허위사실을 유포하여 명예를 훼손하였고, 참가인의 수차에 걸친 업무복귀명령에도 불구하고 10개월 정도 무단결근을 하였으며, 여기에 더하여 비록 징계시효가 도과되었다 하더라도 원고들이 조합원들의 초과운송수입금을 임의로 보관하여 참가인의 업무를 방해한 점, 상사를 폭행한 점, 기타 이 사건 변론에 나타난 제반사정을 참작하면 사회통념상 원고들에게 책임있는 사유로 인하여 고용관계를 계속할 수 없을 정도에 이르렀다 할 것이므로 원고들에 대한 해고는 정당하고, 그 징계양정이 과중하여 징계권을 일탈 · 남용한 것이라고 할 수 없다(서울고판 2004. 11. 19, 2003누19175).

(4) 피고회사에 근무하다가 원고들이 시작한 직후에 해고된 일부 근로자들이 피고를 상대로 그들이 실질적 당사자가 되어있는 소송에서 정리해고의 정당성이 다투어지고 있었기 때문에 그 해고근로자들이 다투는 쟁점과 실질적으로 같은 쟁점을 가지고 있는 원고들이 법원의 판단을 기다렸다가 승소판결이 내려지자 곧바로 이 사건 소를 제기했다고 해서, 아울러 원고들이 4개월분의 퇴직위로금을 수령하고 약 2년이 지난 후에도 아무런 이의를 제기하지 않다가 이 사건 소를 제기했다는 사정만으로 이 사건 소제기가 신의성실의 원칙에 반한다거나 실효의 원칙에 해당한다고 보기 어렵다. 사용자로부터 해고된 근로자가 퇴직금 등을 수령하면서 아무런 이의의 유보나 조건을 제기하지 않았다면 특별한 사정이 없는 한 그 해고의 효력을 인정하였다고 할 것이고, 따라서 그로부터 오랜 기간이 지난 후에 그 해고의 효력을 다투는 소를 제기하는 것은 신의칙이나 금반언의 원칙에 위배되어 허용될 수 없으나, 다만 이와 같은 경우라도 해고의 효력을 인정하지 아니하고 이를 다투고 있었다고 볼 수 있는 객관적인 사정이 있다거나 그 외에 상당한 이유가 있는 상황하에서 이를 수령하는 등 반대의 사정이 있음이 엿보이는 때에는 명시적인 이의를 유보함이 없이 퇴직금을 수령한 경우라고 하여도 일률적

으로 해고의 효력을 인정하였다고 보아서는 안된다(대판 1996. 3. 8, 95다51847, 대판 2003. 10. 10, 2001다76229; 대판 2005. 11. 25, 2005다38270).

---

(2) 소송결과에 따른 원상회복

1) 원직복귀와 손해배상 a) 사용자가 근로자를 징계해고한 경우에는 민사재판의 결과에 따라 원직에 복직시켜야 한다. 그러나 사법상 무효로 확인되는 경우에도 근로자의 지위를 확인하는데 그치고 실질적으로 원직복귀는 강제되지 않는다.[30] 사용자가 재판결과에 따라 스스로 복귀시키는 것은 가능하다.

b) 또한 근로자가 징계처분으로 승진이나 승급, 전근, 전직 등 불이익을 입은 경우에는 사용자는 이를 회복시켜야 한다. 징계처분이 무효가 되어 원상회복이 되는 경우에는 신분 이외에 경제적 불이익이 있다면 사용자를 이를 근로자에게 배상하여야 한다. 따라서 근로자는 징계해고 등 불이익처분을 당하지 않았더라면 받을 수 있는 임금상실의 상당액을 사용자에게 청구할 수 있다.

2) 원직의 의미와 복직거부 a) 사용자는 근로자의 해고가 부당하다고 판정되었다면 즉시 원직에 복직시켜야 한다. 그러나 근로자가 해고된 후 그 자리에 다른 근로자로 대체되어 해당업무를 담당하고 있다면 원직에 복직을 시키기가 쉽지 않다. 이 경우 해고된 근로자가 원직이 아니라는 이유로 복직을 거부하거나, 직장에 복귀한 후 작업을 거부한다면 지시명령의 위반을 이유로 다시 징계처분을 할 수 있을지 의문이 제기된다.

b) 여기에서 원직이란 해고당시의 업무와 직책으로 복귀되어야 함은 당연하다. 그러나 근로자의 해고당시에 이미 다른 근로자가 그 직책에서 업무를 수행하고 있다면, 복직근로자를 위하여 즉시 담당근로자를 교체하기도 쉽지 않다. 이러한 경우 사용자는 해고가 유효함을 전제로 이미 이루어진 인사질서, 사용자의 경영상 필요, 작업환경을 고려할 때, 원직의 의미는 합리적이고 불가피한 사정을 고려하여 해석하여야 한다.

c) 따라서 복직근로자에게 그에 합당한 일을 시킨다면 그 일이 비록 종전과 다소 다르다고 하더라도 정당하게 복직시킨 것으로 보아야 한다. 이러한 불가피한 사정에도 불구하고 복직근로자가 원직만을 고집하며 복직을 거부하거나 작업을 거부하는 경우에는 진정한 근로의 의사가 있다고 볼 수 없기 때문에 다시 징계처분을 할 수 있다고 보아야 한다.

---

30) 이에 대한 같은 취지의 설명은 임종률, 노동법, (박영사, 2007), 550면 참조

관련판례

(1) 이 사건 징계해고사유 중 일부 사유에 대하여는 종전에 이미 징계처분이 있었으므로 이를 다시 징계사유로 삼은 것은 일사부재리의 원칙에 어긋난다는 점이나, 이 사건 징계를 함에 있어서 피고회사가 징계사유를 미리 알려달라는 원고들의 요청에도 불구하고 징계사유를 미리 알려주지 않은 채 징계위원회에서야 낭독하여 줌으로써 원고들로 하여금 소명의 준비를 할 수 없게 한 것은 징계기일통지를 5일 전에 하여 소명의 기회를 주도록 한 단체협약에 반한다는 점은 모두 원고들이 상고심에 이르러 비로소 주장하는 새로운 사실이고 원심에서 주장한 바 없음이 명백하므로 이는 원심판결에 대한 적법한 상고이유가 될 수 없고(대판 1992. 9. 25. 92다24325), 상고이유서제출기간이 지난 후에 제출한 상고이유보충서에서 징계위원회 구성에 위법이 있다는 등의 주장을 하고 있으나 이는 위 상고이유서에서 개진된 사항과는 전연 별개의 새로운 주장으로서 이 역시 적법한 상고이유가 될 수 없다. 논지는 모두 이유 없다. 또한 원심판결 이유기재에 의하면 원심은, 거시증거에 의하여 원고들은 1차 해고 당시 모두 피고 회사의 가공부 가공 1과에서 수동절단작업을 하고 있었는데 위 가공 1과의 작업은 ① 벤딩(BENDING) 및 포밍(FORMING)작업(가공된 절판의 절곡), ② 세어링(SHEARING)작업(12mm이하 박판의 절단), ③ 드릴링(DRILLING)작업(가공된 철판에 레디알 드릴하는 것), ④ 수동화염절단(가스절단, 절단마무리 및 절단조치의 수정), ⑤ 자동화염절단(CNC자동절단, 절단마무리 및 절단조치의 수정)으로 크게 나누어지며 위 각 분류된 작업을 1차 해고 당시에는 피고 회사가 전부 직영하였으나 원고들이 복직된 1991. 1.경에는 세어링작업과 수동화염절단작업을 외주업체에 도급주고 있었던 사실(단 피고 회사 직원 중 1명이 수동화염절단작업 중 모방절단작업을 하고 있었다), 따라서 피고 회사는 원고들을 복직시키면서 가공 1과에 인사발령을 내었으나 1차 해고 당시에는 원고들이 맡았던 수동화염절단작업은 이미 상당기간 도급계약된 외주업체에서 하고 있었고, 또 자동화염절단은 원래 원고들이 맡았던 일이 아닐 뿐더러 상당기간의 교육훈련이 없으면 막바로 작업을 할 수도 없고 또 이미 피고 회사 직원들이 정원을 채워 일하고 있었으므로 부득이 유휴인력이 충원될 수 있는 수동화염절단작업 중 절단마무리 및 절단조치의 수정작업(이를 줄여서 사상작업이라 한다)을 시켰던 사실 및 그런데 위 사상작업은 작업장소가 가공 1과 밖에 임시로 지어진 가건물에서 할 뿐 아니라 용접 후 남은 울퉁불퉁한 쇠조각을 연마기로 갈아내는 것이어서 작업환경이 수동절단작업에 비하여 열악하여 피고 회사 직원들이 맡기를 꺼려하고는 있으나 원래 수동절단작업과 연계되어 있고 작업내용 자체도 별다른 경험과 기술을 필요로 하지 않아 용접공 정도면 누구나 할 수 있는 사실을 인정한 다음 사용주가 해고되었던 근로자를 해고무효확인판결에 따라 복직시키면서 해고 이후 복직시까지 위 해고가 유효함을 전제로 이미 이루어진 인사질서, 사용주의 경영상 필요, 작업환경의 변화 등을 고려하여 복직근로자에게 그에 합당한 일을 시킨다면 그 일이 비록 종전의 일과 다소 다르더라도 원직에 복직시킨 것이라고 아니할 수 없다고 전제한 후 이

사건의 경우 원고들은 근로자로서의 지위를 회복하여 해고 당시 소속되어 있었던 가공 1과로 복직하였으며, 다만 1차 해고 당시의 절단작업이 아니라 사상작업을 맡았을 뿐이나 위 양 작업의 내용이 서로 연계되어 있고 그 작업장소가 현저히 변경된 것도 아닌 것이고 다만 업무량에 따라 작업내용이 변경된 것에 불과하여 이를 배치전환이라고 하기도 어렵고 피고 회사의 부당노동행위나 인사권 남용에 기인한 것도 아닌 만큼 위 사상작업을 하라는 지시에 대하여 장기간 작업거부를 하고 나아가 그에 대한 항의를 하는 과정에서 상사에 대하여 불손한 행위까지 한 것은 징계사유에 해당하고 나아가 이들 비위행위는 그 태양, 정도, 계속기간 등에 비추어 원고들과 피고 회사 사이의 근로관계를 더 이상 지속시키기가 사회통념상 불가능한 정도의 귀책사유에 해당한다고 판단되어지므로 이들을 사유로 한 2차 해고처분은 정당하다고 판단하였는바, 원심의 위와 같은 사실인정과 판단은 옳고 거기에 소론과 같은 채증법칙 위배로 인한 사실오인이나 배치전환, 부당노동행위 및 징계권의 남용에 대한 법리오해의 위법은 없다(대판 1994. 07. 29. 94다4295)

(2) 원심판결 이유에 의하면, 원심은, 사용주가 해고되었던 근로자를 복직시키면서 해고 이후 복직시까지 위 해고가 유효함을 전제로 이미 이루어진 인사질서, 사용주의 경영상의 필요, 작업환경의 변화 등을 고려하여 복직 근로자에게 그에 합당한 일을 시킨다면 그 일이 비록 종전의 일과 다소 다르더라도 이는 사용주의 고유권한인 경영권의 범위에 속하는 것이므로 정당하게 복직시킨 것으로 보아야 한다고 전제한 후, 피고 회사가 1994. 12. 11. 영업용 택시의 고정기사로 근무하던 원고를 징계해고하였으나, 강원도지방노동위원회가 피고 회사에게 원고를 복직시킬 것을 권고하여, 피고는 1995. 1. 21. 원고에게 1995. 1. 22.부터 영업용 택시의 주간 예비기사로 복직할 것을 통보한 사실, 1994년 말 및 1995년 초경 피고 회사가 운행하는 영업용 택시는 약 30대이고, 각 영업용 택시마다 고정기사가 1인씩 지정되어 있어 피고 회사의 고정기사는 약 30명이며, 예비기사는 약 7명인 사실, 피고 회사는 고정기사가 결원되는 경우 즉시 예비기사 중 가장 먼저 입사한 기사를 고정기사로 지정하고 있는데, 1994. 12. 11. 고정기사였던 원고를 해고한 후 위 인사방침에 따라 예비기사 중 1인을 고정기사로 지정하여 영업용 택시를 운행하게 한 사실, 원고를 복직시킬 당시인 1995. 1. 22. 피고 회사가 운행하는 모든 영업용 택시에 이미 고정기사가 지정되어 있어서 피고 회사는 원고를 예비기사로 복직시킨 사실, 예비기사는 고정기사가 휴무하는 경우 그 고정기사에게 지정된 영업용 택시를 운행하게 되는데, 고정기사의 근무일수와 예비기사의 근무일수는 큰 차이가 없는 사실을 인정한 다음, 피고 회사는 원고를 종전과 같이 운전기사로 복직시켰으므로 원고에게 합당한 직책을 부여한 것이라고 할 것이고, 다만 피고 회사가 원고를 종전의 직책인 고정기사가 아닌 예비기사로 복직시켰다 하더라도 이는 1994. 12. 11.자 해고 이후 위 해고가 유효함을 전제로 하여 이미 이루어진 인사질서 및 피고 회사의 경영상의 필요에 비추어 불가피한 조치였으므로, 원고가 위와 같은 복직을 거부하면서 계속 결근한 행위는 피고 회사의 취업규칙상 해고

사유인 3일 이상의 무단결근에 해당한다고 보아 원고에 대한 해고가 정당하다고 판단하였다. 기록에 비추어 살펴보면, 원심의 위와 같은 사실인정과 판단은 모두 수긍이 가고, 거기에 채증법칙을 위반한 잘못이 없고, 해고의 정당한 이유에 관한 법리오해의 위법도 없다. 이 점을 지적하는 상고이유도 받아들일 수 없다(대판 1997. 05. 16, 96다47074).

2. 행정적 구제절차

(1) 행정법원에의 행정소송

a) 근로자가 징계처분의 사건을 지방노동위원회와 중앙노동위원회를 거쳐 행정소송을 제기하는 경우에 행정법원은 당해사건을 심리하여 재판할 수 있다. 이 경우 행정소송이란 행정청의 위법한 처분, 그밖에 공권력의 행사 또는 불행사로 인하여 국민의 권리나 이익의 침해를 구제하고 공법상의 권리관계 또는 법적용에 관한 다툼을 적정하게 해결하는 목적으로 제기되는 행정쟁송을 말한다. 이때 사용자측이 취소소송을 제기한 경우에는 구제명령의 명의자인 사업주가 당사자가 되며, 피고는 구제명령을 내린 중앙노동위원회의 위원장이 된다(행정소송법 제13조 참조).

b) 한편 지방노동위원회의 구제명령 또는 기각결정에 대하여 중앙노동위원회에 재심신청을 하는 것과 별도로 행정소송을 제기할 수 있는지에 대하여는 노동위원회의 기능 · 관할에 대한 노동관계법의 조항들을 중앙노동위원회의 재심을 거칠 것을 전제로 입법화 한 것이기 때문에 이러한 절차를 거쳐야 한다는 견해가 있었으나, 임의전치주의로 입법이 개정되어 행정소송이 가능하다고 할 것이다.[31)]

c) 지방노동위원회의 구제명령 또는 기각 · 각하결정에 불복하는 사용자 또는 근로자는 그 명령서 또는 결정서를 송달받는 날로부터 10일 이내에 중앙노동위원회에 재심을 신청할 수 있다. 중앙노동위원회의 재심판정에 대하여 사용자 또는 근로자는 그 재심판정서를 송달받은 날부터 15일 이내에 행정소송을 제기할 수 있다. 그러나 소정의 기간 내에 재심을 신청하지 않거나 행정소송을 제기하지 않는 때에는 그 구제명령, 기각 · 각하결정 또는 재심판정은 확정된다. 볼복기간을 넘겨 확정되거나 행정소송을 제기하여 확정된 구제명령 또는 구제명령을 내용으로 하는 재심판정을 이행하지 않는 경우에는 벌칙이 적용된다. 확정된 구제명령의 불이행에 대한 벌칙이다.

31) 이학춘 · 이상국 외 2인, 노동법(Ⅱ), 대명출판사(2004), 716면

관련판례

(1) 행정소송에 있어서 원고는 소송법상의 당사자능력자이어야 하므로, 자연인이나 법인, 국가나 공공단체 또는 비법인 사단이나 재단은 행정소송의 원고가 될 수 있으나, 당사자 능력이 없는 국가, 공공단체나 법인의 기관이나 행정청 등은 원고가 될 수 없는 바 이 사건 유치원은 공공단체인 경기도가 설치 · 운영하는 공립유치원으로서 그 원장인 원고는 특정한 자연인이나 공공단체가 아니라 경기도 교육감으로부터 참가인에 대한 임용권을 위임받은 경기도의 기관으로서 행정청이라 할 것이므로 이 사건 소는 행정청에 불과하여 당사자 능력이 없는 자에 의하여 제기된 것이어서 부적법하다(서울행판 2005. 1. 14, 2004구합10265).

(2) 피고는 참가인 회사와 회계나 재산관계가 서로 혼동지 않고 별도의 경영권을 가진 별개의 사업자로서, 참가인 회사와 사이에 계약이행보증금 약정, 검수 및 하자보수 비용의 부담, 자재변상책임 등 실질적인 도급계약의 내용을 담고 있는 계약을 체결하였고, 원고는 원래 피고를 고용주로 인식하면서 근로계약을 체결하였다. 피고는 도급계약상의 공사대금을 재원으로 나름대로 체계와 관리기준에 따라 임금 등 비용을 지출하고 그 나머지를 자신의 이익으로 하였다. 따라서 참가인 회사는 원고가 구하는 구제명령(원직복귀명령 및 소급임금지급명령)을 이행할 수 있는 법률적 또는 사실적 권한이나 능력을 가지고 있지 않아(직접적인 근로계약관계에 있는 사용자만이 권한이나 능력을 가지고 있다 할 것이고 간접적인 근로계약관계에 있는 사업주는 그러한 권한이나 능력을 가지고 있다고 보기 어렵다) 이 사건 구제신청에 있어서 상대방이 될 수 있는 적격이 있는 사용자라고 할 수 없으므로, 이와 같이 판단한 이 사건 재심판정은 적법하다(서울행판 2006. 5. 18, 2005구합12220).

(2) 노동위원회에의 구제신청

1) 구제신청기간 근로자가 부당해고등을 당한 경우에는 노동위원회에 구제신청을 할 수 있으며, 이 경우 부당해고등이 있었던 날부터 3월이내에 하여야 한다(근로기준법 제28조). 그러나 지방노동위원회의 구제명령이나 기각결정에 불복하는 사용자나 근로자는 구제명령서나 기각결정서를 통지받은 날부터 10일 이내에 중앙노동위원회에 재심을 신청할 수 있다(근로기준법 제31조제1항). 또한 중앙노동위원회의 재심판정에 대하여 사용자나 근로자는 재심판정서를 송달받은 날부터 15일 이내에 행정소송법의 규정에 따라 소를 제기할 수 있다(근로기준법 제31조제2항). 이러한 신청기간은 제척기간으로서, 불변기간에 해당되어 변경할 수 없다.

2) 중앙노동위원회와 지방노동위원회 a) 노동위원회는 중앙노동위원회와 지방노동위원회, 특별노동위원회로 구성하고, 중앙노동위원회는 중앙기관으로서 설치하며 각 시 · 도에는 지방노동위원회를 설치한다. 중앙노동위원회와 지방노동위원회는 고용노동부장관이 관리하고, 특별노동위원회로서 전국 지방항만청에 설치된 선원노동위원회가 있으며 해양수산부장관이 관장한다.

b) 지방노동위원회는 초심기관으로서 부당노동행위 및 부당해고의 구제신청 등 사건을 접수하여 심사를 하고 결정 · 명령하는 권한을 가진다. 중앙노동위원회는 지방노동위원회의 명령 및 결정을 취소 또는 변경하는 권한을 갖고 사건을 재심사 또는 각하할 수 있고, 2 이상의 시도에 걸친 사건 특히 전국적으로 중요하다고 인정되는 사건에 관하여는 지방노동위원회에 우선하여 초심기관으로서의 관할권을 갖는다.

3) 노동위원회 신청사건의 관할 a) 지방노동위원회는 특별시 · 광역시 · 도에 설치되어 있으므로 신청인이 어느 지방노동위원회에 구제신청을 할 것인가라는 사건관할의 선택문제가 있다. 징계사건은 징계처분이 이루어진 곳의 지방노동위원회가 관할을 가지고 있다. 이때 어느 곳에서 징계처분이 이루어졌느냐 하는 문제는 근로기준법 제23조에 따라 각각 결정되어야 할 것이며, 당사자가 임의로 특정 지방노동위원회를 선정하는 것은 허용되지 않는다.

b) 노동위원회가 사건관할(발생장소)을 관할하는 것은 신청인의 편의를 위한 것으로 피신청인은 신청된 지방노동위원회에 출석하여 대항(소명)하여야 하며, 심판의 편의를 위하여 다른 지방노동위원회에 이송을 요구할 수 없다. 이것은 민사소송법상 1심 법원의 관할을 피고 소재지 관할법원으로 정하고, 그 피고의 심리편의를 위한 이송신청을 허가하는 것과 다르다.[32)]

c) 여러 지방노동위원회가 사건관할권을 가지고 있는 경우에는 동일사건이 여러 지방노동위원회에 계류될 가능성이 있다. 이때에는 먼저 신청서를 접수한 지방노동위원회에게 관할권이 있으며, 사건의 중대성을 감안하여 중앙노동위원회가 사건관할의 지정권을 가진다.

4) 구제신청권자

(가) 피징계자 구제신청권자는 부당하게 징계처분을 받은 근로자이며, 미성년자도 신청인이 될 수 있다. 피징계자가 미성년인 경우도 친권자나 후견인의 동의를 요하지 않으며, 스스로의 판단으로 자기명의로 신청할 수 있다. 피징계자가 개인의 신청중 사망한

32) 권도용, 정당해고와 부당해고, 중앙경제사, 1995, 213면

경우는 구제를 받는 이익이 일신전속권이므로 소멸되며, 상속인에게 승계되지 아니하여 각하처분의 대상이 된다.

(나) 노동조합 근로자가 소속된 노동조합이 당해 조합원의 의사에 반하여 구제신청을 할 수 있는가에 대해서는 징계처분이 부당노동행위와 경합될 때 노동조합의 구제신청권도 허용되어야 할 것이다. 따라서 조합활동을 이유로 조합원을 징계처분하면 부당노동행위의 구제신청을 할 수 있다. 이때 독립된 노동조합이라 할 수 없는 지부나 분회는 신청권이 없고, 노동조합의 횡적 연락기관인 지역노조협의회 등도 신청권이 없다고 보아야 한다.

(다) 신청인의 추가허용 근로자가 개인적으로 구제신청을 한 후 심사진행 중에 노동조합이 뒤늦게 신청하거나 노동조합에서 신청한 후 피해자가 뒤늦게 신청하는 경우에는 최초신청이 징계처분이 있은 날로부터 3개월 이내에 해야 하며, 추가신청은 3월을 초과하여도 위법이라 할 수 없다.

5) 구제신청의 상대방 a) 근로기준법 제2조제5호에서 사용자의 정의를 "사업주, 사업경영 담당자 기타 근로자에 관한 사항에 대하여 사업주를 위하여 행위하는 자"라고 정의하고 있다. 따라서 징계처분에 대한 구제신청의 상대방은 사용자이다. 이때 사용자는 실질적으로 근로자를 징계처분할 수 있는 권한 있는 자를 뜻하며, 구제명령을 이행하거나 이를 이행하지 아니할 때 처벌을 받을 지위에 있는 자를 말한다.

b) 부당징계를 이유로 한 노동위원회의 구제절차는 사법상의 권리관계를 확정시키는 것이 아니라 신청인이 받고 있는 불이익 등의 피해를 구제하는 것이 목적이다. 따라서 공장장, 지사장, 영업소장 등이 법인으로부터 포괄적인 권한을 위임받아 근로자의 채용과 해임, 근로조건의 결정, 근로자의 인사발령을 할 수 있다면 사용자로서의 구제신청의 상대방으로 인정해야 한다.

6) 구제신청절차

(가) 신청주의 부당징계의 구제절차는 징계자 또는 해당근로자가 소속된 노동조합의 신청에 의하여 개시된다. 근로기준법 제28조는 근로자는 구제신청을 할 수 있다고 정하였을 뿐 서면신청을 명시하지 않고 있다. 따라서 구두나 전화로 신청할 수 있으나 사건의 쟁점을 명확하게 하기 위하여 신청서의 요건을 갖추도록 보정시키며, 이 보정요구에 대하여 일정기간 동안 응하지 않으면 신청을 각하할 수 있다.

(나) 신청의 취하 a) 신청인은 명령서의 정본이 교부되기 전까지는 언제든지 신청의 일부 또는 전부를 취하할 수 있으며, 당사자간의 합의에 의하여 취하가 가능하다. 신청

의 취하는 서면 또는 구두로도 가능하며 상대방의 동의를 필요로 하지 않는다.

b) 신청인이 취하하면 노동위원회는 지체없이 상대방에게 그 뜻을 통지하여야 하며, 취하된 부분에 관하여는 당초부터 신청이 없었던 것으로 취급된다. 신청인은 신청이 취하된 후에도 법정 신청기간 내에 다시 신청할 수 있다.

(다) 신청의 각하 a) 노동위원회 심판회의의 결정에 따라서 신청을 각하할 수 있는 사유를 살펴보면, ① 신청서의 구비요건 불비에 대한 보정명령에도 불구하고 일정한 기간 동안 보정하지 아니하는 경우, ② 노동조합이 「노동조합및노동관계조정법」 에 의한 노동조합이 아닐 경우, ③ 피해 근로자가 해고된 사실을 안 날로부터 3개월이 경과된 후에 구제신청서가 접수되었을 때, ④ 신청인의 주장사실이 부당해고에 해당되지 않음이 명백할 때, 각하를 할 수 있다.

b) 또한 ⑤ 구제신청의 내용이 실현할 수 없거나 실익이 없음이 명백할 때, ⑥ 신청인이 2회 이상 통지를 받고도 이에 응하지 않거나 신청의 의사를 포기한 것으로 인정될 때, ⑦ 신청의 내용이 원상회복 되었거나 신청인이 사망하였을 때 각하할 수 있으며, 서면으로 당사자에게 결정서의 정본이 송달된다. 각하의 효력은 결정서의 교부에 의하여 발생한다.

(라) 화해의 권고 등 노동위원회는 노동위원회규칙 제28조에 근거하여 조사 및 심문과정에서 언제든지 당사자에게 화해안을 제시하고 화해를 권고할 수 있다. 화해가 성립한 경우 당해 사건은 종결되며, 화해한 후 이에 불복할 수 없다. 화해의 효력은 노동위원회에서 판정한 판정문의 효력과 동일한 효력을 부여하게 된다.

(마) 심판회의 a) 심판회의는 조사완료 후 신청사건을 각하할 사유가 없는 한 반드시 개최하여야 하며, 이 절차는 생략할 수 없다. 당사자 쌍방이 심문의 생략에 이의가 없다고 의사표시를 하더라도 이를 생략하거나 변경할 수 없다.

b) 조사가 비공개로 진행되더라도 심판회의는 원칙적으로 공개로 진행하여야 하며, 필요하다고 인정하는 경우에는 예외적으로 비공개로 할 수 있다. 심판회의는 1회에 그치지 않고 여러 번 진행할 수 있다. 조사내용의 미진, 새로운 사실의 발견, 사실조회의 필요성, 주장사실의 보완, 증인채택 등의 이유로 사건을 명확하게 정리하기 위하여 수회에 걸쳐 진행할 수 있다.

7) 노동위원회의 구제명령

(가) 명령서의 송달 a) 노동위원회는 심판회의가 개최되면 구제의 전부 또는 일부를

인정하는 명령 또는 신청을 기각하는 결정을 하고 이를 서면으로 교부하여야 한다. 명령서 또는 결정서를 사무국장이 정본임을 증명하고 당사자에게 직접 교부하거나 우송도 할 수 있다. 명령서 또는 결정서의 송부는 송달된 날을 교부일로 보며, 당사자의 소재지가 불명하여 송달이 불가능할 때에는 공시송달의 방법으로 송달할 수 있다.

b) 노동위원회는 구제명령을 할 때 근로자가 원직복직을 원하지 아니하면 근로기준법 제23조제3항에 의하여 근로자가 해고기간 동안 근로를 제공하였더라면 받을 수 있었던 임금상당액 이상의 금품을 근로자에게 지급하도록 명령할 수 있다.

(나) 금전보상명령 a) 구제명령을 할 때에 근로자가 원직복직을 원하지 아니하면, 원직복직을 명하는 대신 근로자가 해고기간 동안 근로를 제공하였더라면 받을 수 있었던 임금상당액 이상의 금품을 근로자에게 지급하도록 명할 수 있다(근로기준법 제30조제3항).

b) 이 경우 금전보상명령을 신청하는 근로자는 심문회의 개최일을 통보받기 전까지 금전보상명령신청서를 제출하여야 한다. 이때 노동위원회는 근로자에게 근로계약서, 임금대장, 등 금액산정에 필요한 자료를 제출하도록 명령할 수 있다. 보상금액의 산정은 해고일로부터 당해사건의 판정일까지로 한다. 이 규정은 원직복직을 하지 못하고 근로관계를 종료하는 경우에 근로자의 생계를 보장하기 위하여 보상을 해주는데 그 취지가 있다.

c) 금전보상명령은 징계해고, 경영상해고, 직권면직, 자동면직, 근로계약의 갱신거절 등 명칭에 불문하고 근로관계를 종료하는 해고에 대하여 신청을 할 수 있다. 그러나 견책, 경고, 휴직, 전직, 정직, 전적 등 그밖의 징벌에 대하여는 근로관계가 존속하고 있는 점을 고려하여 신청을 허용하지 않는다. 금전보상명령의 신청은 부당해고 구제신청을 한 근로자 또는 그 대리인에 한하여 인정되며, 사용자의 경우에는 복직회피수단을 악용할 우려가 있어 신청권을 인정하지 않는다고 할 것이다.

(다) 이행강제금 a) 노동위원회의 구제명령, 기각 · 각하결정 또는 재심판정은 중앙노동위원회에의 재심신청이나 행정소송의 제기에 의하여 그 효력이 정지되지 않는다. 노동위원회는 노동위원회법 제30조제1항에 따라 사용자에게 구제명령을 하는 때에는 이행기한을 정하여야 한다. 이 경우 이행기한은 구제명령을 한 날로부터 30일 이내로 한다. 이때 노동위원회의 판정은 불복에 의하여 그 효력이 정지되지 않으므로, 사용자는 구제명령이 아직 확정되지 않은 단계에서도 일단 이를 이행하도록 강제하는 수단이다.[33] 사용자가 노동위원회의 구제명령을 받고 이를 이행기한내에 이행하지 않으면 소정의 이행강제금을 부과하도록 하여 경제적 제재를 통해 실효성을 높이려는 취지이다.[34]

33) 임종률, 노동법, (박영사, 2007), 548면

34) 심판업무처리요령, 중앙노동위원회(2007), 140면

b) 이행강제금을 부과하는 위반행위의 종류 및 위반정도에 따른 금액, 부과 · 징수된 이행강제금의 반환절차, 그 밖에 필요한 사항은 대통령령으로 정한다. 노동위원회는 이행강제금을 부과하기 30일 전까지 이행강제금을 부과 · 징수한다는 뜻을 사용자에게 미리 문서로써 알려주어야 한다. 이행강제금은 최초의 구제명령이 있은 날을 기준으로 매년 2회의 범위 안에서 구제명령이 이행될 때까지 반복하여 부과 · 징수할 수 있으며, 이 경우 2년을 초과하여 부과 · 징수하지 못한다. 근로자는 구제명령을 받은 사용자가 그 이행기한까지 구제명령을 이행하지 않는 경우에는 이행기한이 경과한 때부터 15일 이내에 그 사실을 노동위원회에 알려줄 수 있다.

관련판례

(1) 근로자가 부당해고를 이유로 노동위원회에 구제신청을 하여 구제절차가 진행 중에, 별도로 사용자를 상대로 같은 사유로 해고무효확인청구의 소를 제기하였다가 청구가 이유 없다고 하여 기각판결을 선고받아 확정되었다면, 부당해고가 아니라는 점이 확정되어 더 이상 구제절차를 유지할 필요가 없게 되었으므로, 구제이익이 소멸한 것으로 보아야 한다(대판 1992. 7. 28, 92누6099).

(2) "해고를 당한 근로자가 지방노동위원회에 부당해고구제신청을 하여 기각되어 중앙노동위원회에 재심신청을 하였으나 도중에 당사자가 합의하여 재심신청을 취하하고 동 근로자가 복직한 경우, 동 해고가 부당해고로 인정되어 복직(구제)된 것으로 볼 수 있는지"에 관한 것으로 재심절차 도중에 당사자가 합의를 하고 신청인을 원칙에 복직시켰다고 하여 이것으로 인하여 지방노동위원회의 기각결정이 취소되고 부당해고를 인정하는 것이라고 볼 수는 없을 것으로 사료됨(근로기준팀 2162, 2006. 5. 16).

쟁점사례

/사 례/ 아파트 경비원 A씨는 1년 전 여름에 근무당일 새벽 03시경 피곤에 못 이겨 약 30분간 근무지를 이탈하여 관리실 쇼파에서 취침하던 중 관리소장에게 적발되어 급여체계상 5급 10호봉에서 1호봉이 감봉되어 5급 9호봉의 처분을 받다 보니 매월 80,000원의 임금이 줄어들게 되었다. 평상시 업무태도가 성실했고 주민들의 평판도 좋았으나, 이번에 우연히 한번 근무중에 졸다가 적발되어 1년에 1호봉을 승급하는데, 1호봉이 삭감되는 감봉처분을 받다보니 경제적 손실이 매우 크다. 이에 경비원 A는 너무 가혹하다고 생각되어 노동위원회에 구제신청을 하려고 한다. 이 경우 노동위원회에 구제신청을 할 수 있는지?

/해 설/ 경비원으로 근무하는 근로자가 1년에 80,000원에 해당하는 1호봉의 감봉처분을

받다 보니 경제적 불이익이 매우 크다고 볼 수 있다. 근로자의 입장에서 보면, 근무 중에 한 번 졸다가 적발되어 입는 피해로는 너무 불이익이 커서 징계양정이 가혹하다고 할 수 있다. 이러한 경우에는 징계사유보다 징계양정이 적정한지 문제가 된다. 따라서 근로자는 징계처분을 받은 날로부터 3월 이내에 관할 지방노동위원회에 구제신청을 할 수 있다. 3월이 경과하면, 구제신청을 포기한 것으로 보아 징계가 확정된다. 그러나 민사소송을 하는 경우에는 부당징계를 이유로 하는 무효확인소송을 제기할 수 있고, 이 경우에는 3월이라는 제척기간의 제한이 없으나 비용과 시간이 많이 들어 사건의 내용에 비하여 구제실익이 낮다는 단점이 있다.

[그림 8-2] 심판사건 처리 흐름도

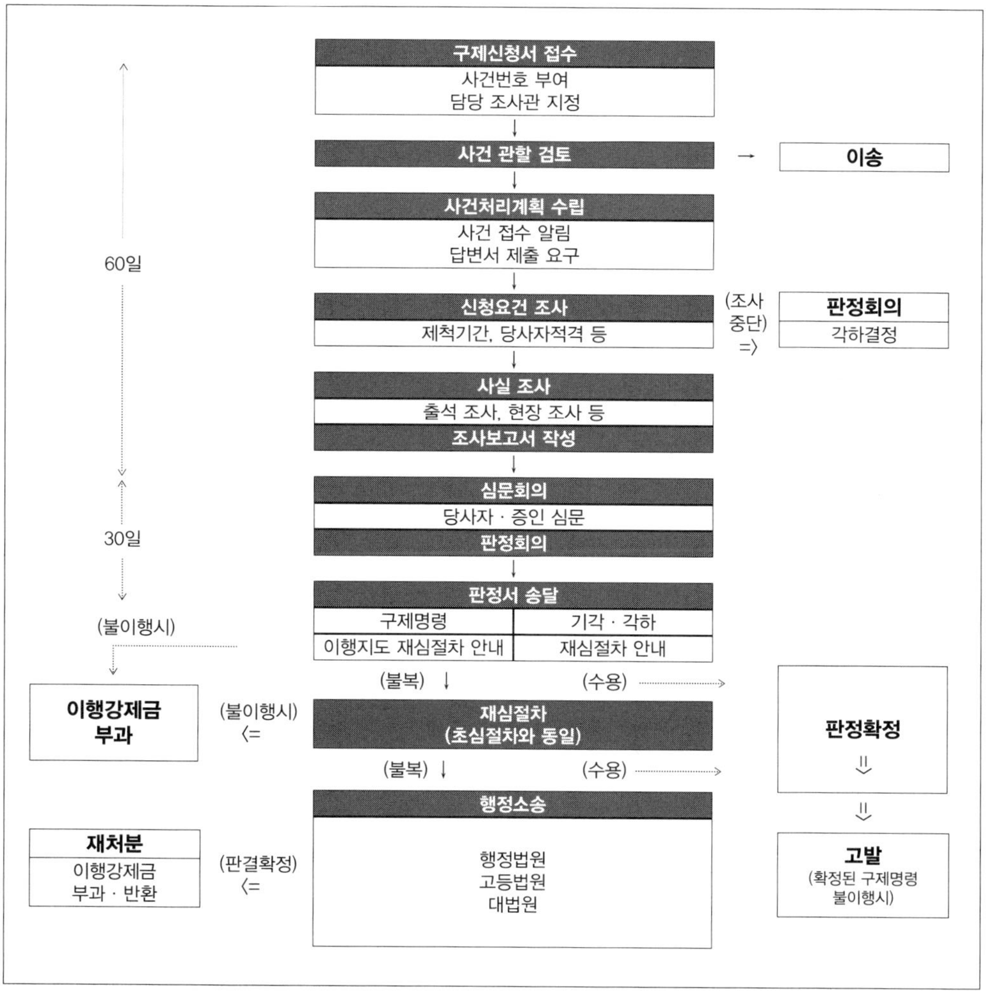

제9장

징계조사 및 징계규정의 운영실무

제1절 징계조사 및 징계의결요령

제2절 징계규정안 및 자가진단표

제3절 징계규정의 작성 및 모델표준안

제4절 해고 등 부당징계의 구제신청

제1절 징계조사 및 징계의결요령

1. 징계혐의의 조사

(1) 사실조사보고

1) 징계혐의자의 사실관계조사 및 증거확보요령 a) 우선 징계사유가 발생하면 인사담당 또는 노무담당부서의 책임자(징계위원회 간사)를 조사자로 지정하여 사실조사를 하여야 한다.[1] 징계사건의 사례를 살펴보면 다음에 표기한 바와 같이 ① 무단결근 11일이라는 혐의 사실, ② 도박행위라는 혐의사실, ③ 폭행행위라는 혐의사실이 존재한다. 이때 혐의사실에 대한 조사는 한꺼번에 일괄 조사를 하되, 징계혐의자와 참고인 및 목격자 등으로부터 시말서나 전말서, 자술서 등을 징구받고 별도로 문답서를 받아 증거물을 첨부해 둔다.

b) 무단결근에 대한 사실관계의 조사는 출근부(배차현황) 또는 출근카드 등 무단결근을 증명할 증거를 복사하여 조사서에 첨부하여야 하고, 문답서에 징계혐의자의 확인과 자백을 받아 둔다. 도박에 대하여는 사실대로 진술을 받아야 하며 막연히 도박을 하였습니까', '예 도박을 하였습니다'와 같이 진술을 받지 말고 구체적으로 진술을 받아 혐의사실을 확정시켜야 한다(문답 참조).

c) 근로자는 육하원칙에 의거하여 징계혐의자를 조사하고 증거물로서 의사진단서를 증거물로 첨부하여야 한다. 이때 징계혐의자가 시말서를 제출하지 아니하고 조사에 응하지 아니하면 그 자체가 정당한 업무명령을 위반한 것으로서 해고사유가 된다.

d) 목격자 자술서나 문답서를 받아 증거물(출근부 사본, 의사진단서 사본) 등을 첨부하고, 혐의자가 회사의 정당한 업무명령인 시말서 작성제출명령에 불복하여 시말서를 제출치 아니하고 조사에도 응하지 아니한다는 징계사유를 관련조항과 함께 추가하여 징계위원회에 회부한다.

e) 이상의 조사는 착수전에 먼저 증거물을 신속히 확보하여 둔 뒤에 문답서를 받는 것이 효과적이다. 먼저 참고인이나 피해자의 사실확인서를 6하원칙에 의하여 작성토록 하

---

1) 서양민, 노무관리현장실무, 신한산업경영연구원, 1995, 153면 이하 참조 ; 이하 징계혐의자에 대한 사건조사실무자료에 대하여는 노동부 현직경험이 풍부하신 저자의 양해를 얻어 일부자료의 내용을 요약하거나 수정하여 게재하였다.

여 징구받고 난 다음에 문답서를 받으며, 참고인이나 피해자의 조사가 완료된 뒤에 징계혐의자의 문납서를 받는 것이 조사의 순서이다.

사실조사 보고서

1. 징계혐의자 인적사항

소　　　속 : 대동운수
직　　　책 : 운전기사
주민등록번호 : ○○○○○○-○○○○○○○
성　　　명 : 홍길동
입 사 일 자 : 1997. 7. 1
상 벌 경 력 : 없음

2. 징계협의사실

a) 위 홍길동은 2005. 6. 7부터 2005. 6. 17까지 회사에 사전 아무런 통고도 없이 무단결근을 하고, 2005. 6. 6 회사로부터 정상적으로 영업용 차량을 배차받아 정상적으로 근무에 임하였음.

b) 그러나 당일 근무시간 종료와 함께 동차량을 회사에 입고시키지 아니하고 노사에 정차시켜 둔 채 2005. 6. 6 19:30분경부터 익일 07:00까지 서울시 강서구 화곡동 187번지 소재 가람여관에서 동료운전기사 차돌석을 비롯하여 타회사 운전기사 등 4명과 고스톱 도박을 하였음.

c) 또한 당일 운수수입금 56,000원을 잃어버리고 회사에 사납금을 빌려주지 않는다는 이유로 3주의 요양을 요하는 안면 타박상을 입힌 폭행을 한 자로서 단체협약 제55조 제6항 "근무결근 5일 이상인 자"와 동조 제8항 "도박한 자"및 취업규칙 제76조 제4항 "동료직원에 대하여 폭행한 자"등 해고사유에 해당하는 행위를 한 자임.

2) 시말서 작성요령　a) 시말서의 작성은 그 시말서 내용이 간결하면서 사건발생 사실이 자세히 알 수 있도록 6하 원칙에 의거하여 작성되어야 한다. 시말서나 전말서 또는 확인서나 목격자 자술서 등을 작성할 경우에는 무조건 작성하라고 지시하지 말고 위와 같이 혐의사실이 「언제, 어디에서, 누가, 무엇을, 어떻게, 왜」 하였다는 내용으로 작성토록 지도하여 그 시말서나 확인서를 읽으면 사건을 명료하게 나타나도록 작성하여야 한다.[2)]

2) 서양민, 전게서, 534면 : 상기 실무자료는 이양민의 저서 중 일부자료를 요약하여 정리한 것이며, 자세한 사항은 상기자료를 참조할 것.

b) 이때 시말서 작성요령을 가르쳐준다고 하면서 해당 근로자에게 시말서의 작성안을 제시하면서 그대로 자필로 쓰라고 하면, 이는 자술이 아니므로 증거력이 없게 된다. 따라서 혐의자의 진술은 혐의자의 사유의사에 의하여 작성된 자필 자술서가 자백의 증거력이 가장 높은 것이다.

시 말 서

소　　　속 : 대동운수
운 수 직 책 : 운전기사
성　　　명 : 홍길동
주민등록번호 :　　　　　-

1) 상기 본인은 2005. 6. 6. 15:30 회사에 정상출근하여 배차과장으로부터 같은 시간에 정상적으로 배차를 받아 차량운행업무에 임하였으나, 같은 날 19:30경부터 익일 17:00까지 동료직원 차돌석과 평소 친하게 지내고 있는 타 택시회사 운전기사 3명과 함께 5명이 서울시 금천구 시흥동 OO번지 소재 가람여관에서 점당 1,000원짜리 고스톱 놀이를 한바 있습니다.
2) 이때 본인은 당일 회사에 사납금으로 입금할 56,000원과 본인이 비상금으로 가지고 있는 100,000원 도합 156,000원 전액을 잃어 회사에 입금할 돈이 없었으므로 동료기사 차돌석에게 사납금 56,000원을 빌려달라고 하였던바 차돌석이 "놀음판에서 돈빌려 준 놈이 어디 있느냐!"하면서 불응하여 순간적으로 흥분하여 차돌석의 안면을 양 주먹으로 연속 4차례 가격한 사실이 있습니다.
3) 당시 한자리에 있던 사람들이 말리므로 더 이상 가격하지 못하고 여관을 떠나 집으로 돌아온 사실이 있고, 그날 오후 교대시간에 출근하려고 하였으나 집에 돌아온 후 당일 집에 돌아오지 않은 일로 처와 심한 언쟁을 하였던바, 기분이 좋지 않아 처의 버릇을 고치려고 회사에 아무런 연락도 없이 2005. 6. 7일부터 같은달 17일까지 결근한 사실이 있습니다.
4) 그 후에 동료직원들에게 들어보니 차돌석이 전치3주의 안면 타박상을 입고 경찰서에 고소를 제기하려 했으나, 도박사건이 발각될 것을 염려하여 고소는 하지 않았다고 하여 차돌석을 전화로 불러 치료비 200,000원을 주고 화해한 바 있습니다.
5) 본인이 이런 도박행위를 하지 아니하고 회사에 착실하게 임할 뿐만 아니라 가정에도 충실하여야 함에도 순간적으로 잘못을 저질러 회사에 11일간이나 출근하지 아니하였는바 이는 마땅히 처벌을 받아야 할 것임을 충분히 이해하고 있습니다.
6) 이번 일에 대하여 용서해 주시면 앞으로 대오 각성하여 직장이나 가정에 충실하겠습니다. 본인의 잘못을 깊이 뉘우치고 있사오니 이번만은 너그럽게 보셔서 선처하여 주시면 감사하겠습니다.

2005. 6. 12
위원인 김 진 수 (인)

(주)대동운수 대표 귀하

3) 증거물 채증요령 증거물은 원본을 첨부할 경우에는 원본임을 확인하고, 사본인 경우에는 '원본 대조필'을 기록하고 대조확인자의 직책, 성명, 날인을 해두어야 한다.

(2) 문답서 작성요령

1) 작성요령 a) 먼저 진술인의 소속, 직책, 성명, 주민등록번호를 기재하여 인정심문의 요건 '진술인 당사자임을 확인하는 행위'을 충족하여야 한다. 다음으로는 진술은 조사자의 임의로 작성하지 아니하고 강요나 구속하는 수단으로 작성되지 않고 자유로운 여건에서 진술자가 임의로 진술한다는 내용을 기록한다. 이 임의성이 결여되고 강압적으로 진술되면 그 내용은 무효가 된다.[3)]

b) 진술서를 작성할 때는 단체협약이나 취업규칙에 의한 위반사항을 위반사항 별로 구분하고 사실관계를 6하원칙(언제, 어디서, 누가, 무엇을, 어떻게, 왜)에 의하여 작성하여야 한다. 가능한 본 사실관계가 없는 내용은 묻지 아니한다.

c) 진술자에 대한 질문은 간략히 하고 구체적인 답변을 진술하도록 유도한다. 만약 조사자가 장황하게 설명한다면 진술인(혐의자)은 그저 "예"소리 한자리만 했을 뿐 자백한 내용은 하나도 없게 된다. 나중에 재판에서 근로자가 "본인은 그런 사실이 없다"며 조사자가 자기마음대로 기록해가지고 본인이 대답도 하지 않았는데 "예"라고 기록하고, 강제적으로 본인에게 날인케 하면서 결과가 좋게 나올 것이라고 하여 그 내용이 사실과 좀 다르지만 조사자의 말을 믿고 도장을 찍었다며 부인할 우려가 있다.

[예시 - 잘못된 작성예]

문 답 서

문 : 진술인은 2005. 6. 6. 19:30부터 익일 07:00까지 서울시 금천구 시흥동 OO번지 소재 가람여관에서 동료직원 홍길동과 타택시회사 근로자 3명과 함께 고스톱 도박을 하여 당일 운송사납금 56,000원 외 진술인의 비상금 100,000원 도합 156,000원을 잃고, 당일 사납금을 입금하기 위해 동료근로자 홍길동에게 56,000원을 빌려주라고 하자 홍길동이 "노름판에서 돈빌려 준 놈이 어디 있느냐"고 하자 순간적으로 흥분하여 양주먹으로 홍길동의 안면을 각 2차례식 가격하여 홍길동은 전치 3주의 진단이 나왔고, 그 후 자택으로 돌아갔으나 당일 귀가하지 않은 것이 화근이 되어 부인과 심한 다툼을 하고, 또 그것이 이유가 되어 2005. 6. 7부터 같은 달 17까지 11일간 회사에 사전 아무런 통고도 없이 무단결근을 한 것이지요?

문 : 예

3) 서양민, 전게서, 534면 이하 참조

2) 문답서 기록방법[4] a) 위반사항에 대해 6하원칙에 의거 진술자 본인이 직접 사실관계를 진술토록 하여 문답서를 작성하여야 한다. 사실관계가 다 작성되면 다음으로 진술자의 현재 심정을 묻고 진술인에게 유리한 진술을 할 것이 있느냐고 물어보아, 있다고 하면 그 진술을 기록하고, 없다고 하면 "없다"고 기록한다. 이때 그 진술이 전부 틀림없는가를 물어 진술인이 틀림없다고 대답하면 그 진술서를 열람케 한 후 가감할 것이 있느냐고 물어본 후 가감을 하여 '삭 8자'또는 '삽입 8자'를 같은 줄 여백에 기록하고 정정부분과 '삭 4자'와 '삽입 4자'에 조사자와 진술인이 나누어 날인한다.

b) 문답이 끝나면 다음줄에 "이하 여백"이라 기록하고 그 자리에 조사자와 진술자가 날인한다. 그리고 그 한두 칸 아래에 작성일자를 기록하고 그 아래칸에 진술자와 조사자의 성명을 칸을 달리하여 나란히 자필서명을 하도록 한 후 각자 날인을 한다. 이때 진술서의 각장 사이의 여백(중간 여백, 오른쪽은 진술인의 간인, 왼쪽은 조사자의 간인)에 조사자와 진술인이 나누어 간인을 한다. 이는 진술서 내용을 다른 내용으로 바꿀 수 없도록 하기 위한 것이다.

c) 만약 문답서 작성시 증거서류를 제시할 경우에는 문답서에 "이때 진술인이 ○○○을 제출하므로 증빙자료로서 본 문답서 말미에 첨부하다"라고 문답서에 기록하고 문답서 말미에 첨부하며, 증거물을 제출할 경우에는 "이때 진술인이 증거물로 ○○○을 제출하므로 별도 보관하다"라고 기록하고 조사서류를 징계위원회에 회부할 때 증거물과 함께 제출한다.

3) 문답서 작성시 고려사항 a) 특히 징계혐의자가 징계사실에 대하여 부인하는 진술을 하면 자백을 받으려고 성질을 내거나 고함을 칠것이 아니라 징계혐의자가 진술하는 대로 받는다. 이때 진술인의 태도까지 기록해 둔다. 그리고 부인하면 증거와 그 결과에 따른 사실을 물어 답변하지 아니하면 "이때 진술인이 답변을 하지 않다"라고 기록한다.

b) 이와 같이 부인하는 징계사유에 대한 사실관계를 증빙자료 및 증인의 진술에 의하여 물음을 기록함으로써 규정위반사항을 확정시키면 된다. 위반행위의 사실관계에 대한 증빙자료만 명확하게 갖추어 두면 된다.[5] 거짓 진술이나 부인하는 경우에는 의결요구서에 조사자의 의견을 첨부한다.

c) 조사자의 의견서에 "위반사항에 대하여는 징계혐의자가 부인하고 있으나 증빙자료에 의하면 ○○○으로 되어 있고, 그 결과 ○○○이 발생한 사실이 명확하며, 이에 대한 징계혐의자의 반증자료도 제시치 못하였으며 현장에서 목격한 ○○○의 진술에 의하면

4) 서양민, 전게서, 535면 이하 참조

5) 서양민, 전게서, 537면

○○○하다고 한바, 징계혐의자 ○○○의 ○○○규정 위반이 명확하고, 위반사항에 대하여도 이를 부인하고 있다.

d) 또한 ○○○에 의하면 …이와 같이 징계혐의자 ○○○는 위반사항이 명백함에도 이를 거짓 진술하고, 부인하며 반성하는 자세가 없이 노사간 신뢰를 저버리므로 더 이상 근로계약관계를 계속시킬 수 없는 행동을 하고 있다고 사료됩니다"는 식으로 작성하여 첨부하면 된다.

(i) 참고인문답서 작성예시[6)]

<table>
<tr><td>

문 답 서

소　　　속 : (주)대동운수 운수과
직　　　책 : 운전기사
주민등록번호 :
성　　　명 : 차 돌 석

위의 사람은 운전기사 차돌석의 징계혐의사실에 대하여 2005. 6. 18. 회사 노무과 사무실옆 소회의실에서 다음과 같이 임의 문답하다.

본인은 운수과 운전기사 차돌석으로서 2005. 6. 6부터 그 익일까지 사이에 있었던 홍길동의 행위에 대하여 본인이 보고, 당한 사실을 사실대로 진술코자 임의 출석하였습니다.

</td></tr>
<tr><td>

이때 진술의 취지를 더욱더 명확히 하기 위하여 다음과 같이 임의 문답하다.

문 : 진술인의 소속, 직책, 성명을 말씀하십시오
답 : 운수과 운전기사 차돌석 입니다.

문 : 홍길동을 알고 있습니까?
답 : 예, 우리회사 운전기사이며 2005. 6. 6부터 그 익일까지 본인과 함께 있었습니다.

문 : 진술인의 2005. 6. 6과 그 익일 근무시간을 말씀하십시오
답 : 본인의 2005. 6. 6과 그 익일의 근무시간은 1조로서 05:00부터 15:00 까지입니다.

문 : 진술인은 2005. 6. 6 정상근무를 하였습니까?
답 : 예, 당일은 정상근무를 하고 회사에 차량을 입고시키고 사납금도 입금시킨 뒤 퇴근하였습니다.

</td></tr>
</table>

6) 서양민, 전게서, 538면 이하 참조

문 : 퇴근시간 이후에 어디에 있었습니까?
답 : 퇴근후 집에 들렀다가 당일 19:00분경에 금천구 시흥동 OO번지 소재 가람여관으로 갔습니다.

문 : 무슨 일로 거기에 갔습니까?
답 : 2005. 6. 6, 15:30경 야간조 ○○○에게 차량을 인계하고 귀가하려고 정문을 나오는 순간 홍길동을 만나게 되었는데 홍길동이 본인에게 "야, 오늘 사우나나 좀 하자!"고 하여 본인이 동의해서 금천구 시흥동 OO번지 소재 가람여관으로 찾아 갔습니다.

문 : 여관에서 사우나를 합니까?
답 : 아닙니다. 고스톱하는 것을 우리끼리는 "사우나"라고 합니다. 그래서 고스톱을 하기 위해 여관으로 간 것입니다.

문 : 홍길동과 둘이서 고스톱을 하였습니까?
답 : 아닙니다. 본인과 홍길동과 평소 잘아는 홍길동의 친구인 타 택시회사 운전기사들 3명, 모두 5명이 고스톱을 하였습니다.

문 : 판돈이 얼마나 되었습니까?
답 : 판돈이 얼마인지는 잘 모르고, 본인은 용돈이 35,000원 있었고 거기에 친구에게서 100,000원을 빌려 총 135,000원이 있었으며, 홍길동은 156,000원을 가지고 있었는데 모두 잃었다고 하였습니다. 그리고 다른 사람들은 각각 얼마씩 가지고 있었는지 보여주지 아니하여 잘 모릅니다.

문 : 가람여관에서 언제부터 언제까지 고스톱을 하였습니까?
답 : 19:30경부터 익일 07:00까지 가람여관에서 고스톱을 하였습니다.

문 : 고스톱 결과는 어떻게 되었습니까?
답 : 본인은 30,000원 정도 땄고, 홍길동은 156,000원 전액을 잃었으며, 다른 친구들이 조금씩 따갔습니다.

문 : 고스톱을 자주 합니까?
답 : 날마다 하는 것은 아니고, 한 달에 한번 정도 만나서 고스톱하면서 한판에 5,000원 이상을 따가는 사람이 1,000원씩 떼는 형식으로 돈을 떼어서 그걸 가지고 어느 때는 식사도 하고 어느 때는 주점에 가서 고기에 소주도 들고 어느 때는 노래방에도 가고 그럽니다. 살다보면 스트레스를 받기 때문에 스트레스를 풀기위해 그럽니다. 이 사건 조사하시는 분은 고스톱을 모릅니까?

문 : 그 뒤 아무런 일도 없었습니까?
답 : 그 익일 아침 07:00경에 고스톱이 끝났는데 홍길동이 전일 사납금을 입금하여야겠다고 본인에게 56,000원만 빌려달라고 하여 속으로 빌려주려고 하면서도 겉으로 "야, 놀음판에서 돈 빌려주는 놈이 어디 있냐!"고 하였더니 홍길동이 기분이 상했는지 그 말이 떨어지자 본인을 노려보더니 갑자기 두 주먹으로 본인의 안면을 각 두 대씩 합계 4대를 가격하였습니다.

문 : 그 뒤에 진술인은 어떻게 대처했습니까?
답 : 병원에 갔더니 3주간 치료를 하여야 한다고 하였습니다. 진단서를 떼어 왔으므로 제출합니다.

이때 진술인이 2005. 6. 7 서울시 금천구 시흥동 OO번지 소재 ○○○병원에서 발급한 의사진단서를 제출하므로 본 조서말미에 첨부하다.

문 : 치료는 받았습니까?
답 : 2005. 6. 7부터 현재까지 치료를 받아오고 있습니다.

문 : 치료비는 진술인이 부담하였습니까?
답 : 예, 본인이 부담하였습니다. 홍길동이 나중에 치료비는 주겠다고 말은 했습니다.

문 : 이 폭행사건에 대하여 관계기관에 고소나 고발 등을 하였습니까?
답 : 처음에는 부아가 치밀어 경찰서에 고소를 하려고 하였으나 생각해보니 이 폭행건 동기가 고스톱놀이여서 만약에 도박했다고 조사하면 잘못하다가 모두 붙들려갈 것 같아 참았으며, 그후 홍길동이 사과했으므로 없었던 일로 하기로 화해했습니다.

문 : 진술인은 홍길동이 근무시간인데도 함께 고스톱놀이를 하는 이유는 무엇입니까?
답 : 죄송합니다. 본인이 잘못되었습니다. 이후로는 이런 일이 절대로 없도록 하겠습니다. 선처를 바랍니다.

문 : 홍길동이가 2005. 6. 7부터 달 17일까지 회사에 아무런 보고도 없이 무단결근을 하였는데 그 이유를 알고 있습니까?
답 : 확실히는 몰라도 홍길동이 그날 밤을 여관에서 지내고 그 익일 아침에 귀가하여 그의 부인과 심한 다툼을 하는 등 가정불화가 있었다는 말만 들었을 뿐이고 홍길동이 회사에 나오지 않은 이유를 잘 모릅니다.

문 : 이상 진술내용은 전부 틀림없는 사실입니까?
답 : 예, 전부 틀림없는 사실입니다

문 : 진술인에게 유리한 더 진술할 내용이 있습니까?
답 : 없습니다.

이하 여백

2005. 6. 18

진술자 : 운전기사 차 돌 석 (인)
조사자 : 노무과장 박 문 수 (인)

(ii) 징계혐의자 문답서 작성예시

문 답 서

소 속 : (주)대동운수
직 책 : 운전기사
주민등록번호 : -
성 명 : 홍 길 동

위의 사람은 본인의 징계혐의사실에 대하여 2005. 6. 18. 회사 노무과 사무실옆 소회의실에서 다음과 같이 임의문답하다.

이때 진술의 취지를 더욱더 명확히 하기 위하여 다음과 같이 임의 문답하다.

문 : 진술인의 소속, 직책, 성명을 말씀하십시오
답 : 운수과 운전기사 차돌석 입니다.

문 : 홍길동을 알고 있습니까?
답 : 예, 우리회사 운전기사이며 2005. 6. 6부터 그 익일까지 본인과 함께 있었습니다.

문 : 진술인의 2005. 6. 6과 그 익일 근무시간을 말씀하십시오
답 : 본인의 2005. 6. 6과 그 익일의 근무시간은 1조로서 05:00부터 15:00 까지입니다.

문 : 진술인은 2005. 6. 6 정상근무를 하였습니까?
답 : 예, 당일은 정상근무를 하고 회사에 차를 입고시키고 사납금도 입금시킨 뒤 퇴근하였습니다.

문 : 퇴근시간 이후에 어디에 있었습니까?
답 : 퇴근후 집에 들렀다가 당일 19:00분경에 금천구 시흥동 OO번지 소재 가람여관으로 갔습니다.

문 : 무슨 일로 거기에 갔습니까?
답 : 2005. 6. 6, 15:30경 야간조 ○○○에게 차량을 인계하고 귀가하려고 정문을 나오는 순간 홍길동을 만나게 되었는데 홍길동이 본인에게 "야, 오늘 사우나나 좀 하자!"고 하여 본인이 동의해서 금천구 시흥동 OO번지 소재 가람여관으로 찾아 갔습니다.

문 : 여관에서 사우나를 합니까?
답 : 아닙니다. 고스톱하는 것을 우리끼리는 "사우나"라고 합니다. 그래서 고스톱을 하기 위해 여관으로 간 것입니다.

문 : 판돈이 얼마나 되었습니까?
답 : 판돈이 얼마인지는 잘 모르고, 본인은 용돈이 35,000원 있었고 거기에 친구에게서

100,000원을 빌려 총 135,000원이 있었으며, 홍길동은 156,000원을 가지고 있었는데 모두 잃었다고 하였습니다. 그리고 다른 사람들은 각각 얼마씩 가지고 있었는지 보여주지 아니하여 잘 모릅니다.

문 : 가람여관에서 언제부터 언제까지 고스톱을 하였습니까?
답 : 19:30경부터 익일 07:00까지 가람여관에서 고스톱을 하였습니다.

문 : 고스톱 결과는 어떻게 되었습니까?
답 : 본인은 30,000원 정도 땄고, 홍길동은 156,000원 전액을 잃었으며, 다른 친구들이 조금씩 따갔습니다.

문 : 고스톱을 자주 합니까?
답 : 날마다 하는 것은 아니고, 한 달에 한번 정도 만나서 고스톱하면서 한판에 5,000원 이상을 따가는 사람이 1,000원씩 떼는 형식으로 돈을 떼어서 그걸 가지고 어느 때는 식사도 하고 어느 때는 주점에 가서 고기에 소주도 들고 어느 때는 노래방에도 가고 그럽니다. 살다보면 스트레스를 받기 때문에 스트레스를 풀기위해 그럽니다. 이 사건 조사하시는 분은 고스톱을 모릅니까?

문 : 그 뒤 아무런 일도 없었습니까?
답 : 그 익일 아침 07:00경에 고스톱이 끝났는데 홍길동이 전일 사납금을 입금하여야겠다고 본인에게 56,000원만 빌려달라고 하여 속으로 빌려주려고 하면서도 겉으로 "야, 놀음판에서 돈 빌려주는 놈이 어디 있냐!"고 하였더니 홍길동이 기분이 상했는지 그 말이 떨어지자 본인을 노려보더니 갑자기 두 주먹으로 본인의 안면을 각 두 대씩 합계 4대를 가격하였습니다.

문 : 그 뒤에 진술인은 어떻게 대처했습니까?
답 : 병원에 갔더니 3주간 치료를 하여야 한다고 하였습니다. 진단서를 떼어 왔으므로 제출합니다.

이때 진술인이 2005. 6. 7 서울시 금천구 시흥동 OO번지 소재 ○○○병원에서 발급한 의사진단서를 제출하므로 본 조서말미에 첨부하다.

문 : 치료는 받았습니까?
답 : 2005. 6. 7부터 현재까지 치료를 받아오고 있습니다.

문 : 치료비는 진술인이 부담하였습니까?
답 : 예, 본인이 부담하였습니다. 홍길동이 나중에 치료비는 주겠다고 말은 했습니다.

문 : 이 폭행사건에 대하여 관계기관에 고소나 고발 등을 하였습니까?
답 : 처음에는 부아가 치밀어 경찰서에 고소를 하려고 하였으나 생각해보니 이 폭행건 동기가 고스톱놀이여서 만약에 도박했다고 조사하면 잘못하다가 모두 붙들려갈 것 같아 참았으며, 그후 홍길동이 사과했으므로 없었던 일로 하기로 화해했습니다.

문 : 진술인은 홍길동이 근무시간인데도 함께 고스톱놀이를 하는 이유는 무엇입니까?
답 : 죄송합니다. 본인이 잘못되었습니다. 이후로는 이런 일이 절대로 없도록 하겠습니다. 선처를 바랍니다.

문 : 홍길동이가 2005. 6. 7부터 달 17일까지 회사에 아무런 보고도 없이 무단결근을 하였는데 그 이유를 알고 있습니까?
답 : 확실히는 몰라도 홍길동이 그날 밤을 여관에서 지내고 그 익일 아침에 귀가하여 그의 부인과 심한 다툼을 하는 등 가정불화가 있었다는 말만 들었을 뿐이고 홍길동이 회사에 나오지 않은 이유를 잘 모릅니다.

문 : 이상 진술내용은 전부 틀림없는 사실입니까?
답 : 예, 전부 틀림없는 사실입니다

문 : 진술인에게 유리한 더 진술할 내용이 있습니까?
답 : 없습니다.

이하 여백

2005. 6. 18

진술자 : 운전기사 차 돌 석 (인)
조사자 : 노무과장 박 문 수 (인)

2. 징계의결 요구

(1) 징계의결요구 기안문의 작성요령

a) 혐의자의 진술서(문답서), 참고인 진술서(문답서), 확인서, 시말서가 작성되고, 증거자료가 확보되어 징계처분함에 있어 충분하다고 판단되면 다음에는 징계혐의자에 대하여 어떠한 징계의결을 요구한다는 공문을 작성, 인사권자의 내부결재를 받아두어야 한다.

b) 일부 사업장에서는 사장이 징계위원회 위원장직을 겸하고 있는 경우가 있는데, 법률적으로는 하자가 있다고 볼 수 없으나 공정한 징계절차 이행 여부에 휘말릴 우려가 있기 때문에 참여하지 않는 것이 바람직 하다. 징계심의를 하여 의결한 이후에는 인사권자인 최고경영자가 징계처분 결과를 시행하도록 승인을 하여야 최종적 의결로서 효력이 발생한다고 보아야 한다.

1) 징계의결요구서의 기안사례

<table>
<tr><th colspan="9">징계의결요구서</th></tr>
<tr><td rowspan="3">피징계자 인적사항</td><td>소 속</td><td>운수과</td><td>직 위</td><td>없음</td><td>급 호</td><td></td><td>사 번</td><td>번</td></tr>
<tr><td>성 명</td><td>홍길동</td><td colspan="2">주민등록 번호</td><td colspan="4">○○○○○○-○○○○○○○</td></tr>
<tr><td>재직기간</td><td colspan="2">4년 5월</td><td colspan="2">상벌관계</td><td colspan="3">없음</td></tr>
<tr><td>징계 혐의 사실</td><td colspan="8">당사 운수과 소속 운전기사 홍길동은 별첨 문답서 및 시말서에 의한 자백과 참고인 확인서 그리고 증빙자료에 의거 홍길동이 2005. 6. 7부터 같은 달 17까지 11일간 회사에 통보도 없이 무단결근을 하였고, 근무시간인 같은달 6일 19:30경부터 익일 07:00까지 동료 운전기사 차돌석 및 타사 근로자 3명과 함께 서울시 금천구 시흥동 소재 여관에서 점당 1,000원씩 하는 속칭 고스톱 도박을 하였으며, 함께 도박놀이를 하던 동료직원 차돌석에 대하여 당일 사납금 56,000원을 빌려주지 않는다는 이유로 두 주먹으로 4차에 걸쳐 안면을 가격하므로써 전치 3주의 의사 진단이 나온 폭행행위를 하였음이 명백하고, 이러한 행위는 해고사유인 단체협약 제55조 제6항(무단결근), 동조 제8항(폭행), 취업규칙 제76조 제4항(도박) 행위로서 특히 홍길동은 동 폭행사건과 관련하여 가정불화를 일으켜 그의 처와 다툼 때문에 고의적으로 11일간이나 무단결근 하였고, 동료직원을 불러 도박행위를 하였으며, 돈을 빌려주지 않는다는 이유로 동료직원을 폭행하였으며, 근무시간에 근무를 하지 않더라도 입금만 시키면 된다는 극히 위험한 근무자세를 보이고 있는바 직장질서를 고의적으로 위반하고 이에 대한 진실한 뉘우침이 없어 앞으로 더 이상 근로계약관계를 계속시킬 수 없을 정도로 홍길동에게 책임이 있다고 사료됨.</td></tr>
<tr><td>의결 요구 사항</td><td colspan="8">앞으로도 개전의 정이 보이지 않으므로 “해고”로 의결해 줄 것을 당사 징계위원회에 징계의결을 요구하고자 함.</td></tr>
<tr><td colspan="9">붙 임 : 1. 징계혐의자 문답서 및 시말서
2. 참고인 문답서 및 확인서
3. 증빙자료 일체 끝

년 월 일

인사권자 ○○○(인)

(주) 운수 징계위원회 위원장 귀하</td></tr>
</table>

2) 징계의결요구서 작성요령 회사대표의 내부결재가 나면 그것은 징계위원회에 징계의결요구를 하라는 행정명령과 같은 효력을 지니므로 바로 징계의결 요구서를 작성하여 직인을 받아 징계위원회에 회부하면 된다.

<table>
<tr><th colspan="9">징계의결요구서</th></tr>
<tr><td rowspan="3">피징계자 인적사항</td><td>소 속</td><td>운수과</td><td>직 위</td><td>없음</td><td>급 호</td><td></td><td>사 번</td><td>번</td></tr>
<tr><td>성 명</td><td>홍길동</td><td colspan="3">주민등록 번호</td><td colspan="3">○○○○○○-○○○○○○○</td></tr>
<tr><td colspan="2">재직기간</td><td colspan="2">4년 5월</td><td colspan="2">상벌관계</td><td colspan="2">없음</td></tr>
<tr><td>징계 사유</td><td colspan="8">징계혐의자 홍길동은 1991. 1. 1 입사하여 운전기사로 근무하여 오던중 2005. 6. 7부터 같은 달 17까지 11일간 무단결근을 하였고, 2005. 6. 6 19:30부터 익일 07:00가지 동료직원 및 타회사 운전기사 3명 등 5명이서 도박행위를 하였고, 동료직원 차돌석에 대하여 전치 3주의 폭행행위를 하였음이 혐의자 본인의 자백과 참고인 진술, 확인서 및 증빙자료에 의거 명백하므로 이는 해고사유인 단체협약 제55조 제6항(무단결근), 동조 제8항(폭행) 및 취업규칙 제76조 제4항(도박행위)에 해당한 자임</td></tr>
<tr><td colspan="3">징계요구권자의 의견</td><td colspan="6">해고로 의결하여 주실 것을 요구함</td></tr>
<tr><td colspan="9">위와 같이 징계시의 의결을 요구함

붙 임 : 징계혐의자 문답서, 시말서, 참고인 문답서 및 확인서, 증빙서류일체. 끝.

2005. 6. 18

(주) 운수 대표이사 임 꺽 정 (직인)

(주) 대동운수 징계위원회 위원장 귀하</td></tr>
</table>

(2) 출석요구 통지서의 발부요령

a) 징계조사를 토대로 징계회부를 하고자 하는 경우에는 먼저 징계위원회의 문서접수대장에 기록하여 접수하고 난 다음, 징계위원장 명의로 징계위원과 피징계자에게 징계위원회를 개최한다는 요지와 징계개회일시 및 장소를 기록한 '징계개최 통보 및 출석요구서'를 발송하여야 한다.

b) 이때 반드시 문서발송대장에 발송일자와 문서발송번호를 기입하여야 한다. 나중에 법정 다툼이 생길 경우 소명기회부여에 있어 충분한 여유를 주었는지에 대한 문제를 따질 때 증거로 제시하기 위한 취지이다. 징계위원에게 발송할 때는 회사직원이 직접 전달자로 하여금 출석통지서를 전달하면 된다.

c) 그러나 만약 징계위원중 근로자측 징계위원이 있을 경우에는 근로자측 징계위원이 입장이 곤란하여 불출석할 경우도 있고, 나중에 출석통지서를 받은 사실이 없다고 주장할 가능성도 있다. 그러므로 출석요구 발부대장상에 2005. 6. 18, 10:00에 수령함'이라고 자필로 기재케 해서 싸인이나 인장을 찍도록 하며, 이렇게 할 수 없을 경우에는 등기우편으로 피징계자에게 발송하고 등기우편영수증을 별지에 부탁하여 증거로 보관해 두어야 한다.

d) 피징계자에게 출석요구통지서를 발송할 경우에는 반드시 등기우편으로 피징계자 거소지(실제 주거하고 있는 주소지)로 발송하여야 하고, 우편물 수취를 거절할 경우에는[7] 직원으로 하여금 직접 피징계자의 거주지나 어디서든 직접 피징계자에게 전달하게 하여야 한다.

e) 출석통지서의 전달시에는 징계심의의결에 관한 사항과 일시, 장소를 분명히 구두로 고지하고, 만약 지정일시, 장소에 출석하지 아니할 경우에는 진술권을 포기한 것으로 간주하여 진술없이 관계서류 및 증빙자료에 의거 징계심의, 의결을 한다는 내용을 구두로 분명하게 전하여야 한다. 피징계자가 출석통지서를 수령사실을 명확히 하기 위하여 내용증명으로 발송할 수 있다.

f) 피징계자가 이렇게 회사로부터 징계위원회개최에 대한 설명과 개최장소, 일시를 알려주었음에도 출석요구통지서를 받지 아니하면 진술권을 포기한 것으로 간주하여 피징계자의 진술없이 징계심의 의결하여도 유효하다. 사자로 하여금 피징계자에게 출석요구통지서를 전달할 경우에는 가능한 한 2명 이상이 전달하여 목격자가 참석한 상태에서 통지행위를 명확히 하여야 한다. 출석요구통지서는 피징계자에게 도달되어야 그 효력을 발생시키기 때문이다.

7) 우편물 내용을 보지 않고 수취거절을 하였을 경우에는 내용을 보지 않았기 때문에 그 내용을 모르는 것이 되고, 우편법상 우편물 수취거절 자유가 있기 때문에 출석요구서 통지서가 피징계인에게 도달되지 않은 것으로 된다.

1) 징계위원에게 보내는 징계위원회개최 통보공문 예시

징계위원회 개최 통보서

대운: 제 호

수신 : (주) 대동운수 징계위원회 위원

제목 : 징계위원회 개최 통보

(주)대동운수 대표이사로부터 운수과 소속 운전기사 홍길동에 대하여 징계심의의결 요구가 있어 징계위원회를 다음과 같이 개최하오니 아래 일시 장소에 참석하여 징계심의 의결하여 주시기 바랍니다.

가. 일시 : 2005. 6. 26(오후 2시)

나. 장소 : 회사 소회의실

다. 안건 : 운수과 운전기사 홍길동에 대한 징계심의의결건

끝.

2005. 6. 19

(주) 대동운수 징계위원회 위원장

2) 피징계자에 대한 출석요구통지서 작성 예시

출석요구통지서

<table>
<tr><td rowspan="3">피징계자 인적사항</td><td>소속</td><td>운수과</td><td>직위(급)</td><td>운전기사</td><td>사 번</td><td>번</td></tr>
<tr><td>성명</td><td colspan="2">홍길동(洪吉童)</td><td>주민등록번호</td><td colspan="2">-</td></tr>
<tr><td>재직기간</td><td colspan="2">4년 5월</td><td>상벌관계</td><td colspan="2">없음</td></tr>
<tr><td>출석이유</td><td colspan="6">귀하의 징계혐의사실에 대한 귀하의 진술청취 및 징계심의 의결</td></tr>
<tr><td>출석일시</td><td colspan="6">2005. 6. 26. 오후 2시</td></tr>
<tr><td>출석장소</td><td colspan="6">회사 소회의실</td></tr>
<tr><td>유 의
사 항</td><td colspan="6">1. 진술을 위한 출석을 원하지 아니할 때에는 아래의 진술권 포기서를 즉시 제출할 것.
2. 사정에 의하여 서면진술을 하고자 할 때에는 징계위원회 개최일 전일까지 도착하도록 진술서를 제출할 것.
3. 정당한 사유서를 제출하지 아니하고 지정된 일시에 출석하지 아니하고 서면 진술서를 제출하지 아니할 경우에는 진술할 의사가 없는 것으로 인정, 처리한다.</td></tr>
<tr><td colspan="7">징계위원회 규정 제10조의 규정에 의하여 위와 같이 귀하에게 진술의 기회를 주고자 출석을 요구합니다.

2005. 6. 19.

(주) ○○운수 징계위원회 위원장</td></tr>
</table>

<table>
<tr><td rowspan="3">피징계자 인적사항</td><td>소속</td><td>운수과</td><td>직위(급)</td><td>운전기사</td><td>사 번</td><td>번</td></tr>
<tr><td>성명</td><td colspan="2">홍길동(洪吉童)</td><td>주민등록번호</td><td colspan="2">-</td></tr>
<tr><td>재직기간</td><td colspan="2">4년 5월</td><td>상벌관계</td><td colspan="2">없음</td></tr>
</table>

본인은 귀 징계위원회에 출석하여 진술하는 것을 포기합니다.

2005. 6. 23.

홍 길 동 (인)

(주) 대동운수 징계위원회 위원장 귀하

3. 징계심의 및 의결요령

(1) 징계심의와 의결요령

1) 징계혐의 사실과 심문요령[8] a) 징계위원회를 개최하기 위하여 징계위원이 출석하였을 경우에는 먼저 징계위원회규정에 따라 정족수를 확인하여 성원이 되었을 때 위원장이 개회선포를 하고 징계심의에 들어간다. 이때부터 간사는 회의가 끝날 때까지 회의록(심의내용 포함)을 기록하여야 한다.

b) 다음으로 피징계인을 회의실로 들어오게 하여 심의한다. 이때 징계위원은 회사에서 조사하여 발송되어 온 문답서와 증빙자료 등을 검토하고, 혐의사실의 진위를 밝히기 위하여 피징계자에 대하여 직접 심문을 하여야 한다(이때 간사는 이 심문내용을 약술하지 말고 사실대로 가록하여야 한다).

c) 특히 징계위원이 주의해야 할 것은 심문을 할 때 피징계자에게 “여기 문답서에 기록된 내용은 전부 틀림없는 사실입니까?”하는 식으로 문답을 간단히 끝내서는 아니 된다. 징계사유에 대하여 다 알고 있더라도 문답서 하나하나에 대하여, 징계사유 하나하나의 구체적 사실관계에 대하여 6하원칙에 의거 묻고 확인하여야 한다.

d) 피징계자가 진술의 일부를 부인하는 경우에는 무조건 “당신이 여기 문답서에 이렇게 진술하지 않았소!”식으로 심문하여서는 아니 된다. “그렇다면 그 진술에 대한 증거가 있습니까?”“증인 ○○○의 진술과 증거서류(예를 들어 의사진단서)에 의하면 이렇게 되어 있는데 다른 반증할 증거가 있습니까? 여기에 대하여 증인도 있고 목격자도 있습니다. 필요하다면 목격자를 불러 대질할 수도 있습니다. 그렇게 할까요?”이런 식으로 심문을 하여야 한다. 혐의사실을 객관적으로 확정시키기 위해서다.

e) 심문할 때에는 항상 선입견을 버리고 문답서에 기록된 내용 하나하나에 대하여 차분하게 사실관계를 물어 확인시켜야 한다. 피징계자에 대한 혐의사실에 관한 심문이 끝나면 다음에는 피징계자의 정상참작에 관한 사항을 묻는다. 그리고 심의가 끝나면 피징계인을 회의실 밖으로 나가도록 하고 의결에 들어간다.

f) 의결에 들어가면 일부 사업장에서는 징계규정에 명시된 징계양정을 무시하고 사장이 요구하는 양정대로 의결하거나 오히려 사장보다 더욱 무겁게 양정의결을 하는 경우가 있다. 이는 법적 문제가 발생하였을 경우 징계권 남용으로 패소할 경우가 있을 수 있다. 징계위원은 징계의결요구권자의 요구보다 같거나 가벼운 양정으로 의결하는 것이 관례이다.

8) 서양민, 전게서, 538면 이하 참조

g) 징계의결을 할 때는 바로 징계의결서를 작성하여 연서로 서명하지 말고 먼저 개인별로 다음과 같은 '징계의결표'를 나누어 주어 징계위원 각자가 자신의 양심과 규정에 따라 징계양정을 매기도록 하여야 한다.

2) 징계의결표의 작성[1] a) 다음의 징계의결표를 보면 혐의사실에는 무단결근 11일과 도박행위 및 동료직원 폭행행위 3가지이지만, 위반사실에 대하여는 무단결근 11일과 동료직원 폭행 2가지만을 들었다.

b) 징계의결 요구권자는 위 3가지를 들어 심의의결을 요구하였으나 징계위원회에서 심문한 결과 도박행위는 먼저 상습적이거나 도박행위라고 할 만한 충분한 판단이 어렵다. 한 달에 한번 정도 있을까 말까하고, 또 친한 친구들끼리 스트레스를 풀자고 만나서 고스톱을 한다고 주장하고, 고스톱을 하면서 함께 식사나 술값 또는 사우나 목욕비를 공동으로 떼어 함께 사용하고, 고스톱 결과 1인당 2, 3만원 정도 따거나 할 정도여서 이를 오락으로 볼 수도 있기 때문이다.

c) 굳이 이 도박에 대한 징계사유까지 합쳐서 징계의결을 할 필요없이 "무단결근 11일"이라는 이 혐의사실 하나 만으로도 해고가 가능하므로 나중에 피징계인이 법원에 "해고무효확인소송"을 제기할 명분도 주지 않기 위한 것이다.

d) 징계해고할 경우에는 징계요구권자도, 징계의결권자도 징계혐의를 모두 요구하거나 의결하지 말고 확실한 위반행위를 집중적으로 조사하여 위반내용을 확정하여야 한다. 이때 주위할 것은 징계심의시 징계위원들이 징계의결표에 개인 양정을 의결하기 전에 위반되지 않은 사항에 대하여는 의견을 모아 의결표의 위반사항에서 삭제하고 위반사항만을 기록하여야 한다. 어느 징계위원은 위반사항이라 하고, 어느 징계위원은 위반사항이 아니라고 하면 판결은 같겠지만 법적문제가 발생하였을 경우에는 노사간에 또 다른 분쟁이 발생할 소지가 있기 때문이다.

e) 또한 징계의결표를 나누어 주는 것은 징계위원 각자가 규정과 양심에 따라 의결하도록 하기 위한 것이다. 이때 지나치게 혐의사실을 확대해석해서 피징계자에 대하여 중징계를 주었을 경우에는 그 내용이 징계양정규정과 사회통념상 부당하게 되어 정당한 징계절차의 징계의결 여부에 관계없이 그 징계처분 자체가 무효가 되므로 근로기준법 제23조제1항 규정에 의한 "정당한 이유"가 있는지를 고려하여야 한다.

---

1) 서양민, 전게서, 536이하를 수정정리함

<table>
<tr><td colspan="3">제 호 간 인
징 계 의 결 표</td></tr>
<tr><td rowspan="4">피징계자
인적사항</td><td>소 속</td><td>(주)대동운수</td></tr>
<tr><td>직 위(급)</td><td>운전기사</td></tr>
<tr><td>성 명</td><td>홍 길 동</td></tr>
<tr><td>주민등록번호</td><td>○○○○○○-○○○○○○○</td></tr>
<tr><td>협의사실</td><td colspan="2">무단결근 11일, 도박행위, 동료직원 폭행</td></tr>
<tr><td>위반사실</td><td colspan="2">무단결근 11일, 동료직원 폭행</td></tr>
<tr><td>관계규정</td><td colspan="2">단체협약 제55조 제6항 및 동조 제8항과 징계위원회 규정 제24조 제4항</td></tr>
<tr><td>의결내용</td><td colspan="2">피징계자 홍길동에 대하여 다음 주문과 같이 의결함.</td></tr>
<tr><td>주 문</td><td colspan="2">해고</td></tr>
<tr><td colspan="3">2005. 6. 26.

(주) ○○ 운수 징계위원회 위원 (인)</td></tr>
</table>

3) 징계의 결정 및 작성방법 a) 징계위원은 반드시 협의사실과 관계규정에 의하여 객관적인 의결을 하여야 한다. 징계위원에게는 감정에 따른 판단권이 없다. 징계위원 개인에게 나누어 주는 징계의결용지는 반드시 징계위원회의 발행간인이 날인된 용지를 사용하여야 하고, 혐의사실 위반사실 관계규정은 미리 활자화 하여 놓고, “주문”과 “징계위원 성명”은 징계위원이 자필로 기록하여 인장을 날인하여야 한다.

b) 징계위원들의 징계의결표가 작성되면 그 양정종류별로 집계를 낸다. 위원장을 포함하여 5명이 의결하였을 경우 3명은 해고, 1명은 정직1월, 1명은 감봉3월로 집계되었다면 제일 많은 의결내용인 “해고”가 결정된 것으로 한다.

c) 그러나 이 경우 해고 2명 , 정직 1월 2명, 감봉 1명으로 집계되었다면 제일 많은 의결인 “해고”와 “정직1월”이 각 2명으로서 같게 된다. 이때에는 피징계자에게 유리한 내용이 결의된 것으로 보호 “정직1월”로 결의한다. 징계의결이 확정되면 다음에 징계의결서를 작성한다.

4) 징계의결서 통보[9] 징계의결서가 작성되면 징계위원회 위원장이 징계의결서를 첨부한 징계의결 결과 통보문을 작성하여 회사 대표(또는 당해 사업장 최고 인사권자)에

9) 서양민, 전게서, 540면 이하 참조

게 발송한다. 여기에서 유의해야 할 점은 징계위원회에서 징계의결이 나왔다고 해서 바로 징계처분이 되는 것이 아니라는 것이다. 징계위원회는 심의권과 의결권만 가지고 있고, 징계처분권은 회사대표(또는 당해 사업장 최고 인사권자)에게 있다. 따라서 회사대표가 징계처분행위를 하여야 비로소 징계의 효력이 발생한다.

<table>
<tr><td>징계의결서
징계혐의자</td><td>소속</td><td>운수과</td><td>직위(급)</td><td>운전기사</td><td>사번</td><td></td></tr>
<tr><td>인적사항</td><td>성명</td><td colspan="2">홍길동(洪吉童)</td><td>주민등록번호</td><td colspan="2"></td></tr>
<tr><td>의결주문</td><td colspan="6">해고로 의결한다.</td></tr>
<tr><td>이 유</td><td colspan="6">무단결근 11일의 사실은 단체협약 제55조 제6항에, 동료직원 폭행행위는 동조 제8항에 해당하여 징계위원회 규정 24조 제4항 규정에 의거 주문과 같이 의결함.</td></tr>
<tr><td colspan="7">2005. 6. 26.

(주) ○○운수 징계위원회 위원장 (인)

위원 (인)
위원 (인)
위원 (인)
위원 (인)</td></tr>
</table>

(2) 징계처분결과 통보서의 작성요령

1) 징계처분 시행공문 작성예시 징계위원회로부터 징계의결 결과통보가 오면 징계처분에 대한 회사대표의 결재를 얻어 시행공문을 작성하여야 한다. 행정체계상 회사대표가 기안책임자가 아니고 최종 결재자이기 때문이다.

- 결재란 및 앞부분 생략 -

(주)대동운수 제 호
시행일 : 2005. 6.. 27.
수 신 : 내부결재
제 목 : 징계처분

1. 징계위 제 호(2005. 6. 26.)관련 입니다.
2. 관련에 의거 당사 운수과 운전기사 홍길동에 대하여 2005. 6. 27자로 징계조치하고자 합니다.

붙임 : 1. 징계위원회 징계의결 결과통보서
2. 징계의결서
3. 징계처분결과 통보서 끝

a) 징계처분결과통보를 할 때에는 지급하여야 할 금품(임금, 퇴직금, 해고예고수당, 기타금품)을 해고일로부터 14일 이내에 지급하여야 하므로 피징계자에게 그 내용을 통보하여 회사에서 지급받도록 하고, 만약 피징계인이 회사에 찾아오지 아니할 경우에는 우편환이나 피징계자의 예금통장에 불입하여 주면 된다.

b) 만약 피징계자가 예금통장도 없고 우편환으로 지급하여도 이를 수취거절을 하면 곧바로 법원에 변제공탁을 하면 지급한 것으로 된다. 우편환은 봉투 안에 있고, 봉투 자체를 수취거절하여 우편환 내용을 알 수 없었으므로 근로자의 미불금품 수령거절이 되지 않는다.

c) 근로기준법 제115조의 양벌규정에서 사업주가 위반방지에 필요한 조치를 한 경우에는 처벌을 하지 않는다고 하였으나, 그 위반방지초치에 대한 구체적 사실관계에 따라 판단하여야 한다.

2) 징계처분 결과통지서 작성예시

<table>
<tr><th colspan="5">징계처분결과통지서</th></tr>
<tr><td>소속</td><td colspan="2">(주)대동운수 운수과</td><td>직위(급)</td><td>운전기사</td></tr>
<tr><td>성명</td><td>홍길동(洪吉童)</td><td>주민등록번호</td><td colspan="2">–</td></tr>
<tr><td>징계처분내용</td><td colspan="4"></td></tr>
<tr><td>이유</td><td colspan="4">별첨 징계의결서 사본과 같음.</td></tr>
<tr><td colspan="5">위와 같이 징계처분하였음.
붙 임 : 징계의결서 사본 1통 끝.
2005. 6. 27.
(주)대동운수 대표이사 임 꺽 정 (직인)
홍 길 동 귀하</td></tr>
<tr><td colspan="5">참 고 : 이 처분에 대한 불복이 있을 때에는 징계위원회규정 제○○조에 의하여 이 통보서를 받는 날로부터 7일 이내에 재심을 청구할 수 있습니다.</td></tr>
</table>

(3) 재심청구에 의한 재심요령

피징계자가 재심청구를 해오면 원심과 같은 절차를 밟아 처리하면 된다. 자세한 것은 구제절차에서 설명한다.

제2절 징계규정 및 자가진단표

1. 징계규정의 적용 및 작성방법

(1) 징계규정의 의의

a) 적법한 징계처분을 하기 위해서는 징계에 관한 기준을 정하여 그 규정에 의거 징계절차를 진행하여야 한다. 따라서 징계대상이 되는 징계사유에 대한 규정, 징계심의, 의결을 하는 위원의 자격규정, 징계절차에 대한 규정, 징계양정에 대한 규정 등 징계처분의 근거에 따라 징계처분을 하여야 한다.

b) 이와 같이 징계처분의 근거와 절차 등에 관하여 징계규정으로 정할 수 있고 단체협약 또는 취업규칙에 규정하거나 별도로 징계위원회규정, 인사위원회규정, 상벌위원회규정 또는 상벌규정의 형태로 규정할 수 있다.

(2) 징계규정의 적용

a) 단체협약이나 취업규칙에는 징계사유와 징계절차에 대하여만 규정하고, 징계위원의 구성이나 세부적 절차는 별도 규정으로 정하는 경우가 있다. 이때 노동조합이나 근로자 과반수이상 의견, 동의, 협약 등의 절차이행여부에 따라 효력여부를 판단하게 되므로 효력에 관한 법적분쟁이 제기될 수 있다. 따라서 이에 대한 명확한 절차를 거친 규정을 제정하여 적용해야 할 것이다.

b) 징계규정은 징계사유, 징계종류, 징계절차, 징계위원회의 구성 및 개최, 징계의결 및 재심 청구 등에 대한 상세한 사항을 정할 수 있다. 이러한 징계규정이 있는 경우에는 반드시 준수하여야 하며 징계처분시 이를 무시한 채 근로자를 징계하는 것은 징계권 남용에 해당된다.

(3) 징계위원회규정의 작성방법 및 해설

다음은 징계위원회의 규정에 대한 일반적인 모델을 설명한 것이다. 따라서 각 사업장의 실정에 맞도록 세부적인 규정을 두어야 할 것이다. 여기서는 규정작성시 유의할 점들을 형식으로 예시한다.

징계위원회의 규정

제1조 (목적)
이 규정은 (주)OO통신회사의 직장질서유지를 확립하기 위하여 단체협약(또는 취업규칙)에 의거 사원 징계에 관한 합리적이고 공정한 기준과 절차를 규정함을 그 목적으로 한다.

〈해설〉
징계규정의 목적은 경영질서를 유지 확립에 궁극적 목적이 있음을 밝히고 징계권 행사의 공정한 기준을 마련하는데 그 취지가 있다. 징계규정의 효력다툼을 예방하기 위하여 관련 규정의 위임근거를 명시함이 바람직하다.

제2조 (적용범위)
① 사원이 단체협약 제10조, 취업규칙 제28조에서 명시한 사항과 그 외에 사항은 본 규정을 적용하여 징계한다.
② 이 규정은 전사원에게 적용한다. 다만, 비정규직 사원은 별도로 정한다.

〈해설〉
징계규정의 구체적 적용범위, 보완적 적용범위와 대상을 명문화하여야 한다.

제3조 (징계위원회 설치)
① 전사원의 징계에 관한 제반사항을 결정하기 위하여 징계위원회를 둔다.
② 징계위원회의 설치는 별도의 규정에 의한다.

〈해 설〉
징계위원회는 본사에 중앙징계위원회를 설치하고 지방의 지역본부에는 보통징계위원회를 설치할 수 있다. 사업장의 실정에 맞게 운영할 수 있도록 별도의 규정에 위임시키고자 한 것이다.

제4조 (징계위원회의 구성)
징계위원회는 위원장을 포함하여 5인 이상 7인 이내로 구성한다.

제4조 (별안)
① 징계위원회는 회사대표가 임명하는 위원장 1인 및 위원 3인과 노동조합에서 임명하는 3인으로 구성한다.
② 위원장 및 사용자측 위원의 유고시에는 회사대표가 임명하는 자로 하고, 근로자측 위원의 유고시에는 노동조합장이 임명하는 자로 한다.
③ 징계위원이 징계대상자와 친족이거나 그 징계사유와 관련이 있는 혐의자인 경우에는 해당 징계위원회에 한하여 관여하지 못한다.
④ 징계위원회 임명은 특별한 사정이 없는 한 징계개최 3일 전까지 대행할 위원을 선출하여야 하며, 출장 요양 교육훈련 등 사유로 징계개최일에 출석할 수 없는 자는 임명할 수 없다.
⑤ 징계위원회 간사는 인사부서 부장(또는 과장)으로 한다.

〈해설〉
징계권의 행사는 인사권에 해당되므로 사용자가 행사하며, 징계위원 역시 사용자 위원이 되는 것이 원칙이다. 그러나 징계절차가 부당하게 되는 것을 감시하기 위하여 근로자측 위원을 참여시키는 것이 바람직하다. 이 경우에 근로자 위원은 절차상의 민주적 공정한 운영을 위해 참여시킨 것이며, 징계권 행사에 대한 책임은 사용자에게 귀속됨에 유의하여야 한다. 또한 유고시 대행자를 임명함에 있어 근로자측에서 회의를 지연시키고자 대행위원 임명을 하지 않는 경우가 있어 이를 예방하기 위한 규정을 명문화 할 필요가 있다.

제5조 (위원장 및 위원의 임기)
위원장 및 위원의 임기는 임명권자가 새로 임명하기 전까지로 한다. 다만, 위원장이 징계위원회 소집일로부터 징계심의, 의결이 종결되기까지 사이에는 위원장 및 위원을 교체임명 할 수 없다.

〈해설〉
이 규정은 위원 교체임명으로 징계위원회 개최에 대하여 방해되는 것을 예방하기 위한 것이다.
제6조 (위원장의 권한과 의무)
① 위원장은 위원회를 대표하며 회무를 통리한다.
② 위원장은 심의권과 의결권을 갖는다.

제6조 (징계위원장의 권한과 의무) (별안)
① 징계위원장은 위원회를 대표하며 회무를 통리한다.
② 징계위원장권의 의결과 가부동일할 경우에 결정권을 갖는다.

〈해설〉
징계위원장은 회의의 완만한 진행을 주재하여야 한다. 위원장 징계심의 등의 운영 전반에 대한 책임을 지고 심의권을 가지나 의결권을 제한하고자 한 것이다.

제7조 (징계위원의 권한)
징계위원은 피징계자에 대하여 심의권과 의결권을 갖는다.

제8조 (징계위원회 회의 정족수)
징계위원회는 징계위원회 위원 과반수 이상의 출석으로 개최할 수 있다.

〈해설〉
징계위원회의 정족수는 인원수를 명문화하고 개최정족수, 의결정족수를 가급적 명확히 정하여야 한다. 그러나 징계위원수가 정하여져 있다면 위와 같이 개최정족수를 구체적으로 명시하지 않아도 무방하다.

제9조 (의결방법)

① 징계의결방법은 징계위원장을 포함한 징계위원 각자가 징계위원장이 발부한 징계의결표에 징계양정을 정하여 기록한 후 이를 집계하여 최다수 양정을 의결된 것으로 본다. 다만 최다수 의결 내용이 2이상인 경우에는 피징계자에게 가장 유리한 양정을 의결하여야 한다.

② 의결주문은 확정된 양정 내용으로 작성하고 위원장을 포함하여 참석한 징계위원 전원이 서명하여야 한다. 이때 징계위원은 서명을 거부할 수 없고, 서명하지 아니하여도 징계위원 개인별로 작성된 의결표로서 의결된 것으로 한다.

〈해 설〉

의결서를 개인별로 적성토록 하는 이유는 징계위원이 원칙과 양심에 따라 징계양정을 정하도록 하므로서, 공정한 의결이 되도록 한 것이다. 의결서에 연서로서 양정을 결정할 경우 징계위원장이나 다른 징계위원의 중징계 의견에 따라 피징계자에게 불리한 양정을 결정하는 경우가 현실적으로 가능하므로 이를 방지하고, 징계의결 절차상 객관적 공정성을 유지하기 위한 것이다.

제10조(징계의 종류)

징계의 종류는 징계사유의 경중에 따라 다음 각호와 같이 정하고 인사고과에 반영한다.

① 견 책 : 본인의 과오에 대하여 훈계한다.

② 감 급 : 감봉은 3개월 이내로 하고 감급액은 1회의 액이 평균임금의 1일분의 반액을 초과할 수 없고, 총액이 1임금지급기에 있어서 임금총액의 10분의 1을 초과할 수 없다.

③ 감 봉 : 그 호봉의 범위 내에서 호봉을 삭감한다.

④ 정 직 : 정직은 3개월 이내로 하고 그 기간중에는 직원으로서의 신분은 보유하나 직무에 종사하지 못하고, 근로를 제공하지 않는 부분에 대하여는 임금은 지급하지 않으나 출근과 관련없이 정기적, 일률적으로 지급하는 가족수당, 정근수당, 면허수당은 지급하고, 상여금은 해당 산출기간에서 정직기간을 제하고 일할계산하여 지급한다.

⑤ 해 고 : 해고는 직원의 신분을 박탈하는 것을 말한다.

〈해설〉

징계처분에 따른 인사고과에의 반영 등 불이익 처분을 위한 후속조치를 명문화한 것이다. 예컨대, 정직기간 중 임금에 대하여 아무런 규정도 해 놓지 아니하고 막연히 무노동 무임금원칙만을 생각하고 임금을 지급하지 아니한 경우, 법적다툼의 소지가 있음을 유의하여야 한다.

제11조 (징계심의, 의결요구)

① 징계심의, 의결요구는 인사권자가 징계위원장에게 한다. 징계위원회 인사권자의 징계요구가 없이 징계심의의결을 할 수 없다.

② 회사 인사부서에는 징계대상자에 대하여 징계사유에 대한 조사와 그에 따른 증빙자료를 징계대상자에게 요구할 수 있다.

③ 인사권자는 징계대상자에 대한 징계사유 및 위반행위에 대한 조사내역 및 증빙자료 등 해당 징계관계자료를 징계위원장에게 제출하여야 한다.

④ 인사권자는 징계의결 양정을 징계위원회에 요구할 수 있다.

〈해 설〉

인사권자가 징계위원회 징계요구를 할 경우에는 그동안 징계사유와 관련하여 조사한 내역일체를 징계위원회에 제출하고 징계위원회는 제출된 징계사유, 징계해당 위반조항 등 징계요구권자가 제기한 내용에 한하여 심의 · 의결하여야 한다. 징계처분권자가 요구하지 아니한 다른 사항까지 징계위원회가 추가하여 징계심의, 의결을 하는 것은 징계권남용이 될 우려가 있다. 징계심의, 의결요구시 징계대상자에 대한 의결양정에 대한 인사권자의 의사를 표시하여야 한다. 이때 주의할 것은 징계처분권자가 징계위원회에 정직1월을 의결하여 주도록 요구하였는데 징계위원회에서는 이보다 더 무거운 정직 3월이나 해고 등으로 의결하여서는 아니된다. 회사의 징계처분은 법원의 판결절차와는 다르게 징계위원회에서 해고의결을 하였다고 하더라도 회사대표가 징계처분을 하지 아니하고 불문에 붙여도 그 효력이 유효하다.

제12조 (징계위원회의 개최)

징계위원장은 인사권자로부터 징계심의, 의결요구가 오면 징계의결 요구가 있는 날로부터 10일 이내에 징계위원회를 개최하여 징계의결하고 그 결과를 징계관련서류와 함께 즉시 회사대표에게 통보하여야 한다. 다만 필요한 경우 이 기간을 연장할 수 있다.

〈해 설〉

징계위원회를 개최하려면 징계요구가 있은 뒤 징계대상자에게 징계위원회 개최 장소와 시간을 통지하여야 하고 또한 징계대상자가 변명과 소명자료를 준비할 시간적 여유를 주어야 하므로 10일정도 기한을 정한 것이다. 이 기간을 정해 놓고 연장할 수 있는 기간을 정해 놓지 않으면 징계대상자가 이를 미끼로 출석요구통지서 도달과 관련하여 악의로 시간을 지연하는 경우가 발생하고, 이 기간이 넘으면 이를 이유로 법적 시비를 일으킬 우려가 있으므로 연장할 수 있다는 조항을 단서로 규정하는 것이 바람직하다.

제13조 (출석요구통지)

① 징계위원장은 징계대상자에게 징계사유 및 징계위원회 개최 일시와 장소를 작성하여 징계개최 3일 전까지 징계대상자에게 통보하여야 한다.

② 통보방법은 직접 본인에게 통보하거나 주거지로 우편통보를 할 수 있다.

③ 직접송달이나 우편송달시 징계대상자 본인 또는 그의 가족이 이를 수령거부하거나 송달을 받고도 출석하지 아니한 경우 또는 고의로 주거지를 떠나 타지에 거주하면서 수령을 거부하는 경우에는 징계대상자가 진술권을 포기한 것으로 간주하고 진술기회 부여없이 서면에 의거 징계심의 및 의결을 할 수 있다.

〈해설〉

출석요구통보기일은 피징계자가 변경과 소명자료를 준비할 만한 여유를 주어야 한다. 개최일 1일 전이나 개최전, 4시간전 등 촉박하게 통보하면 사실상 변명과 소명자료를 제출할 여유를 박탈하는 것이 됨에 유의하여야 한다. 우편으로 우송할 경우에는 반드시 배달등기 우편으로 우송하여 도달이 확인되도록 하는 것이 바람직스럽고, 특히 징계대상자가 주거지를 이전하고도 회사에 신고하지 않을 경우가 있을 수 있으므로 가능한 한 징계위원회 개최일 이전에 징계대상자의 주거지를 파악해 두어야 한다. 진술을 포기한 것으로 보나 그러한 입증자료를 확보하기 보다는 명확히 전달하는 것이 법적 시비를 없앨 수 있다.

제14조 (진술기회부여)
① 징계위원회는 징계대상자에게 징계와 관련하여 피징계자에게 무리한 진술을 할 수 있도록 기회를 부여하여야 한다.
② 징계위원회는 피징계자가 징계와 관련한 소명자료로서 증인을 신청하는 경우에는 이를 승인하여야 하고, 징계대상자는 증인을 징계위원회 개최시각 전에 징계위원회 개최장소에 출석시켜 증언케 하여야 한다.
③ 증인이 징계위원회의 개최시간에 출석하지 아니하거나 출석하여도 증언을 기피하는 경우에는 증언을 할 의사가 없는 것으로 간주하고 증인심문 없이 징계심의 ·의결을 할 수 있다.
④ 징계대상자는 징계위원회에 출석하지 아니하고 서면으로 소명할 수 있다. 다만, 서면으로 소명할 경우에는 소명자료와 함께 징계위원회 개최일 2일 전까지 징계위원회에 제출하여야 한다.
⑤ 진술을 포기할 경우에는 출석통지서에 부착된 진술포기서를 제출하여야 한다. 그러하지 아니할 경우에는 소명의사가 없는 것으로 간주하고 심의 ·의결할 수 있다.

〈해설〉
징계처분의 정당성이 인정되기 위하여는 징계사유의 상당성, 징계절차의 합리성과 공정성이 객관적으로 타당하여야 한다. 이 객관적 타당성을 확보하기 위하여 징계대상자 에게 진술과 소명자료준비의 여유를 주어 충분히 징계사유에 대하여 변명하게 하고 그에 따른 소명자료를 제출케 하여야 한다.

제15조 (허위진술의 금지)
징계위원회에서 허위진술한 자 또는 해당 징계주관부서의 직무상 비위조사에 관계있는 자에게 허위진술한 자에 대하여는 이를 본 징계사유에 첨가하여 가중처벌을 할 수 있다.

〈해설〉
이 조항은 징계대상자에게 허위진술을 하지 못하도록 하기 위한 장치로서 정한 규정이다. 허위진술 그 자체가 원징계사유에 대한 징계처분과 별도로 이루어진다면 징계대상자는 허위진술을 다소나마 예방할 수 있다는데 그 취지가 있다.

제16조 (직무정지)
회사대표는 징계대상자의 비위행위가 정직이상의 중징계에 해당된다고 인정될 경우 및 징계대상자를 계속 근로시키면 직장질서문란, 생산활동방해, 불량품생산 및 회사재산에 손해를 끼칠 우려가 있는 경우에는 징계의결 이전이라도 그 직무수행을 정지시킬 수 있다. 다만, 직무정지기간에 대한 평균임금을 지급하여야 한다.

〈해설〉
징계혐의자에 의한 재산적 손실, 증거인멸 등을 방지하기 위한 조치이다. 그러나 징계 대상자가 징계처분을 받기 전까지는 징계혐의자일 뿐이고, 처분을 받지 않은 사람으로서 일반 근로자와 같은 신분을 유지하기 때문에 사용자의 귀책사유로 판단할 수 없는 경우가 되므로 직무정지기간 중에 임금을 지급하도록 한 것이다.

제17조 (관리자에 대한 문책기준)
① 비위행위자의 직접 관리감독자에 대하여는 업무의 성질 및 업무와의 관련정도 등을 참작하여 문책기준에 의거 징계의결을 하여야 한다.
② 문책순위에 해당하지 아니하는 자가 그 비위를 발견하여 보고하였거나 이를 직법, 타당하게 조치한 경우에는 징계의결을 하지 아니한다.
③ 비위의 도가 경하고 경과실인 징계사유나 행위 당시의 여건, 기타 사회통념상 적법하게 처리할 것을 기대하기가 극히 곤란하다고 인정될 경우에는 징계의결을 하지 아니할 수 있다.

제18조 (징계의 감경)
다음 각호에 해당하는 경우에는 1회의 징계사유에 한하여 징계양정을 1단계 감경할 수 있다.
1. 국가로부터 장관이상의 표창을 받은 경우
2. 사장(또는 대표이사)으로부터 표창을 받은 경우

제19조 (재심신청)
① 징계대상자는 원심에 징계의결에 불복할 경우에는 재심을 신청할 수 있다.
② 재심청구는 원심에서 징계의결통지를 받은 날로부터 1주일 이내에 신청하여야 한다. 이 기간 이내에 재심신청을 하지 아니하면 원심의 징계의결은 확정된다.
③ 재심은 제20조의 각호에 해당하는 요건이 있어야 청구할 수 있다.
④ 징계위원회는 재심신청이 있는 날로부터 7일 내에 재심을 하여야 한다. 다만, 특별한 사정이 있는 경우에는 기간을 연장할 수 있다.
⑤ 재심청구기간의 징계대상자는 원심의 징계의결 결과에 불구하고 징계이전 신분을 갖는다.

제20조 (재심요건)
피징계자가 다음 각호의 1에 해당하는 사유가 있는 경우에는 재심신청을 할 수 있다.
1 원심의 증빙서류가 위조 또는 변조된 것이 밝혀진 경우
2. 원심의 증인 또는 진술이 허위임이 밝혀진 경우
3. 원심처분을 파기할 만한 새로운 사실이나 사무착오가 발견된 경우
4. 원심처분이 법령 및 관련 사규에 중대한 위반 또는 하자가 있는 경우
5. 원심처분이 선례에 비하여 특별한 사유없이 부당하게 가중되었을 경우
6. 징계절차가 사규에 위반하거나 심히 부당하다고 인정되는 경우
7. 징계대상자의 징계사유와 관련있는 자가 징계위원으로서 징계의결한 경우
8. 징계위원으로서 자격을 갖추지 아니한 자가 징계위원으로서 징계의결한 경우
9. 기타 1호 내지 8호에 준하는 사유로 재심을 필요로 하는 상당한 이유가 있는 경우

〈해설〉
재심처분은 징계대상자에 대한 원심의 징계의결이 징계사유의 실체적 진실을 명확히 파악하지 못할 경우도 있을 수 있어 최종적으로 확정될 때까지 유지되어야 한다. 징계대상자에게 재심의 기회를 주는 것은 징계처분의 오류를 보완하여 그 객관적 합리성과 공정성을 확보하기 위해서다. 그러나 무조건 재심을 신청하므로서 징계업무를 방해하고 직장질서 유지에 영향을 주어서는 아니되므로 재심신청의 요건을 제한한 것이다.

제21조 (징계양정)

① 징계양정은 징계양정표에 의한다. 징계의결시 징계양정표에 정한 기준 이상은 의결할 수 없다.

② 징계의결은 다음 각호의 사항을 충분히 참작하여 정하여야 한다.

1. 비위사실 발생상황, 외적요인
2. 고의의 유무 및 과실의 경중
3. 비위사안의 경중과 회복가능 정도
4. 사고발생후 사고수습, 손해경감을 위한 노력 정도
5. 과거 징계처분을 받은 사실 유무
6. 징계대상자의 평소소행, 근무성적, 공적, 개전의 정 등

〈해설〉

징계양정기준은 반드시 규정하여 두어야 한다. 이는 징계위원의 주관적 의결을 방지하므 로서 공정한 징계의결이 되도록 하기 위한 것이다. 징계양정은 추상적으로 규정하여서는 아니되고 구체적으로 징계사유의 경중을 세분하여 양정을 정하여야 한다.

제22조 (형사사건과 관련한 징계사유)

① 징계사유와 동일한 사유로 수사기간에 구속, 불구속을 불문하고 수사중에 있거나 재판이 진행중인 경우라도 징계사유가 단체협약 제○○조 또는 취업규칙 제○○조에 해당될 경우에는 징계할 수 있다.

② 이 경우에 있어서 구속등으로 징계대상자가 소명할 기회가 없을 경우에는 소명기회 절차 없이 서면심사로서 징계의결을 할 수 있다.

〈해설〉

이 조항은 단체협약이나 취업규칙에 해고사유로서 [형의 확정판결을 받았을 때]라고 규정하였을 경우에 있어서의 문제점을 보완하기 위하여 규정한 조항이다. 징계사유와 동일한 사유나, 징계사유와 별개인 일반형사범에 해당하는 사유로 수사기관에서 수사를 받거나 기소되어 재판중인자에 대하여 판결이 나와야만 징계를 할 수 있는 법적근거는 없다.

제23조 (징계사유의 시효)

① 징계는 징계사유를 인지한 날로부터 6월이 경과하면 이를 이행하지 못한다.

② 법원 또는 노동부에서 징계처분의 무효, 취소 또는 정정의 판결 및 행정지시가 있을 경우에는 제1항의 기간이 경과한 후에도 판결이 확정된 날로부터 3개월 이내에 다시 징계절차를 취할 수 있다.

③ 대외기관의 감사 또는 수사결과에 따르는 경우에는 제1항 규정을 적용하지 아니한다.

〈해설〉

징계권자가 근로자의 비위행위를 인지하고도 장기간 징계처리를 하지 아니하면 해당근로자는 자신이 위법행위는 하였으나 징계권자가 자기를 용서하고 징계를 하지 않을 것으로 믿고 근무에 임하게 된다. 이와 같은 근로자의 기대에 반하여 장기간 지난 후 해당 근로자를 징계조치를 하는 것은 신의칙이나 금반언의 원칙에 위배되는 경우가 발생하여 그 징계처분이 실효될 수 있다. 뿐만 아니라 해당근로자에 대하여 언제 징계처분을 할지에 대하여 심적 고통을 주게 되기 때문에 징계사유발생일로부터 일정기간 내에 징계처분을 하도록 하는 것이 바람직하다.

2. 자가진단표의 활용

아래의 자가진단표는 징계권행사에 따른 문제점을 스스로 진단하기 위하여 항목을 개발한 것이다. 자가진단표에는 회사의 취업규칙이나 징계규정이 존재하는지, 규정내용이 진단표와 비교하여 얼마나 합리성을 지니는지 파악할 수 있도록 하고, 징계사유 및 절차·양정 등 징계권행사시 고려할 사항 등 표기항목을 구성하였다. 고려사항은 징계규정의 내용에 따라 차이가 있겠으나 이상이 있는 경우 관련규정을 검토하여 수정하는 것이 바람직하다.

[표 9-1] 징계업무처리 진단항목

행사요령	고려사항	체크항목
징계사유	① 징계사유가 구체적 또는 포괄적으로 명시되어 있는가 ② 징계처분사유가 애매하거나 불명확하지 않은가 ③ 징계처분사유가 중복적으로 명시되어 있지 않은가 ④ 상위규범과 하위규범간에 모순 충돌되지 않은가	
징계절차	① 징계절차는 단체협약, 취업규칙, 징계규정, 인사규정 중 어디에 명시되어 있는가 ② 징계위원회의 구성은 어떻게 되어 있는가 ③ 징계심의절차는 몇단계인가 ④ 소명권의 부여방법, 입증방법, 증인채택의 여부는	
징계양정	① 징계사유와 징계종류간에 적정성이 있는가 ② 동료근로자와 징계협의자간에 차별은 없는가 ③ 주범과 종범, 교사범간의 징계처분은 어떠한가 ④ 초범과 누범간의 가중처벌은 어떻게 할 것인가	
징계시기	① 징계시기는 언제까지 하기로 규정하고 있는가 ② 징계처분은 어느 시기에 하는 것이 적절한가 ③ 과거의 행위를 차후 언급하며 징계하여도 되는가 ④ 징계처분을 시기별로 나누어 순차적으로 할 수 있는가	
징계처분의 근거	① 징계처분의 방법은 사용자가 일방적으로 설정할 수 있는가 ② 징계처분의 근거를 취업규칙, 단체협약 등에 명시하고 있는가 ③ 징계규정이 전혀 없이 징계처분 할 수 있는가 ④ 징계규정에 명시하지 않은 사안에 대하여 징계처분을 할 수 있는가	
징계의 목적	① 징계처분은 타계의 목적인가 ② 징계처분은 불량노동력을 배제하기 위한 수단인가 ③ 경영질서를 유지하기 위해서만 징계권 행사가 가능한가 ④ 징계처분은 노동력의 평가수단인가, 통제수단인가	

행사요령	고려사항	체크항목
징계권 행사의 한계	① 사용자는 무한정으로 징계권을 행사할 수 있는가 ② 계약위반도 징계처분을 할 수 있는가 ③ 질서벌로서 징계처분의 한계는 무엇인가 ④ 징계처분의 무효가 되면 다시 징계처분을 할 수 없는가	
징계대상자	① 수습, 견습, 채용내정자도 징계의 대상자인가 ② 파트타이머, 아르바이트, 파견근로자의 경우에도 징계처분이 가능한가 ③ 징계처분의 대상자 지위고하를 불문하는가 ④ 부하직원이 상사를 징계요구를 할 수 있는가	
징계전력	① 행위범과 동일하게 교사범의 경우에도 징계전력을 인정할 것인가 ② 과거의 징계처분이 있는 누범의 징계방법은 ③ 징계전력을 가중할 것인가, 사면할 것인가 ④ 징계전력을 사유별, 원인별로 고려할 것인가	
징계의 종류	① 징계종류를 열거하지 않은 사안에 대하여는 징계처분할 수 없는가 ② 계약위반도 질서벌로 처벌할 수 있는가 ③ 징계종류간의 개념은 명확한가 ④ 징계종류간의 경합은 병합처리를 할 것인가	
징계의 가중처분	① 경범, 중범간의 징계처분의 가중은 어떻게 구분할 것인가 ② 징계처분과 관련한 근무지, 업무 등의 변경은 이중의 가중처분이 되지 않는가 ③ 가중처분의 사유가 명시한 규정이 없는 경우에도 가능한가 ④ 징계사유별로 가중처분사유를 명시할 수 있는가	
징계처분의 기준	① 일사부재리원칙을 적용할 수 있는 경우는 동일사안에 국한되는가 ② 위반자의 공적, 근무실적, 위반경위는 사정고려의 원칙에 해당되는가 ③ 평등대우의 원칙, 자기책임의 원칙은 ④ 죄형법정주의의 원칙은 명시규정이 없어도 적용되는가	
불이익 처분의 정도	① 징계처분에 따른 승진상의 불이익은 적법한가 ② 임금, 상여금, 퇴직금, 연봉 등의 불이익도 징계처분의 효과로 인정되는가 ③ 전근, 벽지발령, 근무부서의 변경 등의 불이익은 ④ 신분상의 불이익정도는 어떠한가	
징계권 남용의 규제	① 징계심의위원회에 의한 구제절차가 마련되어 있는가 ② 단체협약, 취업규칙 등에서 특별히 명시한 제도적 구성방법은 ③ 구제절차의 이용시 원직복귀, 취소명령에 따른 이행방법은 ④ 징계권 남용시 경제적 보상범위와 명예회복의 방법은	

제3절 징계규정의 모델표준안

1. 징계규정

제1조 (목적)

이 규정은 효율적인 인력관리와 근로자의 권익보장을 위하여 공동규범을 설정함으로써 기업의 질서를 유지함을 목적으로 한다.

제2조 (용어의 정의)

이 장에서 사용하는 용어의 정의는 다음과 같다.

1. 과 실 : 정상의 주의를 태만함으로 인하여 직무상의 책임을 다하지 못한 행위로써 불가항력적이 아닌 것을 말한다.
2. 경과실 : 주의의무의 위반의 정도가 특히 심하지 아니한 일반적인 과실행위를 말한다.
3. 중과실 : 주의의무의 위반의 정도가 현저하고 태만함으로 인하여 야기된 직무상 과실행위를 말한다.
4. 고 의 : 자기의 행위가 일정한 결과를 낳을 것을 인식하고 결과의 발생을 인용하는 의도적인 행위를 말한다.

제3조 (징계의 원칙)

징계권을 행사함에 있어서는 다음의 원칙에 따라야 한다.

① 동일한 행위에 대한 징계처분의 종류와 정도가 달라서는 아니 되며, 전례의 처분은 후례의 징계처분을 구속한다.
② 회사는 징계처분시 규정되어 있지 아니한 사유나 절차에 의한 징계처분을 할 수 없다.
③ 회사는 사원의 행위가 행위시에 징계처분할 수 있는 사유로 되어있지 않을 경우에 그 이후에 제정된 규정에 의하여 소급적용을 할 수 없다.
④ 회사는 징계전력자가 아니면 경미한 처벌이라도 가중처벌을 추가할 수 없다.
⑤ 사원은 자기 개인이외에 타인의 행위로 인한 징계처분을 받지 아니한다.
⑥ 징계처분은 징계사유의 존부의 인정, 정상의 판정, 처분선택의 재량 및 양정 등을 고려하여 객관적으로 상당한 것이어야 한다.
⑦ 회사는 사원을 징계처분시에 있어서 본인에게 소명의 기회를 주어야 한다.
⑧ 징계기준의 해석은 징계대상자에게 유리한 최소기준으로 한다.
⑨ 관련자가 2인 이상으로 책임한계가 명확하지 않을 때는 관련자를 동등히 취급 처벌한다.

제4조 (징계의 사유)

사원으로서 다음 각호의 1에 해당하는 경우에는 이를 징계처분할 수 있다.

1. 직무태만
2. 지시명령 위반
3. 직장규율 및 질서문란
4. 기밀유지의무 위반
5. 겸직금지의무 위반
6. 폭행, 상해, 협박등
7. 회사시설의 무단이용, 점거
8. 업무방해
9. 근무태도, 성적불량
10. 횡령, 착복, 절도등
11. 허위보고, 문서위조
12. 명예훼손
13. 금품수수, 직권남용
14. 불법집회, 유인물 배포금지
15. 형사사건 위반
16. 불법적인 조합활동의 금지

제5조 (징계의 종류)

① 견 책 : 경미한 징계사유인 경우 시말서를 징구하고 이를 훈계함을 말한다.
② 경 고 : 단순한 문서상의 주의를 말한다.
③ 감 봉 : 그 호봉의 범위 내에서 호봉을 삭감하는 조치를 말한다.
④ 감 급 : 감급액은 1회에 있어 평균임금의 1일분의 반액을 감한다. 다만 그 총액은 1임금 지급기에 있어서 임금총액의 10분의 1을 넘지 못한다.
⑤ 출근정지 : 업무수행을 정지시키고 1월이내의 기간동안 출근을 금지하며 무급으로 한다.
⑥ 정 직 : 정직은 직원으로서의 자격을 보유케 하나 그 직무에 종사치 못하게 함을 말하며, 정직기간은 2월 이내로 하고 무급처리한다.
⑦ 강 등 : 현직에서 차하위직으로 격하시킴을 말한다.
⑧ 면 직 : 계속적인 종업원과의 근로관계를 종료하여 해고함을 말한다.

제6조 (징계위원회)

① 징계위원회는 직원의 징계에 관한 사항을 심의하며, 중앙징계위원회와 보통 징계위원회로 구성한다.
  1. 중앙징계위원회 : 사장 또는 부장이 위원장이 되며 위원은 이사급이상으로 한다.
  2. 보통징계위원회 : 전무이사가 위원장이 되며 위원은 각 부장으로 한다.
  3. 6급사원(대리급)이상 직원에 대한 징계는 중앙징계위원회에서 처리하며 5급이하(일반직)사원의 징계는 보통징계위원회에서 처리한다.

② 징계위원회의 구성, 개최, 심리 등 자세한 사항은 징계업무시행세칙에 정한다.

제7조 (징계의결의 요구)

① 각 부서의 장은 소속사원 중 징계사유에 해당하는 사원이 있다고 인정할 경우에는 지체없이 '신상보고서'를 작성하고 관련 증빙서류를 첨부하여 주관부서장에게 통보하여야 하며, 주관부서장은 당해 사건을 인사위원회에 부의하여야 한다.

② 징계사유에 명백하게 해당하는 사원이 있음에도 불구하고 소속부서장 또는 주관부서장이 부당하게 이의 징계를 요구하지 아니할 때에는 위원장이 직접 그 해당사원의 징계를 위원회에 부의할 수 있다.

제8조 (징계대상자의 출석)

① 위원회는 징계에 관한 심사를 진행함에 있어서 반드시 징계대상자를 출석시켜 진술을 들어야 한다.

② 위원회는 징계대상자가 진술을 원하지 아니하거나, 2회 이상의 출석요구에도 불구하고 정당한 사유없이 출석을 하지 아니한 경우에는 서면심사에 의하여 징계를 의결할 수 있다.

제9조 (심문과 진술권)

① 위원회는 출석한 징계대상자에게 해당사원의 경위 등에 관한 심문을 할 수 있으며, 필요하다고 인정할 경우에는 관계인의 출석을 요구하여 이에 대한 진술을 들을 수 있다.

② 위원회는 징계대상자에게 충분한 진술을 할 수 있는 기회를 부여하여야 하며, 징계대상자는 위원회 심의가 종결되기 전까지는 서면 또는 구술로써 자기에게 이익이 되는 사실에 대한 진술 및 증거를 제출할 수 있다.

③ 징계대상자는 관계되는 증인의 증언을 신청할 수 있다. 이 경우 채택여부는 위원회에서 결정한다.

제10조 (징계양정기준)

동일사건에 관련된 행위자와 관리감독자에 대하여는 업무의 성질 및 업무와의 관련정도 등을 고려하여 징계를 의결하여야 한다.

제11조 (징계양정의 가중사유)

① 허위로 진술하거나 은폐하려고 하였을 경우

② 사고발생후 이를 즉시 보고하지 아니함으로써 손해의 범위가 확대되었을 경우

③ 1년 이내에 동일사안으로 징계를 받을 때

④ 징계처분의 전력이 있을 때

제12조 (징계양정의 감면사유)

① 그 정도가 경미하고 개전의 정이 있다고 인정될 경우

② 재직 중 공로를 참작할 여지가 있다고 인정될 경우

③ 재직 중 표창을 받은 사실이 있는 자 및 기타 전 각호에 준하는 사유가 있다고 인정될 경우

제13조 (감독자의 처벌)

직원을 처벌할 때 감독자가 지휘감독을 해태한 경우에는 감독책임을 물을 수 있다.

제14조 (재심)

① 중징계처분을 받은 사원이 징계처분에 대한 불복이 있을 경우에는 징계의결 통지를 받은 날로부터 7일 이내에 중앙징계위원회에 재심을 청구할 수 있으며 1회에 한한다.

② 중앙징계위원회는 재심의 청구를 받았을 때 받은 날로부터 1월 이내에 재심을 완료하여야 한다. 다만, 부득이한 사정이 있는 경우 제15조에 의한 기간 또는 30일 범위내에서 기일을 연장할 수 있다.

제15조 (징계처분의 보류)

① 징계대상자가 동일한 사유로 인하여 형사사건으로 기소된 경우에는 확정판결이 있을 때까지 징계처분을 보류하고 휴직을 명할 수 있다.

② 위원회는 중징계 대상자에 대하여 감사기관이나, 검찰, 경찰, 기타 수사기관에서 수사 중인 경우에는 당해 사건에 관하여 이 규정에 의한 징계절차를 진행시키지 아니할 수 있다.

제16조 (손해배상과의 관계)

① 본 규정에 의한 징계는 손해배상책임에 영향을 주지 아니한다.

② 제4조의 징계사유에 의하여 회사에 손해를 끼쳤을 때에는 손해배상금을 청구한다. 단, 징계처분을 받은 자가 배상능력이 없는 경우에는 보증인 또는 보증기관으로 하여금 배상케 한다.

제17조 (징계사유의 시효)

① 징계사유가 발생한 날로부터 1년이 경과된 때에는 징계처분을 할 수 없다.

② 제7조 제1항 또는 제2항에 의한 징계절차를 진행하지 아니한 경우에는 전항의 기간이 경과한 후에라도 그 사유가 종료한날로부터 1월 이내에는 징계절차를 진행시킬 수 있다.

제18조 (사면 및 감면)

① 승인권자는 다음과 같이 징계자를 사면, 감면할 수 있다.

1. 인사위원회의 심리결과에 의한 결정이 있을 때
2. 회사에 공헌한 경우
3. 특별사면의 결정이 있는 경우
4. 기타 징계업무세칙에서 정하는 경우

② 사면 및 감면은 징계의 효력이 정지되는 것을 말하며, 현재 징계중인 자는 제외한다.

③ 사면 및 감면조치는 단순한 인사기록카드상의 명예회복을 말하며, 기집행된 인사상 및 기타의 불이익은 원상회복되지 아니한다.

제19조 (비밀엄수)

위원회의 위원 및 간사는 심의가 진행 중인 경우 및 종료 후에 지득한 업무상 사항에 대하여 비밀을 엄수하여야 한다.

제20조 (준용)

본 규정에서 명시하지 아니한 사항은 관계법령 및 단체협약과 제규정에서 정하는 바에 따른다.

부 칙

1. 이 규정은 2000. 2. .부터 적용한다.
2. 이 규정에 명시한 사항은 취업규칙에 우선하여 적용하나 동일한 효력을 가진다.

2. 징계업무세칙

제1장 총 칙

제1조 【목 적】

이 세칙은 (이하 "회사"라 한다)의 인사규정 제6조 제2항의 규정에 의거 직원의 징계에 관한 사항을 규정함을 목적으로 한다.

제2조 【적용범위】

공사의 직원에 대한 징계는 다른 법령에 특별한 규정이 있는 경우를 제외하고는 이 세칙이 정하는 바에 의한다.

제2장 징계위원회

제3조 【징계위원회의 설치 및 구성】

① 직원의 징계사항을 의결하기 위하여 본사에 중앙징계위원회 및 보통징계위원회를 두고, 사업부서(소속 단 연구소 포함) 지역본부 및 현업기관 등 각급기관에 보통징계위원회를 둔다.
② 중앙징계위원회의 구성은 위원장을 포함하여 5인 이상 7인 이내로 하되, 위원장은 사장 또는 부사장이 되고, 위원은 이사급이상자 중에서 사장이 임명하며, 간사는 인사담당부장이 된다.
③ 보통징계위원회의 구성은 위원장을 포함하여 5인 이상 7인 이내로 하되, 위원장은 인사담당부서의 장(본사는 인사국장)이 되고, 위원은 각급기관의 장(본사는 총무실장)이 임명하며, 간사는 인사담당부장 또는 인사담당과장이 된다.

제4조 【위원장의 임무 및 직무대행】

① 각급 징계위원회(이하 "위원회"라 한다)의 위원장은 위원회를 대표하며 회무를 통리한다.
② 위원회의 회의는 위원장이 이를 소집하고, 그 의장이 된다.
③ 위원장이 사고로 인하여 그 직무를 수행할 수 없을 때에는 위원 중에서 직제규정에 정하는 순위에 따라 위원장의 직무를 대행한다.

제5조【위원회의 의결】

① 위원회는 위원장을 포함하여 4인이상의 출석과 출석위원 과반수의 찬성으로 의결한다. 다만, 징계양정의결에 있어서 의견이 분리되어 출석위원 과반수에 달하지 못한 때에는 출석위원 과반수에 이르기까지 징계혐의자에게 가장 불리한 의견에 차례로 유리한 의견을 더하여 가장 유리한 의견을 합의된 의견으로 본다.

② 위원장은 표결권을 갖는다.

③ 제1항의 규정에 의한 의결은 "별지1호"서식의 징계의결로 행하되 그 이유란에는 징계의 원인이 된 사실, 증거의 판단과 관계법령을 명시하여야 한다.

④ 위원회는 필요하다고 인정할 때에는 소속직원으로 하여금 사실조사를 하게 하거나 특별한 학식, 경험이 있는 자에게 검정 또는 감정을 의뢰할 수 있다.

제6조【위원회의 관할】

① 중앙징계위원회는 다음 각호의 사항을 의결한다.

1. 2급 이상 직원 및 연구직 책임급 직원에 대한 징계
2. 제1호에 규정한 직원의 징계와 관련된 3급 이하 직원, 연구직 선임급 이하 직원, 기능직 직원 및 용원에 대한 징계
3. 본사 사업부서(소속 단 포함) 및 지역본부의 징계 의결사항이나 처분에 대한 재심

② 본사 보통징계위원회는 본사소속 3급 이하 직원, 연구직 선임급 이하 직원, 기능직 직원 및 용원에 대한 징계사항을 의결한다.

③ 사업부서 (소속 단 포함) 및 지역본부의 보통징계위원회는 다음 각호의 사항을 의결한다.

1. 소속 3 4급 직원 및 연구직 선임급 이하 직원에 대한 징계
2. 사업부서(소속 단 포함) 및 지역본부의 자체에서 근무하는 5급 이하 직원, 기능직 직원 및 용원에 대한 징계
3. 제1호에 규정한직원의 징계와 관련된 5급 이하 직원, 기능직 직원 및 용원에 대한 징계사항을 의결한다.
4. 소속 현업기관의 징계의결사항이나 처분에 대한 재심

④ 제2항 및 제3항 이외의 보통징계위원회는 소속 5급 이하 직원, 기능직 직원 및 용원에 대한 징계사항을 의결한다.

제7조【징계혐의자의 출석】

① 위원회가 징계사항을 심의하고자 할 때에는 "별지2호"서식에 의한 출석통지서를 징계혐의자에게 교부하여야 한다.

② 제1항의 규정에 의한 출석통지서를 징계혐의자에게 직접 교부할 수 없을 때에는 징계혐의자의 소속기관의 장에게 송부하여 교부하게 할 수 있다. 이 경우에 송부받은 기관의 장은 지체없이 징계혐의자에게 교부한 후 교부상황을 관할 위원회에 회보하여야 한다.

③ 위원회는 징계혐의자가 위원회에서의 진술을 위한 출석을 원하지 아니할 때에는 진술권포기서를 제출하게 하여 기록에 첨부하고 서면심사만으로 징계의결을 할 수 있다.

④ 징계혐의자가 형사사건으로 인하여 구속되었거나 여행, 해외체류, 기타 사유로 50일 이내에 출석할 수 없을 때에는 서면으로 진술하게 하여 징계의결할 수 있다. 이 경우에 서면에 의하여 진술하지 아니할 때에는 그 진술없이 징계의결할 수 있다.
⑤ 징계혐의자의 소재가 불명한 때의 출석통지는 공고에 의한다. 이 경우에는 공고한 날로부터 10일이 경과함으로써 그 출석통지서가 송달된 것으로 본다.

제8조【신문과 진술권】
① 위원회는 징계혐의자에게 충분한 진술을 할 수 있는 기회를 부여하여야 한다.
② 위원회는 출석한 징계혐의자에게 혐의내용에 관하여 질문을 행하고 필요하다고 인정할 때에는 관계인의 출석을 요구하여 진술을 들을 수 있다.
③ 징계혐의자는 서면 또는 구술로서 자기에게 이익이 되는 사실을 진술 또는 증거로서 제출할 수 있으며 증인의 증언을 신청할 수 있다.

제9조【제척과 기피】
① 위원회의 위원중 징계혐의자의 친족이나 징계사유와 관계가 있는 자는 그 징계사건의 심의에 관여하지 못한다.
② 징계혐의자는 위원장 또는 위원중에서 불공정한 의결을 할 우려가 있다고 인정할 만한 상당한 사유가 있을 때에는 그 사실을 서면으로 소명하고 기피를 신청할 수 있다.
③ 제2항의 규정에 의한 기피신청이 있는 때에는 위원회의 의결로 기피여부를 결정하여야 하며, 이 경우에 기피결정을 받은 위원은 그 회의에 참여하지 못한다.
④ 사장은 중앙징계위원회가 징계의 재심을 의결하는 경우에는 원의결에 참여했던 위원의 과반수이상을 다른 위원으로 교체하여야 한다.

제10조【정상참작과 감경의결】
① 위원회가 징계양정을 의결할 때에는 징계혐의자의 소행, 근무성적, 상벌, 개전의 정, 징계요구 양정 등을 충분히 참작하여 의결하되 제2항 및 제3항의 공적에 대한 감경적용 여부를 포함하여 의결하여야 한다.
② 다음 각호의 1에 해당하는 공적이 있는 경우에는 별표1의 감경기준에 의하여 감경의결할 수 있다. 다만, 당해직원이 징계의 감경을 받은 사실이 있는 경우에는 그 징계처분이나 경고처분전의 공적은 감경대상에서 제외되며, 직무와 관련한 금품수수 및 징계의결요구기관에서 중점 사정대상으로 지정된 비위에 대하여는 감경할 수 없다.
1. 표창업무규정에 의하여 사장이 수여하는 개인표창을 받은 공적
2. 상훈법 또는 정부표창규정에 의한 장관이상의 표창을 받은 공적
3. 모범직원으로 선발되었던 공적
③ 위원회는 징계혐의자의 징계사유가 성실하고 능동적인 업무처리과정에서 과실로 인하여 생긴 것으로 인정될 경우에는 그 정상을 참작하여 별표1의 감경기준에 의하여 감정 의결할 수 있다.
④ 위원회가 제2항 및 제3항의 규정에 의거 징계사건을 감경의결한 경우에는 회의진행과정을 회의록에 기록관리를 하여야 한다.

제11조【의결기한】

위원회가 징계의결 요구를 받은 때에는 그 요구를 받은 날로부터 30일 이내에 의결을 하여야 한다. 다만 부득이한 사유가 있을 때에는 당해 위원회의 의결로서 30일 이내의 기간을 연장할 수 있다.

제12조【의결통보】

위원회가 징계의결을 한 때에는 지체없이 징계의결서를 징계의결요구권자와 징계처분권자(재심의 경우 재심청구자 포함)에게 통보하여야 한다.

제13조【회의의 비공개】

위원회의 회의는 공개하지 아니한다.

제14조【비밀누설의 금지】

위원회의 회의에 참여한 자는 직무상 지득한 사실을 누설하여서 아니 된다.

제3장 의결요구 및 집행

제15조【징계의결요구】

① 각급 기관의 장(이하 "징계요구권자"라 한다)은 소속직원에게 징계혐의가 발생한 때에는 "별지3호"서식의 징계의결요구서를 작성하여 당해 위원회에 징계의결을 요구하여야 한다.

② 징계요구권자가 제1항의 규정에 의하여 징계의결을 요구할 때에 는 제10조 제2항 각호의 규정에 의한 공적사항을 기재한 "별지 4호"서식의 확인서를 첨부하여야 한다.

제16조【징계의결요구 양정기준】

① 징계요구권자가 제15조의 규정에 의하여 징계의결을 요구할 때의 징계의결요구양정기준(이하 "양정기준"이라 한다)은 별표5에 의한다.

② 징계사유가 별표2의 규정에 없는 경우에는 유사한 징계사유의 기준에 의한다.

③ 징계혐의자의 행위가 별표2에 규정된 서로 관련이 없는 2개 이상의 비위가 경합되는 경우에는 그 중 책임이 중한 비위에 해당되는 양정기준보다 1단계 위의 것에 의하며, 징계처분을 받은 날로부터 2년이내에 동일유형의 징계사유가 발생한 경우에는 해당되는 양정기준보다 1단계 위의 것에 의한다.

④ 징계혐의자와의 연대책임으로 직상감독자 및 차상감독자를 문책할 수 있다.

⑤ 징계혐의자의 감독자에 대한 징계의결의 양정요구는 업무와 관련하여 금품을 수수한 경우를 제외하고는 징계혐의자보다 경한것으로 하여야 한다.

제17조【징계의 집행】

① 징계처분권자는 징계의결서를 받은 날로부터 15일이내에 이를 집행하여야 한다.

② 징계처분권자가 제1항의 규정에 의하여 징계의결을 집행한 때에는 지체없이 "별지6호"서식의 징계처분사유설명서에 징계의결서 사본을 첨부하여 징계처분을 받은 자에게 교부하여야 한다.

③ 징계처분권자가 징계의결을 집행한 때에는 "별지7호"서식의 징계대장에 등재하고 인사기록카드에 기록하여야 한다.

제4장 재 심

제18조【재심청구】

① 징계요구권자 및 징계처분을 받은 자가 위원회의 의결 또는 징계처분에 대하여 이의가 있을 때에는 제6조 각호의 관할 구분에 따라 재심을 청구할 수 있다.

② 제1항의 규정에 의한 재심청구는 징계요구원자는 위원회로부터 집계의결통지를 받은 날부터 15일이내에, 징계처분을 받은 자는 징계처분통지를 받은 날로부터 30일이내에 청구하여야 한다.

③ 위원회가 재심요구를 받은 때에는 그 요구를 받은 날로부터 60일이내에 재심의결하여야 한다. 다만, 부득이한 사유가 있을 때에는 제11조 제1항 단서를 준용할 수 있다.

제19조【재심청구기간의 진행정지】

① 재심청구자에게 책임이 없는 사유로 재심청구기간을 경과한 기간은 제18조 제2항의 규정에 의한 재심제기기간에 산입하지 아니한다.

② 제1항의 규정에 의한 책임이 없는 사유의 여부는 위원회가 결정한다.

제20조【재심청구절차】

① 징계요구권자가 위원회의 의결에 이의가 있거나 정부투자기관감사직무규정 제15조 제2항의 규정에 의하여 감사로부터 재심요구가 있어 위원회에 재심을 청구하고자 할 때에는 다음 각호의 서류를 제출하여야 한다.

1. 재심청구서(별지서식 제8호)
2. 징계의결서 사본
3. 징계혐의자의 소행, 근무성적, 상벌, 개전의 정 등을 기로한 서류

② 징계처분을 받은 자가 그 처분 또는 그 의결에 이의가 있어 재심을 요구하고자 할 때에는 다음 각호의 서류를 제출하여야 한다.

1. 재심청구서
2. 인사발령통지서(징계처분을 받은 자에 한함)
3. 징계의결서 사본
4. 징계처분사유설명서 사본
5. 제2호 내지 제4호의 서류 수령지연으로 재심청구기한을 경과한 경우에 그 수령지연사실을 입증하는 자료

제21조【보증명령등】

위원회는 재심청구에서 흠결이 있다고 인정한 때에는 재심청구서를 접수한 날로부터 7일이내에 상당한 기간을 정하여 보정을 명하여야 한다.

제22조 【재심청구의 취하】

① 징계요구권자 및 징계처분을 받은 자는 재심의결일 전에 그 청구를 취하할 수 있다.
② 제1항의 규정에 의하여 징계요구권자가 재심청구를 취하한 경우에는 그 사실을 징계처분을 받은 자에게 통지하여야 한다.

제23조 【준용규정】

제5조(위원회의 의결), 제7조(징계혐의자의 출석), 제8초(신문과 진술권), 제9초(제척과 기피), 제10조(정상참작과 감경의결), 제11조(의결기한), 제12조(의결통보), 제13조(회의의 비공개), 제14조(비밀누설의 금지)의 규정은 재심은 재심에 있어서도 이를 준용한다. 이 경우 출석통지서 및 징계의결서에는 "재심"이라 주서하여야 한다.

제24조 【처분의 효력】

① 징계처분을 받은 자의 재심청구에 대하여 위원회가 결정한 재심의 처분은 원처분보다 무겁게 할 수 없으며, 재심처분에 대하여는 당사자는 다시 불복하지 못한다.
② 재심처분의 효력은 원처분의 진행을 막지 못한다.

부 칙

【시행일】 이 세칙은 발령한 날로부터 시행한다.

[별표 1]

징 계 의 결 서

징계혐의자	직 명	성 명	소 속
의결주문			
이 유			

년 월 일

징계위원회

위원장 (인)
위 원 (인)
위 원 (인)
위 원 (인)
위 원 (인)
위 원 (인)
간 사 (인)

[별표 2]

출석통지서

<table>
<tr><td rowspan="4">인 적
사 항</td><td rowspan="2">성 명</td><td rowspan="2">(　　　)</td><td>소 속</td><td></td></tr>
<tr><td>직 명</td><td></td></tr>
<tr><td>본 적</td><td colspan="3"></td></tr>
<tr><td>주 소</td><td colspan="3"></td></tr>
<tr><td colspan="2">출석이유</td><td colspan="3"></td></tr>
<tr><td colspan="2">출석일시</td><td colspan="3">년 월 일 시 분</td></tr>
<tr><td colspan="2">출석장소</td><td colspan="3"></td></tr>
<tr><td colspan="2">유의사항</td><td colspan="3">1. 진술을 위한 출석을 원하지 않을 때에는 하기 진술권 포기서를 즉시 제출할 것.
2. 사정에 의하여 서면진술을 하고자 할 때에는 징계위원회 개최일 전일까지 도착하도록 진술서를 제출할 것.
3. 정당한 사유를 제출하지 아니하고 지정된 일시에 출석하지 않거나 서면진술서 또는 진술포기서 등도 제출하지 않을 경우에는 진술할 의사가 없는 것으로 인정처리 한다.</td></tr>
<tr><td colspan="5">징계업무시행세칙 제7조의 규정에 의거 위와 같이 귀하의 출석을 통지합니다.

년 월 일

징계위원장 위원장 (인)
귀 하</td></tr>
</table>

진술권포기서

<table>
<tr><td rowspan="4">인 적
사 항</td><td rowspan="2">성 명</td><td rowspan="2">(　　　)</td><td>소 속</td><td></td></tr>
<tr><td>직 명</td><td></td></tr>
<tr><td>본 적</td><td colspan="3"></td></tr>
<tr><td>주 소</td><td colspan="3"></td></tr>
<tr><td colspan="5">본인은 위 징계위원회에 출석하여 진술하는 것을 포기합니다.
년 월 일
성 명 (인)
징 계 위 원 회 위 원 장 귀 하</td></tr>
</table>

[별표 3]

징 계 의 결 요 구 서

<table>
<tr><td rowspan="2">징 계</td><td rowspan="2">성 명</td><td rowspan="2"></td><td>직 명</td><td></td><td>소 속</td><td></td></tr>
<tr><td>생년월일</td><td></td><td>재직기간</td><td></td></tr>
<tr><td rowspan="2">대상자</td><td>본 적</td><td colspan="5"></td></tr>
<tr><td>주 소</td><td colspan="5"></td></tr>
<tr><td>징 계
사 유</td><td colspan="6"></td></tr>
<tr><td>징계
의결
요구
권자
의
의견</td><td colspan="6"></td></tr>
<tr><td colspan="7">위와 같이 징계의결을 요구합니다.

년 월 일

(기관명)
직위 (인)

징계위원회 위원장 귀하</td></tr>
</table>

[별표 4]

확 인 서

1. 징계혐의자의 인적사항

가. 소속 및 지위

(1) 현 재 :

(2) 협의시 :

나. 직 급

다. 성 명(한 글) (한자)

2. 제 10조 제2항 해당공적과 징계유무

공적사항			징계사항 (감경에 의한 징계조치포함)		
표창일자	표창의 종류	시행기관	징계일자	징계의 종류	발행기관

위 기재사항이 사실과 상위 없음을 확인합니다.

작성책임자(소속 및 지위) (직급) (성명) (인)

징계의결요구권자(직위) (인)

[별표 5]

문 책 순 위 기 준

업무와의 관련도 업무의 성질		비위행자 (담당자)	차 상 자 관리감독자	차 차 상 위 관리감독자	최고책임자 전 결 권 자
정책결정 사 항	중요한사항	4	3	2	1
	일반적사항	3	1	2	4
단순반복 업 무	중요한사항	1	2	3	4
	일반적사항	1	2	3	
단독행위		1	2		

[별표 6]

징 계 양 정 기 준

항목	징 계 사 유	정도	양 정 기 준			비 고
			1회	2회	3회	
1	직무능력의 결여					
	가. 본래업무의 직무평가점수가 40점 이하인 경우	경	견책	감봉	정직	
	나. 본래의 업무담당 1년 후 직무 능력이 현저히 미달한 경우 (교육, 훈련을 실시하는 경우에는 교육훈련을 실시하 여도 직무능력이 현저히 미달한 경우)	중	정직	해고		
2	근무태만					본래 업무담당 1년 이후부터 작성되는 직무평가서에 의함
	가. 경미한 손해발생 및 업무지장	경	견책	감봉	정직	
	나. 사전점검, 예방조치를 하지 않을 경우 중대재해 및 막대한 손해발생의 개연성이 있을 경우	중	감봉	정직	해고	
	다. 사전점검, 예방조치를 하지 않아 중대재해 및 막대한 손해가 발생한 경우	중	해고			
	라. 고의 또는 부주의로 근무함으로써 업무에 지장을 초래한 경우	경	견책	감봉	정직	
	마. 기타 근무태만 행위	경	견책 정직	감봉 해고	정직	

항목	징 계 사 유	정도	양정기준 1회	양정기준 2회	양정기준 3회	비 고
3	불성실 근무					
	가. 화기엄금 통제구역에서 흡연 및 발화성 행위	중	해고			
	나. 근무시간에 졸거나 취침하는 행위	경	견책	감봉	정직	
	다. 고도의 정밀을 요하는 작업에 임하는 자가 작업시간에 졸거나 취침하므로서 업무에 막대한 지장을 초래한 경우	중	정직	해고		
	라. 고도의 정밀을 요하는 작업에 임하는 자가 작업시간에 졸거나 취침하여 업무에 막대한 지장을 초래하고 재산상 손해를 끼친 경우	중	해고			
	마. 근무시간 중 상사의 허락없이 개인 용무를 보거나 오락행위를 한 경우	경	견책	감봉	정직	
	바. 위 "마"의 행위로 업무상 막대한 지장을 초래하거나 손해를 끼친 경우	중	해고			
	사. 회사가 지정한 근무복장을 상사의 허락없이 또는 특별한 사유없이 착용 하지 않는 경우	경	견책	감봉	정직	
	아. 근무시간중 상사의 허락없이 또는 특별한 사정없이 음주한 경우	경	견책	감봉	정직	
	자. 각종 문서처리를 고의 또는 태만으로 지연처리하여 업무에 지장을 초래하였 을 경우	경	견책	감봉	정직	
	차. 각종 문서처리의 고의 또는 태만으로 지연처리하여 사업에 막대한 손해나 회사의 대외신용에 지대한 영향을 주었을 경우	중	해고			
	카. 회사공문서 또는 서류를 고의적으로 날조, 은폐, 제거, 삭제, 파기 행위를 하였을 경우	경 중	정직 해고	해고		
	타. 특별한 사정없이 평소보다 많은 불량품을 만들었을 경우	경	견책	감봉	정직	

항목	징 계 사 유	정도	양 정 기 준			비 고
			1회	2회	3회	
	파. 고의로 불량품을 만들어 회사에 재산상 막대한 손해를 입힌 경우	중	해고			
	하. 상사의 허락없이 또는 특별한 사정없이 지각과 조퇴가 잦은 경우	경	견책	감봉	정직	
	거. 기타 사회통념상 근무태만이라고 인정되는 행위를 하였을 경우	경 중	견책 정직	감봉 해고	정직	
	너. 정당한 이유없는 무단결근 3일 이내	경	감봉	정직	해고	
	더. 정당한 이유없는 무단결근 5일 이상	중	해고			
4	업무지시 불복종					
	가. 보고태만	경	견책	감봉	정직	
	나. 정당한 전직명령에 정당한 이유없이 불복한 경우	중	정직	해고		
	다. 상사의 정당한 업무명령에 불복한 경우	경	해고			
	라. 배차지시에 불복한 경우(운수업체에 해당)	중	견책	감봉	정직	
	마. 배차지시 불복으로 차량운행과 회사 경영에 막대한 지장을 초래하거나 대외적 신용이 추락한 경우(운수업체에 해당)	중 중	정직 정직	해고 해고	 정직	
	바. 정당한 업무명령을 불복하므로서 회사 업무 및 재산상 막대한 손해를 끼친 경우	중	해고			
5	풍기문란					
	가. 사회통념상 야한 의상을 입거나 야한 용모를 한 경우	경	견책	감봉	정직	
	나. 혐오를 주는 언어 행동을 습관적으로 하는 경우	경 중	견책 정직	감봉 해고	정직	
	다. 남녀관계로서 직장질서에 문란을 초래하는 경우	경	견책	감봉	정직	
	라. 남녀간 불륜행위를 하여 직장질서를 문란케 하거나 회사명예를 실추시킨 경우	중	해고			
	마. 회사내외를 막론하고 동료직원과 도박 행위를 하여 직장질서를 문란케 한 경우	경 중	견책 해고	감봉 해고	정직	

항목	징 계 사 유	정도	양 정 기 준 1회	2회	3회	비고
	바. 기숙사 규칙을 위반한 행위를 한 경우(기숙 사가 있는 회사에 해당)	경 중	견책 정직	감봉 해고	정직	
6	학력, 경력은폐 또는 사칭 및 이력서 허위기재	경 중	감봉 해고			
7	직장질서문란 및 폭력행위 가. 회사에 대한 허위사실유포 나. 불법유인물 배포 다. 근로자 선동 라. 업무방해 마. 신분증 남용 바. 업무와 관련하여 타인으로부터 향응 또는 접대를 받은 경우 사. 고의, 부주의한 행위 또는 고객에 대한 불친절로 회사의 명예 및 신용을 실추 시킨 경우 아. 기타 직장질서를 문란시킨 경우	경 중 경 중 경 중 경 중 경 중 경 중 경 중 경 경	감봉 해고 감봉 해고 감봉 해고 감봉 해고 견책 정직 견책 해고 견책 해고 견책 견책	정직 정직 정직 정직 감봉 해고 감봉 감봉 감봉 감봉	해고 해고 해고 해고 정직 정직 정직 정직 정직	
8	범법행위 가. 회사재산에 대한 절도 행위 나. 회사내에서 동료직원간 폭력행위 다. 상사에 대한 폭행 행위 라. 업무와 관련된 범법행위(관련기관의 수사와 재판진행에 관계없이 징계함) 마. 업무와 회사에 관련없는 개인사정의 범법행위로서 현행법인 경우 바. 업무와 회사에 관련없는 개인사정의 현행법이 아닌 범법행위로서 1심 법원 판결 결과 유죄판결을 받은 경우	경 중 경 중 경 중 경 중 경 중 경 중	견책 해고 견책 해고 정직 해고 정직 해고 정직 해고 정직 해고	감봉 감봉 해고 해고 해고 해고	정직 정직	

항목	징 계 사 유	정도	양 정 기 준			비 고
			1회	2회	3회	
9	불법쟁의 행위					
	가. 회사의 승낙없이 집단월차유급휴가를 실시하는 경우	중	해고			
	나. 집단작업거부행위	중	해고			
	다. 집단업무방해행위	중	해고			
	라. 집단농성행위	중	해고			
	마. 집단 시설물 점거행위	중	해고			
	바. 노사간 정한 연장근로를 일방적으로 집단 거부하는 행위	중	해고			
	사. 회사 시설이나 기물을 파괴하는 행위	중	해고			
	아. 폭력행위					
	자. 불법행위를 하도록 교사, 선동, 불법 유인물	중	해고			
	유포 및 부착 허위사실유포, 기타 반사회적 행위로서 근로계약 관계를 더 이상 계속할 수 없는 행위를 한 경우	중	해고			
	차. 기타 "가"내지 "자"에 준하는 행위					

[별표 7]

<table>
<tr><th colspan="3">징계처분사유설명서</th></tr>
<tr><td>직 명</td><td>성 명</td><td>소 속</td></tr>
<tr><td></td><td></td><td></td></tr>
<tr><td>의결주문</td><td colspan="2"></td></tr>
<tr><td>이 유</td><td colspan="2"></td></tr>
<tr><td colspan="3">위와 같이 처분하였음을 통지합니다.

년 월 일

기관명 직위 (인)

귀 하</td></tr>
</table>

<table>
<tr><th colspan="2">징계처분사유설명서</th></tr>
<tr><td>1. 징계처분의결주문</td><td></td></tr>
<tr><td>2. 징계처분이유</td><td></td></tr>
<tr><td>3. 결 론</td><td></td></tr>
<tr><td colspan="2">년 월 일

징계처분권자 (인)

주식회사 대표이사</td></tr>
</table>

[별표 8]

징 계 대 장

결 재		번호	일자	소 속		성명	징계 사유	징계 종류	인사기록 정리자	비고
과장	담당			직급	직위					

[별표 9]

징 계 재 심 청 구 서

<table>
<tr><td rowspan="5">징 계
재 심
처분자</td><td rowspan="2">성명</td><td rowspan="2"></td><td>직명</td><td></td><td>소속</td><td></td></tr>
<tr><td>생년월일</td><td></td><td>재직기간</td><td></td></tr>
<tr><td colspan="2">징계협의당시소속</td><td colspan="4"></td></tr>
<tr><td>연락처</td><td colspan="2"></td><td>이메일</td><td colspan="2"></td></tr>
<tr><td>주소</td><td colspan="5"></td></tr>
<tr><td colspan="2">재심의 취지</td><td colspan="5"></td></tr>
<tr><td colspan="2">재심의 이유 및
입증방법</td><td colspan="5"></td></tr>
</table>

위와 같이 징계재심을 청구합니다.

년 월 일

청구인 또는

청구기관 (인)

※ 재심의 취지, 재심의 이유 및 입증방법은 별지 작성할 수 있음.

대 리 지 정 서

소 속 :

직 위 : 직 급 :

위 자를 홍길동의 대리인으로 지정합니다.

년 월 일

처분권자 (인)

징계위원장 귀하

징계재심청구서

1. 징계재심의 취지

2. 징계재심의 이유 및 입증방법

(1) 징계비위사실에 대하여

(2) 징계사항 등의 위반근거에 대하여

(3) 징계처분의 과중성 및 적정성에 대하여

(4) 징계절차의 공정성에 대하여

3. 결 론

※ 입증방법 - 별첨 1. 확인서
2. 기타 입증자료

20 년 월 일

징계재심 신청인 (인)

(주) OO 징계위원장 귀하

3. 징계업무처리지침

(1) 직원경고 등 처분에 관한 지침

제1조 (목적)

이 지침은 징계규정 제45조의 규정에 의한 경고 또는 주의에 대하여 구체적인 기준 및 절차 등을 규정함을 목적으로 한다.

제2조 (적용범위)

이 지침은 공사에 근무하는 모든 직원에게 적용한다.

제3조 (처분의 종류)

① 경고등 처분의 종류는 경고와 주의로 구분한다.

② 경고는 징계사유보다는 경미한 과실에 대하여 주의는 경고처분사유보다 경미한 과실에 대하여 동일한 사례가 발생되지 아니하도록 계고함을 말한다.

제4조 (처분사유)

직원이 다음 각호의 1에 해당할 때에는 경고등 처분을 할 수 있다.

1. 제반규정에 위반한 때
2. 책임과 의무를 다하지 못한 때
3. 비위내용이 징계사유에 상당하나 정상을 참작하여 중앙 및 관할징계위원회에서 기각한 때
4. 징계위원회에 견책 처분으로 의결하였으나 감경되었을 때
5. 징계 책임이 없는 직원의 경미한 비위가 발생한 때
6. 시효의 만료로 징계사유가 소멸되어 다른 조치가 곤란한 때
7. 기타 관계기관의 요구가 있을 때

제5조 (처분권자)

경고등 처분은 소속 기관장이 행함을 원칙으로 한다. 다만, 필요한 경우 상급기관에서 하급기관의 소속직원에 대하여 그 소속 기관장에 가름하여 직접 경고 등 처분을 할 수 있다.

제6조 (처분권자)

경고처분은 별표 제1호서식에, 주의처분은 별표 제2호 서식에 의한 처분장을 교부함으로써 행한다. 다만, 주위처분을 할 과실이 극히 경미한 경우에는 상급감독자가 구두로서 처분을 행할 수 있다.

제7조 (처분의 효력)

① 직원이 연 3회 이상 상급기관장의 경고처분을 받거나 월 3회이상 소속 기관장의 경고처분을 받은 때에는 징계의결을 요구하여야 한다.

② 연 3회의 주위처분은 1회의 경고처분의 효력을 갖는다.

제8조 (기록유지)

① 각 기관의 장은 별표 제3호 서식에 의한 경고 및 주의처분대장을 비치하고 처분상황을 각각 기록 유지하여야 한다.

② 징계양정의 감경으로 경고처분을 받은 경우에는 인사기록카드 별지에 등재하여야 한다.

③ 경고등 처분장은 인사 첨부서류에 보관 유지하여야 한다. 경고등 처분은 당해기관의 인사담당부서에서 이를 관장한다.

[별표 1]

경 고 장

소 속	
직 급	
성 명	

1. 위 직은 년 월 일(부에서 전보, 신규임용)되어 근무중 아래와 같은 비위가 있음.

비위 사실	

2. 비위사실에 대하여 각성을 촉구함(비위 사실을 육하원칙에 의하여 기재).

비위사실의 주요내용

3. 앞으로 이러한 일이 다시 없도록 엄중 경고함.

20 년 월 일

처 분 권 자

[별표 2]

주 위 처 분 장

소 속	
직 급	
성 명	

1. 위 직은 년 월 일(부에서 전보, 신규임용)되어 근무중 아래와 같은 비위가 있음.

비위 사실	

2. 비위사실에 대하여 각성을 촉구함(비위 사실을 육하원칙에 의하여 기재).

비위사실의 주요내용

3. 앞으로 이러한 일이 다시 없도록 엄중 경고함.

20 년 월 일

처 분 권 자

[별표 3]

경고 및 주의 처분대장

연 번	년월일	직 급	성 명	비위내용	처분권자	비 고

※ 작성시 주의

1. 경고 및 주의 처분을 각각 별지 작성
2. 연　　번 : 연도별로 부여
3. 비위내용 : 간략히 기재
4. 처분권자 : 사업부서장, 지역본부장 등으로 기재
5. 비　　고 : 징계, 감경 등 참고사항을 기재

(2) 직원징계 등 기록말소 시행지침

Ⅰ. 총 칙

1. 제도외 근거

가. 징계업무시행세칙 제17조의 2(징계처분 기록 말소)
나. 직원경고 등 처분에 관한 지침 제8조의 2<불문(경고) 의결에 의한 경고 처분기록 말소>

2. 적용범위

본 제도의 적용대상은 제도시행일 기준으로 하여 당사 직원신분을 보유한 자

3. 말소대상

가. 징계사항

당해직원의 인사기록카드의 "징계처분"란에 등재된 정직·감봉·견책을 말하며, 징계처분이 무효 또는 취소로 확정된 경우에는 면직이나 해임도 포함됨.

나. 불문(경고)사항

징계업무시행세칙 제10조의 규정에 의한 불문(경고)도 직원경고 등 처분에 관한 지침 제8조에 의거 인사기록카드 "별지"에 등재하고 있으므로 이에 관한 기록도 말소 대상임. 다만, 각 기관별로 운영중인 "경고" 및 "주의" 처분사실은 인사기록카드 등재대상이 아니므로 말소대상이 아님.

4. 말소권자

말소시점을 기준으로 직원에 대한 임용권을 가지며, 인사기록카드 정본을 보관유지하는 기관장.

Ⅱ. 말소사유 및 시기

1. 징계처분 기록

가. 말소제한기간의 경과

(1) 단일처분의 경우
징계처분의 집행이 종료된 날로부터 말소제한기간동안 더 이상의 다른 징계처분이 없을 때 정직은 5년, 감봉은 3년 견책은 2년이 경과하게 되면 말소함.

〈유의 사항〉

"징계처분의 집행이 종료된 날"이라 함은 인사규정 제50조(징계의 효력)에 의한 징계의 직접적 효력이 만료된 시점을 말하며, 인사규정 제27조 및 보수규정 제21조에 의한 승진, 승급의 제한등 징계처분으로 인한 효력이 유지되는 기간까지 포함하는 것은 아님.

예컨대, '05. 5. 5 정직 3월 처분을 받은 경우 승진제한기간 21개월이 끝나는 '07. 2. 5부터 5년을 기산하는 것이 아니라, 처분일로부터 3월이 지난 '05. 8. 5부터 기산하여야 함.

① 정직처분의 말소
정직처분의 집행이 종료된 날로부터 5년이 경과한 날에 말소

② 감봉처분의 말소
감봉처분의 집행이 종료된 날로부터 3년이 경과한 날에 말소

③ 견책처분의 말소
견책처분일로부터 2년이 경과한 날에 말소

(2) 중복처분의 경우

당초 징계처분의 말소제한기간내에 또다른 징계처분을 받았을 때는 선행징계처분의 집행이 종료한 날로부터 기산하여 후행 징계처분에 대한 말소제한 기간까지 합산한 기간이 경과한 후 처분을 동시에 말소함.

(예시 ①)

• 08. 8. 1. 정직 3월 처분(08. 10. 31 집행종료)
• 04. 8. 1. 견책 처분
– 정직 3월 처분의 집행이 종료된 08. 11. 1부터 기산하여 7년이 경과한 15. 11. 1.에 전후 처분을 동시에 말소.

(예시 ①)

• 04. 8. 1. 견책 처분
• 05. 4. 1. 감봉 3월 처분
• 08. 2. 15. 정직 2월 처분
– 견책의 말소제한기간 2년, 감봉3월의 말소제한기간 3년 및 정직 2월의 말소기한기간 5년을 합한 10년이 경과한 14. 8. 1에 모두 말소.

나. 징계처분의 무효, 취소(법원 판결)

징계처분에 대한 소송 결과 당해 징계처분의 위법, 부당을 이유로 취소 또는 무효 확인의 판결을 받고, 임용권자가 상소하지 않아 소의 제기기간이 경과하거나, 최종심에서도 같은 이유로 동일하게 판결한 경우 말소함. 다만, 법원에서 징계위원회의 구성, 징계절차상의 하자나 징계양정의 과다를 이유로 무효확인 또는 취소판결을 한 때에는 재징계를 하여야 하므로 그

결과를 보아 처리하되 취소된 선행처분은 법원 판결 확정일에 말소함.

(예시 ②)

• 05. 4. 2. 정직1월 처분
• 06. 9. 3. 무효확인(징계절차 하자)
• 06. 10. 5. 감봉2월 의결(재징계)
– 선행처분인 정직1월은 06. 9. 3자로 말소하고, 후행처분 감봉2월은 06. 12. 15부터 기산하여 3년 뒤인 09. 12. 15.자로 말소.

다. 말소제한기간중에게 휴직기간

말소제한기간은 제도의 취지상 직원의 신분을 보유하면서 직무에 종사한 기간을 의미하므로 휴직기간은 제외하여야 하나, 다음의 경우는 포함하여야 함.

• 인사규정 제30조 제1항 제1호에 의한 휴직중 업무상 부상 또는 질병으로 인한 경우의 휴직기간
• 인사규정 제30조의 제1항 제2호(병역법에 의한 징소집등), 제5호(재적진출) 또는 제2항 (육아휴직)의 규정에 의하여 휴직한 직원의 그 휴직기간

라. 징계처분에 대한 징계사면

2015. 3. 1.현재 재직중인 직원에 대한 03. 2. 24.이전의 징계사유에 의한 징계처분중 06. 3. 1. 징계사면을 받은 징계처분사실은 05. 3. 1 말소된 것으로 봄.

(예시)

• 92. 1. 10. 견책 처분
• 03. 4. 2. 감봉3월 처분
– 견책기록은 01. 1. 31.자 말소된 것으로 보고 감봉3월 처분만 03. 7. 2.부터 기산하여 3년이 지난 06. 7. 2자 말소.

2. 불문(경고)처분 기록

징계위원회의 불문(경고)의결 통보를 받은 기관장이 당해 직원에게 경고처분한 날로부터 1년이 경과한 때 말소하며 제한기간 중 또 다른 불문(경고)가 있을 경우 각 기간을 합산한 기간이 종료된 때 전후 처분을 말소함.

Ⅲ. 말소방법

1. 말소 표시

말소사유가 발생한 경우 징계등 각 처분이 기록된 인사기록카드란에 다음과 같은 청색고무인을 찍고 말소일자를 기입한 뒤 인사담당부서장(기록정리책임자)가 날인함

. . .자로 말소함(인)

3㎝

가. 징계처분의 경우

(예시 ①)

징계형벌	년 월 일	종 류	발령기관
		인사규정 제48조 제1호 내지 제3호의 규정에 의하여 감봉 1월에 처함. 15. 3. 1.자로 말소함(인)	○○ 지역본부

(예시 ②)

징계형벌	년 월 일	처분	종 류	발령기관
	03. 5. 5.	감봉3월	15. 3. 1.자로 말소함(인)	○○지역본부
	06. 2. 3.	견 책	15. 3. 1.자로 말소함(인)	○○지역본부
	08. 1 20	정직1월	15. 3. 1.자로 말소함(인)	○○지역본부

나. 불문(경고)의 경우

(예시)

년 월 일	종 류	처 분
	불문(경고) 보통징계위원회 의결사항	14. 7. 5.자로 말소함(인)

2. 인사기록카드 재작성

가. 징계처분의 경우

징계처분등이 무효 또는 취소 확정된 경우 징계처분사실이 전혀 나타나지 않도록 재작성함. 다만 무효, 취소 확정된 징계처분 이전에 다른 징계처분이 있은 경우에는 재작성 하지 않고 말소사실만 표시함.

(예시)

징계형벌	년 월 일	종 류	결 과	발령기관
	04. 2. 12.	인사규정 제48조 제1호내지 제3호의 규정에 의하여 견책에 처함	07. 2. 12자로 말소함(인)	○○
	06 .4. 5.	인사규정 제48조 제1호내지 제3호의 규정에 의하여 정직 1월에 처함	08. 1. 20.자로 말소함(인)	○○
	07. 1. 20.	07. 4. 5.자 정직 1월 처분을 대법원판결에 의거 동일자로 취소함		○○

나. 재작성 확인방법

징계나 직위해제 처분이 무효 또는 취소됨으로서 인사기록카드를 재작성한 경우 인사기록카드의 "기록사항 확인"란에 본인과 소속 기관장의 확인을 받되 날짜는 재작성일자를 기입함.

Ⅳ. 말 소 절 차

말소권자는 말소사유가 발생하면 당해 사유가 발생한 날로부터 14일이내에 본인에게 말소사실이 통보될 수 있도록 다음과 같은 절차에 따라 말소조치를 완료하여야 함.

다만, 14일이내에 같은 조치가 없을 경우에는 징계등 처분을 받은 자가 말소권자에게 말소신청을 할 수 있음.

1. 말소계획서 작성

인사담당부서장은 징계등 처분기록에 대한 말소사유가 발생한 경우 별지 제1호 서식의 '징계등 처분기록 말소계획(신청)서'를 작성하여 본 지침에서 정한 말소권자에게 결재를 신청함.

2. 처분기록의 말소

말소권자의 결재후 인사담당자는 본 지침에서 정한 말소방법에 따라 처분기록에 말소의 표시를 하거나 인사기록카드를 재작성하여야 함.

3. 말소사실 통보

말소권자는 처분기록의 말소 후 지체없이 해당직원에게 별지 제4호 서식에 의한 '징계 등 처분기록말소통지서' 로 말소사실을 통지하여야 함.

징계처분된 자가 말소사유 발생일로부터 14일 이내에 이러한 통보를 받지 못하였을 경우 "1"항에서 정한 말소신청서로 말소권자에게 신청할 수 있음.

4. 말소기록관리대장 관리

위와 같은 모든 절차가 종료되면 별지 제5호 서식의 '징계등 처분기록말소대장' 에 정리하여야 함.

※ 본 대장을 타목적에 사용할 수 없도록 철저히 관리하여야 함.

<말소절차흐름도>

V. 말소의 효과

1. 기성효과의 회복문제

징계등 기록말소제도는 징계 등 처분을 받은 직원이 법규상 규정된 각종 불이익이나 제한을 받은 후 일정기간 성실하게 근무하고 있음에도 인사기록카드상에 등재된 관계기록 때문에 장래에 대한 인사상의 사실상 불이익을 받게 될 소지를 제거하는데 그 목적이 있는 것이지 인사기록카드상의 관계기록이 말소되었다고 하여 징계등 처분이 있었다는 사실 자체가 없어진다는 것이 아니므로 이미 받은 법규상의 각종 불이익이나 제한사항이 회복되는 것은 아님.

다만, 징계처분기간을 제외한 승급제한기간은 회복되므로 승급기간에 산입되어야 함.

(예시)

'04.3.1. 감봉1월이 처분되어 1월분의 보수가 감액 지급되고 승급이 13월 제한된 직원이 '07.4.1. 감봉1월의 기록이 말소된 경우 이미 지급된 '04. 3월분의 보수중 감액분을 돌려주는 것이 아니라, 감봉1월 처분으로 인한 승급제한기간 13개월중 징계처분기간 1월을 제외한 12월이 회복되는 것이므로 승급기간에 산입시켜야 하는 것임.

2. 사실상의 불이익 금지

징계등 처분으로 인하여 관계법규에 따라 이미 받은 불이익은 회복되지 않으나 다음 경우에 있어 인사상 차별적인 대우를 하지 않도록 함으로써 사실상의 혜택을 받을 수 있음.

가. 승진전보등 인사운영 전반

징계처분등의 말소된 기록을 이유로 승진임용 심의 또는 전보 등 임용권을 행사함에 있어 불리한 대우를 하여서는 아니 됨. 다만, 직원승진평정세칙 제30조 제1항의 규정에 의하여 직위해제 및 정직처분 기간은 경력평정기간에서 제외하고 있는 바, 이는 동 처분으로 인하여 사실상 직무에 종사하지 아니한 사실을 근거로 한 것이므로 그 처분기간을 경력평정 기간에 포함해서는 아니 됨.

나. 서훈 및 표창대상자 선정

포상대상자 선발시 별도의 선발기준이 있는 사외의 포상을 제외하고는 말소된 징계등 처분기록을 이유로 제외할 수 없음.

다. 징계양정 결정시

징계위원회가 이미 말소된 과거의 징계처분 사실을 이유로 부당히 무거운 징계로 의결할 수 없도록 징계업무시행세칙 제15조 제1항의 규정에 의한 "확인서"에 말소된 징계처분 기록을 기재하지 않아야 함.

다만, 말소한 징계처분이 징계업무시행세칙 제10조 제2항의 규정에 의한 공적으로 감경된 것일 경우 그 공적의 이중참작을 방지하기 위하여 말소된 징계기록과 말소사실 및 감경대상으로 참작된 공적을 확인서에 기재하여야 함. 그러나 무효, 취소로 확정된 징계기록은 어떠한 기재하여서는 아니 됨.

(예시)

확 인 서

공 적 사 항			징계사항(경고포함)		
표창일자	표창종류	시행기관	일 자	종 류	발령기관
06.12.31	사장		99.4.6 00.4.6	불문(경고) 위기록말소	○○지역본부 ○○지역본부

라. 승진평정

근무성적 평정이나 승진평정시 징계 등 처분을 이유로 평정을 부당하게 처리할 수 없으며 승진서열기록표의 "징계"란에 말소된 징계기록을 기재하지 않도록 함.

마. 직급대우 대상자 선발

인사규정 제29조의2 및 직급대우임용지침에 의한 "직급대우선발신청" 상에 말소된 징계등 처분사실을 기재하지 알도록 함. 따라서 말소된 징계 등 처분사실을 이유로 직급대우 추천 및 선발대상에서 제외 할 수 없음.

바. 전력조회 및 경력증명 등

재직자 또는 퇴직한 직원에 대하여 인사사무처리세칙 제10조 및 제26조의 규정에 의한 전력조사 회보 및 경력증명서를 발급할 때에는 말소된 징계등 처분의 기록을 기재하지 않아야 함. 다만, 호봉합산에 사용되는 전력조사 회보 또는 경력증명서를 발급할 때에는 사실상 직무에 종사하지 아니한 말소된 정직처분 기록은 기재하여야 함.

Ⅵ. 행정사항

1. 경과조치

부칙에서 시행일을 '15. 3. 1 로 정하고 있으나 이는 시행일 이후의 징계처분등만 말소한다는 것이 아니라 시행일로부터 말소소치를 한다는 것이므로 시행일 전의 징계 등 처분도 시행일 현재 직원의 신분을 보유하고 말소사유만 성립되면 모두 말소할 수 있는 것임. 다만, 시행일 전에 말소제한기간이 만료되었거나 소송에서 무효, 취소로 확정된 경우와 징계사면된 경우의 말소일자는 '15. 3. 1.자로 인사기록카드를 정리(재작성포함)하고, 이 이후의 것은 당해 사유발생일자로 말소함.

2. 각종 인사관련 지침의 반영

이 지침과 상충되는 각 지침은 즉시 정비하여 불이익을 주는 일이 없도록 하고, 앞으로 재정되는 각종 지침도 이러한 취지에서 맞도록 하여야 함.

3. 기록관리 철저

징계등 처분기록을 허위로 말소하거나 보관한 자나 징계 등 처분기록을 말소하였음에도 여전히 사실상의 불이익한 대우를 함으로써 물의를 야기한 자는 인사규정 제48조에 의거 징계사유에 해당하므로 각급 기관장은 제도시행에 철저를 기하고, 특히 인사기록카드 재작성 또는 말소기록에 오류가 없도록 최선을 다하여야 함.

<table>
<tr><th colspan="7">징계 등 처분기록 말소계획(신청)서</th></tr>
<tr><td rowspan="2">인적
사항</td><td>소 속</td><td colspan="2"></td><td>직위
(직급)</td><td colspan="2"></td></tr>
<tr><td>성명
(한자)</td><td colspan="2">(　　　　)</td><td>주민등록
번호</td><td colspan="2"></td></tr>
<tr><td rowspan="7">말소
대상
처분
기록</td><td rowspan="3">징계</td><td>종류</td><td colspan="2"></td><td></td><td></td></tr>
<tr><td>처분일자</td><td colspan="2"></td><td></td><td></td></tr>
<tr><td>말소예정일자</td><td colspan="4"></td></tr>
<tr><td rowspan="3">직 위
해 제</td><td>종류</td><td colspan="2"></td><td></td><td></td></tr>
<tr><td>처분일자</td><td colspan="2"></td><td></td><td></td></tr>
<tr><td>말소예정일자</td><td colspan="4"></td></tr>
<tr><td>불문
(경고)</td><td>처분일자</td><td></td><td>말소예정
일자</td><td colspan="2"></td></tr>
<tr><td rowspan="2">인사담당
부서장의
의 견</td><td rowspan="2" colspan="2"></td><td rowspan="2">말소방법</td><td>말소포기</td><td colspan="2"></td></tr>
<tr><td>카드재작성</td><td colspan="2"></td></tr>
<tr><td colspan="7">직원인사기록 및 인사사무처리세칙 제　조　의 규정에 의거 징계등 처분기록의 말소를 신청합니다.
년　월　일
신청인　　　　(인)
첨부 : 인사기록카드</td></tr>
<tr><td colspan="7">상기 직원에 대한 징계 등 처분기록의 말소를 승인합니다.
년　월　일
임용권자 (인)</td></tr>
</table>

○ 신청인은 인사담당부서장 또는 징계처분을 받은 자가 됨.

○ 신청인이 징계 등 처분을 받은 자인 경우 인사기록카드를 첨부하지 않음.

징계등 처분기록말소 통지서

소속 및 직위	
직위(직급)	
성명(한자)	
직원인사기록 및 인사처리세칙 제 조 의 규정에 의거 귀하의 아래 처분	
기록을 년 월 일자로 말소하였음을 통보하니 더욱 업무에 정진하기 바랍니다.	

처 분 기 록 말 소 사 항				
1.	년	월	일자	처분
2,	년	월	일자	처분
3.	년	월	일자	처분

년 월 일

임용권자 (직인)

귀 하

징계등 처분기록 말소대장

연번	① 인적사항			징계등처분기록사항			말소사항			말소방법		확 인	
	소속	직급	성명	② 구분	③ 처분종류	④ 처분일 (복직일)	⑤ 말소사유	⑥ 말소일자	⑦ 통보일자	⑧ 말소표기	⑨ 인사기록카드재작성	기록자	인사부사장

※ 작성요령

① 말소사유 발생시점 기준 현 재직기간

② 징계, 직위해제로 구분

③ 징계는 징계해고, 해임, 정직(1~3월), 감봉(1~3월), 견책, 불문(경고)로, 직위해제는 인사규정상 사유 제1호 제3호로 구분

④ 징계는 처분일자, 직위해제는 복직일자

⑤ 말소제한기간 경과, 법원등에서 무효, 취소, 일반사면으로 구분

⑥ 말소사유 발생일자

⑦ 당해직원에게 말소사실을 통보한 일자

(3) 징계처분 사면에 따른 인사처리 지침

Ⅰ. 사면대상 범위

1. 사면대상자

- 이번 징계사면의 대상은 '03.2.24이전에 징계사유에 해당하는 비위를 범한 자로서 이미 징계처분을 받았거나 아직 징계처분을 받지 아니한 전직(前職) 또는 현직 직원임.
- 따라서 '03. 2. 24이전에 징계사유에 해당하는 비위를 범한 직원으로서 징계절차가 진행중이거나 이미 퇴직한 자도 포함함.
- 사면대상인 직원은 그 직종을 불문하고 인사규정 제2조의 범위에 속하는 모든 직원임 .

사면제외자

- 다만, 위의 요건에 해당하는 경우에도
- 파면 또는 해임처분을 받은 자
- 직무와 관련된 금품 및 향응수수, 공금횡령 유용의 비위를 범한 자 및 그 비위로 인하여 징계처분을 받은 자는 사면대상에서 제외함.

2. 사면대상인 징계처분

- 사면대상인 징계처분이라 함은 '03. 2. 24이전의 비위 사실을 이유로 인사권자가 징계업무세칙에 근거하여 발한 광의의 징계처분을 말함. 따라서 정직, 감봉, 견책 및 징계위원회 의결에 의한 경고뿐 아니라 직무감독권에 의한 단순한 경고 주의도 포함함.
- 다만, 이번 사면대상에는 면직 및 해임처분, 직무와 관련된 금품 및 향응수수, 공금횡령 유용의 비위가 징계사유의 일부분인 경우에도 사면대상에서 제외함.

3. 사면대상인 비위

- 사면대상인 비위라 함은 징계대상이 될 수 있는 모든 종류의 비위(단, 사면제외 대상은 불포함)로서 '03. 2. 24이전에 징계사유에 해당하는 사실 행위가 종료된 비위를 말함.
- 따라서 징계사유에 해당하는 사실행위가 '03. 2. 25이후까지 계속 되는 비위는 사면대상에서 제외함.
- 다만, 징계사유에 해당하는 수개의 비위가 경합되어 징계처분을 받은 경우 주된 하나 또는 수개의 비위사실이 '03. 2. 24이전에 종료되고 '03. 2. 25이후로 이어진 나머지 비위사실만으로는 징계처분에 이르지 않는다고 판단될 때에는 사면대상에 포함함.

Ⅱ. 사면의 일반적 효과

- 징계처분을 받은 자가 사면된 경우 사면일부터 징계처분의 효력이 상실되고, 징계처분을 받은 사실을 이유로 각종 법령에서 제한하고 있는 인사 및 보수등에 관한 제한규정의 적용이 배제됨. 그러나 징계처분에 의한 기성(旣成)의 효과는 사면에 의하여 변경되지 아니하므로 기집행된 효력부분에 영향을 미치는 것은 아님.
- 비위사실이 있으나 아직 징계처분을 받지 아니한 경우에는 사면일자를 기준으로 징계의결 요구건이 상실됨.

Ⅲ. 사면된 자에 대한 인사처리요령

1. 비위 또는 징계에 관한 처리

가. 징계혐의자의 경운

(1) 징계의결요구권의 상실

- '03. 2. 24이전에 징계사유에 해당하는 비위를 범한 자(단, 사면제외 대상은 불포함)에 대하여는 아직 징계처분을 받지 않았다 하더라도 '06. 3. 1 이후에는 징계의결요구를 하여서는 아니 됨.

(2) 징계의결요구의 취소

- '03. 2. 24이전에 징계사유에 해당하는 비위를 범한 자(단, 사면 제외 대상은 불포함)로서 징계의결이 요구되어 징계절차가 진행 중이거나 징계위원회에서 징계의결된 후 아직 징계처분을 받지 아니한 경우에는 '06. 3. 1자로 그 징계대상인 비위가 사면되었으므로 징계의결요구권자는 즉시 징계 의결요구를 취소하고 이를 징계위원회에 통보하여 종결 처리하여야 함.

(3) 직위해제처분의 금지

- '03. 2. 24이전의 비위와 관련된 자(단, 사면제외 대상은 불포함)에 대하여는 일반사면령의 취지를 감안하여 그 비위를 이유로 직위해제처분을 하여서는 아니 됨.
  * 이 경우 비위와 관련된 자라 함은 비위를 범한 자와 그 지휘 감독자를 말함
- 인사규정 제21조제1항제1호의 규정에 의하여 징계의결이 요구중임을 이유로 직위해제처분 중에 있는 자에 대하여는 '06. 3. 1자로 복직시켜야 함(징계의결을 요구한 비위사실이 사면대상인 경우에 한함).
  * 직위해제처분은 사면대상인 징계처분의 일종이 아니므로 집행이 완료된 직위해제처분 기간을 승진소요 최저년수, 경력평정기간, 승급기간 등에 산입하여서는 아니 됨.

나. 징계처분 중에 있는 자의 경우

- '03. 2. 24.이전의 비위로 인하여 징계처분(단, 사면제외 대상은 불포함)을 받고 집행중에 있는 경우에는 '06. 3. 1자로 징계처분의 효력이 상실되므로 향후 그 집행을 더 이상 진행시킬 수 없음
- 따라서 정직중인 자는 '06. 3. 1.자로 당연히 복직되므로 동일자로 복직발령을 하여야 함(정직처분일자로 소급복직을 시키는 것이 아님).
- 정직 감봉 등의 징계처분으로 인하여 보수가 감액 지급되고 있는 자에 대하여는 '06. 2. 29.까지만 일할 계산하여 감액지급하고, '06. 3. 1.이후에는 정상적인 보수 전액을 지급하여야 함(이미 감액지급 된 봉급을 소급지급을 하는 것이 아님).

다. 징계처분이 완료된 자의 경우

- '06. 2. 29.이전에 징계처분의 집행이 완료된 경우에는 징계처분에 의한 기성의 효과는 사면에 의하여 변경되지 아니하므로 징계위원회 결정이나 법원의 판결로 취소되는 경우를 제외하고는 징계처분을 취소하는 등 수습하며 원상회복(감액지급이 되었던 봉급의 소급지급 등)

2. 징계처분을 받은 자의 승진 승급 등 계한에 대한 처리

가. 승진임용

- 징계처분기간중에 있거나 징계처분 종료후 일정기간이 경과하지 아니한 경우에는 인사규정 제27조 규정에 의거 일정기간 승진임용이 제한되나 사면을 받은 자는 동 규정이 적용되지 아니하므로 '06. 3. 1.이후에는 다른 승진임용요건을 구비한 경우 승진임용이 가능함.

나. 승진소요 최저년수

- 징계처분을 받은 경우에는 인사규정 제26조제2항의 규정에 의하여 징계처분기간과 징계처분에 따른 승진임용의 제한기간을 승진소요 최저년수에서 제외하고 있으나, 사면을 받은 자는 사면일 이후의 동 규정이 적용되지 않을 뿐 아니라 이미 승진소요 최저년수에서 제외한 기 집행기간을 다시 승진소요 최저년수에 산입함.
- 즉, 이미 집행이 완료된 징계처분기간과 승진임용의 제한기간도 '06. 3. 1.부터 경력평정대상기간에 산입함
- 이 경우 경력 평정점의 계산은 사면일 직전의 정기평정일을 기준으로 함.

다. 승진후보자명부의 조정 등

- 사면된 자에 대하여는 "가"내지 "다"항을 적용하여 '06. 3. 1 을 기준으로 승진후보지명부를 조정하여 '06. 3. 2 부터 효력을 갖도록 함.

• "나"항에 의한 승진소요 최저년수의 산입에 따라 근속승진 기간에 도달하는 직원에 대하여는 근속승진임용의 절차 및 방법에 따라 승진 임용 할 수 있음.
• 사면으로 인하여 직급대우의 선발요건을 갖추게 되는 직원에 대하여는 직급대우 선발절차에 따라 '06. 3. 1. 이후 최초로 도래하는 선발시기에 직급대우로 발령할 수 있음.

마. 승 급

• 징계처분을 받은 경우에는 보수규정 제21조 규정에 의하여 징계처분 기간과 징계처분에 따른 승급제한기간을 승급기간에서 제외하고 있으나, 사면을 받은 자는 사면일 이후 동 규정이 적용되지 않을 뿐 아니라 이미 승급에서 제외된 기집행기간(징계처분기간 포함)을 다시 승급기간에 산입함.

바. 포 상

• 사면을 받은 자는 각종 포상대상자 선발 등 표창업무규정의 운영에 있어서 하등의 불리한 대우를 받지 아니 함.

3. 징계처분에 대한 심사청구 등의 권리

• 징계처분을 받은 자가 그 처분에 대하여 법령의 규정에 따라 재심청구나 행정소송을 제기하는 권리는 징계처분에 대한 사면에 의하여 영향을 받지 않음.

4. 인사기록의 정리

• 인사기록카드 "제20란 징계 형벌"중 사면대상 징계처분이 기재된 란의 여백에 '징계처분 사면('06. 3. 1)'을 주서함.
• 퇴직직원에 대하여는 당해 직원의 인사기록카드를 보관하는 퇴직당시의 임용권자가 정리함.
• 징계대장도 인사기록카드와 같은 방법으로 정리함.

Ⅳ. 기 타

• 사면을 받은 자에 대하여는 사면된 징계처분을 받은 사실을 이유로 신분 처우상 어떤 불리한 대우도 하여서는 아니 됨.

4. 징계양정표

(1) 직무태만

유 형	견책	경고	감봉	정직	해고
1. 무단결근, 출근불량, 지각, 조퇴, 직장이탈로 정상적 노무를 제공하지 않는 경우		○	○	○	○
2. 업무 중 직무와 관련없는 독서, 수면 등 행위를 하는 경우	○			○	○
3. 사내에서 도박, 음주를 하는 경우			○	○	○
4. 직무상 주의의무나 준수의무를 태만이 하는 경우				○	○
5. 관리, 감독소홀로 남의 물건에 손실 또는 파괴, 파손을 초래하거나 도난을 당한 경우			○	○	○
6. 업무중 잡담, 지시사항의 태만으로 업무의 효율성을 떨어뜨린 경우	○			○	○
7. 불성실한 업무처리, 보고 등으로 업무의 지장을 초래한 경우	○		○	○	○
8. 직무에 전념하지 않고 빈둥거리거나 업무를 태만히 하는 경우	○			○	○
9. 상사로부터 지시받은 업무를 수차례에 걸쳐 지연시키거나 보고서를 제출하지 않는 경우	○		○	○	○
10. 본인의 업무를 태만히 한 채 근무장소를 이탈하거나 타인의 업무를 참견하는 경우	○			○	○

(2) 지시명령 위반

유 형	견책	경고	감봉	정직	해고
1. 상사가 업무상 필요한 지시, 명령을 행한 경우에 정당한 이유없이 이행하지 아니하거나 거부하는 경우				○	○
2. 상사의 승인 또는 허락을 얻지 아니하고 자의적으로 행동하는 경우	○			○	○
3. 배치전환, 잔업지시, 출장명령, 연수교육 등의 지시를 이행하지 아니하거나 태만히 하는 경우			○	○	○
4. 교대시간, 작업장소 지정, 출입통제구역의 제한 등의 의무사항을 위반하는 경우				○	○
5. 긴급업무, 협력업무에 대하여 이를 회피하거나 태만히 하는 경우			○	○	○
6. 상사가 직무성격상 필요한 사항이나 준수해야할 사항을 지시하였음에도 이를 태만히 하는 경우	○			○	○
7. 안전 및 위생에 관한 준수의무를 위반한 경우	○		○	○	○
8. 기타 상사의 지시명령을 위반한 경우	○			○	○

(3) 직장규율 및 질서문란

유 형	견책	경고	감봉	정직	해고
1. 상사 및 동료, 부하에 대한 폭언, 폭력을 행사하거나 비방한 경우				○	○
2. 제복착용을 거부하거나 불량하게 한 경우	○			○	○
3. 업무수행상 금지하고 있는 소유물을 지참하거나 이를 반입한 경우	○			○	○
4. 복장, 용모, 두발 등의 청결의무를 불이행한 경우	○			○	○
5. 위생에 관한 준수사항을 위반한 경우	○		○	○	
6. 사업장내의 다른 근로자와 공동작업을 곤란하게 한 경우			○	○	○
7. 근무시간 중의 집단활동으로 근로정지 또는 지장을 초래하는 경우				○	○
8. 계획표, 지침, 표지판, 통지서, 공문 기타 공동목적의 유사물을 파괴하거나 훼손, 유실하는 경우	○			○	○

9. 회사의 허락없이 유인물을 배포하는 행위				○	○
10. 취업규칙 기타 규칙을 위반한 경우	○			○	○
11. 상사 또는 동료 근로자를 비방하거나 모욕을 주는 행위			○	○	○
12. 사업장내에서 풍기문란, 음란행위, 또는 성폭력을 행한 경우				○	○
13. 사업장 시설 또는 직위를 이용하여 매춘행위를 소개한 경우					○
14. 사업장내에서 도박, 마권, 복권 등 이에 준하는 행위를 하거나 방조한 경우				○	○
15. 근무시간 중 난폭한 장난, 소음을 일으키는 행위, 물품투척 등의 행위를 하는 경우	○			○	○
16. 타인의 사생활을 공개하거나 유포하여 위화감을 조성하는 경우				○	○
17. 외설스런 그림, 사진 기타 영상물을 보여주거나 배포하는 경우				○	○
18. 회사내에서 상행위 또는 기부금의 납부를 강제하는 경우			○	○	○
19. 정당한 근거없이 사용자를 고발하거나 매스컴에 허위정보를 제공하는 경우				○	○
20. 지시계통을 무시하여 물의를 일으킨 경우			○	○	○
21. 사내에서의 고성방가 또는 소란행위를 일으키거나 이에 참여한 경우	○	○		○	○

(4) 기밀유지의무 위반

유 형	견책	경고	감봉	정직	해고
1. 회사의 영업활동 및 경영정책, 직무관련 사항을 허락없이 제3자에게 유포한 경우	○			○	○
2. 회사의 기밀을 누설하여 불이익을 초래한 경우				○	○
3. 회사의 기밀에 관한 사항을 제3자에게 제공하였거나 이를 시도한 경우				○	○
4. 경쟁회사나 다른 회사에 정보를 누설하여 회사에 불이익이 초래되는 경우					○
5. 업무상 취득한 정보를 제3자에게 누설한 경우				○	○
6. 사외비에 해당하는 정보, 문서, 장부, 도면 등을 허락없이 사외에 유출하거나 시도한 경우				○	○
7. 사업장의 주요시설, 업무공정등을 회사의 허가없이 외부에 공개하는 경우				○	○
8. 기타 기업의 중요한 기밀을 누설한 경우			○	○	○

(5) 겸직금지 위반

유 형	견책	경고	감봉	정직	해고
1. 친 · 인척관계의 업무에 종사하는 경우	○			○	○
2. 겸직으로 인하여 회사의 대외적 신용과 명예를 손상시키는 경우				○	○
3. 회사업무와 동일한 업무 또는 경쟁적인 영업에 종사하는 경우				○	○
4. 회사의 승낙없이 다른 회사의 아르바이트, 촉탁, 강의 등의 업무에 종사하는 경우					○
5. 회사의 허락없이 회사의 이익에 반하는 업무에 종사하는 경우				○	○
6. 경쟁관계에 있는 회사의 업무를 원조하는 경우				○	○
7. 회사의 허락없이 다른 회사의 업무를 원조 또는 지원 등을 하고 그 대가를 받는 경우				○	○
8. 기타 본래 업무에 지장을 초래할 만한 업무를 겸직하는 경우			○	○	○

(6) 폭행, 상해, 협박 등

유 형	견책	경고	감봉	정직	해고
1. 사업장내외에서 폭행, 상해, 횡령 등의 사고를 일으킨 경우			○	○	○
2. 사업장 밖에서 절도, 상해, 강도, 강간 등의 파렴치한 행위를 저지른 경우					○
3. 부도덕한 품행이나 방종으로 인하여 업무성격상 근로관계의 유지가 곤란한 경우					○
4. 여자근로자에 대한 육체적인 접촉이나 언어, 행동 등을 이용한 성폭력 행위를 한 경우					○
5. 고객 또는 동료직원, 상사 등에 대한 구타, 폭행 또는 이에 준하는 위협을 가한 경우				○	○
6. 고객 또는 동료직원, 직장상사 등의 집으로 전화를 하여 폭언을 하거나 위협을 가하는 언동을 하는 경우				○	○
7. 직장의 상사나 직원의 자택을 방문하여 폭언, 폭행을 하거나 위협을 한 경우				○	○
8. 기타 상사나 동료직원으로 하여금 심적인 위협을 느끼게 하는 경우			○	○	○

(7) 회사시설의 무단이용, 점거

유 형	견책	경고	감봉	정직	해고
1. 회사의 승낙없이 시설물을 무단으로 이용하는 경우	○			○	○
2. 사업장 시설의 구역을 무단 사용하는 경우	○			○	○
3. 사업장의 차량, 기구, 장비, 도구 등을 회사의 승낙없이 무단으로 사용하는 경우	○			○	○
4. 사업장 시설의 서비스를 이용하도록 제3자에게 승낙없이 대여하거나 공여하는 경우	○			○	○
5. 집단적으로 사업장 시설을 점거하여 시설본래의 용도를 저해하는 경우			○	○	○
6. 시설물을 이용하지 못하도록 폐쇄하거나 잠금장치를 하는 경우			○	○	○
7. 불법적으로 점거하여 관계자의 출입을 통제하거나 관리, 감독을 저해하는 경우			○	○	○
8. 기타 회사시설을 무단 이용하거나 점거하는 경우	○			○	○

(8) 업무방해

유 형	견책	경고	감봉	정직	해고
1. 업무상의 지시에 정당한 이유없이 따르지 않는 경우	○			○	○
2. 협박 또는 강압으로 다른 사원의 업무수행을 저지, 방해하는 경우			○	○	○
3. 회사의 문서 또는 기기, 도구 등을 손괴시키거나 고의로 훼손하여 정상적 업무에 지장을 초래케 한 경우			○	○	○
4. 사업장 시설, 장소, 설비, 기계 등을 점거하여 본래의 영업을 수행할 수 없도록 하는 경우			○	○	○
5. 전기, 수도, 가스 등의 공급을 중단하여 업무에 지장을 주는 경우			○	○	○
6. 컴퓨터 시스템을 훼손시키거나 프로그램을 무단 삭제하는 경우				○	○
7. 버스 운행의 정지, 전화 또는 통신시설의 절단 등으로 그 사용을 중지시키는 경우				○	○
8. 기타 임원 및 동료사원의 정상적인 업무를 방해하는 경우	○		○		○

(9) 근무태도, 성적불량

유 형	견책	경고	감봉	정직	해고
1. 월 1회 이상의 무단결근 하는 경우					○
2. 지각, 조퇴 등의 사유를 사전에 보고하지 않는 경우	○		○	○	○
3. 강의, 연수, 훈시 등의 목적으로 집합시 정당한 이유없이 출석하지 않는 경우	○			○	○
4. 월 3회 이상, 10분 이상의 지각을 하는 경우	○			○	○
5. 근무지를 무단이탈하거나 무단배회하는 경우			○	○	○
6. 출근카드 대리각인 또는 출퇴근 시각의 기록을 허위로 하는 경우				○	○
7. 정해진 제복을 제대로 착용하지 않는 경우	○			○	○
8. 기타 불성실한 근무태도 및 동료사원과 비교하여 현저히 성적이 불량한 경우	○			○	○

(10) 횡령, 착복, 절도 등

유 형	견책	경고	감봉	정직	해고
1. 사업장의 구역, 차량, 기구, 장비, 재료 등을 개인의 이익 또는 개인 사업에 불법으로 사용하는 경우			○	○	○
2. 직원의 출연재원, 회사의 비용, 수익금, 재물 등 재산적 가치가 있는 자금을 유용 또는 횡령하는 경우					○
3. 손님으로부터 받은 금품을 회사에 입금하지 않은 채 착복하는 경우					○
4. 고객의 귀중품, 금품 기타 재산적 가치가 있는 제품을 절도하는 경우					○
5. 회사의 허락없이 재료품, 보급품, 음식류, 도구, 완성품을 무단으로 반출하는 행위				○	○
6. 거래관계에 있는 회사 등으로부터 금품을 받는 경우			○	○	○
7. 회사의 공금을 횡령, 유용하는 경우					○
8. 회사 또는 고객의 재물을 절도하거나 이를 시도한 경우					○
9. 부정한 방법에 의한 회사자산의 편취, 매매, 증여					○
10. 기타 회사나 동료사원의 자산을 횡령, 착복, 절도한 경우			○	○	○

(11) 허위보고, 문서위조

유 형	견책	경고	감봉	정직	해고
1. 각종 문서 및 서식, 보고서, 증빙 서류를 허위로 기재한 경우	○			○	○
2. 인명피해가 예상되거나 기계, 시설, 기구 등의 파괴로 재산적 손실이 발생하거나 우려가 있는 사실을 은폐한 경우				○	○
3. 이력서, 인사기록카드 등 주요 신상명세서를 허위로 작성한 경우			○	○	○
4. 채용, 졸업증명서, 경력증명서 등을 허위로 작성하거나 변조한 경우			○	○	○
5. 업무관련 서류, 공문서 등을 변조한 경우			○	○	○

6. 회사의 증명서를 용도와 다르게 발급받거나 타인에게 대여하는 경우			○	○	○
7. 각종 청구서, 영수증, 결재서류 등을 변조한 경우			○	○	○
8. 비위사실의 은폐를 위해 문서나 기록을 변조, 위조, 파기한 경우				○	○
9. 기타 각종 허위보고, 문서위조의 경우			○	○	○

(12) 명예훼손

유 형	견책	경고	감봉	정직	해고
1. 사내외에서 부도덕한 행위로 회사의 명예를 실추시킨 경우			○	○	○
2. 외부인사와의 금전, 소비대차 등에 의하여 급여 등에 가압류 등이 설정된 경우				○	○
3. 회사원의 신분을 이용하여 사내외에서 물의를 일으킨 경우	○			○	○
4. 명확한 근거없이 회사를 비방하거나 허위사실을 유포한 경우				○	○
5. 방송, 언론 등에 출연하여 회사를 비방한 경우				○	○
6. 회사내부의 일이나 기밀사항을 유포하여 사회에 물의를 일으킨 경우				○	○
7. 불법적인 행위, 파렴치한 행위로 수사기관에 구속되거나 형사상 기소된 경우				○	○
8. 회사에 불명예가 되는 행위를 하거나 이에 가담한 경우			○	○	○
9. 부정한 방법에 의한 회사자산의 편취, 매매, 증여	○			○	○

(13) 금품수수와 직권남용

유 형	견책	경고	감봉	정직	해고
1. 직권을 남용하여 금품 또는 기타의 이익을 받는 경우				○	○
2. 직권을 이용하여 특정인에 대한 우대 또는 이익의 제공을 미끼로 금품을 수수하는 경우				○	○
3. 금지된 위반행위를 하도록 강요, 뇌물공여, 기타 이익의 제공을 약속하는 경우				○	○
4. 윤락행위의 알선, 방조 등을 이유로 금품을 받는 경우					○
5. 회사의 거래처로부터 사례, 향응, 향연을 받거나 금전을 차용한 후 돌려주지 않는 경우				○	○
6. 업무와 관련하여 부정청탁을 하거나 청탁을 받고 사례, 향응을 받는 경우					○
7. 기타 직원을 이용한 금품수수의 경우			○	○	○

(14) 불법집회, 유인물의 배포금지

유 형	견책	경고	감봉	정직	해고
1. 회사의 승인을 받지 않고 유인물을 배포하거나 가정통신물을 발송하는 경우			○	○	○
2. 회사를 비방하는 유인물, 현수막, 포스터 등을 게재하거나 부착하는 경우			○	○	○
3. 회사내에서 연판장을 돌리거나 서명을 받는 경우			○	○	○
4. 경영권 범위를 일탈하여 대정부 투쟁을 이유로 사업장내에서 불법집회를 하는 경우			○	○	○
5. 불량집회, 서클, 시위를 하거나 유인물을 배포하는 경우			○	○	○
6. 회사의 허가없이 사내집회를 하거나 연설, 집회선동, 기타 정치적 활동을 하는 경우			○	○	○
7. 회사의 허가없이 신문, 잡지, 방송, 기타 공공장소에 업무에 관한 사항을 투고하거나, 인쇄물게재 등을 하는 경우			○	○	○
8. 기타 노동조합및노동관계조정법을 위반하여 행하는 각종 집단행위의 경우			○	○	○

(15) 형사사건의 위반

유 형	견책	경고	감봉	정직	해고
1. 자치단체의 선거시 특정인의 당선 또는 낙선을 목적으로 투표권을 절취한 경우					○
2. 근로관계의 신뢰를 훼손하는 중대한 위법행위를 한 경우					○
3. 형사사건으로 기소되어 금고이상의 형을 받는 경우				○	○
4. 추천서 위조, 투표권 위조 등을 이유로 선거법위반, 부정투표행위 등으로 형사상 소추된 경우					○
5. 음주운전, 뺑소니 운전 등으로 구속된 경우					○
6. 반국가단체 또는 이적단체를 조직, 가담하여 활동한 전력이 있는 경우					○
7. 마약, 대마초 흡연 등을 행한 경우					○
8. 파렴치한 행위 또는 반도덕적 행위로서 형사상 소추된 경우					○
9. 교통사고를 3회 이상 일으킨 경우			○	○	○
10. 기타 형사사건의 위반으로 소추된 경우			○	○	○

(16) 불법집회, 유인물의 배포금지

유 형	견책	경고	감봉	정직	해고
1. 취업시간중에 법개정 반대서명을 받는 경우	○			○	○
2. 휴게시간중의 유인물배포로 근로자의 휴식을 저해하는 경우	○			○	○
3. 경영진의 퇴진을 요구하는 집회나 시위를 하는 경우			○	○	○
4. 쟁의신고를 하지 아니한 채 불법적으로 리본착용, 완장착용을 하는 경우	○			○	○
5. 사업주 시설물을 무단으로 점거하거나 경영을 지배하는 경우	○		○	○	○
6. 고객들에게 회사를 비방하는 유인물 배포, 현수막 게재를 하는 경우			○	○	○
7. 이사진 또는 비노조원의 출근을 저지하는 경우				○	○
8. 조합원총회의 결의없이 행한 살쾡이파업, 항의파업으로 경제적 손실을 일으킨 경우				○	○
9. 집단적으로 근로자들이 제복의 착용을 거부하는 경우			○	○	○
10. 사업장에서 정치활동, 집회, 시위를 하는 경우			○	○	○
11. 기타 노동조합및노동관계조정법에 위반한 경우				○	○

5. Table of Offenses and Penalties

조항	Offense(위반사항)	Penalty				
		1st	2nd	3rd	4th	5th
1	Theft or stealing from the Hotel, from other employees, or from guests, including embezzlement of hotel funds or property	Dismissal				Dismissal
	회사자금 또는 재산의 횡령을 포함한 회사, 직원, 고객에 대한 절도행위					
2	Falsifying personnel records, production, vouchers, receipts, time records, or other hotel official records, including employment application	Dismissal				
	개인 신상기록, 상품기록, 증빙서류, 영수증, 출퇴근카드 또는 입사지원서를 포함한 호텔 공식문서의 위조행위					
3	To disply or to engage in indecent or immoral acts at activity during duty hours and/or on hotel premises, including "pimping"	Suspension	Dismissal			
	근무시간중 또는 회사 내에서 매춘을 포함한 음란하거나 비도덕적인 행위를 하거나 이에 관여하는 행위					
4	Gambling or collecting bets for horse racing, lotteries, and the like in the hotel premises	Written Reprimand	Dockage	Suspension	Dismissal	
	회사 내에서 경마, 복권 또는 이에 준하는 도박행위					
5	Misusing, destroying, defacing or damaging any property of the hotel or of co-employees	Dockage	Suspension	Dismissal		
	회사 또는 동료직원의 재산을 오용, 파괴, 손상 또는 손해를 입히는 행위					
6	Removing or destroying schedules, signs, rules and regulations, notices,	Written Reprimand	Dockage	Suspension		

조항	Offense(위반사항)	Penalty 1st	2nd	3rd	4th	5th
	letters, announcements or other such materials posted by management on Bulletin Boards for the information and guidance of employees					
	직원에게 통보 및 지침으로 게시판에 게시한 스케쥴, 표지판, 규정 및 규칙, 통지, 공문, 공고문, 기타 유사물의 제거 또는 파괴행위					
7	Making false or malicious statements concerning the good name of the hotel. it's officials and products, or revealing, without authority, confidential information concerning operations or trade secrets of the hotel	Dockage	Suspension			
	회사의 명예, 직원 및 상품에 관한 허위 또는 악의적인 언동 또는 회사의 운영 또는 영업상 비밀을 허가없이 누설하는 행위					
8	Engaging in business activities which are of the same nature or which will compete with the operations of the business of the hotel	Dismissal				
	회사영업과 동일 업종 또는 경쟁적 업종에 종사하는 행위					
9	Unauthorized use of hotel time, premises, vehicles, tool, equipment, or materials for personal benefit or personal business	Written Reprimand	Suspension	Dismissal		
	개인적인 이익이나 영업을 위하여 업무시간, 호텔의 구내, 차량, 기구, 장비 또는 재료를 불법으로 사용하는 행위					
10	Punching the time card of another employee	Written	Suspension	Dismissal		
	타임카드를 대리로 펀칭하는 행위	Reprimand				

조항	Offense(위반사항)	Penalty				
		1st	2nd	3rd	4th	5th
11	Unauthorized possession of master key or duplicate keys which can open lockers, drawers, desks, cabinets, offices or guest rooms	Dismissal				
	락카, 서랍, 책상, 캐비닛, 사무실 또는 객실을 열 수 있는 마스터키 또는 별도의 열쇠를 불법으로 소지하는 행위					
12	Acceptance or agreement to accept for personal gain or gratification, monetary or other consideration, as a motive or reward to do or not to do any act, or to show favor or disfavor to any person, in respect of the discharge of the employees' work	Dismissal				
	직무수행과 관련하여 모종의 행위 이행여부 또는 특정인에 대한 배려여부의 대가로써 개인적인 이익, 금품, 기타 이득을 수수하거나 수수하기로 약조하는 행위					
13	Padding customers' chits, deliberate overcharging, using a paid invoice for another customer, using unauthorized invoices, or other similar acts of dishonesty, including unlawful dealing in Foreign Exchange	Dismissal				
	고객 계산서에 자기 몫을 붙이는 행위, 고의적 초과요금 징수, 완불된 영수증을 타 고객에게 재사용, 불법 영수증 사용 또는 불법 환전거래를 포함한 기타 유사한 부정행위					
14	Conviction of any criminal offense under the law	Dismissal				
	법에 저촉되는 범법행위로 유죄판결을 받는 행위	Dismissal				
15	Possession of prohibited drugs or intoxication liquor while on the job or reporting for duty under the influence of drugs or liquor	Dismissal (Convicted) Demotion (not Convicted)	Dismissal			

조항	Offense(위반사항)	Penalty				
		1st	2nd	3rd	4th	5th
	근무 중 금지된 마약이나 독극물을 소지하는 행위 또는 마약복용 또는 음주상태로 출근하는 행위					
16	Inciting or participating in riots or disorders	Dismissal				
	폭동 또는 소요를 선동하거나 가담하는 행위					
17	Attempting and/or succeeding to bring in firearms or explosives or deadly weapons into the hotel premises or work area	Dismissal				
	회사구내 또는 근무지 내에 총기류, 폭발물 또는 위험한 무기류를 반입하거나 반입을 시도하는 행위					
18	Conviction of any crime involving moral turpitude, including but not limited to theft, malversation, rape, robbery and the like	Dismissal				
	절도, 공금횡령, 강간, 강도 등을 포함하여 부도덕한 행위와 관련되어 유죄판결을 받는 행위					
19	Insulting, threatening, or verbally fighting with a customer, guest, or co-employee	Suspension	Dismissal			
	고객, 또는 동료직원에 대한 모욕, 협박 또는 언쟁하는 행위					
20	Striking, assaulting or attempting to assault a guest, fellow employee or supervisor on or off duty(except in the defense of oneself and property in the event of real danger)	Dismissal	Dismissal			
	근무 중이거나 또는 비 근무 중에 고객, 동료직원 또는 상사에 대한 구타, 폭행 또는 폭행예비행위(단, 실제적인 위험으로부터 개인 및 회사를 방어하는 행위는 제외함)					

조항	Offense(위반사항)	Penalty				
		1st	2nd	3rd	4th	5th
21	Infractions of the policy that all employees are required to be respectful, courteous and civil to hotel patrons, customers and guests	Written Reprimand	Suspension	Dismissal		
	모든 직원은 고객에 대하여 공손하고 예의 바르고 친절해야 한다는 규칙을 위반하는 행위			Dismissal		
22	Failure to cooperate and coordinate with other employees, or making false, vicious, or malicious statements regarding other employees or use of profane or obscene language in addressing other employees	Verbal warming	Written Reprimand	Suspension	Dismissal	
	타 직원과의 비협조, 타 직원에 대한 악담 또는 비방, 타 직원을 대하는데 있어서 모욕적이고 음란한 언어 사용 등의 행위					
23	Smoking in strictly prohibited areas where gasoline, petroleum or highly inflammable materials are stored or kept	Dismissal				
	휘발유, 석유류 또는 인화성이 강한 물질이 저장 또는 보관된 흡연이 금지된 지역에서 흡연행위					
24	Smoking in the following areas are prohibited: a. Generator and boiler rooms b. Airconditioning and fan rooms c. Storerooms d. Lobby area e. Projection Room f. Hallways of floors & restaurants g. Linen, laundry room, kitchens, dining rooms, conference rooms, bars and vestibules h. Wine Cellar i. Printing room j. In front of hotel guests	Verbal warming	Written Reprimand	Suspension	Dismissal	

조항	Offense(위반사항)	Penalty				
		1st	2nd	3rd	4th	5th
	아래 금연장소에서의 흡연행위 a. 발전실, 보일러실 b. 송풍실 c. 저장창고 d. 현관의 홀 e. 영사실 f. 각 층 및 식당의 복도 g. 린넨실, 세탁소, 주방, 식당내부, 회의실, 빠, 현관 h. 주류창고 I. 인쇄실 j. 접객실					
25	Encouraging, coercing, bribing or otherwise inducing any employee to engage in practices which are prohibited. The disciplinary action will be that specified for the rule which is violated					
	타 직원에게 금지된 행위를 하도록 사주, 강요, 뇌물공여, 권유하는 행위 등은 그러한 위반사항이 해당되는 조항의 내용에 따라 징계를 행한다.					
26	Unauthorized solicitation - Employees may not, without written permission from management, solicit for any purpose, or sell anything during, before or after working time on the hotel premises. Solicitation, selling or distribution of any kind is prohibited, including solicitation of guest tips	Written Reprimand	Suspension	Dismissal		
	불법 구매권유 행위 – 직원들은 회사내에서 근무시간 여부를 불문하고 회사로부터 서면허가 없이 어떤 목적으로든 구매를 권유하거나 어떠한 물건도 판매할 수 없다. 고객에게 팁 강요행위를 포함하여 물품의 구매권유, 판매 및 배달은 금지되어 있다.					

조항	Offense(위반사항)	Penalty				
		1st	2nd	3rd	4th	5th
27	Creating or contributing to unsanitary conditions by violating rules of sanitation. NOTE : All employees in the Food Preparation and F&B Service Departments must wash their hands with soap and water after touching their body, clothing, or foreign object that might contaminate food. All hotel employees required to wash hand with soap water after using the toilet	Written Reprimand	Suspension	Suspension	Dismissal	
	위생에 관한 규정위반 행위로 비위생적 상태를 발생시키거나 발생하는데 기여하는 행위 주) 식음료 서비스 관련부서의 모든 직원들은 음식을 오염시킬 수 있는 신체, 의복 또는 외부물체에 접촉했을 때 손을 반드시 물과 비누로 씻어야 한다. 모든 호텔 직원들은 화장실을 이용한 후 손을 물과 비누로 씻어야 한다.					
28	Violation of safety rules and regulations or common safety pratices, or jeopardizing through negligence or carelessness the safety of any person or property	Written Reprimand	Suspension	Dismissal		
	안전규정 및 규칙 또는 상식적인 안전수칙을 위반하거나 태만과 부주의로 인명이나 재산을 위태롭게 하는 행위					
29	Failure to report immediately a personal injury occurring within the premises, as well as breakage or damage to machinery, furniture or property	Written Reprimand	Suspension	Dismissal		
	회사 내에서 발생한 인명피해사고 뿐만 아니라 기계, 기구 또는 재산의 파손 및 손상에 대한 즉시 보고 불이행 행위					
30	Visiting rooms of guests or elsewhere in the hotel premises without permission from the management	Written Reprimand	Suspension	Dismissal		

조항	Offense(위반사항)	Penalty				
		1st	2nd	3rd	4th	5th
	회사의 허가 없이 회사구내의 객실 또는 기타장소를 출입하는 행위					
31	Improper use of uniform or failure to be personally clean, properly attired and groomed. Good grooming includes : a. For male employees-short and properly trimmed hair, not extending beyond hairline. Face smooth and clean shaven ; no moustache or goatee. b. For female employees-hair must be well-groomed or properly knotted and tied. Loose and falling strands are to be avoided. Hairnets are to be worn in kitchens and other food preparation areas. NOTE : All employees are required to wear appropriate uniforms, including regulation shoes on the job.					
	유니폼을 부적합하게 사용하거나 유니폼이 불결하거나 또는 복장 및 용모가 단정하지 못한 행위. 용모단정이란 : a. 남자직원 : 모발선을 넘지 않게 짧게 이발, 깨끗한 면도, 콧수염 및 턱수염 불가 b. 여자직원 : 머리는 단정하게 묶을 것. 머리카락을 내려뜨리지 말 것. 주방에서는 머리망 착용 주) 모든 직원은 근무 중 규정된 신발과 규정된 유니폼을 착용할 것					
32	Telephones are strictly for business use. Employees are not permitted to use them for private conversation except in emergency cases.	Verbal warming	Written Reprimand	Dockage	Suspension	Dismissal
	전화는 업무상에 한정한다. 직원은 비상시를 제외하고는 사적인 통화를 금지한다.					

<table>
<tr><th rowspan="2">조항</th><th rowspan="2">Offense(위반사항)</th><th colspan="5">Penalty</th></tr>
<tr><th>1st</th><th>2nd</th><th>3rd</th><th>4th</th><th>5th</th></tr>
<tr><td rowspan="2">33</td><td>Left-over food from guestrooms, banquets and dining rooms must be returned to the kitchen for proper disposition. Left-overs on buffet tables or on customer's plates should at once be taken to the dishwashing area. No employee is permitted to eat, wrap, or take home left-overs. Left-over butter, bread, rolls or crackers may not be thrown away. Used flowers or salvage of any kind may not be taken out of the hotel premises without appropriate written permission by management in the form of Gate Pass.</td><td>Written Reprimand</td><td>Suspension</td><td>Suspension</td><td>Dismissal</td><td></td></tr>
<tr><td>객실, 연회, 식당에서 남은 음식은 적절한 처리를 위하여 주방으로 운반하여야 한다. 뷔페 테이블이나 고객접시에 남은 음식은 즉시 접시닦이 지역으로 운반하여야 한다. 어떤 종업원도 남은 음식을 먹거나 감추거나 집에 가져가는 것을 금지한다. 남은 버터, 빵, 크래커는 버리지 말 것. 사용한 꽃 또는 어떤 종류의 폐품도 회사의 서면허가 없이 회사외부로 반출할 수 없다.</td><td></td><td></td><td></td><td></td><td></td></tr>
<tr><td rowspan="2">34</td><td>Employees are expected to cooperate in conserving power, resources and hotel supplies. Unnecessary lights must be turned off and running water from taps not being used must also be turned off. Miscellaneous supplies must not be used wastefully or unnecessarily.</td><td>Written Reprimand</td><td>Suspension</td><td>Dismissal</td><td></td><td></td></tr>
<tr><td>직원은 전력, 자재 및 회사보급품 절약에 협조해야 한다. 불필요한 전등은 끄고 사용하지 않는 수도꼭지는 잠가야 한다. 기타 일체의 보급품도 낭비되거나 불필요하게 쓰여서는 아니 된다.</td><td></td><td></td><td></td><td></td><td></td></tr>
<tr><td>35</td><td>Personal belongings are not permitted in the place of work, except small ladies or drinks may be served to customers without corresponding receipts.</td><td>Verbal warming</td><td>Written Reprimand</td><td>Suspension</td><td>Dismissal</td><td></td></tr>
</table>

조항	Offense(위반사항)	Penalty				
		1st	2nd	3rd	4th	5th
	근무지에 일체의 개인소지품을 지참하는 행위(여자 핸드백과 통상적인 액세서리는 제외)					
36	Supervisors, checkers, bartenders and waiters are reminded that no food, beverages or drinks may be served to customers without corresponding receipts.	Dockage	Dismissal			
	적합한 영수증 없이 고객에게 식음료를 제공하는 행위					
37	Employees are required to comply with any memorandum necessary to implement house rules or other provisions of which are not herein specified.	Verbal warming	Written Reprimand	Suspension		
	본 징계표상에서 언급되지 아니한 회사 규정이나 조항을 이행하기 위하여 필요한 지시 또는 업무연락을 준수하지 않는 행위					
38	Fighting in the hotel premises and other areas (includes provoking or instigating, threatening, intimidating, coercing another employee within the premises), Other participants drawn into such fighting will upon proper investigation be subjected to mass suspension of not less than three(3) days, or move depending upon the circumstances and seriousness of started the fight shall be penalized as provided under Articles 19 and 20.					
	회사 내외부를 막론하고 싸움을 하는 행위(회사 내에서의 타 직원에 대한 충동질, 선동, 위협, 협박, 강요 등을 포함) 싸움에 가담하는 행위 등은 적절한 조사에 의하여 3일 이상의 정직처분 하거나 그 정황 및 위반의 정도에 따라 조처함. 먼저 싸움을 시작하거나 유발한 자는 본 징계표 제19조, 제20조에 의하여 처벌받는다.					

조항	Offense(위반사항)	Penalty				
		1st	2nd	3rd	4th	5th
39	Engaging in horseplay, running scuffling, or throwing objects while working or while on the hotel premises.	Verbal warming	Written Reprimand	Dockage	Suspension	Dismissal
	근무중 또는 회사구내에서 난폭한 장난, 뛰어가는 행위, 발을 질질 끄는 행위 또는 물건을 투척하는 행위					
40	Use of disrespectful, impolite or insulting, obscene language in addressing or speaking with supervisors, department heads or company officers.	Written Reprimand	Suspension	Dismissal		
	감독자, 부서의 장 또는 회사 간부에게 불경스럽거나 정중하지 못하거나 모욕스럽거나 음란한 언행을 하는 행위					
41	Insubordination, including : a. Refusing to cooperate or follow instructions of supervisors, department heads, officials or their duly designated representative. b. Refusing to accept work assignments, change of shift or work location or refusal to otherwise cooperate with management. The employee will be given every opportunity to cooperate. If the employee fails to heed such offorts, he will either be suspended or dismissed. c. Refusing to acknowledgereceipt of penalty slips or memorandums ofter same have been personally discussed with employee.	Written Reprimand	Suspension	Dismissal		
	불복종행위 a. 감독자, 부서의 장, 회사간부 또는 정식으로 임명된 대표자의 지시에 대하여 협조를 거부하거나 따르지 않은 행위 b. 작업지시, 근무 스케줄 또는 작업장소의 변경을 거부하거나 경영진과의 협조를 거부하는 행위. 직원은 어떠한 경우라도 협력해야 하며 이 를 어길 경우에는 정직 또는 해고함.					

조항	Offense(위반사항)	Penalty 1st	2nd	3rd	4th	5th
	c. 직원과의 개인적인 면담 후 발한 징계장 또는 지시사항의 수령을 거부하는 행위					
42	Sideline or part-time jobs outside the company are prohibited unless reported and approved in writing by management. The employee concerned will be asked to relinquish such job or face the prospect of dismissal from the company.					
	회사에 서면으로 보고 및 승인을 득하지 아니한 회사 외부에서의 부업 및 Part Time Job에 종사하는 행위는 금함. 해당 직원에게 그 종사를 중지하도록 하거나 해고함					
43	Loitering, loafing, malingering : a. Employees are expected to work the hours for which they are paid. They should time in when properly dressed in uniform and ready for work. b. They must remain at their assigned station during their tour of duty in the interest of the service. c. After the end of the working hours, employees may not remain within the premises to loaf, loiter, chat with other employees, pass away the time or wait for someone. An after leaving his work area and while still in uniform.	Verbal warming	Written Reprimand	Suspension	Dismissal	
	배회, 빈둥거림, 꾀병을 부리는 행위 a. 급여를 받고 있는 근무시간에는 열심히 일을 해야 한다. 직원은 유니폼을 착용하고 근무준비가 된 상태에서 출근카드를 찍어야 한다. b. 직원은 근무시간중 지정된 근무지에서 근무하여야 한다. c. 직원은 근무시간 종료 후 회사구내에서 빈둥거리거나, 배회하거나, 타 직원과 잡담하거나 시간을 보내거나 다른 사람을 기다리는 것 등으로 남아 있어서는 아니된다.					

조항	Offense(위반사항)	Penalty				
		1st	2nd	3rd	4th	5th
	직원은 근무지를 떠나는 즉시 유니폼을 착용한 채로 퇴근카드를 찍어야 한다.					
44	Reading while on duty is prohibited. (Reading materials directly pertaining to an employee's work or of materials provided by the hotel is excluded from this rule)	Verbal warming	Written Reprimand	Suspension	Dismissal	
	근무시간 중 독서행위(직원의 업무와 직접적인 관련이 있거나 회사가 지급한 것은 제외함)					
45	Sleeping while on tour of duty	Dismissal				
	근무시간 중 수면행위					
46	Gross negligence and/or inefficiency which results in grave injuries to persons or large losses and damages worth more than ₩100,000	Dismissal				
	중대한 인명피해 또는 100,000원 이상의 손실 또는 파손을 초래한 태만 및 무능					
47	Other negligence and/or inefficiencies causing damage or loss the business worth less than ₩100,000	Dockage	Suspension	Dismissal		
	100,000원 이하의 손실 또는 파손을 초래한 태만 및 무능					
48	Unexcused Absences : a. 1-2 times per month b. 3-4 times per month c. 5 consecutive times per month	Written Reprimand Suspension (6일) Dismissal	Suspension (6일) Dismissal	Dismissal		
	무단결근 또는 무단 근무지 이탈 a. 월 1-2회 b. 월 3-4회 c. 월 5회 연속					

조항	Offense(위반사항)	Penalty				
		1st	2nd	3rd	4th	5th
49	Tardiness(10 minutes or more) : a. 1-2 times per week b. 3-4 times per week c. 5-6 times per week d. 10 times or more within a month NOTE : If an employee who has been warned refrains from absences or tardiness for three (3) consecutive months after receipt of such warning, the warning shall be automatically withdrawn. Tardiness which is due to genuine emergencies or circumstances beyond the control of employees may be excused only upon proper representation with the immediate superior or department head and only at the discretion of the latter.	Verbal Warning Dockage Demotion	Written Reprimand Suspension Dismissal	Dockage Dismissal	Suspension	Dismissal
	지각(10분이상) a. 주 1-2회 b. 주 3-4회 c. 한 주일 안에 5-6회 d. 월 10회 이상 주) 무단결근 또는 지각으로 경고를 받은 직원이 경고를 받은 날로부터 3개월간 근신하여 재위반하지 않을 시에 그 경고는 자동적으로 취소됨. 불가항력적인 사유로 지각한 직원은 적절한 증거제시로 부서장 판단 하에 사후 승인을 받을 수 있다.					

제4절 해고 등 부당징계의 구제신청

1. 부당해고 등 구제신청서의 작성실무

(1) 해고 등 구제신청서의 서식작성

<table>
<tr><td colspan="5">해 고 등 의 구 제 신 청 서</td></tr>
<tr><td rowspan="3">신
청
인</td><td>① 성 명</td><td></td><td>② 주민등록번호</td><td></td></tr>
<tr><td>③ 주 소</td><td colspan="3">(전화 :)</td></tr>
<tr><td>④ 사 업 장 명</td><td></td><td>⑤ 근무부서</td><td></td></tr>
<tr><td rowspan="3">피
신
청
인</td><td>⑥ 사 업 장 명</td><td></td><td>⑦ 사업의 종류</td><td></td></tr>
<tr><td>⑧ 직 위 및 성 명</td><td></td><td>⑨ 주민등록번호</td><td></td></tr>
<tr><td>⑩ 주소 또는 소재지</td><td colspan="3">(전화 :)</td></tr>
<tr><td colspan="5">⑪ 신청취지 1. 피신청인이 신청인에게 행한 20○○. ○. ○.자 해고처분은 부당해고에 해당한다.
2. 피신청인은 신청인을 즉시 원직에 복직시키고 해고기간 동안 정상적으로 근무하였으면 받을 수 있는 임금상당액을 지급하여야 한다.</td></tr>
<tr><td colspan="5">⑫ 신청이유(별지 적성 가능)
“별지 작성”</td></tr>
<tr><td colspan="5">근로기준법 제28조제1항 및 동법 시행규칙 제5조의 규정에 의하여 위와 같이 정당한 이유 없이 해고 등에 대한 구제를 신청합니다.

20 년 월 일

신청인 (서명 또는 인)
신청인 (서명 또는 인)
담당공인노무사

○○지방노동위원회 위원장 귀하</td></tr>
<tr><td colspan="4" rowspan="2">구비서류 : 없음</td><td>수수료</td></tr>
<tr><td>없음</td></tr>
</table>

(2) 구제신청서의 작성안

구 제 신 정 서

사건번호

신청인 : 서울시 영등포구 여의도동 번지

위대리인 공인노무사 ○ ○ ○

피신청인 : 서울시 구로구 가리봉동 번지

1. **당사자관계**

가. 신청인 ○○○(이하 "신청인"이라 한다)는 19○○. ○.○. 피신청인 (재) ○○○(이하 "피신청인"이라 한다)에 입사하여 ○○○ 팀장(○○ 팀장, 이하 "○○○팀장"이라 한다)으로 근무하던 중 신규 고객을 유치할 목적으로 개인 현금서비스 대출과 출장비 등으로 리베이트 자금을 조성하였다가 해당 사업 유치가 무산되자, 동 자금을 신규 유치 마케팅 및 ○○유지를 위해 ○○기업 담당자와 접대비용을 사용하였다가 적발되어 20○○. ○. ○.자로 징계해고처분을 받은 자입니다.

나. 피신청인은 위 주소지에서 ○명의 근로자를 사용하여 ○○서비스 등의 사업을 행하는 ○○법인이며 ○○은 피신청인의 ○사장(이하 "이사장"이라 한다)입니다.

2. **사건의 경위**

1. 피신청인의 경영위기상황 극복을 위한 조직개편과 신청인의 담당업무

가. 피신청인은 고객사들로부터 시스템 및 제품 등에 대한 ○○의뢰가 접수되면 ○○규격에 따라 이를 심사하여 적합성이 인정되면 인증을 해주고 이와 관련된 조사, 분석 및 연구, 교육훈련, 정보제공 등의 서비스를 제공하는 기관으로서 국내에는 피신청인 외에도 ○○서비스

를 제공하는 기관만이 수십여 곳에 달하고 있으며,

나. 이러한 인증기관의 난립에 따라 피신청인의 신규 ○○건수는 해마다 감소해왔고 특히 피신청인에 대한 후원자 역할을 하던 신청외 ○○가 ○○기관을 등록한 2000년 이후 2003년까지 연간 ○○건수가 무려 40%나 감소(2000년 398건 대비 2003년 246건, 2004년 254건)하는 위기상황이 초래되었는바,

다. 피신청인은 이러한 위기상황을 극복하고자 이전까지는 운영팀의 각 부문에서 ○○ 심사업무를 진행함에 있어 부수적으로 영업을 담당하던 것으로 2005. 1. 1자로 신규영업을 담당하는 고객서비스팀(영업팀 ; 이하 "고객서비스팀"이라 한다)을 신설하였으며, 신청인은 입사 이후 운영팀 과장과 운영총괄팀장(19○○. 1. 1.), 기획팀장(19○○. 1. 1.), 운영팀장(19○○. 1. 1.), 교육운영팀장(19○○. 10. 1.) 등을 거치면서 남다른 노력과 성실한 자세로 직무를 훌륭히 수행하여 이사장 표창을 받는 등의 능력을 인정받아 20○○. 1. 1.자로 신설된 고객서비스팀의 팀장을 맡게 되었고,

라. 신청인은 2005년도 사업계획상 고객서비스팀의 계약목표(452건)가 2004년도 인증실적(359건)보다 26%나 많은 수치임에도 불구하고 2005년도 3/4분기까지 계약 건수를 기준으로 목표대비 109.3%, 전년 동기 대비 147.7%의 영업실적을 달성하였으나, 4/4분기에 연간목표의 40%가 집중 할당되어 있어 영업업무를 총괄하는 팀장으로서 영업목표 달성에 많은 중압감을 느끼고 있었으며,

마. 또한 피신청인은 이사장이 대외적으로 대표기관으로서 존재하지만 따로 ○○를 두고 회사의 전반적인 업무를 대표가 총괄하도록 하고 있는 바, 2005. 10.에서부터는 당시 ○○ 및 ○○의 원장으로 있던 ○○(현재 대표 ; 이하 ○○라 한다)이 같은 해 11. 대표 선임을 앞두고 이사회에서 대표 선임에 문제가 없도록 하고자 회사의 전반적인 업무를 총괄하면서 영업실적을 지속적으로 체크하고 간부들을 독려함에 따라 신청인은 영업실적 때문에 많은 스트레스를 받고 있었습니다(노 제2호 증 2005년 3/4분기 전략회의 자료).

2. 소개비(리베이트)를 주고 신규 고객을 유치하려 한 경위

가. 상기와 같은 사유로 2005. 10. 경 인증심사를 담당하는 인증운영팀의 신청외○○(이하 "○○○"이라 한다)로부터 자신이 잘 아는 ○○가 전체 인증비용 1,000만원 정도 인증비용을 할인하지 않는 조건으로 소개해 줄 테니 200만원의 소개비(리베이트 ; 이하 "소개비"라 한다)를 요구한다는 이야기를 몇 차례 들었으며,

나. 그러나 피신청인 회사는 소개비를 줄 수 있는 제도가 없어서 ○○에게 현금이 아닌 식사를 다른 방법으로 컨설턴트를 접대하는 방법을 협의하였으나 여의치 않자 ○○은 다시 신청인에게 관행상 전체 인증비용의 30%까지는 감액해 주는 경우도 많은데 "전체 비용의 20%만 소개비로 주면 회사도 이익이 아니냐"며 소개비를 주더라도 신규를 유치하는 것이 좋겠다고 하여, 신청인도 "그러면 소개비는 내가 개인 돈으로 부담할 테니 비용을 줄여봐라. 컨설턴트도 공식적인 소개비를 주지 않는 것을 알테니 신규담당 팀장의 직책수당으로 주는 것이라고 말해 달라"고 애기하였으며,

다. 그 뒤 ○○이 컨설턴트와 협의해서 소개비를 150만원으로 줄였으며 해당업체와 신규 계약 시에 이를 전달하기로 하였다고 하면서 개인 돈으로 소개비를 마련하겠다는 신청인에게 "회사를 위해서 하는 일인데 팀장님 개인 돈으로 할 필요가 있느냐, 심사원 상담 출장비로 비용을 처리하자"고 한 뒤, 신청외 ○○○ 심사원(이하 "○○○"이라 한다)의 출장비로 518,000원이 처리되었다는 메모를 전달해 왔고(이후 ○○으로부터 11. 1. 374,000원, 11. 8. 114,800원이 신청인에게 입금됨),

라. 신청인은 이 계약 건이 궁극적으로 회사를 위한 일이지만 소개비를 주고 계약을 체결하는 것이 정상적인 업무처리가 아니어서 당초 소개비를 모두 개인 돈으로 마련하려 하였으나 OOO이 자신의 부서에서 출장비 명목으로 518,000원이 처리하였고 당시 금전 사용도 여의치 못하여 팀원인 신청외 ○○○심사원(이하 각각, "○○○"이라 한다)에게 컨설턴트가 리베이트를 요구한다는 타부서의 요청이 있어서 상당 출장비로 569,600원(○○○ 146,000원, ○○○ 423,600원)의 비용을 출장비로 처리한다고 개략적으로 설명하고 출장품의서를 작성하여 처리하고 모자라는 비용은 신청인은 개인적으로 부담하고자 하였으며,

마. 한편, 신청인은 ○○○이 같은 해 11. 8 ○○○에게 소개비를 전달하기로 하였다고 하여 신청인의 신용카드로 현금서비스 대출을 받고 ○○○이 입금한 518,800원을 합하여 150만원을 마련하여 ○○○에게 주어 컨설턴트에게 전달하도록 하였으나(○○○과 ○○○의 상담 출장비 569,600원은 당시까지 지급되지 않은 상태였음),

바. 신청인외 ○○○본부장(이하 "본부장"이라 한다)이 ○○○과 대화하는 중에 이와 같은 사실을 알고는 신청인에게 "그러나 방법으로 신규 인증을 유치하지는 마라"며 동 신규계약 추진을 중지하도록 지시하여 신청인은 즉시 소개비를 전달하기 위해 컨설턴트에게 가고 있던 ○○○에게 연락하여 본부장의 지시를 전달하고 소개비 전달을 중지시켰으며, ○○○은 회사로 돌아와 150만원을 신청인에게 다시 전달하였습니다(노 제3호 증 신청인의 ○○카드 현금서비스 대출 기록)

3. **소개비로 마련한 자금을 마케팅 및 인증 유지를 위한 접대비로 사용한 경위**

가. 신청인은 신규고객 유치를 위하여 마련한 소개비의 사용처가 없어짐에 따라 신청인의 현금서비스 대출로 마련한 금액은 은행에 상환하고 ○○의 출장비로 마련한 금액은 회사에 반납하려 하였으나, 회계처리상 반납할 명분이 마땅치 않고 또 공식적으로 이를 반납하게 되면 선의로 출장비를 품의했던 직원들이 징계를 받을 수 있다는 점 때문에 반납할 마땅한 방법을 찾지 못하고 신청인이 이를 보관하게 되었으며(○○○과 ○○○의 출장비는 그때까지 회계부서에서 지급되지 않고 있었음),

나. 그러던 중 당시 ○○○(이하 "○○○"이라 한다) ○○공장의 ○○ 및 ○○을 피신청인이 아닌 기관과 유지하고 있다가 신청인의 영업활동으로 이를 피신청인으로 전환하는 계약을 체결하였으나, ○○○이 ○○○에게 피신청인으로 계약을 전환할 경우 전선의 제품인증 라벨지 단가를 인상하겠다는 압력을 행사함에 따라 ○○○은 신청인에게 이메일과 전화로 계약을 파기할 것을 요청함에 따라,

다. 신청인은 ○○○과의 ○○계약 유지를 위하여 같은 해 ○○의 담당 파트장인 신청외 ○○○(이하 "○○○"이라 한다)을 만나 상담을 하고 ○○기관의 압력에 설득할 수 있는 방법을 제시하자 ○○이 가능하게 최선을 다하겠다고 하여 저녁식사 후 술자리 접대를 하면서 480,000원의 비용을 지출하게 되었으나, 영수증 처리가 곤란하고 개인적이 아닌 회사의 계약 유지를 위한 접대였으므로 소개비조로 마련하였다가 회사에 반납하지 못하고 보관하고 있던 돈을 사용하는 것이 좋겠다고 판단하여 이를 사용하였고,

라. 이후 ○○과 ○○의 출장비가 각각 같은 해 11월 중순과 12월 초순경에 지급되어 신청인에게 전달되었고, 이 역시 회계처리상 회사에 반납하는 것이 곤란하고 또 4/4분기 영업실적에 대한 중압감에 시달리고 있었고 부서원 ○○○이 타부서로 전출되어 부서원마저 줄어들어 목표달성에 애로가 가중된 상황에서 조금이라도 영업 실적을 올려 보고자 그동안 관리해 오던 ○○○을 상대로 신규 유치 마케팅 및 인증 유지를 위하여 담당자들을 만나면서 이을 영업활동 접대비로 사용하였는바,

마. 같은 해 ○○부품 ○○업체인 ○○○대표를 만나 접대하며 피신청인에게 인증을 전환해줄 것을 부탁하였고, 같은 해 12. 16. ○○○의 ○○○과 ○○○팀의 차장을 만나 ○○○차장에게 ○○그룹과 관련 내년 협력사 지원을 부탁하였고, 정 ○○파트장이 보유하고 있는 ○○○○ 자격이 피신청인에 확보되어 있지 않은 점을 고려하여 정○○을 피신청인의 해당분야 심사원으로 등록하도록 부탁하여 이를 성사시켰으며,

바. 같은 달 20. 그동안 ○○계약을 성사시키기 위하여 지속적으로 관리를 해왔던 ○○○이사를 만나 저녁식사를 하면서 ○○계약을 체결할 수 있도록 하자고 다시 한번 부탁하였고, 같은 달 22. 에는 ○○본부의 ○○○차장을 만나 저녁식사를 하면서 ○○○차장이 과거 ○○에 근무할 당시 피신청인에게 인증계약을 전환해 준 사실을 사례하고 전기전자정보본부의 인증계약을 피신청인과 체결할 것과 ○○협력사실들과 피신청인에게로 인증전환을 할 수 있도록 도와 달라고 부탁하는 등 나머지 자금은 모두 신규인증 유치 및 인증 유지를 위하여 그동안 관리해오던 인증기업의 담당자들을 만나 영업활동을 하면서 필요한 접대비로 사용하였습니다.

4. **징계해고의 경위**

가. 20○○경 피신청인의 내부감사에서 위와 같은 사실이 드러나게 되었으며, 같은 달 ○○본부 본부장과 ○○○팀장이 신청인을 불러 그동안 신청인이 피신청인을 위하여 맡은 바 직무를 성실히 수행하였고 다른 직원들의 귀감이 되었으며 탁월한 사업수행과 리더십을 발휘한 점과, 이번 사건이 신청인이 개인적으로 이익을 취한 것이 아니라 전적으로 회사의 이익을 위한 것이라는 점을 충분히 밝혀졌으니 명예롭게 퇴직하는 것이 좋겠다면서 사직할 것을 요구하였고,

나. 이에 신청인은 당시 사실과 달리 출장비를 허위로 계산한 잘못은 인정하지만 당시 피신청인의 인증실적이 과거에 비해 많이 감소되어 있고 당해연도의 영업목표 중 44%가 4/4분기에 집중되어 있는 등 실적에 대한 중압감을 받고 있던 상황에서 어떻게든 영업실적을 향상시켜 보려는 의욕이 앞서다 보니 신규 인증업체를 소개해 주겠다면서 소개비를 요구하는 컨설턴트의 제의를 끝까지 거절하기가 어려웠으며,

다. 본부장의 지시로 해당 인증업체에 대한 신규유치 추진이 중단되었으나 이미 사실과 달리 출장비 품의로 마련한 자금을 다시 회사에 반납하기가 회계처리상 곤란하고 또 이를 공식적으로 반납하게 되면 허위 출장비 품의사실이 밝혀져 선의로 협조한 다른 직원들까지 징계조치를 받게 될 우려 때문에 이를 반납하지 못하고 보관하고 있다가 연말을 맞아 관리해오던 인증업체의 담당들을 상대로 신규 유치 및 인증 유지를 위한 영업활동을 하면서 그 돈을 접대비로 모두 사용하였는바, 영업활동을 책임지고 있는 팀장으로서 영업실적에 대한 의욕이 앞선 나머지 적절하지 못한 영업활동을 한 점에 대한 책임은 져야 하겠지만 회사를 그만두라는 것은 지나치다면서 잘못에 대한 응당한 징계처분을 감수하겠다고 선처를 부탁하였으며,

라. 이후 피신청인은 같은 해 ○○신청인을 징계에 해부하였고, 다음날 신청인은 사건에 대한 소명서를 제출한 뒤 같은 달 ○○직원 출장비로 품의하였던 1,088,000원을 모두 회사에 반납하였으며, 같은 달 ○○인사위원회에 출석하여 영업실적에 대한 의욕이 앞선 나머지 부적절한 방법으로 자금을 조성하였으나 이를 모두 영업활동을 위한 접대비로 사용하고 한 푼도 개인적으로 사용하지 않았으며, 과거 10년 가까이 근무하는 동안 성실한 근무와 훌륭한 직무수행으로 표창을 받은 사실이 있고 한 번도 징계를 받은 사실이 없는 점 등을 감안하여 선처해 줄 것을 호소하였으나, 피신청인은 같은 달 ○자로 신청인을 해고처분 하였고 재교를 요청하는 신청인의 재심신청도 받아들여지지 않았습니다.

III. 이 건 해고의 부당성

가. 해고는 사회통념상 고용관계를 계속할 수 없을 정도로 근로자에게 책임있는 사유가 있는 경우에 행하여져야 그 정당성이 인정되는 것이고, 사회통념상 당해 근로자와의 고용관계를 계속할 수 없을 정도인지의 여부는 당해 사용자의 사업과 목적과 성격, 사업장의 여건, 당해 근로자의 지위 및 담당직무의 내용, 비위행동의 동기와 경위, 이로 인하여 기업의 위계질서가 문란하게 될 위험성 등 기업질서에 미칠 영향, 과거의 근무태도 등 여러 가지 사정을 종합적으로 검토하여 판단하여야 할 것이며(대법원 2002. 5. 28, 선고 2001두10455 판결),

나. 신청인의 경우 영업담당 팀장으로서 과중한 영업목표에 중압감을 느끼고 있던 상황에서 영업실적을 올리려는 의욕이 앞선 나머지 인증기업을 소개하면서 소개비를 요구하는 ○○의 제의에 ○○비용의 30%까지 할인해주는 관행에 비추어 그보다 적은 금액을 소개비로 주고 ○○기업을 유치하는 것이 회사에도 이익이라고 생각하여 편법으로 상담출장비를 계상하여 소개비를 마련하게 되었으며,

다. 본부장의 지시로 해당 기업의 인증유치 추진이 중단되었으나 편법으로 마련한 소개비를 반납할 회계처리방법이 마땅치 않고 선으로 협조한 다른 직원들에게 피해가 갈 것이 우려되고, 마침 연말을 맞아 고객으로 관리해 오던 인증회사들을 상대로 신규 유치 및 인증유지를 위한 마케팅 강화가 필요하여 인증회사의 담당자들을 만나 영업활동을 하면서 접대비로 비용을 모두 사용하였으며, 회사의 공금을 개인적으로는 한 푼도 사용한 사실이 없고 오히려 개인적으로 현금 서비스 대출을 받아 모자라는 소개를 마련하였으며, 출장비 계상으로 편법으로 마련한 돈을 모두 영업활동 접대비로 사용하였음에도 이 건 징계에 앞서 다시 해당 금액을 개인적으로 마련하여 피신청인에게 변상하였고,

과거 10년 동안 근무하면서 한 번도 징계를 받은 사실이 없고 오히려 모범적이고 성실한 근무로 표창장을 받은 사실이 있으며, 편법으로 출장비를 계상한 행위에 대하여 인사위원회에 출석하여 잘못을 인정하고 충분히 반성하였음에도, 피신청인은 신청인을 징계하면서 이러한 사정들을 종합적으로 고려하지 않은 채 근로관계를 박탈하는 해고라는 극단적인 처분을 하였던바, 이는 피신청인이 인사권을 남용하여 징계재량권의 범위를 일탈하는 잘못이 있다 할 것이며,

라. 이 건과 관련하여 제일 먼저 컨설턴트로부터 인증기업 소개를 대가로 소개비요구 제의를 받고 신청인과 함께 해당 기업의 신규○○ 유치를 추진하였던 ○○○이 정직 1월의 징계처분을 받은 것에 비해서 신청인에게 징계해고처분을 한 것을 징계양정의 형평성에도 반하는 것이라 하겠습니다.

IV. **결론**

위와 같이 이 건 신청인에 대한 피신청인의 해고처분은 재량권의 범위를 일탈하여 징계권을 남용한 부당해고에 해당한다 할 것이므로 신청취지와 같이 결정 및 명령하여 주시기 바랍니다.

200 년 10월 일

대리인 공인노무사 : ○ ○ ○ (인)

서울지방노동위원회 위원장 귀하

입증방법

1. 노 제1호 증, 징계처분 통지서
2. 노 제2호 증, 20○○년 ○/○분기 전략회의 자료
3. 노 제3호 증, 신청인의 ○○카드 현금서비스 대출 기록
4. 노 제4호 증의 1. 비용사용내역(20○○년 ○월 ~ ○월) 및 영수증
5. 노 제4호 증의 2. ○○○○의 사실확인서
6. 노 제4호 증의 3. ○○○○의 확인서
7. 노 제5호 증, 전년도 행정업무에 대한 사내 자체행정감사 결과 작년 11월의 허위 부당출장비 관련(당시 기획본부장이 신청인에게 전달한 문서)
8. 노 제6호 증, 업무감사결과 2차 소명 요청
9. 노 제7호 증, 업무감사결과에 대한 소명
10. 노 제8호 증, 표창장 사본
11. 노 제9호 증, 재심의 의뢰서

증거 관련 법조문 1) 민사소송법 제202조(자유심증주의) 법원은 변론 전체의 취지와 증거조사의 결과를 참작하여 자유로운 심증으로 사회정의와 형평의 이념에 입각하여 논리와 경험의 법칙에 따라 사실주장이 진실한지 아닌지를 판단한다. 2) 형사소송법 제307조(증거재판주의) 사실의 인증은 증거에 의하여야 한다. 형사소송법 제308조(자유심증주의) 증거의 증명력을 법관의 자유판단에 의한다.

(3) 심문 부의안

심 문 부 의 안(중앙노동위원회)

사 건 : 20 부해 부당해고 구제 재심신청

근 로 자
(재심피신청인)

사 용 자

초 심 판 정 [서울지노위 20○○. ○. ○. 판정 2006 : 인정]

재심신청취지 초심판정 취소

위 사건에 대한 조사결과를 다음과 같이 정리하여 심문회의에 부의합니다.

I. 사건개요

1. 당사자개요

가. 근로자(재심피신청인)

OOO (이하 '이 사건 근로자'라 한다. 또는 ○○라 한다.)는 OO(주)에 19○○. ○. ○. 입사하여 고객서비스팀장으로 근무하던 중 20○○. ○. ○.자로 징계해고처분을 받은 자이다.

나. 사용자(재심신청인)

(이하 '이 사건 사용자'라 한다. 또는 '○○'라 한다)는 19○○. ○. ○. 설립되었으며, 위 주소지에 주사무소를 두고 상시근로자 ○여명을 사용하여 업을 경영하는 사용자이다.

2. 이 사건 해고경위

가. ○○○는 고객사들로부터 시스템 및 제품 등에 대한 ○○(○○○○)의뢰가 접수되면 ○○에 따라 이를 심사하여 적합성이 인정되면 ○○을 해주고 이와 관련된 조사, 연구, 교육훈련 및 정보제공 등의 서비스를 제공하는 법인으로, 국내에는 OO외에도 인증서비스를 제공하는 기관이 ○여 곳에 달한다.

나. ○○○는 ○○서비스 시장의 경쟁이 치열해짐에 따라 이전까지 인증운영팀에서 ○○심사업무와 영업업무를 담당하던 것을 20○○. ○. ○. 자로 신규○○영업을 전담하는 고객서비스팀을 신설하였고, ○○○를 팀장으로 임명하였다.[사 제16조 증 : 2005년도 조직도. 초p5-102]

다. ○○운영팀 신청 외 대리는 2005. 10. 12. (주)의 ○○ 회사인 신청 외의 직원으로부터 신청 외 (주)을 인증비용을 할인하지 않는 조건으로 소개해줄테니 소개비(150만원)을 줄 수 있는지 문의 받고 ○○○에게 이러한 사실을 보고하였다.[사제12호증 : 인사위원회 결과보고 및 인사위원회 회의록, 초p5-68]

라. ○○○는 위 '다'항의 보고를 받고 신청 외 대리에게 팀방직책수당으로 소개비를 지급할테니 신규계약 건을 추진하라고 하였고, 한편 소개비를 마련하기 위해 자신의 부서 직원들이 지방출장을 다녀온 것으로 허위출장품의서를 만들었다.[사제4호증의 1, 3, 7, 사제5호증 : 진술서, 허위출장품의서 사본, 초p5-29~40]

마. ○○○는 20○○. ○. ○. 출장비를 허위 처리한 금액(877,000원)고 자신이 대출한 금액을 합하여 소개비(150만원)를 마련하였고, 이를 신청외 직원에게 전달하라고 신청 외 ○○○대리에게 지시하였으나, 신청 외 본부장이 이러한 사실을 알고 ○○○에게 부당한 행위를 통한 인증 유치를 즉시 중단하라고 지시하여 신청 외 ○○○은 소개비를 직원에게 전달하지 않았다.[노조3호증, 사제4호증의2, 5 : 의 외환카드 현금서비스 대출기록, 진술서, 초p1-18, 5-32~37]

사. ○○○는 20○○. ○. ○. 컨설팅 기관과의 비정상적인 신규인증 추진을 위해 허위문서 작성 등을 통한 비용조성과 이에 따른 업무상 배임을 이유로 ○○○에 대한 인사위원회를 개최하였고, 인사위원회에는 위원장을 포함한 7명이 출석한 가운데 간사를 제외한 6명이 징계 의결에 참여하여 의결한 결과 1차 투표와 2차 투표에서 모두 정직에 해당한다는 의견이 3명, 징계해고에 해당한다는 의견이 3명인 것으로 나타났으며 이 사건 사용자는 인사규정 제10조에 의거 위원장의 결정으로 이 사건 근로자를 해고하였다.[인사위원회 결과보고 및 인사위원회 회의록]

아. ○○○는 ○○○에게 20○○. ○. ○.자로 아래의 이유로 징계해고를 통보하였다[노제1호증 : 징계처분통지서, 초p1-14]

징계해고이유

가. 사문서위조에 해당하는 허위 출장품의 작성 등으로 여비규정의 목적을 위배하였고, 당연히 하지 않아야 할 것으로 기대되는 행위를 함으로써 재단의 도덕성 및 윤리성에 지장을 초래하여 직원윤리지침을 위배하였으며, 허위 출장품의로 작성된 출장비가 정상적이지 못한 방법으로 이용되는 등 업무상배임을 조장하였음.

나. 이는 회사의 제 규정을 성실히 지키며 직무상 명령과 지시에 따라 부과된 직무를 완수하여야 하는 복무규정 제4조 성실의무에 위배되어 인사규정 제35조제1항(법령 또는 제 규정을 위반하였을 때) 및 제2항(직무상의무를 위반하였을 때 또는 직무를 태만한 때)의 징계사유에 해당됨.

【관련규정】

〈인사규정〉

제7조 (구성) ① 인사위원회는 다음과 같이 구성한다.
1. 위원장 : 대표
2. 위원 : 팀장급 이상의 보직자 중에서 5~10명 범위에서 대표의 승인을 받아 임명한다.
3. 간사 : 인사담당팀장 또는 담당자

제8조(간사) ① 인사위원회는 다음 각호의 사항을 심의 · 의결한다.
② 직원의 해고 및 징계

제10조(성립 및 의결) ① 위원회는 회의는 의원 3분의 2이상 출석으로 성립한다.
② 위원회는 의결은 위원장 및 간사를 포함한 출석위원 과반수로 결정하되 가부 동수인 경우에는 위원장이 가부를 결정한다.

제35조(징계)
1. 단체협약 및 재단 제 규정을 위반하였을 때
4. 업무상의 고의 또는 중대한 과실로 인하여 재산상 재단에 중대한 손해를 끼쳤을 때

제36조(징계의 종류)
5. 징계해고 : 직원의 신분 상실

〈복무규정〉

제4조(성실의무) ① 직원은 재단의 제 규정을 성실히 지키며 직무상의 명령과 지시에 따라 부과된 직무를 완수하여야 한다.
② 상사는 부하의 인격을 존중하고 항상 성실히 부하를 지도 · 통솔함과 동시에 솔선하여 직무를 수행하여야 한다.

〈직원윤리지침〉

4. 윤리 준수 사항
(5) ○○의 직원, 심사원(비상근 포함) 및 위탁기관은 ○○과정과 ○○결과에 영향을 미치는 상업적, 재정적 또는 기타 압력에 영향을 받지 않고 공정하게 업무를 수행한다.
(6) 심사대상자 또는 이해관계자로부터 심사 전 · 후 또는 심사기간 중 향응, 금품, 선물 또는 기타 이익을 요구하거나 제공받지 않는다.

7. 윤리서약
○○은 ○○에 근무하는 직원 ○○○(비상근 ○○) 및 위탁기관에 ○○업무와의 이해상충에 대한 사항을 알려주고 윤리서약을 받는다.

9. 윤리준수 위반시의 조치
(3) ○○○외의 직원에 의하여 윤리준수 위반사항이 발생한 경우 해당소속직원 부서장은 이를 확인하여 인사담당부서장에게 통보하여 인사담당부서장은 인사규정과 인사규정시행규칙에 따라 처리한다.

3. 이 사건 구제신청의 경위

가. 이 사건 근로자는 이 사건 사용자가 2006. 4. 20. 징계해고에 처한 것은 부당하다며 2006. 7. 14. 부당해고 구제신청을 서울지방노동위원회(이하 "초심지노위"라 한다)에 제기하였다.

나. 초심 지노위 2006. 8. 28. 동 신청에 대하여 다음과 같이 인정하였다.

※초심판정요지
이 사건 근로자는 신청 외 (주)○○○과의 신규계약건을 추진함에 있어서 ○○비용을 할인하지 않고 계약을 체결하는 조건으로 소개비 150만원을 줄 수 있는지 요청을 받자, 위 소개비를 지급하기 위해 허위출장품의서를 만들었던 사실, 편법으로 조성된 소개비를 이 사건 사용자에게 반환하지 않고 결재 없이 사용한 사실 등은 인사규정 제35조(징계사유)1호

의 '단체협약 및 재단 제규정을 위반하였을 때'및 제4호 '업무상의 고의 또는 중대한 과실로 인하여 재산상 재단에 중대한 손해를 끼쳤을 때'에 해당한다고 할 수 있을 것이나, 이 사건 근로자가 편법으로 소개비를 조성한 행위가 개인적인 이익을 취하기 위한 목적이 아니었다는 점, 이 사건 근로자가 이를 변상한 점, 이 사건과 관련된 다른 근로자에 대한 처벌 정도와의 형평에 비추어볼 때 양정이 과하다는 점을 종합하여 보면, 이 사건 사용자의 징계해고처분은 징계양정에 관한 재량권을 일탈 · 남용한 것이라 할 것이며, 이 사건 근로자는 이 사건 사용자의 인사규정에서 인사위원회는 위원장, 위원과 간사로 구성하고(제7조), 위원회의 의결은 위원장 및 간사를 포함한 출석위원 과반수로 결정하되 가부 동수인 경우에는 위원장이 가부를 결정한다(제10조)는 규정을 두고 있는데 반해 2006. 4. 17 개최된 인사위원회에는 위원장과 간사를 포함한 7명이 출석하였고 징계의결에는 간사를 제외하나 6명만 참여하였으므로 이 사건 사용자의 징계처분은 인사규정 제10조를 위반한 절차상 하자가 있다고 주장하나, 이 사건 사용자는 인사위원회의 인사위원으로 참여한 경영전략본부장 소속의 팀장인 간사가 징계의결에 참여하지 않는 것이 징계의결의 객관성을 담보할 수 있다는 판단에 따라 이러한 내용을 사전 결재를 통해 확정하고 시행하였으므로 징계절차상 하자가 있다는 이 사건 근로자의 주장은 이유 없다.

다. 재심신청인 2006. 9. 1. 초심지노위 명령서를 송달받고, 이에 불복하여 2006. 9. 8. 초심판정의 취소를 구하는 이 사건 재심신청서를 우리 위원회에 제출하였다.

II. 당사자 주장요지

1. 근로자(재심피신청인) 주장

가. 이 사건 근로자는 영업담당 팀장으로서 과중한 영업목표에 중압감을 느끼고 있던 중 기업을 소개해 주겠다는 컨설턴트가 소개비를 요구해서 이를 마련하기 위해 허위 출장품의서를 작성해서 금액을 마련하게 되었고, 상급자의 지시로 이러한 영업건이 무산되자, 기 마련한 소개비를 회계 처리할 적법한 방법을 찾을 수 없어 기존에 관리해 오던 잠재고객 및 기 고객을 대상으로 영업활동을 하면서 접대비로 모두 사용하였고 이후 이를 모두 변상하였으며,

나. 이 사건 근로자는 평소 성실하게 근무하여 표창을 받은 사실도 있고 이 사건 해고 이외의 별다른 징계를 받은 사실도 없으며, 인사위원회에 출석하여 잘못을 인정하고 충분히 반성하였음에도 이 사건 사용자가 이 사건 근로자를 해고처분을 한 것은 인사권을 남용한 부당한 해고이며, 이 사건 징계해고 처분은 위원장과 간사를 포함한 7명이 출석한 인사위원회에서 간사를 제외한 6명만 징계의결에 참여하였으므로 인사규정 제10조를 위반한 절차상 하자가 있는 위법한 처분이다.

2. 사용자(재심신청인)주장

가. 이 사건 사용자는 ㅇㅇㅇ법인으로 일반 기업과는 달리 투명성과 공정성 전문성을 최고의 가치로 명시하고 있으며 인증기관이 공정성과 윤리성에 위배되는 행위를 한 경우 인증의 정지 및 취소처분을 받을 수 있으므로 다른 어떤 행위보다 공정성과 윤리성에 위배되는 행위에 대해 단호한 처분을 하지 않을 수 없는데, 이 사건 근로자는 불법영업 행위를 주도하고, 이를 통해 편법으로 조성한 금액을 개인적으로 유용하는바,

나. 이러한 비위행위는 인사규정 제35조의 징계사유에 해당하고, 이 사건 사용자가 설립시부터 지켜온 국내 최고 ㅇㅇ기관으로서의 기본 윤리원칙과 신뢰를 크게 훼손시킨 점, 이러한 비위가 고의적이고 계획적으로 이루어졌다는 점 등을 감안할 때 이 사건 근로자에 대한 해고처분은 정당하다.

Ⅲ. 주요 쟁점사항

1. 징계사유의 정당성 여부

근로자 주장	사용자 주장
가. 편법적인 소개비 조성 문제 1) 컨설턴트에게 소개비를 주고 신규 ㅇㅇ기업을 유치하려고 한 행위 – 작년실적(359건)보다 높은 영업실적목표(452건) 때문에 영업담당팀장으로서 압박을 많이 받고 있었고 이러한 상황에서 OOO 대리의 제안에 귀가 솔깃해지지 않을 수 없었으며 편법적으로 소개비를 조성하기는 했지만 본부장의 지시에 따라 실행에 옮기지는 않았으며 인증업체를 소개받으려 한 것일 뿐 인증업체를 불공정하게 심사하여 인증을 취득시키는 댓가로 금전거래를 한 것이 아니므로 ㅇㅇ심사의 공정성과는 무관하며 이 사건 사용자가 주장하는 내용은 ㅇㅇ기관이 거래업체를 자문기관에 소개시켜 주는 댓가로 금품을 제공하거나 제공받는 경우를 말하는 것으로 신규인증업체를 유치하도록 소개해 주겠다며 소개비를 요구하는 컨설턴트의 제의에 응하려다 중단한 본 사안과는 전혀 다른 경우에 해당하는 것임.	가, 편법적인 소개비 조성 문제 1) 컨설턴트에게 소개비를 주고 신규 ㅇㅇ기업을 유치하려고 한 행위 – 인증서비스 기업과 컨설턴트는 독립적인 관계를 유지해야 하는데 이 사건 근로자는 이러한 기본 의무도 위반한 채 컨설턴트에게 소개비를 주고 신규 고객을 유치하려고 했고 이는 회사의 존립목적 자체를 무시한 행위이며 부당한 리베이트 거래행위는 규정(자문에 정면으로 위배되는 행위로 이는 이 사건 사용자의 인증업무정지 및 취소사유에 해당함(질의회시 결과)

2) 허위출장 품의서를 만들어서 소개비를 조성한 행위 - ㅇㅇ비용을 30%까지 할인해 주는 관행에 비추어 볼 때 20%에 해당하는 소개비는 회사측면에서 보더라도 이익이라고 생각했음. - 신청 외 ㅇㅇㅇ과 신청 외 ㅇㅇㅇ의 출장비 허위처리 문제는 이 사건 근로자에게 책임이 있지만, 출장비를 허위처리해서 소개비를 조성하자고 먼저 제안한 것은 신청 외의 출장비 허위처리는 신청외ㅇㅇㅇ대리가 주도적으로 한 것이고 ㅇㅇㅇ은 이 사건 근로자의 부서 직원이 아님 - 이의 출장비로 50여 만원을 출장처리하였다고 알려와 이에 대해서만 알고 있을 뿐 출장처리 내역에 대해서는 지원으로 이들을 출정처리 하라고 지시하고 추장일정을 잡을 권한도 있음.	2) 허위출장 품의서를 만들어서 소개비를 조성한 행위 - 회사의 여비규정의 목적을 위반한 행위로 회사의 기본질서를 문란케 하는 행위이며 또한 신청 외 ㅇㅇ의 출장건도 이 사건 근로자가 직접 심사원 일정표를 확인하고 출장 처리할 것을 지시한 사안임(초심지노위 결정 후 2005. 10. 11의 심사일정표 재확인과정에서 ㅇㅇㅇ과 동일한 허위상담표시가 되어 있는 또 다른 심사원인 심사원에 대하여 추가로 273,800원의 허위출장을 계획한 사실이 확인됨) - 이 사건 근로자는 ㅇㅇ업무를 주관하는 부서의 책임자로서 대리가 컨설팅업의 제안을 보고하자 이를 비밀리에 추진할 것을 지시하였고 계약에 필요한 제안서 작성 및 조성 등 관련된 일체의 행위를 이 사건 근로자가 주도하였으며 이후 문제가 불거지자 OOO을 불러 답변내용까지 일러주며 주도면밀하게 사실을 은폐하려 하였음. - 이 사건은 추진과정에서 불법적인 범죄행위(사문서 위조, 업무상 배임)가 수반되었고 그로인해 조직기강이 심대하게 훼손되었으며 이는 더 이상 고용관계를 유지할 수 없는 중대한 귀책사유에 해당함.
나. 소개비의 정상적이지 않은 지출행위문제 - 이미 마련한 소개비를 적법하게 처리할 방법을 찾을 수 없어 이를 회계처리하려고 하면 협조해준 동료들에게 피해가 갈 것이라고 생각했음 - 회사의 이익을 위해서 기존에 관리하고 있던 잠재고객을 접대하는 비용으로 지출하였으며 개인을 위해서는 한 푼도 쓰지 않았고 이미 영업활동비로 제출한 금액도 전액 회사에 반납했음	나. 소개비의 정상적이지 않은 지출행위문제 - 회사에 반납했어야 했으나 관련내용을 상급자에게 보고도 하지 않았고 편법적으로 조성된 돈을 영업활동을 위해서 사용했다고 하는데 입증자료로 제출한 것들을 보면 석연치 않은 것이 많으며, 개인적으로 유용(조성한 1,088,800원중 1,007,000원 접대비 사용)했음에도 마치 회사의 영업활동비로 사용한 것 인양 초심지노위에 비용사용내역서를 제출하는 등 사건을 은폐하고자 사건의 발생한 지 5개월이나 지나 징계위원회에 회복된 이후에서야 회사에 입금하였음.

참 고 사 항	- 이 사건 근로자가 증거자료로 제출한 노 제4호증의1(1-24쪽) ○○카드전표(2005/ 12. 22, 21시 06분 41초, 51,000월 결제)와 노제4호증의3(1-26) ○○확인서에는 사용자가 제출한 사제9호증(5-56쪽과 5-57쪽) 전표와 ○○카드전표(2005. 12. 22. 21시 08분 22초, 51,000월 결제)에는 전자 담당자를 접대한 것으로 되어 있는데 이 사건 사용자는 이 사건 근로자가 편법으로 조성된 소개비를 잠재고객관리를 위해서 사용하였다는 이 사건 근로자의 주장 전반에 신뢰가 가지 않는다고 주장하는데 반해 이 사건 근로자는 단순한 착오에 의한 것이라고 주장하고 있음.

2. 징계양정의 적정성 여부

근로자 주장	사용자 주장
- 이 사건 근로자는 평소 맡은바 직무를 성실히 수행하며 표창장을 받은 적도 있었고 이 사건도 영업실적을 올리려는 중압감에서 비롯된 것이며 비록 편법적인 방법으로 소개비를 조성했지만 이를 개인적으로 유용한 것이 아니라 회사의 영업활동을 위해서 전부 사용했고, 또 해당 금액을 이미 회사에 납입했음.	- 이 사건 근로자는 윤리규범을 위반하고 이 사건 사용자의 공식문서를 직위를 이용하여 계획적으로 조작, 불법자금을 마련하고 부당한 거래를 추진함으로써 국내 최고 ○○으로서의 윤리원칙과 신뢰를 크게 훼손시킨바, 해고처분은 이 사건 사용자의 신뢰와 명예를 회복하기 위해 필요한 조치였음. - 소개비 추진을 주도하고 편법으로 조성된 출장비를 부당하게 사용한 이 사건 근로자와 신청 외 대리비의 비위행위는 그 수준이 다름.
- 이 사건 근로자와 소개비를 주고 신규 기업을 유치하려고 했던 신청 외 ○○○ 대리가 정직 1월의 처분을 받는 것에 비추어 보면 징계양정의 형평에 반함.	- 이 사건 근로자의 행위는 만약 이 사건의 사용자의 제지로 중단되지 않고 추진되었다면 이 사건 사용자는 ○○으로부터 ○○업무정지처분(1개월 이상 3개월 미만)을 피할 수 없었을 것임.
참고사항	- 인정기준 및 절차 순서서약서, P16-22

3. 징계절차 정당성 여부

근로자의 주장	사용자 주장
– 이 사건 사용자는 인사규정에서 인사 위원회는 위원장, 위원과 간사로 구성하고(제7조), 위원회의 의결은 위원장 및 간사를 포함한 출석위원 과반수로 결정하되 가부 동수인 경우에는 위원장이 가부를 결정한다(제10조)는 규정을 두고 있는데 2006. 4. 17. 개최된 인사위원회에는 위원장(대표)과 간사(팀장)를 포함한 7명이 출석하였는데 징계의결에는 간사를 제외한 6명만 참여하였으며 이는 인사규정 제10조를 위반 것으로 징계해고 절차상 하자가 인정됨.	– 2006. 4. 17. 개최된 인사위원회의 징계의결에 간사가 참여하지 않은 것은 위원 중 경영전략 본부장( )이 포함되어 있고, 간사 (팀장)는 경영전략본부 소속 팀장이어서 표결의 객관성을 위하여 인사위원회 개최 품의 시 징계위원회를 주관하는 ○○○팀장을 배제하고 의결권을 참석 의원 6명으로 국한하는 것으로 사전 결제를 받아 진행하였기 때문임.

4. 판정요지

판정요지

사 건 :
판정일자 :
판정사항 :

이 사건 근로자의 행위가 징계사유에 해당하기는 하나 징계절차에 있어서 정당한 절차를 거치지 아니하고 사전결재를 받아 인사규정상 간사의 징계의결권을 배제한 점은 절차상의 하자에 해당되고 징계양정이 과하여 부당하다고 판정한 사례

판정요지내용

이 사건 근로자의 행위는 인사규정의 징계사유에 해당한다고 할 수 있으나, 이 사건 근로자가 편법으로 소개비를 조성한 행위가 개인적인 이익을 취하기 위한 목적이 아니었다는 점, 이 사건 근로자가 이를 변상한 점, 이 사건 근로자가 해고에 이를 때까지 달리 비위행위나 징계전력이 없었던 점, 이 사건과 관련된 다른 근로자에 대한 처벌정도와 형평에 비추어볼 때 양정이 과하여 재량권을 일탈 · 남용한 것이라 할 것이며, 인사규정이란 사업장 내 근로자의 근로조건과 복무규율 등에 관한 규칙으로서 취업규칙으로 볼 수 있고 이를 변경하고자 할 경우 근로자 과반수(근로자 과반수로 조직된 노동조합이 있는 경우 그 노동조합)의 의견을 들어 시행하여야 함에도 불구하고 이러한 절차 없이 간사의 징계의결권을 배제한 점은 비록 사전결재를 받았다고 하더라도 이는 절차상의 하자라고 판단됨.

2. 노동위원회의 구제신청 사건서식

(1) 금전보상명령신청서

〔별지 제17호 서식〕

<table>
<tr><th colspan="4">금 전 보 상 명 령 신 청 서</th></tr>
<tr><td colspan="2">사 건</td><td colspan="2"></td></tr>
<tr><td rowspan="2">신청인</td><td>성 명</td><td></td><td>주민등록번호</td></tr>
<tr><td>주 소</td><td colspan="2">(☎ :)</td></tr>
<tr><td rowspan="7">보상금
요
구
금
액</td><td>합 계</td><td colspan="2">금 원 (₩)</td></tr>
<tr><td rowspan="2">임금상당액</td><td>금 액</td><td></td></tr>
<tr><td>산출근거</td><td></td></tr>
<tr><td rowspan="2">비 용</td><td>금 액</td><td></td></tr>
<tr><td>산출근거</td><td></td></tr>
<tr><td rowspan="2">기 타
( )</td><td>금 액</td><td></td></tr>
<tr><td>산출근거</td><td></td></tr>
<tr><td colspan="4">위 사건에 관하여 귀 위원회에서 부당해고로 판정할 경우 복직명령에 갈음하여 위와 같이 금전보상을 명령하여 주시기를 「근로기준법」 제30조제3항 및 「노동위원회규칙」 제64조에 따라 신청합니다.

년 월 일
신청인 (서명 또는 날인)
(대리인) ○ ○ ○ (서명 또는 날인)

○○노동위원회위원장 귀하</td></tr>
<tr><td colspan="2">구비서류</td><td colspan="2">근로계약서, 임금명세서, 그 밖에 비용에 관한 영수증 등 소명자료</td></tr>
</table>

210mm×297mm(일반용지 60g/㎡)

(2) 화해신청서

〔 별지 제20호 서식 〕

<table>
<tr><td colspan="4">화 해 신 청 서</td></tr>
<tr><td colspan="2">사 건</td><td colspan="2"></td></tr>
<tr><td rowspan="3">신
청
인</td><td>성 명</td><td></td><td>주민등록번호</td></tr>
<tr><td>주 소</td><td colspan="2">(☎ :)</td></tr>
<tr><td>당사자 지위</td><td colspan="2">□ 근로자(노동조합) □ 사용자 (해당란에 ∨표시)</td></tr>
<tr><td colspan="2">화
해
취
지</td><td colspan="2"></td></tr>
<tr><td colspan="4">「노동위원회법」 제16조의2제1항에 따라 위와 같이 화해를 신청합니다.

년 월 일

신청인 (서명 또는 날인)
(대리인) ○ ○ ○ (서명 또는 날인)

○○노동위원회위원장 귀하</td></tr>
<tr><td colspan="2">구비서류</td><td colspan="2">없 음</td></tr>
</table>

210mm×297mm(일반용지 60g/㎡)

(3) 구제명령 이행결과 보고서

〔별지 제24호 서식〕

구제명령 이행결과보고서

사건 :

1. 근로자 성명 : (주민등록번호 :)
2. 사용자
   - 사업체명 :
   - 소 재 지 :
   - 대표자명 : (주민등록번호 :)
3. 구제명령 이행기일 :

위 구제신청에 관한 구제명령을 . . . 다음과 같이 이행하였습니다.

《다 음》

구제명령의 내용	이행 내역

년 월 일

제출자 : (서명 또는 날인)\

○○노동위원회위원장 귀하

유의 사항	근로자가 여럿인 경우 별지 작성

210mm×297mm(일반용지 60g/㎡)

(4) 증인신청서

〔별지 제14호 서식〕

증 인 신 청 서		
사 건		
신청인	성 명	(주민등록번호 :)
	주 소	(☎ :)
	당사자 지위	□근로자(또는 노동조합) □사용자 (해당란에 ∨표시)
증인 인적사항	성 명	(주민등록번호 :)
	주 소	(☎ :)
신 청 사 유		
증인심문 사항		
「노동위원회규칙」 제56조에 따라 위와 같이 증인을 신청합니다. 년 월 일 신청인 (서명 또는 날인) (대리인) (서명 또인 날인) ○○노동위원회위원장 귀하		
구비서류	없음	

210mm×297mm(일반용지 60g/㎡)

(5) 대표자 선정신청서

〔별지 제7호 서식〕

대 표 자 선 정 서

사건번호 및 사건명칭 :

선정대표자

성 명	주민등록번호	주 소
		(☎ :)
		(☎ :)
		(☎ :)

위 사건에 대하여 위 사람들을 대표자로 선정하고 사건 진행에 관한 일체의 권한을 위임합니다.

년 월 일

선정자 : 등 ○명

※ 선정자 명단

연번	성명	주민등록번호	주소	서명 또는 날인
			(☎ :)	
			(☎ :)	
			(☎ :)	
			(☎ :)	

○○노동위원회위원장 귀하

210mm×297mm(일반용지 60g/㎡)

(6) 대리인 선임신고서

〔별지 제8호 서식〕

<table>
<tr><td colspan="3">대 리 인 선 임 신 고 서</td></tr>
<tr><td colspan="2">사건번호 · 사건명</td><td></td></tr>
<tr><td rowspan="3">위임인</td><td>성 명</td><td>(주민등록번호 :)</td></tr>
<tr><td>주 소</td><td>(☎ :)</td></tr>
<tr><td>당사자 지위</td><td>□근로자(또는 노동조합) □사용자 (해당란에 ∨표시)</td></tr>
<tr><td rowspan="3">대리인</td><td>상 호</td><td>※ 변호사·공인노무사가 아닌 경우 위임인과의 관계 기재</td></tr>
<tr><td>성 명</td><td>(주민등록번호 :)
※ 법인인 경우 법인명 및 법인등록번호 기재</td></tr>
<tr><td>사무소(주소)</td><td>(☎ :)</td></tr>
<tr><td colspan="2">대리의 범위</td><td></td></tr>
<tr><td colspan="3">위 사건에 관하여 위임인으로부터 대리인으로 선임되었으므로 「노동위원회규칙」 제36조에 따라 위와 같이 신고합니다.
년 월 일
신고인 : (서명 또는 날인)
○○노동위원회위원장 귀하</td></tr>
<tr><td colspan="2">구비서류</td><td>1. 위임장(법인인 경우 심판수행자 지정서 포함)
2. 직무개시등록증(변호사·노무사가 아닌 경우 주민등록등본 등 위임인과의 관계를 입증할 수 있는 자료)</td></tr>
</table>

210mm×297mm(일반용지 60g/㎡)

판례색인

• 판례색인 •

• 저자의 연구실적 •

주요저서

- 산재보험법(Ⅰ, Ⅱ), 대명출판사, 2012(제5판 2016)
- 징계권행사와 법률문제, 고시계사, 2008(제1판)
- 근로기준법, 신론사, 2006(제2판)
- 산재보상책임과 구상권의 행사, 한국학술정보(주), 2006
- 노동법법(Ⅰ, Ⅱ), 대명출판사, 2003(제3판 2004)
- 산업재해보상보험법 실무해설, 한국노동교육원, 2003
- 산재보험 및 고용보험 실무, 한국노동교육원, 2002
- 산업재해보상보험법, (주)청암미디어, 2001
- 직업정보론, 현대고시사, 2000
- 근로자파견의 법률지식, 청림출판사, 1998. 외 다수

연구논문

통근재해의 법리에 관한 연구 / 업무상질병과 과로사에 관한 연구 / 업무상 질병의 유형과 법적 판단에 관한 고찰 / 산재보험급여 구상권의 문제점과 개선방안 / 한국의 하역근로자에 관한 문제점과 입법개선론 / 하역근로자보호에 관한 연구 / ILO협약상 안전보건기준과 산업안전보건법의 비교 / 통근재해의 이론과 도입방안 / 미국과 캐나다의 노동분쟁조정제도의 고찰 / 사용자의 징계권에 관한 연구 / 산재보상책임의 이론적 배경 및 발전에 관한 연구 / 비정규직근로자보호를 위한 쟁점과제과 개선방안 등 다수

노동관련 연구용역

산업재해공공DB 구축프로그램(정보통신부) / 하역근로자의 보호에 관한 연구(전국항운노조연맹) / 산재노동자의 효율적인 직업재활 및 자활프로그램(노동부) / 노동분쟁의 예방 및 조정프로그램(한국노동교육원) / 수원 · 편택지역 중소기업의 고용실태와 인력난 해소방안에 관한 연구(경인지방노동청) / 화학산업 비정규직의 고용실태와 개선안마련에 관한 연구(노동부) / 산재보험 휴업급여제도의 개선방안(노동부) / 산재보험 부과고지제도의 재검토(노동부) 등 다수

전자정부 사업과제

행정정보공동활용 및 DB표준화사업의 법제도정비(행정자치부) / 주민등록증 발전모델 연구용역 및 법제도정비(행정자치부) / 정부업무의 기능분류 및 관리운영에 관한 규정(행정자치부) / 전자정부사업의 PMO도입방안에 관한 연구(한국사회정보진흥원) / 전자정부표준화 촉진 및 지원에 관한 법률안(행정자치부) / 전자여권의 도입에 관한 법제도정비방안(외교통상부) / 광교신도시 U-City건설 및 법제도정비방안(경기개발공사) / 유비쿼터스 지역정보화사업 법제도정비(행정자치부) / 전파식별표지의 부착 및 RFID물품관리시스템의 이용에 관한 규정(조달청) / 전자정부고통서비스 관리체계의 적용 및 관리운영에 관한 규정(행정안전부) 등 다수

저자 이상국

학 력

· 단국대학교 대학원 법학과(법학박사)

약 력

· 법학박사, 공인노무사
· 제3회 공인노무사합격(1991년)
· 동아대학교 법학과 겸임교수
· 숙명여자대학교 법학과 강사 등
· 한국노동법학회 이사
· 한국비교노동법학회 이사
· 한국사회법학회 부회장
· 강원지방노동위원회 공익(심판)위원
· 서울지방노동위원회 공익(조정)위원
· 한국법제발전연구소 연구위원

저서 및 논문

· 산재보험법(Ⅰ, Ⅱ), 대명출판사, 2012(제5판 2016)
· 산업재해보상보험법, 청암미디어, 2001
· 산업재해보상보험법, 대명출판사, 2006
· 근로기준법, 신론사, 2006
· 노동법(Ⅰ, Ⅱ), 대명출판사, 2003(제3판 2004)
· 징계권행사와 법률문제, 고시계사, 2008(제1판)
· 직업정보론, 현대고시사, 2000
· 휴업급여제도의 개선방안(노동부정책연구용역)
· 산재보상책임과 구상권행사, 한국학술정보
· 산재보험급여의 구상권에 관한 연구(2001), 법학박사 학위논문
· 산재보험료 산정기준 변경에 따른 산재보험 보상기준 개편방안(노동부정책연구용역, 2008) 등

강의 및 상담 : 010-5475-1155

개정2판 징계권의 법률지식

초 판 발 행	2008년 11월 1일
개정2판발행	2016년 10월 10일
저 자	이 상 국
발 행 인	鄭 相 薰
발 행 처	考 試 界 社

서울특별시 관악구 봉천로 472
코업빌딩 B1층 고시계사

인지는 저자와 협의하여 생략

대 표 817-2400 **팩 스** 817-8998
考試界 · 고시계사 817-0418~9
법무경영 교육원 · 에듀올 817-0367~8
www.gosi-law.com / www.eduall.kr

정가 35,000원 ISBN 978-89-5822-537-9 93360